揭西年鉴

JIEXI NIANJIAN

2022

揭西年鉴编纂委员会 编

方志出版社
Publishing House of Local Records

图书在版编目（CIP）数据

揭西年鉴. 2022 / 揭西年鉴编纂委员会编. —北京：方志出版社，2022.12
ISBN 978-7-5144-5462-8

Ⅰ. ①揭… Ⅱ. ①揭… Ⅲ. ①揭西县－2022－年鉴 Ⅳ. ①Z526.54

中国版本图书馆CIP数据核字(2022)第252525号

责任编辑：顾　洁
责任校对：刘玉霞
责任印制：梅中英
出 版 者：方志出版社
地　　址：北京市朝阳区潘家园东里 9 号（国家方志馆4层）
邮　　编：100021
网　　址：http://www.zgfzcb.cn
发　　行：方志出版社图书营销中心（010-67110500）
印　　刷：揭阳市榕城区榕文印刷厂
开　　本：889毫米×1194毫米　1/16
印　　张：25.5
字　　数：850千字
版　　次：2022年12月第1版
印　　次：2022年12月第1次印刷
定　　价：290.00元

揭西年鉴编纂委员会

揭西年鉴编辑部

编辑说明

一、《揭西年鉴》以马克思列宁主义、毛泽东思想、邓小平理论、“三个代表”重要思想、科学发展观、习近平新时代中国特色社会主义思想为指导，坚持辩证唯物主义和历史唯物主义的立场、观点和方法，系统、翔实地反映揭西县社会经济文化的基本面貌及发展概况，为读者了解和研究揭西提供资料。

二、《揭西年鉴》采用分类编辑法。主要内容设类目、分目、条目3个结构层次，个别分目视内容设子目，以条目为表现内容的基本形式。不同层次的标题，在字体、字号和版式设计上都有明显的区别，书中的条目标题最多，统一用黑体字加【】表示，个别条目内容较多，则分段表述。

三、《揭西年鉴（2022）》内容时限为2021年1月1日至12月31日。全书设置特辑、大事记（2021）、揭西概貌、党政机关、民主党派、群众团体、法治、军事、经济监督管理、财政　税务、金融业、农业　水利、工业、商贸、交通运输　邮政业、信息业、城乡建设　生态环境、旅游业、教育　科技、文化　传媒、卫生　体育、社会生活、应急管理、乡镇（街道）、人物　荣誉、统计资料、文献　文件、附录28个类目。

四、《揭西年鉴（2022）》稿件由县直各有关单位、各乡镇（街道）提供，经年鉴编辑部进行编辑和初审，后由年鉴编委会领导终审定稿。文内所用数据为各单位提供，因统计口径不一，有的数据不一致，以县统计局公布的数据为准。数字用法执行国家标准《出版物上数字用法》（GB/T 15835—2011），标点符号用法执行国家标准《标点符号用法》（GB/T 15834—2011）。计量单位采用国家技术监督局1993年12月发布的《量和单位》系列国家标准。文中数据因小数取舍而产生的误差，全部未作机械调整。

五、《揭西年鉴（2022）》配备双重检索系统：书前刊有目录，书后配有索引。索引采用主题分析法，款目按汉语拼音字母顺序排列。

揭西县地图

揭西县自然资源局 广东省地图院 合编

审图号：粤VS(2022)007号

揭西名片

JIEXI MINGPIAN

- 国家绿化先进县
- 国家级生态保护与建设示范区
- 国家农产品质量安全县
- 中国天然氧吧
- 广东省卫生县城
- 广东省县级文明城市
- 广东省全域旅游示范区
- 广东省旅游综合改革示范县
- 广东绿色名县
- 广东省教育强县
- 广东省双拥模范县
- 广东大众电商创业十佳县

大北山 （李维照 摄）

数字揭西

SHUZI JIEXI · 2021

2021

· 县域面积 1347 平方千米

· 年末户籍总人口 97.81 万人

· 年末常住总人口 67.51 万人

· 人口自然增长率 6.7‰

· 地区生产总值 262.01 亿元

· 第一产业增加值 47.64 亿元

· 第二产业增加值 77.03 亿元

· 第三产业增加值 137.35 亿元

· 第一、第二、第三产业构成 18.2 ∶ 29.4 ∶ 52.4

· 人均地区生产总值 3.89 万元

· 城乡居民人均可支配收入 1.74 万元

· 城镇居民人均可支配收入 2.39 万元

· 农村居民人均可支配收入 1.44 万元

· 规模以上工业总产值 208.28 亿元

· 固定资产投资总额 77.20 亿元

· 社会消费品零售总额 90.20 亿元

- 外贸进口总额 196 万美元
- 外贸出口总额 3831 万美元
- 地方一般公共预算收入 4.82 亿元
- 地方一般公共预算支出 53.01 亿元
- 税收收入 2.64 亿元
- 林地面积 8.47 万公顷
- 森林覆盖率 58.9%
- 耕地面积 1.94 万公顷
- 粮食播种面积 2.98 万公顷
- 粮食总产量 17.65 万吨
- 金融机构各项存款余额 330.94 亿元
- 各项贷款余额 147.97 亿元
- 全县用电量 16.35 亿千瓦时
- 工业用电量 9.39 亿千瓦时
- 省级非物质文化遗产代表性项目 7 个
- 卫生机构床位数 2358 张

说明：

1. 地区生产总值为快报数；
2. 地区生产总值合计数和部分计算数据因小数取舍而产生的误差均未作机械调整。

金和镇山湖村北星桥（许少波 摄）

荣誉 ROGNYU

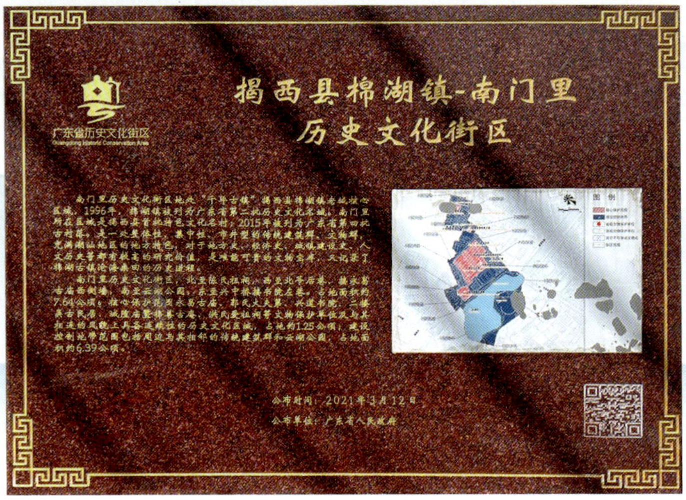

2021年3月12日，棉湖镇南门里历史文化街区被广东省人民政府公布为第二批广东省历史文化街区

（棉湖镇 供稿）

2021年，广东省交通集团有限公司驻揭阳市揭西县金和镇山湖村扶贫工作队被中共中央、国务院授予“全国脱贫攻坚先进集体”称号，揭西县人民检察院未成年人检察工作办公室被全国妇女联合会授予“巾帼文明岗”称号，揭西县工商业联合会被中华全国工商业联合会确认为2020—2021年度全国“五好”县级工商联，揭西县公安局治安大队被全国“扫黄打非”工作小组办公室评为第五批全国“扫黄打非”进基层示范点，金和镇山湖村被中央农村工作领导小组办公室、中共中央宣传部、农业农村部、民政部、司法部、国家乡村振兴局认定为第二批全国乡村治理示范村，南山镇火炬村被司法部、民政部命名为第八批“全国民主法治示范村（社区）”，塔头镇吴文狮家庭被中共中央宣传部、中央精神文明建设指导委员会办公室、全国妇女联合会评为“全国最美家庭”，南山镇火炬村党支部、金和镇山湖村党委被广东省委评为广东省先进基层党组织，棉湖镇南门里历史文化街区被广东省人民政府列入第二批广东省历史文化街区。

2021年2月7日，南山镇火炬村被司法部、民政部命名为第八批“全国民主法治示范村（社区）”

（南山镇 供稿）

2021年2月25日，广东省交通集团有限公司驻揭阳市揭西县金和镇山湖村扶贫工作队被中共中央、国务院授予“全国脱贫攻坚先进集体”称号

（县农业农村局 供稿）

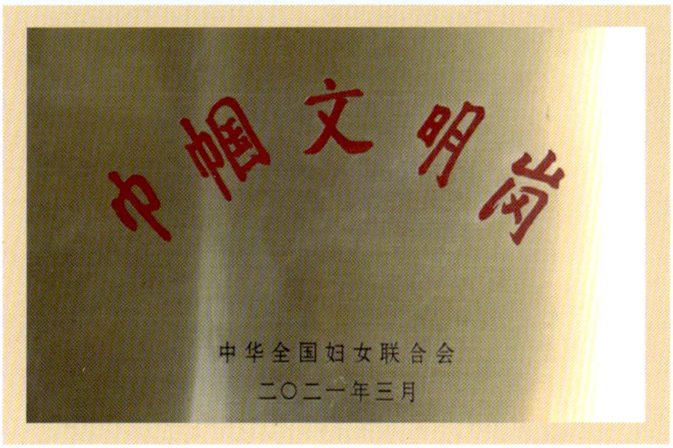

2021 年 3 月 1 日，揭西县人民检察院未成年人检察工作办公室被全国妇女联合会授予“巾帼文明岗”称号　（县人民检察院　供稿）

2021 年 12 月 23 日，揭西县公安局治安大队被全国“扫黄打非”工作小组办公室评为第五批全国“扫黄打非”进基层示范点

（县公安局　供稿）

2021 年 6 月 26 日，南山镇火炬村党支部、金和镇山湖村党委被评为广东省先进基层党组织

（南山镇、金和镇　供稿）

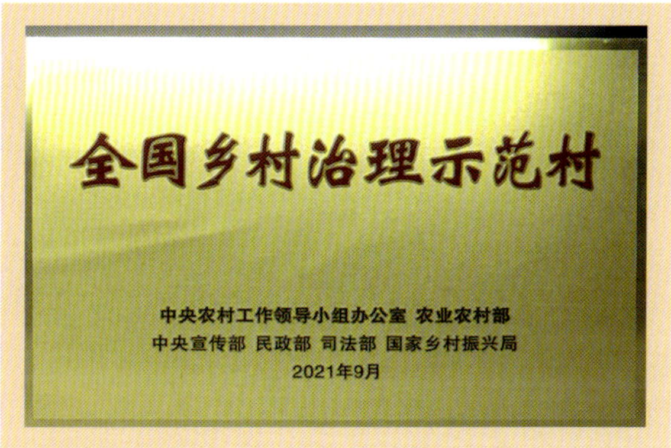

2021 年 9 月 23 日，金和镇山湖村被中央农村工作领导小组办公室、中央宣传部、农业农村部、民政部、司法部、国家乡村振兴局认定为第二批全国乡村治理示范村　（金和镇　供稿）

2021 年 12 月 27 日，揭西县工商业联合会被中华全国工商业联合会确认为 2020—2021 年度全国“五好”县级工商联　（县工商联　供稿）

庆祝中国共产党成立 100 周年

QINGZHU ZHONGGUO GONGCHANDANG CHENGLI 100 ZHOUNIAN

2021 年 6 月 6 日，“永恒的火焰”——庆祝中国共产党成立 100 周年文艺演出在南山镇火炬村举行

（李运生　摄）

2021 年 6 月 22 日，河婆街道后埔小学举行“童心向党 快乐成长——庆祝中国共产党成立 100 周年”革命赞歌合唱比赛

（县委宣传部　供稿）

2021年9月29日，国家税务总局揭西县税务局组织青年干部在县税务局七楼青年活动室开展“致敬英烈·歌咏祖国·铸强税魂”庆祝中国共产党成立100周年文化沙龙活动

（县税务局　供稿）

2021年11月3日，县史志办在灰寨镇灰龙小学举办“百年华诞　揭西印记”——庆祝中国共产党成立100周年图片展　　（县史志办　供稿）

2021年7月2日，庆祝中国共产党成立100周年“揭西美·潮客情”优秀群众文艺晚会在五云镇下洞村举行　　（县文广旅游体育局　供稿）

河婆街道滨江公园路口圆盘庆祝中国共产党成立100周年立面景观（2021）（县城管执法局　供稿）

2021 年 1 月 28 日，广东省委第十二巡视组巡视揭西县情况反馈会议在县机关大院附楼会议室召开

（县融媒体中心　供稿）

党的建设 DANGDE JIANSHE

2021 年，揭西县推进从严治党，加强对各类阵地建设和管理，落实加强党的基层组织建设三年行动计划。推进省委巡视反馈意见整改工作，启动十二届县委第一轮巡察；完成县、镇、村（社区）党组织换届选举工作；开展党史学习教育，创新开展“四学四行六规范”（“四学”：学习新思想、党史、政策法规、专业知识。“四行”：开展党性教育行动、队伍建设行动、党员管理行动、制度执行行动。“六规范”：规范农村党建、机关党建、事业单位党建、城市党建、国企党建、两新组织党建）党建主题活动；启动实施党建示范“五个一工程”（一本好书、一部电影、一出大戏、一套纪录片和一个红色基因数据库）项目及相关基础配套设施建设；推进镇街党建品牌创建行动，打造镇街党建品牌 17 个；新建非公企业党组织 4 家，成立住宅小区、物业服务企业党组织 6 个；推进基层党建设施建设，完成棉湖镇贡山村、坪上镇石峡村、大溪镇杨林村等村党群服务中心建设。

2021 年 5 月 20 日，揭西县乡镇领导班子换届工作会议在县机关大院附楼会议室召开

（县融媒体中心　供稿）

2021 年 5 月 24 日，揭西县火炬村党建示范“五个一工程”项目新闻发布会在火炬村红色研学基地举行

（南山镇　供稿）

2021 年 9 月 29 日，揭西县党史学习教育“永远跟党走”百姓宣讲报告会在棉湖镇新时代文明实践所举办　　（县委宣传部　供稿）

坪上镇石峡村党群服务中心（2021）
（县委组织部　供稿）

揭西县村级小微权力清单宣传栏（2021）　（县委组织部　供稿）

棉湖镇贡山村党群服务中心（2021）　　（县委组织部　供稿）

乡村振兴 XIANGCUN ZHENXING

2021年，揭西县健全乡村振兴工作体系，挂牌成立县乡村振兴局；成立揭阳市首个县级乡村振兴人才驿站；建立农业产业链“链长制”，创建2条市级、4条县级农业产业链；推进美丽宜居新农村建设，新创办美丽宜居示范村28个；推进金和镇、灰寨镇农房管控和乡村风貌提升示范带建设；开展驻镇帮镇扶村工作、美丽圩镇建设以及村庄清洁行动。全年揭西县新增市级以上农业龙头企业2家、县级以上农民专业合作示范社25家、省名牌产品40个，建成茶叶省级现代农业产业园和3个市级现代农业产业园；举办广东揭西消费扶贫产品展销活动暨第五届梅花节、“2021创青春”广东青年文化和旅游创新创业大赛暨第二届揭西茶旅文化节、2021年揭阳市揭西县庆祝“中国农民丰收节”系列活动等大型活动。

主要活动

2021年1月9日，广东揭西消费扶贫产品展销活动暨第五届梅花节启动仪式在坪上镇举行

（许少波　摄）

2021年3月23日，揭西县乡村振兴人才驿站揭牌仪式在坪上镇举行，该站为揭阳市第一个县级乡村振兴人才驿站　（坪上镇　供稿）

2021年7月29日，“2021创青春”广东青年文化和旅游创新创业大赛暨第二届揭西茶旅文化节在大洋国际生态旅游度假区举行

（县文广旅游体育局　供稿）

2021年7月29日，揭西县茶叶省级现代农业产业园茶园托管服务签约仪式在五经富镇大洋国际生态旅游度假区会议室举行

（县农业农村局　供稿）

2021 年 9 月 26 日，2021 年揭阳市揭西县庆祝“中国农民丰收节”系列活动暨揭西县八大特色产业 12221 市场体系建设启动仪式在塔头镇旧住村举行

（县农业农村局　供稿）

产业振兴

河婆街道金日福生猪养殖场（2021）

（河婆街道　供稿）

灰寨镇马路村天鹅湖橄榄园（2021）

（灰寨镇　供稿）

五经富镇金线莲种植基地（2021）

（李维照　摄）

东园镇太品源生态葡萄园（2021）

（李维照　摄）

揭西县茶叶省级现代农业产业园产品发布中心和加工厂（2021）　（五经富镇　供稿）

蜂蜜市级现代农业产业园一角（2021）　　（龙潭镇　供稿）

乡村新面貌

金和镇乡村风貌提升示范带（2021）　　（金和镇　供稿）

灰寨镇乡村风貌提升示范带（2021）　　（灰寨镇　供稿）

钱坑镇一角（2021）　（李维照　摄）

南山镇火炬村（2021）　（李务欣　摄）

东园镇月湄村夜景（2021）　（许少波　摄）

上砂镇夜景（2021）　（上砂镇　供稿）

金和镇山湖村一角（2021） （许少波 摄）

县城夜景（2021）

坪上镇曲湖村田园风光（2021）　（许少波　摄）

（李务欣　摄）

乡道 Y569（坪红线）——2021 年度广东省“十大最美农村路” （杨茂参　摄）

县城文化广场（2021） （许少波　摄）

城乡建设 CHENGXIANG JIANSHE

2021 年，揭西县加快推进城乡重点项目建设，加强市政设施管理，完善公路建设；推进星曜城一期和二期、揭西碧桂园、棉湖壹号花园等房地产项目建设；推进县城道路升级改造二期、县城广德生态区建设（一期）、县环保能源产业园等工程建设，完成县城好日子广场、文化广场改造工程和揭西县高速公路出口连接线整治提升工程等项目建设；完成县城污水处理厂及配套管网四期工程建设，新增污水管网 5.47 千米。

县城好日子广场夜景（2021） （许少波　摄）

河婆街道横江河万里碧道（2021）（杨茂参　摄）

塔头拦河闸重建工程（2021）
（县水利局　供稿）

棉湖镇湖美来水净化站（2021）
（棉湖镇　供稿）

揭西县县城污水处理厂（2021）（县住房城乡建设局　供稿）

凤江高速公路出入口（2021）

灰寨高速公路出入口（2021）

（许少波　摄）

河婆高速公路出入口（2021）

高速公路出口连接线整治提升工程

（许少波　摄）

龙潭高速公路出入口（2021）

（许少波　摄）

（许少波　摄）

棉湖镇公共法律服务工作站（2021）

（县司法局　供稿）

2021 年 3 月 5 日，揭西县首个“三八红旗手工作室”——春之曦三八红旗手工作室在县税务局揭牌启动。图为工作室内景　（县税务局　供稿）

民生福祉 MINGSHENG FUZHI

2021 年，揭西县在揭阳市率先完成新能源城乡公交一体化，实现农村客运“村村通”；完成农村集中供水全覆盖攻坚任务，实现全县集中供水全覆盖；成立揭阳市揭西教育发展基金会，创建省级名校长工作室 1 个、市县级名师工作室 6 个和基础教育研究实验基地学校 4 所，建成教师发展中心综合楼等项目；与中山大学孙逸仙纪念医院合作帮扶县人民医院创建三级甲等综合医院；推进县人民医院感染科综合大楼、棉湖华侨医院综合改建、县精神康复中心等项目建设；深化平安揭西建设，完成庆祝中国共产党成立 100 周年安保、政法队伍教育整顿、扫黑除恶、反电信诈骗、摩电（摩托车、电动车）整治等工作；7 个示范性乡镇公共法律服务工作站完成规范化建设；累计建成社工服务站 17 个、服务点 25 个，实现乡镇（街道）社会工作服务站全覆盖。

2021 年 5 月 27 日，揭西县“交房即发证”服务启动仪式在揭西碧桂园置业开发有限公司举行　（江浩　摄）

2021 年 9 月 16 日，

城市建设者——棉湖镇沿江路综合整治工程建筑工人（2021） （李维照　摄）

揭西县新能源城乡公交投入运营
（风林　摄）

南山镇洋梅坪村茶叶种植户采茶（2021） （李维照　摄）

教育事业

揭西县第一中学（2021）

南侨中学（2021）

北山中学（2021）

（县教育局　供稿）

基础教育研究实验基地学校

（县教育局　供稿）

（县教育局　供稿）

棉湖第二中学（2021）

（许少波　摄）

2021 年 4 月 10 日至 5 月 5 日，揭西县第二届中小学生足球比赛在霖田高级中学举行（县教育局　供稿）

2021 年 9 月 11 日，揭阳市揭西教育发展基金会成立大会在县城希桥酒店举行　　（李运生　摄）

2021 年 11 月 19 日，广东省庄伟平名校长工作室揭牌仪式在河婆中学举行

（河婆中学　供稿）

全国篮球特色学校——河婆中学（2021）　　（杨茂参　摄）

2021 年 6 月 9 日，揭西县新冠肺炎病毒疫苗大型临时接种点在县第一职业技术学校启用

（县卫健局　供稿）

2021 年 7 月 10 日，揭西县人民政府、中山大学孙逸仙纪念医院在县人民医院签订合作帮扶揭西县人民医院创建三级甲等综合医院协议，举行“中山大学孙逸仙纪念医院揭西医疗中心”挂牌仪式　（县卫健局　供稿）

2021 年 7 月 15 日，揭西县第二人民医院住院康复科举行开科仪式　（县卫健局　供稿）

揭西县第二人民医院（棉湖华侨医院）（2021）　（许少波　摄）

2021 年 10 月 23 日，2021 年中医药文化传播活动之“大医精诚——中医名家走基层”（揭阳站）在揭西县中医医院举行。活动现场南方医科大学中西医结合医院肝病科、针推康复科、骨伤科等 13 个科室的专家为群众义诊（县卫健局　供稿）

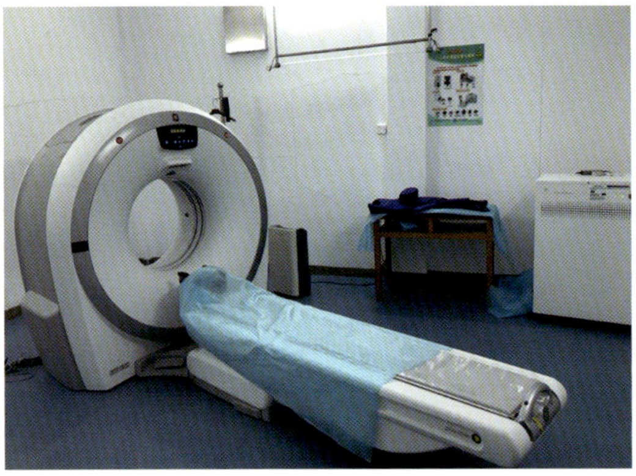

2021 年 11 月，金和镇中心卫生院投入使用 16 排 32 层螺旋 CT 机（县卫健局　供稿）

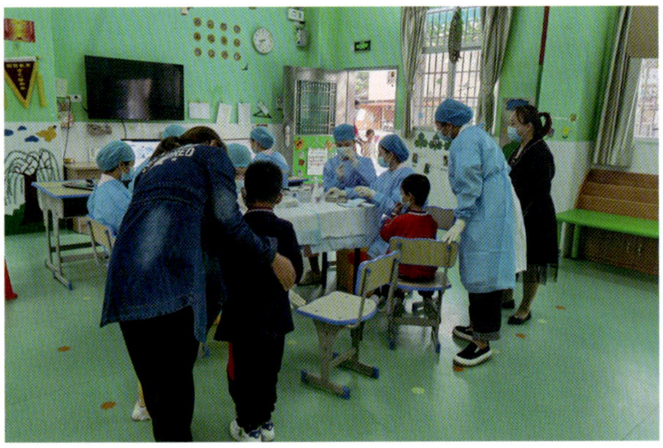

2021 年 11 月 4 日，揭西县在河婆街道怡景幼儿园设置新冠肺炎病毒疫苗校园临时接种点（县卫健局　供稿）

2021 年 10 月 23 日，揭西县中医医院与南方医科大学中西医结合医院建立针推康复科专科联盟和骨伤科专科联盟（县卫健局　供稿）

2021 年 6 月 7 日，县公安局组织公安民警和交警在棉湖中学周边维护高考交通秩序　　（许少波　摄）

2021 年 6 月 18 日，县公安局组织警力在河婆街道新安路开展巡逻工作　　（县公安局　供稿）

2021 年 6 月 20 日，县公安局巡逻特警在县城滨江公园开展日常巡逻防控工作　　（县公安局　供稿）

2021 年 8 月 14 日，县公安局组织公安民警在棉湖镇棉湖大道（五十米大道）开展交通清查工作

（县公安局　供稿）

2021 年 9 月 10 日，县公安局在揭阳市公安局反诈中心支持下阻止一起冒充公检法诈骗案件，挽损近百万元。图为民警劝阻被诈骗对象现场

（县公安局　供稿）

2021 年 8 月 31 日至 9 月 1 日，县公安局组织警力和各类综治力量约 800 人在全县范围内开展百日行动第一次统一清查行动。图为棉湖派出所部署行动现场

（县公安局　供稿）

爱国主义教育基地 AIGUO ZHUYI JIAOYU JIDI

2021 年，揭西县完善爱国主义教育基础建设，加强各级爱国主义教育基地管理，接待各界爱国人士开展爱国主义教育活动。至年底，全县有大北山革命历史纪念馆、棉湖战役东征军指挥部旧址（兴道书院）、南侨中学旧址、河婆象山革命烈士纪念亭、南方人民银行纪念馆、揭西县博物馆 6 个爱国主义教育基地。全年全县 6 个爱国主义教育基地接纳中小学生免费参观学习 3.3 万人次。

广东省爱国主义教育基地——大北山革命历史纪念馆（2021） （风林　摄）

揭阳市爱国主义教育基地——棉湖战役东征军指挥部旧址（2021） （许少波　摄）

揭阳市爱国主义教育基地——南侨中学旧址（义享公祠）（2021） （郑楚藩　摄）

揭阳市爱国主义教育基地——河婆象山革命烈士纪念亭（2021）

（县史志办　供稿）

揭西县爱国主义教育基地——揭西县博物馆，图为县博物馆红色文化资源展厅一角（2021）　　（县博物馆　供稿）

揭阳市爱国主义教育基地——南方人民银行纪念馆（2021）　　（良田乡　供稿）

特 辑

大 事 记

揭 西 概 貌

党政机关

民主党派

群众团体

法　治

军　事

经济监督管理

财政　税务

金融业

农业　水利

信息业

城乡建设　生态环境

文化　传媒

卫生　体育

社会生活

应急管理

乡镇（街道）

人物　荣誉

统计资料

文献　文件

附　录

索　引

Contents

揭西县开展庆祝中国共产党成立100周年系列活动

2021年，揭西县精心组织安排，广泛宣传发动，开展庆祝中国共产党成立100周年系列活动。

县委办、县政府办印发《关于组织收看庆祝中国共产党成立100周年大会现场直播的通知》，组织全县各地各单位收看直播活动。县四套班子成员集中收看庆祝中国共产党成立100周年大会直播，收听收看习近平总书记在大会上发表重要讲话。全县74个县直单位、17个乡镇（街道）、389所中小学幼儿园、22个医院（卫生院）、26个“两新”（新经济组织和新社会组织）组织、318个村（社区）分别在各自单位组织收看电视直播。

组织全县各级党组织开展党史学习教育和习近平总书记“七一”重要讲话精神专题宣讲活动，组建百姓宣讲团开展宣讲活动，推动党史学习教育和习近平总书记“七一”重要讲话精神进企业、进村（社区）、进机关、进校园。

县融媒体中心开设庆祝中国共产党成立100周年宣传专栏，通过探访党史重大事件发生地、重要遗址遗迹，宣传一批革命英雄、建设楷模、时代先锋等系列专题内容，报道中国共产党百年光辉历程以及全县各地各单位学习贯彻实际行动和进展成效。统筹各个媒体平台，在黄金时段通过标版、专题、走马字幕、短视频等形式宣传党的百年历史有关内容。围绕习近平总书记“七

良田乡庆祝中国共产党成立100周年景观（2021）　　（良田乡　供稿）

一”重要讲话精神，在各新媒体平台首页首屏突出位置开辟相关专题专栏，转载中央、省、市推出系列评论文章，制作“讲好揭西故事　传承红色精神”H5（第五代互联网超文本标准语言）宣传海报，利用“揭西发布”“文明揭西”微信公众号等平台，推送习近平总书记“七一”讲话精神和党史学习教育重要内容相关信息340多条，利用“融通揭西”App珠江云内容池转载运用“广东‘两优一先’表彰者内容池”79条、“央媒党史教育专题内容池”131条、“广东党史教育内容池”144条、“央媒要闻内容池”156条。

揭西县围绕庆祝中国共产党成立100周年主题，开展红色主题图片展进校园、进基层活动20场次；县山歌剧团开展“戏曲进农村”50场次；开展“揭西美·潮客情”暨党史学习教育文艺晚会5场次。组织开展庆祝中国共产党成立100周年作品创作比赛，创作作品20个。推送文艺作品参与揭阳市“感党恩　跟党走”——庆祝中国共产党成立100周年文艺作品征集活动，获奖作品数量位居全市榜首，其中金奖1个、银奖3个、铜奖4个、入选奖12个。开展儿童平衡车比赛、象棋民间棋王争霸赛、青少年乒乓球赛、“体彩杯”跆拳道锦标赛等系列全民健身活动共15场次。

揭西县开展评选表彰，营造学习先进、崇尚先进、争当先进氛围。组织推荐“两优一先”表彰对象省级4个、市级42个、县级100个。注重党内关怀帮扶，下拨党费74.5万元，对生活困难党员、老干部、烈士遗属等共1078人进行走访慰问。组织颁发“光荣在党50年”纪念章活动，向在世50年党龄以上6716名老党员颁发纪念章。

（张俊亮　张新国）

揭西县开展党史学习教育

2021年，揭西县学习贯彻习近平总书记在党史学习教育动员大会上重要讲话精神和广东省委、揭阳市委有关部署要求，开展党史学习教育，引导全县党员干部学史明理、学史增信、学史崇德、学史力行，从百年党史中总结历史经验、感悟思想伟力、发扬革命精神、传承红色基因、汲取奋进力量、砥砺初心使命。

揭西县成立以县委书记任组长的党史学习教育领导小组，统筹推进全县党史学习教育工作。3月3日，召开全县党史学习教育动员大会，全面铺开党史学习教育。制定印发《关于开展党史学习教育的实施方案》等62个文件，先后召开县委常委会专题会议11次、领导小组办公室会议5次、各类培训会议4次，及时安排部署全县党史学习教育各项工作。成立6个巡回指导组，对各单位各部门党史学习教育进行指导和服务。

县委制定理论学习中心组学习、读书班等学习计划，坚持把读原著、学原文、悟原理作为学习教育基础，组织全县党员学习规定书目，征订1.34万本学习教材。全县各地各部门拓展学习内容，结合党建主题活动、新时代文明实践活动、主题党日等，丰富学习教育形式，利用革命老区优势，组织前往县域内红色基地开展党史学习教育。县委书记、县长带头上党课，先后带队到大北山革命历史纪念馆、潮汕人民抗征队诞生地——火炬村、良田南方人民银行旧址等党史教育基地、革命旧址开展研学活动。全县各级党组织举办党史专题中心组学习712次，参与党员干部7236人次。成立县委党史学习教育宣讲团（10名成员）到各地各单位开展宣讲活动，开展活动281场次，推动党史学习教育进企业、进村（社区）、进机关、进校园，受教育党员干部1.05万人次；各地组织成立百姓宣讲团，开展宣读教育活动，全县开展“百姓宣讲”活动683场

2021年7月8日，县委宣传部“学党史、悟思想、办实事、开新局”党史学习教育专题组织生活会在县机关办公大楼713会议室举行　　（县委宣传部　供稿）

次，听众1.96万人次。派出3人参加揭阳市委宣传部、市委党史学习教育领导小组办公室举办的“永远跟党走”百姓宣讲比赛，分别获得一等奖、二等奖和三等奖。

揭西县加大党史学习教育宣传，运用好政府门户网站、县广播电视台、户外宣传牌等载体，在县融媒体中心开设《奋斗百年路　启航新征程》等栏目，专题宣传中国共产党百年光辉历程，宣传报道各地各单位党史学习教育和“我为群众办实事”进展情况；在“揭西发布”“文明揭西”微信公众号开设“我为群众办实事”专栏。县委党史学习教育领导小组办公室联合县史志办编印《揭西红色故事》《揭西革命故事选》供全县737个单位学习使用。组织全县文艺文化工作者开展红色文化研讨、创作交流，创作《揭西人民永向前》《北山红杜鹃》《看俺揭西今朝美》等党史学习教育文艺作品。向外宣传揭西党史学习教育信息，122条信息被“学习强国”平台采用；县融媒体中心播出党史学习教育电视新闻346条；通过“融通揭西”App、“揭西广电”微信公众号等新媒体推送资讯1286条；编发县级简报116期。

揭西县制订《县委县政府领导同志开展“我为群众办实事”实践活动专题调查研究工作方案》，学做结合，解决民生实事，开展专题调研实践活动，形成22个专题调研课，梳理出161项民生项目。全年全县开展“我为群众办实事”事项896项，完成870项。

（张俊亮　张新国）

揭西县完成县、镇、村（社区）党组织换届选举

2021年，揭西县加强组织谋划，坚持政治标准选人用人，依法依规按程序做好县、镇、村（社区）党组织换届工作。县委成立换届工作领导小组，加强对换届工作领导和统筹协调。县纪委监委、县委组织部组建2个换届风气巡回督查组，对16个乡镇换届风气及严肃换届纪律工作开展巡回督查。

县级换届坚持早谋划、早准备工作思路，加强与揭阳市委换届办等上级部门沟通衔接，严格规范程序步骤，配合市委组织部做好换届新进班子人选推荐考察，严把各级代表委员政治关、素质关、结构关，从严审查提名推荐考察人选。县委组织部列出换届选举会议材料清单，形成会议筹备事项，准备大会选举环节，加强选举业务学习培训。9月下旬和10月下旬，分别召开县第十二次党代会和县第十一届人民代表大会、政协揭西县第十一届

委员会，完成县级换届选举工作任务。

7月上旬完成16个乡镇换届"两推"（谈话调研推荐、会议推荐）、民主测评、考察谈话、研究通过人事方案等工作。按照要求，推进完善班子结构，选优配强乡镇领导班子。换届后16个乡镇211名班子成员中，配备35岁以下班子成员65人，占领导班子总职数30%。全县配备35岁以下镇长4人，达到党政正职一般要达到15%的要求；按规定配备女性党委书记1人；每个乡镇选拔配备"五方面人员"（乡镇事业编制人员、优秀村党组织书记、到村任职过的选调生、第一书记、驻村工作队员）1人，每个乡镇配备女干部1人以上，每个乡镇领导班子配备30岁以下干部1人。全县16个乡镇配备女干部41人。新一届乡镇领导班子成员全部为大专以上学历，平均年龄40.9岁。7月和8月，16个乡镇分别召开党代会和人民代表大会，依法选举出新一届乡镇党政、人大领导班子，完成乡镇换届工作任务。

县委组织部推进完成村（社区）"两委"换届选举，318个村（社区）100%实现党组织书记、村（居）民委员会主任、集体经济组织负责人"三个一肩挑"以及"两委"干部交叉任职。318个村（社区）选出"两委"干部1818人，其中党组织委员1405人，村（居）民委员会成员1497人，交叉任职1084人，交叉任职率100%，妇女干部、年轻干部、参选率等达到规定要求。实现"一降一多两升"（班子平均年龄下降、妇女干部人数增多、班子文化素质提升、"领头雁"综合素质显著提升）目标，新一届"两委"干部平均年龄43.6岁，比上届降低7.5岁；女性人数519人，占28.5%，其中女性"一肩挑"23人，实现每个村（社区）"两委"至少有1名女性成员；大专及以上学历人数458人，占25.2%；调整党组织书记129人，新进班子党组织书记92人，大专以上学历123人，平均年龄45.3岁，比上届下降8.1岁。

（张赐荣　蔡飞鸿）

揭西县开展"四学四行六规范"党建主题活动

2021年，揭西县委贯彻新时代党的建设总要求和新时代党的组织路线，围绕"攻坚强基年"目标任务，落实加强党的基层组织建设三年行动计划以及揭阳基层党建"1+1+6"（1个三年行动计划，1个基础保障办法，6个实施农村基层党建"组织兴村"工程、机关党建"提神振气"工程、事业单位党建"先锋服务"工程、城市基层党建"互联共建"工程、国企党建"强根铸魂"工程、两新组织党建"双有双培"工程）工作体系，以党的政治建设为统领，以组织体系建设为重点，以提高基层党建工作质量为主线，创新开展"四学四行六规范"党建主题活动。"四学"为学习新思想、党史、政策法规、专业知识，"四行"为开展党性教育行动、队伍建设行动、

2021年10月18日，坪上镇在镇政府会议室开展"四学四行六规范"党建主题活动学习会
（县委组织部　供稿）

党员管理行动、制度执行行动，“六规范”为规范农村党建、机关党建、事业单位党建、城市党建、国企党建、两新组织党建。各级党组织固定每周星期一作为党建活动日，全年开展“四学四行六规范”党建主题活动2500多场次。

（张赐荣　蔡飞鸿）

揭西县推进省、市、县农业产业链“链长制”建设

揭西县作为传统农业大县，揭阳市委、市政府要求揭西县在创建农业产业链工作中先行先试、探索经验、走在前列。2021年，揭西县贯彻落实市委、市政府有关工作部署，探索新时期农业发展新机制，落实农业产业链“链长制”相关建设任务，选准一批现代农业主导产业，创建生猪、茶叶2条市级农业产业链，苦笋、南药、橄榄、蔬菜4条县级农产业链。

揭西县成立由县委书记任总链长、县长任副总链长的揭西县农业产业链“链长制”工作领导机构。总链长、副总链长每年组织4次以上专题会议或活动，组织研究制定年度做大做强做优产业链工作计划，协调解决产业链发展中的重大困难、问题。领导机构下设办公室（设在县农业农村局），承担县农业产业链“链长制”工作领导机构日常工作，负责各乡镇（街道）产业链链长、副链长及县级产业链成员单位年度考核及考核方案制定。各农业产业链设立一位县级链长，下设链长办公室，由链长根据实际情况确定办公室主任和成员单位。各乡镇（街道）设立镇级农业产业链链长和副链长，分别由各乡镇（街道）党（工）委书记、乡镇长（街道办主任）担任，负责产业链组织实施工作，加强对农业产业链创建工作组织领导。制订《揭西县农业产业链“链长制”工作方案》《揭西县农业产业链“链长制”工作规则》《揭西县全面推行农业产业链“链长制”工作责任落实管理考核办法》等配套性政策文件，加强农业产业链“链长制”工作政策保障。

揭西县明确调整优化农业产业结构、推动农业高质量发展时间表、路线图、任务书，根据国家、省、市有关政策文件和现代农业发展有关措施，特别委托专业团队对全县特色农业产业发展情况进行实地调研摸查，根据调研实际情况，编写生猪、茶叶、苦笋、南药、橄榄、蔬菜等主要农业产业2021—2025年产业链总体发展规划，科学指导农业产业链发展。出台《揭西县茶叶市级产业链“链长制”实施方案》《揭西县生猪市级产业链“链长制”实施方案》《揭西县蔬菜县级产业链“链长制”实施方案》《揭西县苦笋县级产业链“链长制”实施方案》《揭西县南药县级产业链“链长制”实施方案》《揭西县橄榄县级产业链“链长制”实施方案》等指导性政策文件，梳理当前各特色产业发展现状及发展短

揭西县茶叶省级现代农业产业园加工厂内景（2021）　（李维照　摄）

板，针对6条农业产业链2021—2025年目标任务、发展种植规模任务、发展重点项目等作重要部署，将产业链发展种植规模目标分解下达至各有关乡镇（街道）。

揭西县制定各单位关于产业链发展扶持政策，出台《揭西县生猪产业链扶持办法（试行）》《揭西县茶叶产业链扶持办法（试行）》《揭西县苦笋产业链扶持办法（试行）》《揭西县南药产业链扶持办法（试行）》《揭西县橄榄产业链扶持办法（试行）》《揭西县蔬菜产业链扶持办法（试行）》，形成“一链一策”，围绕“做大一产、做强二产、做优三产”支持引导农业产业做大做强。

揭西县加强与华南农业大学、省农业科学研究院等高等院校、科研机构合作，针对各农业产业链发展需求成立各农业产业链专家指导团队，科学指导各农业产业链规范发展。谋划搭建农业产业链共性技术支撑平台，激活发挥企业主体作用，支持鼓励引导链主企业进行共性技术支撑平台搭建。联合市、县两级政府和联通公司，搭建农业产业链大数据平台。

揭西县推行多项机制创新，推进农业产业链发展。创新“链园合一”机制，利用省、市级现代农业产业园基础，优先扶持产业园实施主体及龙头企业参与农业产业链建设及申报县级现代农业产业园；创新扶贫资产入链机制，加大力度组织扶贫资产投入农业产业链相关产业，通过扶贫资产向农业产业链倾斜方式，提高扶贫资产利用率；创新财政资金保障机制，将涉农资金重点扶持农业产业链发展，建立健全农业产业链储备项目库，完善项目申报流程，助力产业链发展；创新农村人才培养机制，加强农村人才培育和引进力度，推进农村创业创新工作。

（刘桂山　侯晓云）

揭西县开展乡村振兴驻镇帮镇扶村工作

2021年，揭西县按照“党政机关+企事业单位+农村科技特派员、‘三支一扶’人员、高校毕业生志愿者、金融助理”组团要求，选优配强帮扶队伍，落实“一对一”组团结对安排。8月，各驻镇帮扶工作队完成进驻，各驻村工作队全部成立临时党支部，工作队长完成挂职乡镇党委副书记组织任命程序，全面铺开驻镇帮扶各项工作。

2021年12月24日，东莞市大岭山镇在揭西县凤江镇开展消费帮扶活动

（县农业农村局　供稿）

揭西县明确各地要委托有资质、有水平的高等院校、规划设计单位编制规划，增强乡村振兴发展规划科学性。各乡镇（街道）在摸清辖区总体发展情况、存在短板及重点发展需求基础上，围绕提升驻镇帮镇扶村“五项提升”（产业振兴、人才振兴、文化振兴、生态振兴、组织振兴）和解决人民群众迫切期望问题，加快谋划编制乡村振兴发展规划和项目储备。从驻镇帮镇扶村资金中专门安排435万元（每个乡镇25万元）用于各地开展防返贫动态监测和帮扶工作，实行以奖代补政策，从就业、务工、

发展种养及技能培训方面予以奖补，鼓励监测户发展生产。引导各驻镇帮镇扶村工作队开展消费帮扶活动，结合消费帮扶需求，联合驻镇成员单位通过促销、食堂采购、工会消费等形式开展消费帮扶，协助解决帮扶镇、村农产品销售问题。

揭西县按照分担比例和有关规定落实帮镇扶村财政专项资金，足额配套资金。发挥各驻镇帮扶单位资源优势，加大帮扶资金投入。省政府办公厅牵头粤海集团计划投入资金800万元，谋划设立粤海防返贫救济基金。东莞市大岭山镇支持揭西县凤江镇、塔头镇帮扶工作队专项工作经费63万多元，向凤江镇、塔头镇捐赠帮扶资金各8万元，资助凤江镇防返贫监测对象（年人均可支配收入低于9600元）3年，大岭山镇企业爱心捐赠约15万元成立教学帮扶资金。揭阳市烟草局投入帮扶资金65.76万元帮扶上砂镇上林村建设水口道路硬化、照明工程和文化广场升级改造项目。五经富镇驻镇帮镇扶村工作队动员慈善组织募集金额6.8万元为该镇村民开展多种形式帮扶，受益村民144户。县文广旅体局投入资金6万元为帮扶村员墩村建设“农家书屋”项目。县统计局投入1万元，解决龙潭镇北溪村村委经费困难问题。

（刘桂山　侯晓云）

揭西县推进新冠肺炎疫情防控工作

2021年，揭西县按照分级分区管理要求，全县动员、全面部署，强化新冠肺炎疫情防控措施，坚决遏制疫情输入和蔓延，全年无输入病例、无新增确诊病例。

揭西县动态调整县疫情防控领导小组（指挥部）及办公室，办公室设10个工作组、13个工作专班并成立县新冠病毒疫苗接种工作领导小组，统筹疫情防控和疫苗接种工作。全年召开县委常委会暨疫情防控领导小组（指挥部）全体成员会议、指挥部办公室会议、防控工作推进会议15次，发出疫情防控相关通知、工作指引等文件70份，明确职责分工，落实防控措施，动员全县上下共同做好疫情防控工作。县委办、县政府办、县纪委监委、县卫健局组成督查小组，常态化开展督查检查，紧盯重要节假日等关键节点疫情防控措施落实情况，每周跟进督办各工作组（专班）工作情况，及时掌握全县疫情防控形势。整改市暗访组反馈问题，完成13个存在问题整改落实。

揭西县重点构筑网格化管理、大数据排查、交通运输管控、免疫屏障四道防线。全县划分网格2771个，配置网格员7000余人。设立“三人小组”524个，其中“三人领导小组”18个、村（社区）“三人工作小组”506个（1170人），“三人工作小组”全员编入网格员队伍，加强对外来人员、来自中高风险地区人员、入境人员等重点人群排查管控，以行政村、自然村、小区、企业等为单位设立检测卡点，全年排查管控境外地区来揭西人员210人、国内疫情重点地区来揭西人员7225人，全部落实隔离医学观察。对上级下发的大数据核查线索及时发送到乡镇（街道）“三人小组”，核查线索2492批次、1.06万条，核查率100%，其中落地核查6134人，结果全部为阴性。加强客运场站、高速公路服务区管控，落实从事跨境货车司机、作业点及进口冷链食品疫情防控，全县2个客运站累计排查车辆22.07万车次、过往人员55.25万人次，无发现体温异常人员。推进新冠病毒疫苗全人群接种工作，建立全民免疫屏障，全年全县完成接种101.78万剂次，其中完成全程接种47.22万人、加强针免疫4.62万人。

设置县级定点救治医院1家（县人民医院）、后备救治医院1

2021年12月17日，揭西县新冠肺炎本土疫情应急处置实战演练大规模核酸检测在南山镇火炬村开展 （县卫健局 供稿）

家（县第二人民医院），组建医疗救治专家组1个、救治应急队伍7支，设置隔离床位24张。加快县人民医院感染科综合大楼和县第二人民医院综合改建项目建设，县人民医院完成可转换传染病床位建设任务80张，完成重症监护病区（ICU）建设，设置床位20张。全县设置新冠病毒核酸检测实验室3家，单日最高检测量3940人份/日；与第三方检测机构签约，日检测量3万人份。组建流调溯源工作专班，建立公安、疾控“后台合署、前台混编、社区落地查人”立体化流调机制，按照“三级流调梯队”管理模式，由县公安局和县疾控中心、县二级以上医疗卫生机构、县慢病站等单位组建流调队伍4支，实行人员动态管理，全年追踪管理密切接触者4人、次密切接触者77人。设置集中隔离观察场所1个（揭西特美思酒店），配备隔离房间50间、各类工作人员47人；设置常态化储备集中隔离房间276间；按照每万人口不少于20间标准，储备10所酒店1441间房间为集中隔离场所，全年接受集中隔离医学观察287人。加强发热门诊“哨点”建设，全县哨点监测单位581家，其中医疗机构427家、药店154家；开放24小时发热门诊（诊室）20个。印发《揭西县新冠肺炎本地疫情应急处置方案》等文件，提高应急队伍针对突发传染病事件响应和处置能力。县防控指挥办组织开展疫情防控综合应急演练活动3场次，县卫健系统组织各医疗卫生机构开展应急演练活动8场次，县教育系统、县市场监管系统组织应急演练和应急桌面演练各1次。

建立社会管理网络，动态调整县内重点场所、重点行业疫情管控措施。加强重大节日期间疫情防控，落实分析研判、统筹部署、工作督查、值班值守等工作。深化部门联防联控，县文广旅体局、县公安局、县市场监管局、县农业农村局依法开展执法检查，加强文旅、市场等专项检查，保持物价稳定，规范活禽经营，做好家畜家禽疫病监测和消毒工作，维护生产生活秩序。全年查处涉疫情刑事治安案件13件，抓获违法犯罪嫌疑人24人，其中逮捕4人、刑事拘留4人、行政拘留7人、行政处罚9人。

全年播出疫情防控新闻233条，宣传片1610条次，标语6238条次。播出《公告》1363条次、疫情防控知识354条次；通过“南方+”“揭西发布”“文明揭西”微信公众号等平台，推送疫情防控宣传信息1248条，累计阅读量超过25万次。

（巫丽琼　徐晓颖）

南山镇火炬村实施党建示范“五个一工程”项目

2021年，南山镇规划实施揭西县火炬村党建示范“五个一工程”项目，项目内容包括一本好书、一部电影、一出大戏、一套纪录片和一个红色基因数据库。项目通过招标采购方式由百川星汇（北京）文化科技有限公司中标。

南山镇“五个一工程”项目工作专班多次组织召开项目建设专题会议，加强与实施方沟通对接，实行重点项目目标管理，科学制订工期计划，一个项目一张作战图，明确项目落地建设每个关键环节时间节点按照合同约定要求，推进项目建设。通过对红色历史文献资料整理，以图书为核心打造一整套“红色文创体系”，完成图书编制工作；拍摄以火炬村为背景、以社会主义新农村建设为题材的电影——《情系火炬村》；6月6日，在火炬村以歌曲、舞蹈、朗诵、情景表演等演出表演形式举办“永恒的火焰”——庆祝中国共产党成立100周年文艺演出，委托河南酷德舞台艺术有限公司对演出进行策划，演出节目分为初心启征程、共圆中国梦两个篇章共17个表演节目，时长90多分钟，现场观看晚会人数约400人，在腾讯视频等网络播放平台设置多媒体网络录播入口，晚会录播视频在揭阳电视台、揭西电视台进行播放；制作一套纪录片，主要内容是记录火炬村“红色村”建设过程，完成情节拍摄及后期制作；建立一个红色基因数据库，运用5G、大数据、云计算等新技术，建设大数据云平台，为红色文化生产和文化消费提供线上场景，增加游客互动性和娱乐性，优化红色文化资源配置，促进文化创新。上线全景板块、线上漫游板块、AR（增强现实）交互内容，支持电脑端、手机端、网页端浏览，在南山镇镇政府、火炬村村委办公楼各配置一套线下展示系统。

2021年6月至年底，火炬村先后接待各地机关单位、研学机构到火炬村开展党日活动、研学活动330多批次，接待30万人次以上。

（张双全　彭浩扬）

揭西县成立揭阳市揭西教育发展基金会

2021年，揭西县学习贯彻习近平总书记关于教育工作重要论述，团结一切力量兴办教育，推动乡贤企业家参与揭阳市揭西教育发展基金会筹建工作。专门成立揭阳市揭西教育发展基金会筹备工作领导小组和工作专班，把筹建工作纳入重要议事日程，县委常委会会议专题进行研究部署，多次召开专题工作会议布置推进筹建工作，及时协调解决筹备过程中各项重点难点问题。县委主要领导率队到广州市、深圳市等地走访联系旅外商会和乡贤企业家，加强与乡贤企业家沟通联系，发动揭西乡贤企业家捐资助教。

8月15日，揭阳市揭西教育发展基金会筹备成立工作会议在县城希桥酒店深圳酒楼3楼会议厅召开，讨论通过筹委会组成人员名单，通报揭阳市揭西教育发展基金会筹备工作有关情况和基金会乡贤企业家捐资情况，举行现场捐款仪式。9月10日上午，揭阳市揭西教育发展基金会成立大会在县城希桥酒店深圳酒楼3楼会议厅召开，会议通报理事会、监事会成员名单，会议宣读中山大学、政协广东省委员会、广州市人民政府等单位有关负责人发来的贺信，举行现场捐款仪式并颁发荣誉证书；下午，县委、县政府召开全县教育工作大会，以基金会名义对获得表彰的127名教育工作者进行现场颁奖。

揭阳市揭西教育发展基金会是经揭阳市民政局批准注册的非公募基金，通过定向募捐筹集资金以开展教育慈善活动为宗旨的慈善组织，内设理事会、监事会、秘书处，成员69人（其中理事会60人、监事会5人、秘书处4人）。主要奖励教书育人模范或突出贡献者以及师德高尚、业绩突出的优秀教育工作者、校长、教师、班主任，奖励各学段品学兼优的学生，资助揭西籍品学兼优、家庭困难的在校学生完成学业，发展各项教育事业。

揭西县动员全县干部职工参与基金会建设和筹资工作，鼓励社会各界捐款助教。2021年，县委、县政府拨发财政资金1200万元资助基金会，县四套班子成员以及各乡镇（街道）、县直各单位主要负责人捐款共315.89万元。

（李旭林　刘金杰）

揭西县新能源城乡公交启动运营

2021年9月16日，揭西县新能源城乡公交运营启动仪式在县新能源公交充电停保场举行，开启揭西县绿色环保出行新时代。

2021年，揭西县根据《揭西县新能源城乡公交一体化规划（2021—2030年）》，结合全县城乡公交发展需求，制订《2021年揭西县新能源城乡公交一体化建设实施方案》。新能源城乡公交建设项目是实施方案重点项目，由揭西县汽车运输总公司实施、经营，营运线路34条（其中特色精品线路6条、城乡公交客运干线7条、农村客运线路21条），合计里程823.1千米，配车97辆（新采购6.5米新能源客车45辆），覆盖县城重点行政部门和服务人民群众主要办事、医疗等机构、重点学校等，实现全县17个乡镇（街道）280个行政村100%村村通客运目标。

2021年9月16日，揭西县新能源城乡公交运营启动仪式在县新能源公交充电停保场举行　（风林　摄）

（刘武军　陈梓腾）

揭西县启动生活垃圾环保处理中心（揭西县环保能源产业园）项目建设

揭西县生活垃圾环保处理中心（揭西县环保能源产业园）厂址位于坪上镇老虎坷垃圾填埋场旁，规划占地面积10公顷。项目总投资4.36亿元，建设处理规模600吨/日生活垃圾焚烧发电厂，配置机械炉排焚烧炉1台，余热锅炉选用中温次高压参数为6.4兆帕、450摄氏度；配置15兆瓦汽轮发电机组1台，全厂热效率25.3%；配套建设飞灰填埋场1座，设计库容23.5万立方米，日处理餐厨垃圾100吨，配置100吨/日餐厨垃圾预处理线1条。

2021年7月27日，揭西县城

市管理和综合执法局委托国信国际工程咨询集团股份有限公司开展招投标工作，完成特许经营权招投标程序。中标方为广东广业投资集团有限公司。8月9日，揭西县在老虎坷垃圾填埋场举行揭西县生活垃圾环保处理中心（揭西县环保能源产业园）项目建设启动仪式。12月20日，广东广业投资集团有限公司取得用地预审和规划选址意见书，完成环境影响评价报告书送审稿，提交揭阳市生态环境局环评批复，等待土地划拨。项目工程计划2022年12月开工，建设时间2年，预计2024年12月建成投入使用。

（曾小可　王万方）

揭西县举办“中国农民丰收节”系列活动

2021年，揭西县探索乡村产业振兴新模式，推动优质农产品“产销对接”，规划建设全县农副产品大平台，在农户与采购商之间搭建产销对接桥梁，畅通农产品从田间到市场“绿色通道”。

9月26日，2021年揭阳市揭西县庆祝“中国农民丰收节”系列活动暨揭西县八大特色产业“12221”市场体系（建设“1”个农产品大数据，组建销区采购商和培养产区经纪人“2”支队伍，拓展销区和产区“2”大市场，策划采购商走进产区和农产品走进大市场“2”场活动，实现品牌打造、销量提升、市场引导、品种改良、农民致富等“1”揽子目标）建设启动仪式在塔头镇旧住村举办。活动以“庆丰收、感党恩”为主题，通过上线“揭西优选”电商平台、开启揭西农产品首席服务官计划、启动揭西县八大特色农业产业（茶叶、蔬菜、竹笋、橄榄、中药材、青梅、淮山、冬瓜）“12221”市场体系建设，集中展示揭西县推进乡村振兴成效。活动由广东省农业农村厅、南方报业传媒集团指导，揭阳市农业农村局和县委、县政府主办，县农业农村局、县乡村振兴局承办。

活动现场27个展位，集中展示展销全县绿色、优质、特色、安全农产品，展出钱坑木雕、擂茶等传统文化产品，茶叶、蜂蜜、冬瓜、葡萄、果干等农副产品，提供试吃体验。运用创新思维，在全市首次开启乡镇（街道）负责人为责任人的农产品首席服务官计划，组织全县首批农产品首席服务官与主播进行直播推介活动，扩大直播带货影响力。丰收节举办期间，策划北京西站10秒视频广告、央视二套1分钟节目短片、南方+广东十地庆丰收联播节目等节目投放，八大特色农产品首次在央视、省级媒体等媒体宣传推介；揭阳供销农产品配送有限公司与塔头冬瓜专业合作社、坪上丰农蔬菜专业合作社各签订7.5吨冬瓜和7.5吨番薯购销协议。

（刘桂山　侯晓云）

2021年9月26日，揭西县庆祝“中国农民丰收节”系列活动现场塔头冬瓜展位

（县农业农村局　供稿）

揭西县开展“360° 潮玩揭西”活动

2021年，揭西县响应广东省文化和旅游厅“广东人游广东”要求，推进揭西全域旅游发展，推动文旅消费。县文广旅游体育局联合南方卫视策划推出“360° 潮玩揭西”活动。4月25日，“360° 潮玩揭西”活动启动仪式在樱山花谷景区举行。

活动以“潮玩揭西”为主题，揭西全域旅游资源为元素，通过电视广播、网络媒体向全社会发出征集令，展开一场揭西全域旅游攻略大搜索，征集“360° 潮玩揭西”各种方式；发动一批网络大咖参与活动。活动以完全互动方式发动社会参与，征集揭西绿色生态、乡村休闲、康养度假、红色文化、古镇古村、节庆活动、美食特产等各类潮玩方式与休闲空间，梳理全域旅游创建成果，提炼全域旅游特色产品，打造“揭西全域旅游”媒体推介会，拉动文旅消费。

2021年4月26日，“360°潮玩揭西”体验团打卡金和镇山湖村
（县文广旅游体育局　供稿）

活动通过新浪微博、今日头条等平台征集参评作品180个，微博专版阅读量近4500万人次。4月13日，经网络投票，活动评选出“观瀑亲水‘趣’揭西”等10个最佳潮玩攻略，即“潮玩揭西十大攻略”，攻略设计胜出者作为体验代表与旅行商组成体验团，到揭西县开展“360° 潮玩揭西”体验之旅。

（温庆文　陈燕　林锐哲）

揭西县启用首个“电网警务室”

2021年11月10日，揭西县公安局、广东电网有限责任公司揭阳揭西供电局联合成立的首个“电网警务室”在河婆街道揭西供电局（老供电局）揭牌启用。电网警务室以保护电力设施、维护正常供用电秩序、服务电网安全生产及建设为主要任务，配备民警、辅警各1人，电网工作人员3人，物业5人。启用电网警务室，为全县电力生产、基建施工、窃电案件查处、电力设施保护、营造安全用电环境等方面发挥作用，县公安机关和县电力部门建立健全联防联控体制机制，推动全县电力设施保护和打击涉电犯罪工作规范化。

（张定坤　李勋涛）

电网警务室（2021）　（县供电局　供稿）

棉湖镇南门里历史文化街区被列为第二批广东省历史文化街区

棉湖镇古称道江，创建于宋太平兴国二年（977年），为广东省历史文化名城。南门里历史文化街区位于棉湖镇核心区，总面积7.64公顷，是古代棉湖寨南门的民居祠庙群（包括郭氏大夫第、永昌古庙暨云湖庵、林景拔翰林第、二楼吴民居等民居祠庙），称南门头。

南门里历史文化街区建筑布局密集且类型丰富，建筑群之间保留统一风貌，整个片区保存完整，与周边民居连成有机整体；使用“非”字型排水管道系统（道路左右两侧排水主管横向铺设，就近排入自然水体），道路底下排水管高低错落，几十年来较少发生雨水侵浸现象；部分住宅上居下铺，体现近代该地商业发展。建筑立面保留有不同时期商号、标语、宣传画痕迹。其中郭氏大楼始建于清雍正十一年（1733年），乾隆十一年（1746年）竣工，为硬山顶建筑，占地5460平方米，“百鸟朝凤”格局，被称为“潮汕乔家大院”；永昌古庙暨云湖庵始建于宋朝，“龙凤藻井”是粤东地区现存两个古藻井之一。至2021年年底，街区内有县级以上非物质文化遗产名录5项，其中省级3项［锣鼓标旗巡游、灯谜（揭西方言灯谜）、刘厝寨金狮］、市级1项（厚埔英歌）、县级1项（棉湖小吃制作技艺）；县级以上文物保护单位7个，其中省级4个［打铁街作坊群、郭氏大夫第、棉湖战役东征军指挥部旧址（兴道书院）、洪氏爱祖祠］、县级3个（永昌古庙、二楼吴古民居、城隍庙）；历史建筑10处（信祖书室、杨氏聘祖室、李仔园5号、李仔园6号、李仔园1—2号、会元居、柚园内大屋、琅嬛别墅、陈氏公厅、柚园内15号）。

2020年开展棉湖镇南门里历史文化街区划定编制，年底，省专家团队到棉湖镇开展历史文化街区评审；2021年3月12日，棉湖镇南门里历史文化街区被广东省人民政府公布为第二批广东省历史文化街区。

（许耿双　林钊立）

大事记

1月

5—6日，揭西县在县委党校举办县管干部学习贯彻习近平总书记出席深圳经济特区建立40周年庆祝大会和视察广东重要讲话、重要指示精神暨学习中共十九届五中全会精神专题研讨班。

6日，政协广东省委员会原副主席、省港澳办首任主任、省宋庆龄基金会主席唐豪，省粤港澳合作促进会执行会长、省港澳办原巡视员林迪夫一行到揭西县河婆中学开展考察活动。

7日，广东省文学艺术界联合会党组书记、专职副主席王晓率队到五经富镇联和村开展“我们的中国梦”——文化进万家暨新春扶贫慰问活动。

8日，广东省工业和信息化厅组织调研组到揭西县调研产业集聚发展工作。

9日，广东揭西消费扶贫产品展销活动暨第五届梅花节启动仪式在坪上镇举行。

同日，中山大学党委书记陈春声率队到揭西县人民医院开展医疗帮扶活动，交流研究医疗帮扶工作。

13日，揭西县在县机关大院附楼会议室举行中共十九届五中全会精神宣讲报告会，邀请揭阳市委宣讲团成员、市发展和改革局党组成员、总经济师郑子畅作宣讲报告。

14日，东莞市洪梅镇镇长刘学东率队到揭西县金和镇金溪小学开展“教育扶贫、爱心助学”活动。

15日，南山镇火炬村被广东省文化和旅游厅认定为第二批广东省文化和旅游特色村。

16—18日，揭西县委、县政府组团到广州市从化区、佛山市三水区、韶关市南雄市学习考察新农村建设及乡村振兴工作，学习先进工作经验和做法。

18日，揭西县第十届人大常委会第三十七次会议决定接受刘丽彬辞去县人民政府副县长职务。

20日，TCL华萌基金支持揭西教育事业捐赠仪式在揭西县机关大院会议室举行。TCL华萌基金为揭西县灰寨中学等15所中小学升级改造篮球场21个，为霖田高级中学新建篮球场4个，为灰寨中学捐赠教学设备一体机20台，总价值211.99万元。

25日，揭西县在县机关大院会议室举行广东雄资石油化工集团有限公司捐赠消防车仪式。广东雄资石油化工集团有限公司向揭西县捐赠一辆价值130万元举高喷射消防车，支持揭西县消防安全工作。

26日，揭西县在县机关大院附楼会议室召开精神文明建设委员会全体（扩大）会议暨省级文明城市复查复牌工作动员会。

27日，揭西县妇女第十次代表大会在县委党校召开。会议学习贯彻习近平总书记关于妇女和妇女工作的重要论述、对广东重要讲话和重要指示批示精神，审议县妇联第九届执委会工作报告，选举产生县妇联第十届执委会和新一届领导班子。

2月

4日，揭西县在县机关大院会议室召开中央和省级生态环境保护督察反馈问题整改工作推进会议。会议通报全县环保督察反馈问题整改工作情况。

6日，中国共产党揭西县第十一届委员会第九次全体会议在县委党校召开。会议总结2020年工作，研究部署2021年任务，县委常委会向全会报告2020年政治要件贯彻落实情况、全年工作总结、抓党建工作情况，会议表决通过《中国共产党揭西县第十一届委员会第九次全体会议决议》。

7日，南山镇火炬村被司法部、民政部命名为第八批“全国民主法治示范村（社区）”。

21—22日，政协揭西县第十届委员会第六次会议在县城希桥酒店召开。县政协主席代表政协揭西县第十届委员会常务委员会向大会作工作报告，会议通过政协揭西县第十届委员会第六次会议议程，审议政协揭西县第十届委员会常务委员会关于十届五次会议以来提案工作情况书面报告，通过有关辞职事项。

22—23日，揭西县第十届人民代表大会第六次会议在县委党校召开。会议听取和审议县政府工作报告、县人大常委会工作报告、县人民法院工作报告、县人民检察院工作报告。会议审查揭西县国民经济和社会发展第十四个五年规划和2035年远景目标纲要草案、揭西县2020年国民经济和社会发展计划执行情况与2021年计划草案报告及揭西县2021年国民经济和社会发展计划草案、揭西县2020年预算执行情况和2021年预算草案的报告及揭西县2021年预算草案。会议表决大会选举办法草案、民生实事项目票决办法草案，通过票决民生实事项目的总监票人、监票人名单草案。

23日，揭西县组织收听收看全省党史学习教育动员大会。

24日，揭西县召开农业产业链“链长制”工作会议。

25日，揭阳市委书记、市人大常委会主任蔡朝林率队到揭西县调研乡村振兴、文旅产业发展等工作。

同日，广东省交通集团有限公司驻揭阳市揭西县金和镇山湖村扶贫工作队被中共中央、国务院授予“全国脱贫攻坚先进集体”称号。

3月

3日，揭西县党史学习教育动员部署大会在县机关大院附楼会议室召开。县委书记出席会议并讲话，县长主持会议，县委宣传部部长对全县组织开展党史学习教育作全面安排部署。会议以电视电话会议形式开至村（社区）一级。

4日，揭阳市委副书记、市长、市副总河长、榕江流域市级河长张科率队到揭西县督导榕江流域污染整治工作。

5日，揭西县首个“三八红旗手工作室”在县税务局揭牌启动。

10日，揭阳市推进现代农业产业发展工作（揭西）现场会在县机关大院附楼会议室召开。会议学习贯彻习近平总书记在中央农村工作会议、全国脱贫攻坚总结表彰大会上的重要讲话精神，落实2021年中央1号文件和国家、省春季农业生产工作会议部署，总结交流工作经验，推动各地各部门紧盯节点、抓住重点、突破难点，加快推进全市现代农业产业发展。市委书记、市人大常委会主任蔡朝林等参加现场会。

同日，揭西县政法队伍教育整顿工作动员部署会在县机关大院附楼会议室召开。

12日，棉湖镇南门里历史文化街区被广东省人民政府公布为第二批广东省历史文化街区。

15日，揭西大洋国际生态旅游度假区被广东省农业农村厅、省文化和旅游厅认定为2020年度省级休闲农业与乡村旅游示范点。

23日，揭西县落实省委第十二巡视组反馈问题整改工作会议在县机关大院附楼会议室召开，会议总结前阶段省委第十二巡视组反馈问题整改工作情况，分析存在问题，部署整改工作。

23—24日，广东省老区宣传通讯员第二期培训班在揭西县京明温泉度假村举行。

24日，揭西县中长期青年发展规划实施工作联席会议第一次全体会议在县机关大院附楼会议室召开。

同日，广东省委政法队伍教育整顿驻揭阳指导组组长胡泽均一行实地察看揭西县政法队伍教育整顿工作领导小组办公室、县公安局教育整顿工作领导小组办公室办公环境，查阅相关台账资料，听取揭西县政法队伍教育整顿工作情况汇报。

25日，汕头市委常委、宣传部部长邱奕辉，副市长李钊一行到揭西县考察交流违法建设治理工作。先后实地考察河婆街道马头村新河家园拆除现场、下滩村渡船桥头对面违法违规建筑等地。

28日，揭西县2021年第一季度重点项目集中签约活动在棉湖镇举行，集中签约项目7个［揭西县棉湖镇老旧小区改造工程、揭西县产业园基础设施配套工程（一期）、揭阳盈讯电线电缆有限公司新建厂房、揭西贝斯达医院建设工程、揭西县星曜城（二期）建设工程、揭西县农房管控和风貌提升示范带建设项目、揭西县高质量水土保持林造林项目]，总投资额81亿元。

4月

4日，揭阳市委书记、市人大常委会主任蔡朝林率队到揭西县检查清明期间森林防灭火工作。

6日，揭西县召开农业产业链“链长制”工作推进会。会议审议、通过2021年实施的6条农业产业链实施方案（市级：茶叶、生猪。县级：苦笋、南药、橄榄、蔬菜）。

7日，广东省人民政府发展研究中心组织调研组到揭西县调研促进农民增收和农村公共卫生管理工作。

15日，揭西县全面推进乡村振兴工作大会在县机关大院附楼会议室召开。会议对全面推进乡村振兴工作作部署。县委组织部、县委宣传部、县农业农村局、五云镇、南山镇、凤江镇相关负责人就抓好乡村振兴工作先后作表态发言。会议以电视电话会议形式开至各乡镇（街道）。

同日，揭西县委理论学习中心组暨全县正科级主要领导干部党史学习教育专题研讨班在县委党校举行开班式。

16—17日，全国政法队伍教育整顿中央第十一督导组广东小组组长白少强率中央督导组和省驻揭阳指导组有关人员，到揭西县开展督导工作。督导组先后与县委主要领导，县纪委监委、县委政法委、县委组织部、县委宣传部、县公安局等单位主要负责人以及民营企业代表、个体工商户开展面对面谈话，分别前往县公安局、县看守所以及东园镇司法所，通过开展个别座谈、听取情况汇报、查阅台账资料等方式，了解揭西县政法队伍教育整顿工作情况。

17日，揭阳市广播电视台《乡村振兴大擂台》专题片摄制组到坪上镇取景拍摄。

22日，良田人民博物馆项目在良田乡龙岭村举行开工仪式。

23日，揭西县苦笋、南药、橄榄、蔬菜县级农业产业链链长工作会议在县机关大院附楼会议室召开。揭西县鸿霖蔬菜种植专业合作社、揭西天鹅湖水果种植有限公司、广东京溪园罐头食品有限公司、揭西县一道药业有限公司负责人分别汇报蔬菜、橄榄、苦笋、南药产业链建设情况。县农业农村局负责人汇报全县农业产业链链长工作有关情况。坪上镇、灰寨镇、京溪园镇、五经富镇等乡镇负责人先后作表态发言。

24日，华南师范大学文学院院长段吉方、党委书记姚文忠一行到揭西县教育局开展帮扶活动，华南师范大学文学院与县教育局签署“乡村中学语文教育结对帮扶”项目合作备忘录，举行“华南师范大学文学院实习实践基地”揭牌仪式。

25日，“360° 潮玩揭西”活动启动仪式在樱山花谷景区举行。

27日，广东省老促会会长陈开枝率队到揭西县调研革命老区振兴发展建设情况。

28日，广东省发展和改革委员会红色旅游重大项目调研组到揭西县南山镇火炬村开展调研活动。

29日，揭西县第十届人大常委会第三十九次会议决定免去林春雄县人民政府副县长职务。

同日，揭西县2021年党管武装、国防动员暨党管武装工作述职会议在县机关大院附楼会议室召开。会议宣读2020年军分区表彰揭西县武装工作先进单位及个人名单。会议传达学习2021年省、市民兵工作任务部署会，揭阳军分区党委四届四次全体（扩大）会议精神。

5月

3日，揭西县棉湖第二中学教育发展促进会在棉湖第二中学举行成立大会。

7日，揭西县县管干部党史学习教育专题研讨班在县委党校举行。

同日，揭西县打击治理电信网络新型违法犯罪工作专题会议在县机关大院附楼会议室召开。会议传达习近平总书记、李克强总理对打击治理电信网络新型违法犯罪工作作出的重要指示批示精神，分析全县打击电信网络诈骗形势，部署下一步工作。

11日，揭阳市人大常委会调研组到揭西县就2020年度环境状况和环境保护目标完成情况进行调研。

12日，揭阳市人民政府组织调研组到揭西县调研产业园建设工作，实地走访广东雅都包装印刷有限公司、广东众亿食品工业有限公司等企业。

14日，揭阳市支援广州海关白云机场口岸现场核酸采样队返揭欢迎仪式在揭西县举行，迎接全市35名医务人员返回。

19日，政协河源市委员会副主席黄晨光一行到揭西县考察乡村振兴工作。

20日，揭西县“高新技术企业”授牌仪式在县机关大院会议室举行。会议宣读广东省2020年度高新技术企业认定名单文件，并汇报全县科技创新工作情况。会议现场为广东粤威制药有限公司、广东越东机械有限公司、广东程通电线电缆厂有限公司3家企业授予“高新技术企业”牌匾。

同日，揭西县乡镇领导班子换届工作会议在县机关大院附楼会议室召开。

24日，揭西县火炬村党建示范“五个一工程”项目新闻发布会在火炬村举行。县有关领导及电影制片人、导演、主要演员等共同为“五个一工程”项目启动推杆，为电影《情系火炬村》开机揭幕。

25日，揭阳市委书记、市人大常委会党组书记王胜到揭西县产业园、坪上镇、金和镇等地调研。

27日，揭西县“交房即发证”服务启动仪式在揭西碧桂园置业开发有限公司举行。县税务局、县自然资源局、县住建局负责人授予3家（揭西碧桂园置业开发有限公司、揭西县湖坡建设开发有限公司、揭西县宏和投资有限公司）房企“揭西县不动产登记便民服务点”牌匾，并为购房业主颁发“不动产登记证”。

6月

1日，揭西县启用治超监测点2个，设置位置为五云检测点［国道G235线河婆往五云方向（K2134+686），双向两车道］、五经富检测点［国道G235线五经富往丰顺方向（K2087+355），双向两车道］。

6日，揭西县在南山镇火炬村举办“永恒的火焰”——庆祝中国共产党成立100周年文艺演出。

9日，揭西县启用新冠病毒疫苗大型临时接种点（县第一职业技术学校）（8月31日暂停）。

同日，揭西县乡村振兴局在县农业农村局举行挂牌仪式。

16日，揭阳市人大常委会调研组到揭西县调研重点水利灌溉工程建设。

18日，揭西县生态环境保护委员会会议暨2021年深入打好污染防治攻坚战动员大会在县机关大院附楼会议室举行。

23日，揭西县县乡人大“巩固基础、强化履职”两年行动部署会在灰寨镇举行。

同日，揭西县组织收听收看全省脱贫攻坚总结表彰大会。

26日，南山镇火炬村党支部、金和镇山湖村党委被评为广东省先进基层党组织。

28日，揭西县2021年第二季度重点项目举行集中开工活动，全县9个重点项目总投资额35.78亿元。与市第二季度重点项目集中开工活动同步举行。揭西县建筑废弃物和市政污泥资源化综合利用项目、大鹿农业公园项目、京溪园镇高京经济网络公路项目、揭西县红色美丽宜居示范项目、凤江镇青头庵污水处理厂新建工程及阳夏污水处理厂提标改造项目、揭西县凤江污水处理厂（二期）工程项目，棉湖镇云湖水系仙耘、湖美来水水质净化工程项目，棉湖壹号花园建设工程项目、榕景豪庭项目。

30日，揭西县政法队伍教育整顿工作总结会在县机关大院附楼会议室举行。会议通报全县政法队伍教育整顿工作情况，研究部署后续整改工作。

同日，揭西县“两优一先”表彰大会在县机关大院附楼会议室举行。全县66名优秀个人和34个先进集体受到表彰。

7月

1日，揭西县四套领导班子集中收听收看庆祝中国共产党成立100周年大会直播。

6日，揭西县委理论学习中心组在县机关大院812会议室召开《习近平总书记在庆祝中国共产党成立100周年大会上的重要讲话精神》专题学习研讨会。会议传达学习习近平总书记在庆祝中国共产党成立100周年大会上的重要讲话精神。

同日，揭西县学习贯彻习近平总书记在庆祝中国共产党成立100周年大会上重要讲话精神干部动员大会在县机关大院附楼会议室举行。会议以电视电话会议形式开至各乡镇（街道）。

7日，政协广东省委员会党组成员、副主席郑振涛率队到揭西县开展“加强中小学教师队伍建设 促进全省基础教育高质量发展”专题调研，到大溪镇大溪中学、大溪中心小学、河婆街道三星教学点实地考察。

10日，揭西县人民政府、中山大学孙逸仙纪念医院在县人民医院签订合作帮扶揭西县人民医院创建三级甲等综合医院协议并举行“中山大学孙逸仙纪念医院揭西医疗中心”挂牌仪式。

12日，中国共产党揭西县第十一届委员会第十次全体会议在县机关大院附楼会议室举行。全会作《关于召开中国共产党揭西县第十二次代表大会的决议（草案）》说明，通报关于揭西县第十二次党代表大会筹备工作初步意见，审议并通过《关于召开中国共产党揭西县第十二次代表大会的决议（草案）》。

14日，政协揭阳市委员会组织“揭阳院士故居及事迹”调研组到揭西县调研揭西籍“两院”（中国科学院、中国工程院）院士故居情况及事迹。

15日，揭阳市人大常委会调研组到揭西县调研乡村振兴工作。

19日，揭西县召开“中国天然氧吧”生态科普体验馆建设研讨会。中国生态学学会秘书长钟林生率北京专家组和广东省气象局巡视员常越率领调研组在到揭西县调研，分别就该县生态产业发展和“中国天然氧吧”生态科普体验馆建设规划编制提出意见和建议。

21日，揭西县精神文明建设表彰大会在县机关大院附楼会议室举行。决定命名表彰河婆街道新四村等37个村（社区）为“揭西县2019—2021年度文明村（社区）”，中共揭西县委统战部等50个单位为“揭西县2019—2021年度文明单位”。继续保留良田乡等8个乡镇（街道）“揭西县文明镇（街）”称号，上砂镇联东村等128个村（社区）“揭西县文明村（社区）”称号，保留县人大常委会办公室等74个单位“揭西县文明单位”称号。

22日，广东省委政法队伍教育整顿“回头看”指导组组长胡泽均带队到揭西县开展检查指导工作。指导组一行到县公安局检查政法队伍教育整顿“回头看”工作，通过实地查看、查阅台账资料等方式详细了解县公安局教育整顿“回头看”工作开展情况。

26日，揭西县全面启动12至17周岁人群新冠病毒疫苗接种工作，分阶段推进12至17周岁无禁忌症人群“应接尽接”。

27日，揭阳市人大常委会调研组到揭西县开展全面推进健康广东建设调研活动。

29日，2021“创青春”广东青年文化和旅游创新创业大赛暨第二届揭西茶旅文化节启动仪式在大洋国际生态旅游度假区举行。

8月

5日，棉湖镇贡东村举行“全国文明村镇”揭牌仪式。

6日，坪上镇参加广东省第二届《乡村振兴大擂台》探村直播活动。

9日，揭西县生活垃圾环保处理中心（揭西县环保能源产业园）项目建设启动仪式在县老虎坷生活垃圾填埋场举行。

11日，广东省农业农村厅组织调研组到揭西县调研红火蚁防控工作。到河婆街道北坑村和六一村农地田头、机耕路、学校等地实地查看红火蚁防控和监测情况。

12日，揭西县乡村振兴驻镇帮镇扶村工作动员部署会议在县机关大院附楼会议室举行。会议以电视电话会议形式开至各乡镇（街道）。县农业农村局、乡村振兴局主要负责人对全县乡村振兴驻镇帮镇扶村工作有关情况作说明。县委组织部分管负责人就驻镇帮扶干部选派工作提出具体要求。

26日，揭西县在县机关大院附楼会议室召开专题报告会，邀请广东省统计局局长杨新洪作“依法采数·科学出数·多维解数”专题报告。

30日，揭阳市委副书记、市长支光南率队到揭西县调研乡村振兴驻镇帮镇扶村工作。

31日，广东省代建项目管理局党组书记、局长杜挺和省广物控股集团党委书记、董事长方启超率调研组一行13人到揭西县调研乡村振兴驻镇帮镇扶村工作。

9月

2日，政协阳江市委员会政协主席杨文龙率队到揭西县开展学习考察活动。

3日，揭西县第十届人大常委会第四十四次会议决定任命陈永年为县人民政府副县长。

同日，揭西县举办揭阳市“互联网+河长制”信息管理平台系统县、镇两级河长及河长办培训活动。活动邀请国家级计算机信息高新技术办公软件应用模块高级运营服务工程师王选源就揭阳市“互联网+河长制”信息管理平台系统操作运用进行讲解。

6日，广东省人民政府办公厅组织调研组到揭西县坪上镇供港蔬菜基地实地调研现代化农业产业发展情况。

8日，揭西县人民政府与广东粤海水务投资有限公司合作签约仪式在县机关大院附楼会议室举行。双方签订战略合作框架协议。

11日，揭阳市揭西教育发展基金会成立大会在县城希桥酒店举行。会议通报基金会理事会、监事会成员名单，举行基金会、监事会主要负责人聘任证书颁发仪式和乡贤企业家捐款仪式。

16日，揭阳市2021年森林消防队伍演练及比武预选活动在揭西县举行。

同日，华南农业大学副校长咸春龙一行到揭西县洽谈推进乡村振兴战略合作项目实施工作，举行交流座谈。

同日，揭西县新能源城乡公交运营启动仪式在县新能源公交充电停保场举行。

18日，揭西县首届“粤菜师傅·风味点心”技能比赛在揭西县领航职业培训学校举行。

同日，揭西县工商业联合会（商会）第八次会员代表大会在县城希桥酒店举行。

同日，中国共产党揭西县第十一届委员会第十一次全体会议在县机关大院附楼会议室举行。全会审议并通过县委、县纪委工作报告。

22日，广东省公共文化服务“三百工程”进基层活动在揭西县文广旅体局举行。省非物质文化遗产促进会会长杜佐祥作《提升服务效能，推进公共文化服务标准化、活化利用文化遗产资源》专题讲座。

23日，金和镇山湖村被中共中央农村工作领导小组办公室、中共中央宣传部、农业农村部、民政部、司法部、国家乡村振兴局认定为第二批全国乡村治理示范村。

25日，东园镇玉湖村、河婆街道六一村、京溪园镇员墩村、钱坑镇钱东村被广东省委全面依法治省委员会办公室、省委农村工作办公室、省司法厅、省民政厅确认为2021年广东省“民主法治示范村（社区）”。

26日，揭阳市委组织调研组到揭西县调研乡村振兴驻镇帮镇扶村工作。

同日，2021年揭阳市揭西县庆祝“中国农民丰收节”系列活动暨揭西县八大特色农业（茶叶、蔬菜、竹笋、橄榄、中药材、青梅、淮山、冬瓜）产业“12221”市场体系建设启动仪式在塔头镇旧住村举行。活动以“庆丰收、感党恩”为主题，通过上线“揭西优选”电商平台、开启揭西农产品首席服务官计划、启动揭西县八大特色农业产业“12221”市场体系建设，集中展示揭西全面推进乡村振兴成效。

26—29日，中国共产党揭西县第十二次代表大会在县委党校召开。会议坚持以习近平新时代中国特色社会主义思想为指导，学习贯彻习近平总书记重要讲话和重要指示批示精神，贯彻新发展理念，动员全县各级党组织、党员干部和人民群众，不忘初心、牢记使命、坚毅前行，为加快建设生态发展示范区，谱写全面建设社会主义现代化揭西新篇章而努力奋斗。会议由大会主席团主持，县委书记代表十一届县委常委会作工作报告，中国共产党揭西县第十二次代表大会代表出席会议。

27日，揭西县在县委党校举办土地综合治理与基础设施补短板项目和重大投资建设项目辅导班。邀请国家发展和改革委员会投资研究所、体制机制改革与投融资研究室主任吴亚平作专题辅导。

29日，中国共产党揭西县第十二届纪律检查委员会第一次全体会议在县机关大院附楼会议室举行。会议选举县纪委常委、书记和副书记。会议通过《中国共产党揭西县第十二届纪律检查委员会第一次全体会议选举办法

（草案）》。会议选举林剑华、汪伟富、李锦山、刘锦铭、刘广林、邱旭军、林秀武当选为县纪委常委，林剑华当选为县纪委书记，汪伟富、李锦山当选为县纪委副书记。

同日，中国共产党揭西县第十二届委员会第一次全体会议在县机关大院附楼会议室举行。会议通过《中国共产党揭西县第十二届委员会第一次全体会议选举办法（草案）》；通过中国共产党揭西县第十二届纪律检查委员会第一次全体会议选举结果。会议选举刘端雄、魏洁林、张永庆、林惠生、肖晓新、何亿、黄钦志、毛建中、林剑华、陈铠、江静纯为中国共产党揭西县第十二届委员会常务委员会委员，刘端雄当选为书记，魏洁林、张永庆当选为副书记。

30日，坪上镇乡道Y569线（坪红线）被广东省交通运输厅公布为2021年度广东省“十大最美农村路”。

10月

8日，揭西县土地治理与基础设施补短板项目签约暨开工仪式在坪上镇南联村举行。市委副书记、市长支光南等市、县有关领导以及中国铁建投资集团有限公司相关负责人参加活动。

14日，揭西县省级文明城市复牌工作推进会议在县机关大院附楼会议室举行，部署全县文明城市复牌有关工作。

19日，揭阳市红火蚁秋季集中“灭杀”行动启动仪式暨防控工作视频会在揭西县举行。参会人员在河婆街道北坑村观摩红火蚁防控技术现场演示，并启动全市红火蚁秋季集中“灭杀”行动。

20—21日，东莞市大岭山镇党委书记张拔海一行到塔头镇、凤江镇开展乡村振兴走访调研活动。

21日，广东省乡村振兴局组织调研组到揭西县调研驻镇帮镇扶村工作。

21—24日，政协揭西县第十一届委员会第一次会议在县城希桥酒店召开。会议听取和审议通过政协揭西县第十届委员会常务委员会工作报告和提案工作报告，听取和讨论县人民政府工作报告及其他有关报告；选举产生政协揭西县第十一届委员会主席、副主席和常务委员。

23日，“大医精诚——中医名家走基层”（揭阳站）活动在揭西县中医院医院举行。

23—25日，揭西县第十一届人民代表大会第一次会议在县委党校召开。会议听取和审议过去五年县政府、县人大常委会、县人民法院和县人民检察院工作报告，审议并批准有关报告。依法选举陈河为县人大常委会主任，徐战略、李文虹、王填德、邹亿水、杨文银、彭志向为县人大常委会副主任；依法选举魏洁林为县人民政府县长，黄钦志、陈永年、刘景新、黄书香、陈继华、翁育慧为县人民政府副县长，林剑华为县监察委员会主任，苏文弟为县人民法院院长，肖洪俊为县人民检察院检察长。选举产生35名县十一届人大常委会组成人员，通过揭西县第十一届人民代表大会社会建设委员会组成人员，依法选举刘端雄等64人为出席揭阳市第七届人民代表大会代表。

27日，广东省农业农村厅组织调研组到揭西县调研生猪生产工作。

11月

1日，政协广东省委员会党组成员、副主席邓海光率领调研组到揭西县开展“脱贫攻坚与乡村振兴有效衔接”民主监督专题调研。

9日，广东省人民政府党组成员、秘书长叶牛平一行到揭西县调研乡村振兴、基层党建、生态旅游及基础设施建设、产业发展等方面情况，看望慰问防止返贫监测对象，与地方党委政府和相关企业负责人进行座谈交流。

同日，揭西县人民政府与广东粤海水务投资有限公司在县机关大院附楼会议室举行城乡供水一体化项目投资合作协议签约仪式。县长代表揭西县人民政府与广东粤海水务投资有限公司签订《揭西县城乡供水一体化项目投资合作协议》。省政府党组成员、秘书长叶牛平，粤海集团党委书记、董事长侯外林等有关领导上台鉴签。

10日，揭西县公安局、广东电网有限责任公司揭阳揭西供电局联合成立全县首个“电网警务室”正式启用。

同日，揭阳市农村宅基地和

住房建设管理工作培训暨现场会在南山镇火炬村举行。

13—14日，揭西县委书记率县有关部门负责人赴深圳市开展招商活动，实地考察相关企业对接项目。

16日，揭西县学习贯彻中共十九届六中全会精神干部大会在县机关大院附楼会议室举行。会议以电视电话形式开至各乡镇（街道）。

同日，揭西县游泳协会在希桥酒店召开成立大会。

18日，广东省农村假冒伪劣食品专项执法行动违法食品公开销毁现场会（揭阳分会场）在揭西县老虎坷垃圾填埋场举行。

同日，政协广东省委员会组织“推动我省文化旅游深度融合发展”视察团到京溪园镇大鹿农业公园开展调研活动。

同日，揭阳市人民政府组织督查组到揭西县督导检查2021年固定资产投资和新增债券资金使用等工作。

18—19日，揭西县委组队到云浮市新兴县学习考察美丽圩镇建设和乡村振兴先进工作经验。

19日，广东省庄伟平名校长工作室揭牌仪式在河婆中学举行。

20日，揭西县委组队到惠州市博罗县学习考察农副产品产销工作经验做法。

22日，揭西县组织收听收看学习贯彻中共十九届六中全会精神中央宣讲团报告会暨广东省市厅级主要领导干部学习贯彻党的十九届六中全会精神专题研讨班开班式电视电话会议。

23日，广东省卫生健康委组织调研组到揭西县开展食用农产品“治违禁　控药残　促提升”三年行动专项调研。

23—24日，政协揭阳市委员会组织调研组到揭西县开展乡村振兴工作专题调研。

29—30日，中国工程院院士印遇龙到揭西县开展“院士讲坛”活动，在县机关大院附楼会议室作《功能农业与乡村振兴——种养一体化研究与思考》专题报告，到揭西县吉展养殖有限公司进行实地调研。

30日，揭阳市2021年“百名法学家百场报告会”法治宣讲报告会揭西专场在县人民法院举行。

是月，十二届揭西县委启动首轮巡察工作。

12月

1—2日，广东省委宣传部组织考核组对揭西县省级文明城市复牌工作进行全面考核。

2日，揭西县委理论学习中心组在县机关大院812会议室召开学习贯彻党的十九届六中全会精神专题研讨会。广东省委党史学习教育第四巡回指导组组长等有关领导参加会议。

8日，揭阳市人大常委会组织部分省、市人大代表到揭西县坪上镇开展美丽乡村建设、实施乡村振兴战略等视察活动。

13日，揭西县一道药业有限公司被广东省林业局认定为2021年广东省林业龙头企业，为全县第一家省级林业龙头企业。

14日，揭西县、龙门县两地警方“团圆行动”帮助湖南省常德市汉寿县李某花与失散28年的女儿罗某团圆。

20日，揭西县正科级主要领导干部学习贯彻中共十九届六中全会精神专题研讨班开班式在县机关大院附楼会议室举行。县委书记作动员讲话暨主题报告，县长主持研讨班开班式。

21日，揭西县苦笋产业园被广东省农业农村厅公布为2021年省级现代农业产业园建设名单（特色产业园建设名单）。

23日，揭西县公安局治安大队被全国“扫黄打非”工作小组办公室评为第五批全国“扫黄打非”进基层示范点。

23日，揭西县医学会在县卫健局五楼会议室举行第四届会员代表大会。会议听取揭西县第三届医学会工作报告，选举产生揭西县医学会第四届理事会会长、副会长、秘书长、副秘书长，选举产生揭西县医学会第四届监事长、监事，选举产生揭西县医学会第四届理事会常务理事、理事，通过《揭西县医学会章程》。

24日，揭阳市组织检查组到揭西县检查“小升规”工作。

27日，揭西县工商业联合会被中华全国工商业联合会确认为2020—2021年度全国“五好”县级工商联。

28日，揭西天鹅湖水果种植有限公司被广东省林业局认定为2021年广东省林下经济示范基地，为全县第一家省级林下经济示范基地。

（县史志办）

揭西概貌

基本县情

【建置沿革】 揭西县主要地域原属揭阳。秦汉三国属南海郡。据《广州记》载，东晋咸和六年（331年）分南海郡为东官郡，据《宋书·州郡志》载，东晋义熙九年（413年）分东官立义安郡。南朝宋、齐、梁、陈建制不变。据《元和郡县志》载，隋开皇十一年（591年）属潮州。唐代因袭之。北宋宣和三年（1121年），揭西地域隶属潮州揭阳县。南宋绍兴二年（1132年）废揭阳入海阳，绍兴八年（1138年）复建揭阳县，均仍隶属潮州。元至元十六年（1279年），改潮州为潮州路。明洪武二年（1369年），改潮州路为潮州府。清沿明制，仍属潮州府。民国3年（1914年），揭西主要地域隶属广东潮循道辖之揭阳县。民国14年（1925年），隶属东江行政委员会。民国17年（1928年），隶属东江善后委员公署。民国21年（1932年），隶属东区绥晋委员公署。民国25年（1936年），隶属广东省第五区行政督察专员公署。民国36年（1947年），隶属广东省第六区行政督察专员公署。民国38年（1949年）初，隶属广东省第八区行政督察专员公署。

1949年10月，中华人民共和国成立，揭西主要地域随揭阳县隶属潮汕专员公署。1952年隶属粤东行政公署。1956年隶属汕头专员公署。1965年7月19日，国务院第157次会议决定，划出揭阳的良田、河婆、坪上、龙潭、灰寨、五经富、京溪园、钱坑、金和、塔头、东园、凤江12个人民公社和棉湖镇，陆丰县上砂、五云2个人民公社，共14个人民公社和1个镇、153个行政村，建置揭西县，成立揭西县人民政府，隶属汕头专员公署。

1965年10月，河婆人民公社划出河婆镇。1966年2月，灰寨人民公社划出前锋、北溪、上寮、火炬、大新、南山、西友、分水、称沟潭、洋梅坪10个生产大队，增设南山人民公社。全县辖15个人民公社和2个镇。

1975年2月，经上级决定，划普宁县贡山、湖西、四乡3个生产大队归揭西县棉湖镇管辖。1976年9月，钱坑人民公社划出大园、大东、大岭埔、渔梁、井新、溪新、井美7个生产大队，增设大溪人民公社；是年10月，五经富人民公社划出大洋大队，增设大洋人民公社；良田人民公社划出岸洋、桐树坪、中心、河新、双水、河水6个生产大队，增设西田人民公社。至此，全县辖18个人民公社和2个镇。

1983年10月，撤销人民公社，将原公社改为区公所。隶属不变。全县辖18个区公所和2个镇、283个行政村。是年10月，实行市领导体制，揭西县人民政府从此隶属汕头市人民政府。1986年12月，改区体制为乡、镇制。由原五云区分设五云镇和下砂乡，原河婆区与河婆镇合并，称河婆镇。全县有16个镇、4个乡。

1991年12月，揭西县隶属揭阳市管辖。

2003年6月，良田乡、西田乡合并为良田乡。是年12月，五云镇、下砂乡合并为五云镇；五经富镇、大洋乡合并为五经富镇；全县辖16个镇和1个乡。

2006年5月31日，撤销河婆镇设河婆街道。

2021年，全县辖1个乡、15

个镇、1个街道。

（县史志办）

【自然地理】 位置 揭西县位于广东省东部，揭阳市西部，潮汕平原西北部，榕江南河中上游。东连揭阳市产业园区，南邻普宁市，西南接汕尾市陆河县，西北与梅州市五华县为邻，北与梅州市丰顺县接壤。

范围和面积 揭西县位于北纬23° 18′ 53″ 至23° 41′ 13″ ，东经115° 36′ 22″ 至116° 11′ 15″ 之间，北回归线横贯县境。县域面积1347平方千米，东西长51千米，南北宽36.6千米。

地貌 揭西县地处莲花山支脉大北山南麓，地势自西北向东南逐渐倾斜。地貌主要有山地、丘陵、平原三大类型，其中山地占62%、丘陵占24%、平原占14%。西北部群山绵延60多千米，海拔1000米以上山峰6座，最高峰李望嶂海拔1222米。中部丘陵起伏，多为矮山。东南部平原坦展，海拔在20米以下，最低海拔3米。土地利用现状分布上，农用地分布垂直地带性特征明显，耕地连片分布于东南部潮汕平原区，沿交通干线布局在山间河谷地区中；园地主要分布于丘陵山区；林地主要集中于大北山区及南阳山区。

（黄谊文 彭志怀）

【气候】 揭西县属南亚热带季风气候，气候湿润，温暖多雨，光热充足。夏季日照时间长、高温多雨，冬季少雨；春季常有低温阴雨，夏季雷电多发，冬季霜期短。2021年全年平均气温22.9℃，较历年平均偏高0.9℃；极端最高气温38.5℃，极端最低气温－0.4℃。是年，降雨总量1506.1毫米，比历年偏少530.5毫米；日照总时数2182.9小时，比历年偏多375.7小时。

（黄培枫 金立远 曾卓奎）

【资源物产】 矿产资源 揭西县矿产资源种类繁多，主要分布在县境的北部、西部及中部，多呈断续零星分布。全县金属矿产有钨、锡、铜、铋、钼、铅、锌、钴，贵重金属矿产有金、银；稀有金属矿产有铍、铌、钽及稀土矿，其他金属矿产有水晶、黄铁矿、钾长石、瓷土。

土地资源 揭西县县域面积1347平方千米，土地利用空间结构基本合理。根据2018年土地变更调查数据，全县农用地占土地总面积83.3%（其中耕地占17.3%，园地占7.3%，林地占68.8%，其他农用地和少量牧草地占6.6%），建设用地占土地总面积8.8%，未利用地占7.9%。根据《全国第二次土壤普查技术规程》分类系统，全县土壤划分为水稻土、黄壤、赤红壤、潮砂泥土4个土类，8个亚类，29个土属，51个土种；耕地利用结构大致分灌溉田、望天田、水浇地、旱地和菜地5类，有机质含量平均1.6%，属四级。

（黄谊文 彭志怀）

水资源 揭西县境内流域控制面积在100平方千米以上的河流有干流榕江南河，一级支流龙潭水、上砂水、石肚水、横江水、五经富水，二级支流灰寨水。干流、支流总长260千米，总控制集雨面积2984平方千米。县境内水资源主要分为地表径流产生的地表水和地下水，全县水资源总量19亿立方米。2021年，全县平均降雨量1441.8毫米，全县人均水资源量2815立方米。

（杨 华 李巧波）

【环境质量】 2021年，揭西县空气质量良好，二氧化硫、二氧化氮、可吸入颗粒物年日均值分别为6微克/米³、14微克/米³、32微克/米³，均符合《环境空气质量标准》（GB 3095－2012）一级标准，空气优良率98%。全县饮用水水源保护区水质达标率100%，榕江南河东园断面和龟山塔断面水质分别达到《地表水环境质量标准（GB3838－2002）》Ⅲ、Ⅱ类标准。

（刘讯涛 黄跃漫）

【人口】 2021年，揭西县总户数23.81万户，户籍总人口97.81万人，比2020年减少3191人。其中男性50.99万人、女性46.82万人；非农业人口29.94万人，占总人口的30.6%。全县10万人以上的乡镇（街道）有河婆街道、棉湖镇。是年，全县迁入4808人，迁出1.46万人；全县出生人数1.04万人，死亡人数3836人，相抵增加6605人。全县人口自然增长率6.7‰。

（张定坤 李勋涛）

【方言】 揭西县有潮汕方言和客家方言两种不同的语言。潮汕方言也称潮州话、潮汕话、学佬话，潮汕话18个声母，61个韵母，8个声调，保留着许多现代汉语所没有的古语音、古字音、古词汇和古声调；客家方言与古汉语同出一源，有许多共同之处，21个声母，75个韵母，6个声调，保留着许多古汉语词汇、丰富多彩的熟语和特殊的语法特点、特殊词汇和单音节词。境内方言有客家话、潮汕话。其中操客家话的有上砂镇、五云镇、良田乡、坪上镇、河婆街道、龙潭镇、南山镇、灰寨镇、京溪园镇、五经富镇10个乡镇（街道）居民，占全县人口57%。操潮汕话的有棉湖镇、钱坑镇、金和镇、凤江镇、大溪镇、塔头镇、东园镇7个乡镇居民，占全县人口43%。揭西县操客家话与操潮汕话相连接壤的村庄，人们长期以来毗邻而居，在长期的交往中，居民两种方言皆会讲，比如京溪园镇曾大寮村、大鹿村，灰寨镇东联乔上村、金星乌犁村，东园镇黎宅埔村，塔头镇鹅毛溪村、大园村等。

（县史志办）

【民族】 揭西县人口以汉族为主，有极少数的少数民族人口。2021年，全县有壮族、苗族、土家族、瑶族、黎族、侗族、布依族、彝族、满族、仡佬族、哈尼族、傈僳族、藏族、维吾尔族、毛南族、畲族、俄罗斯族、白族、回族、独龙族、水族21个少数民族，户籍人口1900人，主要来源于婚嫁。

（县委统战部）

【宗教】 揭西县宗教有佛教、天主教、基督教。其中，天主教于1820年传入揭西县；基督教于1868年传入揭西县。2021年，揭西县有宗教团体4个，分别是揭西县佛教协会、揭西县天主教爱国会、揭西县基督教三自爱国会和揭西县基督教协会；登记在册宗教活动场所57处，筹备设立宗教活动场所1处；全县备案宗教教职人员48人，信教群众2.64万人。

（县委统战部）

【历史文化】 揭西县是广东省革命老区之一。大革命时期，周恩来带领东征军在棉湖打响“棉湖战役”；土地革命时期，党领导的工农红军在大北山开辟革命根据地，红军第十一军在这一带建立苏维埃政权；抗日战争时期，中共潮汕地下组织在大北山周围建立广泛的秘密活动据点，是广东人民抗日游击队韩江纵队活动基地；解放战争时期，潮汕地委把大北山作为潮汕军事斗争的中心战略据点。

揭西县历史文明悠久，河婆街道象山、北坑岗、玉峰顶，五云镇鸡麻斗，坪上镇赤岭埔，五经富镇虎尾崇，金和镇石牛埔和棉湖镇贡山等地，曾出土夏、商、周石器。赤岭埔出土过秦代五岭戍卒的墓葬及兵器。从隋代起，揭西县便是巾山、明山、独山三山文化发源地。

揭西县是一个文物大县，在全国第三次文物普查中，揭西县登记447处不可移动文物点。2021年，揭西县有文物保护单位65处，其中省级7处、市级9处、县级49处；县级以上非物质文化遗产42个，其中省级7个、市级17个、县级18个。

（县史志办）

【行政区划】 2021年，揭西县完成揭西县与揭东区、揭西县与普宁市共5个界桩及界线联检工作。至年底，辖上砂镇、五云镇、良田乡、坪上镇、河婆街道、龙潭镇、南山镇、灰寨镇、京溪园镇、五经富镇、大溪镇、钱坑镇、金和镇、凤江镇、棉湖镇、东园镇、塔头镇。全县有1个乡，1个街道，15个镇；280个村民委员会，38个社区居委会。

（曾子光　曾　萍）

经济建设

【概况】 2021年，揭西县立足“生态发展示范区”功能定位，成立“工业增长、内外贸高质量发展、重点项目、财税、招商选资”5个工作专班，推动全县经济社会健康发展。全年全县实现地区生产总值262.01亿元，比2020年增长（下同）6.8%；农业总产值80.73亿元，增长9.1%；规模以上工业增加值43.98亿元，增长7.7%；社会消费品零售总额90.20亿元，增长11.5%；地方一般公共预算收入4.82亿元，增长2.3%；县级税收收入2.64亿元，下降7.5%；城乡居民人均可支配收入1.74万元，增长6.0%。

【乡村振兴】 2021年，揭西县开展驻镇帮镇扶村工作、美丽圩镇建设以及村庄清洁行动，推进乡村振兴。建成茶叶省级现代农业产业园和3个市级现代农业产业园，揭西县苦笋产业园被省农业农村厅列入2021年省级现代农业产业园建设名单（特色产业园建设名单）。创建2条市级、4条县级农业产业链，新增市级以上农业龙头企业2家、县级以上农民专业合作示范社25家、省名牌产品40个。新创办美丽宜居示范村28个，推进金和镇、灰寨镇农房管控和乡村风貌提升示范带建设，南山镇火炬村列入国家红色美丽乡村试点，坪上镇获省第二届乡村振兴大擂台“优秀组织奖”。完成连片撂荒耕地复耕复种1660公顷，新增流转承包土地1280公顷，垦造水田加快推进，实现粮食产量17.65万吨。

【生态产业】 2021年，揭西县完成揭西县产业园污水处理厂、自来水供水工程等基础设施建设，入驻投产企业11家。新增“个转企”63家、“小升规”21家、高新技术企业5家、市工程技术研究中心3个。出台鼓励民宿发展政策，举办2021“创青春”广东青年文化和旅游创新创业大赛暨第二届揭西茶旅文化节、广东揭西消费扶贫产品展销活动暨第五届梅花节等活动，揭西大洋国际生态旅游度假区被省农业农村厅、省文化和旅游厅认定为2020年度省级休闲农业与乡村旅游示范点，棉湖镇南门里历史文化街区被省人民政府公布为第二批广东省历史文化街区，棉湖战役东征军指挥部旧址入选《南方》杂志整理精选“广东100处重要红色革命遗址”名录。全年招商选资签约项目31个，总投资284.8亿元。

【城乡品质提升】 2021年，揭西县完成塔头拦河闸重建、省道S228线京棉段路面改造、省道S508线揭西上砂至砭下段路面改造、金和桥改建、6个高速出入口门户改造提升等项目建设。配合做好龙颈水库扩容工程前期工作，启动全县灌区改造工程。新（改）建10千伏线路67千米，完成经富变电站等工程建设，理顺5个自供区供电体制机制问题。完成县城好日子广场改造、棉湖镇城东路改造等项目建设，推进农村“厕所革命”，累计建成农村标准化公厕646个、无害化卫生户厕15.3万个。是年，乡道Y569线（坪红线）被省交通运输厅公布为2021年度广东省“十大最美农村路”。

（陈俊汉　吴晓彬）

政治建设

【概况】 2021年，揭西县委统筹疫情防控和经济社会发展、发展与安全，加强党的建设，开展党建主题活动，强化党员干部理想信念。完善法治建设基础设施，推进依法治县工作。健全依法行政制度体系，规范依法行政行为，提升依法行政能力和水平。推进省委巡视反馈意见整改工作，启动十二届县委第一轮巡察。

【党的建设】 2021年，揭西县委落实“第一议题”制度，深化“大学习、深调研、真落实”工作机制，开展党史学习教育，创新开展“四学四行六规范”党建主题活动。落实加强党的基层组织建设三年行动计划，打造镇街党建品牌17个，推荐评选“两优一先”（优秀共产党员、优秀党务工作者，先进基层党组织）表彰对象省级4个、市级46个、县级100个。聚焦2020年度法治广东建设考评和法治揭阳建设评估失分项目，推进法治建设领域存在问题整改，推动法治政府建设。落实意识形态工作责任制，加强对各类阵地建设和管理。推进全面从严治党，落实“两个维护”十项制度机制。

（李旭林　陈克平）

【依法治县】 2021年，揭西县开展法治创建工作，推动普法依法治理与社区工作深度融合。打造法治宣传教育阵地，完成南山镇火炬村、塔头镇旧住村法治宣传配套设施建设工作。推进党政主要负责人履行推进法治建设第一责任人职责，12月17日，县委全面依法治县委员会召开第三次会议，棉湖镇党委、县政务服务数据管理局主要负责人向县委依法治县委员会作履行推进法治建设第一责任人述职报告。2021年度法治揭阳建设考评工作中，揭

塔头镇旧住村法治宣传配套设施建设（2021）　（县司法局　供稿）

西县取得96.2分，在全市排名第一。是年，南山镇火炬村被司法部、民政部命名为第八批“全国民主法治示范村（社区）”，河婆街道六一村、东园镇玉湖村、京溪园镇员墩村、钱坑镇钱东村被广东省委全面依法治省委员会办公室、省委农村工作办公室、省司法厅、省民政厅确认为2021年广东省“民主法治示范村（社区）”。

【依法行政】 2021年，揭西县完善政府法律顾问制度，深化行政复议体制改革，推进乡镇（街道）综合行政执法改革，规范行政审批，加强执法队伍综合素质和依法行政能力，做好规范性文件审查备案工作以及行政复议和行政应诉工作，强化行政执法督察，加快推进依法行政工作进程。全年办理各类征求意见707件。审核政府规范性文件8件，审查部门规范性文件8件；受理行政复议案件116件，审结101件；举办乡镇（街道）综合行政执法人员法律知识考试培训1次；组织综合行政执法人员法律知识考试2次。

（曾瑞平　陈丹晓）

【政务公开】 2021年，揭西县加强政府信息公开，做好社会关切回应。全年主动公开各类政府信息8820条，其中通过县人民政府门户网站主动公开信息3886条、通过县政府信息公开目录系统主动公开政府信息3129条、通过县重点领域信息公开专栏主动公开信息319条、通过政务新媒体主动公开各类信息1486条。制定并对外公开规范性文件10份；受理并按期办结政府信息公开申请18宗。完善重点领域信息公开专栏，公开并动态管理权力清单和责任清单以及群众关心21项热点信息；制定印发《揭西县2021年政务公开工作要点分工方案》《关于进一步加强政府信息公开工作的通知》《关于做好清理整治现行有效规范性文件并集中公开发布工作的通知》等文件，强化组织领导，细化任务分工，完成揭西县现行有效规范性文件清理整治工作，通过信息公开目录系统县政府办公室站点集中统一发布。全年回应公众关注热点8次，发布或转发政策解读5条，受理并按期回复政民互动交流平台咨询、投诉、信访诉求89宗。

（杨镇伟　邹一涛）

文化建设

【概况】 2021年，揭西县实施文化惠民工程，推进公共文化服务体系建设，深化群众性精神文明创建，加大公民思想道德教育，推动广播电视事业健康发展，保障县图书馆、县文化馆、县博物馆和各乡镇（街道）综合文化站等公共文化场馆实施免费开放。

【基层文化】 2021年，揭西县完善公共文体设施建设。开展基层综合性文化服务中心和广播电视信号覆盖“回头看”专项行动；经过揭阳市文化广电旅游体育局2020年度广东省综合文化站评估定级，棉湖镇文化服务中心被确定为一级文化站，其余乡镇（街道）文化服务中心被确定为二级文化站；以政府采购方式为8个乡镇综合文化站配备文化设施；启动图书馆总分馆制与基层综合性文化服务中心提升工程；

对照省级申报标准，钱坑镇做好“广东省民间文化艺术之乡”各项申报准备工作。

【群众文化】 2021年，揭西县统筹做好疫情防控，有序组织群众文体活动。组织文艺工作者到各乡镇（街道）开展“揭西美·潮客情”等各类群众文艺巡演8场次，展览20场次、讲座2场次、文体惠民活动10场次；开展“书画下乡”活动6场次，送出春联1100余副；组织医务工作者开展“送医下乡”活动31场次，服务群众1.8万人次。县图书馆、县文化馆、县博物馆到各村、中小学开展“流动图书馆”“流动文化馆”“流动博物馆”主题图片展览活动20场次。完成京明温泉度假村建设“粤书吧”类新型阅读空间建设、棉湖镇洪氏爱祖祠保护活化利用、“非遗”宣传展示等系列工作。

【精神文明创建】 2021年，揭西县开展生态文明、环境卫生宣传教育活动，2月4日，在全县开展“美丽家园　人人参与”综合整治大行动，参加人数1.3万人次，清理垃圾11车次。清明节前后，组织320个文明实践所（站）志愿者和县直机关5000多名党员干部配合开展森林防火和文明祭扫工作，主动劝离上山拜祭村民，教育引导群众移风易俗、文明祭扫。深化文明镇街、文明单位创建活动，7月，评出县级文明村（居）37个，县级文明单位50个；9月，钱坑镇等3个乡镇被评为“揭阳市文明镇街”，河婆街道东风社区等18个村（社区）被评为“揭阳市文明村（社区）”，县发展改革局等5个单位被评为“揭阳市文明单位”。

【公民思想道德教育】 2021年，揭西县营造学习道德模范、崇敬道德模范、争当道德模范氛围，组织开展道德模范推荐评选活动，推荐吴文狮、李梅芳参评第五届揭阳市玉德人物选树活动。10月，塔头镇吴文狮被授予揭阳市第五届“玉德人物”称号。建立定期走访制度，对县级以上道德模范5人全部走访慰问，了解道德模范生活状况，帮助解决实际困难。开展寻找揭西县“最美家庭”活动，评出17户最美家庭，其中10户同时授予县级“文明家庭”称号。

【未成年人思想道德建设】 2021年，揭西县以培育和践行社会主义核心价值观为引领，以“童心向党”为主题，结合“六一”、“七一”、国庆等重要节庆，组织开展2711场次主题班会、团队会，3038场次“唱响红色赞歌”活动，1240场次“讲好红色故事”活动，制作黑板报或手抄报近400期；开展“新时代好少年”暨“最美南粤少年”学习宣传活动，评选县级“新时代好少年”10人、提名奖10人；县级“最美南粤少年”60人、提名奖44人。其中宝塔实验学校刘圣翔同学被中国共产主义青年团广东省委员会、省学联、省少工委评为广东省第六届“最美南粤少年”之“自强好少年”。做好未成年人心理健康辅导中心（站）建设，通过QQ、微信平台，接受未成年人及其家长个体心理问题咨询110多人次。开通心理辅导咨询热线，接受预约心理健康来访150多人，接受心理健康电访60多人次，辅导站电话回访220多人次，解决80人心理健康问题。加强文明校园动态管理，对获评文明校园的小学、初中按10%比例进行抽样复查，高中、中职按20%比例进行抽样复查，被抽检20所学校全部复查合格。

【志愿服务】 2021年，揭西县加强志愿服务阵地建设，全县i志

2021年10月29日，揭西县2021年度“新时代好少年”现场发布会暨学习宣传分享会在棉湖镇实验学校举行　　（县委宣传部　供稿）

愿平台注册志愿者3.86万人，发布志愿服务项目1334个，志愿服务总时长突破123万小时；组建“8+N”（揭西县新时代文明实践志愿服务总队配置理论政策宣讲、文化文艺服务、助学支教、医疗健身、科技、法律服务、卫生环保、扶贫帮困8支常备队伍和N支特色志愿服务队，2021年成立特色志愿服务队4支）志愿服务常备队伍12支、乡镇（街道）志愿服务队17支、行政村（社区）志愿服务队318支，开展文明实践活动2833场次，参与志愿者2.27万人次。以疫情防控知识宣传普及为主题，发动广大志愿者和志愿服务组织开展健康知识宣传、疫情排查巡查、关心关爱服务、心理疏导调适等志愿服务活动43场次，下发宣传海报1.1万张。常态化开展“百局齐行动·助创文明城”网格化志愿服务活动和“一局一路口”交通志愿活动，参与人数3.1万人次。

【文明创建复查测评和复牌】 文明创建复查测评 2021年1月15日，县委十一届第140次常委会专题听取揭西县2020年度文明城市测评工作情况汇报，研究整改工作，成立以县委书记任组长的广东省县级文明城市复查复牌工作领导小组。1月26日，召开全县精神文明建设委员会全体（扩大）会议暨省级文明城市复查复牌工作动员会，部署整改工作。县四套班子主要领导带队到重点点位、重点地段开展检查27场次；县领导班子成员带头进村（社区）督导推进整改工作152场次，协调解决村（社区）在整改过程中遇到问题和困难41个。县纪委监委、县创文办、县创文督查组开展督查25场次、发出督查通报23份，交办函32个，对51个单位存在问题进行通报。4月7—8日，省文明办对揭西县开展复查测评；4月25日，印发通报，揭西县得92.3分，排名第四，通过复查。

文明创建复牌 2021年6月21日，揭西县调整全面开展文明创建工作领导小组，形成党委统一领导、党政齐抓共管、创文办组织协调、各部门各负其责、全社会参与领导体制和工作机制。7月28日，邀请市委宣传部精神文明创建科负责人为各乡镇（街道）宣传委员和县直各单位创文工作负责人共90多人进行业务培训。10月14日，召开复牌工作推进会，县委书记亲自布置部署，压实各地各单位文明创建工作责任。10月16日，完成省文明办对揭西县实地测评和问卷调查工作。12月1—2日，省文明办考核组通过实地考评、查阅资料、听取汇报对揭西县恢复广东省县级文明城市资格进行考核。12月13日，省文明委批准恢复揭西县广东省县级文明城市资格。

（林松武　张新国）

社会建设

【概况】 2021年，揭西县加强民生保障，完善基层治理机制和基本公共服务，强化社会综合治理，深入推进平安揭西建设，确保社会大局和谐稳定。全年投入民生资金46.5亿元，占一般公共预算支出87.7%。是年，县工商联被确认为2020—2021年度全国“五好”县级工商联；县公安局治安大队被评为第五批全国“扫黄打非”进基层示范点。

【民生保障】 2021年，揭西县十件民生实事全面完成。在全市率先完成新能源城乡公交一体化，实现农村客运“村村通”。完

2021年11月26日，揭西县理论政策宣讲志愿服务队十九届六中全会精神宣讲会在龙潭镇举行（县委宣传部　供稿）

成农村集中供水全覆盖攻坚任务，全县实现集中供水全覆盖。推动成立揭阳市揭西教育发展基金会，创建省级名校长工作室1个、市县级名师工作室6个和基础教育研究实验基地学校4所，建成教师发展中心综合楼等项目。强化疫情防控，推进疫苗接种，基本构建人群免疫屏障。引进中山大学孙逸仙纪念医院优质技术资源，帮扶县人民医院创建三级甲等综合医院；加快建设县人民医院感染科综合大楼、棉湖华侨医院综合改建、县精神康复中心等项目。省级文明城市复牌成功，35个村获评“广东省卫生村”。建成社工服务站17个、服务点25个，实现乡镇（街道）社会工作服务站全覆盖。全县6103户、1.89万人享受最低生活保障，城镇低保标准提高到846元，农村低保标准提高到655元。建成体育场地设施示范点12个。

【社会治理成效】 2021年，揭西县多措并举清压不良贷款，依法稳妥处置不良资产，化解地方法人金融机构潜在风险。加快推进不动产登记、问题楼盘处置工作，整治违法建设面积69.94万平方米，规范土地和房产管理秩序。推进省食品安全示范县创建工作，54米登高平台消防车投入执勤，加强安全生产、“三防”、森林防灭火等工作，全县没有发生较大以上生产安全事故。常态化开展扫黑除恶专项斗争，完成政法队伍教育整顿，推进拆窗砌墙、摩电等专项整治行动。

（陈俊汉　吴晓彬）

【基层治理机制】 2021年，揭西县健全基层治理机制，发挥基层党组织政治引领作用，推进基层工作开展。全县318个村（居）新任一届村（居）民委员会完成修订和完善村规民约（居民公约），建立健全村规民约（居民公约）奖惩机制，各乡镇（街道）将修订完善践行村规民约（居民公约）工作纳入村（居）“两委”班子目标责任考核内容，向村（居）民代表会议报告村规民约（居民公约）执行落实情况。加强基层政权信息管理，做好基层政权建设和社区治理数据更新和维护工作，完成村级换届后新一届城乡社区工作者信息录入4064条。

（曾子光　曾　萍）

【平安揭西】 2021年，揭西县健全工作机制，加强惩治违法犯罪行为，加大执法监督力度，推进政治安全“八大专项行动”（包括“三个打击”即严厉打击危害国家安全犯罪、严厉打击电信网络诈骗犯罪和严厉打击突出刑事犯罪；“三个整治”即整治社会治安秩序、整治交通安全秩序和整治执法突出问题；“两项活动”即“我为群众办实事”实践活动和“学党史、严党纪、铸警魂”活动），深化社会治安综合治理，加快推进平安揭西建设。调整优化专项工作组设置、领导小组和办公室工作人员组成，建立联络员工作制度。推进常态化扫黑除恶专项斗争，破获涉恶团伙5个，破涉恶案件39件，刑拘涉恶犯罪嫌疑人138人，提请逮捕93人，抓获各类在逃人员115人。推进社会治理现代化，完善“多网合一”网格化治理体系建设，完成采集全县713个综合网格图层数据，镇（街道）开展“三个最”（最安全稳定、最公平公正、法治环境最好）县镇村创建活动，建立矛盾纠纷多元化解机制，建成河婆街道、棉湖镇2家“粤心安·心适小屋”社会心理服务站并对外开放。基层“三人小组”（由社区工作人员、公安民警、医护人员组成的疫情防控小组）落实落细各项疫情防控措施，检查涉疫线索1万多条，核查率100%。做好严重精神障碍患者救治救助工作，发放救治监护补助资金348万元，全年未发生严重精神障碍患者肇事肇祸案（事）件。第三方调查显示，全年全县群众安全感93.04分，常态化扫黑除恶、教育整顿效果、全民反诈专项行动满意度全部在良好水平。

（李永华　陈志伟）

生态文明建设

【概况】 2021年，揭西县推进城乡环境综合整治，完善林业生态建设，开展义务植树，加强重点行业和重点区域污染治理，强化大气污染治理，深化重点监管企业治理，推进节能降耗、污染减排工作，巩固拓展污染防治攻坚战成果。全年义务植树种植89.32万株。

【城乡生态环境】 2021年，揭西县深化中央和省环保督察反馈问题整改，建成县城污水处理厂配套管网四期、棉湖污水处理厂二期升级改造等项目和村级污水处理站65座，启动建设县环保能源产业园、建筑废弃物和市政污泥资源化综合利用等项目，依法依规、多措并举整治提升凉果加工、畜禽养殖业，“国控”“市控”断面水质稳定达标。

（陈俊汉　吴晓彬）

【林业生态建设】 2021年，揭西县加强林业生态建设，推进高质量水土保持林项目建设，全年完成高质量水土保持林项目1109.3公顷，其中造林818.5公顷、封山育林290.8公顷。森林抚育1866.6公顷，其中新造林抚育1533.3公顷、中幼林抚育333.3公顷。建设绿化美化乡村14个。

【义务植树】 2021年，揭西县推进造林绿化，提高科学生态节俭绿化水平。3月，组织县绿化委员会成员、单位干部职工在坪上镇开展“全民植绿　打造生态发展示范区义务植树活动”主题义务植树活动，种植黄花风铃木、火力楠、马占、紫荆、紫薇等共2.8公顷。全年参加义务植树29.77万人，种植89.32万株，其中种植黄花风铃木、相思、秋枫、紫荆、紫薇等树种37.53万株，抚育管护、自然保护、认种认养、设施修建、捐资捐物和志愿服务折算51.79万株。

（彭绍兴　李婉玫）

【节能降耗】 2021年，揭西县做好能耗双控工作，加强重点用能单位用能管理，加大节能审查监查力度，整治违规违法用能，控制“两高”（高耗能、高排放）项目发展。落实违规用能企业排查整治工作，督查指导相关企业办理节能审查。指导各企业参照标准，提升生产工艺，重视节能降耗。至年底，全县无建成、在建、拟建“两高”项目。

（李海涛　池逸东）

【污染减排】 2021年，揭西县依托“结调减排、工程减排、管理减排”减排体系，开展减排攻坚战，实现减排新路径，创新工作举措，加强污染排放监管，实施项目精细化管理，落实减排项目3个，其中COD（化学需氧量）减排1533吨，氨氮减排182.5吨。

【大气污染治理】 2021年，揭西县巩固“蓝天保卫战”工业锅炉整治成果，对不符合环保政策的燃煤锅炉不予审批，联合有关部门动态更新全县在用锅炉企业实际情况，加大工业锅炉污染物排放监管力度，严厉惩治违法行为。深化工业企业治理，完成广东省下达的3家（广东省福利永兴彩印有限公司、广东飞鹅包装彩印有限公司、广东汇华包装有限公司）挥发性有机物（VOCs）重点监管企业深度治理和分级任务；依法取缔“散乱污”企业，加强排查，依法查处不符合产业政策、依法应办未办相关审批或登记手续、违法排污严重工业企业（场所），对列入关停取缔类企业，落实“两断三清”（断水、断电，清原料、清设备、清场地），发出散乱污函16份。

（刘讯涛　黄跃漫）

2021年11月4日，揭阳市生态环境局揭西分局组织工作人员到揭西鑫昌顺电子科技有限公司开展大气污染防治专项检查　（市生态环境局揭西分局　供稿）

党政机关

中国共产党揭西县委员会

重要会议

【全县2021年总河长会议暨2020年度河长制述职会议】 2021年1月21日，全县2021年总河长会议暨2020年度河长制述职会议在县机关大院附楼四楼会议室召开，会议学习贯彻习近平生态文明思想，动员全县上下牢固树立“绿水青山就是金山银山”理念，把保护水生态环境摆在更加突出位置，系统推进民生水利工程建设，强化河流治理。参会人员有县党政领导班子成员，县全面推行河长制工作领导小组成员单位主要负责人，县河长办有关负责人，各乡镇（街道）党（工）委书记、副总河长、分管负责人、水利所所长，各村（社区）河长。

【全县精神文明建设委员会全体（扩大）会议暨省级文明城市复查复牌工作动员会】 2021年1月26日，全县精神文明建设委员会全体（扩大）会议暨省级文明城市复查复牌工作动员会在县机关大院附楼四楼会议室召开，会议动员全县上下统一思想认识，打赢省级文明城市复牌“翻身仗”。参会人员有县四套领导班子成员，县人民法院院长、县人民检察院检察长，县直（含上级垂直管理）正科级局以上单位主要负责人，各乡镇（街道）党（工）委书记，河婆街道党政班子成员，河婆街道有关村（社区）党组织书记，县创文督查组各组长。

【中国共产党揭西县第十一届委员会第九次全体会议】 2021年2月6日，中国共产党揭西县第十一届委员会第九次全体会议在县委党校人民会堂召开，会议以习近平新时代中国特色社会主义思想为指导，贯彻落实习近平总书记出席深圳经济特区建立40周年庆祝大会和视察广东重要讲话、重要指示精神，落实省委“1+1+9”工作部署和市委具体工作安排，回顾总结2020年工作，研究部署2021年工作，动员全县广大党员、干部，迎难而上、攻坚克难，加快建设生态发展示范区，打造生态宜居美丽示范县、国家级全域生态旅游目的地。会议由县委常委会主持，县委书记代表县委常委会作工作报告，十一届县委委员、候补委员出席会议；不是县委委员、候补委员的县人大常委会、县政府、县政协领导，县人民法院院长、县人民检察院检察长，县纪委副书记、县委各巡察组组长，县人大专门委员会和常委会工作机构党员主要负责人，县直（含上级垂直管理）正科级局以上单位主要负责人，各乡镇（街道）党（工）委书记、乡镇长（办事处主任），县委办、县政府办其他班子成员列席会议。

【揭西县党史学习教育动员部署大会】 2021年3月3日，揭西县党史学习教育动员部署大会在县机关大院附楼四楼会议室召开，会议学习贯彻习近平总书记重要讲话精神，贯彻落实《中共中央关于在全党开展党史学习教育的通知》和中央、省委、市委动员大会精神，对全县开展党史学习教育进行动员部署，教育引导全县广大干部群众学史明理、学史增信、学史崇德、学史力行。参会人员有县四套领导班子成员，县人民法院院长、县人民检察院检察长，县直（含上级垂直管理）正科级局以上单位主要负责人，各乡镇（街道）班子成员、党建工作办公室负责人，各村（社区）书记。

【揭西县全面推进乡村振兴工作大会】 2021年4月15日，揭西县全面推进乡村振兴工作大会在县机关大院附楼四楼会议室召开，会议学习贯彻习近平总书记关于实施乡村振兴战略重要讲话精神，贯彻落实2021年中央一号文件精神和省委、省政府，市委、市政府部署要求，动员全县上下提高政治站位，全面实施乡村振兴战略，推动农业全面升级、农村全面进步、农民全面发展。参会人员有县有关领导，县直有关单位主要负责人，各乡镇（街道）党（工）委书记、乡镇长（办事处主任）、分管负责人，各村（社区）书记、主任。

【县委理论学习中心组暨全县正科级主要领导干部党史学习教育专题研讨班】 2021年4月15—16日，县委理论学习中心组暨全县正科级主要领导干部党史学习教育专题研讨班在县委党校人民会堂召开，会议学习贯彻习近平总书记在党史学习教育动员大会上重要讲话精神，贯彻落实党中央、省委、市委党史学习教育动员大会及省委理论学习中心组暨全省省级、市厅级主要领导干部党史学习教育专题研讨班、市委理论学习中心组暨全市县处级主要领导干部党史学习教育专题研讨班精神，推动县领导和县正科级主要领导干部先学一步、学深一层，发挥“关键少数”引领示范作用，带动全县党史学习教育走深走实。参会人员有县四套领导班子成员，县人民法院院长、县人民检察院检察长，县纪委副书记、县监委副主任，县直（含上级垂直管理）正科级局以上单位主要负责人，各乡镇（街道）党政主要负责人，县委巡察组各组长，县人大常委会、县政协各专委主要负责人，县各民主党派主要负责人。

【全县违法建设整治工作推进会】 2021年5月13日，全县违法建设整治工作推进会在县机关大院附楼三楼会议室召开，会议动员全县上下增强开展“两违”整治工作责任感和紧迫感，坚持问题导向，对照“两违”整治任务，挂图作战、倒排工期、对账销号，推进违法建设整治工作。参会人员有县有关领导，县直有关单位主要负责人，各乡镇（街道）党（工）委书记。

【全县加强基层党组织建设工作会议】 2021年6月4日，全县加强基层党组织建设工作会议在县机关大院附楼四楼会议室召开，会议学习贯彻习近平总书记关于加强基层党组织建设重要论述，传达贯彻全省加强基层党组织建设工作会议、全省抓党建促乡村振兴现场推进会以及全市加强基层党组织建设工作会议精神，总结全县基层党建三年行动计划落实情况，部署实施新一轮三年行动计划。参会人员有县有关领导，县直有关单位主要负责人，各乡镇（街道）党（工）委书记、组织委员，党组织代表。

【揭西县生态环境保护委员会会议暨2021年深入打好污染防治攻坚战动员大会】 2021年6月18日，揭西县生态环境保护委员会会议暨2021年深入打好污染防治攻坚战动员大会在县机关大院附楼四楼会议室召开，会议学习贯彻习近平生态文明思想，学习贯彻省、市生态环境保护委员会会议精神，动员全县上下坚决打好打赢污染防治攻坚战，推动全县生态环境保护工作落实。参会人员有县有关领导，县生态环境保护委员会成员单位主要负责人，县生态环境局、县住建局、县农业农村局班子成员，各乡镇（街道）党（工）委书记、乡镇长（办事处主任）、分管生态环境工作负责人、综合执法办公室负责人，各村（社区）书记、主任。

【揭西县学习贯彻习近平总书记在庆祝中国共产党成立100周年大会上重要讲话精神干部动员大会】 2021年7月6日，揭西县学习贯彻习近平总书记在庆祝中国共产党成立100周年大会上重要讲话精神干部动员大会在县机关大院附楼四楼会议室召开，会议学习贯彻习近平总书记在庆祝中国共产党成立100周年大会上重要讲话精神，动员全县上下贯彻落实省、市干部动员大会部署要求，高标准高质量做好全县学习宣传贯彻工作。参会人员有县四套领导班子成员，县人民法院院长、县人民检察院检察长，县各民主党派主要负责人，县直（含上级垂直管理）正科级局以上单位主要负责人，各乡镇（街道）班子成员，各村（社区）书记、主任。

【全县精神文明建设表彰大会】 2021年7月21日，全县精神文明建设表彰大会在县机关大院附楼四楼会议室召开，会议贯彻落实习近平总书记关于精神文明建设重要论述和习近平总书记重要讲话、重要指示批示精神，动员全县上下从讲政治高度认识和履行抓好精神文明建设重大责任，增强做好新时期精神文明建设工作思想自觉、政治自觉、行动自觉，推动精神文明建设各项工作再上新台阶。参会人员有县有关领导，县人民法院院长、县人民检察院检察长，各乡镇（街道）党（工）委书记，县文明委各成员单位主要负责人，部分文明村（社区）、文明单位代表。

【揭西县2021年教育工作大会】 2021年9月10日，揭西县2021年教育工作大会在县委党校人民会堂召开，会议动员全县上下增强推动教育高质量发展责任感和紧迫感，把教育工作放在心上、抓在手上，攻坚克难、狠抓落实，推动全县教育事业高质量发展。参会人员有县四套领导班子成员、县人民法院院长、县人民检察院检察长，揭阳市揭西教育发展基金会理事会、监事会成员，揭西旅外商会代表、乡贤企业家代表，县直（含上级垂直管理）正科级局以上单位主要负责人，各乡镇（街道）党（工）委书记、乡镇长（办事处主任），获奖校长、班主任、教师，各教育组组长，中学校长代表。

【中国共产党揭西县第十二次代表大会】 2021年9月26—29日，中国共产党揭西县第十二次代表大会在县委党校人民会堂召开，会议坚持以习近平新时代中国特色社会主义思想为指导，学习贯彻习近平总书记重要讲话和重要指示批示精神，贯彻新发展理念，动员全县各级党组织、党员干部和人民群众，不忘初心、牢记使命、坚毅前行，为加快建设生态发展示范区，谱写全面建设社会主义现代化揭西新篇章而努力奋斗。会议由大会主席团主持，县委书记代表十一届县委常委会作工作报告，中国共产党揭西县第十二次代表大会代表出席会议；不是县第十二次党代会代表的十一届县委委员、候补委员，县纪委委员，不是县第十二次党代会代表的县人大常委会副主任、县政府副县长、县政协副主席，不是县第十二次党代会代表的县直（含上级垂直管理）正科级局以上单位、乡镇（街道）党员主要负责人和党外人士，县各民主党派主要负责人列席会议。

2021年9月26—29日，中国共产党揭西县第十二次代表大会在县委党校人民会堂召开 （（李运生 摄））

【揭西县重点项目建设现场推进会】 2021年10月14日，揭西县重点项目建设现场推进会在县机关大院附楼四楼会议室召开，会议动员全县上下提高政治站位，认识抓好重点项目建设重要意义，完整、准确、全面贯彻新发展理念，担当尽责、抓好落实，要求按照时间节点高质量、高标准完成重点项目建设各项任务，推动全县经济社会高质量发展。参会人员有县四套领导班子成员，县人民法院代院长、县人民检察院代检察长，县直（含上级垂直管理）正科级局以上单位主要负责人，各乡镇（街道）党（工）委书记，县委办、县政府办其他班子成员，县委办督查组、县政府办信息督查组负责人。

【全县拆窗砌墙和戴头盔专项整治工作推进会】 2021年10月14日，全县拆窗砌墙和戴头盔专项整治工作推进会在县机关大院附楼四楼会议室召开，会议学习贯彻省委、省政府和市委、市政府关于系统防范化解道路交通安全风险工作部署要求，动员全县上下增强底线思维和风险意识，纵深推进拆窗砌墙和戴头盔专项整治工作。参会人员有县党政领导班子成员，县人大常委会主任、县政协主席，县人民法院代院长、县人民检察院代检察长，县直（含上级垂直管理）正科级局以上单位，县消防救援大队、县公安局交警大队、交警中队主要负责人，各乡镇（街道）党（工）委书记。

【揭西县学习贯彻中共十九届六中全会精神干部大会】 2021年11月16日，揭西县学习贯彻中共十九届六中全会精神干部大会在县机关大院附楼四楼会议室召开，会议动员全县各级党组织和广大党员干部提高政治站位，学习贯彻中共十九届六中全会精神，把握习近平总书记重要讲话和《中共中央关于党的百年奋斗重大成就和历史经验的决议》丰富内涵，把思想和行动统一到党中央决策部署和省委、市委、县委工作要求上来，推动中共十九届六中全会精神在揭西落地落实。参会人员有县四套领导班子成员，县人民法院院长、县人民检察院检察长，县直（含上级垂直管理）正科级局以上单位主要负责人，县各民主党派主要负责人，县委各巡察组、县人大各专（工）委、县政协各专委会主要负责人，各乡镇（街道）班子成员、各部门主要负责人，各村（社区）书记、主任。

【全县机关党的建设工作暨深化模范机关创建工作推进会】 2021年12月23日，全县机关党的建设工作暨深化模范机关创建工作推进会在县机关大院附楼四楼会议室召开，会议学习贯彻习近平总书记关于机关党建重要论述，贯彻落实省、市机关党的建设暨深化模范机关创建工作推进会精神，总结全县机关党建和模范机关创建工作情况，研究部署下一步工作。参会人员有县委常委，县人大常委会主任、县政协主席，县人民法院院长、县人民检察院检察长，县直有关单位主要负责人，各乡镇（街道）党（工）委书记。

【县委人才工作会议】 2021年12月23日，县委人才工作会议在县机关大院附楼四楼会议室召开，会议动员全县上下增强做好新时代人才工作责任感、紧迫感和使命感，把思想和行动统一到中央和省委、市委人才工作会议精神上来，全面贯彻新时代人才工作新理念、新战略、新举措，自觉站在政治和全局高度抓好人才工作，以高素质人才优势推动高质量发展。参会人员有县委常委，县人大常委会主任、县政协主席，县有关领导，县人民法院院长、县人民检察院检察长，县直有关单位主要负责人，各乡镇（街道）党（工）委书记。

（李旭林　陈克平）

重要部署

【文明城市创建】 2021年1月25日，揭西县委办公室、县政府办公室印发《揭西县文明城市创建三年行动计划（2021—2023年）》，坚持以人民为中心发展理念，培育和践行社会主义核心价值观，全面开展文明创建工作，推动建成崇德向善、文化厚重、和谐宜居、人民满意的文明城市。

【营商环境优化】 2021年1月25日，揭西县委办公室、县政府办公室印发《揭西县招商项目和重点企业服务官制度》，深化“放管服”改革，强化“乙方思维”，把心思和精力用在服务企业、服务发展上，提供“全天候”“保姆式”服务，依法依规支持企业发展，营造互利共赢高质量营商环境。

【凉果行业污染整治】 2021年3月18日，揭西县委办公室、县政府办公室印发《揭西县凉果行业污染整治百日攻坚方案》，贯彻落实习近平生态文明思想，突出抓好中央环保督察和广东省环保督察反馈问题和省委第十二巡视组反馈问题整改，按照“精准治污、科学治污、依法治污”攻坚思路，治理凉果行业污染，改善凤江镇、金和镇凉果生产聚集地环境质量，提高全县生态文明水平。

【农业产业链“链长制”】 2021年3月30日，揭西县委办公室、县政府办公室印发《揭西县农业产业链“链长制”工作方案》《揭西县农业产业链“链长制”工作规则》《揭西县全面推行农业产业链“链长制”工作责任落实管理考核办法》，推动农业产业链“链长制”机制创新，拉长产业链、提升价值链、融通供应链，促进农业产业链条提升，为全县农业农村高质量发展提供支撑。

【“四学四行六规范”党建主题活动开展】 2021年4月29日，揭西县委办公室印发《揭西县开展“四学四行六规范”党建主题活动实施方案》，围绕坚持和加强党的全面领导，以党的政治建设为统领，重点加强组织体系建设，提高基层党建工作质量，以改革创新为动力，锻造各领域基层党组织，为全县经济社会发展提供组织保证。

【全面提升教育教学质量】 2021年10月12日，揭西县委、县政府印发《关于全面提升揭西县教育教学质量的实施意见》，贯彻党的教育方针，落实立德树人根本任务，以“面上提升、打造名校”为目标，提高全县教育教学质量，加强教师队伍建设和学校管理，遵循教育发展和人才成长规律，深化教育关键环节和重点领域改革，办好人民满意的教育。

（李旭林　陈克平）

重要活动

【“永恒的火焰”——庆祝中国共产党成立100周年文艺演出活动】 2021年6月6日，揭西县在南山镇火炬村举办“永恒的火焰”——庆祝中国共产党成立100周年文艺演出活动，传承红色基因，把党史学习教育融入为民服务、履职尽责、推动发展的具体实践中。市有关领导，市直有关单位主要负责人，东莞市驻揭阳市揭西县扶贫工作组有关人员，揭西籍商会会长、乡贤、企业家代表，县四套领导班子成员，县人民法院院长，县直有关单位主要负责人，各乡镇（街道）党（工）委书记，乡镇长（办事处主任），各条战线先进代表，老党员、老领导代表，火炬村党员、群众代表等参加活动。

【揭西县2021年广东扶贫济困日活动捐赠仪式】 2021年6月30日，揭西县在县机关办公楼一楼大堂举行揭西县2021年广东扶贫济困日活动捐赠仪式，动员社会参与扶贫济困日活动。县委书记、县长带头捐款。县四套领导班子成员，县人民法院院长、县人民检察院检察长，县有关单位主要负责人参加活动。

【揭阳市揭西教育发展基金会成立大会】 2021年9月10日，揭西县在希桥酒店深圳酒楼三楼会议厅召开揭阳市揭西教育发展基金会成立大会。揭阳市揭西教育发展基金会理事会、监事会全体成员，县旅外商会代表、乡贤企业家代表，市民政局有关负责人，县四套领导班子成员，县人民法院院长、县人民检察院检察长，县直有关单位主要负责人，各乡镇（街道）党（工）委书记，优秀校长、班主任、教师代表参加活动。

【2021年揭阳市揭西县庆祝“中国农民丰收节”系列活动暨揭西县八大特色产业“12221”市场体系建设启动仪式】 2021年9月26日，揭西县在塔头镇旧住村举行2021年揭阳市揭西县庆祝“中国农民丰收节”系列活动暨揭西县八大特色产业“12221”市场体系建设启动仪式。省、市、县有关领导以及南方农村报社领导，驻镇帮镇扶村工作队队长，县直有关单位主要负责人，各乡镇（街道）党（工）委书记、乡镇长（办事处主任），分管农业农村工作负责人，揭西县农业企业、专业合作社、家庭农场、新型职业农民及群众代表，采购商代表，省、市、县新闻媒体参加活动。

【烈士纪念日公祭烈士】 2021年9月30日，揭西县在河婆街道象山革命烈士纪念亭开展公祭烈士活动，缅怀革命烈士丰功伟绩，弘扬烈士精神。县四套领导班子成员，县人民法院院长、县人民检察院检察长，县直（含上级垂直管理）正科级局以上单位主要负责人，县人武部班子成员，县公安局、县人民法院、县人民检察院、县人武部、县城管执法局、县消防救援大队等相关单位代表，烈属代表和老战士代表，河婆街道办机关干部，河婆中学师生、少先队员代表参加活动。

【粤海水务签约】 2021年11月9日，揭西县在县机关大院附楼四楼会议室举行揭西县人民政府与广东粤海水务投资有限公司城乡供水一体化项目投资合作协议签约仪式，优化全县水务项目投资、建设和运营工作，加快补齐全县供水基础设施建设短板，提高安全供水能力。省、市、县以及粤海集团、粤海水务有关领导，省政府办公厅、市政府办公室、市农业农村局、金和镇驻镇帮扶工作队有关工作人员，县直有关单位主要负责人，各乡镇（街道）党（工）委书记参加活动。

（李旭林　陈克平）

综合党务

【省委巡视整改落实】 2021年，揭西县委巡察机构按期完成省委第十二巡视组关于巡察专项检查反馈意见整改落实工作。1月，省委第十二巡视组向揭西县反馈巡察专项检查意见，县委巡察整改工作领导小组组长多次听取整改工作进展情况汇报，召集全体巡察干部研讨整改措施，注重建立健全制度，推进省委巡视整改落实。通过集中整改，省委巡视组反馈揭西县巡察工作4个方面12个问题整改工作取得成效，对应制订37条整改措施，全部完成整改。

（刘　俊　魏晓珩）

【县委理论学习中心组】 2021年，县委理论学习中心组集中学习16次，各地各单位理论学习中心组党史学习教育专题集中学习906场次。邀请广东省委党校党建部主任梁道刚、揭阳市委党校教育长吴少雄等为全县科级及以上领导干部授课。加强“学习强国”平台学习使用和供稿质量，规范平台管理。发挥示范引领作用，结合党史学习教育等主题教育活动，县领导干部到各乡镇（街道）、县直单位开展习近平新时代中国特色社会主义思想、党史专题等内容辅导学习。

（张俊亮　邓炽坤）

【督查工作】 2021年，揭西县委督查部门督促推动学习贯彻落实习近平总书记重要讲话和重要指示批示精神，建立健全政治要件贯彻落实台账，推进县委十一届九次全会部署重点工作任务、县委主要领导调研和指示批示精神、县委专题工作会议部署要求、乡村振兴战略实施、疫情防控等各项工作贯彻落实，开展重点项目建设、“我为群众办实事”实践活动、“第一议题”制度落实、基层综合行政执法、农村撂荒耕地复耕和土地承包经营权流转等各项中心工作专项督查，推动县委各项工作部署和领导批示（交办）事项落实到位。全年督查督办事项178件（其中市委主要领导批示件22件），办结率100%；印发《揭西督查》3期，专项督查通报（包括通报表扬或批评）15期次，形成汇报材料及表格238份。

（李旭林　陈克平）

组织工作

【概况】 2021年，中共揭西县委组织部（简称县委组织部）履行组织工作职能，健全党的基层组织建设，完善组织体系，开展加强党的基层组织建设三年行动计划，做好全县组织、干部、公务员、人才等各项工作，创新开展“四学四行六规范”党建主题活动，推进镇街党建品牌、“红色领航”工程、党员教育管理以及县、镇、村级换届等工作。至年底，全县党员3.36万人；全县党组织1442个，其中基层党委57个、总支部102个、支部1283个。是年，新发展党员554人。

【基层党组织建设】 2021年，揭西县推进“红色领航”党建工程，利用南山镇火炬村被中央组织部列入建设红色美丽乡村试点

2021年5月7日，党史学习教育市委宣讲团宣讲报告会暨县委理论学习中心组学习会在县机关大院附楼四楼会议室举行　（县委宣传部　供稿）

工作契机，启动实施党建示范“五个一工程”项目及相关基础配套设施。推进镇街党建品牌创建行动，打造坪上镇“党建+乡村振兴”、棉湖镇“党建+基层治理”、金和镇“党建+美丽乡村”等17个党建品牌。开展抓党建促乡村振兴示范县创建，选取3个镇、30个村先行创建，落实抓党建促乡村振兴7方面共25项措施、示范县创建“30条举措”、党建引领美丽圩镇创建5方面共14项措施。推进“双同步”（党建摸排和组织建设）工作，新建非公企业党组织4家，成立住宅小区、物业服务企业党组织6个。强化卫生系统党建，成立县人民医院、第二人民医院医共体总医院党委。建立街道“大工委”、社区“大党委”制度，57个县直单位结对共建38个社区。

【干部队伍建设】 2021年，揭西县落实新时期“好干部”标准，优化完善干部“选育管用”工作机制，聚焦人岗相适、结构优化和提高专业素质，做好干部选拔任用工作。全年县委常委会讨论任免科级干部16批次，任免643人次，其中提拔178人次、晋升职级42人次、交流调整423人次；结合县、镇两级换届，优化乡镇领导班子结构，建设高素质专业化干部队伍；实施“两委”干部头雁提升、群雁建强、雏雁培育“三项计划”，落实318个村（社区）党组织书记备案管理，储备“两委”后备干部1295人，组织410名“两委”干部参加学历提升专班，组织100名优秀党组织书记分别到中山大学、深圳大学参加抓党建促乡村振兴培训班，组织1028名党组织书记后备干部参加县委党校培训班；开展“千名组工干部联支部访党员”活动，163名组工干部结对联系基层党组织。强化党建引领乡村全域振兴发展新路径，向红色村、乡村振兴任务重的82个村选派驻村第一书记，选派86名选调生到78个村任职。

【党员队伍建设】 2021年，县委组织部严把党员准入关，优化党员结构，推动党员队伍建设。至年底，全县党员3.36万人。全年全县新吸收预备党员554人，其中发展35岁以下党员6917人，占20.6%；女党员8732人，占26.0%；大学专科学历党员7191人，占21.4%，大学本科及以上学历党员4287人，占12.8%；在岗职工党员8465人，占25.2%；农牧渔民党员1.73万人，占51.6%。

【干部培训管理】 2021年，县委组织部围绕县委、县政府中心工作，开展干部教育培训需求调研，根据不同层次和类型，针对性设置培训内容，组织学员学习履行岗位职责所需专业知识，提高综合素质和业务水平。举办党史学习教育专题研讨班4期共710人；举办村（社区）党组织书记“履新能力提升”培训班2期共318人；举办2020年新录用公务员初任培训班1期共155人；与华南农业大学联合举办“建设生态宜居美丽乡村与乡村振兴”专题培训班1期，各乡镇（街道）和县直有关单位分管领导共50人参训；与深圳大学联合举办“党建引领乡村振兴”专题培训班1期，各村（社区）党组织书记后备干部50人参训；选派参加市委组织部年度主体班次21期共348人；选派参加省委组织部年度主体班次2期共2人；选派参加财政部、自然资源部、水利部、生态环境部、中共中央统战部网络培训专题班7期共8人。

【公务员管理】 2021年，揭西县坚持考试录用进人主渠道，优化公务员队伍结构，全年招录公务员127人，其中县直单位招录47人、乡镇（街道）招录80人。规范公务员管理，严格落实公务员登记制度，完成公务员登记45人次。做好公务员信息数据动态化管理，更新维护公务员信息2370人次。发挥公务员职务与职级功能作用，激励公务员干事创业，完成公务员职级晋升380人次。完善公务员考核方式方法，把政治标准放在首位，突出考核公务员做好本职工作实际成效，全县公务员（含参公人员）参加2021年年度考核2370人，其中优秀等次376人，受党纪政务处分确定为不称职2人、不定等次45人。加强股级干部队伍管理，坚持正确选人用人工作导向，注重选拔培养优秀年轻干部，促进公务员队伍合理流动和优化配置，任免股级干部218人次，其中提拔正股级68人次、提拔副股级84人次、交流任职43人次、免职23人次。

【干部监督】 2021年，揭西县严格执行党政领导干部选拔任用、监督检查和责任追究相关工作条例和规章制度，改进、完善干部选拔任用工作。做好省委巡视检查选人用人反馈问题落实整改，围绕检查反馈选人用人6个方面15个问题，明确任务目标、责任落实和整改时限，细化整改措施。严肃换届纪律，组建2个换届风气巡回督查组对全县16个乡镇开展4轮次换届风气督导，营造清明清正清新换届风气。

【老干部工作】 2021年，揭西县印发《关于加强2021年离退休干部学习教育和党建工作的通知》，加强新形势下老干部思想政治工作；组织引导离退休干部参与专题调研活动、主题党日活动和收听收看宣讲报告会、网上专题报告会；印发《关于完善揭西县离退休干部“一人一策”精准服务工作机制的方案》，为离休干部提供亲情化、个性化、多元化精准服务；县委、县政府投资700多万元，对老干部大学、老干部第一服务中心进行修缮改造和配套升级，完成主体改造工程项目；申报设立揭西县老干部大学为县委组织部下属公益一类事业单位（正股级，编制4名，设校长1名、副校长1名）；老干部大学第七届办学采取线上授课，开设歌咏、舞蹈、书法、绘画4个专业共7个班，参加学员240人。

【人才工作】 2021年，揭西县完善党管人才工作格局，调整成立县委人才工作领导小组，由县委书记任组长，县委副书记、县长任第一副组长，设立县委人才工作领导小组办公室。印发《揭西县优秀专家和拔尖人才选拔管理办法（修订）》，提高人才生活待遇和政治待遇。从各领域各线条推荐人选，经县委人才工作领导小组会议审议，评选出张海波等9位县优秀专家和拔尖人才。突出产业发展需求和非对称性引才导向，全年全县引进硕士9人、急需紧缺人才3人，新增高级职称专业技术人才101人。组织县优秀专家和拔尖人才开展健康体检，举办2021年优秀专家和拔尖人才培训班。

2021年7月1日，五云镇赤告村“光荣在党50年”纪念章颁发仪式在村委办公室举行
（县委组织部 供稿）

【换届选举】 2021年，揭西县开展县、镇、村级换届工作，选优配强各级领导班子。8月，完成乡镇领导班子换届选举工作，16个乡镇选出新一届乡镇领导班子212人。县级换届坚持早谋划早准备，严格规范程序步骤，9月下旬和10月下旬，分别召开县第十二次党代会和县第十一届人民代表大会、政协揭西县第十一届委员会，完成县级换届选举工作任务。推进村（社区）“两委”换届选举，318个村（社区）100%实现党组织书记、村（居）民委员会主任、集体经济组织负责人“三个一肩挑”以及“两委”干部交叉任职，学历、年龄实现“一升一降”（实现学历提升，年龄下降）。

【党建品牌创建】 2021年，揭西县开展“四学四行六规范”“100堂红色党课下基层”等党建主题活动，各级党组织开展学习2500多场次，县镇党校举办各类培训班290期，培训党员干部2.58万人次，分发各类党建读物5700多份。组织开展“百年传承、红色引领”系列教育实践活动，评选“两优一先”表彰对象省级4个、市级46个、县级100个，组织颁发“光荣在党50年”纪念章6716个，开展“寻访红色印记”实践活动350场次。

（张赐荣　蔡飞鸿）

宣传工作

【概况】 2021年，揭西县宣传思想文化战线以习近平新时代中国特色社会主义思想为统领，坚持旗帜鲜明讲政治，开展党史学习教育，做好理论舆论、文明文化、内宣外宣重点工作，加强队伍和阵地建设，健全网络宣传管理制度，完善基层文化基础设施建设。全年开展专题宣讲311场次；组织创作党史学习教育文艺作品20个；形成互联网热点210期。

【宣传宣讲】 2021年，揭西县加强思想保障和舆论支持，拓宽理论宣传宣讲途径，组织开展领导讲学、专家理论辅导、基层宣讲等多种学习活动，组建县委宣讲团、县百姓宣讲团到各地各单位开展理论宣讲。全年开展党史学习教育、习近平总书记“七一”重要讲话精神和十九届六中全会精神专题宣讲311场次。

【新闻宣传】 2021年，揭西县落实专人负责新闻宣传工作，强化策划，提高主流舆论传播力、影响力、公信力。全年围绕疫情防控以及经济社会各项中心工作开设8个专题、72个专栏，采制新闻1486条；改变传统图文配音模式，通过实景采拍公益宣传广告，以视频形式播放公益宣传标语口号，全年制作以习近平新时代中国特色社会主义思想、党史学习教育、庆祝中国共产党成立100周年等内容主题公益广告184条，在各平台播出公益广告共3.72万条次，向中央、省、市台上送新闻396条，推送“南方+”和“学习强国”平台稿件258条。

【网络宣传管理】 2021年，揭西县加强网络宣传管理，组织相关单位学习《网络信息内容生态治理规定》，强化网络舆论阵地建设，加强舆情态势感知和分析研判，开展净化网上舆论环境等系列专项行动和集中整治活动。全年形成互联网热点210期，专报30期，查处网络谣言案3宗，行政处罚5人。

【文艺创作】 2021年，揭西县组织开展庆祝中国共产党成立100周年作品创作比赛，创作党史学习教育文艺作品《看俺揭西今朝美》《振兴路上》《刘兵林》等20个。创作、编排客家传统山歌3首，组织开展线上表演，观众1.5万人次。在揭阳市“感党恩　跟党走”——庆祝中国共产党成立100周年文艺作品征集活动中，推送文艺作品20个，全部获得奖项，获奖作品数量位居全市榜首，其中金奖1个、银奖3个、铜奖4个、入选奖12个。

【爱国主义教育】 2021年，揭西县完善爱国主义教育基础建设，加强各级爱国主义教育基地管理，接待各界爱国人士开展爱国主义教育活动。开设未成年人专场，落实爱国主义教育基地对未成年人免费开放政策，对未成年人提供参观、学习、娱乐等活动服务。全年全县6个爱国主义教育基地接纳市内外中小学生免费参观学习3.3万人次。

2021年揭西县爱国主义教育基地一览表

表1

名称	级别	列入时间	地点
大北山革命历史纪念馆	省级	2014年	南山镇大北山森林公园内
棉湖战役东征军指挥部旧址（兴道书院）	市级	1996年	棉湖镇方围居委
南侨中学旧址	市级	1996年	金和镇南侨街道南侨中学内
河婆象山革命烈士纪念亭	市级	2013年	河婆街道南和村
南方人民银行纪念馆	市级	2020年	良田乡下村
揭西县博物馆	县级	2015年	河婆街道东风广场

（林松武　张新国）

统战工作

【概况】 2021年，中国共产党揭西县委员会统一战线工作部（简称县委统战部）贯彻落实《中国共产党统一战线工作条例》，强化多党合作和政治协商，依法管理民族宗教事务，推动台港澳工作，做好海外统战和侨务工作，提升民营经济统战工作实效。至年底，全县民主党派3个，分别是中国民主促进会揭西县支部委员会、中国民主同盟揭西县支部委员会和中国农工民主党揭西县支部委员会；县域内少数民族（散居）21个，户籍人口1900人，暂住人口420人。有佛教、天主教、基督教三大宗教，宗教团体4个，分别是揭西县佛教协会、揭西县天主教爱国会、揭西县基督教三自爱国会和揭西县基督教协会；经合法设立登记宗教活动场所57处；全县宗教备案教职人员48人，信教群众2.64万人。港资、台资企业8家。归侨侨眷861人，旅居海外乡亲及台港澳同胞约65万人。商协会14个，异地商会有深港揭西商会、珠海揭西商会、惠州揭西商会、清远揭西商会、广东省揭西商会、旅深揭西乡亲经济促进会、东莞市揭西商会等。

（林运标　陈漫纯）

【多党合作和政治协商】 2021年，县委统战部加强政治协商制度建设，做好政协揭西县第十一届委员会委员人事安排与非公有制经济人士综合评价工作，10月，协助完成县政协换届工作。支持民主党派加强自身建设，不定期召开各民主党派主委座谈会，拓宽统一战线民主协商渠道，全年有14名民主党派成员当选为政协揭西县第十一届委员会委员。

（林运标　吴妍苹）

【党外干部队伍建设】 2021年，县委统战部强化党外干部队伍建设，开展党外干部摸底调研与无党派人士认定登记暨统计工作，及时发现和推荐优秀人才。强化教育培训，组织党外干部参与考察调研、社会服务等实践活动。至年底，揭西县党外领导干部（副科级以上）任职情况：县人大常委会副主任1人，副县长1人，县政协副主席3人，副镇长3人，乡镇人大专职副主席2人，其他岗位7人。

（林运标　吴妍苹）

【港澳台工作】 2021年，县委统战部（县委台港澳办）发挥广东省对台交流基地平台作用，做好涉台工作，推动落实惠台利民政策措施。加强与台港澳同胞联络联谊，协助推进爱国爱港爱澳同乡社团建设，全年接待台港澳同胞2批共102人次。不定期走访县域内台港澳同胞、企业，帮助解决合理诉求。做好因公往来港澳通行证办理工作等业务，提升服务工作效能。

（林运标　何志云）

【侨务工作】 2021年，县委统战部（县侨务局）加强为侨服务工作，依法维护海外侨胞和归侨侨眷合法权益，做好来信、来电、来访工作，强化华侨华人捐赠款物管理，推进全县侨捐项目抽查工作，备案审批1个侨捐项目变更。

（杨保强　杨派雄）

机构编制

【概况】 2021年，揭西县委机构编制部门加强机构编制管理和事业单位登记管理，推进乡镇（街道）综合行政执法改革工作，开展第二次机构编制核查工作。是年，编制形成《中共揭西县委机构编制委员会关于下达各乡镇街道行政执法专项编制的通知》《关于印发乡镇街道综合治理委员会等3个委员会运行规则的通知》《中共揭西县委机构编制委员会关于印发揭西县第二次机构编制核查工作实施方案的通知》等文件。

【机构和行政体制改革】 2021年，揭西县委机构编制部门印发《中共揭西县委机构编制委员会关于撤销乡镇街道自然资源管理所等有关事项的通知》《中共揭西县委机构编制委员会关于下达各乡镇街道行政执法专项编制的通知》，撤销乡镇（街道）自然资源管理所，将其执法职能整合到乡镇（街道）综合行政执法办公室，实行属地管理，并将省下达该县行政执法专项编制和原该县下达给乡镇（街道）自然资源管理所行政执法专项编制一并划转到乡镇（街道）综合行政执法办公室，加强基层执法力量。联合县委政法委、县委依法治县办、县政务服务数据管理局印发《关于印发乡镇街道综合治理委员会等3个委员会运行规则的通知》，健全乡镇（街道）党（工）委对辖区重点领域、重大工作领导体制机制，巩固乡镇（街道）体制改革成果。是年，各乡镇（街道）全部成立综合治理委员会、公共服务委员会、综合行政执法委员会3个委员会。

2021年11月11日，揭西县第二次机构编制核查工作会议在县政府老楼一楼会议室举行 （张师院 摄）

【机构编制资源配置】 2021年，揭西县委机构编制部门综合考虑现有学生数和教学班级数实际，核定2021年度全县中小学教职员编制控制数；完善全县公立医院党的建设和医共体行政管理体系，推进医疗机构综合改革，加快建立医疗机构管理体制，优化调整县人民医院、县棉湖华侨医院机构编制事项；理顺全县国有资产管理体制机制，对县国有资产管理办公室机构编制事项进行调整，县国有资产管理办公室实行独立运作，不再挂靠县财政局；对县扶贫机构进行调整，不再保留县扶贫开发领导小组，将其职能并入县委农村工作领导小组（实施乡村振兴战略领导小组），将县扶贫开发办公室更名为县乡村振兴局，在县农业农村局加挂牌子。

【行政机构编制管理】 2021年，揭西县委机构编制部门执行机构编制审批权限和程序，统筹管理各类机构编制资源，建立编制调配机制，调整县工业信息化和科技局有关招商引资职责、县城市管理和综合执法局有关住房和城乡建设领域执法等职责；优化设置县委办公室、县委组织部等部门机构编制事项；将县电线电缆产业园管委会更名为县产业园管理委员会；撤销广东揭阳大北山生态旅游产业园管委会。

【事业机构编制管理】 2021年，揭西县委机构编制部门加强事业单位法人服务和监管，推进事业机构编制管理。设立揭西县招商引资促进中心，统筹做好招商引资事务性工作；优化整合全县农业农村系统现有编制资源，建立健全乡村振兴工作体系，将揭西县扶贫开发服务中心更名为揭西县乡村振兴服务中心；理顺县红十字会体制机制，印发《揭西县红十字会机构编制方案》。

【事业单位登记管理】 2021年，揭西县委机构编制部门开展事业单位法人证书到期换领工作，印发《关于开展事业单位法人证书到期换领的通知》，全年办理法人证书到期换领事业单位426个。推进事业单位法人监管“双随机、一公开”（随机抽取检查对象，随机选派执法检查人员，抽查情况及查处结果及时向社会公开）工作，对大溪镇中心小学等10个事业单位进行事业单位法人公示信息实地核查。全年机关单位登记初领2个，变更45个，换领3个；事业单位法人初始登记设立7个，变更登记379个，注销39个，证书补领1个。

【机构编制法治建设和创新管理】 2021年，揭西县委机构编制委员会召开3次县委编制委员会会议，学习贯彻落实习近平总书记关于深化党和国家机构改革重要讲话精神、《“三定”规定制定和实施办法》和《机构编制监督检查工作办法》，巩固深化机构改革成果，优化调整县委办公室、县财政局、县工业信息化和科技局等有关部门职责，调整县森林公安机关管理体制等相关事项。

【第二次机构编制核查】 2021年，揭西县委机构编制部门印发《中共揭西县委机构编制委员会关于印发揭西县第二次机构编制核查工作实施方案的通知》，核实、分析全县机构编制资源数量、结构、分布等实际配置情况。召开全县第二次机构编制核查工作会议，对各乡镇（街道）、县直各单位开展业务培训和部署机构编制核查。加强与县组织、财政、人社等部门协调合作，全面比对预算单位信息、参保信息等方面数据，建立数据共享机制，形成工作合力。摸清全县机构编制底数，实现机构清、编制清、领导职数清、实有人员清，补充完善机构编制实名制系统在编人员信息，完善编制管理基础台账。

（王群雄　张师院）

机关党建

【概况】 2021年，中国共产党揭西县直属机关工作委员会（简称县直属机关）强化党组织建设，加强党员队伍建设，严把发展党员质量关，严格党员教育管理，加强县直机关党规党纪、党风廉政建设，开展模范机关创建。至年底，县直属机关系统有基层党组织522个，其中基层党委15个，党总支部42个、党支部465个；党员8186人。

【机关党组织管理】 2021年，县直属机关加强党组织管理，强化思想武装，规范党务工作程序。组织机关党员干部学习党的理论知识，检查、指导各单位党务工作，做好县直机关党组织成立和换届选举工作。是年，县直（机关）新成立党支部45个，党组织更名5个，党组织撤销合并49个，党组织换届选举含委员补选39个。

【党风廉政建设】 2021年，县直属机关抓好机关党风廉政建设，加强对党员教育和管理，增强执纪问责力度。对违反党纪的党员，坚持实事求是、从严治党原则进行处置，坚持纪严于法、纪在法前。县直机关全年上报县纪委处分党员23人，其中党内警告16人、党内严重警告6人、撤销党内职务1人。

【党员培训与发展】 2021年，县直属机关规范党员发展程序，严把发展党员质量关，加强党务工作者和发展对象（入党积极分子）培训，强化考察培养工作。全年举办党务工作者培训班1期，参加培训人员283人次；发展对象（入党积极分子）培训班1期，参加培训发展对象148人，全部合格；吸收预备党员93人，预备党员转正39人。

【模范机关创建】 2021年，县直属机关坚持党的政治建设为统领，开展模范机关创建。全年举办全县机关党的建设工作暨深化模范机关创建工作推进会1场次。结合“揭岭先锋”创建工作，分领域推进17个基层党建示范点建设，推广11个模范机关先进单位创建工作经验，以点带面推动机关党建发展。

（张赐荣　蔡飞鸿）

巡　察

【概况】 2021年，揭西县委巡察机构加强建章立制，深化政治巡察，推进全县巡察工作制度化、规范化发展。选派人员配合揭阳市委巡察组开展提级（专项）巡察，3月，抽调7名巡察干部参加六届市委第九轮巡察暨上下联动提级交叉巡察全市政法单位。加强巡察干部业务培训，9月，全体巡察干部集中观看中央巡视工作领导小组办公室下发的巡视巡察单机系统和网络平台使用操作视频。10月，派出一个巡察组（6人）参加市委涉粮问题专项巡察；完成十一届县委对94个县管单位（县公安局由市委提级巡察）和318个村（社区）党组织巡察全覆盖；印发《关于推荐县委巡察工作人才库人选的通知》，更新优化巡察人才库，重点吸纳县纪检、组织、财会、审计、国土、司法等领域优秀党员干部加入巡察队伍，入库人员110人。

【巡察全覆盖】 2021年，揭西县委巡察机构开展1轮常规巡察，对十一届县委巡察全覆盖任务剩余的17个县直单位党组织开展巡察，发现问题共388个，移交问题线索53条，其中移交县纪委监委50条、县委组织部2条、县人社局1条。5月，完成十一届县委巡察全覆盖任务。

2021年9月8日，县委巡察干部在县纪委监委三楼会议室集中观看中央巡视工作领导小组办公室下发的巡视巡察信息系统培训课件，以此对巡察单机系统和网络平台使用操作进行专题培训 （蔡素金 摄）

【巡察整改落实】 2021年，揭西县委巡察机构分别对棉湖镇、县审计局、县农业农村局等17个被巡察单位党组织进行3次整改“回头看”督查，发现一些党组织存在站位不高、整改不力等问题共77个，发出“整改意见函”9份，提出意见建议47条，县委巡察工作领导小组印发《县委第九轮巡察反馈问题整改“回头看”的情况通报》。

【巡察流程规范】 2021年，揭西县委巡察机构通过建章立制推进县委巡察工作规范开展，印发《揭西县委巡察整改工作指引》《关于对县委巡察组作风纪律情况开展后评估的办法（试行）》《县委巡察机构与县委组织部、县审计局、县信访局工作协作机制的意见（试行）》《关于全县村（社区）党组织巡察全覆盖的实施方案》《揭西县选派年轻干部到县委巡察岗位培养锻炼实施办法》5项工作机制文件。

（刘　俊　魏晓珩）

政策研究

【概况】 2021年，揭西县委政研部门围绕县委、县政府中心工作加强政策研究，制定印发调研工作方案，牵头有关部门开展调查研究，撰写调研报告，为全县经济社会发展提供政策参考和智力支持，推进政研工作和改革发展工作有机融合。全年完成调研报告及材料8篇。

【专题调研】 2021年，揭西县委办牵头有关部门，围绕党的建设、乡村振兴、经济建设、产业发展、民生事业等方面开展专题调研，形成《关于引进大型国有企业参与揭西经济社会发展建设的调研报告》《深化农村土地承包经营权流转　促进揭西乡村振兴路径研究》《乡村振兴战略视阈下揭西特色农产业发展现状及对策研究》《提升全县教育教学质量调研报告》等8篇调研报告及材料。

（李旭林　陈克平）

党校工作

【概况】 2021年，中国共产党揭西县委员会党校（简称县委党校）推进党校体制机制改革，优化职能设置，完善党校系统建设，强化教研咨政，做好党员领导干部培训、学风校风建设和学员党性教育。全年举办各类主体班16期，开展宣讲辅导50场次。

【党校系统建设】 2021年，县委党校加强对习近平新时代中国特色社会主义思想，中共十九大和十九届五中、六中全会精神，习近平总书记系列重要讲话精神等重要内容学习培训，一体推进“一表四库二服务”（精心安排培训课程表；充实完善精品课题库，开发专、兼职讲师师资库，创新培训方式库，统筹建设现场教学基地库；提升带班服务和后勤服务）建设，科学合理安排教学布局，办好主体班和各类专题培训班。强化对镇（街道）党校业务指导，选派骨干教师定期到镇（街道）党校开展精品党课示范教学，开展“送课下乡”活动，逐步构建城乡党员教育一体化格局。

【干部培训】 2021年，县委党校举办各类主体班16期，培训2876人次。其中县管干部学习贯彻习近平总书记出席深圳经济特区建立40周年庆祝大会和视察广东重要讲话重要指示精神暨学习贯彻中共十九届五中全会精神

2021年12月16日，揭西县第八届村民委员会、第七届居民委员会干部业务培训班在县委党校举行　　（县融媒体中心　供稿）

专题研讨班3期、545人次，县管干部党史学习教育专题研讨班2期、182人次，县委理论学习中心组暨正科级主要领导干部党史学习教育专题研讨班1期、135人次，正科级主要领导干部学习贯彻中共十九届六中全会精神专题研讨班1期、138人次，县直属机关发展对象（入党积极分子）培训班1期、148人次，2020年新录用公务员初任培训班1期、155人次，基层党务工作者培训班1期、268人次，村（社区）党组织书记“履新能力提升”培训班2期、277人次，村（社区）党组织书记后备干部培训班4期、1028人次。

【党的理论专题宣传和辅导】 2021年，县委党校派出3位骨干教师到基层开展学习贯彻《习近平谈治国理政》第三卷、中共十九届五中全会精神、党史学习教育、习近平总书记“七一”重要讲话精神、中共十九届六中全会精神等专题宣讲辅导50场次，受众4500多人次。

【人才强校】 2021年，县委党校组织教师参加研讨会、报告会，定期开展社会调研，充实教学、科研力量。全年招录、引进5名公务员和3名教师；形成理论科研论文24篇，获奖5篇、发表7篇，其中《浅议共产党员党性的修养提升策略》发表于《中国教工》杂志上，被《中国教工》杂志社评为全国优秀文章一等奖。

【党校办学质量评估】 2021年，县委党校成立办学质量评估工作业务专班，做好县级党校办学质量评估迎检工作。对照评估指标体系和评分标准8个方面49项具体内容进行自评，形成办学质量评估自评报告；建立《办学质量考核评估工作台账》，对办学质量考核评估迎检工作进行分工，落实专人负责，细化工作措施，加大规范化管理力度，健全完善相关规章制度20项。

（庄园园　陆森沛）

党史工作

【概况】 2021年，揭西县地方史志办公室（简称县史志办）挖掘红色资源，开发利用革命遗址普查成果，加强地方党史编纂，推进基层党史研究能力建设，围绕中国共产党建党百年华诞多形式开展党史宣教宣讲活动。是年，举办党史图片展20场次，编印《揭西县革命遗址通览》等党史资料。

【党史研究】 2021年，县史志办以“四史”为中心加强党史学习，深化揭西党史学习交流研究，推进党史研究人才队伍建设，整合揭西红色资源，配合县委、县政府推进“五个一”（一本好书、一部电影、一出大戏、一套纪录片、红色基因数据化）党建示范工程建设。6月，拍摄制作短视频《南侨中学——潮汕抗战时期的楷模》参与庆祝中国共产党成立100周年全国党史故事短视频网上展播活动。结合揭西脱贫攻坚工作成效，选取典型事迹，配合撰写相关脱贫攻坚口述史材料1篇。

【地方党史编纂】 2021年，县史志办围绕庆祝中国共产党成立100周年，履行地方党史编纂职责，搜集梳理本地党史资料，挖掘老区革命事迹和历史人物，完成《揭西红色故事》《揭西英烈传》等编印工作，其中《揭西红色故事》作为全县党史学习教育材料。

【革命遗址普查成果开发利用】 2021年，县史志办巩固拓展革命遗址普查成果，整合革命老区红色资源，服务全县开展党史学习教育和乡村振兴战略。编印《揭西县革命遗址通览》，收录全县革命遗址147处，涵盖重要历史事件和重要机构旧址、重要历史事件发生地和人物活动纪念地、革命领导人故居、烈士墓及纪念设施等，全书6.7万字、图片210多张。

【党史宣传教育】 2021年，县史志办提升党史宣教能力，讲好红色故事。7月起，连续举办“百年华诞 揭西印记”——庆祝中国共产党成立100周年图片展20场次，展出照片280多张，分4个部分展示革命时期、建设时期、改革时期以来发生在揭西地区的重大历史事件、重点历史留存，选介部分揭西革命前辈、革命烈士，展示新时代揭西奋力发展成就，落实党史图片展进村（社区）、进学校，推动党史宣传教育走向基层。联合县融媒体中心先后推出《揭西红色足迹》《红旗漫卷大北山》《一起学党史》等专题节目。

（李瑞军 张卓勇）

2021年，县史志办完成编印《揭西县革命遗址通览》《揭西英烈传》《揭西红色故事》

（县史志办 供稿）

揭西县人民代表大会

【概况】 2021年，揭西县第十一届人民代表大会常务委员会组成人员35人，其中主任1人、副主任6人、委员28人。全年县人大常委会召开常委会会议12次，听取和审议“一府一委两院”（县政府、县监察委员会、县人民法院、县人民检察院）工作报告11项；审查政府议案8个，作出决定16项、决议4项；开展执法检查2次；任命、决定任命国家机关工作人员58人次，免去、决定免去国家机关工作人员20人次；开展各类视察调研活动24项。至年底，全县各级人民代表大会17个，其中县人民代表大会1个、乡镇人民代表大会16个；街道人大工作委员会1个。各级人大代表1658人，其中全国人大代表1人、省人大代表3人、市人大代表50人、县人大代表332人、乡镇人大代表1272人。

【重要会议】 2021年，揭西县人民代表大会及其常务委员会重要会议内容详见“2021年揭西县人民代表大会及其常务委员会重要会议情况表”。

【重大事项讨论决定】 2021年，县人大常委会聚焦重大问题，加强调查研究，反映民意，依法有序开展重大事项决定工作。听取和审议县政府关于2020年度县本级预算执行情况和其他财政收支审计工作报告；听取和审议县政府2020年度财政决算报告并作出决议；听取揭西县2021年度地方政府债券资金专项汇报；审查批准2021年度县级财政预算调整方案。

【人事任免】 2021年，县人大常委会坚持党管干部原则与人大依法行使任免权有机统一，执行任命对象任职前法律知识考试、任职前表态发言、民主表决、颁发任命证书、向宪法宣誓等制度，维护人事任免工作严肃性和

2021年揭西县人民代表大会及其常务委员会重要会议情况表

表2

会议名称	会议时间	会议地点	出会议人数（人）	会议内容
县十届人大常委会第三十七次会议	1月18日	县人大常委会会议室	25	会议传达学习贯彻习近平总书记二〇二一年新年贺词；决定补选3名县第十届人民代表大会代表；决定县第十届人民代表大会第六次会议于2月21—23日在县委党校人民会堂召开；决定接受刘丽彬辞去县人民政府副县长职务
县十届人大常委会第三十八次会议	1月28日	县人大常委会会议室	25	会议传达学习习近平总书记在中央政治局民主生活会上重要讲话精神；听取和审议代表变动情况和补选代表的代表资格审查报告，确认补选的刘端雄、毛建中、林剑华3位县十届人大代表资格有效；讨论县人大常委会工作报告（稿）
县十届人大六次会议	2月21—22日	县委党校	223	会议听取和审议2020年县政府、县人大常委会、县人民法院和县人民检察院工作报告，审查并批准《揭西县国民经济和社会发展第十四个五年规划和二〇三五年远景目标纲要》《揭西县2020年国民经济和社会发展计划执行情况与2021年计划草案的报告及揭西县2021年国民经济和社会发展计划》《揭西县2020年预算执行情况和2021年预算草案的报告》。首次实施民生实事项目人大代表票决制，票决出揭西县2021年十项民生实事项目。依法选举林剑华为县监察委员会主任
县十届人大常委会第三十九次会议	4月29日	县人大常委会会议室	24	会议传达学习习近平总书记在福建考察期间重要讲话精神；听取县人大常委会法制工作室关于2020年度规范性文件备案审查工作情况报告；听取和审议全县2020年环境状况和环境保护目标完成情况报告；审议县政府提请《揭西县2020年地方政府债务限额情况报告》议案并作出决议；决定任命李勇豪为县人民政府办公室主任、彭绍兴为县林业局局长；决定免去林春雄县人民政府副县长职务
县十届人大常委会第四十次会议	6月10日	县人大常委会会议室	25	会议传达学习习近平总书记在中共中央政治局第二十九次集体学习时重要讲话精神；审议县政府提请《揭西县土地治理与基础设施补短板项目实施方案》《揭西县土地治理与基础设施补短板项目投资合作协议》议案并作出决议；决定任命曾瑞平为县司法局局长；决定免去林俊槐县司法局局长职务；决定接受李建航辞去县第十届人大代表职务
县十届人大常委会第四十一次会议	7月1日	县人大常委会会议室	24	会议传达学习5月31日中共中央政治局会议精神；审议《揭西县人民代表大会常务委员会关于乡镇人民代表大会代表名额的决定（草案）》；免去邓玉宝县人民法院审判委员会委员和审判员职务
县十届人大常委会第四十二次会议	7月14日	县人大常委会会议室	26	会议传达学习习近平总书记在庆祝中国共产党成立100周年大会上重要讲话精神；听取和审议县政府关于2021年上半年计划、预算执行情况报告；决定县、乡镇人大换届选举有关事项
县十届人大常委会第四十三次会议	8月20日	县人大常委会会议室	26	会议传达学习习近平总书记在考察西藏时重要讲话精神；决定接受黄俊瑜、徐任华等人辞去县、乡镇选举委员会相关职务；会议任免部分县政府组成部门主要负责人

续表2

会议名称	会议时间	会议地点	出会议人数（人）	会议内容
县十届人大常委会第四十四次会议	9月3日	县人大常委会会议室	25	会议传达学习习近平总书记在中央财经委员会第十次会议上重要讲话精神；听取和审议县十届人大常委会代表资格审查委员会关于县第十一届人大代表资格审查报告；决定任命陈永年为县人民政府副县长
县十届人大常委会第四十五次会议	9月24日	县人大常委会会议室	26	会议传达学习习近平总书记在2021年秋季学期中央党校（国家行政学院）中青年干部培训班开班式上重要讲话精神；决定接受汪伟富等代表辞去县十一届人大代表职务；决定补选7名县第十一届人民代表大会代表
县十届人大常委会第四十六次会议	10月15日	县人大常委会会议室	24	会议传达学习习近平总书记在陕西榆林考察时重要讲话精神；听取和审议县政府关于县十届人大六次会议代表建议办理情况报告、关于揭西县2020年财政决算情况报告、关于2020年县本级预算执行和其他财政收支审计工作报告；听取揭西县2021年度地方政府债券资金专项汇报；听取和审议关于补选县第十一届人民代表大会代表资格审查报告；讨论决定召开县十一届人大一次会议有关事项；讨论县十届人大常委会工作报告（稿）
县十一届人大一次会议	10月23—25日	县委党校	321	会议听取和审议过去五年县政府、县人大常委会、县人民法院和县人民检察院工作报告，审议并批准《揭西县2021年1至9月份国民经济和社会发展计划执行情况的报告》《揭西县2021年1至9月份财政预算执行情况的报告》。依法选举陈河为县人大常委会主任，徐战略、李文虹、王填德、邹亿水、杨文银、彭志向为县人大常委会副主任；依法选举魏洁林为县人民政府县长，黄钦志、陈永年、刘景新、黄书香、陈继华、翁育慧为县人民政府副县长，林剑华为县监察委员会主任，苏文弟为县人民法院院长，肖洪俊为县人民检察院检察长。选举产生35名县十一届人大常委会组成人员，通过县第十一届人民代表大会社会建设委员会组成人员，依法选举刘端雄等64人为出席揭阳市第七届人民代表大会代表
县十一届人大常委会第一次会议	12月22日	县人大常委会会议室	33	会议传达学习中共十九届六中全会精神；听取和审议县监察委员会关于整治群众反映强烈问题工作情况报告；任命温贵明等7人为县十一届人大常委会各工委主任，任命汪伟富等3人为县监察委员会副主任、委员，决定任命黄俊瑜等24人为县政府组成部门局长；通过县第十一届人大常委会各工作委员会委员名单草案；决定接受张彪辞去揭阳市第七届人民代表大会代表职务；依法补选姚丽璇、胡克敏为揭阳市第七届人大代表
县十一届人大常委会第二次会议	12月29日	县人大常委会会议室	31	会议传达学习习近平总书记在中央人大工作会议上重要讲话和中央、省委人大工作会议精神；听取和审议县政府关于揭西县2021年度财政预算调整情况报告，决定批准揭西县2021年度财政预算调整方案；听取和审议县政府关于2020年度审计查出突出问题整改情况报告、关于2020年度国有资产管理情况综合报告、2020年度国有自然资源（资产）管理情况专项报告

规范性。全年依法任命、决定任命国家机关工作人员58人次，免去、决定免去国家机关工作人员20人次。

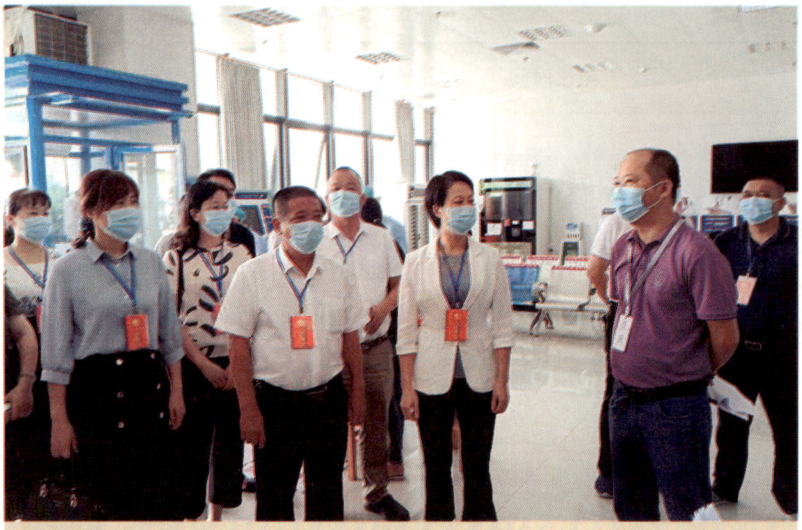
2021年7月22日，县人大常委会在县人民医院开展免费实施出生缺陷筛查项目调研活动 （林剑锋　摄）

【人大监督】　2021年，县人大常委会围绕经济发展质量、保障和改善民生、防范化解重大风险等重点领域，依法行使监督职权。首次听取和审议县监察委员会关于整治群众反映强烈问题工作情况专项报告，听取和审议县政府2020年度环境状况和环保目标完成情况报告、县政府2020年度国有资产管理情况综合报告和国有自然资源（资产）管理情况专项报告。开展规范性文件备案审查工作，全年备案审查规范性文件9件。

【人大代表调研视察】　2021年，县人大常委会组织市、县人大代表集中视察调研县人民医院感染科综合大楼、县产业园园区、农房管控和风貌提升示范带工程、美丽乡村等建设；开展乡村振兴工作和推进现代农业产业园建设、退役军人服务保障体系建设和上半年税收征管情况等专题调研。

【人大代表工作】　2021年，县人大常委会支持和保障代表依法履职。举办新一届人大代表履职培训班，提升代表依法履职能力和水平。开展县乡人大“巩固基础、强化履职”两年行动，加强县乡人大工作和建设。强化代表联络站基础，新增建设南山镇火炬村等5个村级人大代表联络站，完成灰寨镇人大代表中心联络站提档升级工程。组织全县五级人大代表900多人次参与“更好发挥人大代表作用”主题活动，活动期间共开展视察、检查26次，各类调研22次，接待群众331人次，收集群众意见建议96条。落实“双联系”（县人大常委会主任会议组成人员联系县人大代表、县人大代表联系人民群众）工作制度，县人大常委会主任会议组成人员联系走访县人大代表105人次，收集代表意见建议238条。首次实施民生实事项目票决制，票决出县级项目10项、乡镇级项目70项，组织开展民生实事项目实施情况跟踪督办，听取和审议县政府民生实事项目实施情况专题报告并进行满意度测评。

【人大执法检查】　2021年，县人大常委会加强法律实施执法检查，促进提升行政执法水平和执法质量。配合省、市人大开展执法检查，组织开展《广东省宗教事务条例》《广东省乡镇人民代表大会工作条例》贯彻实施情况执法检查，推进相关法律法规实施。

【人大代表议案建议与督办】　2021年，县人大常委会加强把关代表议案建议质量，在人代会前组织专题培训、集中视察，强化代表提好议案建议基础。做好县十届人大六次会议、十一届人大一次会议代表建议交办、督办工作，听取和审议县政府办理代表建议情况报告。县十届人大六次会议代表建议20件和县十一届人大一次会议代表建议26件全部办结并答复代表。

2021年县十届人大六次会议代表建议汇总表

表3

领衔代表	建议标题	承办单位	办理情况
肖　红	关于修复良田至五华交通道路堤围的建议	县交通运输局 良田乡	办结
刘汉久	关于扩宽南山镇北河村石肚径道路的建议	县交通运输局 南山镇	办结
李永习	关于尽快批复并启动灰寨镇过境公路建设项目的建议	县交通运输局 灰寨镇	办结
温宇江	关于改善灰寨小学上下学期间学校门前交通状况的建议	县公路事务中心 灰寨镇	办结
曾芝云	关于要求升级改造五经富镇北中路的建议	县交通运输局 五经富镇	办结
许岱鸿	关于要求将东园镇东白公路升级改造工程列入县投资项目进行建设的建议	县交通运输局 东园镇	办结
王永南	关于要求将凤江镇S237省道凤江镇段及过境路段列入县管理运维的建议	县公路事务中心 凤江镇	办结
吴端城	关于要求对塔金公路（X096线）塔头段道路升级改造的建议	县交通运输局 塔头镇	办结
林允汉	关于金和镇金碧路改造工程项目的建议	县交通运输局 金和镇	办结
刘建如	关于要求对县城区部分道路升级改造的建议	县城管执法局 河婆街道	办结
贝瑶台	关于要求对县城区道路改造升级的建议	县城管执法局 河婆街道	办结
张林贵	关于加强对农村河流整治及水利基础设施的建议	县水利局 河婆街道	办结
黄少明	关于修建坪上镇员埔洋水利工程的议案	县水利局 坪上镇	办结
刘小菜	关于修复龙潭镇横龙线工程的建议	县水利局 龙潭镇	办结
王朝辉	关于建议钱坑镇顶联村至月翁村接江电排排涝沟工程项目的建议	县水利局 钱坑镇	办结
徐佩校	关于要求在兴汕高速五云出口高速连接线道路安装路灯的建议	县交通运输局 五云镇	办结
吴　欣	关于要求对县城区危房升级改造的建议	县住建局 河婆街道	办结
张育青	关于对公共场所噪音管理的建议	市生态环境揭西分局 县公安局 河婆街道	办结
庄进财	关于推动上砂镇教育资源优化整合的建议	县教育局 上砂镇	办结
吴谦慎	关于要求将“棉湖镇兴道中学”校产使用权移交还棉湖镇人民政府使用并将中学教学楼拆除的建议	县教育局 棉湖镇	办结

2021年县十一届人大一次会议代表建议汇总表

表4

领衔代表	建议标题	承办单位	办理情况
李新健	关于扩宽建设省道S239线良田乡桐树坪村口至河新村路段的建议	县交通运输局 良田乡	办结
肖　坝	关于上砂大桥升级重建项目的建议	县交通运输局 上砂镇	办结
林俊奕	关于要求对五云镇镇区道路升级改造的建议	县交通运输局 五云镇	办结
李永杰	关于国道G238线揭西普宁交界处至甬莞高速河婆出入口路段进行柏油铺设，全面推进坪上镇创建美丽圩镇的议案	县公路事务中心 坪上镇	办结
刘进裕	关于要求启动规划建设原揭西大道的建议	县城管执法局 龙潭镇	办结
刘嘉彧	关于龙潭镇至坪上镇龙坪路乡道升级为县道的建议	县交通运输局 龙潭镇	办结
杨以球	关于建设向阳村至工业园区路桥的建议	县交通运输局 灰寨镇	办结
林俊华	关于修缮改造县道X097线京溪园美德村至曾大寮村路段的建议	县交通运输局 京溪园镇	办结
高晓森	关于重建扩建五经富大桥的建议	县公路事务中心 五经富镇	办结
曾俊杰	关于重建钱坑镇Y521钱钱线孤头宫二桥的建议	县交通运输局 钱坑镇	办结
林育辉	关于将金碧路金和段改造工程纳入县万里碧道工程的建议	县水利局 金和镇	办结
吴少纯	关于要求将东园镇潭口桥至卅岭路段升级扩建工程列入县投资项目进行建设的建议	县交通运输局 东园镇	办结
黄秀娟	关于要求对县城露天排污进行“雨污分流”整治的建议	县住建局 河婆街道	办结
张镜丽	关于要求对建新路、霖田路、霖田横二路升级改造的建议	县城管执法局 河婆街道	办结
刘志捷	关于加快建设新安路延伸线的建议	县城管执法局 河婆街道	办结
李少如	关于加快推进县城北环二路建设的建议	县城管执法局 河婆街道	办结
吴声素	关于要求加快推进县城两河四岸“万里碧道”工程建设的建议	县水利局 河婆街道	办结
李锦秀	关于G235国道南山镇北山门口到龙潭高速路口路段安装路灯项目的建议	县城管执法局 南山镇	办结
郭郁丹	关于将省道S237金和路段路灯纳入县路灯所管理的建议	县城管执法局 金和镇	办结
陈东柱	关于凤江镇主干道路灯移交管理的建议	县城管执法局 凤江镇	办结
曾德颂	关于优化提升揭西县第三自来水取水点的议案	县水利局 五经富镇	办结
李永平	关于对大溪镇赤寨溪小流域进行综合治理的建议	县水利局 大溪镇	办结

续表4

领衔代表	建议标题	承办单位	办理情况
陈金胜	关于新建揭西县五经富镇大洋中学教学楼等工程项目的建议	县教育局 五经富镇	办结
贝瑶台	关于要求新增城区居委会的建议	县民政局 河婆街道	办结
吴少河	关于创建塔头镇美丽圩镇项目的建议	县农业农村局 塔头镇	办结
林锐涛	关于将揭西糖厂、果子厂等国有企业成片列入三旧改造的建议	县自然资源局 棉湖镇	办结

（张锻炼　蔡志龙　林剑锋）

揭西县人民政府

综　述

【县政府全体会议】　2021年2月3日，县长在县机关办公大楼612会议室主持召开县政府全体会议。会议传达学习贯彻习近平总书记在省部级主要领导干部学习贯彻中共十九届五中全会精神专题研讨班开班式和十九届中央纪委五次全会上重要讲话精神、省委十二届十三次全会精神和省、市“两会”精神、全国安全生产电视电话会议、全省、全市安全生产和消防工作暨第一季度防范重特大生产安全事故电视电话会议及全省森林防灭火工作视频会议精神，会议审议《政府工作报告》《揭西县国民经济和社会发展第十四个五年规划和二〇三五年远景目标纲要》《揭西县2020年国民经济和社会发展计划执行情况与2021年计划草案的报告》《揭西县2020年预算执行情况和2021年预算草案的报告》《揭西县2021年重点工作五本台账》《揭西县良种场改制及解决历史遗留问题方案》《揭西县国管水利工程管理与保护范围划定成果公告》《揭西县老虎坷垃圾场渗滤液处理站臭气沼气系统技术实施方案》《原揭西县良种场国有建设用地使用权出让方案》、西气东输三线闽粤支干线（广州—潮州段）工程相关供地方案，讨论研究关于2018年、2019年乡村振兴战略（农村雨污分流工程）市级补助资金剩余资金使用、建设县廉洁文化教育基地项目、建设财政云桌面系统、县财政局网络安全升级建设项目、县普通国省道干线公路路况综合整治工程国道G235线K2100+000—K2102+260段路面结构以及中央分隔带开口封闭变更、钱坑镇南片排水管道工程建设、县人民医院采购腹腔镜系统及关节镜（单镜）设备、启动县城新堤路碧道人行栈道工程建设前期工作、解决全县松材线虫病防控除治应急项目资金、揭西高速公路出入口景观提升工程征地拆迁资金、揭西县2020年“四好农村路”市级补助资金使用分配方案、解决龙潭中学礼堂和运动场工程款、调整全县卫生防疫津贴标准、收回揭西糖厂位于棉湖镇行前街危房产权、推进理顺县国有资产经营有限公司等4家国有企业职能和规范管理体制、轮换县级储备粮和调整储备粮品种以及启动金和粮库、五云粮库智能化升级改造等问题。

2021年10月13日，县长在县机关大院附楼三楼会议室主持召开县政府全体（扩大）会议。会议传达学习贯彻习近平总书记在中央人才工作会议和中共中央政治局第三十三次集体学习时重要讲话精神，会议审议《政府工作报告》《揭西县2021年1至9月份国民经济和社会发展计划执行情况的报告》《揭西县2021年1至9月份财政预算执行情况的报告》。

【县政府常务会议】　2021年，揭西县人民政府召开常务会议18次。（详见“2021年揭西县人民政府常务会议情况表”）

2021年揭西县人民政府常务会议情况表

表5

会议时间	会议地点	届次	议题
1月14日	县机关办公大楼612会议室	十届县政府第八十五次常务会议	会议传达学习贯彻中央农村工作会议精神、中共中央政治局常务委员会会议精神，全国、省、市新冠肺炎疫情防控工作电视电话会议精神，会议听取全县公共文化馆（站）建设情况、全县饮用水水源保护区整治工作情况、全县2020年度法治政府建设情况等汇报，会议审议《关于落实疫情防控一线城乡社区工作者临时工作补助的通知》《揭西县生猪定点屠宰设置规划实施方案（2021年修订）》《揭西县京棉公路沿线加油站详细规划》及优化《揭西县（县城）东部商贸城地区控制性详细规划（修改）》CD01规划管理单元，讨论研究关于省道S239线揭西坪上至钱坑段路面改造工程项目建设、建设大同、河山市场周边道路升级改造工程、全县部分行政村（社区）“两委”干部编制调整后县级财政负担资金、公开招聘县廉政教育中心工作人员等问题
2月3日	县机关办公大楼612会议室	十届县政府第八十六次常务会议	会议内容详见条目“县政府全体会议”（2月3日）
2月24日	县机关办公大楼612会议室	十届县政府第八十七次常务会议	会议传达学习贯彻习近平总书记在中央全面深化改革委员会第十八次会议和党史学习教育动员大会上重要讲话精神，会议部署落实省委第十二巡视组巡视揭西反馈问题整改有关工作，会议审议《揭西县人民政府关于乡镇街道实行综合行政执法起始时间的公告》《揭西县新能源城乡公交一体化规划（2021—2030年）》《揭西县（县城）东部商贸城地区控制性详细规划CD01单元（优化）》《揭西县五云镇上云派出所控规单元》，讨论研究关于优化《揭西县棉湖镇南部城区控制性详细规划》MH-NQ—A—23地块用地性质、《揭西县金和基地场片区控制性详细规划》A01地块用地性质、启动棉湖镇中西部老旧小区道路改造提升工程项目建设前期工作、五经富镇中小河流治理工程清淤物定价拍卖、购置应急运兵中巴及执法执勤车辆、拨付购买深圳市中正恒投资有限公司债权资产包资金等相关事项等问题
3月10日	县机关办公大楼612会议室	十届县政府第八十八次常务会议	会议传达学习贯彻习近平总书记在全国脱贫攻坚总结表彰大会和中央党校（国家行政学院）中青年干部培训班开班式上重要讲话精神、习近平总书记关于督查工作重要论述以及《政府督查工作条例》等文件精神，会议审议《揭西县2021年主要工作任务分工方案》《揭西县农村承包土地经营权流转实施意见（修订）》《揭西县农村宅基地和住房建设管理暂行办法》《揭西县2021年小型水库安全运行管理标准化建设计划》《2020年义务教育薄弱环节改善与能力提升补助资金分配方案》《揭西县2013年度第一批次城镇建设用地征地补偿安置方案》《揭西县2018年度第二批次城镇建设用地征地补偿安置方案》，讨论研究关于棉湖镇云湖水系仙耘、湖美来水水质净化工程建设、金和镇金碧路改造工程项目和金南路改造工程项目建设、县城建筑外立面改造提升工程建设等问题
3月18日	县机关办公大楼612会议室	十届县政府第八十九次常务会议	会议传达学习贯彻习近平总书记在全国两会和中央财经委员会第九次会议上重要讲话精神和全国两会精神、习近平总书记关于推动高质量发展重要论述、习近平生态文明思想、全省系统防范化解道路交通安全风险工作动员电视电话会议精神，会议通报中央广播电视总台“3·15”晚会曝光揭阳市“瘦身钢筋”问题，会议审议《揭西县人民政府森林防火禁火令》《揭西县人民政府关于严禁在揭西县行政区内非法生产、储存、经营、运输、燃放烟花爆竹的通告》《2021年揭西县新能源城乡公交一体化建设实施方案》《揭西县农村耕地“灭荒”三年行动实施方案》《揭西县农业产业链“链长制”工作方案》《揭西县农业产业链“链长制”工作规则》《揭西县全面推行农业产业链“链长制”工作责任落实管理考核办法》《揭西县2021年度不实补充耕地整改工作方案》、揭西县水库移民后期扶持“十四五”规划、河婆街道樟树坑村两宗国有建设用地使用权出让方案，会议听取县农业农村局关于扶贫专项资金使用进度严重滞后的检讨，会议讨论研究关于调整揭西县农村生活污水处理设施建设PPP项目建设内容、实施2021年森林消防设备采购工作、金和镇中心卫生院采购多层螺旋CT设备、开展2021年揭西县退役军人服务站星级示范创建工作、2021年揭西县公开招聘卫生健康事业单位卫生专业技术人员、执行辅警执勤补贴项目和提高专职消防员高危补贴标准等问题

续表5

会议时间	会议地点	届次	议题
4月13日	县机关办公大楼612会议室	十届县政府第九十次常务会议	会议传达学习贯彻习近平总书记在中共中央政治局第二十八次集体学习和参加首都义务植树活动时重要讲话精神，传达学习全国、省、市审计工作会议精神，会议审议县政府相关决策制度、《揭西县森林消防应急大队组建方案》《揭西县建筑废弃物和市政污泥资源化综合利用项目实施方案》《揭西县2020年地方政府债务限额情况报告》《揭西县开展双季稻扩面增产提质行动资金分配方案》《2021年省级以上生态公益林效益补偿资金分配方案》《揭西县普查在册在建违法建设分类处置实施方案》，会议听取59个污水处理站建设进度情况汇报、专题听取2020年全县审计工作情况汇报，会议专题学习《广东省消防工作若干规定》，讨论研究关于县城污水处理厂及配套管网二期工程变更签证、凤江镇青头庵污水处理厂新建工程及阳夏污水处理厂提标改造项目建设、凤江污水处理厂（二期）工程项目建设、凤江镇开展涉水凉果厂家污水处理设施实施效果评估、棉湖华侨医院新建住院综合大楼工程结算、北拳线（良田段）公路工程前期费用、榕江南河揭西县金和段（金里片区）水质保护工程污水处理厂运营服务费、万梅谷文化小镇地形测绘费、广药白云山威灵药业有限公司以及城东大道项目征地结算、县城新建自来水厂首期工程设计变更及签证增量项目、县机关食堂外包营运服务管理采购项目、县环保能源产业园项目土地征收、县看守所（原709）用地确权登记、新增县城区环境卫生综合服务路段、开展五云镇镇区及国道G235线五云段新建路灯工程建设、东园镇中园新城中园中路工程建设、全县高速公路出口连接线绿化景观提升苗木采购及配套养护服务项目以及县级储备食用油采取承包轮换方式、改造成品粮低温仓库等问题
5月6日	县机关办公大楼612会议室	十届县政府第九十一次常务会议	会议传达学习贯彻习近平总书记在广西考察和到清华大学考察时重要讲话精神以及在博鳌亚洲论坛2021年年会开幕式上发表主旨演讲精神、习近平总书记关于生态环境工作相关论述、习近平总书记对打击治理电信网络诈骗犯罪工作作出重要指示精神，国务院、省政府、市政府廉政工作会议精神，全省、全市安全风险防范工作会议精神，会议专题学习《防范和处置非法集资条例》，会议审议《揭西县全面推进农房管控和乡村风貌提升实施方案》《揭西县贯彻落实〈国企改革三年行动方案（2020—2022年）〉实施方案》《县级公立医院综合改革补助资金和县级医院传染病救治能力提升资金分配方案》《2021年省级教育发展专项资金（基础教育高质量发展奖补资金）分配方案》、相关控制性详细规划及控规单元，讨论研究关于增补列入2021年市级重点建设项目计划、提高县城东部新城二期征地补偿标准、公开招聘县委县政府总值班室工作人员、公开招聘县统计局信息处理中心（县统计普查中心）工作人员、聘请县投融资咨询总顾问、授权县国有资产经营有限公司作为全县土地综合治理与基础设施补短板项目实施主体、拆除处置县第四华侨中学教学楼（5）、河婆街道新河家园违建拆除工程费用、实施2021年全面提升揭西县教育教学质量项目、转设揭西县大洋中学、核定公布县第十一批文物保护单位及其保护范围、启动调整县城东部商贸城地区控制性详细规划等问题
5月20日	十届县政府第九十二次常务会议	县机关办公大楼612会议室	会议传达学习贯彻习近平总书记在4月30日中央政治局会议上重要讲话精神，习近平总书记关于消防和安全工作相关论述，全国、全省、全市疫情防控电视电话会议精神，《中华人民共和国乡村振兴促进法》《中共广东省委　广东省人民政府关于全面推进乡村振兴加快发展农业农村现代化的实施意见》精神，省、市防旱抗旱会议精神，省信访工作联席会议2021年第一次全体（扩大）会议、市信访工作会议精神，学习消防安全“四加一”（落实防火分隔、开设逃生口、安装物联网独立式感烟报警器、配备防毒面罩和开展消防宣传教育培训）措施，会议听取全县食品安全工作情况汇报，会议审议《揭西县县城环境保护规划（2020—2030年）》《揭西县“十四五”农村供水保障规划》《揭西县生活垃圾环保处理中心（揭西县环保能源产业园）特许经营项目实施方案》《揭西县人民政府　中国铁建投资集团有限公司战略合作框架协议》以及揭西县2020年相关地价成果、相关土地征收补偿、安置工作方案、相关地块国有建设用地使用权出让方案。会议讨论研究关于调整2021年省级涉农项目南山镇火炬村绩效目标内容，揭西县2019年、2021年部分省级涉农资金调整方案，坪上镇坪上村美丽宜居示范村建设资金，坪上镇参加广东省第二届《乡村振兴大擂台》前期人居环境整治、策划宣传、后期赴省打擂台等工作经费，县供销合作联社参股广东供销放心农产品产销对接网络省级经营管理平台资金、京溪园镇人民政府用地确权登记、预拨灰寨镇生态工业园征地补偿款及工作经费、县人民法院执行的汪某某刑事案件没收非法经营财产处置等问题

续表5

会议时间	会议地点	届次	议题
6月8日	县机关办公大楼612会议室	十届县政府第九十三次常务会议	会议传达学习贯彻习近平总书记在全球健康峰会、中央全面深化改革委员会第十九次会议、两院院士大会中国科协第十次全国代表大会上重要讲话精神，中共中央政治局会议精神、全国深化“放管服”改革着力培育和激发市场主体活力电视电话会议精神、全市新冠肺炎疫情防控工作视频会议精神，省、市三防工作视频会议精神，会议审议《揭西县人民政府 广东粤海水务投资有限公司战略合作框架协议》《揭西县小水电站生态流量实施专项工作方案》《揭西县农房管控和风貌提升示范带项目建设资金调整方案》《关于进一步规范揭西县消防救援大队直管政府专职消防队建设方案》《2021年中小学校舍安全保障长效机制补助资金分配方案》《2021年义务教育薄弱环节改善与能力提升中央补助资金分配方案》《揭西县行政复议体制改革实施方案》《揭西县雅都投资发展有限公司国有建设用地使用权置换方案》、揭西县土地治理与基础设施补短板项目实施方案和投资合作协议、推动“粤菜师傅”“南粤家政”工程高质量发展相关实施方案，会议讨论研究关于县老干部大学修缮配套工程建设、启动县城东入口改造工程前期工作、钱坑镇钱坑陶厂历史遗留问题和民生基础设施建设补助资金、招聘县发展和改革局所属事业单位工作人员、公开招聘县基层退役军人专职服务人员、增加政府专职消防员名额、研究“御龙湾”小区相关处罚标准、启动县城榕江南河右岸堤路综合整治工程征地工作等问题
7月1日	十届县政府第九十四次常务会议	县机关办公大楼612会议室	会议传达学习贯彻习近平总书记在青海考察时重要讲话精神、习近平总书记对湖北省十堰市张湾区艳湖社区集贸市场燃气爆炸事故重要指示以及全国安全生产、全省、全市安全生产和消防工作暨第三季度防范重特大生产安全事故电视电话会议精神、《中央生态环境保护督察工作规定》《生态环境保护专项督察办法》精神，省、市推进粮食生产视频会议精神，省、市土地卫片违法图斑整治工作会议精神，会议听取全县污水处理设施建设进展情况汇报，会议审议《揭西县撂荒地整治奖补办法》《揭西县农村集中供水全覆盖攻坚行动实施方案》《2021年省住房和城乡建设厅主管专项资金（水污染治理专项资金）分配方案》《2021年支持学前教育发展中央补助资金（扩大普惠性学前教育资源）分配方案》《揭西县关于强化知识产权保护的实施方案》《揭西县城东部商贸城地区（CD06、07控制单元局部用地）控制性详细规划》（修编）《揭西县人民政府中山大学孙逸仙纪念医院帮扶揭西县人民医院创建三级甲等综合医院协议》，讨论研究关于开展揭西县撂荒及水稻、玉米种植情况监测工作，开展全县2021年度乡村振兴重点工作任务定期核查工作、坪上镇蔬菜产业链补短板及现代农业产业发展现场会建设项目、启动棉湖镇区防洪排涝工程建设前期工作、湖光供港蔬菜引水工程建设、调整凤江污水处理厂（二期）工程项目投资估算、龙潭镇黄竹溪水质提升工程运行服务费、县生活垃圾无害化处理工程（老虎坷垃圾填埋场扩容工程三期）缺口资金、省道S239线揭西钱坑至金和段路面改造工程项目建设、建设全县高速公路出口连接线整治提升工程、变更县城横江河下段堤路综合整治工程建设内容、县城道路升级改造二期工程变更及增减项目、建设县看守所改扩建工程、处置河婆街道新河家园违建拆除工程废钢筋及废渣土、凤江镇莪萃桥新建工程项目建设资金、公开招聘县信息服务中心专业技术人员、调整《揭西县龙潭镇高速出入口辐射区控制性详细规划》和《揭西县茶叶产业园大洋片区单元控制性详细规划》DY0102地块用地性质等问题
7月23日	县机关办公大楼612会议室	十届县政府第九十五次常务会议	会议传达学习贯彻习近平总书记在庆祝中国共产党成立100周年大会和中央全面深化改革委员会第二十次会议上重要讲话精神、习近平总书记对防汛救灾工作作出重要指示精神、全市疫情防控和安全生产工作视频会议精神，会议通报县人民政府门户网站信息公开工作情况，会议审议《凤江镇青头庵污水处理厂新建工程及阳夏污水处理厂提标改造项目建设及运营方案》《揭西县乡镇财政预算资金管理办法》《揭西县预算单位银行账户管理暂行办法》《揭西县加快完成被征地农民养老保障留存资金分配工作方案》《关于全面提升揭西县教育教学质量的实施意见》《揭西县“广东兜底民生服务社会工作双百工程”乡镇（街道）社工薪酬待遇管理办法》《中共揭西县委 揭西县人民政府 揭西县人民武装部关于进一步做好新时代拥军优属工作的意见》《揭西县创建全国双拥模范县总体工作方案》《揭西县生活污水处理设施整县打包PPP项目建设用地供地方案》《揭西县精神康复中心建设项目供地方案》《揭西县道路、公园绿地划拨方案》，讨论研究关于申报创建揭西县苦笋特色产业园、2021年度新增政府债券资金需求、揭西县2021年部分省级涉农资金调整方案、棉湖镇洪棉路口升级改造拆迁工程房屋及土地征收补偿资金、重新分配县级公立医院综合改革补助资金和县级医院传染病救治能力提升资金、县精神康复中心建设项目、县公安局业务技术用房信息化及配套设施建设项目、2021年揭西县公开招聘教师等问题

续表5

会议时间	会议地点	届次	议题
8月20日	县机关办公大楼612会议室	十届县政府第九十六次常务会议	会议传达学习贯彻习近平总书记在西藏考察时重要讲话精神、中共中央政治局会议精神、习近平总书记李克强总理关于当前疫情防控工作重要指示批示及全省、全市疫情防控工作电视电话会议精神、《中华人民共和国行政处罚法》(2021年修订版),会议审议《揭西县垦造水田三年工作方案(2021—2023年)》《揭西县关于鼓励民宿发展的实施意见(修订)》《揭西县城市基础设施配套费征收使用管理办法》,讨论研究关于2021年棉湖镇等3个镇高标准农田建设项目、启动揭西县万里碧道工程项目建设前期工作、建设棉湖镇洪棉路口外立面提升和辅道改造工程项目、建设棉湖镇棉湖大道外立面、景观提升工程项目、建设棉湖镇镇区道路升级改造三期工程项目、建设揭西县乡道Y513线蛇头桥改建工程项目、安排揭阳市揭西教育发展基金会资助资金、将棉湖兴道中学学校产权划拨给棉湖镇人民政府、解决桃溪洲电排站改造扩容工程项目资金缺口、解决上砂镇小水电清理整改资金、全县各乡镇部分学校土地使用权确权及面积变更登记、启动龙潭镇井下村工业用地控征工作、启动龙潭镇屠宰场项目建设用地控征工作、县人民医院数字化信息系统升级改造项目、棉湖华侨医院医疗设备采购项目、全县24座桥梁和县城8条道路、947条街、巷命名等问题
9月9日	县机关办公大楼612会议室	十届县政府第九十七次常务会议	会议传达学习贯彻习近平总书记在中央财经委员会第十次会议和河北承德考察时重要讲话精神、中央第四生态环境保护督察组督察广东省动员会议精神、广东省2021年国家土地督察动员部署电视电话会议精神,全市批而未供和闲置土地“去库存”、卫片违法图斑整改工作会议精神,揭阳市发展和改革局能耗双控工作约谈会议精神、《揭阳市2021年实施河长制湖长制工作要点》,会议审议《揭西县京溪园镇J01地块控规单元规划》《揭西县看守所控规单元规划》《揭西县茶叶产业园大洋片区单元控制性详细规划(修编)》《揭西县龙潭镇高速公路出入口辐射区控制性详细规划(修编)》《揭西县广德生态区景观规划》《揭西县碧道建设总体规划(2020—2035年)》《揭西县水土保持规划(2020—2030年)》《2021年中央财政衔接推进乡村振兴补助资金分配方案》《揭西县小水电清理整改工作实施方案》《揭西县城新建自来水厂二期工程和输水管道工程实施方案》,讨论研究关于设立县国土空间规划委员会有关事项、揭西县万里碧道建设工程项目采用勘测设计、施工总承包、实施县城广德生态区建设工程(一期)、建设县城新堤路碧道人行栈道工程、建设棉湖镇解放路改造工程项目、建设棉湖镇棉湖大道电力线路改造工程项目、县生活污水处理设整县打包PPP项目建设用地地价款、安排举办“揭西县丰收节”系列活动经费、安排全县机关事业单位退休人员养老保险待遇调剂金、安排县图书馆和县档案馆工程项目欠款、安排2021年疾病防控管理费、将收回的2018年基本公共卫生服务项目存量资金安排用于卫生创强建设项目及提升基层医疗服务能力建设项目、县人民医院采购医疗布类洗涤服务项目、县人民医院采购呼吸机等医疗设备等问题
9月30日	县机关办公大楼612会议室	十届县政府第九十八次常务会议	会议传达学习贯彻习近平总书记在中共中央政治局会议和中央全面深化改革委员会第二十一次会议上重要讲话精神,国家、省、市有关部署要求,中国共产党揭西县第十二次代表大会精神,会议听取关于吸取近期省内外灾害事故经验教训进一步做好全县三防和安全生产工作汇报,会议学习2021年新修改的《中华人民共和国安全生产法》,会议审议《揭西县推进“四好农村路”提档升级(2021—2023年)三年行动实施方案》《关于揭西县2020年财政决算情况的报告》《揭西县推进道路(街巷)和建筑物、住宅区命名工作实施方案》,讨论研究关于安排2021年壮大村级集体经济补助资金、启动揭西县鄗杓岭拦河闸坝重建工程前期工作、建设五经富镇大洋片区农村供水巩固提升工程、建设棉湖镇岭南桥桥梁工程项目、全县59座农村生活污水处理站建设方案部分站点变更调整、实施棉湖镇环卫一体化项目、河婆街道乡肚小学重建教学楼、解决骨干粮库建设整改项目用地等问题

续表5

会议时间	会议地点	届次	议题
10月13日	县机关大院附楼三楼会议室	十届县政府第九十九次常务会议	会议传达学习贯彻习近平总书记在中央人才工作会议和中共中央政治局第三十三次集体学习时重要讲话精神，会议学习《广东省重大行政决策程序规定》，会议审议《政府工作报告》《揭西县2021年1至9月份国民经济和社会发展计划执行情况的报告》《揭西县2021年1至9月份财政预算执行情况的报告》《揭西县问题楼盘处置工作方案》《2021年度揭西县中小型地质灾害隐患点综合治理工作实施方案》，会议听取全县涉农统筹整合和新农村建设资金使用情况汇报
11月3日	县机关大院附楼三楼会议室	十一届县政府第一次常务会议	会议传达学习贯彻习近平总书记在纪念辛亥革命110周年大会和中共中央政治局第三十四次集体学习时重要讲话精神、中央下沉揭阳督察情况及要求、县“两会”精神，会议审议《关于全面推进乡村振兴加快农业农村现代化的实施方案》《关于实现巩固拓展脱贫攻坚成果同乡村振兴有效衔接的实施方案》《揭西县乡村振兴驻镇帮镇扶村工作方案》《2021年揭西县农村综合改革资金（第四批）分配方案》《揭西县群众信访诉求综合服务中心建设实施方案》《揭西县2021年补齐公共文化财政支出短板奖补资金（基础性补助）分配方案》《揭西县药品安全事件应急预案（试行）》《2020年冬季退役士兵重点对象安置工作方案》《各乡镇（街道）60岁以上人群新冠病毒疫苗接种资金补助方案》《揭西县12345市民服务热线管理制度（试行）》，讨论研究关于2021年揭西县“一村一品、一镇一业”申报项目、揭西县产业扶贫项目实施计划（第二十批）、启动揭西县城乡天然气输配工程项目前期工作，启动棉湖镇湖西、岭顶工业区升级改造工程项目前期工作，申报2022年新增专项债券项目资金需求、新增一般债券项目资金需求，调整政府债券资金用途、揭西县2019—2021年部分省级涉农资金调整方案、五经富水（五经富段）中小河流治理工程欠缺资金、五经富河饮用水源保护工程（一期）项目欠缺资金、县人民医院采购彩色多普勒超声诊断仪等医疗设备等问题
11月16日	县机关大院附楼三楼会议室	十一届县政府第二次常务会议	会议传达学习贯彻中共十九届六中全会精神、习近平总书记在深入推动黄河流域生态保护和高质量发展座谈会上重要讲话精神、全市禁毒工作推进会、全市涉诈重点人管控工作专项部署会精神，会议审议揭西县2021年乡村振兴驻镇帮镇扶村资金分配方案及项目实施计划、凤江镇青头庵污水处理厂新建工程及阳夏污水处理厂提标改造项目有关合同文件以及《揭西县农田整治提升行动实施方案（2021—2025年）》《揭西县县级及以下英雄烈士纪念设施整修工程实施方案》《揭西县人民政府广州白云山医药集团股份有限公司补充协议书（草案）》《揭西县2021年医联体（医共体）建设资金分配方案》《揭西县基层医疗卫生机构实施基本药物制度补助资金分配方案》，会议听取与中铁建合作揭西县土地治理与基础设施补短板项目情况汇报，讨论研究关于实施电子围栏设备安装项目、县城榕江南河右岸堤路综合整治工程新增项目、县城两广场改造工程涉及变更和增加项目、凤江镇过境路路面改造工程项目建设、良田乡下村至龙岭旅游基础设施配套工程项目建设、县城污水处理厂及配套管网三期工程资金、2021年揭西县农村削坡建房风险点整治工程资金、揭西县疑似撂荒耕地摸底调查（2019—2020）专项工作资金、延长授权委托书等问题

续表5

会议时间	会议地点	届次	议题
12月17日	县机关大院附楼三楼会议室	十一届县政府第三次常务会议	会议传达学习贯彻中央经济工作会议精神、《中共广东省委办公厅 广东省人民政府办公厅印发〈关于加强新形势下重大决策社会稳定风险评估工作的若干措施〉的通知》精神、全市“小升规”“小升限”“个转企”工作推进会议精神、汲取“11·30”火灾事故教训扎实推进消防安全工作暨全市岁末年初安全生产工作视频会议精神以及《关于珠海市兴业快线（南段）一标段工程石景山隧道“7·15”重大透水事故调查情况的通报》、全市自然资源重点工作推进会精神和新修订的《中华人民共和国审计法》，会议审议《揭西县人民政府森林防火禁火令（草案）》《揭西县流域面积50平方公里以下河道管理范围划界工作实施方案》《揭西县创建美丽圩镇行动实施方案》《揭西县乡村振兴驻镇帮镇扶村资金筹集使用管理实施细则》《揭西县2020年度国有资产管理情况综合报告》《关于揭西县2021年度财政预算调整情况的报告》《揭西县2021年第二批基本公共卫生服务中央和省级财政补助资金分配方案》《揭西县龙潭镇教育组、上砂中学等五宗国有建设用地供地方案》《揭西县道路、公园绿地供地方案》《揭西县北山中学控规单元》，会议听取迎接2021年度法治广东考评和2021年法治揭阳建设评估相关情况、2021年县政府政务公开工作情况、全县未成年人思想道德建设工作情况等汇报，讨论研究关于启动揭西县“十四五”小型水库除险加固项目前期工作、启动揭西县灌区续建配套与节水改造工程前期工作、建设揭阳市龙颈灌区揭西子项目续建配套与节水改造工程（卅岭灌区）、建设揭阳市龙颈灌区揭西子项目续建配套与节水改造工程（溪东西灌区）、实施揭西县榕江南河客潭段防洪堤抢险工程、揭西县城河婆擂茶街建筑立面改造工程建设、棉湖镇棉湖大道改造工程项目建设、揭阳市安可替代工程二期揭西县项目建设、县产业园基础设施配套（一期）道路升级改造工程建设、开展县产业园污水处理厂办公配套及运营服务建设等工作、启动县级公益性公墓项目前期工作、开展道路（街巷）和建筑物住宅区命名专家评审论证等工作、揭西县婚姻登记档案电子化项目、安排解决2021年乡村振兴驻镇帮镇扶村县级配套资金、全县2022年省级涉农项目报备、申报新增一般债券项目资金需求和2022年度再融资债券资金、提高全县基层组织保障经费标准、将2021年度垦造水田（第一期）青苗补偿款及工作经费转列支出、将揭西县新能源城乡公交补贴列入财政预算、增加县汽车运输总公司注册资本金、拨付揭西县城北环一路改造工程质保金、安排解决龙潭水库等四宗水库除险加固工程缺口资金、安排解决高京经济网络公路工程征地拆迁补偿款及工作经费、2021年乡村振兴驻镇帮镇扶村资金分配方案及项目实施计划（第二批）、整合部分派出所、县公安局食堂外包营运服务管理采购项目、调整《揭西县（县城）东部商贸城地区控制性详细规划（修改）》CD0324地块用地性质、优化《揭西县中园新城控制性详细规划》、将扶贫资金投入县金岭生猪屠宰有限公司等问题

【县长办公会议】 2021年，揭西县召开县长办公会议39次。会议主要研究水污染防治、财政资金拨付、揭西县棉湖云湖水系、凤江阳夏片区污染综合整治方案、凤江阳夏片区凉果废水治理、揭西县棉湖云湖水系综合整治方案、全县59个农村生活污水处理站建设、解决“御龙湾”小区历史遗留问题、全县村村通自来水工程建设、榕江南河（象山拦河闸至两南桥段）万里碧道建设工程、甬莞高速河婆出口至滨江公园段道路改建工程有关事项、凤江凉果行业污染整治、签订《揭阳机场至揭西县机场快线合作协议》有关事项、省道S237线揭西灰寨至棉湖段改建工程有关事项、揭西县天然气管网设施规划建设相关工作、县生活污水处理厂污泥处置有关事项、揭西县雅都投资发展有限公司要求土地置换有关事项、县产业园区城市基础设施配套费调整有关事项、解决坪上镇乡村振兴人才驿站及数字农业建设资金、揭西县第二批农村生活污水处理设施规划建设相关工作、五云梅江河综合整治工作、五云梅江河污染综合整治工作、启动揭西县重点流域和排污口在线监测站点建设、揭西县土地治理与基础设施补短板项目实施有关事项、揭西县土

地治理与基础设施补短板项目实施有关事项、推进2021年十件重点民生实事工作，解决县总工会西楼第二、三层楼闲置场所使用权问题，揭西县能耗双控有关工作、垦造水田、“四好农村路”（建设好、管好、护好、运营好）建设和“1+17”［1指县管7宗中型灌区，17指17个乡镇（街道）所管辖小型灌区］灌区改造提升项目建设。

【县政府工作会议】 2021年，揭西县召开县政府工作会议24次。会议主要研究全县村村通自来水工作、研究《揭西县新能源城乡公交一体化规划（2021—2030年）》、“御龙湾”问题楼盘处置、研究解决受县道X096线金和桥改建工程施工影响的供水管改道、招商引资有关事项、推进粮食生产工作、全县安全生产和三防工作、全县红火蚁防控工作、全县农村集中供水全覆盖攻坚行动和涉农资金使用工作，协调解决县统计局、县国资办办公用房以及县审计局申请增加办公用房问题，全县问题楼盘处置工作、解决县委政法委机关办公用房问题，推进全县水田垦造、灌区改造、整治耕地撂荒工作，推进金和骨干粮库建设工作、协调解决横江水库近区供电、全县财政支农资金支出管理等工作、全县供电体制改革专题会议、县实施乡村振兴战略有关工作。

（叶俊宏　刘文斌）

【政务督查】 2021年，揭西县信息督查组围绕全县重点项目、疫情防控、城乡环境、生态旅游、乡村振兴、民生实事等重大决策部署和中心工作，及时开展督查，适时反馈结果。全年督办省、市交办件43件，全部完成办结；开展县委、县政府重点工作督查12次，全部完成办结。

（杨镇伟　邹一涛）

2021年11月12日，揭西县信息督查组在龙潭镇开展垦造水田专项督查

（县政府办　供稿）

政务服务数据管理

【概况】 2021年，揭西县政务服务数据管理局（简称县政务服务数据管理局）推动“放管服”改革，推进政务服务事项容缺受理制度、“数字政府”改革建设各项工作以及电子印章应用，完善信息机房安全防护措施，加强政务大厅窗口服务管理，做好县级信息化项目审核审批工作，宣传推广“粤系列”移动客户端。加快推动政务服务事项向基层下移，下放乡镇（街道）综合执法权责事项。全年县政务服务中心受理办事事项13.58万项，其中承诺期内办结13.58万项；揭阳市一体化在线政务服务平台受理0.41万件；4个分中心（县人社分中心、交警大队分中心、司法分中心、融媒体分中心）受理办事事项134.50万件，承诺期内办结134.50万件，办结率100%。

【政务服务管理】 2021年，县政务服务数据管理局加强政务服务管理，制订《揭西县推进政务服务事项容缺受理工作方案》，优化窗口服务能力。开展争创“党员先锋岗”“党员示范窗口”活动，评出“文明窗口”和“优秀分中心”8个、“服务明星”18人、“党员示范窗口”2个、“党员先锋岗”5人。开展“粤智助”政府服务自助机覆盖全县行政村工作，为群众提供便捷政务服务，实现基层群众办事“就近办、自助办、一次办成”。至年底，县政务服务中心进驻县直（含上级垂直管理）单位30个、中介企业2家。其中21个单位入驻大一门综合服务区，由3个大一门窗口受理业务，实行“前台综合受理、后台分类审批、统一窗口出件”

服务模式；9个单位设置小一门服务区，独立受理、办理业务。

【网上审批服务】 2021年，县政务服务数据管理局推进审批服务“马上办、网上办、就近办、一次办”，“马上办”事项占比70.5%，“网上办”事项占比90.7%，“就近办”事项占比86.7%，“一次办”事项占比87.1%。推进全县“互联网+监管”事项认领、检查实施清单编制等工作，全县29个县直单位实现数据对接，纳入广东省“互联网+监管”事项目录系统政务服务事项615项，完成率100%；应梳理实施清单总数618项，完成梳理实施清单数618项，清单填报完成率100%。推广“粤省事”“粤商通”“粤政易”等移动平台应用。开展减时间、减材料、减跑动优化提升工作，全年行政审批事项和公共服务事项两大类事项平均跑动次数0.12次，网办深度I级占比100%，网办深度II级占比94.6%，网办深度III级占比93.8%。至年底，全县“粤省事”实名注册人数约62万人；“粤政易”开通人数1.2万人，开通人数位居揭阳市建制县（市、区）第二；“粤商通”注册数3.1万人，全部开通，注册率100%。网上办事项占全部事项比例90.4%，一次办面向全体占比90.4%。可网办事项数占实施清单数98.6%，网上申办事项中，实现零跑动事项占比88.2%，最多跑一次事项占比99.5%。

【县政府门户网站】 2021年，县政务服务数据管理局落实专人负责做好县政府门户网站日常管理维护和优化提升工作，加强日常监测、系统漏洞消除和安全隐患排查，及时更新信息和数据。至年底，县政府门户网站设置六个大栏目：走进揭西、政务公开、新闻中心、政务服务、政民互动和揭西旅游，根据县直各单位要求设置相关专题专栏，满足全县各级单位对各类信息发布需求。全年发布信息4873条次，其中信息公开目录系统发布信息3302条次、重点领域信息公开专栏发布信息427条次、新闻中心版块发布信息340条次、政务公开版块发布信息90条次、揭西旅游版块发布信息15条次、专题专栏版块发布信息204条次、其他版块共发布信息495条次；通过县政府门户网站互动交流平台接受网民咨询、举报、投诉共88宗，全部指派到相关业务单位按时办结。

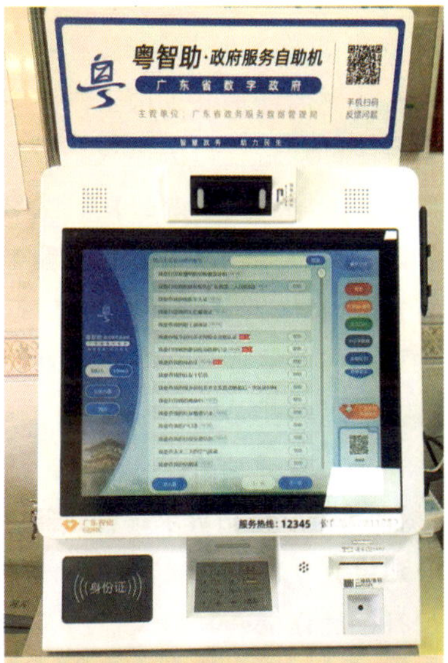

粤智助政府服务自助机（2021）
（县政务服务数据管理局　供稿）

【政务服务系统建设】 2021年，县政务服务数据管理局推进政务服务系统建设。“12345”业务系统升级为揭阳市政务热线系统，增加统计、分析功能，强化数据分析研判，实施精准监管。广东省政务服务事项管理系统升级，新增3类执法类政务服务事项，扩大事项管理范围，增强覆盖面，完善事项要素，提供事项的法律依据数据，可供管理人员直接选择，无须手动录入，为事项管理人员工作提供便利。在县政务服务中心推广应用工程建设项目审批系统和企业开办一网通办服务平台，方便群众“一件事”主题办理，加强部门间数据推送和数据共享，提高办事效率。

【“数字政府”改革】 2021年，县政务服务数据管理局开展揭西县政务外网网络安全改造升级项目，采购安全设备和交换设备。在“五一”假期期间完成县信息中心机房升级改造和搬迁工作，加强全县政务信息网络系统安全运行和规范管理。按照推动省政府各单位政务外网应用系统（非涉密系统）迁移上云要求，将揭西县政府信息依申请公开系统、揭西县党群服务平台和揭西县去世人口系统迁移到“数字政府”政务云平台。加强县级政务信息化项目审核审批工作，对县政务信息化项目建设实施集约化管理。

【“12345”市民服务热线】 2021年，揭西县印发《揭西县12345政务服务便民热线管理制度（试行）》。督办落实重复办理、超期未答复、超期未办结等“12345”热线工单，做好热线工单分发、督促、催办、归档工作。全年处理揭阳市“12345”市民服务热线派发工单5272件，办结4704件，办结率约90%。至年底，累计红牌工单392件，在揭阳市建制县（市、区）中红牌工单最少。

（张保才　黄婉纯）

揭西县群众信访诉求综合服务中心（2021）　　（邱旭芝　摄）

信　访

【概况】　2021年，揭西县信访局（简称县信访局）做好信访接待工作，推进网民留言板留言办理工作，强化信访督查，推动化解信访突出问题，完成揭西县群众信访诉求综合服务中心建设。按照广东省信访局开展初信初访信访事项工作要求，落实首办责任制与全员包案制度，规范信访事项受理、告知、办理、答复各个环节流程，形成全链条跟进、全过程督办。加大信访督查力度，组织开展各类督查督导12场次。全年受理群众来访63批次，群众来信326件；妥善化解重难点信访事项30宗。

【网民留言板留言与网上信访事项办理】　2021年，县信访局健全完善首接首办、跟踪督办机制，及时转交每宗信访事项，跟踪督办，推进按期办结。按照“留言必认、有办必果”原则，落实专人负责，常态化管理留言板块，对网民留言第一时间落实承办单位及经办人、及时催办督办、限期解决反馈。11月1日，“急难愁盼我来办”领导留言板上线试运行，至12月31日收到网民留言105条，办结105条。加强网上信访事项办理，优化工作流程和环节，做到网上信访接诉即办、日清日结，答复及时、快捷高效。全年网上信访占比56.4%。

【重复信访问题和积案专项治理】　2021年，县信访局强化组织领导和协调联动，发挥县信访工作联席会议综合协调、组织推动、督导落实作用，按一案一策一专班要求，开展治理重复信访、化解信访积案专项工作，妥善解决群众合理合法诉求。中央信访工作联席会议办公室、国家信访局交办揭西县“集中治理重复信访、化解信访积案专项行动”第一批重复信访事项30件全部在办理期限前申报化解。

【揭西县群众信访诉求综合服务中心建设】　2021年4月，县信访局开始建设揭西县群众信访诉求综合服务中心，10月31日完成建设并启用。服务中心在县信访局办公楼原址进行升级改造，建设总面积约500平方米，按“1+3+N”（“1”为“一站式”大厅；“3”为“三个平台”；“N”为多元服务力量）打造设置一站式接访大厅与信访综合指挥平台、信访联合调处平台、公共法律服务平台3个平台，以及导访接待室、联合接访室、“两代表一委员”等多个工作室，安装可视化指挥调度系统，配备电脑、会议桌、办公椅等一批办公设备，实现群众信访事项“一站式接待、一揽子调处、一条龙服务”，发挥服务中心解决群众诉求、疏导群众情绪、化解矛盾纠纷平台作用。

（蔡远良　邱旭芝）

中国人民政治协商会议揭西县委员会

【概况】　2021年，中国人民政治协商会议揭西县委员会（简称县政协）加强思想政治引领，发挥人民政协专门协商机构作用，履行政治协商、民主监督、参政议政职能。全年召开政协委员全体会议2次，主席会议10次，常委会会议4次，专委会议9次；开展专题调研视察活动5场次。至年底，收到提案22件；全县市政协委员14人，县政协委员239人。

【县政协重要会议】 政协揭西县第十届委员会第六次会议　2021年2月21—22日，政协揭西县第十届委员会第六次会议在县城希桥酒店召开。会议听取和审议通过政协揭西县第十届委员会常务委员会工作报告和提案工作报告（书面）；列席县十届人大六次会议，听取和讨论县政府工作报告及其他报告；通过政协揭西县第十届委员会第六次会议决议。会议期间，全体委员围绕重点工作协商交流，提出意见建议，向县委报送《县政协委员代表座谈会意见建议情况综合》。

政协揭西县第十一届委员会第一次会议　2021年10月21—24日，中国人民政治协商会议揭西县第十一届委员会第一次会议在县城希桥酒店召开。会议应到委员239人，实到委员230人。会议听取和审议通过政协揭西县第十届委员会常务委员会工作报告和提案工作报告，列席县十一届人大一次会议，听取和讨论县政府工作报告及其他有关报告；选举产生政协揭西县第十一届委员会主席、副主席和常务委员，陈俊强当选政协揭西县第十一届委员会主席，刘小电、张剑辉、林新宏、蔡育群、林俊伟、蔡常伟当选副主席，选出38名常务委员。

【政治协商】 2021年，县政协坚持全体会议整体协商、常委会会议专题协商、主席会议重点协商、专委会议对口协商、党政联席会议沟通协商，围绕经济社会发展、防范化解重大风险、推进基层社会治理、生态文明建设、全县“十四五”规划编制等方面建言资政，为县委、县政府决策提供参考。围绕优化全县营商环境协商议政，向县委报送《揭西县政协常委会议专题协商纪要》，提出3点建议意见；协助成立揭阳市揭西教育发展基金会，发动县政协委员、各地乡贤和社会各界热心人士捐赠资金共1.9亿元作为教育发展基金。

【民主监督】 2021年，县政协完善监督机制，深化民主监督工作。参加县人民检察院地热资源保护专项行动听证会和县国家机关“谁执法谁普法”履职报告评议会，加强履职民主监督。全年发动和组织政协委员围绕人民群众关心的重点、热点、难点问题反映社情信息48条。

【政协委员调研视察】 2021年，县政协结合优先发展农业农村、构建生态产业体系、推进城乡一体建设等中心工作，开展专题调研视察活动5场次。7月（2次）、9月、11月、12月分别开展“加强中小学教师队伍建设　促进我县基础教育高质量发展”“揭阳院士故居及事迹”“社会足球场管理及使用情况”“推动我县文化旅游深度融合发展”“我县食品工业和农产品加工”专题调研视察。

【政协委员提案办理】 2021年，县政协及时研究部署提案工作，组织政协委员、各专门委员会、各民主党派和各人民团体参与相关提案办理，发动和组织委员围绕县委中心工作、人民群众关心的急难愁盼问题撰写提案。加强与各承办单位联络沟通，以协商促办理，强化对提案督促办理。全年收到提案22件，全部按期办理。

2021年揭西县政协十届六次会议委员提案情况表

表6

提案题目	提案人	承办单位	办理情况
关于优化景区门票价格、促进旅游业发展的建议	彭裕高等	县文广旅体局	按期完成办理
关于把揭西金山榕江南河旅游园区列入旅游总体规划的建议	贝优生等	县文广旅体局	按期完成办理
关于落实心理健康教育，促进学生身心健康的建议	张优创等	县教育局	按期完成办理

续表6

提案题目	提案人	承办单位	办理情况
关于在棉湖镇二处交通要塞设置道路交通信号灯的提案	郭春晓等	县公安交警大队	按期完成办理
关于全面完善农田水利基础设施建设的提案	林坤平等	县水利局	按期完成办理
关于强化对餐饮业油烟排放监管和整治的提案	李恒青等	县城管执法局	按期完成办理
关于优化北环一路人行道护栏设施及临时停车管理机制，改善沿线商铺营商环境的建议	张伟兴等	县城管执法局	按期完成办理
关于限制凤凰酒店至象山栏河坝沿江晚上K歌音量的建议	刘吉属等	县城管执法局	按期完成办理
关于推进坪上石内万梅小镇景区建设的建议	张锦宁等	县文广旅体局	按期完成办理
关于优化县城交通灯的建议	张镇锋等	县公安交警大队	按期完成办理
关于加强乡镇农村客运线路，解决百姓出行难的建议	陈俊侃等	县交通运输局	按期完成办理

2021年揭西县政协十一届一次会议委员提案情况表

表7

提案目录	提案人	承办单位	办理情况
关于如何解决基层医疗机构医护人员紧缺的问题的建议	庄秀玉等	县卫健局	按期完成办理
关于改善县城道路井盖建设问题的建议	陈远鹏等	县城管执法局	按期完成办理
关于遏制农村耕地抛荒现象加快推进科技农业现代化的建议	林少东等	县农业农村局	按期完成办理
关于促进揭西县职业教育发展的建议	朱怀珍、汪晓霞等	县教育局	按期完成办理
关于广泛发动群众参与城乡创文创卫工作的建议	张俊亮等	县委宣传部	按期完成办理
关于因地制宜推行生活垃圾分类处理的建议	张燕雄等	县住建局、县城管执法局	按期完成办理
关于发挥青少年宫作用，打造家校社协同育人的“最后一公里”的建议	蔡常伟等	县文广旅体局	按期完成办理
关于切实加强野生动物保护法律法规实施的建议	杨一帆等	县林业局	按期完成办理
关于加强对县城区域烧烤管理的建议	贝剑环等	县城管执法局	按期完成办理
关于遴选县级优秀教师参加“教师培训师”培训工作的建议	陈晓芳等	县教育局	按期完成办理
关于如何加强农村基层党组织建设，为乡村振兴提供组织保障的建议	刘淑君等	县委组织部	按期完成办理

【联谊工作】 2021年，县政协发挥团结联谊作用，加强与各民主党派沟通联系，深化与各党派团体、工商联、无党派人士合作共事，发挥新型政党制度优势，落实党组成员联系民主党派和党外代表人士制度，县政协主要领导参加民主党派举办活动。联合各党派团体、工商联、无党派人士开展调查研究活动，发挥党派团体参政议政作用。做好党外知识分子、非公有制经济人士和新

社会阶层人士工作。拓宽联谊联络渠道，加强与其他市、县政协沟通联系，协助河源市、阳江市、珠海市、广州市花都区、湛江市徐闻县5个政协单位到揭西县开展学习考察活动。

【政协文史工作】 2021年，县政协围绕改革开放历程、港澳台特色、侨乡优势三方面挖掘具有鲜明揭西特色的政协文史资料，落实省、市政协文史工作部署，开展“从改革开放开始到建市之初揭西企业文史资料”史料征集活动。全年编辑出版《乡情》2期、《揭岭诗词》2期，寄送旅外乡亲《乡情》2000多份。

（陈 峰 张俊赢）

2021年，县政协办公室编辑出版《乡情》2期 （县政协 供稿）

纪检监察

【概况】 2021年，揭西县纪检监察机关发挥监督保障执行、促进完善发展作用，一体推进“三不”（不敢腐、不能腐、不想腐）体制建设，强化全县党风廉政建设，加强反腐败斗争。全年全县纪检监察机关共受理信访举报602件次（检控类初次举报266件次），比2020年下降（下同）7.9%；处置问题线索558件，下降20%；立案256件、256人（科级干部35人），下降33.5%；党纪政务处分240人，下降37.2%；组织处理2人，挽回经济损失364万元。是年，县纪检监察机关纪检监察干部80人，派驻机构6个；全县各乡镇（街道）全部设立纪（工）委，配备纪（工）委书记17人、副书记16人。

【纪委十二届一次全会】 2021年9月29日，中国共产党揭西县第十二届纪律检查委员会第一次全体会议在县机关大院附楼会议室召开。县纪委委员21人出席会议，会议选举林剑华为中国共产党揭西县第十二届纪律检查委员会书记，李锦山、汪伟富2人为副书记，林剑华、李锦山、汪伟富、刘锦铭、刘广林、邱旭军、林秀武7人为常务委员会委员。

【廉政建设】 2021年，揭西县纪检监察机关落实全面从严治党主体责任，完善党风廉政建设责任制，精准规范用好问责利器，推进党风廉政建设向纵深发展。全年全县纪检监察机关运用“四种形态”（党内关系要正常化，批评和自我批评要经常开展，让咬耳扯袖、红脸出汗成为常态；党纪轻处分和组织处理要成为大多数；对严重违纪的重处分、作出重大职务调整应当是少数；而严重违纪涉嫌违法立案审查的只能是极少数）批评教育帮助和处理1174人次，第一至第四种形态分别占比79.4%、17.3%、1.3%、2%。深化以案促改、以案促治，发出纪检监察建议书10份，督促案发单位举一反三，补齐制度短板、堵塞监管漏洞，建立完善监管制度11个、整改问题13个。加快推进南山镇火炬村廉洁文化基地建设，加强廉洁文化建设。

【作风建设】 2021年，揭西县纪检监察机关深化纠治“四风”（形式主义、官僚主义、享乐主义和奢靡之风）工作，巩固和拓展落实中央八项规定精神成果，推进作风建设。全年查处形式主义、官僚主义问题50个，党纪政务处分81人，组织处理8人；查处享乐主义、奢靡之风问题33个，党纪政务处分23人，组织处理16人。开展重大节假日“四风”问题、公车使用、餐饮浪费、“吃公函”等明察暗访301批次，发现问题47个，谈话提醒15人、批评教育11人。出台《揭西县政商交往行为规范》，明确正、负面行为清单，推动构建亲清政商关系。深化运用容错纠错机制，最大限度保护和激发干部干事创业积极性、主动性和创造性。

2021年3月22—23日，县纪检监察机关组织全县政法干警和乡镇（街道）政法委员在县委党校廉政教育基地参观廉政教育警示图片展。图为县人民检察院工作人员参展现场 （县纪委 供稿）

【纪律监督】 2021年，揭西县纪检监察机关强化政治监督，围绕“啃骨头、打基础、促发展”工作部署，加强对乡村振兴、生态环保、森林防火、重点项目、营商环境等全县重点工作监督检查。全年督查35批次、277场次，发现问题107个，提醒谈话16人，批评教育3人；约谈对重点工作推动严重滞后地方“一把手”7人。常态化开展疫情防控监督，对人员排查、隔离管控、防疫物资等开展督查476批次、场所708个，发现并责令立行立改问题258个，约谈提醒6人、批评教育6人。加强对党组织“一把手”和领导班子监督，72名县管“一把手”向县委书面述责述廉，组织10个单位“一把手”公开接受党风廉政建设电视访谈，开展提醒谈话277人次、警诫谈话103人次。严肃党内政治生活，列席并指导全县80个单位年度民主生活会。落实“一岗双责”（领导干部既要对所在岗位应当承担的具体业务工作负责，又要对所在岗位应当承担的党风廉政建设责任制负责），严肃责任追究，问责党员领导干部76人。加强日常监督，收集干部廉政档案327份，列席“三重一大”（重大事项决策、重要人事任免、重大项目安排和大额资金使用事项）会议140场次，落实“双签字”[考察对象呈报单位或者所在单位党委（党组）必须就考察对象廉洁自律情况提出结论性意见，并由党委（党组）书记、纪委书记（纪检监察组组长）签字] 210人。

【违法违纪案件查处】 2021年，揭西县纪检监察机关及时回应群众“急难愁盼”问题，整治涉农资金、民生项目等领域侵害群众利益腐败和作风问题，排查问题线索128件，立案174人，党纪政务处分154人，组织处理20人。推动“惩腐打伞”开展，常态化推进扫黑除恶斗争各项重点工作，排查处置涉黑恶腐败问题线索8件。整顿执法司法领域腐败和作风问题，受理涉政法干警问题线索60件，立案18人，党纪政务处分18人，组织处理100人，其中适用“自查从宽”政策组织处理58人。

【纪律警示教育】 2021年，揭西县纪检监察机关加强同级同类警示教育，通报曝光典型案例6起、13人。开展“学党史悟思想，守纪律铸忠诚”纪律教育学习月活动，举办全县领导干部党章党规党纪教育培训班，并将会议以电视电话形式延伸至镇村。配合政法队伍教育整顿工作，召开全县政法干警警示教育大会，组织全县政法干警和乡镇（街道）政法委员共1057人参观廉政教育图片展。

（邱启峰 胡永康）

中国民主同盟揭西县支部委员会

【概况】 2021年，中国民主同盟揭西县支部委员会（简称民盟揭西支部）以建设高素质参政党地方组织为目标，履行参政党职能，推进自身建设，开展社会服务。11月，支部主委蔡常伟参加揭阳市2021年新任市管干部任职培训班；12月，支部盟员参加民盟揭阳市委会在市行政学院举办的学习贯彻中共十九届六中全会精神研讨班。至年底，民盟揭西支部盟员11人，其中公务员2人、事业干部1人、教师5人、医生1人、文艺界2人；本科及以上学历6人、大专学历5人；平均年龄46岁。

【组织建设】 2021年，民盟揭西支部加强学习教育活动，定期开展组织生活。5月23日，召开支部盟员学习座谈会，学习习近平总书记在党史学习教育动员大会上的重要讲话精神和民盟揭阳市第五届委员会21次会议精神。6月17日，联合县美术家协会在晓昱美术馆举办庆祝中国共产党成立100周年、中国民主同盟成立80周年“丹青颂党恩·奋进新征程”主题书画展。7月23日，主委蔡常伟当选民盟揭阳市第六届委员会委员。12月13日，盟员陈海涛、刘春院参加2021年民盟揭阳市委会羽毛球比赛，获优秀奖。

【参政议政】 2021年，民盟揭西支部提升参政议政水平。主委蔡常伟在2020年度县委领导班子民主生活会会前征求意见座谈会会上提出“巩固揭西‘创文’‘创卫’成果，加强县城精细化管理，建议规范县城区域内废弃家具、桌椅、杂物柜等大件生活垃圾收集作业”“县委、县政府做好碳达峰、碳中和工作，利用揭西小水电资源优势，保护好生态环境，促进小水电健康发展，规划建设好大洋抽水蓄能发电以及风力发电”“县委、县政府开展乡村移风易俗运动，倡导建立村规民约和村民议事会、红白理事会，改善农村大操大办、厚葬薄养、人情攀比等陈规陋习”3个意见建议。8月，盟员陈海涛当选塔头镇人民政府副镇长。10月，主委蔡常伟当选政协揭西县第十一届委员会委员、副主席，盟员汪晓霞、陈海涛当选政协揭西县第十一届委员会委员，盟员曾勇涛当选揭西县第十一届人民代表大会代表。蔡常伟、汪晓霞两位盟员向政协揭西县第十一届委员会第一次会议提交《关于发挥青少年宫作用，打通家校社协同育人的“最后一公里”的建议》《关于进一步加强揭西县职业教育的建议》，列入县政协提案。

【社会服务】 2021年，民盟揭西支部整合民盟资源，开展社会服务活动。12月7日，联合县政协、县委统战部相关部门负责人到五经富镇泮坑村调研乡村振兴工作情况，实地参观该村集体经济项目48.4千瓦光伏发电项目和甜笋种植基地，考察五经富镇茶叶专业镇（消费扶贫）展销中心、百年元合（广东）食品有限公司，慰问该村7户困难户和3户单亲家庭，发放慰问金和大米、食用油等慰问品。

（蔡常伟　汪晓霞）

中国民主促进会揭西县支部委员会

【概况】 2021年，中国民主促进会揭西县支部委员会（简称民进揭西支部）加强组织建设，强化参政议政能力建设，做好社会服务工作。全年开展大型思想教育、理论学习12场次。至年底，支部成员9人，其中公务员3人、教育系统3人、医疗系统1人、社会人士2人。是年，民进揭西支部被中国民主促进会揭阳市委员会授予“揭阳民进2016—2021年组织建设工作先进集体”称号。

【组织建设】 2021年，民进揭西支部组织会员参加省、市、县各种培训和县委理论学习中心组、县政协领导班子集中学习，巩固主题教育成果。推进“不忘合作初心、继续携手前进”主题活动，加强自身建设，提升履职能力。会员每月至少开展一次线上学习活动。

【参政议政】 2021年，民进揭西支部参加县委统战部组织的各种协商会、征求意见会、座谈会，提出意见和建议。协助民进中央开展县级中学调研，收集整理素材。会员黄嘉欣到基层开展调研，撰写《凝聚发展合力 助推乡村振兴》报民进揭阳市委会和县委统战部。会员黄嘉欣当选民进揭阳市委员会第一次代表大会代表，7月21日参加中国民主促进会揭阳市第一次代表大会；会员黄鹤君当选揭西县第十一届人民代表大会代表，会员温伟东、张优创、罗成伟当选政协揭西县第十一届委员会委员。6月，会员蔡育群被民进揭阳市委会评为揭阳民进2016—2021年优秀会员，罗成伟被评为揭阳民进2016—2021年参政议政工作先进个人。

【社会服务】 2021年，民进揭西支部组织会员开展社会服务活动，捐资帮助挂钩河婆街道军田居委开展创文工作。3月31日，组织志愿者开展“我为群众办实事——文明创建志愿服务”主题日活动，打扫社区环境卫生以及发放《致全县人民的一封信》、《社会主义核心价值观》倡议书、新冠疫苗接种宣传手册等，倡导良好卫生行为习惯。9月，对五云镇下洞村、京埔村、鹏岭村开展特困户、低保户政策落实情况调研，指导村“两委”干部做好有关工作。

（蔡育群　罗成伟）

中国农工民主党揭西县支部委员会

【概况】 2021年，中国农工民主党揭西县支部委员会（简称县农工党）强化组织建设，加强党建和内务管理工作，发挥参政议政作用，做好社会服务工作。至年底，支部成员40人，其中公务员5人、文教医疗界25人、其他各界10人。成员任职县领导2人［刘小电，县政协副主席；李文虹（女），县人大常委会副主任］、县人大代表2人、县政协委员5人；支部成员文化水平大专以上文化98%，高级职称人员10%。

【组织建设】 2021年，县农工党规范组织工作程序，强化人才培训，开展多次专题会议学习农工党中央、广东省委、揭阳市委有关会议精神。落实领导班子及全体党员工作例会制度，多次组织支部全体党员开展学习交流，推进“不忘合作初心，继续携手前进”专项主题教育活动。

【参政议政】 2021年，县农工党提升参政议政、建言资政能力，加强民主监督，开展各项民生调研，重点关注医疗、公共卫生、教育等民生热点问题，鼓励党员参政议政。开展各项活动征集民情，通过人大议案、政协提案，向农工党市委提交意见建议。全年向市、县政协提交大会发言材料共6篇，向市、县人大提交议案共3件。

【社会服务】 2021年，县农工党加强社会服务工作，围绕民生领域突出问题，整合党员资源，针对性开展社会服务。利用医疗卫生方面资源力量，对困难群众开展义诊和送药等公益活动，解决群众实际困难。全年开展社会活动5次，投入人力20多人次。

（刘小电　刘光泉）

群众团体

揭西县总工会

【概况】 2021年，揭西县总工会（简称县总工会）开展“抗疫行动·感恩有您”慰问新冠疫苗接种一线医护人员活动，为全县17个乡镇（街道）疫苗接种点、县疾控中心、县妇幼等单位医护工作人员及志愿者送去防暑降温物品。落实小微企业工会经费支持政策，退回7个小微企业工会经费。4月，县环境卫生管理中心张京城被广东省总工会授予广东省五一劳动奖章，县自来水公司被省总工会授予省五一劳动奖状；6月，国家税务总局揭西县税务局工会、广东农夫山庄食品工业有限公司工会2个职工之家被揭阳市总工会评为2021年揭阳市先进职工之家，揭西供电局凤江供电所、高樱运动用品厂管理课2个工会小组被市总工会评为2021年揭阳市先进职工小家，县总工会机关工会韩少师、白云山威灵药业有限公司工会江铸曦2人被市总工会评为2021年揭阳市优秀工会工作者；12月，河婆中学刘移书、上砂镇中心卫生院庄春绪、河婆消防救援站郭秋平3人被市总工会授予揭阳市五一劳动奖章，国家税务总局揭西县税务局第二税务分局、广东电网有限责任公司揭阳揭西供电局被市总工会授予市五一劳动奖状。是年，县总工会驻六一村精准扶贫工作队被揭阳市委农村工作领导小组评为“揭阳市脱贫攻坚先进集体”，韩少师被市委农村工作领导小组评为“揭阳市脱贫攻坚先进个人”。

【工会组织建设】 2021年，县总工会推进工会规范化建设。落实工会经费管理有关规定，加强对基层工会经费制度落实情况督促指导，规范工会费管理。1月，发放省总工会下拨揭西县17个乡镇（街道）工会补助工作经费共34万元［每个乡镇（街道）2万元］。全县全额拨款单位工会经费列入财政预算，开展税务代收工会经费工作，工会缴费金额和户数稳步增长；加强工会组建宣传工作，完成市总工会下达非公企业民主建会、民主换届和发展会员任务，全年新组建县国有资产管理办公室、国有资产经营有限公司、揭之旅国际旅行社有限公司、南北情食品有限公司4家工会，全县新发展会员1168人。开展基层工会建设集中攻坚行动，做好职工数25人以上基层工会组建，成立揭西县新业态行业工会工作委员会，加强“三新”（新产业、新业态、新商业模式）领域工会建设，推进新就业形态群体（网约车司机、快递员、外卖送餐员等）建会入会工作；到农夫山庄食品工业有限公司、雅都包装印刷有限公司、京溪园罐头厂等私营企业工会进行党建调研，支持企业党建主题活动经费共1.5万元。至年底，全县在“粤工惠”App实名注册登记基层工会数192家，实名注册会员数1.68万人。

【职工服务和困难帮扶】 2021年，县总工会建立健全常态化帮扶、困难职工动态管理、职工服务（帮扶）等工作机制。支持五云镇、县文化广电旅游体育局、县交通运输局等基层工会“职工之家”建设。1月，与县扶贫办联合开展购买柑橘等应季农产品助农行动，发挥工会助农帮扶作用，支持17个乡镇（街道）工会购买柑橘等应季农产品困难补助

2021年7月8日，县总工会组织干部职工到揭西县龙马环卫环境工程有限公司开展“关爱职工　夏送清凉”活动，为一线环卫工人送去王老吉等防暑降温物品
（县总工会　供稿）

共34万元［每个乡镇（街道）2万元］。2月，到县人民医院、白云山威灵药业有限公司、高樱运动用品厂、龙马环卫环境工程有限公司等开展“情暖农民工·留粤过大年”春节慰问活动，送出大礼包200份。9月，向全县各基层工会转发市总工会《关于深化拓展消费帮扶工作的通知》，增加向会员节日慰问品经费额度，用于购买消费帮扶农副产品。全年发放省级困难职工帮扶专项经费13.1万元，困难职工生活救助4人共1.6万元、助学救助9人共4.5万元和重大疾病救助10人共7万元。

【职工合法权益维护】　2021年，县总工会开展维护劳动领域政治安全专项行动，在南山镇新联村开展网络信息安全宣传教育活动。贯彻落实维权法规，组织律师到企业开展“尊法守法·携手筑梦”服务农民工公益法律服务行动。开展根治拖欠农民工工资专项整治工作，处理拖欠农民工工资投诉事件2宗。加强集体协商人才队伍建设，聘请全县17个乡镇（街道）社会化工会工作者为专职集体协调指导员，提升协调劳动关系能力。10月，社会化工会工作者刘燕广作品《关爱务工人员子女及其家庭教育》获2021年度广东省首届工会社会工作优秀案例三等奖。全年未发生因劳资纠纷引发的重大安全事件。

【劳模管理】　2021年，县总工会完善劳模档案，了解、掌握劳模身体和生活情况。加强劳模动态管理，及时变更劳模离退休、亡故等情况。建立劳模联系制度，做好劳模来信来访接待工作，尊重和听取劳模意见和建议。加大劳模宣传力度，总结劳模先进思想和先进经验，利用媒体舆论和宣传栏等形式，弘扬劳模精神，发挥劳模示范和导向作用。加强劳模教育，组织劳模代表到南山镇火炬村开展党史学习教育主题活动。组织省级以上劳模到县人民医院开展健康体检和省劳模疗养基地进行休养。落实劳模待遇政策，开展劳模节日慰问和困难帮扶慰问，解决劳模生活困难。至年底，全县有全国劳动模范2人，广东省劳动模范30人。

【职工文化建设】　2021年，县总工会开展爱国主义教育活动，组织选手参加市总工会职工庆祝中国共产党成立100周年革命歌曲“十大歌手”大赛，获得“优秀组织奖”。在塔头镇旧住村主办“中国梦·劳动美”庆祝“五一国际劳动节”暨党史学习教育文艺晚会。组织全县工会做好《工人日报》《南方工报》征订工作。7月，县总工会被县精神文明建设委员会评为文明单位。

（张燕豪　韩少师）

中国共产主义青年团揭西县委员会

【概况】　2021年，中国共产主义青年团揭西县委员会（简称团县委）强化团的基层建设，加强青少年思想引领，服务青年就业创业，常态化开展志愿服务，做好党的青年群众工作。推动35期“青年大学习”网上主题团课学习，全县20.75万人次参与学习；围绕“揭西县青少年意识形态领域存在的风险及应对策略”专题，形成《揭西县青少年意识形态专题调研报告》。12月11日，揭西县第十六届“成人节”活动在河婆中学举行。至年底，全县共青团员2.16万人；团组织1146个，其中基层团委46个、团（总）支部1100个；少先队中队1709个，大队205个，少先队员6.03万人；配备专职团干部48人，兼职团干部1721人。全县注册志愿者总人数4.5万人。

【团的基层组织建设】 2021年，团县委推进共青团、少先队组织建设。全面有序推进各级团组织换届，3月，完成全县318个村（社区）团组织换届工作；9月，完成全县12所中学团委和31所中学团总支集中换届工作；11月，组织全县17个乡镇（街道）团组织开展集中换届工作。推进做好团县委换届筹备工作。拓宽共青团覆盖面，全年发展团员1640人，首次打破共青团队伍团员发展来源，挖掘发展社会领域优秀青年18人；新增4家“两新”团组织；扩大团的服务阵地，成立“青年之家”34家，覆盖各乡镇（街道）。加强基层团干能力培训，举办全县基层团干培训班。

【共青团服务青年就业创业】 2021年，团县委推动召开揭西县中长期青年发展规划实施工作联席会议第一次全体会议，形成上下联动、纵横贯通青年工作格局。支持青年投身乡村振兴，做好招募、考核、派遣等协调服务工作，推动“希望乡村教师计划”“广东高校毕业生志愿服务乡村振兴行动”实施。全县36名高校毕业生分布在15所乡村小学开展为期1年支教服务；18名高校毕业生分布在17个乡镇（街道）成为驻镇帮镇扶村工作队队员，开展为期2年乡村振兴志愿服务。搭建青年实践锻炼平台，开展“展翅计划——广东大学生就业创业能力提升行动”，依托“易展翅”平台，为43名大学生提供岗位实习。开展揭西籍大学生假期返乡社会实践活动，100多名揭西籍大学生利用寒暑假到农村开展“七彩假期”“青春情暖”等各类关爱服务活动。搭建创业青年学习交流平台，11月25日，举办“领头雁”农村青年人才培训班，为30多名农村青年人才创新创业提供学习借鉴平台。

2021年12月11日，揭西县第十六届“成人节”活动在河婆中学举行

（团县委 供稿）

【少先队工作】 2021年，团县委规范学校少先队组织工作，贯彻落实《中共中央关于全面加强新时代少先队工作的意见》，在全县228所学校全面建成学校少工委，完善少先队工作组织框架。开展先进典型选树活动。邱望等4名学生获评“广东省优秀少先队员”，陈锦燕获评“广东省优秀少先队辅导员”，河婆街道东风小学大队获评“广东省少先队红旗大队”，凤江镇凤湖小学大队三（1）中队获评“广东省少先队红旗中队”，金和镇金光小学获评“广东省少先队先进学校”；金和镇山湖世乔学校少先队大队等4个大队获评“揭阳市少先队红旗大队”，塔头镇新园小学少先队二年级中队等7个中队获评“揭阳市少先队红旗中队”，林丽娜等6名辅导员获评“揭阳市优秀少先队辅导员”，林皓宇等2名学生获评“揭阳市十佳少先队员”，林键达等35名学生获评“揭阳市优秀少先队员”。刘圣翔获评广东省第六届“最美南粤少年”之“自强好少年”，林梓豪等8名学生获评揭阳市第六届“最美南粤少年”，温蔡欣等6名学生获评揭阳市第六届“最美南粤少年”提名奖，

刘圣翔等4名学生获评揭阳市2021年度“新时代好少年”。

【青年志愿服务】 2021年，团县委配合、支持全县各项大型活动，组织青年志愿者服务第五届梅花节、“永恒的火焰”——庆祝中国共产党成立100周年文艺演出、揭阳市揭西教育发展基金会成立大会等重大活动共150余人次。组织开展千场志愿服务进社区、“水岸同治”等主题志愿服务活动34场次；开展疫情防控、环境保护、义诊义剪、卫生清洁、禁毒法治宣传等志愿服务活动15场次。

【共青团助困助学】 2021年，团县委开展关爱困难群众活动，结合春节、“七一”等重要时间节点，走访慰问农村留守儿童、困难党员、孤寡老人等57户、190人。整合资源，为古福小学、东光小学送去2批次“流动书屋”，鼓励学生多读书、读好书。依托各类公益平台开展助学活动，通过“希望工程”平台为36名困难学生发放助学金共计0.84万元，通过省希望工程办直接划拨助学金4.8万元至48名建档立卡困难学生账户，通过仁爱助学平台为36名贫困学生发放助学金共计5.7万元，通过大学生发展基金会助学平台为全县51名贫困学生（2021年被全日制本科公办院校录取）争取到励志奖学金补助。

（李凌思　邓自兰）

揭西县妇女联合会

【概况】 2021年，揭西县妇女联合会（简称县妇联）强化妇联组织建设，推进妇女儿童民生实事，维护妇女儿童合法权益，开展家庭文明创建和家庭教育进村（社区）活动。是年，县人民检察院未成年人检察工作办公室被全国妇女联合会授予“巾帼文明岗”称号，县公安局张幼妮被广东省妇女联合会授予三八红旗手称号，国家税务总局揭西县税务局第一税务分局、县公安局指挥中心110报警服务台被揭阳市妇女联合会授予“巾帼文明岗”称号。

【妇女组织建设】 2021年，县妇联推进妇女组织建设。召开县第十次妇女代表大会，完成县妇联换届工作，配备1名专职主席，5名副主席（2名专职副主席、1名挂职副主席、2名兼职副主席）。完成村（社区）妇联换届工作，全县318个村（社区）配备318名妇联主席，356名副主席，3565名执委。实施基层妇女“领头雁”培训计划，11月26日在县委党校举办县妇联系统学习贯彻中共十九届六中全会精神暨基层妇联干部能力提升培训班，县妇联全体干部职工、17个乡镇（街道）及318个村（社区）妇联主席参加学习培训。是年，河婆街道新四村被市妇联授予“十大妇女之家”称号、龙潭镇党委委员邹丽云被市妇联授予“十大妇联执委”称号。

【妇女儿童民生实事】 2021年，县妇联在塔头镇阔西行政村里厝寮村开展“爱心家庭+留守儿童”活动。六一儿童节，到龙潭镇慰问儿童10人。11月16日，联合市妇联、揭阳爱维艾夫医院在南山镇火炬村开展“关爱留守儿童，护航健康成长”活动暨儿童滑梯捐赠活动，普及应急情况下简单救治知识，学生及家长共100多人参加活动，慰问困境儿童14人，发放慰问金5600元及慰问品一批。实施“她健康　揭幸福”妇女关爱计划和妇女“两

2021年10月21日，广东省城乡妇女健康知识宣传活动在京溪园镇大鹿村举行，活动现场为妇女群众提供健康检查
（县妇联　供稿）

癌”免费检查项目，开展全国中央彩票公益金妇女“两癌”防治知识进村（社区）15场共346人次参加，2名患“两癌”低收入妇女分别得到全国中央彩票公益金、省妇女儿童公益基金救助，免费为全县8000名妇女购买“两癌”保险；10月20—21日，在灰寨镇马路村、京溪园镇大鹿村开展城乡妇女健康知识宣传活动各1场，发放宣传资料500多份。

【妇女儿童权益维护】 2021年，县妇联联合有关部门开展“践行习近平法治思想 维护妇女儿童合法权益”“三八”维权周活动，开展妇联主席“12338”热线接听活动；联合县委政法委、县司法局印发《关于建立婚姻家庭纠纷人民调解委员会的实施意见》，17个乡镇（街道）成立婚姻调解室；开展“学法守法用法 建设美好家园”户外宣传活动暨“关爱女童 护苗成长”教育讲座，在坪上镇开展学法用法宣传，加强妇女法治宣传教育。全年接待来信来访5宗，协调解决来信来访5宗。

【家庭文明创建】 2021年，县妇联开展“最美家庭”“文明家庭”创建活动，推荐优秀家庭参与市“最美家庭”评选，县融媒体中心、文明揭西公众号对“最美家庭”进行系列报道，选树县“最美家庭”17户（其中10户同时获县“文明家庭”称号）、市“最美家庭”11户（其中2户同时获市“文明家庭”称号），吴文狮家庭被中央宣传部、中央文明办、全国妇联评为“全国最美家庭”。举办“书香飘万家”亲子阅读活动、“好家规好家训”主题活动，加强在家庭中宣传社会主义核心价值观。

【家庭教育进村（社区）】 2021年，县妇联采用不同形式开展“揭西县百场家庭教育进村进社区活动”。在龙潭镇育英小学开展“少年儿童心向党 庆祝建党100周年”活动，全县各级妇联开展党史展板学习进校园活动10场次。在塔头镇阔西行政村里厝寮村、灰寨镇马路村、棉湖镇举办“好家风好家教”主题讲座；开展“家庭教育送教到基层”活动，11月16日，省妇联在南山镇火炬村红色教研基地，开展“新时代如何做一名合格父母”主题家庭教育讲座。全年全县各级妇联开展家庭教育144场次、关爱未成年人主题活动17场次，受益人数约3000人次。

【妇联主要活动】 2021年，县妇联成立揭西县巾帼宣讲团，宣讲习近平总书记在庆祝中国共产党成立100周年大会上的讲话和中共十九届六中全会精神；联合县税务局举办“庆百年华诞 谱时代新篇”演讲比赛；3月8日，在金和镇山湖村开展“珍惜水 爱护水”活动，发放宣传资料200多份，全年全县开展“我为群众办实事——揭西县巾帼志愿服务”活动305场次；开展“我为群众办实事——科技服务惠万家”活动94场共4679人次参加；开展“巾帼创业我能行”巾帼家政技能公益培训15场共350人次参加。

（黄俊琳　林燕玲）

揭西县科学技术协会

【概况】 2021年，揭西县科学技术协会（简称县科协）整合科普资源，创新科普方式方法，团结和发动广大科技工作者，发挥各科普示范基地、科普示范社区和社会力量作用，弘扬科学精神，普及科学知识。全年开展主题科普活动5场次，发放科普书籍及其他宣传资料2.3万份。至年底，全县科普志愿者200人。

【科普活动】 2021年，县科协发挥科协职能作用，开展主题科普活动。3月10—20日，联合市科协、市科技馆在霖田高级中学举办“病毒——人类的敌人还是朋友?”科普主题展览暨“科技馆走基层”活动。11月5日，联合广东省科协事业发展中心、揭阳市科协在坪上镇绵基中学和大溪镇中心小学举办“科普大篷车走基层”系列活动，活动现场开展科学秀“比冰还冷”、创意航模表演、机器人表演等活动，组织学生参与科普益智互动展品活动，现场赠送科普知识小丛书。全年利用“科技进步活动月”“全国科普日”“学术活动月”等主题组织开展各类科普活动5场次。

【科普示范基地】 2021年，县科协开展科普示范基地、科普教育基地和科普示范社区创建工作，发挥示范带头作用。依托科普示范基地、科普教育基地和“科普中国”e站组织科技志愿者开展宣讲、讲座、培训等。8月，县气象局、县霖田高级中学、县尚绿生态农业发展有限公司被市科协命名为“揭阳市科普教育基地”。

【科技志愿服务】 2021年，县科协加强农村科普示范引领，依托新时代文明实践站（所）组织科技志愿者开展科普宣传工作，弘扬时代新风科普活动。联合县委宣传部、县公安局、县工信科技局等部门，利用全国科技工作者日、网络安全宣传周等各类主题科普活动，开展科普志愿服务下基层活动。组织、参与有关部门分别到棉湖镇、河婆街道、灰寨镇、上砂镇等地开展科技、文化、卫生“三下乡”活动，开展新时代文明实践活动之科普宣传下基层活动10场次，印制发放《齐来认识疫苗“大家族”》《垃圾分类、全民行动”》等小传单2万张、《科普知识读本》3000册等科普资料到社区、校园。

【科技培训与服务】 2021年，县科协加强农村科普工作，开展科技下乡活动，提升农民科学素质和生产技能，助力新农村建设。3月24日，县科协与县农业农村局在龙潭镇举办农作物病虫害、有害生物红火蚁防控防治技术培训班，采取室内教学和室外教学交流两种方式进行。5月18日，市、县科协联合到坪上镇举办“我为群众办实事——科普助力乡村振兴”农业技术培训班，邀请县农业农村局高级农艺师丘杏红作专题授课，重点培训关于青梅、蔬菜、番薯等农作物管理和无公害优质高产高效栽培技术与模式，以及设施栽培、测土配方施肥、病虫害综合防治和绿色防控等技术，现场发放农业科普知识读本资料。市、县科协邀请专家到坪上镇田园花海种植园为农户开展农技指导。8月18日，组织农艺师到坪上镇柚园开展柚子种植技术指导。11月29—30日，邀请中国工程院院士印遇龙到揭西县开展“院士讲坛”活动，为县、镇、村各级干部共700多人作《功能农业与乡村振兴——种养一体化研究与思考》专题报告，对相关产业发展进行指导。

（庄淑英）

2021年3月10日，“病毒——人类的敌人还是朋友?”科普主题展览暨“科技馆走基层”活动在霖田高级中学举行
（县科协　供稿）

揭西县归国华侨联合会

【概况】 2021年，揭西县归国华侨联合会（简称县侨联）加强基层侨联建设，做好侨界政协委员人选推荐和侨界联络接待工作，深化为侨服务。开展宣传活动，5月14日，在河婆街道纪达中学大礼堂协办“凝聚爱国心 永远跟党走”主题红色侨批图片展活动。至年底，全县归侨861人；海外侨胞100万人，主要集中在马来西亚、印度尼西亚、泰国、越南等国家。

【基层侨联建设】 2021年，县侨联加强队伍建设，优化侨联人员结构，强化基层侨联建设。推进基层侨联“侨胞之家”建设，投入资金3万元，升级改造灰寨镇“侨胞之家”。加强学习培训，派出3个批次基层侨联干部参加省、市侨联工作业务培训班。

【侨界政协委员人选推荐】 2021年，县侨联做好政协委员人选推

2021年6月10日，县侨联联合深港揭西县商会青年委员会开展慰问活动。图为组织部署活动现场 （县侨联 供稿）

荐工作。8月11日，召开全县侨联工作会议，部署研究推荐侨界政协揭西县第十一届委员会委员人选工作事项，经过推荐、考察、公示等程序，为县政协推荐侨届政协揭西县第十一届委员会委员人选9人，其中当选政协揭西县第十一届委员会委员9人。

【侨界联络接待】 2021年，县侨联拓展联系渠道，加强与华侨社团沟通联系。5月，四川省侨联副主席、遂宁市侨联主席田碧华一行到揭西县考察交流。7月，县侨联应马来西亚河婆文化基金会请求，协助福建省华侨大学研究生张菁蓉到揭西县开展“马来西亚客家擂茶传承与文化”调研采风。

【为侨服务】 2021年，县侨联完善为侨服务能力，做好华侨事业费及贫困归侨救助补助资金发放工作，组织各乡镇（街道）侨联在2020年原归侨名单基础上，核实更新归侨数据，全年向36户特困归侨和8户申请困难归侨临时救助对象发放救助补助资金共15.73万元。

【关怀归侨老党员】 2021年，县侨联加强对归侨老党员关怀和爱护。组织开展“学党史守初心，情暖归侨老党员”慰问活动，联合深港揭西县商会青年委员会对全县40名50年以上党龄归侨党员进行走访慰问。6月10—11日，组织全体干部职工分成3个慰问小组，将大米、食用油、牛奶、防疫消毒液等物资送到归侨老党员家中。

（邹亿水 蔡镇洲）

揭西县工商业联合会

【概况】 2021年，揭西县工商业联合会（简称县工商联）做好参政议政工作，协调推进“两个健康”（非公有制经济健康发展和非公有制经济人士健康成长）工作，完善商会建设，引导民营企业加快实现高质量发展。完成工商联（商会）换届工作，9月18日，县工商联（商会）召开第八次会议代表大会，选举产生第八届执委会主席（会长）、常委、执委。至年底，县工商联会员553人（符合全国工商联数据库录入条件），其中新发展会员30人。执委会成员单位91个；非公有制企业190家，组建党组织160家，党员348人。是年，县工商联被中华全国工商业联合会确认为2020—2021年度全国“五好”县级工商联。

【参政议政】 2021年，县工商联分别协助推荐27名和20名工商联界人士为县政协委员和县人大代表。引导工商联非公经济人士参政议政，加强调查研究，建言献策，形成《关于改善灰寨小学上下学期间学校门口前交通状况的建议》《关于切实加强野生动物保护的法律法规实施的建议》《关于因地制宜推行生活垃圾分类处理的建议》等提案、议案7条。是年，县工商联会员担任各级人大代表7人，其中市人大代表3人、县人大代表4人；担任各级政协委员24人，其中市政协委员1人、县政协委员23人。

【非公有制经济引导】 2021年，县工商联加强与非公人士联络交流和非公有制经济组织党建工作，引导非公有制经济企业履行好新形势下社会责任。开展民营企业疫情防控和复工复产情况调研、关于民营企业社会责任调查工作和疫情防控调查工作，了解民营企业面对疫情的困难，做好形势宣讲、政策解读等工作，推进政企面对面交流等活动，搭

2021年9月1日，揭西县商会人民调解委员会在河婆街道过境路北11栋4—5号挂牌成立

（县工商联　供稿）

建纾困服务平台；贯彻落实县委、县政府关于《揭西县进一步促进民营经济发展的若干意见》文件精神，增强服务意识，落实政策措施，营造良好营商环境；做好民营企业减税降费普惠性政策落实引导；做好“千所联千会”工作，组织动员全市律师事务所与市、县两级工商联及所属商会建立联系合作机制，搭建律师服务民营企业新平台，助力法治民企建设，加快打造法治化营商环境；河婆商会成立揭西县商会人民调解委员会，规定商会人民调解委员会工作原则、调解范围、调解程序、工作制度、工作纪律，推进商会人民调解工作专业化发展。

【工商联社会服务】　2021年，县工商联加强同旅外揭西商会交流联系，动员引导县内外民营企业、非公经济人士自觉履行社会责任，参与光彩、公益事业、乡村振兴工作，开展“回家”行动和“万企兴万村”活动，引导、组织揭西籍商协会和非公人士参与抗疫工作，关心、帮助企业解决实际困难和问题。56家民营企业捐款约3680万元，30家会员企业参与“万企兴万村”活动。

（李潮新　刘巧明）

揭西县文学艺术界联合会

【概况】　2021年，揭西县文学艺术界联合会（简称县文联）组织开展文艺活动，促进文艺交流，提高文艺创作水平。协助做好大北山革命历史纪念馆红色革命遗址保护利用工程。至年底，县文联设文学、美术、民间文艺、戏剧、书法、摄影、音乐、硬笔书法、三山国王传统文化促进会9个协会，总会员541人。11月11日，龙潭镇汤坝村革命前辈蔡若明子女一行将蔡若明珍藏的28件红色革命文物无偿捐赠给大北山革命历史纪念馆，县文联负责人向革命后代颁发收藏证书。

【文艺活动】　2021年，县文联与各协会联合组织开展系列文艺活动。2月4—9日，联合县委宣传部、县文学艺术馆、县书法家协会在河婆街道军田社区、南山镇杨梅坪村、大溪镇大园村等村（社区）举办“我们的中国梦——文化进万家”送万福送春联活动；6—7月，联合有关部门、协会举办“丹青颂党恩·奋进新征程”主题书画展、少年儿童书画展、书画摄影展系列庆祝中国共产党成立100周年活动；9月24日，联合县党史学习教育办公室、县书法家协会、县美术家协会、县棉湖书画学会、棉湖镇新时代文明实践所在棉湖镇兴道书院举办“乡土笔耕·棉湖画家六人展”活动，庆祝中华人民共和国成立72周年。

【文艺创作】　2021年，县文联紧扣红色题材，引导广大文艺爱好者逐步将党史学习教育融合到文艺创作中，编辑出版党史学习教育书籍《揭西革命故事选》；常态化推进《北山文艺》、县作家协会会刊《榕江源》、县民间文艺家协会会刊《揭西民间文艺》编辑出版工作。

【文艺交流】　2021年，县文联促

2021年6月26日至7月15日，“庆祝中国共产党成立100周年”少年儿童书画展在县图书馆举行 （县文联 供稿）

进艺术交流活动。10月18日，汕头融媒集团党委与县文联党支部到京溪园镇粗坑村《团结报》旧址和南山镇大北山革命历史纪念馆联合开展“赓续红色基因 汲取奋进力量”主题活动；11月14日，县文明办、县文联联合组织揭阳市摄影家协会、县摄影家协会一行35人到河婆街道庙角村、南山镇火炬村、金和镇山湖村、棉湖镇鲤鱼沟村开展采风活动。

（林宏书 邱倩娴）

揭西县残疾人联合会

【概况】 2021年，揭西县残疾人联合会（简称县残联）完善残疾人社会保障体系和服务体系“两个体系”建设，加强残疾人信息动态管理，开展残疾人康复服务、义务教育、就业培训等工作，推进居家无障碍改造服务和残疾人就业保障金年审工作。全年新办理残疾人证1012份（一、二级残疾761份，三、四级残疾251份），其中肢体残疾437份、精神残疾331份、智力残疾89份、多重残疾55份、视力残疾49份、听力残疾34份、言语残疾17份。

【残疾人康复服务】 2021年，县残联重点推进残疾儿童抢救性康复、康复器材配送和康复人才培养工作，做好残疾人助听、助视、复明、助行、居家康复、精神病服药、精神病住院治疗等常规康复项目。全年为150名精神障碍患者提供住院治疗救助29.04万元，为30名肢体残疾人提供居家康复，为23名0—6岁残疾儿童提供康复救助，完成假肢装配9例、矫形器装配6例、助听器适配44例，为393名残疾人免费发放各种辅助器具。全县残疾人基本康复服务率99.6%，辅助器具适配率99.8%。

【残疾人大学生就业安置】 2021，揭西县高校残疾人毕业生7人。县残联安排专人负责残疾人大学生就业安置工作，3—4月，分别与学生家长及学生本人沟通，询问就业意向；6月30日前完成全县残疾人毕业生就业情况调查，对未就业有就业需求的残疾人大学毕业生提供“一对一”就业服务；建立2021届高校残疾人毕业生就业状况实名制管理档案。至年底，5人完成入职，2人暂缓就业，全县残疾人高校毕业生就业率71.4%。

【残疾人就业培训】 2021年，县残联推进残疾人就业培训工作，提高残疾人网络电商营业能力。11月23—24日，县残联在揭西县金博职业培训学校举办2021年残疾人农村实用技术（网商运营）培训班，100名残疾人参加为期两天的培训活动。

【残疾人就业保障金年审】 2021年，县残联加强残疾人就业保障金政策宣传辅导，联合县税务局向用人单位（企业）加大宣传力度，提高用人单位（企业）对征收残疾人就业保障金认识深度。全年审核有安排残疾人就业的机关、事业、企业单位共99家，安置163个残疾人就业，年审入库金额354万元。

【持证残疾人基本状况调查】 2021年，县残联开展2021年全国持证残疾人基本状况调查工作，联合县统计局、县民政局、

2021年11月23—24日，县残联在揭西县金博职业培训学校举办2021年残疾人农村实用技术（网商运营）培训班　（刘旭东　摄）

县教育局、县财政局、县卫健局等有关部门，组织做好全县状况调查工作。成立揭西县残疾人基本状况调查工作办公室，日常工作由县残联负责，按照分级培训原则，依照实施方案，对全县乡镇（街道）、村（社区）二级352名状况调查工作信息采集员分4期在县残联多媒体室集中培训，熟悉入户调查程序和方法，准确理解指标内容。10月15日起，县残疾人基本状况调查工作办公室组织各乡镇（街道）工作人员对全县318个村（社区）登记表及1.55万份登记信息进行核查，检查各项指标是否贴近实际，纠正部分逻辑错误，于10月26日提前上报。10月27日，更新村（社区）登记表318个，采集率100%；更新持证残疾人信息1.57万份（填表1.55万份、死亡注销113份、查无此人7份、搬迁26份、空挂户1份、外出39份）；采集方式：入户1.53万份，电话调查218人，入户率98.6%。

【扶残助残送温暖】　2021年，县残联联合县卫健局组织县人民医院残疾评定专家进村入户，对符合残疾评定标准又有办证愿望尚未办理残疾人证的建档立卡残疾人开展下乡评残工作，全年为139名残疾人解决办证难问题。做好春节、“助残日”期间扶残送温暖工作，全年慰问残疾人582人次，发放慰问金10.1万元。

【居家无障碍改造服务】　2021年，县残联根据残疾人基本服务状况，为需求动态更新信息数据中重度残疾人有需求未进行家庭无障碍改造符合条件的对象优先提供居家无障碍改造服务。县残联和揭阳市辅具服务中心工作人员分批分片下乡评估，根据各户不同特点确定改造项目，完成200户项目评估和个性化方案制定工作，经过采购招标后逐一落实改造。

（邹志勇　叶秀琴）

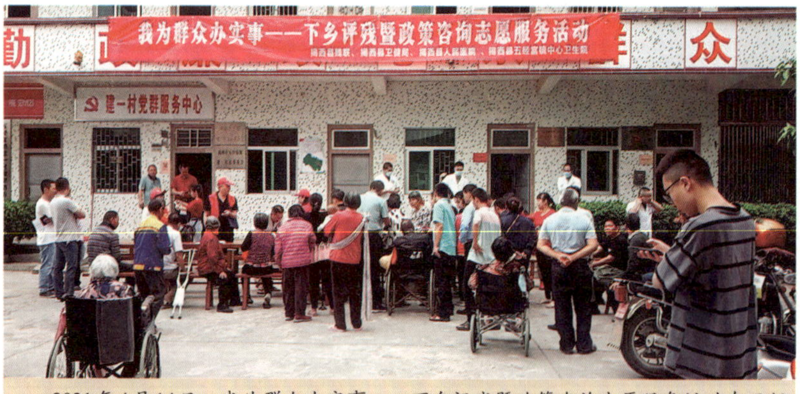

2021年4月14日，我为群众办实事——下乡评残暨政策咨询志愿服务活动在五经富镇建一村举办　（刘旭东　摄）

法 治

政法委及综治

【概况】 2021年，揭西县委政法委（简称县委政法委）强化党对政法工作领导，开展政法队伍教育整顿，常态化开展扫黑除恶专项斗争，推进平安揭西、法治揭西建设，化解基层矛盾纠纷，维护国家政治安全和社会稳定。第三方调查显示，全年全县群众安全感93.04分，常态化扫黑除恶、教育整顿效果、全民反诈专项行动满意度全部在良好水平。全县列账社会矛盾化解率100%，实现“五个不发生”（不发生政治安全事件、不发生重大群体性事件、不发生恶性事件、不发生极端个人事件、不发生重大网络舆情事件）工作目标。

【社会治安综合治理】 2021年，县委政法委推进社会治理现代化，完善“多网合一”网格化治理体系建设，完成采集全县713个综合网格图层数据，镇（街道）开展“三个最”（最安全稳定、最公平公正、法治环境最好）县镇村创建活动，建立矛盾纠纷多元化解机制，建成河婆街道、棉湖镇2家“粤心安·心适小屋”社会心理服务站并对外开放。基层“三人小组”（由社区工作人员、公安民警、医护人员组成的疫情防控小组）落实落细各项疫情防控措施，检查涉疫线索1万多条，核查率100%。做好严重精神障碍患者救治救助工作，发放救治监护补助资金348万元，全年未发生严重精神障碍患者肇事肇祸案（事）件。统筹政法各部门开展电信网络诈骗问题整治行动，安装“国家反诈中心”App近26万人，破获电诈刑事案件25件，帮助近2万名群众免于受骗，挽回群众被骗损失近百万元。

【严打整治】 2021年，揭西县对违法犯罪保持严打高压态势。县公安局全年立刑事案件978件，破案521件；县人民法院全年新收案件3022件，办结2814件，案件结收案率93.1%；县人民检察院全年依法批捕各类犯罪嫌疑人462人。开展拆窗砌墙（开设逃生门窗、落实防火分隔）“三小场所”（小档口、小作坊、小娱乐场所）、摩电车“戴头盔”等专项行动，全县没有发生重特大公共安全事故。

【扫黑除恶专项斗争】 2021年，揭西县贯彻落实中央、省、市常态化开展扫黑除恶专项斗争工作部署，推进扫黑除恶专项斗争常态化开展。全年破获涉恶团伙5个，破涉恶案件39件，刑拘涉恶犯罪嫌疑人138人，提请逮捕93人，抓获各类在逃人员115人；专项斗争后的存量案件线索基本办结。

【执法监督】 2021年，县委政法委牵头组织开展对公检法司重点案件评查及法律咨询服务机构、司法鉴定机构专项执法检查工作，交叉评查重点案件128件，涉法涉诉信访案件30件，检查法律咨询服务机构3家；与县纪委监委联合印发关于严格执行防止干预司法“三个规定”（《领导干部干预司法活动、插手具体案件处理的记录、通报和责任追究规定》《司法机关内部人员过问案件的记录和责任追究规定》《关于进一步规范司法人员与当事人、律师、特殊关系人、中介组织接触交往行为的若干规定》）相关制度，要求政法各单位贯彻执行“三个规定”规定，落实记录报告制度、实施“月报告”“季报告”制度，将落实“三个规定”融入监督全过程。

【法治宣传】 2021年，县委政法委开展普法宣传和基层法治建设工作，提高群众法律意识和维权能力以及全县政法干警依法履职能力。联合政法单位在县城文化广场开展“4·15”全民国家安全教育日宣传教育活动，发放相关宣传资料2000份；邀请市委政法委、市法学会在棉湖镇贡东村举行“民法典宣讲百村行”活动，向群众讲解《中华人民共和国民法典》出台背景以及重要看点。11月30日，市委政法委、市法学会在县人民法院举办2021年“百名法学家百场报告会”法治宣讲专场活动。

【防范处理邪教工作】 2021年，县委政法委落实好防范处理邪教各项工作措施，做好转化人员后续帮教“回归社会工程”。开展反邪教警示教育“七进”（进机关、进社区、进农村、进学校、进企业、进家庭、进宗教场所）等宣传活动200场次，发放各类宣传资料、横幅、标语共3.5万张，覆盖人数4.5万人。

【逃废债务打击专项行动】 2021年，县委政法委统筹协调政法各部门加强对恶意逃废债行为防范、打击和控制，集中侦办、审结一批社会影响大的恶意逃废债案件，震慑“老赖”，清收一批不良贷款。至年底，县公安机关立案3件（民转刑），提请逮捕3人（其中1人判处实刑），约谈借款人、担保人、实控人共196人次。

【电信网络诈骗问题整治行动】 2021年，县委政法委开展以电信网络诈骗为代表的行业领域整治行动，统筹政法部门通过加强宣传防范、合成打击、综合治理等方式，推进电信网络新型违法犯罪治理工作。全县立电诈刑事案件257件，破案25件，抓获涉诈违法犯罪嫌疑人94人，刑拘55人，抓获在逃犯罪嫌疑人2人，返还被骗资金27笔共63.8万元。

【政法队伍教育整顿】 2021年，揭西县完成全县政法队伍教育整顿，配合做好第二批教育整顿及“回头看”相关工作。全县参与“三项教育”（政治教育、警示教育、英模教育）1.5万人次，发现并整改“六大”（违反防止干预司法“三个规定”；违规经商办企业和配偶、子女及其配偶违规从事经营活动；违规参股借贷；违规违法减刑、假释、暂予监外执行；有案不立、压案不查、有罪不究；法官、检察官离任后违规从事律师职业、充当司法司法掮客）顽瘴痼疾问题76件。

（李永华　陈志伟）

2021年11月30日，揭阳市2021年“百名法学家百场报告会”法治宣讲活动揭西专场在县人民法院举行　（县委政法委　供稿）

法治政府建设

【概况】 2021年，揭西县以依法治县工作为统筹，全面履行法治政府建设、行政执法监督、行政复议应诉、法治社会建设、公共法律服务等职能，加强依法行政能力建设和规范性文件管理，做好行政复议和行政应诉工作，强化行政执法监督。全年审核政府规范性文件8件，审查部门规范性文件8件；受理行政复议案件116件，审结101件；办理县人大建议20件，县政协提案11

件；向基层延伸和下沉行政处罚权及与之相关的行政强制措施权335项。

【政府职能依法履行】 2021年，揭西县司法部门推行重大决策合法性审查制度和重大行政决策集体讨论制度，建立健全公众参与、专家论证、风险评估、合法性审查和集体讨论决定相结合的行政决策机制，自觉接受县人大及其常委会监督，执行县人大及其常委会决议和决定，落实县政府重大决策出台前向县人大常委会报告制度。听取县政协和政协委员意见建议，及时办理政协提案。全年办理县人大建议20件，县政协提案11件。

【依法行政能力建设】 2021年，揭西县加强行政执法队伍建设，提升行政执法人员法律意识、实操能力和业务素养，规范行政执法行为，推进法治政府创建；坚持对执法人员实行持证上岗，强化提升综合行政执法人员执法能力。举办揭西县乡镇（街道）综合行政执法人员专业技能培训班。推进综合行政执法改革工作，发布《揭西县人民政府关于乡镇街道实行综合行政执法起始时间的公告》，3月1日起，部分行政执法部门共335项执法职权事项调整为由乡镇（街道）以自身名义行使。统筹协调涉及下放职权的7个执法部门与县法律顾问，编印《揭西县乡镇街道综合行政执法工作手册》《揭西综合行政执法学习手册》等执法工具书。全年组织全县445人参加行政执法人员综合法律知识网上考试。

2021年，县司法局编印的《揭西县乡镇（街道）综合行政执法工作手册》《揭西综合行政执法学习手册》执法工具书 （县司法局 供稿）

【规范性文件审查备案】 2021年，揭西县加强规范性文件审查，落实行政规范性文件“三统一”（统一登记、统一编号、统一公布）和有效期制度，强化规范性文件制发和监督管理，严格规范性文件制定权限和发布程序。全年审核政府规范性文件8件，审查部门规范性文件8件。

【行政复议与应诉】 2021年，揭西县推进行政复议体制改革，发挥行政复议化解行政争议作用，将“调解”贯穿行政复议工作全过程，通过召开听证会、实地走访调查等形式，妥善化解群体性矛盾，第一时间化解行政争议。依法做好行政诉讼举证、答辩工作，提高应诉质效，维护行政机关依法行政权威和当事人合法权益。全年受理行政复议案件116件，审结101件，一审行政应诉案件24件。

【法律顾问制度】 2021年，揭西县健全法律顾问体系，搭建多元化工作平台，创新与法律顾问交流模式，聘请3名专家律师担任揭西县政府法律顾问，协助县委县政府处理日常法律事务，做好县政府重大行政决策、重要投资项目以及重要合同协议合法性审查工作。全年办理各类征求意见707件。

【行政执法监督】 2021年，揭西县加强行政执法权力监督，规范行政执法行为，严格规范公正文明执法，强化对行政权力制约和监督；开展专项督查，由县委办、县政府办牵头县司法局、县城管执法局、县生态环境局等有关单位组成两个督查组，对各乡镇（街道）综合行政执法工作开展情况进行专项督查。履行监管职责，组成专项工作小组，通过编印联络表、建立微信群等渠道，实地指导和线上指导相结合，提高乡镇（街道）执法水平。建立行政执法联动机制，解决乡镇（街道）在综合行政执法中出现的突出问题、普遍性问题。

（曾瑞平　陈丹晓）

公　安

【概况】　2021年，揭西县公安机关（简称县公安机关）加强社会治安和道路交通安全管理，加大违法犯罪惩治力度，开展各项专项行动，做好户政、流动人口、出入境管理等工作。全年立刑事案件978件，破刑事案件521件，刑事拘留716人，提请逮捕473人，移送起诉670人，破获各类犯罪团伙69个（涉恶团伙5个），抓获团伙成员396人；接报有效警情1.32万余宗，其中刑事警情553宗、治安警情563宗、交通事故警情5052宗、灾害事故警情280宗、求助警情1994宗、举报警情765宗、投诉23宗、其他警情3951宗。全年没有发生群体性事件和影响大的刑事治安案事件。至年底，全县看守所、拘役所和强制隔离戒毒所各1所，县看守所月均关押各类人员517人次，拘留所月均关押各类人员60人次，强制隔离戒毒所月均关押各类人员31人次。

【社会治安管理】　2021年，县公安机关加大社会治安治理力度，到县第一中学等学校开展普法宣传活动43次，开展大型治安演练活动1次。查处治安案件718件，抓获各类违法犯罪嫌疑人287人（其中执行行政拘留57人）；侦破涉黄案件35件，抓获66人；侦破涉赌案件22件，抓获95人；侦破涉毒案件4件，抓获5人。全年查处“黑油站”4个，立行政案件5件，行政拘留5人，扣押成品油4.3吨。立刑事案件1件，刑事拘留15人，扣押油罐车1辆、改装厢式车15辆、各类成品油27.26吨。

【户政管理】　2021年，县公安机关加强户政管理工作，简化手续，推进户政业务规范化建设，提升户政管理服务水平，利用相关技术为多年未入户群众办理入户和身份证明。全年通过省内一站式办理户口迁移1.74万人次；受理居民身份证省内异地申请232人；办理二代居民身份证6.21万份，临时身份证2556份，为66名无户口人员办理登记入户。

【道路交通安全管理】　2021年，县公安交警部门加强路面交通秩序管理，加大交通违法行为查处力度，强化文明交通宣传，推进道路交通科技化、规范化、有序化建设。全年查处各类交通违法2.43万件，其中酒驾100件、醉驾80件、货车超载178件、超限68件、非法改装36件、飘洒10件、无戴安全头盔1195件、逆行3032件、违停3210件、闯红灯2556件、无系安全带2869件、假套牌27件，其他1.10万件。

【出入境管理】　2021年，县公安机关深化出入境管理改革，推进智慧办证厅建设，实施推广便民便利服务措施，启动二十四小时自助办证服务；常态化推进“三非”（非法就业、非法入境、非法居留）外国人清理整治，一体化防范、惩治国（边）境管理违法犯罪活动。查获47名“三非”外国人员，遣送35名“三非”外国人员，限制活动范围2人。

【网络监管】　2021年，县公安机关网警部门完善网络综合治理体系，加强网络和信息安全管

2021年7月1日，棉湖派出所公安民警在棉湖镇棉湖大道开展巡逻
（县公安局　供稿）

理，加大网络违法犯罪活动惩治力度，开展断号、净网2021等专项行动，维护网上公共秩序和网络空间安全，营造清朗网络空间。全年落地查证1002人次，协助侦办案件57件，查获犯罪嫌疑人83人。

【刑事侦查】 2021年，揭西县刑侦部门推进刑事技术建设，完善智慧新侦查工作体系，强化电信网络诈骗打击攻坚，惩治严重暴力犯罪。全年立刑事案件978件，破案521件，刑拘716人，提请逮捕473人。其中，现行命案发案1件，破案1件；立五类性侵害案件22件，破案22件，现案破案率100%；侦破涉盗抢骗案件208件；对5名持枪作案类和非法持有枪支类犯罪嫌疑人提出起诉意见；抓获114名网上在逃人员（66名本地上网在逃人员，48名外地上网在逃人员）；查破各类犯罪团伙69个，抓获团伙成员396人。

【经济犯罪侦查】 2021年，县公安机关经侦部门开展“利剑行动”“蓝剑”“涉烟百日专项行动工作”等专项行动，惩治各类经济犯罪。推进逃废债务清收工作，加强重点联系企业经营安全指引工作。全年，侦破各类经济案件19件，抓获违法犯罪嫌疑人65人，涉案价值18.33亿元。

【禁毒工作】 2021年，县公安机关加强惩治涉毒违法犯罪行为，强化禁毒宣传，推进全民禁毒工程。做好“6·27”青少年禁毒教育宣传和“8·31”社区戒毒和社区吸毒康复建设，开展禁毒宣传教育活动59场。开展生活污水毒情监测工作，设立7个污水监测点，检测生活污水水样154个。全年侦破涉毒案件4件，刑拘犯罪嫌疑人3人，提请逮捕犯罪嫌疑人5人，查处吸毒人员44人，毛发检测2238份。

2021年4月15日，揭西净网2021专项行动主题宣传日活动在河婆中学举行
（县公安局 供稿）

【公安系统扫黑除恶】 2021年，县公安机关以扫黑除恶斗争常态化为抓手，保持对黑恶势力的压倒性态势，巩固专项斗争取得的工作成果，开展线索核查摸排，重点放在排查黑社会性质组织案、线索清仓、案件清结和追逃清零等工作，集中优势警力开展侦查破案。全年核查涉黑涉恶线索58条，共破获涉恶团伙5个，破涉恶案件39件，刑拘138人，提请逮捕93人。

【流动人口管理】 2021年，县公安机关完善流动人口管理制度，加强流动人口管理服务组织和信息化建设，落实管理与服务并举原则，强化对流动人口服务和权益保障，维护流动人口合法利益。全年流动人口登记总数2593人，其中男性2006人、女性587人。

（张定坤　李勋涛）

检　察

【概况】 2021年，揭西县人民检察院（简称县人民检察院）履行法律监督职责，发挥刑事检察、民事检察、行政检察和公益诉讼“四大检察”职能。全年批捕各类刑事犯罪嫌疑人462人、不捕158人，起诉557人、不诉10人；办理民事检察监督案件3件，办理行政检察监督案件7件，公益诉讼立案32件。是年，县人民检察院未成年人检察工作办公室被全国妇女联合会授予"巾帼文明岗"称号；县人民检察院驻金和镇金新村工作队被揭阳市委农村工作领导小组评为揭阳市脱贫攻坚先进集体。

【刑事检察】 2021年，县人民检察院批捕各类刑事犯罪嫌疑人462人、起诉557人。常态化开展扫黑除恶专项斗争，受理审查起诉黑恶犯罪39人；严惩故意杀人、故意伤害、绑架等严重暴力犯罪，起诉侵犯公民人身权利、民主权利犯罪63人；重点惩治抢劫、盗窃、诈骗、抢夺等多发性侵财犯罪，起诉109人；起诉黄赌毒犯罪133人，追赃233.5万元；开展"断卡"专项行动和"反诈"宣传，起诉网络犯罪56人；围绕"生态发展示范区"功能定位，参与蓝天、碧水、净土保卫战，起诉涉破坏环境资源保护犯罪26人；打击扰乱市场秩序、破坏金融秩序、金融诈骗、侵犯知识产权等破坏市场经济秩序犯罪，起诉40人；依法惩治涉农商行逃废债行为，起诉3件（其中1件为单位犯罪），发出防范金融风险类检察建议1份。是年，陈某武等人涉黑案办案组被揭阳市扫黑除恶专项斗争领导小组评为揭阳市扫黑除恶专项斗争先进集体。

【刑事执行和司法人员职务犯罪检察】 2021年，县人民检察院强化刑事执行监督，发出书面纠正意见111件，其中对刑罚监管活动提出书面纠正意见43件、对监外执行活动提出书面纠正意见31件、对财产执行不当提出纠正意见37件。受理司法工作人员相关职务犯罪案件线索20条，完成调查核实9条。发出参与社会治理检察建议2份。

【民事行政检察】 2021年，县人民检察院履行民事行政检察监督职责，受理民事行政检察监督案件8件，办结10件。民事生效裁判监督案件办结3件，作出不支持监督申请决定2件，发出再审检察建议1件，采纳并决定再审予以改判1件；行政非诉执行监督案件办结4件，发出检察建议3份，收到答复3件，促成行政争议实质性化解案件2件；执行监督案件办结3件，发出类案检察建议1件。

【公益诉讼检察】 2021年，县人民检察院聚焦生态环境、城市生活垃圾分类管理、食品药品、道路窨井盖设施等领域，开展"公益诉讼守护美好生活"、红色资源保护等专项监督。全年公益诉讼立案32件，比2020年（下同）增长113.3%；采取诉前程序28件，增长300%，位列全市第一。行政公益诉讼立案22件，民事公益诉讼立案10件，提起刑事附带民事公益诉讼6件；挽回社会公益利益损失62.8万元，监督有关部门追缴税款7.9万元。

【未成年人检察】 2021年，县人民检察院落实最高检"一号检察建议"，对侵害未成年人的犯罪批捕11人，起诉13人。对涉嫌犯罪的未成年人依法惩治并注重教育帮扶和转化，起诉涉嫌犯罪未成年人19人，对罪行较轻并有悔改表现的附条件不起诉3人，为33名涉案未成年人申请法律援助，为15名符合条件的未成年人犯罪记录封存。重点围绕聚众斗殴、寻衅滋事、强奸等常见犯罪类型，开展法治进校园活动4次，发放法治宣传册2700余份，受教育学生1500人次。

【控告申诉检察】 2021年，县人民检察院落实群众信访"件件

2021年12月11日，县人民检察院在河婆中学开展青少年法治宣传活动
（县人民检察院 供稿）

有回复”制度，畅通“信、访、网、电和视频”五个群众全诉求表达渠道，全年受理群众信访57件，检察长接访9件、11人，所有来信来访7日内程序性回复率和3个月内办理过程或结果答复率均为100%。开展司法救助工作，受理国家司法救助案件3件，救助4人（救助未成年人1人），发放司法救助金9.5万元。

【诉讼监督】 2021年，县人民检察院落实“少捕慎诉慎押”、宽严相济等刑事司法政策，不批捕158人、不起诉10人，适用认罪认罚从宽制度448人；监督公安机关立案6件，纠正漏捕1人；强化审判监督，提出抗诉2件，揭阳市中级人民法院采纳并依法改判1件；向县人民法院发出纠正违法通知书2份。推进公开听证工作，坚持“能听证、尽听证”，保障案件当事人知情权、参与权和监督权，举办案件听证12件。

（肖洪俊　李　萍）

法　院

【概况】 2021年，揭西县人民法院（简称县人民法院）坚持司法为民，推进司法办案，做好刑事审判和民商事审判，加强审判监督，开展政法队伍教育整顿。全年受理各类案件3022件，办结2814件，结收案比93.1%。是年，陈玉娜被广东省高级人民法院评为“最美基层法官”。

【诉前调解】 2021年，县人民法院深化多元化纠纷调解平台应用，实现诉前调解案件登记、办理、确认、转立案等全部在网上运行。加强先行调解工作，对起诉前未经调解的民事纠纷，除依法或者依性质不适宜调解的以外，一律纳入多元化诉调管理平台，立“民诉前调”案号交由调解中心先行调解，全年立民诉前调案件910件。

【刑事审判】 2021年，县人民法院全年受理刑事案件408件，审结383件，结收案比93.8%。审结故意伤害、抢劫、绑架、强奸等案件41件，盗窃、电信网络诈骗、非法吸收公众存款等案件68件，制假售假、危害食品药品安全案件3件，失火、放火、危险驾驶、交通肇事、重大责任事故等危害公共安全犯罪案件126件（其中，依法审结引发社会关注的甬莞高速揭阳路段“9·9”危险化学品运输车辆交通事故案）。学习贯彻监察法，强化法纪衔接，依法严惩职务犯罪，审结贪污贿赂案件2件。推进平安揭西建设，常态化推进扫黑除恶，依法惩治黑恶势力犯罪，审结涉黑恶案件4件、7人（其中依法审结省高级人民法院督办的陈某某重大涉恶案件）。

【民商事审判】 2021年，县人民法院履行民商事审判职能，依法平等保护各类市场主体合法权益，全年受理民商事案件1930件，审结1775件，结收案比92%。严格落实“三同步”（重大敏感案件舆情应对中同步做好依法处理、舆论引导和社会面管控工作）要求，依法处置重大敏感案件，防范化解重大风险。依法化解金融风险，审结各类合同纠纷案件697件，解决争议标的额1.8亿元。加强生态环境资源保护，审结环境资源纠纷民事案件21件。

【司法执行】 2021年，县人民法院注重维护胜诉者权益，深化执行指挥中心实体化运行，推行执行事务集约、繁简分流、团队办案“三项机制”。加大涉民生案

2021年4月29日，揭西县民事审判庭法官到五云镇进行现场勘查，开展证据保全工作　（蔡佳贤　摄）

件执行力度，做到立案、执行、案款发放“三优先”，维护当事人合法权益。全年受理执行案件684件，执结656件，标的额1.92亿元，结收案比96%。鼓励诚实守信，发布失信被执行人名单329人次，采取限制高消费措施516人次，通过“今日头条”平台发布“老赖”信息15例。

【审判监督】 2021年，县人民法院建立健全有关制度，深化内部监督管理，加强审限管理、审判流程信息公开、庭审直播、长期未结诉讼案件评议、“减假暂”案件评查等方面工作以及重大风险隐患分析研判和重大风险案件预判指导，推进以审判为中心的刑事诉讼制度改革。落实敏感案件报告工作制度，办理重大敏感案件25件。强化外部监督制约，协助市人大开展调研检查，向县人大报告工作，主动邀请代表委员监督人民法院工作，落实人民陪审员制度，人民陪审员参审案件1328件。

【法院司法公开】 2021年，县人民法院落实阳光司法制度，开展庭审公开、流程公开、裁判文书公开和执行信息公开“四大公开”，举办旁听庭审学法用法活动，规范司法委托管理和档案管理工作。全年庭审直播33次，裁判文书上网604份，审判流程信息公开率100%，依法对外委托司法鉴定、评估案件116件，办理调档查阅600余次。

【法院司法改革】 2021年，县人民法院落实司法责任制，加强类案同判体系建设和专业化审判团队建设。完善主审（专业）法官成员库，确认1名四级法官，经县人大常委会批准，任命1名审判员。强化院庭长办案示范作用，院庭长办案率100%。落实法官员额选拔、交流、退出机制，2名员额法官退出员额，2名法官新进入员额。推广网上立案和跨域服务，发挥信息技术作用，让当事人少跑路。全年接收网上立案931件，审核通过576件，审核通过率61.9%；跨域立案15件。

【法院参与社会治理】 2021年，县人民法院践行“枫桥经验”，将司法资源下沉到基层，在南山镇火炬村村委挂牌成立法官工作室，在上砂镇人民政府挂牌成立网上巡回法庭。推动行业协会治理，向相关单位、行业协会发出司法建议11份。在工作中解决人民群众急难愁盼事件，全年为人民群众办结实事167件。

（沈胜辉　张　炜）

司法行政

【概况】 2021年，揭西县司法局（简称县司法局）统筹全面依法治县工作，管理、监督公共法律服务工作，承办法律援助事务及公证业务，管理、指导基层司法行政工作、人民调解工作，监督管理社区矫正和安置帮教工作。全县乡镇（街道）司法所17个，专职人民调解员17人；法律援助机构1家；公证处1家，公证员1人。全年接受法律咨询5677人次，办理法律援助案件1122件；办结各类公证业务191件；排查矛盾纠纷682次，调解矛盾纠纷625宗；安置370人，帮教377人；接收社区矫正人员61人，解除社区矫正人员77人。

【法律服务】 2021年，县司法局加强法律顾问服务阵地建设，开展“一村一法律顾问”工作，组织驻村（社区）律师进村（社区）、进学校开展法律宣讲活动。实现村居法律顾问100%全覆盖，加快推进公共法律服务体系建设，7个示范性乡镇公共法律服务工作站完成规范化建设，筹备建设42个示范性村（社区）公共法律服务工作室。全年全县村（社区）顾问律师开展法律服务5295场次，其中法律咨询4006人次、法治宣传1285场次、出具法律意见2份。至年底，全县建有公共法律服务中心1个，公共法律服务工作站17个，公共法律服务工作室318个。

【公证工作】 2021年，揭西县公证处依法办理继承公证、委托工作、亲属关系证明、出生证明、无犯罪记录证明等公证业务。1月至3月，办理各类公证191件，其中国内公证184件（包括涉港澳台公证9件）、涉外公证7件。由于执业公证员人员变动（只有1名在编在岗），3月15日起，公证处暂停受理公证业务办理，4月通过社会公开招聘4名人员拟担任公证员，安排2名拟任公证员到揭阳市三江公证处实习，实习期（2年）满后报广东省司法厅审核同意后报请司法部任命后可恢复正常办证。

【法律援助】 2021年，县司法局法律援助处强化服务意识，推出便民利民新举措，加强推行法律援助证明事项告知承诺制工作；扩大法律援助覆盖面，开展“法律援助进企业”法治宣传活动；推进“法援惠民生 扶贫奔小康”品牌建设，为农民工、未成年人、残疾人、军人家属等特殊群体申请法律援助开通绿色通道；强化宣传，通过现场悬挂横幅、发放法律援助法单行本、接受咨询等方式，向群众宣传普及法律援助知识。全年开展法律援助宣传活动2场次，发放各类宣传资料420多份，提供免费法律咨询80多人次。受理刑事法律援助案件1104件、民事法律援助案件18件，接待群众来电来访法律咨询302人次。

【人民调解】 2021年，县司法局健全人民调解组织网络，完善基层人民调解制度和矛盾纠纷化解机制，构建“大调解”网络建设，推动矛盾纠纷多元化解。全年全县各级人民调解组织调解各类纠纷案件共731件，成功调解728件，成功率99.6%，开展矛盾纠纷排查638次，经排查发现纠纷284件，预防纠纷282件。

【安置帮教】 2021年，县司法局建立健全安置帮教工作保障机制，强化衔接管理，发挥各方安置帮教作用，预防和减少刑释解教人员再犯罪，引导、扶助刑释解教人员尽快融入社会。全年收到监狱刑释解教人员材料380份，安置370人，帮教377人。

2021年7月15日，揭西县“美好生活·民法典相伴”民法典宣传月活动在塔头镇举行 （县司法局 供稿）

【社区矫正】 2021年，县司法局加强执法规范化建设，严格规范全县17个司法所社区矫正工作，发挥社会力量作用，引进社工服务、心理咨询、专题学习、警示教育、交心谈心活动等形式参与社区矫正工作，多元化开展社区矫正宣传教育学习，推动社区矫正工作规范化进程。全年接收社区矫正对象61人，解除社区矫正对象77人，调查评估80宗。至年底，在矫正人员105人，其中缓刑92人、假释8人、暂予监外执行5人。

【普法和法治宣传】 2021年，县司法局健全领导干部学法制度，推动各级党委（党组）中心组开展专题学习。召开2020年度国家机关“谁执法谁普法”履职报告评议会，选取县公安局、县自然资源局、县农业农村局、县城管执法局4个具有执法司法权与普法责任部门作为履职报告评议对象，成立评议团，采用多种形式，对4个单位普法责任制情况展开考察评议。11月29日，组织各乡镇（街道）人民政府（办事处），县直（含上级垂直管理）局以上单位领导干部和国家工作人员观看网络旁听庭审直播活动。结合“4·15”“6·26”“12·4”等重要节点，联合或组织相关部门开展法治宣传主题活动及法律咨询活动。全年发放宣传资料3600余份，发出各类宣传挂图5000余张，卡片3000余张，接受群众咨询570余人次，对全县20个法治宣传栏更新内容3次。2021年度广东省普法依法治理工作网上量化评估，揭西县取得96.5分，在揭阳市排名第一。

（曾瑞平 陈丹晓）

军事

揭西县人民武装部

【概况】 2021年，揭西县人民武装部（简称县人武部）加强思想政治建设，强化战备训练，推进征兵工作，做好民兵工作、国防动员和后备力量建设。深化“传承红色基因、担当强军重任”主题教育，开展向新时代卫国戍边英雄群体学习活动，组织干部职工、专武干部及县应急连民兵参观大北山革命历史纪念馆。

【战备训练】 2021年，县人武部坚持以战领建、实战实训，提升应急应战能力。1月和6月，开展2批次战备拉练；12月，县委书记主持召开县委议军会议，传达学习习近平总书记关于国防和军队建设重要讲话精神，研究解决专武干部队伍建设、武装工作经费和国防教育训练基地人员配备问题。全年组织9期民兵分队和民兵骨干训练（集训）、20次民兵分队点验，参加1次实兵对抗演习和6次上级组织的训练（集训），完成军分区下达训练任务。

【国防动员和后备力量建设】 2021年，县人武部调整健全县国动委机构，落实机构预设、人员预编和器材预置，完善应急应战动员指挥体系。7月，县委书记主持召开人武部党委第一书记现场办公会，重点研究民兵工作、国防动员和后备力量建设中遇到的难题。全年开展2轮国防动员潜力数据调查，采集充实重点潜力数据。推进基层武装部“四个秩序”（战备秩序、训练秩序、工作秩序、生活秩序）建设，先后5次组织基层专武干部进行业务培训和现场观摩，结合乡镇（街道）换届，优化基层武装部长队伍结构，为14个基层武装部配备专职武装干事，规范基层武装工作秩序。

【征兵工作】 2021年，县人武部贯彻“一年两征”（每年上、下半年各组织1次征兵）改革部署，考虑疫情防控和适龄青年流动大、大学生上站率低等实际情况，研究改进征兵举措，组织召开6次征兵工作会议、2次定兵大会和2次欢送新兵大会，发放征兵宣传册9000份，悬挂宣传横幅120条，张贴宣传海报100张，完成兵员征集任务。

2021年6月18日，县人武部组织干部职工、专武干部及县应急连民兵参观大北山革命历史纪念馆 （黄碧霞 摄）

【拥政爱民】 2021年，县人武部参加地方政府组织的各项活动。组织慰问参战老兵和现役军人家属2次。6月，开展“红色党课下基层”活动，围绕“在学党史中传承红色基因”主题，为东园镇全体干部职工、各村书记进行宣讲。8月，参与送立功喜报，联合县委、县政府把立功喜报送到16名立二、三等功现役军人家中。9月，分别在河婆中学、霖田中学、县城文化广场组织开展全民国防教育宣传活动。

（张书境　蔡晋元）

武警揭西中队

【概况】 2021年，武警揭西中队（简称中队）坚持依法治军、从严治军，加强部队思想政治教育和管理，强化执勤战备训练，参与驻地建设，加强日常安全保卫工作。开展“传承红色基因、担当强军重任”“尊干爱兵、兵兵友爱”主题教育活动和“知兵爱兵好干部”“尊干爱兵好班长”“遵章守纪好战士”评选活动。是年，中队被武警广东省总队评为“正规化执勤标兵中队”，8名官兵被武警揭阳支队表彰为“四有”（有灵魂、有本事、有血性、有品德）优秀个人，1名干部立三等功，3名义务兵转改为警士。

【执勤与战备训练】 2021年，中队提高应急力量联动处置能力，在重大节日、敏感时期，采取边训练边执勤、边查勤边教方法，对战士进行执勤战备教育。强化反恐处突和抢险救援研究演练，提升遂行多样化任务能力。严格落实勤务制度，完善执勤设施，优化执勤手段，发挥“智慧磐石”工程作用，处置14起地方人员违规对目标单位拍照和无人机航拍事件。

【安全保卫】 2021年，中队完善安全保卫管理制度，推进季节性事故预防工作，加强日常安全保卫工作，联合县气象局常态化加强防雷检测和设施维修，做好驻地天气变化应急抢险救援预案。2月，处置一起目标单位失火事件；12月，处置一起因线路老化导致的山林大火。全年中队派出官兵100多人次，协助目标单位完成20余起武装押解勤务。是年，中队被武警揭阳支队评为“百日安全优胜单位”。

（李世千　吴思聪）

人民防空

【概况】 2021年，揭西县落实人民防空法律政策，加强人民防空基础建设，完善人防专业综合救援队伍建设，开展人民防空宣传教育，提高人民群众国防观念和人防意识。严格执行国家、省市人防易地建设费收费规定，落实优惠政策，做到应收尽收。全年举行防空警报试鸣1次。

【综合防护能力提升】 2021年，揭西县注重提升人防专业综合救援队伍组织协同能力，优化救援整体合力。县人防办与县住建部门履行职责，严把结建式人防工程报建审批、质量安全监督、竣工验收备案关，推进结建式人防工程建设工作，增强城市防护抗毁能力。完善防空警报网络系统维护管理，8月28日，完成防空警报试鸣，防空警报鸣响率100%。

（黄志光　刘任贤）

退役军人事务

【概况】 2021年，揭西县退役军人事务局（简称县退役军人事务局）建立健全服务保障体系，做好退役军人优待抚恤、安置就业、褒扬纪念、拥军优属等工作。加强军休管理服务，落实军休干部政治、生活、医疗待遇，按时足额发放退休金及各类补助金。选树退役军人先进典型，引导退役军人“亮身份、做表率、当先锋、树形象”。宣传“最美退役军人”等先进典型，参与录制2021年“颂党恩·双拥情”揭阳市军民联欢会。组织参与退役军人事务部主办的“老兵永远跟党走·党旗飘扬在心中”——庆祝中国共产党成立100周年系列活动（知识竞赛），全县6名退役军人获奖，其中获得国家一等奖1人、二等奖1人，获得广东省一等奖2人、二等奖1人、三等奖1人。9月，支前工作职能从县政府

灰寨镇退役军人服务站（2021）（县退役军人事务局 供稿）

办划转至县退役军人事务局。

【退役军人服务保障】 2021年，县退役军人事务局完善退役军人服务组织管理体系，建成三级退役军人服务中心（站）336个。发挥基层服务中心（站）作用，协调组织部门，做好退伍军人党组织关系转移等工作。丰富服务内容，搭建政策咨询窗口、感情联络纽带、信息沟通渠道、帮扶援助平台，开展就业创业扶持、走访慰问、帮扶解困、权益保障等服务。推进全县退役军人星级服务中心（站）示范创建工作，全年全县创建广东省星级退役军人服务站11个，其中南山镇、灰寨镇、凤江镇3个乡镇退役军人服务站被广东省退役军人服务厅评为广东省五星级示范退役军人服务站；金和镇、大溪镇、五云镇、钱坑镇、良田乡5个乡镇退役军人服务站被评为广东省四星级示范退役军人服务站；上砂镇、龙潭镇、京溪园镇3个乡镇退役军人服务站被评为广东省三星级示范退役军人服务站。

【优待抚恤】 2021年，揭西县退役军人事务局落实各类抚恤优待政策，为抚恤补助对象发放抚恤补助金；全面推行优抚对象医疗费用“一站式”即时结算服务，定期开展巡回医疗和短期疗养，及时下拨各类医疗补助资金，帮助重点优抚对象解决医疗补助金问题；做好应急救助和帮扶援助，对因患疾病、遭遇突发事件、家庭变故等特殊情况导致临时生活困难或长期生活困难的退役军人和其他优抚对象给予帮扶援助。

【退役士兵安置】 2021年，县退役军人事务局健全退役士兵就业安置机制，增强安置政策刚性，完善教育培训体系。开展全员适应性培训。实施“阳光安置”，健全“考试考核、双向选择、阳光安置”分配办法体系，完成安置对象安置任务，安置到公益一类事业单位的比例100%。开展2020年退役士兵报考高等职业技术院校和2020年退役士兵参加中等职业技能培训工作。发放2020年退役士兵自主就业一次性经济补助金。

【拥军优属】 2021年，县退役军人事务局弘扬双拥光荣传统，开展双拥宣传和全民国防教育，加大支持部队建设力度，支持配合部队完成战备执勤、训练等任务。以春节、八一建军节等节为契机，组织走访慰问老英雄、老战士、困难军人、残疾军人、孤老烈属等，发放慰问金、慰问品，收集并及时解决服务对象诉求。向驻揭部队官兵和全县军队离退休干部、烈军属、转业复员退伍军人寄送节日慰问信4.6万封。加大宣传新时代双拥先进典型和模范事迹力度，引导社会力量参与拥军工作。

【烈士褒扬】 2021年，县退役军人事务局弘扬英烈事迹和精神，在清明节、“9·30”烈士纪念日开展纪念活动，向烈士敬献花篮；组织开展送喜报工作，全年为1名立二等功、15名立三等功的现役军人家属送喜报、红色绶带和立功奖金；加强烈士纪念设施管理和维护，对全县烈士纪念设施进行必要性整修，扩建棉湖镇贡山烈士集中安葬地。

（王朝辉 许洁妮）

经济监督管理

发展规划

【概况】 2021年，揭西县发展和改革局（简称县发展改革局）履行经济社会宏观调控、重点项目管理、能源和价格管理等职能，推动发展规划编制，加强重点项目管理，强化投资项目审批与管理。全年全县实现地区生产总值262.01亿元，比2020年（下同）增长6.8%；地方一般公共预算收入4.82亿元，增长2.3%；固定资产投资总额77.20亿元；社会消费品零售总额90.20亿元，增长11.5%；城乡居民人均可支配收入1.74万元，增长6.0%。省、市、县重点项目133个，年度计划投资103.39亿元，完成投资44.04亿元。

【发展规划编制】 2021年，县发展改革局起草制定《揭西县国民经济和社会发展第十四个五年规划和二〇三五年远景目标纲要》，科学规划全县“十四五”时期国民经济和社会发展。成立“十四五”规划编制小组，召开座谈会2场，组织人员到南山镇火炬村、揭西县产业园、揭西县大洋茶叶产业园等地开展调研和实地考察，采访县委、县政府主要领导，征求各乡镇（街道）和县有关部门意见和建议。经过4次重大修改，经县十届人大六次会议审议批准后印发；起草制定《揭西县2020年国民经济和社会发展计划执行情况与2021年计划草案的报告》，增强对全县经济社会工作引导性和约束性，经县十届人大六次会议审议批准；牵头相关单位，开展经济调研，起草制定《揭西县人民政府办公室关于印发揭西县2021年主要经济社会预期目标及分工监测运行方案的通知》，做好全县经济指标调度，科学分解各项主要经济指标预期目标，对目标任务进行细化、实化，明确责任单位。

【重点项目建设】 2021年，揭西县省、市、县重点项目133个，其中续建项目38个、新开工项目95个。省重点项目1个，总投资1.24亿元，年度投资计划0.5亿元，完成投资0.5亿元，开工率100%。市重点项目23个（含1个省级重点项目），总投资190.20亿元，年度投资计划32.96亿元，完成投资32.90亿元，开工项目21个，开工率91.3%。县重点项目133个（含23个省、市级重点项目），总投资254.34亿元，年度投资计划103.39亿元，完成投资44.04亿元，开工项目87个，开工率65.4%，完成年度投资计划项目30个。

【投资项目审批与管理】 2021年，县发展改革局加强投资项目管理，强化对工程项目招标投标活动监管，规范投资项目审批程序。全年审批（核准、备案）投资项目749个，其中权限内审批项目81个，计划总投资133.81亿元；备案项目668个，计划总投资48.59亿元。

2021年揭西县列入市级（省级）23个重点项目一览表

表8

项目名称	计划总投资（亿元）	2021年完成投资（亿元）	进度情况	备注
揭西县塔头拦河闸重建工程	1.24	0.62	完成拦河闸主体（12孔）、消力池、海漫、水轮泵、东西干渠进水涵交通桥、闸门及启闭机安装等建设	省级
揭西县城道路升级改造二期工程	1.91	0.50	完成宝塔路、河山二横路、东风广场周边道路、河山一横路、河中路改造，完成工程总进度80%	市级
省道S508线揭西上砂至硁下段路面改造工程	0.64	0.44	完工	市级
省道S239线揭西坪上至钱坑段路面改造工程	0.85	0.18	11月18日完成开标评标工作，12月15日开工建设	市级
揭西县棉湖镇镇区道路升级改造工程（三期）	0.48	0.14	湖东路至新寨路段完成道路工程62%工程量，完成给排水工程96%工程量。兴中路完成道路工程49%工程量，完成给排水工程45%工程量	市级
揭西县2020—2021年中小河流治理工程	1.40	1.26	完成治理河长71.48千米，加固堤防15.8千米，建设护岸17千米	市级
揭西新希望六和养殖有限公司生猪规模化养殖项目	10	2.57	第一期养殖楼主体结构完成90%，二次结构完成65%，第二期土石方开挖完成50%	市级
揭西县产业园	100	1.67	完成进园西路路面工程施工；2家企业在建；园区内污水处理完成厂区建设和设备安装，进行收尾整理工作	市级
揭西县生活垃圾无害化处理工程（老虎坷垃圾填埋场扩容工程三期）	0.43	0.3	完成工程量85%，完成填埋区土方开挖和排洪沟工程、新建进场道路路基土方工程、地下排水管铺设工程、基底防渗排水施工和铺设防渗膜、垃圾坝回填工程、一级反硝化池及机修间钢筋安装及混凝土浇筑、二三级护坡锚杆及格梁，进行环场道路建设	市级
揭西县城万里碧道工程（揭西县城榕江南河右岸、横江河下段堤路综合整治工程）	0.57	0.47	榕江南河右岸：进行观廊台、路面、挡土墙、人行道等工程，协芳亭、电线管道、公厕工程等完成七成进度，其余配套设施基本完成。 横江河下段：五个场景园工程完成六成进度，绿化工程完成八成进度，其余配套设施基本完成	市级
揭西县灰寨镇农房管控和风貌提升示范带建设项目	1.43	1.42	12月完工，完成项目包括1907户外立面改造、马路村党建广场亮化工程、灰龙村五福田水塘景观提升工程、新图村村口廊亭安装工程、后洋村主题村标和周边打造项目等重要节点项目	市级
“和天下”特色康养建设项目	10	1.62	完成茶服务中心前广场平整及园林绿化前期基础工程。万村集市水电安装工程施工。双创基地内部道路基建施工	市级
揭西县人民医院感染科综合大楼建设项目	2	0.82	感染科大楼完成主体封顶，完成地下室至屋面层砌砖，进行十一层、十二层外墙抹灰，地下室至四层空调安装完成70%、消防管道安装施完成约50%，首层至三层水电安装完成约50%。附属楼隔离病区完成三、四层墙面隔墙、天花施工，进行传递窗口、卫生间门、灯具、开关插座安装；二层墙面隔墙、天花施工完成70%	市级
揭西县第二人民医院（棉湖华侨医院）综合改建建设项目	2	0.82	感染科大楼完成封顶，进行室内装修，门窗安装完成75%，内墙地面装修完成80%，油漆木工完成75%；门诊医技楼主体完成封顶，室内消防管道完成40%，砌体完成30%	市级

续表8

项目名称	计划总投资（亿元）	2021年完成投资（亿元）	进度情况	备注
揭西县火炬村党建示范“五个一工程项目”	2	0.45	图书及文创产品完成图书初步定稿；电影完成拍摄工作，进行后期制作；纪录片完成情节拍摄和相关制作，进行成片验收；6月6日在火炬村完成一场演出；数字活化完成数字模型样品验收、试上线操作、调试等工作	市级
揭西县碧桂园	14.41	3.1	1—19号楼主体完成封顶；1—12号、17—19号楼装修施工	市级
揭西县星曜城花园（一期）	8.23	4.34	完成主体结构施工，室内门窗安装、前室装修工程；完成园林绿建结构施工、室内电梯安装；完成前室装修地砖。进行园林铺装、园林绿化、室外排水、排污工程	
中园新城碧桂园项目	9.92	2.85	1—7号楼主体完成封顶和装修，1—5号楼交付业主使用	市级
揭西县棉湖镇宏和金水湾花园建设工程	14	4.2	A区完成竣工验收、交楼工作；B区内外墙抹基本完成，外墙贴砖基本完成，拆除外架约80%	市级
棉湖壹号花园建设工程	6	3.83	1栋建至25层；2栋建至24层；3栋封顶；4栋封顶；5栋建至22层；6栋建至18层；7栋建至20层；8栋封顶；9栋建至20层；10栋建至20层；11栋建至19层；12栋建至18层	市级
揭西县精神康复中心建设项目	1.28	0.29	开展基坑、边坡支护工程、桩基工程建设以及地下通道工程准备工作	市级
揭西县高速公路出口连接线整治提升工程	0.8	0.5	完成铣刨混凝土路面19.2万平方米，沥青灌缝7.56万米	市级
棉湖镇沿江路综合整治工程	0.6	0.50	完成扩建道路和支线1、2的混凝土路面基层及路缘石安装；完成道路排水管及明沟建设；完成3座公厕建设	市级

（李海涛　池逸东）

国有资产管理监督

【概况】 2021年，揭西县国有资产管理办公室（简称县国资办）实行独立运作，不再挂靠县财政局。调整后，县国资办为县政府直属副科级公益一类事业单位，加挂揭西县国有企业改革领导小组办公室牌子。核定县国资办人员事业编制12名，设主任1名，副主任2名，副股级领导职数3名。县国资办加强国有资产监管，推进国有企业改革，做好国有企业退休人员社会化管理工作。

【国有企业改革】 2021年，县国资办组建以县国有资产经营有限公司、县盈投投资服务有限公司、县融投投资服务有限公司、县铭达飞企业管理有限公司为代表的国有资本运营和服务平台，围绕“资源资产化、资产资本化、资本证券化”核心逻辑，依托政府资源，盘活发展要素，推动国有资本向重要行业和关键领域集中。

【国有资本运营】 2021年，揭西县正常营运县属国有企业5户，分别是县金叶实业商贸有限公司、县自来水公司、县汽车运输总公司、县小水电公司、县储备粮经营中心，其中纳入国有资本经营预算管理企业2家（县金叶实业商贸有限公司、县小水电公司）。全年县国有资产总额2.72亿元，负债总额1.86亿元，所有者权益总额0.86亿元，其中归属于母公司所有者权益总额0.86亿元；县国有企业营业总收入为5261万元，利润总额217万元，年应缴税费332万元，年实际上缴税费296万元，劳动生产总值2685万元，社会贡献总额3323万元。

【国有资产监管】 2021年，县国资办推进县属61家国有企业关停划转、重组整合，推进经营性国有资产集中统一监管。县级各党政机关、事业单位不再以各种名义投资设立经营性企业和经济实体，原有国有企业纳入统一监管范围。加大投资运营平台建设，构建以县国有资产经营有限公司为核心平台公司。

【国有企业退休人员社会化管理】 2021年，县国资办完成县属企业退休人员社会化管理集中移交工作，国有企业退休人员社会化管理进入常态化管理，接收的退休人员全部按政策移交到各乡镇（街道）、村（社区）实行社会化管理。根据《揭西县加快推进国有企业退休人员社会化管理工作实施方案》文件要求，乡镇（街道）负责国有企业退休人员接收工作，县属合计26家国有企业需集中移交退休人员实行社会化管理，退休人员共5824人（党员910人），签订移交协议5824人、协议签订率100%，移交5824人、移交完成率100%。

（张卫东　彭　威）

自然资源管理

【概况】 2021年，县自然资源局履行保护资源、保障发展职责，加强耕地保护，开展严格土地、矿产资源管理和地质灾害防治等工作，推进自然资源节约集约利用，规范不动产统一登记。全年完成挂牌出让土地9宗（含工业用地6宗）21.66公顷。3月27日，自然资源部地质灾害专业监测建设工作第二调研组到揭西县良田乡了解专业监测项目建设。

【耕地保护】 2021年，县自然资源局通过上级耕地保护目标责任履行情况考核。完成历史垦造水田指标报备工作，全县垦造水田项目4个，总面积35.27公顷，其中坪上镇四新村自行垦造水田项目12.6公顷、建工集团垦造水田3个项目22.67公顷，全部通过自然资源部审核形成水田指标；开展塔头垦造水田项目，8月竣工，落实晚稻种植，通过市级验收，验收面积26.79公顷。推进补充耕地整改工作，经自然资源部复核，认定耕地指标面积88.73公顷（含水田1.82公顷）。开展农村建设用地拆旧复垦工作，累计竣工验收面积74.78公顷。

【土地建设管理】 2021年，揭西县批准印发实施《揭西县农村宅基地和住房建设管理暂行办法》，规范农村宅基地和住房建设管理，加强农村村民合法居住权益保障。对37类不影响规划条件建设工程项目免于或无需办理建设工程规划许可证，对政府投资及小型社会投资建设工程7类项目办理规划许可证实行承诺制信任审批和“容缺受理”。根据《个人国有土地使用权的自建房报建审批暂行办法》规范个人国有土地使用权自建房报建管理，解决部分个人自建房因规划许可和规划核实手续欠缺登记难历史遗留问题。

【土地储备开发】 2021年，县自然资源局筛选规划新增土地、盘活存量和闲置土地，计划收储土地20宗，规划总面积356.55公顷，拟新报批面积150.39公顷。上报龙潭高田场国有农用地转用项目、县产业园污水处理厂项目等到揭阳市自然资源局；县产业园、棉湖北部新城贡山片区、县人民医院项目等完成组卷，推进揭西县环保能源产业园、五经富变电站等项目用地报批。全年完成收储土地1宗。

【国有土地供应】 2021年，县自然资源局坚持“科学规划、反

2021年3月27日，自然资源部地质灾害专业监测建设工作第二调研组到揭西县良田乡了解专业监测项目建设
（县自然资源局　供稿）

复论证、成熟一宗、出让一宗”原则，公开出让收储土地，计划出让19宗107.25公顷。完成挂牌出让土地9宗（含工业用地6宗）21.66公顷，成交价款1.56亿元。开展批而未供“去库存”工作，10月完成全县2009—2018年度和2019—2021年度“去库存”任务，总面积52.12公顷。

【“三旧”改造】 2021年，揭西县推进“三旧”（旧城镇、旧厂房、旧村庄）改造工作。揭阳市下达揭西县新增实施“三旧”改造任务20公顷，完成改造任务10公顷。全县新增实施改造14.81公顷（塔头镇旧住村“三旧”改造项目14.81公顷），完成改造任务14.81公顷。是年，“三旧”改造项目入库数26宗，总面积81.99公顷，其中金和镇蓝天花园、五云镇祥源辉等完成改造手续，进入改造建设阶段。

【不动产登记】 2021年，县自然资源局提升不动产登记服务质量，实现一般登记3个工作日内、抵押登记1个工作日内办结；实现交易、税务和登记业务信息流程集成式“一窗受理”，实现不动产涉及税、费的网上自助缴纳，全年登记颁发不动产权证书1377本，颁发不动产登记证明1623份。推进国有数据整合工作，数据整合一期数字化扫描完成率95.9%；数据整合二期国有建设用地使用权梳理完成2.71万宗，完成率95.8%；房地产权梳理完成4万宗，完成率81%。推进“房地一体”农村不动产登记发证工作。完成308个村庄权籍调查、外业调查25.6万宗，完成调查公示村庄291个、公示确认宗数18.9万宗，完成率94.2%；汇交自检村庄232个，完成率75.3%；完成数据建库17.4万宗，完成率70.3%。完成学校集体建设用地的房地一体发证180宗。

【矿产管理】 2021年，县自然资源局加强监督管理，组织4个持有采矿许可证矿业权人填报矿产资源勘查开采年度信息并公示，多形式开展公示信息检查。加强矿产资源开发利用巡查，不定期巡查全县采矿场，牵头组织县林业局、县水利局、县公安局等单位开展联合巡查，检查开采现场、安全生产、水土保持、环境保护、炸药使用、林地复绿等情况。加快绿色矿山建设，委托广东省地质局第二地质大队作为第三方评估机构，现场核查揭西县广东大洋云雾山矿泉水有限公司云雾山矿泉水提交的《绿色矿山评估报告》及建设情况。

【测绘管理】 2021年，县自然资源局重视测绘成果和地理信息数据管理服务工作，开展揭西县国土空间总体规划（2020—2035年）地形图测绘项目，完成县城及16个乡镇镇区1∶1000地形图测绘。健全测绘地理信息管理制度，推进制度落实。组织局10名干部参加广东省涉密测绘成果管理培训，通过涉密管理知识考试。

【土地执法监察】 2021年，县自然资源局土地矿产卫星图片执法检查中，卫片违法图斑整改任务总数194宗、25.16公顷，完成整改99宗、15.53公顷。其中，完成应拆除32宗、4.98公顷，应复耕复绿12宗、4.21公顷；应完善手续150宗、15.97公顷，完成55宗、6.34公顷。依法制订《揭西县自然资源执法监督巡查工作实施方案》，印发至各乡镇（街道）实施。

【地质灾害防治】 2021年，县自然资源局加强地质灾害防治，出动1590人次排查31个地质灾害隐患点。强化防灾避险宣传，汛期期间编发地质灾害预警短信351条，发放宣传折页2000册，张贴宣传画3360张。推进地质灾害隐患点工程治理，良田乡下村田心、龙岭村龙江、下村村横石、宫尾山下沛和上砂镇径心村合石、坪上镇五星村谢禾冈6个崩塌地质灾害工程治理项目完成主体工程，其余7处地质灾害隐患点治理工程处于招标阶段。

（黄谊文　彭志怀）

能源管理

【概况】 2021年，揭西县发展和改革局（简称县发展改革局）统筹协调节能管理、节能专项规划和政策措施，推进能源项目建设，加强原油和成品油管理，开展能源执法检查。全年年检加油站和成品油批发企业26家、换证1家；出动检查人员38人次，开展燃气安全、危险化学品安全工作。

【能源项目建设】 2021年，揭西县引进发展风电和光伏产业等能源项目。五经富镇12万千瓦光伏发电平价项目，备案于2020年3月，由南方电网综合能源股份有限公司投资建设，项目总投资额5.98亿元，项目规划装机容量120兆瓦，分两期建设。其中一期项目建设40兆瓦，投资额1.9亿元，占地122.53公顷，采用农光互补模式，2021年12月发电并入南方电网；揭西县老虎坷垃圾填埋场填埋气综合利用发电项目，2019年5月由揭西县保源环境科技有限公司进行项目设计、建设和运营等。2020年12月发电并入南方电网。2021年5月开始每个月发电100万千瓦时以上；2021年，建成揭西县新能源城乡公交一体化项目，投入4000多万元，启动运用新能源车辆45部。

【原油和成品油管理】 2021年，县发展改革局组织开展全县成品油“十四五”发展规划编制工作，重点对县内特别是还没有加油站的乡镇以及重要路段开展“十四五”加油站点规划。开展原油和成品油经营企业年检和换证工作，通过网络在线对全县27家加油站进行年度审查，年检26家、换证1家。

【揭阳天然气管道工程】 揭阳天然气管道工程项目是国家重点工程广东石化的配套项目，广东运维中心揭阳分输站揭西段于2018年5月启动工程建设、2019年12月建成、2020年1月开始运行，揭西境内管线长度63.12千米，途经五云镇、河婆街道、龙潭镇、南山镇、灰寨镇、京溪园镇、五经富镇7个乡镇（街道）。2021年，揭阳天然气管道工程揭西段全线完工，做好复绿工作。

【能源执法检查】 2021年，县发展改革局加强对能源企业安全生产监督管理，做好成品油经营企业、油气输送管道安全生产日常检查工作，配合县公安部门开展打击成品油非法经营专项整治工作。全年开展燃气安全、危险化学品安全工作出动检查人员38人次。

（李海涛　池逸东）

2021年12月29日，县发展改革局工作人员在龙潭镇加油站开展安全生产检查工作
（县发展改革局　供稿）

统　计

【概况】 2021年，揭西县统计局（简称县统计局）开展常规统计工作和统计调查，推进第七次全国人口普查后期工作，加强经济运行监测分析，强化统计法治建设，提高统计服务水平。全年组织开展专业培训会15场；编印《揭西信息快报》8期，编写经济运行情况11篇。是年，揭西县第七次全国人口普查领导小组办公室、金和镇第七次全国人口普查领导小组办公室被广东省第七次全国人口普查领导小组评为“广东省第七次全国人口普查先进集体”，邱勇明等11人被评为“广东省第七次全国人口普查先进个人”；塔头镇、龙潭镇、棉湖镇、河婆街道4个第七次全国人口普查领导小组办公室被揭阳市第七次全国人口普查领导小组评为“揭阳市第七次全国人口普查先进集体”，王泽扬等23人被评为“揭阳市第七次全国人口普查先进个人”。

【统计调查】 2021年，县统计局做好农业、工业、商业、固投等常规专业统计和数据上报工作，开展城乡一体化住户、畜禽抽样、非公企业人才资源抽样、

2021年3月2日，揭阳劳动力调查工作布置暨业务培训会（揭西）在县统计局视频会议室举行　（县统计局　供稿）

企业景气等调查，做好各项调查工作落实。2月，开始实施劳动力调查工作，揭西县被抽取3个调查点、48户调查户，由县统计局实施常规调查统计。县统计局指定专人负责劳动力调查工作，组织开展业务培训会，讲解劳动力调查业务和软件实操；加强对调查户跟踪回访，及时发现并解决问题，提升劳动力调查数据质量。

【第七次全国人口普查后期工作】　2021年，揭西县第七次全国人口普查完成普查现场登记工作、数据复核比对、编码以及数据发布等工作。根据第七次全国人口普查结果，2020年11月1日零时揭西县常住人口67.48万人，全县常住人口与2010年第六次全国人口普查全县常住人口82.57万人相比，十年期间减少15.09万人，下降18.3%。

【统计法治建设】　2021年，县统计局推进统计法律法规进机关、进村（社区）、进企业，利用“中国统计开放日”宣传统计法律法规，提高全民统计法治意识；落实行政执法公示制度，将行政执法公示与政府信息公开有机结合，通过行政执法信息公示平台向社会公布执法主体、执法依据、执法权限等信息；结合各项常规性调查工作推进普法工作，在统计调查对象中开展《中华人民共和国统计法》《全国人口普查条例》等宣传教育；加大统计执法检查力度，重点结合联网直报工作开展，组织各专业人员加强检查监督，及时发现问题、及时落实整改，推动依法统计。全年开展经常性执法检查企业18家，其中“双随机”执法检查8家。

（邱勇明　陈乔川）

审　计

【概况】　2021年，揭西县审计局（简称县审计局）全年完成审计和审计调查单位11个，占项目计划数100%，审计查出主要问题金额3.35亿元，发现非金额计量问题54个，审计期间整改金额154万元，出具审计报告和审计调查报告15篇，审计处理处罚金额140万元，移送处理事项3件，审计促进整改落实有关问题资金140万元，审计提出建议13条，提交审计信息13篇。

【重大政策跟踪审计】　2021年，县审计局加大政策措施落实情况跟踪审计力度，推进“放管服”、减税降费等优化营商环境政策措施落地。重点关注革命老区和原中央苏区振兴发展情况、危险化学品安全生产管理情况、食品安全政策落实情况、疫苗流通和预防接种安全情况；统筹开展新增财政资金专项审计。健全完善保就业等方面制度，推动为企业减负、让利于民政策落到实处。纠正违规行为，促进资金合理分配和规范使用。对全县重点危险化学品生产和储存企业开展排查，督促企业提高安全生产意识，排除安全生产隐患；对全县各住宅小区存在的燃气安全问题向县政府报告，推动主管部门规范管理，解决民生难点、痛点问题。

【财政审计】　2021年，县审计局推进财政审计全覆盖，坚持把问效、问绩、问责贯穿财政资金审计始终，组织开展财政预算“横向到边、纵向到底”全覆盖，审计关注国家及省重大战略部署和重大政策措施落实情况、财政运行风险隐患和体制机制性问题，加大对“六稳”“六保”相关政策、项目和资金审计力度，揭示依法理财管财、财政资金绩效等方面存在问题14个。通过审计，盘活各类存量资金和闲置资

2021年2月24日，县审计局审计组在县民政局组织实施审计现场（县审计局 供稿）

产，优化财政资金支出结构，落实“过紧日子”要求。

【部门预算执行审计】 2021年，县审计局采取大数据审计和现场核查相结合方式，按照省审计厅下发业务指引，对县级52个预算单位2020年度预算编制执行、公务支出和公款消费、资产管理使用3个专题开展全覆盖审计。审计发现4个方面共7个问题，提出具体审计意见，责成相关单位进行整改，推动财政资金使用管理提质增效。

【民生资金和民生工程审计】 2021年，县审计局对县人民医院实施揭西县人民医院住院综合大楼工程（简称住院楼工程）建设和管理情况审计，重点审计工程决策、建设、管理情况，建设资金筹集及使用情况。审计发现住院楼工程存在未按规划许可建设地下车库、未按合同约定签发开工令、建设工期超出合同约定、工程项目竣工投入使用未按规定结转固定资产等问题。针对审计发现工程建设管理方面问题向县人民医院提出提高认识，按照法律法规要求强化工程管理意识，提升工程建设管理水平建议。

【经济责任审计】 2021年，县审计局坚持党政同责、同责同审，根据领导干部具体岗位和分管领域，科学确定审计内容和评价标准。深化审计结果运用，推动将经济责任审计结果及整改情况作为领导干部述职考核重要依据。全年审计领导干部4人（其中任中审计2人、离任审计2人），审计查出问题金额603万元，提交审计报告和审计结果报告8篇，提出意见建议7条，被采纳意见建议5条。

【自然资源环境审计】 2021年，县审计局对凤江镇党委政府主要领导任职期间自然资源资产管理和生态环境保护责任履行情况进行审计，重点审计水、土地、林木等自然资源和相关生态环境保护情况，抽查凤江镇水利、自然资源、农业、林业、畜牧5个部门。审计发现凤江镇政府在生态环境保护和污染防治等方面存在8方面共11个问题，提出提高政治站位，推进生态文明建设，加大执法力度，打击违法违规行为审计建议。

【审计整改】 2021年，揭西县完善审计整改工作长效机制，发挥审计工作“治已病、防未病”作用，建立台账、对照销号、及时督促，逐步消除审计监督盲区，加强审计查出问题整改力度。与县委巡察办、县信访局联合印发《县委巡察机构与县委组织部、县审计局、县信访局工作协作机制的意见（试行）》，完善各部门联动、各环节协同传导机制，增强审计整改监督合力。12月，县人大常委会听取和审议县政府审计查出突出问题整改情况报告后，肯定县审计整改工作。

【内部审计】 2021年，县审计局加大对内审机构业务指导和培训，完善内部审计制度，规范内部审计工作。全年完成审计项目11个，全部为经济责任审计，审计发现问题53个、问题金额1552万元。至年底，全县内部审计机构10个，专职、兼职内部审计人员25人，其中专职机构1个、专职内审人员19人。

（汪伟富　陈燕鹏）

物 价

【概况】 2021年，揭西县落实绿色发展价格机制，加强价格调控和监管，推进电力、水利价格以及农业水价改革，优化价格服务，做好价格认定工作。全年全县新增实施农业水价综合改革面积4526.66公顷；建立农产品价格监测点2个；出具价格认定书491份。

【价格调控】 2021年，揭西县落实“菜篮子”市长负责制，完善农副产品市场监测体系，加强“菜篮子”价格监测和预警，对全县“菜篮子”产品实施价格监测，规范信息采集、分析和发布，全年全县农产品价格监测点采报价格监测信息共4.23万条。

【价格改革】 2021年，揭西县推进电力价格市场化改革，落实高耗能行业阶梯电价制度，发挥电价信号在引导电力自愿优化配置方面作用。深化水价机制改革，建立健全全县城镇供水动态调整机制，在全县实施非居民用水超定额、超计划累进加价制度，调节用水需求，推进节约用水工作。推进农业水价改革，制订《揭西县2021年度农业水价综合改革实施计划》，落实奖补机制，执行工程管护机制。全年全县新增实施农业水价综合改革面积4526.66公顷，其中中型灌区2293.33公顷，小型灌区2233.33公顷。

【收费管理】 2021年，揭西县围绕人民群众最关心的民生问题，研究、完善公共服务收费政策。依法依规批复揭西县宝塔实验学校2021年秋季起学费调整申请；结合公交发展需求实际，批复揭西县新能源城乡公交“河婆街道至京溪园黄满寨”等13条线路试行票价，方便群众出行。开展清理规范供水供电供气行业收费工作，取消不合理收费，完善价格形成机制，规范价格收费行为。

【价格监督】 2021年，揭西县加强重要民生商品价格监测预警，在全县建立农产品价格监测点2个，重点对人民群众基本生活必需品价格情况进行监测，完善农产品价格信息；每月度、每季度对农产品监测走势进行分析，了解掌握相关民生商品供需和价格情况。推进降费减负工作，适时更新政府定价经营服务性收费目录清单，全年减免全县涉企行政事业性收费项目22项，减免收费金额2200万元。开展规范行业协会商会涉企收费清理规范工作，及时落实国家、省、市停征免征收费项目，清理收费单位乱收费行为。

【价格认定】 2021年，揭西县发展和改革局履行价格认证职能，做好价格认定受理、现场查验、市场调查、认定结论等工作，为执法机关办理案件提供价格依据。全年受理涉案、涉纪等方面价格认定500宗，出具价格认定书491份、不予受理文书9份，鉴定标的金额2亿多元。

【绿色发展价格机制】 2021年，揭西县创新和完善促进绿色发展价格机制，落实峰谷分时电价政策，支持新能源上网电价政策。按照补偿污水处理和污泥处

2021年12月8日，县发展改革局工作人员在五云镇某商铺开展价格认证现场勘察工作 （县发展改革局 供稿）

置设施运营成本并合理盈利原则，制定和调整污水处理收费标准以及建立动态调整机制；制定和调整生活垃圾处理收费标准，推进县城生活垃圾处理收费方式改革，调整计征方式和征收标准，增强居民环保意识，实现绿色低碳发展。

（李海涛　池逸东）

2021年4月15日，县市场监管局在广东汇华包装有限公司开展知识产权进企业宣传活动（吴建生　摄）

市场监督管理

【概况】　2021年，揭西县市场监督管理局（简称县市场监管局）推进商事登记制度改革，落实市场主体信用监管，优化职能服务，加强食品质量、药械妆安全、特种设备安全等领域监管，加大监管执法力度，推进省级食品安全示范县创建、药品安全责任考核、质量工作考核等工作。全年全县新发展各类市场主体5104户；列入经营异常名录企业250户（次）、农民专业合作社61户（次）；新增授权专利574件；受理投诉举报4612宗。至年底，全县食品生产经营单位5630家；持证药品零售企业148家。

【企业登记】　2021年，县市场监管局扶持、引导个体工商户升格为私营企业63户。全县新发展各类市场主体5104户，累计各类市场主体3.0万户，累计领取“多证合一”营业执照2.20万户；核发全程电子化商事登记营业执照33户，办理企业简易注销登记88户。召开推广应用“粤商通”平台工作会议和培训会议，牵头相关单位推进“粤商通”平台推广应用工作，完成全县市场主体“粤商通”平台注册全覆盖目标。

【信用监管】　2021年，县市场监管局推进“双随机、一公开”监管工作，落实企业年报公示制度，开展信用约束和信用修复工作，构建以信用为基础的监管工作机制，形成“一处违法、处处受限”信用惩戒效应。全县2020年度年报各类企业年报率93.2%、农民专业合作社年报率82.9%、个体工商户年报率72.7%。全年全县列入经营异常名录企业250户（次）、农民专业合作社61户（次）；经申请，依法将37户企业和5户农民专业合作社移出经营异常名录。发起“双随机、一公开”抽查任务19批次，抽取检查市场主体386户次。

【知识产权保护】　2021年，揭西县将地理标志商标培育与农业产业链结合起来，打造特色农产品地理标志商标，指导行业协会运作好商标品牌，做好农产品地理标志申请，扩宽全县地理标志品牌影响力。县市场监管局联合广东省商标协会通过短视频宣传和直播卖货方式对“揭西擂茶”“大溪淮山”等地理标志商标及地方特色品牌进行宣传推广，联合广东省商标协会和广东广播电视台经济科教频道对全县地理标志进行新闻采访报道，在广东经视旗下经视商城同步上架相关产品，“南方财经报道”和“战剧社剧乐部”微信公众号免费对全县地理标志及生产主体进行宣传推广。联合揭阳市市场监管局、广东省商标协会对“揭西擂茶”地理标志商标注册人、经营擂茶个体户以及擂茶粉生产企业进行走访指导。协助揭西县小天使电子电器有限公司、揭西县大洋绿健农业发展有限公司、广东农夫山庄食品工业有限公司3家企业完成《国家知识产权管理规范》贯标工作，成为全县首批通过该国家标准贯标企业。开展“蓝天”专项整治行动及网剑行动，查处侵犯商标专用权案件1件，假冒专利案件1件，协查非正常专利申请44件。9月8日，揭西县首个揭阳市知识产权维权援助工作站在县市场监管局揭牌成立；9月，成立揭西县知识产权调解工作站。至年底，全县新增授权专利574件（发明专利9件），累计授权专利3915件（发明专利34件）；新增注册商标4296件，累计1.98万件。

【广告管理】 2021年，县市场监管局督促、指导广告经营者和发布者落实主体责任，加强广告发布审查，规范经营行为；强化对网络广告、横幅广告、印刷品广告巡查监管，开展网络商品交易及互联网广告监测排查、违法违规商业营销宣传集中整治和广告监管领域“护苗助老”系列整治等行动，依法查处违法违规行为。全年通过网络监测广告45条，对横幅广告、印刷品广告巡查监管3050条；检查印刷企业58家次、传统媒介1家、互联网广告企业6户；现场要求拆除涉嫌违法广告3宗。

【合同管理】 2021年，县市场监管局按照《揭阳市市场监督管理局关于开展2020年度“守合同重信用”企业公示活动的通知》要求，在全县范围内开展2020年度“守合同重信用”活动，鼓励、支持企业加强合同和信用管理，推动企业守法诚信经营。全年全县申报2020年度“守合同重信用”企业66户，其中新申报企业11户。

【行政许可审批】 2021年，县市场监管局按照审查标准和许可程序开展行政许可审批工作，把好食品、药品、二类医疗器械备案和特种设备准入关，依法规范经营主体资格。全年核发食品生产许可证23张、注销2张，核发食品经营许可证1095张、注销305张，核发食品生产加工小作坊登记证4张、注销3张；核发药品经营许可证32家，换证41家；办理二类医疗器械备案34家；办理特种设备安装告知157份，新登记特种设备226台（套），变更62台（套）、注销（报废）6台（套），停用12台（套）。

【食品生产安全监管】 2021年，县市场监管局加强食品生产安全主体责任落实，强化食品生产监督和风险管理，督促食品生产企业落实原料进货查验、生产过程控制、出厂检验、销售台账等制度，依法查处食品生产企业超范围超限量使用食品添加剂和食品中非法添加非食用物质等违法违规行为。开展食品生产加工小作坊和肉制品生产加工企业质量提升行动，针对糕点类、粮食加工品、酱油等重点产品开展专项整治行动。开展凉果行业污染整治工作，组织召开全县开展凉果生产污染整治行业自律动员大会，引导企业签订“凉果生产污染整治行业自律承诺书”，督促凉果生产单位自觉履行污水处理、食品安全、安全生产主体责任，122家凉果生产单位签订承诺书，100家凉果生产单位向食品协会缴纳守法保证金。以“政府扶持、部门指导、企业主唱、市场运作”为指导，将凉果小作坊较为集中的凤江镇东光村作为全县首批食品小作坊集聚加工区，对其进行统一规范化管理。12月1日，揭阳市食品小作坊集聚区建设现场会在凤江镇东光村委会办公楼召开，引导食品生产加工小作坊由分散向集中、由个体向群体、由简单向系统快速集聚，实现规范化、工业化、集约化发展。通过“广东食安抽考”App

2021年11月19日，县市场监管局对揭西县凤江万诚食品加工厂开展食品安全生产检查 （蔡卓浩 摄）

对企业食品安全管理人员进行抽考，抽查考核率100%。全年巡查食品生产企业495家、食品小作坊84家次，检查食品相关产品生产企业29家次，发出责令改正通知书23份，约谈食品生产企业及食品相关产品生产企业106家。

【食品经营市场安全监管】 2021年，县市场监管局加强特殊食品安全监管，按照《2021年广东省特殊食品经营示范店建设指导工作方案》要求选取4家特殊食品经营户作为全县特殊食品经营示范店建设企业。推进农村食品安全专项整治工作，严查销售“五无”（无生产厂家、无生产日期、无保质期、无食品生产许可、无食品标签）、过期变质、“两超一非”（超范围、超限量使用食品添加剂和添加非食用物质）等食品问题。落实食品抽检和食用农产品快检工作，全年开展食品安全监督抽检1960批次（其中不合格28批次）；快速检测食用农产品（包括蔬菜、水产品、畜禽肉蛋类）1.49万批次（其中不合格24批次），对不合格产品批次依法进行没收并作无害化处理。发挥农贸市场专班作用，落实农贸市场“专人驻场”制度，开展农贸市场、冷链食品监督检查和进口冷链食品预防性全面消毒及重点场所从业人员、相关产品及环境核酸检测工作。组织食品经营各类市场主体签订承诺书，多次约谈相关企业进行疫情防控工作谈话提醒。11月15日，县市场和冷链防控工作专班组织开展进口冷链食品监管链条疫情防控工作业务培训和疫情处置应急桌面演练。

2021年6月10日，县市场监督管理局对揭西县第一中学食堂开展日常检查
（张爱军　摄）

【食品餐饮安全监管】 2021年，县市场监管局联合县教育局开展春秋季学校食堂及校园周边食品安全检查，结合“互联网+明厨亮灶”监管系统开展线上日常检查，针对线上发现问题对学校食堂进行突击检查、靶向检查。开展网络订餐第三方平台监督检查，约谈美团揭西代理点、饿了么揭西代理点第三方平台主要负责人，签订“网络订餐第三方平台落实食品安全主体责任承诺书”，规范网络餐饮服务经营行为。重点对禽肉制品、水产品、食用油、蔬菜等食品开展日常监管和旅游景区五一劳动节前检查、反食品浪费检查、长江打非等专项整治行动，排查和消除食品安全风险隐患。完成重大活动食品安全保障工作。开展食安员考核及餐饮从业人员全员线上培训，对107家学校食堂食安员进行抽考，822家餐饮单位注册培训食安快线通用版App。推进餐饮服务单位风险量化分级管理工作，全县持证餐饮服务单位2620家，量化分级评定2620家（A级41家、B级385家、C级2194家），应量化分级率100%。全年检查餐饮单位2620家次，下发监督意见书65份、责令改正通知书3份，约谈5家，落实整改家数73家。

【盐政执法】 2021年，县市场监管局开展食盐安全监督检查，重点对辖区食盐批发经营单位、超市、食品便利店等单位开展食盐经营者主体资格合法性、经营行为规范性、采购食用盐来源合法性和渠道可追溯性等检查工作，加强食用盐质量安全保障。全年检查各类涉盐生产经营单位4581家次（其中食品加工用盐单位311家次、副食品经营单位2548家次、餐饮服务单位1722家次）；抽检食盐产品24批次，检验合格24批次，合格率100%；向县公安机关移交一条涉嫌使用非食品原料（工业盐）生产食品案件线索。

【药械安全监管】 2021年，县市场监管局加强“两品一械”（药品、化妆品，医疗器械）日常监管，强化药品医疗器械安全领域疫情防控监督检查，开展化妆品专项检查行动，对全县20家新冠疫苗接种单位及1家疾病预防控制中心开展疫苗使用环节、新冠疫苗使用监督检查工作。要求全县零售药店严格落实购买发热、咳嗽类药品登记报告制度。全年检查药械经营、使用单位586家次，县级医疗机构5家、乡镇卫生院16家、民营医院2家、卫生站112家次，疾控中心4家次，接种单位72家次，检查化妆品经营企业373家次，立案查处药械妆案件21件。

【特种设备安全监管】 2021年，县市场监管局重点对电梯、锅炉、气瓶、叉车等特种设备开展安全监督检查工作，检查特种设备使用单位254家次，检查特种设备298台（套），排查消除隐患48处，发出监察指令书6份。组织开展电梯制动器等主要部件日常检测和保养、叉车安全隐患排查、快开门压力容器治理“回头看”等专项检查行动。多次召开会议部署全县气瓶安全监管改革工作，组织开展气瓶（移动式压力容器）专项整治行动，查处气瓶和移动式压力容器各类违法行为。全年全县液化石油气瓶充装单位更换新瓶12.5万个，送检验单位检验合格气瓶5.5万个，报废气瓶7.4万个；立案查处充装单位违法案件4件。配合县住建局、县自然资源局、县城管执法局对3家申请加装电梯单位开展联合审查工作，尚未有进行安装告知的单位。

【产品质量监管】 2021年，县市场监管局加强工业产品生产许可证日常管理和获证企业证后监管，做好资质认定检测机构证后监督检查，针对建筑用钢筋、电线电缆、摩托车电动自行车、成品油、塑料制品开展专项整治行动。全年检查钢筋销售经营户142户次、电线电缆企业125家次、电动自行车销售经营户78户次，塑料制品相关生产企业、商场超市24家次，检验检测机构11家次。加大工业产品质量抽检力度，抽检电线电缆、插头插座、网线生产厂家13家共13批次，配合市市场监管局抽查电线电缆92批次、汽柴油26批次，后处理国家、省、市局移交抽检不合格产品企业19家，核查2011—2018年监督抽检不合格产品企业“清零”活动5家。召开全县建筑用钢筋销售经营户产品质量安全集中约谈会议，引导企业签订建筑用钢筋产品质量安全承诺书53份；举办揭西县市场监督管理局摩托车电动自行车专项整治培训会，宣传贯彻电动自行车国家标准。

【计量监管】 2021年，县市场监管局开展眼镜制配场所计量器具、加油机、易过度包装商品和水效标识等专项检查，检查配镜经营户8户、配镜计量器具24台，易过度包装商品相关生产销售单位12家次，水效标识产品销售经营户8户、坐便器85台。开展食品生产企业定量包装商品净含量专项监督抽查，抽查企业19家、抽检26批次。推进诚信计量工作，引导企业签订承诺书54份，征求中小企业计量需求表17份。

【标准化管理】 2021年，县市场监管局实施广东省企业产品和服务标准自我声明公开和监督制度，落实企业标准化主体责任，推广应用“企业标准信息公共服务平台”，督促企业向社会公开相关标准。全年全县20家企业共上报43项标准（国家标准8个、行业标准3个、企业标准32个）、47种产品。县质量技术监督检测所做好商品条码申办、续展工作，新办条码企业31家、续展147家。

【技术检测】 2021年，揭西县推进计量惠民工程，做好免费检定工作及其他各项检定任务。全年县质量技术监督检测所免征检定330家企业计量器具数量共7477台（件），其中析天平226台（件）、架盘天平1018台（件）、砝码2258个、各类秤1845台（件）、压力表622个、30家加油站782台（枪）加油机、地称5台、各类尺95台（件）、酸度计58台、旋光仪51台、分光光度计57台、温度箱460台；强制检定集贸市场计量器具2714台（件）、基层医疗卫生单位计量器具1106台（件），免征检定费用28.48万元。

【市场监管执法监督】　2021年，县市场监管局加强执法监督，开展食品、药品、特种设备等领域监管执法，依法惩治装饰装修建材、交通工具配件、家用电器、儿童用品、服装、燃气具等行业假冒伪劣、商标侵权等违法违规行为，规范市场生产经营秩序。全年查处各类案件156件（其中食品案件114件、药品化妆品医疗器械案件21件、普通商品不合格案件7件、特种设备案件4件、无证经营烟草制品案件7件、无合法来源化妆品案件1件、销售侵犯注册商标专用权产品案件1件、销售假冒专利产品案件1件），罚没金额共329.63万元；向县公安机关移交处理涉嫌使用非食品原料生产食品案件1件、涉嫌非法生产加工义齿案件1件。

【消费者权益保护】　2021年，县市场监管局依法及时受理、处置、反馈消费者投诉举报，全年收到投诉举报5583宗，受理4612宗。推进“放心消费创建活动”，引导经营者申报“放心消费承诺单位”和“线下无理由退货承诺店”公示，促进经营者自觉落实维护消费者合法权益主体责任，全县34户经营者作出“放心消费承诺单位”公示、1户经营者作出“线下无理由退货承诺店”公示。

【市场监管宣传】　2021年，县市场监管局落实“谁执法谁普法”普法责任制，加强日常巡查监管和执法办案过程中普法宣传教育，利用“3·15”国际消费者权益日、“5·20”世界计量日、全国安全用药月、食品安全宣传周、“12·4”国家宪法日等主题活动，开展市场监管相关法律法规宣传教育，引导经营者合法规范经营。督促企业加强法律法规学习，动员企业相关人员参加市食品相关产品企业质量提升、全市进口冷链食品生产经营单位监管工作会议暨冷库通集中培训以及县知识产权保护能力提升和药品安全管理等培训班。

2021年12月4日，县市场监管局工作人员向广东农夫山庄食品工业有限公司颁发“放心消费承诺单位”牌匾　（孙　琪　摄）

【食品安全示范县创建】　2021年，县食安办牵头各单位研究制定《揭西县2021年食品安全重点工作安排》，各成员单位按职责开展食品安全工作；牵头对各乡镇（街道）开展2020年度食品安全评议考核，考核结果以县政府文件进行通报。配合省食安办委托第三方对揭西县开展食品安全示范县创建工作群众满意度和支持率调查工作，开展科普知识和示范创建宣传以及“尚俭崇信，守护阳光下的盘中餐”主题食品安全宣传周活动，完善维护各乡镇（街道）人流密集处设立的食品安全宣传栏、高速路口设立的“创建广东省食品安全县”大型宣传标牌、县城滨江公园设立的食品药品安全科普宣传专栏和户外广告标语长廊等设施，做好春季潮湿时节、传统节假日食品消费高峰期消费提示警示。是年，揭西县在全市2020年度食品安全考核中获评A级。

【质量工作考核】　2021年，县质量强县办收集汇总各质量强县成员单位相关材料，总结全县2020年度质量工作情况，上报《揭西县人民政府2020年度质量工作考核自评报告》和相关印证材料。是年，揭西县在全市2020年度质量工作考核中被评为第一名。

（蔡远辉　庄雪婷）

财政　税务

财　政

【概况】 2021年，揭西县财政局（简称县财政局）强化财政收支管理，优化财政资金资源配置能力，提高管财用财水平，推进政府债券资金使用管理、预算绩效管理、涉农资金统筹整合等工作。推进财政信息化建设，做好“数字政府”公共财政管理、财政资金项目库、债务实时监测等平台维护及管理工作。全年一般公共预算收入4.82亿元，比2020年（下同）增长2.3%。其中税收收入2.64亿元，下降7.5%；非税收入2.18亿元，增长17.2%。一般公共预算支出53.01亿元，下降7.8%。6月8日，县财政局在京溪园镇粗坑村开展会计法宣传培训活动。

【财政收入】 2021年，揭西县财政总收入62.35亿元，比2020年（下同）下降3.9%，其中上级补助收入46.32亿元、地方一般公共预算收入4.82亿元、2020年结转收入2.62亿元、地方政府新增债券收入3.09亿元、调入资金3.28亿元、动用预算稳定调节基金2.22亿元。一般公共预算收入为年初预算的98.3%，短收817万元，增收1068万元，增长2.3%，其中税收收入2.64亿元（为年初预算的87.8%），短收3651万元，减收2125万元，下降7.5%；非税收入2.18亿元（为年初预算的114.9%），超收2834万元，增收3193万元，增长17.2%。

【财政支出】 2021年，揭西县财政总支出58.97亿元，为年初预算的116.7%，为调整预算数的101.4%，比年初预算增支8.4亿元，比2020年（下同）总支出减支3.25亿元，下降5.22%。其中一般公共预算支出53.01亿元，减支4.5亿元；上解支出2.37亿元，增支3175万元；地方政府债券转贷还本支出1.38亿元，增支1.01亿元。

【财政管理】 民生保障　2021年，揭西县医疗卫生和计划生育支出4.89亿元，其中拨付上级补助资金基本公共卫生服务经费补助6752万元，免费为城乡居民提供基本公共卫生服务，推进妇幼卫生、健康素养促进、医养结合和老年健康服务、卫生应急、计

2021年6月8日，县财政局在京溪园镇粗坑村开展会计法宣传培训活动
（县财政局　供稿）

划生育等工作；投入疫情处置及突发公共卫生应急支出经费2882万元。教育事业支出12.56亿元，提高教师待遇和加强师资队伍建设，加大资金配套投入力度，推进教育现代化工作。社会保障和就业支出2.23亿元，其中城镇、农村低保补助对象人均补差水平分别提高到656元和332元，共发放低保补助金9489万元；发放特困供养、护理费及丧葬费共6485万元；为全县456名孤儿（含事实无人抚养儿童327名）发放基本生活费共678万元；发放临时救助补助资金470万元；支出残疾人生活补贴资金709万元，支出残疾人护理补贴资金2994万元；支出财政补助资金约117万元，为全县65周岁以上户籍老人共11.68万人购买老年人意外伤害综合保险；支出约116万元，为全县人民每人投保一份“政府民生综合责任险”；拨付就业补助资金1244.61万元（含小额担保贷款贴息资金）。

全县公车改革和使用管理 2021年，揭西县重点做好公务用车网上办公系统迁移到广东省公务用车管理平台工作，组织96个单位做好新平台数据核实工作。加强所有公务用车分级管理和审批工作（包括注册管理、资料更新、车辆换牌、单位重组、车牌录入、车辆过户、车辆注销、编制重核、车辆配备等业务），全年在广东省公务用车管理平台办结各类业务58件。

工程审核 2021年，县财政局审核预算工程971个，送审价27.90亿元，核定价23.61亿元，核减率15.4%；审核结算工程850个，送审价11.44亿元，核定价10.22亿元，核减率10.6%；审核945个项目前期费用。

2021年5月10日，县财政局工作人员在五经富镇经济发展办公室开展财政管理工作 （县财政局 供稿）

【财政监督】 2021年，县财政局组建会计信息质量检查组，对钱坑镇、县市场物业管理中心、县退役军人事务局等单位2020年度会计信息质量进行检查，发现会计基础工作不规范、公务卡使用率低、存在大额现金支出等方面问题，责成相关单位按照相关规定强化财务管理、完善单位内部控制制度、提高会计信息质量。11月，组织第三方机构对申报2022年专项债券37个项目开展事前绩效评估，把结果运用于2022年专项债券申报。根据《广东省财政厅关于开展中央转移支付资金落实情况专项核查的通知》要求，省财政厅检查组进驻揭西县进行实地检查，县财政局配合做好检查协调工作，组织相关单位开展自查，做好数据和资料传送，形成自查报告和自查表。全县总下达中央转移支付资金5746.92万元，拨付资金5328.47万元，使用资金5316.79万元，至年底，结存430.13万元；配合做好第二轮中央环保督察迎检，县财政局按照《揭西县生态环境保护责任清单》责任分工，对全县2018年至2021年生态环境保护财政投入情况开展清理清查，其间揭西县在生态环境保护财政投入资金11.02亿元，其中水污染防治6.18亿元、固体废物处理处置1.49亿元、林业草原保护2.02亿元、其他环保类（专项工作经费、污染减排等）7921万元以及大气污染防治、农业农村污染防治、环境保护管理事务与能力建设、国土海洋保护及能源节约利用等方面5394万元（含天然氧吧711万元）。推进财务一体化和集中监管改革，对接2021年行政事业单位会计制度改革，组织财政财务核算一体化平台建设，构建采用新会计制度核算的财务软件，组织多次会计制度改革培训和软件系统培训，将全县425个一、二级预算单位全部纳入系统监管范围，实现全口径账务核算与财务监管相统一。

【财政改革】 2021年，县财政局印发《揭西县县级财政预算绩效目标管理办法（试行）》《揭西县县级重大支出政策和项目事前绩效评估管理办法（试行）》管理性文件，引导预算绩效管理工作，推进预算绩效管理改革；推进数字财政建设，4月实现全面上线，预算域、执行域和核算域全部运行正常，完成“数字财政”上线改革工作，打通预算编制执行监督全流程；推进国库支付管理改革，配合数字财政对统发工资要求，升级改造原“揭西县财政局工资管理系统”，升级后新系统由原单机版升级为网络版，数据录入由财政录入改为单位自行录入，增加数据审核业务流程，新增生成查询报表以对接数字财政系统，实现国库集中支付业务与“数字财政”建设对接。全年国库集中支付资金52.94亿元，其中财政直接支付46.21亿元，财政授权支付6.73亿元；财政统发工资支出10.97亿元，住房公积金1.05亿元。

【财政支农】 2021年，揭西县投入巩固脱贫攻坚成果同乡村振兴有效衔接资金2.26亿元，其中中央资金540万元、驻镇帮镇扶村专项资金2.20亿元、包含县级配套资金4200万元；投入4200万元，发展村级集体经济，促进“三产”（农业生产、农产品加工业、农产品市场服务业）融合，实现全县84个行政村集体经济收入增长；投入资金4781万元，铺设污水收集管网，新建农村污水处理站59座，推进农村污水处理；投入资金1634.54万元，推进生态修复，完成森林碳汇林造林及抚育2680公顷，其中造林资金966.83万元、林业抚育417.71万元、大径材抚育250万元。落实林业政策性惠民政策，发放林业政策性惠民资金2029.13万元、天然商品林停伐补助资金25.53万元，投入政策性林业保险资金288.72万元。投入专项防治资金319.19万元，推进林业有害生物防治；投入资金1160万元用于实施塔头拦河闸重建工程。投入资金6829万元，推进农村集中供水全覆盖攻坚行动。加大水旱灾害防御资金投入力度，投入600万元用于27座小型水库安全运行管理标准化建设，投入909.5万元用于69座水库安全鉴定，投入100万元用于冬修水利及防汛加固工程项目。发放水库移民直补资金634.68万元。投入1566.46万元，做好移民后扶项目实施，打造美丽家园3个。

“数字政府”公共财政综合管理平台（2021）（县财政局 供稿）

【政府采购管理】 2021年，揭西县申报政府采购单位涉及项目155宗，申报采购金额4.28亿元。大额采购项目：棉湖镇环卫一体化项目4950万元、南山镇火炬村党建示范“五个一工程”项目2798.48万元；公开招标金额2.25亿元，竞争性磋商1.87亿元，其他采购方式采购金额1559.68万元。

2021年揭西县财政收支执行情况表

表9　　　　　　　　　　　　　　　　　　　　　　　　　　　　单位：万元

预算科目	年初预算数	累计数		为年初预算数%	为同期数%	预算科目	年初预算数	累计数		增减额	为年初预算数%	为同期数%
		2021年本期	2020年同期					2021年本期	2020年同期			
一、税收收入小计	30030	26379	28504	87.84	92.54	一、一般公共服务	33959	35470	37189	−1719	104.45	95.38
（一）工商税收	25987	24526	24666	94.38	99.43	二、国防支出	360	438	337	101	121.67	129.97
1.增值税	10888	9355	10336	85.92	90.51	三、公共安全支出	14414	15216	13622	1594	105.56	111.70
2.共享税留成	5812	4234	5513	72.85	76.80	四、教育支出	103565	98243	98320	-77	94.86	99.92
3.其他税收	9287	10937	8817	117.77	124.04	五、科学技术支出	338	848	529	319	250.89	160.30
（二）耕地占用税	1573	289	1493	18.37	19.36	六、文化旅游体育与传媒支出	4257	6969	6829	140	163.71	102.05
（三）契税	2470	1564	2345	63.32	66.70	七、社会保障和就业支出	118397	118011	113797	4214	99.67	103.70
二、非税收入小计	18978	21812	18619	114.93	117.15	八、卫生健康支出	89319	83873	88310	-4437	93.90	94.98
（一）专项收入	2070	4287	1986	207.10	215.86	九、节能环保支出	11911	16237	19220	−2983	136.32	84.48
（二）行政性收费收入	5687	6526	5579	114.75	116.97	十、城乡社区支出	5643	15531	7685	7846	275.23	202.09
（三）罚没收入	2965	3268	2909	110.22	112.34	十一、农林水支出	63067	97280	117485	−20205	154.25	82.80
（四）国有资本经营收入	—	—	—			十二、交通运输支出	5886	16776	33310	-16534	285.02	50.36
（五）国有资源（资产）有偿使用收入	7686	7556	7585	98.31	99.62	十三、资源勘探信息等支出	475	556	3435	−2879	117.05	16.19
（六）其他收入	455	30	447	6.59	6.71	十四、商业服务业等支出	252	257	614	-357	101.98	41.86
（七）政府住房基金收入	115	145	113	126.09		十五、自然灾害海洋气象等支出	5778	5970	17181	−11211	103.32	34.75
						十六、住房保障支出	9874	10606	10542	64	107.41	100.61
						十七、粮油物资储备支出	1879	1451	1284	167	77.22	113.01
						十八、其他支出	50	76	268	-192	152.00	28.36
						十九、债务付息支出	3271	3466	2954	512	105.96	117.33
						二十、债务发行费用支出	50	25	17	8	50.00	147.06
						二十一、金融支出	203	178	10	168	87.68	
						二十二、灾害防治及应急管理支出	2677	2659	2144	515	99.33	124.02
						二十三、预备费	6000	—	—	—	—	
一般公共预算收入合计	49008	48191	47123	98.33	102.27	一般公共预算支出合计	481625	530136	575082	−44946	110.07	92.18

（林庆辉　林潮霞）

税 务

【概况】 2021年，国家税务总局揭西县税务局（简称县税务局）加强大企业和自然人税收管理以及税（费）源监控和风险管理，推进辖区各项税收、社会保险费和有关非税收入征收工作。落实减税降费政策，发挥税收职能助力企业复工复产。全年全县新增减税降费4751.96万元；落实出口退税限时办结制，办理出口企业出口退税85户次共1695万元。至年底，全县辖管纳税人1.56万户，其中一般纳税人914户、小规模纳税人1.46万户；企业类4495户、个体类1.11万户。县税务系统内设机构11个，另设机构2个，事业单位2个，设置税务分局7个。全年组织税费收入19.27亿元，县级税收收入2.64亿元。

【税费收入】 2021年，县税务局组织税费收入19.27亿元，比2020年（下同）下降1.7%。组织税收收入7.11亿元，下降8.8%。其中中央级收入2.97亿元，下降11.7%；省级收入1.47亿元，下降7%；市县级收入2.67亿元，下降6.3%。实现费金收入12.15亿元，增长2.9%，其中社保费11.86亿元，增长3.0%；非税收入2964万元，增长1.8%。

【税收征收管理】 2021年，县税务局跟踪全县各大建设、产业项目投资建设进度，对全县重点建设项目设置台账，“五本台账”（揭西县重点建设项目台账、揭西县重点产业项目台账、揭西县土地征收整合储备及供应计划台账、揭西房地产项目台账、揭西县财政预算及资金管理台账）重点项目实现税款共2.01亿元；强化全县重点税源企业征收管理，加强动态监控和分析，县、镇两级协同配合优化61户重点税源企业管理服务，实现税收3.26亿元；开展“全方位、深层次”市场主体普查工作，推进税源征管。收集全县28项重点产业项目和133项重点建设项目信息，实现动态跟踪管理；以推进“能耗双控”为契机，清查核实2020年以来注销的用电大户企业，挖潜税源；跟进“问题楼盘”解决进度，加大土地收储、出让征管力度，落实不动产办税系统和房地产网签备案平台共建共享，实现“一窗受理、集成办理”。

【税收征管改革】 2021年，县税务局落实中共中央办公厅、国务院办公厅印发《关于进一步深化税收征管改革的意见》（以下简称《意见》），第一时间成立《意见》落实领导小组，下设8个工作小组，建立六项工作机制，将43项任务进行细化分工，优化服务团队配置，整合纳税服务股、第一税务分局纳税服务资源，实现资源深度整合，落实增值税专用发票电子化试点工作。全年全县纳入专票电子化试点纳税人88户，完成网格化服务119户次；构建新风险识别与风险应对机制，综合推动数据应用和风险管理向规范化、精准化、标准化转变，聚焦发票领用核定环节风险管理；扩大非接触式办税覆盖面，网上申报率99%以上；建立完善沟通反馈和诉求响应机制，运用纳税服务“好差评”评价结果，完成业务量15.44万笔，评价率83.7%，满意率100%。

【依法治税】 2021年，县税务

2021年4月13日，县税务局在县城东风文化广场开展荧光夜跑税宣活动
（江 浩 摄）

局完善行政执法“三项制度”（行政执法公示制度、执法全过程记录、重大执法决定法制审核制度），制定《国家税务总局揭西县税务局税收法制员工作制度》，规范税收执法行为；提高税务规范性文件制定质量，规范公正文明执法，推进执法依据源头合法；规范税务行政处罚裁量权，实施差异化管理和服务，加强执法、服务、监管深度融合，推行以动态“信用＋风险”为基础的新型监管机制；落实行政处罚“首违不罚”制度，开展自查，对发现问题立行立改。

【税收宣传】 2021年，县税务局组建6支“税先锋”志愿服务队、5支“青年突击队”开展“炫彩荧光跑　靓丽税宣行”荧光夜跑、“走进革命老区　奏响红色税宣乐章”等活动，针对性讲解各项优惠政策，解决纳税人缴费堵点、难点问题。全年走访企业3643家，开展纳税人座谈会7场，发放宣传资料6500余份；制作互动式H5、《一杯工夫茶的税企情》短视频等新媒体作品；加强税媒合作，在省、市级主流媒体发布稿件75篇，在国家税务总局揭阳市税务局门户网站及广东税务等微信公众号发布稿件83篇。

2021年揭西县税收收入情况表

表10　　单位：万元

收入 项目	累计收入			
	收入额	2020年同期	2021年增收额	比2020年增长（%）
税费收入	192677	196065	-3388	-1.73
一、税收收入合计	71149	77990	-6841	-8.77
其中：中央库	29704	33636	-3932	-11.69
省级库	14741	15850	-1109	-7.00
市县级库	26704	28504	-1800	-6.31
县（区）库	26851	28504	-1653	-5.80
市级库	-147	—	-147	—
（一）税务部门组织税收收入	71149	77990	-6841	-8.77
1.国内增值税	38331	41353	-3022	-7.31
其中一：①直接收入	36981	40653	-3672	-9.03
②免抵调库	1350	700	650	92.86
2.国内消费税	33	36	-3	-8.33
3.营业税	—	—	—	—
4.企业所得税	8053	8741	-688	-7.87
5.个人所得税	4064	5614	-1550	-27.61
6.资源税	400		220	122.22
7.土地使用税	1810	2319	-509	-21.95

续表 10

项目＼收入	累计收入			
	收入额	2020年同期	2021年增收额	比2020年增长（%）
8.城市维护建设税	1908	1929	-21	-1.09
9.印花税	800	701	99	14.12
10.土地增值税	5666	5281	385	7.29
11.房产税	3173	2102	1071	50.95
12.车船税	1637	1507	130	8.63
13.车辆购置税	3235	4310	-1075	-24.94
14.耕地占用税	289	1493	-1204	-80.64
15.契税	1564	2345	-781	-33.30
16.环境保护税	186	79	107	135.44
（二）海关代征进口税收	—	—	—	—
二、其他收入合计	121528	118075	3453	2.92
（一）教育费附加	1131	1164	-33	-2.84
（二）文化事业建设费	1	8	-7	-87.50
（三）税务部门其他罚没收入	7	2	5	250.00
（四）社保基金收入	118564	115163	3401	2.95
（五）残疾人就业保障金	363	306	57	18.63
（六）水土保持补偿费	14	—	14	—
（七）地方教育附加	758	776	-18	-2.32
（八）城镇垃圾处理费	103	—	103	—
（九）工会经费	584	648	-64	-9.88
（十）其他收入	—	8	-8	-100.00
（十一）防空地下室易地建设费	3	—	3	—
出口退（免）税	-3040	-2925	-115	3.93

（陈　就　陈　琳）

金融业

综　述

【概况】 2021年，揭西县人民政府金融工作办公室（县金融办）完善地方金融服务体系，提升金融服务水平，推动金融机构支持实体经济，促进经济社会高质量发展。加强金融机构管理，依法打击非法集资等违法行为，整治地方金融乱象，防范化解金融领域风险。全县金融业以银行、保险、证券为主，有银行业机构6家、保险机构8家、证券机构1家、小额贷款公司1家。

【银行业】 2021年，揭西县银行业金融机构6家，分别是中国银行股份有限公司揭西县支行、中国农业银行股份有限公司揭西县支行、中国工商银行股份有限公司揭西县支行、中国建设银行股份有限公司揭西县支行、中国邮政储蓄银行股份有限公司揭西县支行和广东揭西农村商业银行股份有限公司。是年，银行业金融机构本外币各项存款余额330.94亿元，比年初（下同）增加16.53亿元，增长5.3%；本外币各项贷款余额147.97亿元，增加3.67亿元，增长2.5%。

【保险业】 2021年，揭西县有保险机构8家，分别是中华联合财产保险股份有限公司揭阳市揭西支公司、中国太平洋财产保险股份有限公司揭阳市揭西支公司、中国人寿财产保险股份有限公司揭阳市揭西支公司、中国人民财产保险股份有限公司揭西支公司、中国平安财产保险股份有限公司揭阳市揭西支公司、阳光财产保险股份有限公司揭阳市揭西支公司、中国人寿保险股份有限公司揭西县支公司、中国平安人寿保险股份有限公司揭阳中心支公司揭西营业部。全年实现保费收入2.69亿元，比2020年减少0.12亿元。

【证券业】 2021年，揭西县有证券机构营业部1家，为广发证券股份有限公司揭阳揭西证券营业部，提供A股B股买卖、期货IB、融资融券等经纪业务，提供IPO、城投债、中小企业私募债等企业金融服务，提供保本浮动收益凭证、收益宝、金快线等类固收产品与权益类基金产品；开展股权质押、约定式购回等业务。至年底，营业部新开户0.8万户，累计客户4.45万户，累计交易量664.41亿元。营业部融资融券总维持担保比例317.1%。

（叶俊宏　黄楚玲）

金融业监管

【概况】 2021年，中国人民银行揭西县支行（简称人民银行揭西支行）统筹推进金融支持疫情防控和“六稳”“六保”工作，提升金融管理和服务水平，防范重大金融风险，加强外汇管理，支持县域经济持续健康发展。至年底，全县银行业金融机构6家，各银行机构各项存款余额330.94亿元，比年初（下同）增长5.3%；各项贷款余额147.97亿元，增长2.5%。

【金融服务】 2021年，揭西县辖内办理企业征信查询54次，受理个人征信查询7308人次。开展诚信进企业、学校、社区活动等各类宣传活动5场次。人民银行揭西支行依法依规办理人民币账户开、销户行政许可。监督指导辖内银行落实“放管服”要求，取消企业银行账户督导工作，优化营商环境。全年辖区内银行办理开户1288户、销户458户、变更人民币账户1526户。完成国库核算业务，确保国库资金安全。推进数字财政上线，开展财政性国库资金收纳划拨清算工作，及时准确收纳辖区征收机关缴纳财政性资金；办理国库集中支付业务，按时足额拨付各类专项财政预算拨款，严格审核办理退更免业务。分析国库资金运行情况和特点，报政府分管领导和相关部门，提供决策依据。全年办理财政预算收入13.99万笔，总额65.96亿元；支出1.87万笔，总额59.69亿元。至年底，县财政库存10.20亿元，办理预算收入退付业务8651笔，总额0.51亿元，其中出口退税0.30亿元。

【支付清算】 2021年，人民银行揭西支行推进金融科技建设，改善金融支付服务环境，确保汇路畅通，ACS系统（中央银行会计核算数据集中系统）正常运行，系统发出业务263笔，总额5199.73亿元。设立助农取款服务点272个。全年助农取款0.22万笔，总额0.02亿元；查询业务2.28万笔；转账1.30万笔，总额0.09亿元；其他叠加金融支付服务业务5.54万笔，总额0.09亿元。在河婆街道、棉湖镇、灰寨镇建立移动支付示范镇，建成3个示范商圈、91个标准示范点、605个特约商户，移动支付受理终端改造率100%。聚焦医疗、学校、生活等民生领域，推广“云闪付”App等移动支付产品和服务，扩大移动支付示范镇辐射范围及影响力。

【货币信贷】 2021年，人民银行揭西支行围绕优化金融生态环境、营商环境等方面开展调研，强化政银企对接，引导商业银行优化小微企业贷款，落实两项直达实体经济政策工具，推行动产统一登记系统、不动产登记金融服务系统、粤信融和中征应收账款融资服务平台，鼓励和指导银行机构针对不同客户开展综合性金融服务，创新信贷产品，加强金融政策与财政、产业等政策协调配合，联合政府部门推进政银企常态化建设，中小微企业贷款余额90.85亿元。健全金融服务体系，开展金融知识宣传、存款保险宣传及公众认知评估，提升公众金融素养。开展“贷动小生意，服务大民生”金融支持个体工商户发展专项行动，涉农贷款104.54亿元，带动服务脱贫产业贷款800万元。

【外汇管理】 2021年，国家外汇管理局揭西县支局开展外汇监管，掌握外汇收支动态，加强跨境资金流动监测。落实“贸易外汇收支企业名录”管理，提高国际收支数据申报时效性和质量，加强事中事后监管，完成对县辖重点监测企业外汇业务非现场核查53家次、现场核查3家次，完成银行业务非现场核查15家次。开展“诚信兴商宣传月”“宪法宣传周”活动，推广“国家政务服务”微信小程序，举办外汇政策宣讲会，宣传外汇便利政策和跨境人民币结算业务。走访5家重点企业，督促银行机构加强金融支持和服务。是年，辖内银行结汇0.24亿美元，比2020年（下同）降低13%；售汇金额0.02亿美元，降低32%。

2021年揭西县金融机构存贷款情况表

表11　　　　单位：亿元

类别	各项存款			各项贷款		
	年底余额	比年初		年底余额	比年初	
		增减额	增幅（%）		增减额	增幅（%）
全县金融机构合计	330.94	16.53	5.3	147.97	3.67	2.5
国有独资商业银行小计	111.18	7.66	7.4	40.19	2.7	7.2
农村商业银行	148.45	2.21	1.5	101.78	0.12	0.1
邮政储蓄银行	61.08	4.75	8.4	5.99	0.85	16.5

（林振群　杨秋虹）

银行机构选介

中国工商银行股份有限公司揭西支行

【概况】 2021年，中国工商银行股份有限公司揭西支行（简称工商银行揭西支行）聚焦核心工作，做好存款服务、客户维护、资产业务、产品配置、金融服务等工作。至年底，各项存款余额28.08亿元，各项贷款余额10.40亿元，中间业务收入894万元。是年，工商银行揭西支行有揭西支行营业部和棉湖支行2个营业机构，ATM机8台，人员33人。工商银行揭西支行党总支被省工行授予“中国工商银行广东省分行先进基层党组织”称号；在省工行开展第二届文明单位评选活动中获“中国工商银行广东省分行文明单位”称号。3月15日，工商银行揭西支行在霖都大道营业部开展征信报告知识宣传活动。

【存储业务】 2021年，工商银行揭西支行主要开办活期存款、定期存款、大额存单、储蓄国债、通知存款、结构性存款等存款业务；外汇存款包括活期存款和定期存款。至年底，各项存款余额28.08亿元，比年初（下同）增加3.80亿元。其中：储蓄存款余额20.45亿元，首次突破20亿元大关，增加2.08亿元；对公存款余额7.63亿元，增加1.72亿元。

2021年3月15日，工商银行揭西支行在霖都大道营业部宣传征信报告知识
（工商银行揭西支行 供稿）

【信贷业务】 2021年，工商银行揭西支行主要开办小企业法人抵押贷款、项目贷款、网贷通、个人住房按揭贷款、个人消费贷款、个人抵押经营贷款、汽车分期付款、信用小额贷款等信贷业务。聚焦“乡村振兴”，支持揭西重大项目基础建设，为揭西新希望六和养殖有限公司授信4.7亿元项目贷款。落实普惠金融政策，加强“税易通”“结算贷”“e抵快贷”等产品宣传营销，着力解决小企业“贷款难”问题，支持小微企业实体经济发展。至年底，各项贷款余额10.40亿元，比年初（下同）增加1.24亿元。其中：对公贷款（含项目贷款小企业贷款）余额0.34亿元，减少79万元；银保监口径普惠型小微企业贷款余额0.60亿元，增加0.13亿元；个人贷款余额3.48亿元，减少0.05亿元。

【中间业务】 2021年，工商银行揭西支行主要开办账户结算、资金汇兑、银行汇票、托收承付、委托收款、代发工资等支付结算业务，为广大群众提供理财、基金、保险、贵金属、分期付款等金融服务，开展个人网银、手机银行、三方支付平台绑卡、三方存管等业务推广工作。全年实现中间业务收入894万元。

【国际业务】 2021年，工商银行揭西支行优化服务，加大结算、贸易融资等方面优惠力度，

2021年中国工商银行股份有限公司揭西支行主要业务经营情况表

表12 单位：亿元

项目	余额	比2020年增长（%）
存款余额	28.08	25
其中：储蓄存款余额	20.45	11
对公存款余额	7.63	91
贷款余额	10.40	14
其中：个人贷款余额	3.48	-4
法人贷款余额	6.92	23

扩大交易量，稳定业务合作，主要开办外币储蓄、跨境汇款、结售汇、代理退税、信用证、进口代付、出口信保融资、出口发票融资等国际业务。至年底，实现国际业务结算量824万美元，结售汇业务量841万美元。

【理财业务】 2021年，工商银行揭西支行加强理财工作，提高服务效能，主要开办保险、基金、人民币理财、国债等理财业务。全年理财销售总额37.26亿元，比2020年增加21.99亿元。其中：基金3928万元、保险753万元、理财产品27.73亿元、私人银行8.95亿元、国债1149万元。

（蔡剑霞 黄佳梓 方淑藩）

中国农业银行股份有限公司揭西县支行

【概况】 2021年，中国农业银行股份有限公司揭西县支行（简称农行揭西县支行）加强信贷投放，服务“三农”建设。辖属营业网点7个、ATM自助设备14台，惠农通服务点110个，覆盖全县行政村。至年底，各项存款余额46.19亿元，各项贷款余额19.27亿元。12月10日，农行揭西县支行与县供销联社签署“粤供易贷”合作协议。

【存储业务】 2021年，农行揭西县支行主要开办人民币存款和外汇存款等存款业务。人民币存款业务包括活期、整存整取、零存整取、整存零取、存本取息、

2021年12月10日，揭西县供销联社、农业银行“粤供易贷”合作签约仪式在农行揭西县支行举行 （农行揭西县支行 供稿）

定活两便、协定存款和通知存款等。外汇存款业务包括活期、7天通知存款和定期存款等。是年，本外币各项存款余额46.19亿元，比2020年增加3.95亿元，增长9.4%，其中储蓄存款41.45亿元、对公存款4.74亿元。

【信贷业务】 2021年，农行揭西县支行主要开办中小企业贷款、住房按揭贷款、农村个人经营贷款、农户小额贷款、汽车分期贷款、家装分期贷款等信贷业务。至年底，本外币各项贷款余额19.27亿元，比2020年（下同）增加0.89亿元，增长4.8%。其中：个人贷款余额12.89亿元，增加0.88亿元，增长7.3%；法人贷款余额6.38亿元，增加77万元，增长0.1%。

【中间业务】 2021年，农行揭西县支行主要开办代收代付、代发工资等支付结算业务；推出乡村振兴卡、消费帮扶爱心卡、国家宝藏卡等系列信用卡；开通网上银行、掌上银行、手机信使等电子银行业务；办理代理保险、第三方存管、基金、贵金属、理财、债券等业务。全年中间业务收入1803万元，比2020年减少104万元，降低5.5%。

【国际业务】 2021年，农行揭西县支行主要开办国际结算、跨境人民币结算、信用证、结售汇等国际业务，围绕客户线上化跨境金融服务需求，加强外币账户、国际结算、贸易融资等全流程跨境金融线上产品供给，推出“农银跨境e汇通”“农银跨境e证通”“农银跨境e融通”三大国际业务品牌。加强业务合作，拓宽业务交易量，全年国际业务结算量145万美元，业务收入27.95万元。

【理财业务】 2021年，农行揭西县支行拓展财富管理业务，加强理财服务水平。主要开办代理保险、代理基金、人民币理财、国债等理财业务，全年理财销售总额8.79亿元，其中销售代理保险产品3239万元、代理基金产品1439万元、销售人民币理财产品5.4亿元、私人银行2.89亿元、国债351.44万元。

【支农业务发展】 2021年，农行揭西县支行坚持服务“三农”，

2021年中国农业银行揭西县支行主要业务完成情况表

表13 单位：亿元

项目	余额	比2020年增长（%）
存款余额	46.19	9.4
其中：储蓄存款余额	41.45	12.0
对公存款余额	4.74	-9.2
贷款余额	19.27	4.8
其中：个人贷款余额	12.89	7.3
法人贷款余额	6.38	0.1

服务实体经济和社会民生发展。聚焦驻镇帮镇扶村工作，选派驻镇金融助理，深耕乡村市场，加强惠农产品、普惠金融业务宣传和推广，加大对乡村振兴领域支持力度，全面推进乡村振兴战略。加快推动场景经营、数字化转型新形势，聚焦智慧政务、智慧教育、智慧医疗等高频场景，让广大农民共享金融科技红利。至年底，大普惠金融领域贷款净增1.22亿元，其中普惠法人条线比年初（下同）增加3112万元，农户条线增加6570万元。

（王晓龙　黄晓景）

中国银行股份有限公司揭阳揭西支行

【概况】　2021年，中国银行股份有限公司揭阳揭西支行（简称中国银行揭西支行）加强存款、贷款、营业收入等经营管理工作，深化改革，提升市场竞争力。至年底，各项人民币存款余额15.74亿元，各项贷款4.46亿元，存贷比28.3%；实现营业净收入3037万元，其中非息收入724万元，完成国际结算量1587.2万美元。

【存储业务】　2021年，中国银行揭西支行主要开办活期、整存整取、零存整取、整存零取、存本取息、定活两便、协定存款、通知存款、大额存单等人民币存款，开办活期、7天通知存款、定期存款等外汇存款。是年，人民币各项存款余额15.74亿元，比2020年（下同）增加1.39亿元，其中储蓄存款余额13.69亿元、企业存款余额1.9亿元。外币储蓄存款余额226万美元。年末各项存款日均余额15.18亿元，增加0.95亿元，增长6.7%。

【信贷业务】　2021年，中国银行揭西支行加大县内中小微企业贷款融资扶持力度，帮助中小微企业和实体经济发展。推出“惠农通宝”“文化通宝”“科技通宝”、“专精特新”小升规贷等中小企业普惠金融贷款业务，办理“优粤贷”“优享贷”“厂房贷”“烟商贷”和住房按揭贷款、中银e贷等个人贷款业务。年末各项人民币贷款余额4.46亿元，其中个人贷款余额2.74亿元、企业贷款余额1.72亿元；普惠金融贷款余额1.26亿元，其中中小企业贷款0.76亿元，个体户和小微企业主贷款0.5亿元。

【中间业务】　2021年，中国银行揭西支行主要开办转账结算、国际国内汇兑、网上支付等结算业务。办理信用卡、第三方存管、理财、代理保险和基金等业务，办理手机银行业务。全年中间业务收入724万元，比2020年增加22万元，增长3%。

【国际业务】　2021年，中国银行揭西支行主要开办资本金结汇、结售汇、跨境人民币等国际结算业务，全年国际业务结算量1587.2万美元，比2020年（下同）增加77.19万美元，增长4.9%；跨境人

2021年中国银行股份有限公司揭阳揭西支行主要业务经营情况表

表14 单位：亿元

项目	余额	比2020年增长（%）
存款余额	15.74	9.7
其中：储蓄存款余额	13.69	10.8
对公存款余额	1.9	3.5
贷款余额	4.46	-20.6
其中：个人贷款余额	2.74	-15.0
法人贷款余额	1.72	-28.0

民币业务量611.51万元，增加37.24万元，增长6.5%。至年底，累计开立外汇账户39户。

（邢荣冲　何浩明）

中国建设银行股份有限公司揭西支行

【概况】　2021年，中国建设银行股份有限公司揭西支行（简称建设银行揭西支行）推进金融供给侧结构性改革，提升金融服务水平，增强防范金融风险能力，助力发展实体经济，拓展跨境业务。全县设置营业机构2个、24小时自助银行4个、ATM机9台、智慧机8台。至年底，一般性存款余额23.27亿元，贷款余额10.26亿元，中间业务收入1014万元。

【存款业务】　2021年，建设银行揭西支行主要开办活期存款、定期存款、大额存单、智能存款等人民币存款业务及外币存款业务。至年底，一般性存款余额23.27亿元，比年初（下同）减少1.54亿元。其中对公存款5.66亿元，减少3.34亿元；个人存款余额17.61亿元，增加1.80亿元。

【信贷业务】　2021年，建设银行揭西支行统筹信贷资源，加大普惠金融工作力度，重点支持先进制造业、农林业和受疫情影响企业，主要开办小微快贷、抵押快贷、税易贷等信贷业务。至年底，各项贷款余额10.26亿元，比年初增加2.09亿元。其中涉农贷款4.15亿元，普惠贷款2.69亿元。

2021年中国建设银行股份有限公司揭西支行主要业务经营情况表

表15　　单位：亿元

项目	余额	比2020年增长（%）
存款余额	23.27	-6.20
其中：储蓄存款余额	17.61	11.39
对公存款余额	5.66	-37.11
贷款余额	10.26	25.58

【中间业务】　2021年，建设银行揭西支行主要开办代理政府债券、理财业务、贵金属、保险兼业代理、公募基金等中间业务。是年，销售代理政府债券50万元、理财产品6.24亿元、实物贵金属851克、保险708万元、公募基金1.50亿元，实现中间业务收入1014万元。

【乡村金融】　2021年，建设银行揭西支行加强脱贫攻坚成果同乡村振兴有效衔接，提升乡村金融供给能力，服务基层政府及农户。对接揭西县“一村一品”项目全部14个单位账户开立，对接省级苦笋产业园7个单位账户开立。建设裕农通服务点217户，覆盖行政村217个。建设银行揭西支行乡村振兴业务考核在全市系统内排名第一。

（刘建河　温南生）

中国邮政储蓄银行股份有限公司揭西县支行

【概况】　2021年，中国邮政储蓄银行股份有限公司揭西县支行（简称县邮储银行）优化农村金融产品服务，加强业务能力建设。至年底，全县储蓄网点18个、电子汇兑网点2个，布放CRS（自动存取款机）及ITM（智能柜员机）自助设备63台，布放商易通固话支付设备79台，建设助农取款服务点67个。

【存储业务】　2021年，县邮储银行主要开办活期、整存整取、零存整取、整存零取、存本取息、定活两便、协定存款和通知存款等人民币存款业务，开办活期存款、定期存款等外币存款业务。至年底，人民币各项存款余额61.08亿元，比2020年（下同）增加4.75亿元，增长8.4%。其中个人存款余额48.02亿元，增加4.37亿元；单位存款余额13.06亿元，增加0.38亿元。

【信贷业务】　2021年，县邮储银行主要开办有商贷通、农贷通、政贷通、网贷通等个人经营贷款和综合消费贷款、住房按揭贷款、汽车按揭贷款等个人消费贷款；开办小企业法人抵押贷款、科技贷、专精特新科创贷、电贷通等小企业信贷业务。至年底，发放各项贷款4.54亿元，各项贷款余额5.99亿元，比2020年（下同）增加0.85亿元。其中发放个人贷款3.52亿元，结余4.81亿元，增加0.57亿元；发放企业贷款1.02亿元，贷款余额1.18亿元，增加0.27亿元。

【中间业务】 2021年，县邮储银行主要开办转账结算、国内汇兑、商易通、网上支付结算、代收代付等支付结算业务；推广中国邮政储蓄银行信用卡普卡、金卡、生肖卡等系列信用卡，结存卡量1.44万张；开通电子银行业务，网上银行结存户数14.59万户、手机银行结存户数18.25万户；办理第三方存管业务、理财业务、代理保险业务等。

【国际业务】 2021年，县邮储银行主要开办外币储蓄、跨境汇款、结售汇、代理退税、信用证、进口代付、出口信保融资、出口发票融资、外币流动资金贷款等国际业务。是年，公司外汇结售汇7.38万美元，比2020年（下同）增加0.07万美元；个人结售汇11.13万美元，减少4.02万美元。

【理财业务】 2021年，县邮储银行主要开办人民币理财、代理保险、代销基金、国债等理财业务。是年，销售保险产品1.50亿元，比2020年（下同）增加0.23亿元；销售开放式基金5507万元，增加946万元；销售人民币理财产品12.14亿元，减少2.19亿元；销售国债419万元，增加232万元。

【普惠金融】 2021年，县邮储银行实施金融服务乡村振兴战略，推进普惠金融工作精神，加强小微企业贷款服务，上门了解融资需求，年末普惠小微贷款余额结余3.69亿元，比年初增加8162万元，用户数增加10户。做好城乡居保业务经办及资金代收缴服务，承担全县城乡居民养老保险全流程服务。全年发放城乡居民养老保险金2.82亿元。结合“红色金融轻骑兵金融便民金融服务”、常态化扫黑除恶宣传活动，开展“3·15”消费者权益日专项宣传、“守护钱袋子活动”、“非法集资宣传”等宣传活动。

（林俊斌　庄静云）

2021年中国邮政储蓄银行股份有限公司揭西县支行主要业务经营情况表

表16　　单位：亿元

项目	余额	比2020年增长（%）
存款余额	61.08	8.4
其中：储蓄存款余额	48.02	10.0
对公存款余额	13.06	3.1
贷款余额	5.99	16.5
其中：个人贷款余额	4.81	13.5
法人贷款余额	1.18	30.5

广东揭西农村商业银行股份有限公司

【概况】 2021年，广东揭西农村商业银行股份有限公司（简称揭西农村商业银行）坚持“服务三农、服务中小微企业、支持地方经济发展”市场定位，打造现代化社区银行，加强中小微企业和城乡居民金融服务。至年底，全县营业网点48个，布放ATM（自动取款机）及CRS（自动存取款机）54台，布放POS机664台；开通手机银行户16.87万户、网上银行9.09万户；设立银行助农取款服务点102个；发放社保卡51.89万张，激活社保卡34.43万张。

【存储业务】 2021年，揭西农村商业银行主要开办活期、整存整取、零存整取、整存零取、存本取息、定活两便、协定存款和通知存款等人民币存款业务。至年底，人民币各项存款余额148.45亿元，比年初（下同）增加2.21亿元，增长1.5%。其中，个人存款余额127.25亿元，增加10.23亿元；单位存款余额21.20亿元，减少8.02亿元。

【信贷业务】 2021年，揭西农村商业银行主要开办企易贷、悦农e贷、悦农小微贷、个人住房按揭贷款、固定资产贷款、薪易贷、农户小额信用贷款、脱贫人口小额贷款、个人经营性贷款、个人消费贷款、流动资金贷款等信贷业务。重点投放涉农贷款资金，主要扶持农、林、牧、渔等地方特色行业，服务实体经济发展及乡村振兴。普惠型涉农贷款、普惠型农户贷款持续增长，普惠小微企业贷款“两增”（增速高于各项贷款增速，户数高于年初）达标。新发放4户脱贫人口小额贷款，金额12万元，落实应贷尽贷；存量88户，余额335.2万元；代发贴息2次，金额17.46万元，涉及脱贫户205人次。至年底，人民币各项贷款余额101.78亿元，比年初增加0.12亿元；发放贷款1502笔4.60亿元，其中经营类贷款405笔1.98亿元，消费类贷款1097笔2.62亿元。全年新发放贷款不良率为零。

【中间业务】 2021年，揭西农村商业银行主要开办转账结算、国内汇兑、POS、网上支付等支付结算业务；推出银行借记卡普卡；开通网上银行、手机银行等电子银行业务；办理第三方存管业务、代理业务。是年，中间业务收入583.24万元，比2020年增加264.27万元，增长82.9%。

【金融创新】 2021年，揭西农村商业银行加大手机银行、网上银行、悦农e付收银台、“云闪付”App、ETC等电子金融推广运用。网上银行存量9.09万户，比2020年（下同）新增0.91万户，增长11.1%；手机银行存量16.87万户，新增4.11万户，增长32.2%；悦农e付收银台存量2.28万户，新增0.47万户，增长26%；“云闪付”App推广1.73万户。

（黎康荣　彭程发）

2021年广东揭西农村商业银行股份有限公司主要业务经营情况表

表17　　单位：亿元

项目	余额	比2020年增长（%）
存款余额	148.45	1.5
其中：储蓄存款余额	127.25	8.7
对公存款余额	21.20	-27.5
贷款余额	101.78	0.1
其中：个人贷款余额	10.66	34.9
法人贷款余额	91.12	-2.8

保险公司选介

【中国人寿保险股份有限公司揭西县支公司】 2021年，中国人寿保险股份有限公司揭西县支公司在全县设1个支公司和4个营销服务部。主要经营人寿保险、健康保险、意外伤害保险等各类人身保险业务，以及人身保险的再保险业务，各类人身保险服务、咨询和代理业务等。至年底，总保费收入1.13亿元，满期给付331.35万元，赔款支出634.34万元。

（郑东林　张　晖）

【中国人民财产保险股份有限公司揭西支公司】 2021年，中国人民财产保险股份有限公司揭西支公司内设1个综合部和5个销售团队，外设棉湖营业部和五经富营销服务部。主要经营机动车辆保险、财产保险、货物运输保险、责任保险、信用保险、船舶保险、意外伤害保险、短期健康保险、工程保险、产品责任保险、雇主责任保险、公众责任保险、校园方责任保险、信用保证保险、能繁母猪保险、生猪保险、水稻保险、政策性农村住房保险、补充医疗保险等险种。是年，总保费收入5929万元，其中机动车辆保险保费4570万元，商业非车险保费1359万元；赔款支出2741万元。

（黄喜辉　王定荣）

【中国平安人寿保险股份有限公司揭阳中心支公司揭西营业部】 2021年，中国平安人寿保险股份有限公司揭阳中心支公司在揭西县设有揭西营业部和棉湖营销服务部2个经营网点，揭西网点员工227人，其中营销员223人。承保人民币和外币人身保险业务，包括人寿保险、健康保险、意外伤害保险等保险业务；办理法定人身保险业务；代理国内外保险机构检验、理赔及其委托其他有关事宜；办理证券投资基金销售业务、经保险监督管理机构批准的其他业务。是年，实现总保费6639.61万元，其中首年投保保费1339.07万元，续期保费5300.54万元；寿险总保费4372.50万元，其中首年投保保费699.94万元，续期保费3672.56万元；赔款总支出792.45万元，其中理赔支出654.26万元，生存给付138.19万元。

（许林伟　陈燕淳）

【中国平安财产保险股份有限公司揭阳市揭西支公司】 2021年，中国平安财产保险股份有限公司揭阳市揭西支公司前线渠道有综拓渠道、新渠道、车商渠道、创展服务部，后线岗位有综合岗、客服岗和理赔岗。主要经营企业财产损失保险、家庭财产损失保险、短期健康保险、意外伤害保险、建筑工程保险、安装工程保险、货物运输保险、机动车辆保险、船舶保险、能源保险、法定责任保险、一般责任保险、保证保险、信用保险等险种。代理国内外保险机构检验、理赔、追偿等事宜。全年总保费收入3500万元，其中首年投保保费收入300万元，续期保费收入2500万元，转保投保保费收入700万元；赔款支出1800万元，退保金50万元，满期给付80万元。

（许嘉超　李树芬）

【中华联合财产保险股份有限公司揭阳市揭西支公司】 2021年，中华联合财产保险股份有限公司揭阳市揭西支公司主要经营企业财产保险、家庭财产保险、建筑工程保险、安装工程保险、货物运输保险、机动车辆保险、船舶保险、飞机保险、航天保险、核电站保险、能源保险、法定责任保险、一般责任保险等险种，及上述保险业务的再保险业务；经营个人意外伤害保险、团体意外伤害保险等险种。是年，实现总保费收入710万元，其中机动车辆保险保费500万元，财产保险及人身意外保险保费210万元。

（黄俊荣　蔡友君）

【中国太平洋财产保险股份有限公司揭阳市揭西支公司】 中国太平洋财产保险股份有限公司揭阳市揭西支公司筹建于2017年，设五个业务渠道（个人代理、交叉销售、非车险部、车商销售、电网销），主要经营企业财产损失保险、责任保险、信用保险和保证保险，短期健康保险和意外伤害保险以及上述业务的再保险业务，国家法律、法规允许的保险资金运用业务等。2021年总保费收入1281.45万元，其中机动车辆保险保费724.21万元、财产保险及人身意外保险保费244.33万元、农业保险保费312.91万元。

（张晓斌　林小漫）

证券公司选介

【广发证券股份有限公司揭阳揭西证券营业部】 2021年，广发证券股份有限公司揭阳揭西证券营业部（简称广发证券揭西营业部）加强内控管理，加大合规管理力度，开展优质金融服务活动，提升客户满意度。提供A股B股买卖、期货IB、融资融券、融易通、简约通、沪港通、深港通、新老三板，以及个股期权等经纪业务；提供IPO、城投债、中小企业私募债等企业金融服务；提供保本浮动收益凭证、收益宝、金快线、新睿利、多添利、国债回购、新客专享、信托等类固收产品与权益类基金产品；股票质押、约定式购回等质押业务。至年底，营业部累计客户4.45万户，新开户0.8万户，累计交易量664.41亿元。营业部融资融券总维持担保比例317.1%。践行广发证券企业社会责任，落实证券风险管控措施，做好投资者教育工作，提升投资者风险意识，帮助投资者树立理性投资理念，保护投资者权益。11月15日，揭西营业部总经理率营业部“红色金融轻骑兵”队伍到揭西县职业技术学校开展便民金融宣传活动，现场讲解反防范金融诈骗、打击洗钱犯罪等金融知识，派发宣传折页与小礼物等，引导学生树立正确金融意识，增强金融风险防范意识。全年业务运营安全无事故。

（方少光　邓秀丽）

2021年11月15日，广发证券揭西营业部在揭西县职业技术学校开展“红色金融轻骑兵”便民金融宣传活动　（邓秀丽　摄）

农业　水利

综　述

【概况】　2021年，揭西县农业农村局（简称县农业农村局）深化农村综合改革，建立健全农业产业链“链长制”，加强农业科技创新，强化农产品质量安全监管，加大农业综合执法力度，推进农业产业园建设、美丽宜居新农村建设、农产品市场体系建设，落实强农惠农政策，做好耕地撂荒复耕复种工作。全年全县镇级“三资”交易平台交易项目736宗，成交金额2.38亿元。是年，县农业农村局职员刘佑平被授予“广东省脱贫攻坚先进个人”称号。

【农村综合改革】　2021年，揭西县推进农村土地承包经营权流转工作。制定出台《揭西县农村承包土地经营权流转实施意见（修订）》，通过奖励机制调动各乡镇（街道）、村社、农户和新型农业经营主体土地流转积极性，全县流转土地面积8508公顷，流转率42.3%；推进农村集体产权制度改革工作，按期完成全县农村集体经济组织产权制度改革工作，确认农户17.32万户、81.56万人。将全县69个拥有一定规模固定经营性资产集体经济组织的集体资产量化到人、确权到户，涉及3.25万户、15.28万人，发放份额权证3.25万份；推进农村宅基地改革与管理工作，出台《揭西县人民政府关于印发揭西县农村宅基地和住房建设管理暂行办法的通知》，全县农村宅基地完成审批1720宗，完成审批总面积14.7公顷。11月10日，揭阳市农村宅基地和住房建设管理工作培训会在南山镇火炬村举行。

【农业科技创新】　2021年，县农业农村局指导农户开展病虫防控，推广杀虫灯、黏虫板、性诱杀等病虫绿色防控技术，植保无人机防控病虫，使用高效、低毒、低残留农药。建立草地贪夜蛾监测防控示范区，安装自动性诱监测器，推广生态防控理念，采用性诱捕器诱杀成虫及开展应急防控等措施遏制草地贪夜蛾暴发成灾。

【农田建设】　2021年，揭西县推进高标准农田建设。2018年度高标准农田建设项目建设规模933.33公顷，投资总额约2100万元，项目建设地址分布于凤江

2021年11月10日，揭阳市农村宅基地和住房建设管理工作培训会在南山镇火炬村举行
（县农业农村局　供稿）

镇、灰寨镇、上砂镇等8个乡镇，涉及41个行政村，2021年1月28日通过县级验收；3月17日通过市级验收。2021年度高标准农田建设项目建设规模333.33公顷，投资总额1125万元，项目建设地址分布于棉湖镇、坪上镇、凤江镇，涉及13个行政村，10月29日开工。

【农业产业园建设】 2021年，揭西县申报苦笋省级现代农业产业园及茶叶、蜂蜜、苦笋3个市级现代农业产业园建设。苦笋产业园建设规划覆盖五经富镇、京溪园镇、良田乡3个乡镇，遴选8家企业作为实施主体参与项目建设。苦笋产业园集科研、加工、销售于一体，计划总投资2.1亿元（其中申请省级财政资金5000万元、企业配套1亿元以上、县政府统筹配套6000万元以上），规划建设苦笋良种培育示范基地、苦笋产品深加工综合利用、生态苦笋种植基地等24个项目；茶叶市级产业园以五经富镇五新村为核心区，建设总面积53.33公顷，开展茶叶标准化种植示范基地、茶叶初深加工及“茶文化”主题农旅休闲体验区项目建设；蜂蜜市级产业园以龙潭镇陂尾村为核心区，总规模蜜蜂2000群，开展蜜蜂标准化养殖示范、蜂蜜产品标准化加工基地以及养蜂事业文化带动特色旅游品牌发展项目建设；苦笋市级产业园以五经富镇为创建范围，苦笋总种植面积40公顷，开展苦笋标准化、规模化种植，建设苦笋良种繁育示范区、生态种植区等。

【农业产业链“链长制”】 2021年，揭西县在创建农业产业链工作中先行先试，选准现代农业主导产业，制订工作方案、工作规则、管理考核办法等政策文件，成立县、镇两级工作领导机构，召开县委常委（扩大）会议、县委专题工作会议、县政府常务会议等，研究部署推进农业产业链“链长制”创建工作，协调解决农业产业链创建工作中的问题和困难。至年底，创建2条市级农业产业链（生猪、茶叶）、4条县级农业产业链（苦笋、南药、橄榄、蔬菜）。

凤江镇高标准农田建设项目（2021）　　（县农业农村局　供稿）

【农机管理】 2021年，揭西县加强农机安全监督管理，强化农机安全生产。加大农机安全宣传教育和检查力度，开展便民下乡服务，为机手及农机用户办理年度检验车辆120辆及驾驶证到期换证24本，全年出动监理人员127人次，印发宣传材料2580份。全县受理农机购机补贴申请161份，使用中央补贴资金30.83万元，补贴机具163台（套），受益户数148户，购机总价164.17万元。全县水稻耕种收综合机械化率74.4%。

【“一村一品、一镇一业”项目】 2021年，揭西县推进“一村一品、一镇一业”项目建设，全县审批通过15个“一村一品、一镇一业”项目，15个项目资金共600万元全部拨付到位（每个实施主体补助40万元），开工建设。是年，龙潭镇汤坝村、坪上镇四新村、南山镇分水村等11个村被广东省农业农村厅认定为“一村一品”专业村。

【强农惠农政策】 2021年，揭西县鼓励和引导农民保护耕地，发放中央财政耕地地力保护补贴总资金2521.94万元，补贴面积1.98万公顷；加大政策性农业保险推广力度，扩大农业保险覆盖面，提高保险保额标准，做好政策性水稻保险、特色水果保险工

2021年揭西县新增省级“一村一品”专业村一览表

表18

村名	项目
龙潭镇汤坝村	橄榄
龙潭镇龙东村	柑橘
龙潭镇团结村	茶叶
龙潭镇南福田村	柑橘
坪上镇四新村	番薯
坪上镇五星村	茶叶
坪上镇上仓村	柑橘
南山镇分水村	柑橘
南山镇上寮村	蔬菜
五经富镇新仓村	茶叶
东园镇东桥园村	玉米

作。水稻由1.2万元/公顷（800元/亩）提高至1.5万元/公顷（1000元/亩），能繁母猪由1000元/头提高至1500元/头，育肥猪由800元/头提高至1400元/头。全年农险签单保费1732.88万元，比2020年增长242%，其中能繁母猪保险签单保费25.47万元，承保2830头；仔猪保险签单保费169.8万元，承保5.66万头；育肥猪保险签单保费501.76万元，承保8.96万头；水稻种植保险签单保费216.99万元，承保3613.33公顷；茶叶种植保险签单保费169.22万元，承保564.07公顷；葡萄种植保险签单保费9.36万元，承保13.87公顷；青梅种植保险签单保费460.40万元，承保682.07公顷；柑橘种植保险签单保费86.39万元，承保127.93公顷；香蕉种植保险签单保费75.21万元，承保111.4公顷；大棚保险签单保费16.64万元，承保13.87公顷。生猪价格保险签单保费1.21万元；生猪饲料价格保险签单保费0.43万元。

【农作物重大病虫害防控】 2021年，揭西县制定并印发《2021年揭西县“虫口夺粮”保丰收实施方案》，建立玉米、茶叶、柑橘三个绿色防控示范基地，安装使用杀虫灯、诱捕器、色板及其他措施，减少农药使用量和农药使用次数，加强农产品质量安全保障。重点做好外来生物红火蚁防控工作，制订《揭西县红火蚁防控工作方案》，通过发放药物、组织防控服务队防控、举办培训班、印制发放宣传资料等方式推进红火蚁防控工作，在各乡镇（街道）举办红火蚁防控技术培训班20场次、培训1120人次，印制和发放红火蚁防控宣传册3万多份、宣传挂图1400多份。全年发出《农作物病虫情报》8期；全县病虫草鼠害发生面积9.46万公顷次，防治面积13.70万公顷次，完成主要农作物绿色防控覆盖率47.3%、统防统治覆盖率44.2%；农药使用量395.2吨（商品量），比2020年减少68吨。

【农产品质量安全监管】 2021年，县农业农村局强化风险监测预警，加大农产品抽检监测力度。全年完成农产品风险监测（快速检测）2833批次，合格率

2021年9月8日，县农业农村局在龙潭镇莱仔园村开展玉米病虫害调查

（县农业农村局 供稿）

99.7%；完成农产品质量安全监督抽查（定量检测）1307批次，合格率99.9%，其中种植业产品604批次、畜禽产品553批次、水产品150批次，未发生农产品质量安全事故。

【农业综合执法】 2021年，揭西县加强农业综合行政执法，加大打击农业领域违法违规行为力度，开展农业生产专项整治，强化重点环节执法检查。全年出动宣传车25辆次、执法人员1661人次，检查生产经营主体424家次，发放宣传材料2700多份；立案查处违法违规案件2件，结案2件，罚没金额2.4万元。

【美丽宜居新农村建设】 2021年，揭西县全面完成省定贫困村、省级新农村连片示范建设，在打造100个生态美丽宜居示范村和6条美丽乡村精品线路基础上，投入涉农资金2.11亿元，新增创建28个红色美丽宜居示范村，推进金和镇美丽宜居乡村示范镇建设；投入1.43亿元，建设灰寨镇、金和镇农房管控和风貌提升示范带，完成省道S237线灰寨高速口至凤江镇政府沿线7.8千米建筑物外立面风貌提升工程。推进农村人居环境整治、农村厕所问题大排查和农村“四小园”（小菜园、小果园、小花园、小公园）建设。

【耕地撂荒复耕复种】 2021年，揭西县出台《揭西县农村耕地“灭荒”三年行动实施方案》《揭西县农村承包土地经营权流转实施意见（修订）》《揭西县撂荒地整治奖补办法》等文件，加强摸查撂荒地户主、地块面积、撂荒原因等基本情况，建立台账，实施动态管理，引导群众复垦耕种。8月，省、市下发连片1公顷以上任务数2635.93公顷，经上报省农业农村厅确认，剔除不可复耕面积后任务数为1659.53公顷。至年底，完成复耕1659.53公顷。

【农产品市场体系建设】 2021年，揭西县推行农产品合格证制度，强化产地准出与市场准入衔接，入市查验农产品承诺达标合格证。全县列入追溯主体企业313家，使用合格证企业260家，应用覆盖率83%，用证数量3万余张；加快农产品质量安全信用体系建设。建立农产品生产者、经营者诚信档案，加强信用管理。开展农产品质量安全信用文化建设，落实生产经营主体诚信责任，构建农安信用体系。

【脱贫攻坚成果同乡村振兴有效衔接】 2021年，揭西县完善工作体制机制，强化组织领导，推进巩固脱贫成果同乡村振兴有效衔接。建立县四套班子挂钩联系各乡镇（街道）工作督导机制，明确各级各部门要把防返贫致贫工作为主要职责和底线任务；完善动态监测机制，加强防返贫动态监测，对全县纳入监测对象实行分类帮扶，因户施策消除返贫风险；建立政策保障帮扶机制，为有劳动能力脱贫户购买防返贫救助责任保险，为无劳动能力脱贫户购买“揭阳市民保”，专门安排部分驻镇帮镇扶村资金用于各地开展监测对象技能培训、发展生产、就业等方面；落实政策保障措施，做好兜底保障、基本医疗、养老保险、教育保障、饮水安全和住房安全等政策落实；落实产业帮扶，投入扶贫资金3.81亿元，实施产业项目300个，全年产业扶贫项目收益925万元用于脱贫人口稳定脱贫和防止返贫；落实就业保障，对有就业愿望、能力的脱贫人口和监测对象，加大技能培训和公益岗位安置。

【揭西县乡村振兴工作机构】 2021年，揭西县完成扶贫机构改革。6月9日，揭西县扶贫开发办公室更名为揭西县乡村振兴局，在县农业农村局加挂牌子，负责巩固拓展脱贫攻坚成果、统筹推进实施乡村振兴战略等有关工作；县扶贫办专职副主任1名调整为县乡村振兴局专职副局长1名。11月5日，揭西县扶贫开发服务中心更名为揭西县乡村振兴服务中心，为县农业农村局管理的公益一类副科级事业单位，内设综合业务股、资产管理股（副股级），设置18名事业编制，设1名主任、2名副主任（正股级）、2名股长（副股级），主要负责宣传和贯彻落实中央、省、市、县有关乡村振兴决策部署及革命老区建设方针、政策，承担全县巩固拓展脱贫攻坚成果、统筹推进实施乡村振兴战略有关具体工作和全县乡村振兴、老区建设公益服务性职能，协助制订农村产业结构调整和农业产业发展规划，对农村振兴发展重大问题进行调查研究，协调推动农村人居环境整治，指导全县美丽乡村项目建设，组织协调推进驻镇帮镇扶村有关工作，协同、组织做好扶贫产业建设项目和老区建设项目管理、监督等工作。

（刘桂山　侯晓云）

种植业

【概况】　2021年，揭西县鼓励农民群众扩大粮食生产种植面积，落实政策性水稻保险，优化种植业结构，推广良种良法。全县种植业种植规模基本保持稳定，全年全县耕地面积1.94万公顷，农作物种植面积4.22万公顷，经济作物种植面积1.24万公顷，粮食种植面积2.98万公顷。

【粮食生产】　2021年，揭西县加强粮食生产优惠政策宣传和引导，强化技术推广和服务，做好粮食生产工作。全县粮食种植面积2.98万公顷，总产量17.65万吨。谷物播种面积2.10万公顷，产量12.81万吨；玉米种植面积1194.33公顷，总产量8579吨；薯类种植面积8485.8公顷，总产量4.72万吨。

【经济作物生产】　2021年，揭西县经济作物种植面积1.24万公顷，其中甘蔗种植面积214.67公顷，总产量1.15万吨；豆类种植面积289公顷，总产量1168吨；花生种植面积1979.33公顷，总产量9756吨。蔬菜种植面积8553.53公顷，总产量38.11万吨。水果种植面积9991.93公顷，总产量17.51万吨。青饲料种植面积908.46公顷，总产量2.33万吨。茶叶种植面积4366.66公顷，总产量1.85万吨。

（刘桂山　周　南）

林　业

【概况】　2021年，揭西县加强森林资源保护和管理工作，强化野生动植物种质保护，做好森林灾害防治和森林防火工作，加大林业执法力度，推行林长制，推进造林绿化工作。全年完成造林面积818.5公顷，封山育林290.8公顷，完成绿化美化乡村14个。至年底，全县林业用地8.47万公顷，其中有林地6.92万公顷，疏林地855.53公顷，灌木林地4225.78公顷，未成林地3350.54公顷，无立木林地3554.19公顷，宜林地3489.35公顷，苗圃地27.95公顷，林业辅助生产用地25.94公顷。森林蓄积量338.31万立方米，森林覆盖率58.9%。全县森林公园13个，其中国家级森林公园1个、县级森林公园2个、镇级森林公园10个，面积共4038.66公顷；省级地质公园1个（揭阳揭西黄满寨省级地质公园），面积2940公顷；县级自然保护区1个（揭西县李望嶂自然保护区），面积7067.39公顷；县级湿地公园1个（揭西横江水库湿地公园），面积470公顷。12月8日，政协广东省委员会组织调研组到揭西县黄满寨地质公园开展专题调研。

【林业产业】　2021年，揭西县培育林业龙头企业，推进林业产业发展。全年广东大北山国家森林公园、广东揭西黄满寨省级地质公园接待游客38万人次，各类旅游收入1204万元（度假村独立

2021年12月8日，政协广东省委员会组织调研组到揭西县黄满寨地质公园开展“广东省以国家公园为主体的自然保护地体系建设——自然保护地建设管理”专题调研

（县林业局　供稿）

核算）。是年，揭西县一道药业有限公司被广东省林业局认定为2021年广东省林业龙头企业、揭西天鹅湖水果种植有限公司被省林业局认定为2021年广东省林下经济示范基地，分别为全县第一家省级林业龙头企业、第一家省级林下经济示范基地。

【林业资源保护管理】 2021年，揭西县强化森林资源管护工作，加强森林采伐限额管理。全年办理征占用林地手续7宗，林地面积117.83公顷，其中临时占用林地1宗，面积0.32公顷；永久征占用林地6宗，面积117.51公顷。办理林木采伐证669份，采伐蓄积9.67万立方米，采伐材积7.16万立方米，采伐面积1633.12公顷。

【野生动植物种质保护】 2021年，揭西县加强陆生野生动物疫源疫病监测防控工作，强化酒店、餐饮店、农家乐等饮食店监管，惩治野生动物非法交易和滥食野生动物行为，开展野生动物保护科普宣传。加强自然保护地、林场、野生动物栖息地巡护工作，惩治非法捕猎。开展保护野生动植物主题宣传活动，发放宣传资料3000多份，提高公众野生动物保护意识。全年救护蟒蛇、画眉鸟、猫头鹰等野生动物118条（只）。

【森林灾害防治】 2021年，揭西县开展林业有害生物监测、测报、防治、检疫等工作。全县林业有害生物防治面积884.9公顷，其中：防治松材线虫病面积818.2公顷，除治疫木株数7793株；防治薇甘菊防治面积66.7公顷，防治效果率97%。完成监测面积25.61万公顷/次，监测覆盖率100%。

【森林防火】 2021年，揭西县投入森林防火资金约995万元，组织专职护林员业务培训和实操演练3次，推动专职护林员和乡镇半专业队“以水灭火”。森林特殊防护期利用258名专职护林员地面巡山（系统上线率90%以上）、全县22个森林防火瞭望台和18个林火远程视频值班值守、无人机巡护等方式开展“无死角”防护，加强森林火情早期处置能力。开展防火宣传“五进”（进社区、进学校、进企业、进农村、进家庭开展消防宣传）系列活动，增强群众防火意识。全年未发生重大森林火灾、无人员伤亡。

【林业执法】 2021年，揭西县加强林业综合行政执法能力建设，强化林业执法人员培训，全年办理林业行政案件31件；责令恢复林地原状6.95公顷，行政处罚46人次，林业行政罚款78.31万元。根据《中共广东省委办公厅　广东省人民政府办公厅关于印发〈广东省森林公安机关管理体制调整工作实施方案〉的通知》文件精神，县公安局森林分局（含大北山派出所）整建制划转县公安局管理，相关机构编制划转按《中共揭西县委机构编制委员会关于调整揭西县森林公安机关管理体制的通知》文件执行，完成机构、编制、人员、经费、资产等划转交接工作。

【林长制工作】 2021年，揭西县全面推行林长制。成立揭西县全面推行林长制工作领导小组，印发《揭西县全面推行林长制实施方案》《揭西县全面推行林长制工作七项配套制度》等文件，建立健全林长制，推进形成党政同责、部门协作、全社会共同发力的林业生态保护新格局。至年底，全县基本建成县、镇、村三级林长体系，设立林长（副林长）1616人，其中县级林长29人、镇级林长289人、村级林长1298人；村级监管员276人，配备专职护林员258人。

【森林保险】 2021年，揭西县加大森林保险力度，推进政策性森林保险项目，提高森林保险保额标准。强化森林保险政策宣传，鼓励林业生产经营者购买森林保险。森林保险保额标准由7500元/公顷（500元/亩）提高至1.8万元/公顷（1200元/亩），全年全县完成生态公益林投保面积3.25万公顷，商品林投保面积5621.56公顷，完成年度工作任务。

（彭绍兴　李婉玫）

畜牧业

【概况】 2021年，揭西县做好畜牧业生产、重大动物疫病防控、生猪屠宰管理、畜产品质量安全监管、畜禽养殖污染治理、畜牧业政策扶持工作，推进畜牧业健康发展。全年全县肉、蛋、奶总产量分别为5.14万吨、4676吨、507吨，畜牧业总产值19.62亿元。

【畜牧品种】 2021年，揭西县主要养殖猪、牛、羊、鸡、鸭、鹅、珍禽等。其中猪品种主要有杜洛克、长白、大白和杜长大三元杂交猪，部分粤东黑猪、蓝塘猪等地方特色优质品种；牛品种主要有当地水牛、当地黄牛、少量黑白花荷兰奶牛和摩拉杂交水牛；羊品种主要有当地奶山羊、黑山羊等；家禽主要品种有石岐杂鸡、海兰蛋鸡，樱桃谷鸭、当地杂交菜鸭、狮头鹅，阳江鹅、美国鹧鸪、肉鸽。

【畜牧养殖】 2021年，揭西县生猪存栏20.34万头，其中能繁母猪存栏2.67万头，生猪出栏39.47万头，猪肉产量3.07万吨；牛存栏9725头，年出栏9835头，牛肉产量1279吨；羊存栏3300只，年出栏1.13万只，羊肉产量194吨；家禽存栏211.43万羽，年出栏1260.48万羽，禽肉产量1.69万吨。

【畜牧经营】 2021年，揭西县优化养殖生产结构，推进标准化健康养殖。全县以生猪养殖为主，养殖模式主要有养殖公司、规模养殖场、专业户养殖，公司+农户养殖，少量散养户养殖；家禽养殖主要有规模养殖场和专业户养殖。牛、羊养殖大部分是农户养殖，规模场较少。至年底，全县主要养殖公司有揭西县吉展养殖有限公司、揭西县吉大养殖有限公司、兴盛养殖场、揭西县生旺生猪饲养场等。

【畜产品质量安全监管】 2021年，揭西县加强畜产品质量安全监管，不定期开展专项检查。全年完成畜产品质量安全定量检测553批次，合格率100%；对生猪养殖场、屠宰场随机采集尿液1334份进行“瘦肉精”检测，经检测，未发现添加使用“瘦肉精”违法行为。

【畜禽防疫检疫】 2021年，揭西县加强防疫检疫，落实春季、秋季防疫工作，强化消毒和生物安全防护，做好非洲猪瘟疫病防控、病死动物无害化处理以及生猪屠宰宰前、宰后检疫工作。全年发放口蹄疫疫苗26.5万毫升，高致病性禽流感疫苗128万毫升，小反刍兽疫疫苗0.33万头份；排查生猪养殖场点8590场次，排查生猪117.27万头次；检疫畜禽数量21.50万头（羽）；无害化处理病死猪328头。

【畜禽屠宰管理】 2021年，揭西县加强畜禽屠宰管理，完善畜禽屠宰设施建设。推进龙潭镇高田村长排尾地段定点屠宰厂建设，完成投资2525.32万元。全年生猪屠宰量28.5万头，活牛屠宰量0.76万头，活羊屠宰量2.23万头。组织开展生猪屠宰专项检查工作，派出执法检查人员315人次，检查屠宰场62场次。

【畜禽养殖废弃物资源化利用】 2021年，揭西县完善畜禽养殖废弃物资源化利用工作机制，加强畜禽养殖废弃物资源化利用，实施病死畜禽无害化处理。全县规模养殖场138家，配套粪污设施设备规模场134个，规模养殖场粪污处理设施设备配套率97.1%，畜禽粪污综合利用率85.3%。

2021年揭西县畜牧业产值、产品及数量情况表

表19

畜牧业产值（亿元）	肉类总量（吨）	奶类总量（吨）	蛋类总量（吨）	生猪		牛		羊		家禽	
				存栏（万头）	出栏（万头）	存栏（万头）	出栏（万头）	存栏（万只）	出栏（万只）	存栏（万羽）	出栏（万羽）
19.62	5.14	507	4676	20.34	39.47	9725	9835	3300	1.13	211.43	1260.48

【畜牧业政策扶持】 2021年，揭西县落实畜牧类政策性农业保险工作，联合中华联合财产保险股份有限公司揭阳市中心支公司依法对全县生猪规模养殖场能繁母猪、生猪开展政策性保险业务，全年承保生猪14.9万头。落实良种补贴政策，对全县1198头能繁母猪实行补贴，发放补贴资金4.79万元。

（刘桂山 魏瑜思）

水产业

【概况】 2021年，揭西县强化水产品质量安全监管，加强渔业资源保护和渔船安全生产管理，完成2021年度禁渔期渔民生产生活补助资金发放工作。全县水产养殖面积1860公顷，水产品总产量2.13万吨，比2020年（下同）增长0.49%，渔业总产值2.68亿元，增长20.5%；全县全年淡水捕捞产量336吨，下降0.3%，其中鱼产量297吨、虾蟹产量25吨、贝类产量14吨。至年底，全县机动渔船51艘，功率均在44千瓦以下，吨位合计89吨。

【水产养殖】 2021年，揭西县水产养殖产量2.10万吨，其中四大家鱼产量1.10万吨；甲鱼养殖面积30公顷，年产量192吨。揭西县耕耘种植专业合作社在龙潭镇井下村建成“稻鱼共生+休闲农业观光”示范基地40公顷，其中2.67公顷发展“稻鱼共生”种养。

【水产品质量安全监管】 2021年，县农业农村局加强水产品质量安全监管，打击各类水产品质量安全违法违规生产经营行为，重点对养殖企业开展监督抽检工作，强化水产品质量安全普法宣传。全年抽检水产品样品150批次，抽检合格率100%，未发现药物残留情况。

2021年5月21日，县农业农村局工作人员在凤江镇开展渔船年度检验
（县农业农村局 供稿）

【渔船管理】 2021年，县农业农村局加强渔船和渔民动态管理，强化渔业安全生产宣传教育，开展渔船安全生产隐患排查行动。全年检查渔船103艘次，排查渔船捕捞未穿着救生衣、灭火器过期等安全隐患8起，对发现的问题立即整改，实现渔船100%配备安全救生衣和灭火器。全年51名渔民参加意外团体人身意外伤害保险；发放2021年度禁渔期渔民生产生活补助11.22万元，受补助渔民51人。

【渔业资源保护】 2021年，县农业农村局加强渔业资源保护，加大禁渔执法巡查和宣传普法力度。3月1日至6月30日开展年度榕江流域禁渔期工作。开展打击“三无”渔船及电、炸、毒鱼等非法捕捞执法行动，全年出动执法人员156人次，检查渔船88艘次。

（刘桂山 魏瑜思）

水 利

【概况】 2021年，揭西县水利局（简称县水利局）推进水利工程建设和河湖长制工作，推动集中供水全覆盖，加强水利行业治理，做好防汛与抗旱工作。全年全县投入水利建设资金1.88亿元，治理水土流失面积8平方千米，完成河堤建设6.8千米；实现11个乡镇（街道）173个自然村10.81万人农村集中供水全覆盖。

2021年3月22—28日，县水利局在县城滨江公园开展“世界水日”“中国水周”主题宣传活动，接受群众咨询，分发宣传资料　　（县水利局　供稿）

【水资源管理】　2021年，县水利局做好取水许可管理工作，全年新安装取水计量水表9个，开展建设项目水资源论证9宗，续办取水许可证54套，变更取水许可证1套，新办取水许可证9套，征收水资源费74.45万元。开展县域节水型社会达标项目创建工作，完成27个公共机构、5个居民小区、5家企业、2个公共场所和6个灌区节水型创建系列工作。开展“世界水日”“中国水周”宣传活动，利用各乡镇人民政府、河婆街道办事处及县水利局等单位LED屏幕以及县城文化广场、公园等公共场所大屏幕滚动播放保护水环境宣传内容，全年分发宣传图册500多份，张贴标语800多条，悬挂宣传横幅18条，设立固定宣传栏7个，在县电视台轮番播出宣传标语156条次。

【水利工程管理】　2021年，县水利局开展小型水库安全运行管理标准化建设项目，强化小型水库安全基础；开展水库大坝安全鉴定工作，按要求完成全县92座水库安全鉴定工作；制订《揭西县水利工程红火蚁防控工作方案》，做好水利系统红火蚁防控工作；开展水利工程安全生产监督检查，加强水利工程质量安全管理；推进2021年度小型水库除险加固工程，提升水库防洪抗险能力。

【河湖长制工作】　2021年，揭西县组织开展清障、清违、清淤等河湖管理突出问题专项整治行动，对河道管理范围和沿岸企业（工厂）进行全方位、地毯式监督检查，依法依规打击各类涉水违法违规行为，出动执法人员5034人次，排查企业966家次，立案查处涉水违法案件39件，发出责令通知书37份。强化河湖长制宣传教育工作，利用悬挂横幅、张贴宣传标语、分发宣传手册等方式，到村（社区）、校园开展河湖保护宣传活动。全年三级河长开展巡河2.85万人次，发现问题4407宗，完成整改4407宗，办结率100%；收到公众投诉11宗，办结11宗，办结率100%。至年底，全县县、镇、村三级河长共377名，其中15名县级河长、74名镇级河长、288名村级河长。

【水政执法】　2021年，县水利局深化依法治水，围绕“水利行业强监管”工作基调，加大水行政执法力度，组织开展河道非法采砂专项整治行动，推进水利行业领域专项整治工作，惩治各类水事违法行为，维护全县正常水事秩序和河道行洪安全。全年开展河道执法巡查220多次，立案查处水事违法行为1宗，行政处罚金额共10万元，依法处置非法采砂作业工具一批，割裂砂袋80多袋，捣毁简易筛选砂网架10台，组织拆除多处非法取水设施。

【重点水利工程】　2021年，揭西县重点水利工程有塔头拦河闸重建和中小河流治理（二期）。

塔头拦河闸重建工程　塔头拦河闸位于榕江一级支流五经富河下游塔头镇境内，始建于1960年，由拦河闸、船闸、水轮泵站、电站等建筑物、东西两干渠组成，是一宗以引水灌溉为主、兼有发电、航运等综合利用的大（2）型水利枢纽工程。2019年10月启动重建工程，由广东省水利水电建设有限公司中标施工，工程于2019年10月9日开工建设，主要建设内容为泄水闸、泵站、两岸连接土坝等，项目概算总投资1.24亿元。至年底，完成旧闸、水轮泵站拆除和主河床拦河闸、原电站尾水交通桥、左右岸土坝连接段、左右岸水轮泵、原电站尾水交通桥、闸门及启闭机安装等建设。年度完成完成投资6396万元，累计完成投资1.21亿元。

中小河流治理（二期）工程　2020年度中小河流治理（二期）项目包括榕江（坪上段）治理工程、榕江（金和段）治理工程、榕江（赤寨河灰寨段）治理工程、梅江河治理工程、上砂河（下砂段）治理工程、上砂河（上砂段）治理工程、灰寨水（狗骨头溪)治理工程、螺河（上砂镇美丰段）治理工程，共8宗河段，批复治理河长73.275千米，批复总投资1.36亿元，由广东省建筑工程机械施工有限公司、广东省源大水利水电集团有限公司联合中标施工，2021年开工建设。至年底，完成治理河长68.59千米，累计完成投资1.22亿元；2021年度中小河流治理（二期）项目包括榕江（东园犁湖河）治理工程、龙潭河（南山段）治理工程、横江水（中心段）治理工程、灰寨水（岸洋段）治理工程，共4宗河段，规划治理河长18.6千米，规划投资3750万元，建设单位为揭西县广建中小河流治理有限公司。至年底，龙潭河（南山段）治理工程、横江水（中心段）治理工程、灰寨水（岸洋段）治理工程完成市水利局批复，榕江（东园犁湖河）治理工程完成技术性审查。

【水旱灾害防御】　2021年，县水利局在防汛期间落实24小时值班值守工作制度，开展水利工程汛期安全大检查，及时发布预警信息和处置、上报灾情。督促各乡镇（街道）水利所及县管水利工程单位落实各项防汛防旱和保供水措施，按照水旱灾害防御需求，清查整理全县水旱灾害防御物资储备情况，制定物资管理和调运制度，县财政下拨抗旱资金40万元用于购置抗旱物资，加强水旱灾害防御保障工作。做好山洪灾害防范工作，下拨防汛应急救灾资金18万元，用于补充更新老化破旧山洪预警系统设备。受气候影响，全年全县平均降雨量偏少，主要江河来水量少，各水库蓄水量较低，全县500宗蓄水工程总存水量1.94亿立方米，占正常库容65.4%。

【河湖及水利工程划界】　2021年，县水利局推进国管水利工程管理与保护范围划界工作，完成编制《揭西县流域面积50平方公里以下河道管理范围划界工作实施方案》，计划分两年（2021—2022年）实施县内107条流域面积50平方千米以下河道管理范围划定工作。

【水土保持】　2021年，县水利局完成编制《揭西县水土保持规划（2020—2030年）》，加强水土保持监管。全年对辖区内本级及上级审批水土保持方案生产建设项目开展水土保持监督检查39次。新增水土流失治理面积8平方千米，审批水土保持方案13宗，征收水土保持补偿费14.4万元。完成2021年水利部、省级生产建设项目水土保持信息化区域监管核查图斑15处，查处率100%。

【农村集中供水全覆盖】　2021年，揭西县开展全县农村集中供水全覆盖攻坚行动，全年建设供水工程4宗，其中2宗分别依托县城新建自来水及县第三自来水厂实行集中供水管网延伸、2宗单村供水工程（分别位于五经富镇龙山村和凤江镇东新村）。涉及11个乡镇（街道）173个自然村10.81万人，实现县域农村集中供水全覆盖，广东省电视台珠江频道对揭西县农村集中供水全覆盖进行宣传报道。

【水库移民后期扶持】　2021年，县水利局完成大中型水库移民1.06万人后期扶持直补资金634.68万元发放工作；验收大中型水库移民后期扶持资金项目23个，其中移民美丽家园建设基础设施项目19个、生态及环境项目4个，受益移民人口5832人；验收小型水库移民扶助基金基础设施项目2个，受益移民人口189人。

（杨华　李巧波）

【小水电管理】　揭西县小水电公司位于河婆街道温泉路一横路。公司下属机关三部二室、4座电站、代管2座水库（河輋水库、下坊埔水库），水库是以发电为主，结合防洪灌溉综合利用的中、小型水利工程。4座梯级电站

2021年揭西县小水电公司各级电站实际发电情况表

表20　　单位：万千瓦时

电站	2021年实际发电量	2021年按降雨量发电量	减水库存水量发电量	增、减发电量（%）
一级电站	175.87	236.7	-56.3	-23.8
二级电站	330.37	619.1	-288.73	-46.6
三级电站	1113.12	1573.1	-459.98	-29.2
四级电站	553.07	909.8	-342.94	-37.7
合计	2172.43	3338.7	-1147.95	-34.4

主要以水库调节径流式水力发电，总装机容量2.28万千瓦时。3座电站（一级、二级、三级电站）及2座水库位于良田乡，四级电站位于河婆街道横江水库侧。2021年，县小水电公司实现发电量2172.43万千瓦时，比2020年减少1309万千瓦时，下降37.6%。全年销售收入1063.41万元，净利润-778万元。

（张国杰　彭彩珠）

水　库

【横江水库】　横江水库是揭西县人居饮用水原水水源，属广东省水利厅备案的一级保护水功能区。2020年7月开始停止发电，交由揭阳市三防、市水利局统一调配。横江水库库区总降雨量1291.8毫米。各水文站：良田水文站总降雨量1298.8毫米，中心雨量站总降雨量1009.0毫米，大板田雨量站总降雨量1292.7毫米。库区最大日降雨量发生在10月8日，为85.3毫米；最高水位发生在12月4日，为73.64米；最低水位发生在5月30日，为64.97米。总进库水量为4877.2万立方米，灌溉用水为2518.5万立方米，发电用水为1305.9万立方米。

2021年，横江水库库区雨量偏少，无明显台风影响；横江水库对下游原水供应622.53万立方米。

（温自强　吕旭波）

【北山水库】　北山水库属榕江支流灰寨水上游，整个供水系统由黑潭、圆潭、曲尺水库和归善引水工程组成，其中黑潭水库是北山水库群主要水库，该水库坝体为均质土坝，坝顶高程601.5米，实际坝高53.5米，大坝长300米，溢洪道堰顶高程592米，正常蓄水位598米，集雨面积28.8平方千米。

北山水库有防洪、发电、灌溉等功能，多年平均降雨量2266毫米，总集雨面积55平方千米。2021年北山水库全年最高水位580.77米（设计正常水位598米），总进库水量4130.5万立方米，总出库水量4721.7万立方米，年末库存水量530.8万立方米，其中6月为全年降雨量最多月份，累计降雨量356.4毫米。全年总发电量5580.18万千瓦时，完成上网电量2624.69万千瓦时。

（郑锐东　杨振江）

【龙颈水库】　龙颈水库是以灌溉为主，结合防洪发电的综合利用水利工程。水库分为上、下两座水库，相距9千米。龙颈上库为大（2）型水库，汛期防洪水位为98米；龙颈下库为中型水库，汛期4月至10月防洪限制水位为54米。2021年，龙颈上库总进库水量1.17亿立方米，总出库水量1.24亿立方米，最高水位96.06米（防限水位98米），年末库存水量7205.2万立方米。全年平均总降雨量1324.8毫米。其中，6月为全年降雨量最多月份，累计降雨量354毫米。全年总发电量1508.40万千瓦时。完成上网电量1651.31万千瓦时。揭阳市龙颈水电有限公司推进龙颈下库大坝除险加固工程建设。开工建设龙颈东灌区总干渠续建配套与节水改造工程，完成施工监理招标工作。

（夏东银　邓　斌　李文涛）

工业

综述

【概况】 2021年，揭西县结合市场新需求，统筹力量引导传统产业优化升级，加强产业发展基础，优化产业结构，促进优势产业可持续高质量发展。是年，完成规模以上工业总产值208.28亿元，工业增加值43.98亿元，工业投资16.31亿元，工业技改投资2.59亿元。

【工业发展】 2021年，揭西县工业主要集中在河婆街道、棉湖镇、京溪园镇、灰寨镇、金和镇、凤江镇等地，其他乡镇零星分布。推进村镇工业集聚区升级改造，以棉湖镇“岭顶”“湖西”村级工业园改造作为示范项目，推动产业结构转型升级，完成两个工业区测绘、初步升级改造攻坚战三年行动方案。

【经贸工业】 2021年，揭西县经贸工业主要分为电线电缆、电子电器、五金塑料、食品加工、生物制药五大支柱产业。推动企业加强自主创新和品牌建设，引导有实力企业和行业商协会组建走出去战略联盟。鼓励企业参加进博会、中博会、APEC技展会等，扩大与“一带一路”沿线国家贸易合作。

【民营企业】 2021年，揭西县坚持服务民营企业，优化营商环境，强化工作机制，通过政策宣讲、政策解读、融资帮扶、“小升规”培育指导、品牌扶持等措施，促进中小企业壮大发展。7月15日，举办“揭西县2021年‘暖企’政策宣讲会暨省市县惠企政策宣传活动”，参加活动60人。

【制造业企业高质量发展综合评价】 2021年，揭西县开展制造业企业高质量发展综合评价，选定81家规模以上工业企业和19家重点培育规模以下制造业作为评价对象，成立工作领导小组，明确评价办法，制定《揭西县制造业企业评价指标体系》，协调县工业信息化和科技局、县统计局、县税务局等部门对评价对象取数，统一工作口径，采用电话调查或企业自主填报方式获取数据。

【工业企业选介】 白云山威灵药业有限公司 白云山威灵药业有限公司是广州白云山医药集团股份有限公司全资子公司。2016年

2021年9月16日，揭西县小天使电子电器有限公司在广州市琶洲国际会展中心参加第十七届中国国际中小企业博览会 （县工业信息化和科技局 供稿）

6月，白云山威灵药业新厂区竣工并通过药品GMP（药品生产质量管理规范）认证正式投入使用，配备生产车间2个，设置硬胶囊剂、片剂、颗粒剂、干混悬剂、丸剂等不同剂型生产线5条，主要产品为咳特灵胶囊、感冒清片及青霉素类阿莫西林胶囊剂、颗粒剂、克拉维酸钾片等。

广东农夫山庄食品工业有限公司　广东农夫山庄食品工业有限公司成立于1996年3月，现代化厂房建筑面积4万平方米，是一家集“研发、生产、销售、服务”为一体的农业龙头企业。公司主要生产蜜饯、炒货、果干等休闲食品。拥有自主研发能力及完整科学的质量管理体系，产品生产过程遵照食品标准和要求。配备质量工程技术中心、阳光晒棚、净化车间、自动化包装设备、质量检测设备等生产设施。

（邹锐豪　温海涛　李镇波）

轻工业

【概况】　2021年，揭西县实施县党政领导“一对一”挂钩帮扶制度，引导传统产业提效升级，重点产业有电线电缆、电子电器、五金塑料、食品加工、生物制药等。是年，规模以上产业总产值101.4亿元，其中电线电缆产业23亿元、电子电器产业13.5亿元、五金塑料产业18.2亿元、食品加工产业41亿元、生物制药产业5.7亿元。

白云山威灵药业有限公司（2021）　（杨茂参　摄）

【电线电缆产业】　2021年，揭西县电线电缆企业（含个体工商户）734家，其中规上企业23家，完成规上工业总产值23亿元。取得工业生产许可证生产电缆企业12家，生产电线企业134家。代表性企业有广东程通电线电缆厂有限公司、广东安帝线缆有限公司、揭西县普兴电缆有限公司等。

【电子电器产业】　2021年，揭西县电子电器产业完成规模以上工业总产值13.5亿元，代表性企业有揭西县美科电子电器厂、揭西县小天使电子电器有限公司等。其中揭西县小天使电子电器有限公司是一家专业制造电子琴、电钢琴等电子乐器企业，率先推出触控面板电子琴，成为行业专利产品。

【五金塑料产业】　2021年，揭西县推进五金塑料产业发展，加强企业管理，改进产业布局。五金塑料产业主要分布在棉湖镇、凤江镇、金和镇，全年完成规模以上工业总产值18.2亿元。代表性企业有广东蓝天塑料制品有限公司、广东蓝宇塑料制品有限公司等。

【食品加工产业】　2021年，揭西县规模以上食品加工企业13家，完成规模以上工业总产值41亿元。广东志诚食品有限公司是全县五大农业龙头企业之一，按照“公司+基地+农户”现代农业和经营模式，发展无公害、绿色食品、有机食品农业道路；广东蓝天果蔬农业科技开发有限公司以广东省农科院蔬菜研究所为技术依托，专业生产经营无公害蔬菜以及蔬菜精深加工。

【生物制药产业】　2021年，揭西县支持生物制药企业增资扩产，提升综合竞争力，辐射带动全县医药产业做强做大。主要有白云山威灵药业有限公司和广东粤威制药有限公司2家规模以上生物制药企业。全年完成工业总产值5.5亿元，上缴税收1097万元。

（邹锐豪　温海涛　李镇波）

电力工业

【概况】 2021年，广东电网有限责任公司揭阳揭西供电局（简称揭西供电局）供电辖区覆盖河婆街道和14个乡镇（京溪园镇、南山镇除外），用户23.61万户。供电量17.26亿千瓦时，比2020年（下同）增长11.9%；售电量16.68亿千瓦时，增长12.2%；线损率3.3%；电费回收率100%；客户平均停电时间（低压）3.2小时/户，下降53.4%。第三方客户满意度88分。

【电网规划】 2021年，揭西供电局服务社会经济发展，以提升供电能力为核心，推进实施揭西电网“十四五”规划，服务乡村振兴战略。完成五经富镇建一村、河婆街道横江水库等5个新接管区域电网升级改造工作，涉及用户1万户，推动城乡供电服务均等化。

【电网建设】 2021年，揭西供电局电网建设完成投资9820万元，新建及改造10千伏线路67千米、配电台区557个。完成154台自动化开关调试安装，配网自动化有效覆盖率提升至72%，自愈覆盖率56%，54回10千伏线路实现自愈功能。优化新能源项目接入方案，促成五经富镇120兆瓦光伏发电工程（第一期）临时接入系统项目提前接火送电。

【电力供应】 2021年，揭西供电局增强服务意识，加强电力有序供应保障。滚动修编用电方案，引导客户科学用电和优化生产安排，落实用户日电量统计，克服有序用电缺乏用电大户等难题。是年，全县用户23.61万户，供电量17.26亿千瓦时，售电量16.68亿千瓦时，客户平均停电时间（低压）3.2小时/户。

2021年10月20日，揭西供电局在棉湖镇公用台变加装低压配电箱和配套设备
（揭西供电局　供稿）

【电力收费】 2021年，揭西供电局落实电价改革政策措施，配合政府有序推动工商业用户进入市场。减免贫困群众电量135万千瓦时，减免电费91.78万元。落实居民阶梯电价“一户多人口”政策［同一地址共同居住生活的居民（不含迁出、注销人员，下同）累计人数满5人及以上可申请每户每月第一、二、三档分布增加100千瓦时阶梯电量基数；人数满7人及以上的，也可选择申请执行合表居民用户电价，选定后一年内不得变更为另一种方式］，完成办理1240户。开展查处窃电专项行动，查获窃电行为48宗，追缴电费及违约金61万元。

【新能源发电】 2021年，揭西供电局配合符合条件新能源客户并网发电，为分布式电源发电并网提供绿色通道。接入光伏发电项目626个、生物质能发电项目1个，集中式光伏1个，总容量2.54万千瓦；完成年度节能项目14个，节约电量371万千瓦时。

【电力应急体系】 2021年，揭西供电局聚焦安全生产职责和到位标准，健全责任体系，逐级组织签订安全责任书264份；开展专项保供电任务16次，开展人身安全“大学习、大讨论、大整治”53场次。实施应急管理工作机制，组织开展各类应急演练，加强台风抗灾抢险工作，全年未发生受台风影响损失事件。

【电力客户服务】 2021年，揭西供电局多措并举提升供电服务。推行“一次都不跑”远程办电服务，实现24项办电服务可通过网络平台在线办理，应用比例99.9%。简化办电手续、压减办电时间，提高办电效率，高压单电源客户全过程办电平均用时30.2天，低压居民、非居民报装平均用时分别低于3、7个工作日。对160千伏安及以下小微企业实行“三零”（零上门、零审批、零投资）服务，实现用电报装“零投资”，为中低压客户节省投资168.3万元。推进用电报装纳入政府共享平台，实现“不动产登记+用电过户”“电子证照”“在线签署”功能。

2021年4月25日，揭西供电局到河婆街道大同小学开展安全用电宣传活动
（揭西供电局 供稿）

2021年揭西县不同消费群体、行业用电消费情况表

表21

项目	用电量（万千瓦时）		增长率（%）	占全社会用电量的比重（%）
	2021年	2020年		
全社会用电总计	163482.77	147461.33	10.86	100.00
A、全行业用电合计	118139.85	106916.89	10.50	72.26
第一产业	1728.71	1140.88	51.52	1.06
第二产业	95054.20	87800.21	8.26	58.14
第三产业	21356.94	17975.8	18.81	13.06
B、城乡居民生活用电合计	45342.92	40544.44	11.84	27.73
城镇居民	19861.57	19110.74	3.93	12.15
乡村居民	25481.35	21433.7	18.88	15.59
全行业用电分类	118139.85	106916.89	10.50	72.26
一、农、林、牧、渔业	4785.62	4067.14	17.67	2.93
二、工业	93885.12	86253.2	8.85	57.42
三、建筑业	1623.02	1894.38	-14.32	0.99
四、交通运输、仓储和邮政业	795.10	634.03	25.40	0.49
五、信息传输、软件和信息技术服务业	2541.97	2330.57	9.07	1.55
六、批发和零售业	4083.67	3334.53	22.47	2.50
七、住宿和餐饮业	2357.14	1902.02	23.93	1.44
八、金融业	287.12	281.51	1.99	0.18
九、房地产业	680.35	500.2	36.02	0.42
十、租赁和商务服务业	224.68	131.83	70.43	0.14
十一、公共服务及管理组织	6876.06	5587.48	23.06	4.21

（邹绍快 李伟杰）

揭西县产业园区

【概况】 2021年，揭西县产业园管理委员会（简称县产业园管委会）健全园区管理服务机制，加快基础设施建设，加大招商引资力度，激发产业发展集聚地活力。完成县产业园污水处理厂建设。全年新引进企业5家。至年底，园区内报批总面积33.38公顷。

【园区建设】 2021年，县产业园管委会推进园区基础设施建设，优化投资环境。投入3000万元，完成污水处理厂建设，其办公配套及运营服务建设上报县政府常务会议审核；投入600多万元，完成园区自来水供水工程建设，通过验收并投入使用。园区水土保持通过专家评审。基础设施配套一期道路升级改造工程入库，完成项目前期事项准备工作；路灯照明工程及原园区配套污水管网清淤疏浚与纳污管网工程上报县长办公会审议；通用厂房及配套项目处于争取立项阶段。

【产业园区招商引资】 2021年，揭西县产业园加强宣传推介，参加省、市各类经贸洽谈会，推进招商引资，有入园投资意向企业25家。全年引进企业5家，其中广东盈信线缆有限公司完成前期有关准备工作，雅的科技有限公司开工建设。至年底，入驻园区企业11家，1—10月合计上缴税收848.20万元。

（杨少波　朱镇藩）

2021年12月26日，揭西县产业园污水处理厂竣工　（县产业园管委会　供稿）

招商引资

【概况】 2021年，揭西县加大招商力度，推进“融湾建带”，发挥招商选资工作专班机制作用，推动项目引进与落地建设工作。全年签约项目31个，总投资284.80亿元，其中基础设施类3个、现代农业类9个、先进制造业类7个、城市更新项目7个、文旅类2个、能源类3个。

【招商引资机构设立】 2021年，揭西县完善组织体系，理顺招商工作机制，县工业信息化和科技局增设招商引资股，设正股级职位1个；新设立揭西县招商引资促进中心，为县工业信息化和科技局下属公益一类正股级事业单位，核定6名事业编制，设1名主任、1名副主任。9月，成立揭西县招商选资工作专班，建立工作例会制度，定期召开会议研究项目落地问题，明确各单位工作任务与责任，推动项目落地建设。

【招商指南】 2021年，揭西县全方位梳理可招商项目及资源，确立产业平台3个、制造业及科技项目3个、农业及文旅项目18个、城市开发项目7个、债权抵押资产类项目5个。编印《揭西县招商指南》，开展对外宣传推介，利用国家全域旅游示范区、国家级生态示范区试点县、粤东地区首个“中国天然氧吧”影响力，引进优质项目资源，助推乡村振兴。

【招商活动】 2021年，揭西县实施“走出去”“引进来”战略，推进“乡贤回归”工程。11月14日，县委组织招商团队到深圳市乡贤企业开展招商考察，参观欧菲光集团股份有限公司、深圳市讯道实业股份有限公司、深圳市和兴源实业有限公司3家乡贤投资企业，在深圳市安宏基控股集团与20名乡贤开展交流座谈，通过乡贤在项目、技术、人才、资金、管理等产业发展要素优势，推动全县项目引进。

（邹锐豪　温海涛　李镇波）

商　贸

综　述

【概况】 2021年，揭西县深化招商引资工作，加强商贸发展，引导企业提高营销能力，规范企业发展，推进物资总公司和商业集团"僵尸企业"出清重组工作，做好流通服务。强化电子商务领域宣传，结合新媒体平台开展电商促销活动。全年县商业集团完成国有"僵尸企业"出清重组2家；县物资公司盘活处置仓库1处。

【电子商务】 2021年，揭西县组织刘氏蜂业有限公司、广东大洋茶业有限公司（山格拉）等企业参加"2021全国网上年货节"、优乐购平台"9·19"万单促销等电商活动。坪上镇联合华南理工大学乡村振兴与发展研究院以及阿里拍卖等机构在坪上镇开展"我为坪上代言，智慧坪上、一村一品"拍卖直播活动。鼓励电商企业参加粤港澳大湾区（江门）名优新产品推介会和第六届中国国际食品及配料博览会（东莞）等，宣传推介揭西名优新特色产品。

（邹锐豪　温海涛　李镇波）

【物资供应】 2021年，揭西县物资总公司推进"僵尸企业"出清、企业整合兼并重组工作，跟进企业清税、工商注销等收尾工作，推动与燃料公司、机电设备公司、化工建材公司、物资贸易公司、民用爆破器材物资供应公司、汽车贸易公司、金属材料公司7家下属公司整合兼并重组工作。修订《物资总公司经营管理若干规定》，加强企业管理，规范企业经营活动。盘活处置物资仓库，对20世纪70—80年代建设的老旧仓库采用保护性1年期短租方式整体出租。

（贝小雄　刘立强）

2021年8月7日，揭阳市坪上镇一村一品网红展销会在坪上镇鸿霖蔬菜基地举行
（坪上镇　供稿）

【商业集团】 2021年，揭西县商业企业（集团）公司做好生猪屠宰工作，每天对生猪定点屠宰厂、生猪运输车辆进行消毒，对生猪进场头数、屠宰数量、零存栏情况进行造册登记，对检疫不合格的猪肉产品作无害化处理，全年代宰生猪16.27万头；推进国有"僵尸企业"出清重组，完成企业清产核资工作，推进"僵尸企业"出清重组和税务清算各项工作，完成国有"僵尸企业"出清重组2家。至年底，下辖14个股级公司，其中食品总公司下辖17个基层站、商业贸易总公司下辖6个专业分公司。

（李志明　张丽娇）

供销合作社

【概况】 2021年，揭西县供销合作联社（简称县供销社）深化供销社综合改革，加强供销网点经营，实施供销合作社培育壮大工程，参与县乡村振兴战略助农服务。开展综合合作试点基层社1个，新增基层社员数760人；打造具备3项以上服务功能的镇级供销社2个，改造升级镇级薄弱社1个；建设农民专业合作社联合社1个，建设村级供销社3个。全年实现商品总购进1.71亿元，比2020年（下同）增长58.3%；商品总销售额1.92亿元，增长62.7%；利润亏损23.01万元，减亏44%。组织安全生产检查6场次，派出检查人员180人次。至年底，全县供销天润粮油连锁店8家，其中新供销天润粮油配送中心1家、镇级供销天润粮油连锁店7家；销售放心粮油172万元。

【供销社助农服务】 2021年，县供销社加快县域助农服务平台建设，拓展镇村助农服务中心为农服务工作，推进供销合作社助农服务示范体系建设。8月，完成助农服务示范工程建设，建成助农服务门市22间，总建筑面积约900平方米。发挥17个镇（街道）村助农服务中心作用，加快构建服务农民生产生活综合服务平台。全年销售农资、日用品、农副产品、农副产品加工共5620.39万元，服务当地农户2.98万户，服务面积2306.67公顷。

【农产品冷链物流网络建设】 2021年，县供销社配合广东天霖冷链物流有限公司建设广东供销公共型农产品冷链物流基础设施骨干网揭西网点，与县农业农村局、县自然资源局、县发展改革局等相关部门做好协调工作，加快推进项目建设。广东供销公共型农产品冷链物流基础设施骨干网基地建设项目占地面积2.87公顷，建设库容1.5万吨，至年底，完成土地招拍挂工作。

【农产品产销对接网络建设】 2021年，县供销社参与构建放心农产品产销对接网络，谋划建设揭西农副产品散集县域助农服务平台。加快区域农产品直供配送中心揭西子平台建设，申请县财政补助资金100万元参股省平台，参与广东省放心农产品产销对接平台建设。

【农业生产资料购销】 2021年，县供销社发挥农资销售主渠道配送中心作用，依托覆盖县域直营店、加盟店组成农资供应配送网络，推进农业生产资料购销工作。全年实现主要农资销售1.5亿元；化肥供应5.24万吨，其中氮肥3.29万吨、复合肥3766吨、磷肥1.02万吨、钾肥3740吨、其他化肥1794吨。

坪上镇供销社助农服务中心（2021） （县供销社 供稿）

2021年揭西县供销社镇村助农服务中心运营情况表

表22 单位：万元

名称	地点	建成时间	销售品种	年销售额
五云镇供销社助农服务中心	五云镇	2019.2	农资、农械	623
河婆供销社龙潭助农服务中心	龙潭镇	2019.4	农资、农械	957

续表22

名称	地点	建成时间	销售品种	年销售额
塔头镇供销社助农服务中心	塔头镇	2019.6	农产品购销加工	442
南山镇供销社助农服务中心	南山镇	2019.10	农资、日用品	270
钱坑供销社助农服务中心	钱坑镇	2019.10	农资、日用品	298.49
金和供销社（和南）助农服务中心	金和镇	2019.10	农资、农械	160
五经富供销社助农服务中心	五经富镇	2019.11	农资、日用品	272
京溪园镇供销社助农服务中心	京溪园镇	2019.12	农产品购销加工	128
大溪供销社助农服务中心	大溪镇	2019.10	农资、农械	169
良田供销社助农服务中心	良田镇	2019.12	农资、农械	366
上砂供销社助农服务中心	上砂镇	2019.12	农资、农械	149
河婆供销社助农服务中心	河婆街道	2020.4	农资、农械、日用品	874
大洋供销社助农服务中心	五经富大洋	2020.5	农产品种植、生产、购销加工	142
金和供销社助农服务中心	金和镇	2020.5	农资、农械	212
坪上供销社助农服务中心	坪上镇	2020.5	农产品种植、生产、购销加工	480
灰寨供销社助农服务中心	灰寨镇	2020.6	农资、农械	59.4
棉湖供销社助农服务中心	棉湖镇	2020.8	农资、农械	18.5

2021年揭西县主要农资购销情况表

表23

单位：万元

月份	2020年购进	2021年购进	同期对比（±%）	2020年销售	2021年销售	同期对比（±%）
1	384.4	460	19.7	318	415	30.5
2	400	680	70	420	670	59.5
3	480	650	35.4	428	624	45.8
4	428	629	47.0	480	630	31.3
5	670	450	-32.8	680	500	-26.5
6	550	4800	772.7	560	4780	753.6
7	700	700	0	650	680	4.6
8	620	700	12.9	630	730	15.9
9	800	2190	173.8	750	2150	186.7
10	780	1293	65.8	720	1328	84.4
11	500	1328	165.6	665	1338	101.2
12	345.6	1122	224.7	362	1157	219.6
合计	6658	15002	125.3	6663	15002	125.2

（刘春会　李　璇）

粮食流通

【概况】 2021年，揭西县粮食管理部门（简称县粮食部门）做好粮食储备管理、粮食安全保障和粮食仓储设施建设工作，推进粮食市场保供稳价。全年储备粮总规模2.3万吨，其中稻谷1.92万吨、大米2571吨（折稻谷3780吨）、食用油180吨。

【粮食管理】 2021年，县粮食管理部门加强粮食储备监督管理，优化储备粮布局和品种结构。落实一定比例成品粮库存，增加成品粮库存至2571吨；加强储备粮轮换管理，按储备粮品种和年限情况，落实储备粮轮换任务，推进储备粮常储常新；开展政策性粮食库存监督检查，定期、不定期进行日常粮食库存监督检查；加强市场粮油价格监测，定期发布《揭西县粮油市场主要品种价格双周报表》，维护市场粮油价格稳定。

【粮库建设】 2021年，县粮食部门对金和粮库、五云粮库进行智能化升级改造，开展五云成品粮低温仓库改造工程，实现粮库环流熏蒸、粮情检测、机械通风和低温储粮等功能，将粮情数据、出入库数据与省平台实时对接，实现信息化、智能化管理。至年底，全县储备粮库区3个（金和粮库、五云粮库和钱坑备用粮库）；仓库总面积1.03万平方米，仓容2.6万吨。

【粮食购销】 2021年，揭西县储备粮轮换购销委托广东华南粮食交易中心第三方平台进行竞价交易，全年轮出稻谷8189.71吨、食用油180吨；轮入稻谷4849.71吨、大米2571吨、食用油180吨，按时、按量、按质完成轮换任务。储备粮轮换期间不定时开展出库监督检查，依法依规监管轮换过程，加强出库作业安全保障工作。

【粮食安全】 2021年，县粮食管理部门开展储备粮质量抽检，严格把好储备粮进出库质量关。抽检在库储备粮样品代表数量占储备粮数量规模30%以上。全年储备粮入库和年度抽检共12个样品，抽检覆盖率100%，合格率100%；开展新收获水稻测报和质量调查工作，全年收集14个新收获早晚籼稻粮食质量安全监测样品送检。

【骨干粮库建设】 2021年，县粮食管理部门开展骨干粮库建设工作，在金和粮库围墙外靠近金和镇和南村、和东村花圃，征用山坡地0.84公顷（12.53亩）用于骨干粮库建设项目，拟扩建仓容1万吨，将金和粮库提升为2.5万吨仓容的骨干粮库。

（李海涛　池逸东）

食盐专卖

【概况】 2021年，广东省盐业集团揭阳有限公司揭西分公司（简称揭西盐业公司）优化食盐经营战略，健全分配机制，强化盐业市场资源整合，推动落实国企改革三年行动任务，加强市场化能力建设，聚焦客户经理制、渠道下沉、品牌建设等重点工作，配合巩固片区整合工作成果，加快业务统筹，推进各项业务运转。全年完成各类食用盐产品销

2021年2月23日，县发展改革局工作人员在金和粮库开展粮食监督检查工作

（县发展改革局　供稿）

2021年3月15日，揭西盐业公司在河婆街道粤盐直供店开展“盐守品质安全 共促消费公平”地推宣传活动，向消费者普及减盐减钠健康知识 （陈益銮 摄）

售2023吨；开展食盐有关宣传活动38场次。

【盐类销售】 2021年，揭西盐业公司推进“食安云商”系统管控，加大直配直送终端份额，以市场化手段服务客户，稳固“粤盐”品牌市场占有率，引导消费升级，提高中高端盐产品销售，以结构调整助推盈利增长。全年完成各类食用盐产品销售2023吨，其中食品加工用盐826吨、小包装加碘盐1197吨，超额完成年度经营目标。

【食盐市场秩序】 2021年，揭西盐业公司启动“客户经理制”市场服务管理模式，加强客户网格化服务体系，强化“粤盐”销售渠道客户价格管理，维护“粤盐”各类产品终端价格体系，推进“粤盐”各类盐产品参与市场化有序竞争。加大公益广告和“粤盐”品牌宣传投入，同步进行集中宣传和日常宣传，利用“3·15”消费者宣传日、“5·15”碘盐宣传日和“安全用盐·健康生活”等主题开展多场次宣传活动，宣传碘盐科学知识，打造“粤盐”品牌，引导并提高市场商户诚信自律意识，全年举办相关宣传活动38场次。

（江俊佳 陈益銮）

烟草专卖

【概况】 2021年，揭西县烟草专卖局（简称县烟草专卖局）加强卷烟品牌培育，强化终端建设，加大卷烟监管力度。全年卷烟销售金额11.76亿元，比2020年（下同）增长7.1%；实现税利总额3.12亿元，增长6.8%；利润总额1.3亿元，增长5%。至年底，全县持证零售户3059户。

【卷烟经营】 2021年，县烟草专卖局加强卷烟营销，对照品牌发展战略目标，加强对全县终端市场调控，一、二类卷烟比2020年（下同）分别增长12.8%和5.6%，全年实现卷烟销量15.28亿支，增长2.4%。推进“互联网+”工商零消生态圈建设，全县有效持证（照）入网零售户3057户。打造星级终端客户108户、终端示范一条街2条；开通“易灵通”零售客户168户。

【卷烟零售户诚信互助小组建设】 2021年，县烟草专卖局坚持“零售客户为主，烟草行业为辅”原则，推进卷烟零售户诚信互助小组建设。至年底，全县诚信互助小组组建169个，2802户，占全县有效零售客户的91.7%；其中城网诚信互助小组组建148个，2401户，覆盖率93.7%；农网诚信互助小组组建21个，401户，覆盖率81.2%。

【烟草20支形象店】 2021年，县烟草专卖局加强全县20支形象店和上线“易灵通”扫码销售客户管理。全年建成形象店1家，合作店8家，功能店100家。对正常运行1个月以上的“易灵通”零售客户进行星级评定，评定星级终端客户108户，其中一星客户100户、二星客户4户、三星客户3户、四星客户1户。

【卷烟监管】 2021年，县烟草专卖局健全“县、镇、村、户”四级打假责任体系，打击非法卷烟中转分销工作，推动实现全时段监控和全天候路查无缝对接，惩治道路运输烟草专卖品违法犯罪。提高信息化手段运用，每月

2021年5月13日，县烟草局在棉湖镇某卷烟零售户店铺开展市场检查工作
（县烟草局　供稿）

召开规范卷烟经营联席会议，强化真烟非法流通治理，提升监管能力和水平。深化“放管服”改革要求，完善优化“互联网+监管”工作，关注新合理化布局施行后效果，结合实际建立并规范许可准入排队轮候制度；主动对接和优化全省“粤商通”手机办证服务工作，提升办事效率和服务质量。全年办理涉烟制假刑事案件6件，查获涉案假烟643.45万支、走私烟498.94万支。

（袁宝泉　吴长穆）

市场物业

【概况】　2021年，揭西县市场物业管理中心（简称县市场物业管理中心）按区域实行网格化市场管理，加强市场摊位出租管理，强化安全消防制度，做好市场物业管理服务与维护。至年底，县市场物业管理中心管辖7个市场物业管理所，全年市场摊位费总收入170万元。

【市场物业管理服务】　2021年，县市场物业管理中心完善市场准入制度，加强市场食品安全、消防安全、卫生保洁和随街摆卖、占道经营行为管理，引导市场内经营户守法诚信经营，通过讲座、发放宣传单等形式，强化市场经营户法纪宣传教育，规范经营行为。以农贸市场为重点，开展“食品安全为本、消防安全为辅、环境卫生提质”行动。落实商品溯源制度，做好商品标签标识、明码标价、农产品快速检测公示等工作。投入7.6万元，推进市场物业建设与维护工作。加大市场摊位招商力度，减少摊位抛荒，全年市场摊位费总收入170万元，比2020年增加5万元。

2021年揭西县主要市场经营情况一览表

表24　　单位：平方米、万元

市场名称	市场面积	主要经营范围	年营业额
河婆中心市场	2710	工业品、成衣、鞋类、百货、家私	3500
河婆大同市场	1003	肉类、鱼类、蔬菜及其他副食品	5520
河婆河山市场	731	肉类、鲜鱼、蔬菜及其他农副产品	3733
金和市场	1862	成衣、鞋类、副食品等	1700
棉湖南门市场	1200	工业品、成衣、鞋类、百货	5520

续表24

市场名称	市场面积	主要经营范围	年营业额
五经富新市场	920	家私、用具、成衣、鞋类	2700
上砂综合市场	2080	肉类、鲜鱼、蔬菜及其他农副产品、二楼成衣	2370
灰寨市场	3340.5	肉类、鲜鱼、蔬菜及其他农副产品、二楼成衣	1700
塔头市场	3072	肉类、鲜鱼、蔬菜及其他农副产品	1850

（彭上华　刘定权）

对外贸易

【概况】　2021年，揭西县应对外贸不利环境，细化发展外贸工作措施，拓展国内外市场，加强扩大进出口规模，促进经济平稳增长。外贸经济以电子电器、运动用品、服装纺织、塑料制品为主。全县发生进出口企业13家，进出口总额2.5亿元，比2020年增长5.1%。

【商品展销】　2021年，揭西县落实工作对接，组织揭西县崇发塑料制品有限公司等企业参加“130届广交会”“第十三届加博会”“第四届中国国际进口博览会”“粤贸全球”等展会，加强开拓国内外市场，增加出口订单，扩大进出口规模。

2021年10月24日，揭西县崇发塑料制品有限公司在广州市琶洲国际会展中心参加第130届中国进出口商品交易会　（县工业信息化和科技局　供稿）

【外贸企业】　2021年，揭西县扶持外贸企业，助推拓展市场。新增申报外贸出口经营权企业10家，累计具有进出口经营权外贸企业70家，其中河婆街道8家、棉湖镇10家、凤江镇11家、金和镇11家、五经富镇9家、灰寨镇4家、京溪园镇6家、良田乡2家、龙潭镇2家、南山镇2家、坪上镇2家、钱坑镇1家、上砂镇1家、东园镇1家。外贸出口产品主要有电线电缆、电子琴、仿瓷餐具等。

【外贸扶持政策】　2021年，揭西县加大外贸企业扶持力度，落实各项优惠政策，强化金融、税务工作措施，促进企业开展出口业务，鼓励企业开拓市场，扩大出口，落实外贸发展专项资金。全年为符合扶持条件的中国人民财产保险股份有限公司揭阳市分公司发放扶持资金3.73万元。

（邹锐豪　温海涛　李镇波）

交通运输 邮政业

交通管理

【概况】 2021年，揭西县交通运输局（简称县交通局）推进交通基础设施建设管养，深化交通行业综合治理，促进道路运输行业发展，推动新能源公交建设。至年底，完成农村道路安全隐患排查工作1289千米。全年出动执法人员9026人次，检查各类车辆6203辆次，查处违法行为410宗，行政处罚63.9万元。至年底，县内公路总里程1515.60千米，其中高速公路3条，里程100.78千米；普通国道2条，里程85.14千米；普通省道5条，里程151.27千米；县道17条，里程231.45千米；乡道156条，里程612.10千米；村道363条，里程334.86千米。

【交通路网发展规划】 2021年，县交通局优化线路和公路路网结构，提升公路等级，加强农村公路路网结构科学性、合理性。编制完成《揭西县交通运输局"十四五"时期拟规划实施的综合交通运输体系项目》，规划国道项目7个、88.22千米，省道项目8个、94.97千米，旅游公路项目5个、72.29千米。根据《揭西县县道网规划调整方案》，县道网4条线路总里程40.95千米调整为17条线路总里程231.45千米。

【交通道路建设】 2021年，揭西县完成省道S228线揭西新洪村至张厝段路面改造及配套工程、省道S508线揭西上砂至砭下段路面改造工程建设。开工建设县道X096线金和桥改建工程，做好省道S239线揭西坪上至金和段路面改造工程前期工作。开展全县国省道及17个乡镇（街道）农村公路（1289千米）安全隐患排查工作，完成国省道标志标线标牌里程253.01千米；增设急弯陡坡、临边临崖路段警示提醒14处；建设"一清一灯一带"137处；建设"平安村口"159处，完成率100%。是年，坪上镇乡道Y569线（坪红线）被广东省交通运输厅公布为2021年度广东省"十大最美农村路"。

【交通监管】 2021年，县交通局加强道路交通运输监管，落实客运站和发班车辆"每日一消毒"制度，协助工作专班做好出入站旅客信息登记，开展交通专项检查。全年出动安全管理人员161人次，检查督查企业41次，排查一般事故隐患38处，全部整改落实。57座以上大客车、卧铺车淘汰总数15辆，完成淘汰7台，完成率46.7%。客运站发班车辆消毒数2.85万次。

【道路运输管理】 2021年，县交通局落实审查客货运、驾培、维修企业安全生产和经营管理制度，联合多部门落实"两类人员"（道路运输企业主要负责人和安全生产管理人员）和"三项岗位人员"（生产经营单位主要负责人、安全管理人员和特种作业人员）常态化培训，落实GPS卫星监控平台月度考核。全年新增道路运输个体业户42户、企业业户6户，审验营运客车121辆、营运普通货车289辆；检查客运企业81家次、货运相关业户39户次，督促企业主要负责人严格履行监管职责，引导重点运输企业签订安全承诺书16家。全年205部重型货运车辆（总质量12吨以上）100%如期完成重型货车安装使用

2021年8月25日，县交通局、县公安局在京棉公路开展联合治超行动
（县交通局　供稿）

智能视频监控报警装置工作。

【交通综合执法】　2021年，县交通局推进交通行业综合治理工作，开展维修业、驾培机构、非法改装、出租汽车、7—9座非法营运客车、旅游包车、道路污染、“两客一危一重货”、异地执法、医疗废物等专项整治行动，全年出动执法人员8202人次，检查各类车辆5721辆次，查处违法行为376宗，行政处罚60.3万元。启用国道G235线五云监测点（双向）、国道G235线五经富监测点（双向）2个国省道普通公路治超非现场执法监测点；规范完善全县3个治超卸货场场地建设，安装、启用设备；推进货运源头治超信息监管系统建设，5家源头企业完成货运源头信息监管系统建设，实现从源头加强对超限超载车辆治理方式。召开交通运输执法领域突出问题专项整治专门会议，开展突出问题专项整治。

【新能源公交】　2021年，揭西县推进新能源城乡公交一体化建设。9月16日，揭西县新能源城乡公交正式运营，运营线路34条（新增特色精品线路和城乡公交客运干线共13条），合计里程823.1千米，配车97辆（新采购6.5米新能源客车45辆），覆盖主要行政单位、医疗机构、重点学校，实现全县17个乡镇（街道）280个行政村100%村村通客运目标。

（刘武军　陈梓腾）

汽车运输管理

【概况】　2021年，揭西县汽车运输总公司（简称县汽运总公司）加强营运车辆日常管理，建立营运车辆技术档案，对车辆实行视频监控动态管理，强化驾驶人员教育培训，做好旅客实名制进站购票候车服务工作，落实消防工作责任制，推进新能源汽车运营。全年开展安全隐患排查27次，发现安全隐患21项，限时完成整改21项。至年底，下设河婆汽车客运站、棉湖汽车客运站。是年，公司投入150辆车（其中市际班车40辆、包车18辆、农村客运47辆、新能源公交车45辆），运营线路34条（特色精品线路6条、城乡公交客运干线7条、通村农村客运线路21条）。

【站场管理】　2021年，县汽运总公司按照安全生产和道路旅客运输企业安全管理有关规定，落实实名制购票乘车，做好易燃品、易爆品、危险品“三品”安检工作，加强车辆日常检查工作，落实车辆例检制度。全年举办消防应急演练1场。

河婆汽车客运站　河婆汽车客运站位于河婆街道霖都大道124号，站场占地面积1.04万平方米（停车场面积3800平方米），候车室座位109座。2013年7月15日，河婆汽车客运站被广东省交通厅批准为三级站。2021年，河婆汽车客运站到站车辆20部，完成客运量1.6万人次，客运周转量395.4万人千米。

棉湖汽车客运站　棉湖汽车客运站位于棉湖镇道江路，站场占地面积1.07万平方米（停车场面积7622平方米），候车室座位75座。2009年1月4日，棉湖汽车客运站被广东省交通厅批准为三级站。2021年，棉湖汽车客运站到站车辆17部，完成客运量1.4万人次，客运周转量534万人千米。

【车辆管理】　2021年，县汽运总公司建立健全车辆安全管理体系，加强从业人员和驾驶员安全教育培训，执行“三检”（出车前检查、行驶中检查、收车后检查）制度。落实企业主体责任

2021年6月29日，县汽运总公司在河婆客运站站场举办“安全生产月”综合应急演练 （县汽运总公司 供稿）

制、各级岗位责任制以及GPS平台岗位责任制，严格把控营业车辆违章超速和交通违章。全年发生7起营运车辆一般事故；召开24次驾驶员安全例会，24次驾驶员学习教育培训会议，安全座谈会1次，参与人数3298人次，驾驶员培训率100%；9月16日，揭西县新能源城乡公交运营启动仪式在县新能源公交充电停保场举行，县汽运总公司投入45部新能源公交车开通6条特色精品线路、7条城乡公交客运干线，改善民众出行环境。强化停保场充电桩安全管理，专职充电人员加强巡检，查看和汇总每个充电桩设备状态，规范充电操作。

（林桂和　李依蔓）

国省道公路建设

【概况】　2021年，揭西县公路事务中心（简称县公路事务中心）加强公路应急通行能力，推进公路建设，改善公路路况，做好路面保洁、路肩绿化工作，重点整治周边路域环境。全年重点项目4个，项目建设投入资金9241.78万元。

【公路建设】　续建国道G235线揭西径下桥改造工程　国道G235线揭西五云径下桥于2017年7月以广东省公路局批准项目施工图设计，2018年11月动工。该桥按二级公路技术标准设计，设计时速60千米；桥宽16米，桥长126米；桥梁上部采用预应力混凝土连续箱梁，下部采用柱式墩台，钻孔灌注桩基础。项目总投资2039.09万元。2021年，完成桥梁主体建设，年度完成投资407.82万元。

揭西县高速公路出口连接线绿化景观提升苗木采购及配套养护服务项目　2021年，揭西县开展高速公路出口连接线绿化景观提升苗木采购及配套养护服务项目建设，对汕湛高速公路揭西、龙潭和甬莞高速公路河婆、灰寨、凤江、大溪6个出入口连接线进行绿化景观提升，配套灯光照明景观设施，种植乔灌木等绿化景观。7月20日动工，工程造价1695.11万元，项目由广东美庭园林工程有限公司负责工程设计，北京华路顺工程咨询有限公司负责工程监理，广州四季景山园林建设有限公司中标承建。至年底，工程完工。

揭西县高速公路出口连接线整治提升工程　2021年，揭西县建设高速公路出口连接线整治提升工程，对汕湛高速揭西、龙潭出入口连接线，甬莞高速河婆、大溪、灰寨、凤江出入口连接线，国道G235线汕湛高速龙潭出入口至县城段，甬莞高速河婆出口至滨江公园段道路进行旧路面改造为沥青路面，全长11.69千米，项目总投资6351.81万元（项目列入2021年债券资金，一般债券资金5000万元）。10月28日动工，至年底，工程完工。

安全生命防护工程（提升工程）　2021年，揭西县开展省道S237线全长20.65千米、省道S238线全长30.12千米、省道S335线全长47.18千米3条安全生命防护工程（提升工程）项目建设，总造价787.03万元，其中建筑安装工程费用741.10万元、工程前期费用45.93万元。5月8日动工，10月28日完工。

省道S237线揭西灰寨至棉湖段改建工程　省道S237线揭西灰寨至棉湖段改建工程项目起点位于灰寨镇镇区，与国道G235线相交，起点桩号为K0+000；终点交于省道S228线洪棉路口（与普宁市交界），终点桩号为K20+728.33，路线由北往南途经灰寨镇、金和镇，往东途经金和镇、凤江镇及棉湖镇，全长20.73千米，全路段拟采用一级公路标准建设，设计时速60千米，路面宽度21米/17.5米，桥梁荷载等级为公路—I级，沥青混凝土路面，工程总估算造价2.34亿元。至年底，完成工程可行性研究报告（修编）、第三方估算。项目列入2022年申报一般债券资金，申报资金6000万元。

揭西县产业园路网配套工程（省道S237线揭西灰寨至棉湖段公路配套工程）　揭西县产业园路网配套工程项目路线起点位于灰寨镇镇区，终点交于省道S228线洪棉路口（与普宁市交界），路线全长20.73千米，全路段拟采用城市次干道标准建设，两侧配人行道、排水、停保场、充电桩、照明及绿化等设施。5月，完成工程可行性研究报告编制；11月8日，在广东省投资项目在线审批监管平台申报立项。项目列入2022年申报一般债券资金，申报资金1亿元。

2021年12月28日，揭西县高速公路出口连接线整治提升工程龙潭段（油站附近）加铺沥青面层施工现场　（林程渊　摄）

【公路养护】　2021年，县公路事务中心做好日常保洁及预防性管养，重点清理路肩垃圾及修剪路树、公路两边灌木、花草；推进河江大桥、棉湖大桥、湖西中桥石栏杆更换不锈钢管、扶手工作。完善国道G235线K2087+310—K2137+180段路面标线模糊不清或缺失以及相关路口缺失或损坏的示警桩、路段沥青灌缝工作。做好国省道干线公路“十三五”迎国评工作，根据《广东省公路事务中心关于下达“十三五”迎国评普通国省道干线公路路况提升整治任务的通知》，全县列入“十三五”迎国评普通国省道干线公路完成路况提升整治任务总计104.64千米，投入3510万元改造国道G235、G238线路面工程共13.89千米；投入390.71万元完成干线公路路况综合整治工程功能性修复11.45千米、预防养护3.41千米、病害处治75.05千米（包含部分重叠线路），工程于2020年7月动工，2021年10月完工。

【路域环境综合整治】　2021年，县公路事务中心加强安全生产“双基”（基层、基础）建设，加大公路桥梁建设工程、高速公路出口连接线整治提升工程、事故多发路段、危险路段（五云赤窖路段）安全监管及隐患排查整治力度，落实施工企业主体安全责任。开展密集场所综合排查治理，重点抓好办公楼、养护中心、班组防火、用电安全检查监督；加强路面作业安全管理。修订《揭西县公路事务中心生产安全事故应急预案》《揭西县公路事务中心防风防洪工作应急预案》《揭西县公路事务中心2021年“安全生产月”活动方案》等措施。完善县境内“一清一灯一带”以及“平安村口”建设，对国道G235、G238沿线安全隐患进行现场踏勘排查，全年清查穿村过镇、平安村口、一清一灯一带排查总数161处，列入整治86处。乡道村口与国省道平交整治划标、划过线减速带共1.53万平方米，设置警示、提示标志248套，道口桩100根，工程总投入99.99万元，6月完工。全年巡查损路涉路案件2件。

【高速公路建设】　2021年，县公路事务中心配合相关单位推进高速公路建设，协助县政府做好县境内高速公路建设收尾工作，推动汕湛高速公路东段金和服务区和钱坑镇至普宁市普侨镇连接线建设，做好有关账务结算、高速公路建设范围内改路改沟工作。

（李志丰　林程渊）

邮　政

【概况】　2021年，中国邮政集团有限公司广东省揭西县分公司（简称揭西邮政）设职能管理部门6个（综合办公室、市场营销部、渠道平台部、金融业务部、集邮与文化传媒部、寄递业务部），下设17个邮政网点（14个金融综合网点、1个纯邮务网点、2个邮务+汇兑网点）。全年业务总收入8032.06万元，比2020年增长9.5%。是年，揭西邮政被中国邮政集团有限公司揭阳市分公司评为"揭阳市邮政系统先进集体"；金和支局被评为"揭阳市邮政系统巾帼文明岗"；李婉秋、孙海璇被评为"揭阳市邮政系统先进生产（工作）者"；王洁虹被评为"揭阳市邮政系统业务能手"；中国邮政集团工会揭西县委员会被评为"揭阳市邮政先进基层工会"；灰寨支局被评为"揭阳市邮政先进基层组织"。

【邮政网点建设】　2021年，揭西邮政升级服务功能，提升网点整体对外服务形象，改善营业场所服务环境，对棉湖、南山、东园3个支局进行装修改造，其中棉湖支局、南山支局完成搬迁投入使用。至年底，全县各乡镇（街道）投放自助设备43台，其中存取款机24台、存折一体机5台、智能柜员机15台、社保发卡机1台。

【邮政代理金融业务】　2021年，揭西邮政创新邮政金融服务地方经济发展，推进邮政金融销售化转型服务工作。发挥邮政金融点多面广网点优势，为群众提供个人存取款、转账服务，为商户、个体经营户提供个人结算、代理保险、基金、国债等理财产品，服务各企事业单位代发工资以及社保养老、低保、新农保等资金发放工作。全年发放新农保户数22.71万户，金额2.72亿元；社保户数5.89万户，金额1.39亿元。

【邮政类业务】　2021年，揭西邮政开展普遍服务达标集中整治、建制村打卡、压降普通给据邮件丢损率等专项活动监督管控工作，常态化监控各项服务质量管控目标，加强机要通信保密安全。开展便民寄递服务，推出身份证、临时身份证、出入境证件、车牌等寄递服务；配合当地政府发行党报党刊；举办集邮"尊享会"等活动。全年提供函件服务25.03万张；报纸期发数118.07万份，杂志期发数8.73万份。

【邮政客户服务】　2021年，揭西邮政为客户提供差异化服务，通过发放邮储客户VIP卡、绿卡通，提升邮政品牌吸引力，全年发放VIP卡93张、绿卡通卡7730张；开展网点沙龙、生日会、"三八"女神节等主题活动，介绍邮政基本业务和金融产品；落实各项服务承诺，建立健全服务监督体系，加强服务工作监督检查。

（詹明雄　蔡　澈）

2021年5月20日，揭西邮政在钱坑镇钱坑中学开展存款保险知识宣传活动，现场为在校学生答疑、派发宣传单
（揭西邮政　供稿）

信息业

信息化建设

【概况】 2021年，揭西县利用三大基础电信运营企业信息化服务能力，推动企业“上云上平台”，其中小天使电子电器有限公司在生产管控、生产协同等核心环节完成第二阶段数字化升级，应用信息技术完成数字化转型升级，提升信息化水平。

【信息化基础设施建设】 2021年，揭西县加强“数字政府”建设，推动政务服务和公共服务向农村基层延伸覆盖。揭西电信实施光网络建设、电子政务外网、电子商务进农村等民生项目，开通安全专线——网站安全专家业务3户、新冠接种点天翼安全大脑业务20个等。揭西移动承接建设县财政局网络安全升级，打造财政云桌面系统；承接建设县应急指挥信息网，推进市、县、乡镇三级贯通；为金和粮库、五云粮库提供智能化升级改造解决方案；为新冠疫苗大型临时接种点提供健康码核验工具，为集中隔离医学观察场所提供智能NB门磁监控服务，为医院、办事厅和景点提供5G健康码核验通行系统。

【基础设施建设】 2021年，揭西县围绕“建设网络强县、数字揭西”战略目标，建成智慧光网、高速移动网、智能物联网。以5G网络建设为重点，加快新一代信息基础设施建设，推动5G产业发展，累计开通5G基站551个，实现县城和棉湖镇主城区中心地带连片覆盖，其他乡镇部分覆盖。

【无线电管理】 2021年，揭西县加强无线电通信安全保障工作。县工业信息化和科技局邀请市无线电监测站进行监测和执法检查，常态化整治非法“黑广播”“伪基站”，未发现可疑信号和非法站台；县广播电视台频率使用状况符合标准。6月，成立高考无线电安全保障工作组，细化工作措施，在考前和考试期间做好无线电安全保障，防范和打击利用无线电手段作弊行为。

【网络与信息安全保障】 2021年，揭西县以“网络安全为人民，网络安全靠人民”为主题，开展网络安全宣传周电信日活动，发送网络安全公益宣传短信超20万条。落实三大基础电信运营企业加强网站和IP地址规范备案管理。加强国家重要节假日网络安全通信保障，维护重点时间和重点领域电信网络运行安全

中国移动揭西分公司综合楼5G基站（2021）
（揭西移动 供稿）

稳定。

（邹锐豪　温海涛　李镇波）

通信业

综　述

【概况】　2021年，揭西县基础电信运营商提升通信服务，扩大宽带城乡覆盖，落实网络提速降费。全县固定宽带家庭16.22万户，普及率68.1%；光纤接入用户15.93万户，占比98.2%；移动宽带用户57.55万户，普及率85.2%；百兆以上宽带14.23万户，占比87.7%。

【通信业发展】　2021年，揭西县基础电信运营商提升网络服务质量，加强通信网络安全保障能力，构建应急通信保障体系。全县固定电话用户7万户，移动电话用户57.54万户，5G用户8.8万户。实现20户以上自然村宽带网络信号基本覆盖、行政村深度覆盖。

（邹锐豪　温海涛　李镇波）

电信通信

【概况】　2021年，中国电信揭西分公司（简称揭西电信）推进运营管理改革创新，加强通信基础设施建设，推进云改数转战略，提升客户服务质量，增强企业综合竞争力。全年净增天翼移动用户9700户，移动过网份额提升至21.9%；净增宽带1900户。户均带宽135兆以上。

【设施建设】　2021年，揭西电信加强无线网络、高带宽光网建设。配合完成钱坑镇镇圩道路、京棉公路等市政工程通信线路整治；推进光网络覆盖农村地区，优化镇、村寨线路规划布局，完成杆路迁改220千米，新立电杆1500条，布放光缆110千米，割接光缆8300芯；推进平安乡村建设，新增签约村118个、签约摄像头1118个；新增达标村117个。全年补点建设片区70个，新建OBD（光纤分配箱）端口832个，累计16.10万个；新建光缆130皮长千米，纤芯1320千米。开通4G基站18个、5G基站89个。至年底，1.8G基站261个、800兆基站196个、室分站点59个、共享联通4G基站90个，基站信号覆盖率93.3%。

【电信业务】　2021年，揭西电信安装各乡镇应急指挥中心IP-RAN（无线接入网IP化）电路18条，安装医院、卫生系统等医保IPRAN电路23条；开通药店医保、旅业网、县政数局等VPN（虚拟专用网络）电路68条，配合完成明厨亮灶VPN电路网络升级改造151条；完成国樱厂等公安慧眼监控点安装调测16个；安装调测县卫生系统、县政数局等安全大脑业务20个。完成MSTP（多业务传送平台）电路调测割接，安装调测五云镇下云派出所、县政数局等客户机房设备电路搬迁移机，交付云主机、云桌面54单；完成电视电话会议调测、会议保障等工作228次，处理大客户各类故障480户次。加强揭西平安视频监控故障处理管控工作。

【品牌宣传】　2021年，揭西电信以推广智慧家庭为重点，打造智能信息化家庭生活方式，拓展智慧家庭业务，多渠道宣传高带宽、流量畅享融合套餐，天翼看家新增5007户，全屋Wi-Fi新增4792户，全屋智能新增205户。商客场景化，新增签约23户，竣工20户。全年制作业务宣传横幅120条、海报1150张、宣传单张5.4万张。

2021年9月30日，揭西电信在凤江镇凤南村免费为用户提供网络测速、排除故障以及平安乡村建设咨询等便民服务　（揭西电信　供稿）

【宽带业务】 2021年，揭西电信提供差异化套餐，丰富用户选择，主推100兆及以上大带宽畅享全融合套餐，优化智能组网、家庭云、天翼看家等智能应用服务；加强设备安装维护，开展宽带提速服务工作。全年净增宽带1900户，累计6.97万户；户均带宽135兆以上。

【信息服务】 2021年，揭西电信向县政数局开通安全专线——网站安全专家业务3户，开通新冠接种点天翼安全大脑业务20个；配合疫情防控工作，完成公安机关对外入境车辆监控的“慧眼”视频监控项目3户，完成县住建局各镇垃圾转运站视频监控项目15个；为县委政法委综治网格手机开户和终端配送799户，完成县护林员手机开户和终端配送258户；完成潮惠高速公司收费站管理中心和京明度假村6号楼升级改造；为揭西大洋度假村新增50兆尊享专线1条和酒店完美联盟套餐78间；开展网络信息安全及防网络诈骗专项整治行动，巡检全县B、C级机房，派发巡检工单114张；落实传输专业生产操作检查，推进政企业务端到端资源数据清理。排查整改设备系统、网络风险、业务风险、账号风险、数据安全、维护作业等，建立规范操作及日志稽核常态化机制，落实运维安全操作规范。

【客户服务】 2021年，揭西电信规范装维服务流程，提高装维服务技能，提升服务质量。加快社会渠道网点布局，新增营业网点5家。推进快电拓展建设，新建快电60家，组织人员开展网络测速、提速降费、维修线路等上门服务1049场、3547户。每个季度开展总经理接待日活动。

（温永松　郭璐丹）

移动通信

【概况】 2021年，中国移动揭西分公司（简称揭西移动）发展5G通信，优化信息化服务，提高融合运营能力，提供多元化增值服务。至年底，客户规模39.6万户，运营收入超2.4亿元。新建4G基站60个，累计1150个；5G基站200个，累计329个。是年，揭西移动在揭阳移动与揭阳市总工会联合举办的“5G行业应用劳动技能竞赛”中获二等奖。

【设施建设】 2021年，揭西移动加强信息基础设施建设，推进行政村网络全覆盖。新建4G基站60个、5G基站200个，建设光纤宽带信息点2.2万个。完成“‘永恒的火焰’——庆祝中国共产党成立100周年文艺演出”“广东省第二届乡村振兴大擂台探村直播活动”“中国农民丰收节”等活动及重要节假日通信和网络安全保障工作。

【移动业务】 2021年，揭西移动强化“连接+应用+权益”融合运营，实施5G争先工程，打造5G精品网络；强化5G融合运营，使用5G网络客户累计8.2万户。实施融合发展工程，深化家庭市场价值运营，提供“一人付费，全家安心消费”便利业务，惠及用户5.8万户。提供春节期间特惠全国流量包，服务1.9万户；推出超大流量卡、任我换视频会员和彩云空间等权益服务。

【品牌宣传】 2021年，揭西移动践行“数智赋能百业”，加快打造新型信息服务体系，加强信息服务专家定位宣传，发挥移动5G创新能力和产业链整合优势，通过线上移动公众号、App业务宣

2021年5月17日，揭西移动联合县反诈中心工作人员在营业厅门口设置“反诈骗”宣传窗口，现场为群众发放防诈骗宣传单，讲解新型电信诈骗手段防范、收贩号卡属违法行为等相关知识
（揭西移动　供稿）

传结合线下使用体验提升品牌影响力。通过10家移动营业厅、近200家社会合作网点宣传移动5G、千兆宽带、智慧家庭等业务服务，制作宣传横幅超500条、海报2000份、宣传单超6万张。

【宽带服务】 2021年，揭西移动采用光纤到户，新增宽带端口2.2万个。落实提速政策要求，实现光纤带宽300兆起步，300兆+宽带用户净增2.7万户，千兆宽带用户0.88万户。依托宽带网络，提供全屋Wi-Fi、智能安防和智能门锁等一站式家庭融合服务，推广应用智慧家庭产品。

【客户服务】 2021年，揭西移动聚焦服务质量，优化客户分层分级服务管理体系，加强营业厅窗口服务质量管理，制定落实营业厅服务规范。面向客户提供热线、营业厅、网站、微博等服务监督渠道，建立客户投诉处理流程，推动客户服务问题解决。开展“主动微服务”细节关怀，定期开展5G体验下乡、智慧宽带到家等驻点服务，推荐使用广东移动智慧生活App。配合开展反诈宣传等工作。

（黄庆荣　张　薇）

联通通信

【概况】 2021年，中国联通揭西县分公司（简称揭西联通）加强通信基础设施建设，优化5G基站布局，增强信息化服务和通信保障能力，助力建设“数字政府”和乡村振兴，改善服务质量，提高企业综合竞争力。全年实现主营收入3018万元，完成率90%。

【设施建设】 2021年，揭西联通加大通信设施建设资金投入力度，加快5G基站建设，推进公共场所网络信号全覆盖。投入1443万元用于农村地区5G基站建设，投入325万元用于涉农企业建设智慧农业、推动全产业链数字化、建设大数据系统等。全年新建5G基站68座、4G基站9座。至年底，通5G网络行政村118个。

【联通业务】 2021年，揭西联通落实“互联网+”战略合格框架协议，完成揭西大洋茶产业园信息化建设项目、县人民医院办公大楼体温测控及身份识别技术服务项目、退役军人社会保险综合整理等项目。实施数字乡村建设发展工程，推广中国联通数字乡村云平台和中国联通数字乡村品牌，以数字信息化技术提高农业生产效率、农村治理水平和农民生活品质，分别与东园镇三犁村、炉清村、古福村等签订“数字乡镇”管理服务平台建设合作协议。加快城乡宽带覆盖，在河婆新城三期、东园镇三梨村等地新建端口4204个。

【客户服务】 2021年，揭西联通利用数字化服务平台，推动用户服务提质增效。加强营销服务等业务培训，规范工作流程，改善营业厅环境，增强品牌软实力，提高用户体验感和满意度。以加强节假日重保服务保障，配合开展大型活动直播、反诈宣传、疫情防控等工作。响应提速降费要求，推进移网客户和固网客户年费降费。

（龙万涛　蔡淑霞）

2021年6月6日，揭西联通在南山镇火炬村为“永恒的火焰”——庆祝中国共产党成立100周年文艺演出提供通信保障　（揭西联通　供稿）

城乡建设　生态环境

城乡规划

【概况】　2021年，揭西县自然资源局（简称县自然资源局）加强城乡规划管理，推进县级国土空间总体规划编制，开展村庄规划全面评估和优化提升试点，组织编制城乡规划11项；编制土地征收供应控规单元规划指引27宗，总面积367.23公顷；出具拟出让地块规划设计条件19宗，总面积62.80公顷。

【国土空间总体规划】　2021年，县自然资源局加快推进国土空间规划编制，完善“一园两区五片”（打造粤东后花园，生态发展区、产城融合发展区，县城综合发展片、东部产城融合示范片、北部生态旅游片、西部农旅协通片、南部城乡融合片）发展格局，补充全县三大重点发展平台和重点项目台账，推进“三条控制线”划定工作，摸清底图底数和基础研究。精准落位“三区三线”（“三区”：生态空间、农业空间和城镇空间；“三线”：生态保护红线、永久基本农田、城镇开发边界三条控制线）划定成果，明确国土空间保护、开发、修复格局；初步建立国土空间规划体系，逐步建立“多规合一”（涉及城市空间利用的发改、规划、环保以及海洋、林业、文化、教育、体育、卫生、交通等多部门规划）的规划实施、监督系统，形成全县国土空间规划“一张图”；完成全县国土空间规划公示及征询意见准备工作。

【城乡规划管理】　2021年，县自然资源局完成《揭西县京棉公路沿线加油站详细规划》《揭西县城东部商贸城CD01单元控制性详细规划（修编）》等规划编制11个，全部获得县政府批准，进入实施阶段。规范土地征收整合储备和供应管理，编制土地征收供应控规单元规划指引27宗，总面积367.23公顷；出具拟出让地块规划设计条件19宗，总面积62.80公顷。

【村镇规划】　2021年，县自然资源局推进村镇规划，指导各乡镇组织开展《揭西县五云镇上云派出所控规单元》《揭西县金和镇

2021年12月2日，揭西县在县政府大楼613会议室召开国土空间总体规划专题会议
（县自然资源局　供稿）

基地场控制性详细规划（修编）》等规划编制工作。指导南山镇推进试点片区（火炬村、关西村、榕光村、上寮村）村庄规划优化提升工作，指导塔头镇旧住村和灰寨镇新宫林村开展广东省村庄规划优化提升重点服务村工作。

（黄谊文　陈小微）

城乡建设

【概况】　2021年，揭西县城市管理和综合执法局（简称县城管执法局）加强市政设施管理，开展重点项目建设，提高城市管理水平。是年，重点建设项目有县城道路升级改造二期工程、县城广德生态区建设工程（一期）、县环保能源产业园工程等，县城道路升级改造三期工程、县城东入口改造提升工程、河婆擂茶街立面改造等建设项目纳入筹划建设。

【市政设施管理】　2021年，县城管执法局加强路灯维护，维修路灯1480盏，更换节能LED路灯140处，处理线路故障35起、地埋电缆故障点24起、路灯设备损坏事故11起。提升城市绿化景观，修剪绿篱10.37万平方米、草坪14.30万平方米，清理杂草11.97万平方米，管养浇水1546吨，绿化施肥5吨，管养喷药54吨，乔木刷白2.30万株，修剪低矮树枝8619株，清除及补种枯死园林绿化树木2300株，种植树木50株。加强水质监管和分析监测，提高水质检验质量，加强水质安全措施，对县城自来水集中管理，监控水源，维修供水设施。

【市政重点项目建设】　2021年，县城管执法局负责县级重点项目10个，分别为揭西县环保能源产业园工程（预计2022年开工建设）、揭西县城广德生态区建设工程（一期）、揭西县城新建自来水厂二期工程及输水管道工程、揭西县城道路升级改造二期工程、老虎坷垃圾填埋场扩容工程三期、揭西县城横江河下段堤路综合整治工程、揭西县城榕江南河右岸堤路综合整治工程、揭西县城建筑外立面改造提升工程、大同市场及河山市场周边道路升级改造工程开工建设、揭西县城两广场改造工程项目（完成竣工）。

（曾小可　王万方）

揭西县城道路升级改造二期工程施工现场（2021）　　（县城管执法局　供稿）

城乡管理

综　述

【概况】　2021年，县城管执法局提升城乡管理水平，加强执法能力建设，强化日常执法巡查，鼓励群众举报监督，开展违法用地、违法建设整治工作，清理整治乱摆乱卖、占道经营现象严重路段，改善市容市貌，强化环境卫生管控，保护历史文化街区。全年完成整治违法建设1417宗；查处乱摆乱卖918宗。

【违法建设整治】　2021年，县城管执法局加大违法建筑巡查发现和查处力度。全县普查在册在建违法建设1454宗，完成整治1417宗，完成进度97.5%；违法

2021年3月18日，河婆街道新河家园违法建设拆迁现场　（县城管执法局　供稿）

建设整治任务60万平方米，完成整治69.94万平方米，完成进度116.6%。其中补办手续507宗、完善手续845宗、拆除63宗、没收2宗、未分类处置37宗（涉嫌“小产权房”6宗，需一案一册处置；违反规划红线拟拆除31宗，全部为村民住房）。3月18日，县有关领导带队指挥，县城管执法局、县公安局、县住建局、县自然资源局、市生态环境局揭西分局等部门联合执法，到河婆街道马头村新河家园现场依法拆除占用耕地违法建筑物4栋、27层，建筑总面积3.29万平方米。

【市容市貌整治】 2021年，县城管执法局开展市容市貌专项整治297次，查处乱摆乱卖918宗，其中违规占道经营424宗、流动商贩乱摆卖494宗。查处乱拉乱挂浮物、广告牌481宗，其中违规横幅262条、广告灯牌219个。查处乱搭设乱建63宗，拆除地桩、地锁63个。查处交通工具乱停放1094宗，其中清理共享单车835辆、机动车违法停放259辆。查处露天焚烧110宗。

【环境卫生管控】 2021年，县城管执法局围绕“创文创卫”，加强环境卫生管理。推进落实“门前三包”（包卫生、包绿化、包秩序）责任制，签订责任书1500份，发放规范资料4500份。加强环卫基础设施建设，在县城主要街道设置分类果皮箱400个，增强主干道垃圾自主收集能力。加强垃圾填埋场管理，做好填埋场除臭灭蝇、渗滤液处理和垃圾卫生填埋工作，及时填埋全县城乡生活垃圾，县城生活垃圾无害化处理率100%。

（曾小可　王万方）

【历史文化街区保护】 2021年，揭西县明确工作重点，加强历史文化街区保护。3月12日，棉湖镇南门里历史文化街区被公布为第二批广东省历史文化街区。县住房城乡建设局牵头开展棉湖镇南门里历史文化街区范围内10处历史建筑普查确定工作，10月14日至11月13日在棉湖镇南门里社区党务居务公示栏及揭西县人民政府官网公示，12月3日通过专家评审认定。

【农村削坡建房风险整治】 2021年，揭西县加大农村住房安全工作力度，强化安全隐患排查，细化措施落实，建立农村削坡建房风险整治台账，推进农村削坡建房风险点整治工作。全年全县完成削坡建房风险点整治210户，其中极高风险12户、高风险20户、中风险112户、低风险66户。

【城乡生活垃圾处理】 2021年，揭西县推进卫生县城建设，加强城乡生活垃圾转运处理工作，完善“户收集、村集中、镇转运、县处理”全过程管理，不定期开展巡查监督。全县农村生活垃圾处理率98%以上，开展生活垃圾处理行政村318个，行政村保洁覆盖率100%。

（庄少柱　李美荣）

【城乡生活污水处理】 2021年，揭西县巩固城乡生活污水治理成效，推进城乡生活污水处理项目建设和运维管理。14个镇级污水处理厂全部投入试运营，建成的21个农村污水处理站有20个投入运营；配套管网建设累计完成107.63千米。完成建设农村生活污水处理站65座，投入运行。

完成农村雨污分流管网1800千米。完成县城污水处理厂及配套管网四期工程，新增污水管网5.47千米。推进五经富河饮用水源保护工程，铺设生活污水集污管网11.5千米；完成凤江污水处理厂配套支管网工程，新增管网11.3千米；完成建设棉湖仙耘污水处理厂、棉湖湖美污水处理厂、产业园污水处理厂；启动凤江污水处理厂二期工程、凤江镇青头庵污水处理厂工程建设。

2021年揭西县名村名镇名单一览表

表25

名称	类别	公布时间
揭西（棉湖）	广东省历史文化名城	1996年（第二批）
揭阳市揭西县东园镇月湄村	广东省历史文化名村	2010年（第三批）
揭阳市揭西县大溪镇井美村	广东省历史文化名村	2010年（第三批）
揭西县棉湖镇南门里历史文化街区	广东省历史文化街区	2021年（第二批）

（林世涛　谢杜宏）

城市供水

【概况】 2021年，揭西县自来水公司（简称县自来水公司）供应县城生活饮用水及少数工业用水，加强水源监控和水质安全检测，维修供水设施，维护用水安全稳定。是年，新装水表309个，改造维修主管375.6米、巷管1201米，维修供水设施1055次，维修、更换水表177次，应急抢修151次，添置抢修工程车2辆。

【供水经营】 2021年，县自来水公司加强基础设施建设，优化管理经营，保障供水安全，提高供水质量。供水收入1096.5万元，其中水费收入944.3万元，比2020年（下同）增加71.5万元；安装收入152.2万元，增加57.2万元。全年抽水量608.86万立方米，减少87.74万立方米；售水量561.41万立方米，增加4.31万立方米。

【水质检测】 2021年，县自来水公司采用地表水为饮用水水源，定期开展水质检测。公司化验室配备浊度仪、721型分光光度计、电子天平秤等设备。主要检测项目为色度、浑浊度、臭和味、肉眼可见物、pH值、铁、锰、氯化物、硫酸盐、氟化物、总硬度、耗氧量、硝酸盐、余氯、氨氮、总大肠菌群和菌落总数。新国标规定检测项目多、技术含量高、检测难度大，公司在设备和技术手段滞后现实情况下，主要每日进行水源水浑浊度、色度、臭和味、肉眼可见物、耗氧量、氨氮6项检测，及出厂水浑浊度、色度、臭和味、肉眼可见物、耗氧量、细菌总数、总大肠菌群、氨氮、余氯9项检测，每月2次进行管网水浑浊度、色度、臭和味、余氯、细菌总数、总大肠菌群、耗氧量检测。每月委托揭西县疾病预防控制中心及汕头市为民水质检测有限公司检测出厂水、水源水、末梢水，全部符合生活饮用水安全标准。

（张国旭　朱雪芳）

燃气管理

【概况】 2021年，揭西县落实燃气安全生产工作责任制，深化燃气安全和服务监管，加强城乡燃气需求保障。至年底，有揭西县商业石油液化气有限公司、灰寨金辉燃化有限公司、棉湖联达石油液化气有限公司等液化石油气经营企业7家。是年，全县燃气普及率99%，液化石油气企业液化石油气库存量900吨，城乡居民液化石油气消费量1.65万吨。

【燃气安全生产监管】 2021年，揭西县落实燃气生产企业主体责任，加强燃气安全生产监管，深化现场检查和台账管理，严格燃气生产标准，加大燃气安全宣传力度。全年开展燃气企业安全检查22次，排除安全隐患72处；实现燃气行业零事故。

（庄少柱　李美荣）

环卫工作

【概况】　2021年，揭西县通过政府购买公共服务，将县城环卫综合服务工作外包给福建龙马环卫装备股份有限公司。县城清扫保洁区域覆盖2个片区（城中片、城东片）、8个社区、5个行政村，主要是各级道路、广场、公园；负责运营管理公厕11座、中转站3座。北京沁润泽环保科技有限公司负责揭西县老虎坷垃圾填埋场无害化填埋处理工作、渗滤液处理工作和除臭灭蝇工作，广东伟创科技开发有限公司负责渗滤液处理在线监控工作。

【县城环卫管理】　2021年，揭西县环境卫生管理中心加强县城环境卫生管理及对服务外包公司监管。实行全天候定时、定人、定岗巡回保洁制度；生活垃圾定时定点收运，做到日产日清；落实“门前三包”制度；加强社会管理力度，遏制乱丢、乱倒垃圾行为。县城主要街道保洁时间每天16小时以上，次要街道保洁时间每天12小时以上，并根据实际情况适当延长保洁时间。

【环卫基础设施建设】　2021年，揭西县在老虎坷垃圾填埋场启动建设揭西县环保能源产业园项目，完成特许经营权招投标，8月9日举行开工仪式；新增渗滤液处理站臭气沼气系统，年底完工。是年，县老虎坷垃圾填埋场无害化处理全县城乡生活垃圾17.62万吨。

（蔡美玲　陈效坚）

建筑业

【概况】　2021年，揭西县住房和城乡建设局（简称县住房城乡建设局）建立健全质量管理体系，以规范建筑市场秩序为重点，规范招投标行为，加强市场诚信和专业技术人员管理，落实勘察设计质量责任制，促进建筑业发展。加强工程造价管理，定期将建筑材料价格调查表上报揭阳市建设工程标准定额站，统一编制发布揭西县建筑材料信息价。引导企业在“揭阳市建筑业诚信信息管理平台”录入备案，按规定执行校审制度。全年全县施工项目32个，建筑面积41.21万平方米，总造价13.38亿元；房建市政工程招标39项，中标价3.96亿元。

【建筑市场管理】　2021年，县住房城乡建设局引导企业及时注册并纳入全市诚信管理体系。全县在库资质以内建筑业企业13家，其中一级资质建筑企业1家、二级资质建筑企业2家、三级资质建筑企业4家、专业承包不分等级资质6家。全县建筑企业诚信状况良好，无出现不良行为。是年，建筑业实现增加值10.4亿元，比2020年增长12.5%。

【建筑工程招投标】　2021年，县住房城乡建设局加强建筑工程招投标管理，强化招投标工作监督，规范招投标行为，加大惩治房屋建筑和市政基础设施工程建设领域中招投标等违法违规行为，维护市场竞争环境。至年

2021年3月16日，县住房城乡建设局组织工作人员对钱坑镇榕景豪庭项目开展建材抽检工作　　（县住房城乡建设局　供稿）

底，房建市政工程招标39项，中标价3.96亿元。

【建筑工程报建】 2021年，县住房城乡建设局加强行业管理服务，按照《建筑工程施工许可管理办法》，规范建筑工程报建程序，履行工作手续。全年全县施工项目32个，建筑面积41.21万平方米，总造价13.38亿元，主要包括商住楼、公共建筑、市政工程。

（刘向东　王智敏）

【建筑节能】 2021年，县住房城乡建设局推进建筑节能建设，发展绿色建筑，深化绿色建筑行动。新建民用建筑全部采用一星以上绿色建筑标准；政府投资或者以政府投资为主的建筑、建筑面积大于2万平方米大型公共建筑、建筑面积大于10万平方米居住小区等采用二星级及以上绿色建筑标准，设计阶段绿色建筑节执行率100%。是年，实现通过绿色建筑施工图专项审查、达到绿色建筑标准的建筑项目13个，建筑面积114.13万平方米。

【工程质量管理】 2021年，县住房城乡建设局加强建设工程质量监管，检查在建项目建材产品，委托第三方检测机构检测，抽查钢筋151组、水泥17组、砂17组、石17组，检测合格率100%，监管工程实施全过程。是年，在建工程项目37个，其中房屋建筑工程项目31个、市政基础设施工程项目6个，工程质量监督覆盖率100%；签订建筑工程“两书一牌”（法定代表人授权书、工程质量终身责任承诺书、永久性标牌）项目37个；竣工验收合格工程项目11个，一次验收合格率100%。

【工程安全监督】 2021年，县住房城乡建设局监管五方（建设单位项目负责人，勘察单位项目负责人、设计单位项目负责人、施工单位项目经理、监理单位总监理工程师）责任体安全行为，实施动态管理。开展大检查6次，外出监督检查巡查80次，发现安全隐患265起，下发整改通知书69份，全部落实整改。对建设、勘测、设计、施工、监理、检测单位及其质量安全相关人员未履行质量安全责任情况量化记分，发出建筑工程施工质量安全动态记分43份。全年未发现重大质量安全隐患。

（林世涛　蔡冬鸣）

房地产业

【概况】 2021年，揭西县有房地产开发企业19家，三级资质房地产企业6家。是年，一手房交易办理不动产权证941宗、二手房交易121宗；商品房销售额10.10亿元，商品房销售均价

2021年揭西县在库资质以内建筑企业情况表

表26

企业名称	等级	所在地
揭阳市揭西建筑集团公司	一级	揭西县河婆街道
揭阳市揭西建筑安装工程总公司	二级	揭西县河婆街道
揭西长安建设实业有限公司	二级	揭西县河婆街道
揭西县安华电力工程有限公司	三级	揭西县河婆街道
广东万升建设工程有限公司	三级	揭西县河婆街道
广东汉筑建设工程有限公司	三级	揭西县大溪镇
广东皓原建筑工程有限公司	三级	揭西县棉湖镇
揭西县恒宇混凝土有限公司	搅拌站无分资质等级	揭西县河婆街道
揭西县新塔混凝土有限公司		揭西县龙潭镇
揭西县巨塔混凝土有限公司		揭西县东园镇
揭阳市凯盛混凝土有限公司		揭西县河婆街道
揭阳市宏通路桥建设有限公司		揭西县京溪园镇
揭西县庆鸿混凝土有限公司		揭西县东园镇

8275.84元/平方米。全年在建房地产开发项目16个；解决物业管理问题40宗。

【房地产开发】　2021年，揭西县在建房地产开发项目16个，分别为揭西碧桂园、宏和·金水湾（A区）、金溪润园一期、星曜城花园、东园碧桂园（标段1）、宏和·金水湾（B区）、富林华府、蓝天花园、汇龙湾花园、棉湖壹号花园、龙江华府、星湖南苑、榕景豪庭、榕悦轩、祥云苑、双创公寓。

【房地产市场管理】　2021年，揭西县深化房地产市场监管，提高市场透明度，维护消费者合法权益。加强市场监测分析，掌握市场供求信息，为政府提供决策依据。依法规范商品房销售行为，查处市场违法违规行为，实施商品房（预）销售现场检查制度，维护市场秩序。是年，一手房交易办理不动产权证941宗，销售面积12.21万平方米；二手房交易121宗，销售面积1.88万平方米。商品房销售额10.10亿元，销售均价8275.84元/平方米。

【物业管理】　2021年，揭西县加强物业管理住宅小区消防安全管理，保障消防通道畅通，督促物业服务企业组织落实消防安全自查工作，开展物业小区消防安全检查3次。规范电动车停放充电行为，配备电动车充电停放场所，全年解决物业管理问题40宗。

（刘向东　林伟斌）

生态环境

【概况】　2021年，揭西县加强生态环境质量监管，完善环境保护基础设施，统筹山水林田湖草系统治理，打好污染防治攻坚战，改善榕江南河等主要江河水质，生态环境质量总体良好，大气环境质量保持稳定。坚持规划引领，完成《揭西县县城环境保护规划（2020—2030年）》编制及印发，加强实施生态环境保护工作保障。

【环境质量】　详见“揭西概况”类目“基本概况”分目“环境质量”条目内容。

【环境管理】　2021年，揭阳市生态环境局揭西分局（简称市生态环境局揭西分局）发挥环境影响评价在源头控制中基础性作用，强化环境影响评价事前准入约束，严把建设项目审批关，遏制“两高”（高污染、高耗能）项目盲目发展，全年完成建设项目环评审批44个，核发排污许可证7份。

【环境监测】　2021年，市生态环境局揭西分局加大环境监测力度，对榕江流域干流跨界断面及重点支流（河涌）断面监测97次，对全县23个河长制“考核”断面取样检测36次；环境执法部门送样监测11家次、22个水样，协助处理噪声投诉案件11件；监测站参与案件自采样52家次、132个水样，客观反映污染治理成效，开展生态环境污染的成因分析、预测预报和风险评估。

2021年11月2日，市生态环境局揭西分局在揭西县美通电子科技有限公司开展危险废物专项检查
（市生态环境局揭西分局　供稿）

【环境执法】 2021年，市生态环境局揭西分局联合相关部门及各乡镇政府，对辖区企业（厂），尤其是涉水企业开展全方位、地毯式检查，出动执法人员5808人次，检查企业1167家次，发出责令通知书44份，立案查处45宗；移送公安部门案件4件，其中涉行政案件4件，行政拘留3人；取缔“散乱污”企业16家，处罚金额436.25万元。

【蓝天保卫战】 2021年，市生态环境局揭西分局加大工业源涉气企业治理力度，加强源头准入和日常监管，推进包装印刷等重点行业VOCs（挥发性有机物）整治，深化工业锅炉整治监管，推动企业低VOCs源头替代，逐步淘汰低效治理设施，要求企业配套有效废气处理设施，推动台账记录、排污口设置规范化。

【净土保卫战】 2021年，市生态环境局揭西分局实施土壤污染防治行动，重点强化危险废物规范化管理，督促指导包装印刷、电子器件制造等危险废物产生单位及时完成申报登记、管理计划、危废产生台账、合法转移等工作，全县在广东省固废平台完成注册和申报登记企业71家，比2020年增加15家，完成率100%。

【碧水保卫战】 2021年，市生态环境局揭西分局采用定期取水监测和第三方服务方式，加强饮用水源保护区常态化监测，取缔水源地保护区内污染企业，严禁在保护区内新建排污口和建设与水源保护无关项目，打击环境违法行为。全县饮用水水源保护区地表水环境质量均符合《地表水环境质量标准》（GB 3838—2002）Ⅱ类标准要求，饮用水源地水质达标率100%，水质良好。

2021年6月5日，揭阳市生态环境局揭西分局在县城污水处理厂开展2021年六五世界环境日宣传暨“我为群众办实事”实践活动

（市生态环境局揭西分局　供稿）

【环境投诉和纠纷】 2021年，市生态环境局揭西分局严格生态环境执法，加强环境信访工作，坚持接待、登记、回复一站式服务，坚持依法办事并及时反馈处理结果，提升环境信访工作水平，解决环境热点难点问题。全年收到环境信访件128件，办结128件，实现零积案。

【生态环境污染应急处置】 2021年，市生态环境局揭西分局围绕生态环境污染应急处置能力建设，组织开展事故联合应急救援演练1场次，提升相关部门应急救援能力和应对突发环境事件的应对能力。92家企业完成突发环境事件应急预案编制并通过专家评估，12个单位成立应急救援队伍，形成覆盖全县突发环境事件应急预案网络体系。

【生态环境保护宣传】 2021年，市生态环境局揭西分局结合“5·22”生物多样性日和“6·5”世界环境日，开展生态环境保护入学校、入社区、入企业活动，向公众开放环保设施，宣传生态环境保护法律法规、生态文明建设，指导企业防污治污等，提高公众环境意识，鼓励全民参与保护和改善环境。

（刘讯涛　黄跃漫）

旅游业

综　述

【概况】 2021年，揭西县完善旅游基础设施建设，丰富旅游发展要素，推动旅游产业转型升级，发展乡村旅游和红色旅游，开展"360° 潮玩揭西"等重大旅游活动，围绕"国家级全域生态旅游目的地"发展目标，打造"潮客交融·和美揭西"旅游品牌。主要旅游景点有京明温泉度假村、黄满寨瀑布旅游区、大洋国际生态旅游区等。

【旅游产业规模】 2021年，揭西县加强宣传推广，优化旅游服务，促进旅游产业发展。至年底，全县有旅行社5家，国家AAAA级旅游景区2家，国家AAA级旅游景区3家，国家级森林公园1个，省级旅游度假区1个。各类旅游接待酒店87家，客房4965间，床位7055张；初级导游26人。

【旅游发展规划】 2021年，揭西县明确旅游发展思路，加强旅游发展规划，推进打造乡村旅游产业带，指导乡村旅游示范点编制旅游规划，组织编制《广东省揭西县棉湖镇南门里旅游区总体规划》等旅游规划，《揭西县大鹿农业公园旅游发展总体规划》通过专家评审。

【旅游公共服务】 2021年，揭西县推进创建国家全域旅游示范区，加强公共服务建设。揭西县旅游数据中心二期工程通过验收，完成大数据平台搭建、重点景区Wi-Fi信号全覆盖和微信小程序上线等。投入50万元，补助建设良田乡桐树坪村旅游厕所、大鹿农业公园情人谷旅游厕所等旅游厕所4座。开展首批揭西县旅游厕所评级奖励申报工作，牵头组成专家评审小组，通过初评旅游厕所13座，通过复核A级旅游厕所3座，每座旅游厕所获专项奖励5万元。

【重大旅游活动】 2021年，揭西县在坪上镇万梅谷文化小镇举办"广东揭西消费扶贫产品展销活动暨第五届梅花节"，助力乡村振兴。响应"广东人游广东"工作要求，举办"360° 潮玩揭西"活动。加快推动文化创意和旅游行业创新驱动发展，在大洋国际生态旅游区举办"2021'创青春'广东青年文化和旅游创新创业大赛暨第二届揭西茶旅文化节"。

（温庆文　陈　燕　林锐哲）

京溪园镇大鹿农业公园情人谷旅游厕所（2021）　（县文广旅游体育局　供稿）

旅游市场开拓

【概况】 2021年，揭西县引导国家A级旅游景区转型升级，开发建设旅游项目，加快发展红色旅游和乡村旅游，优化旅游线路设计，开展全媒体宣传推介，打造特色文旅品牌，开展招商引资对接工作，修订出台民宿投资奖励政策，促进旅游市场发展壮大。

2021年9月10—12日，揭西县代表旅游企业在广州市参加2021广东国际旅游产业博览会
（县文广旅游体育局 供稿）

【旅游项目建设】 2021年，县文广旅游体育局重点推进大洋国际生态旅游区“和天下”特色康养建设项目，全年投资1.62亿元，完成茶服务中心、万村集市、双创基地、茶大师工坊、产品发布中心等主体建设，完成年度投资计划。旅游区以特色康养项目为引擎，推进创建国家AAAA级旅游景区，开辟新景点“龙山峡谷”，引进品牌酒店入驻。是年，大洋国际生态旅游区被认定为2020年度省级休闲农业与乡村旅游示范点。

【旅游宣传推介】 2021年，揭西县投入151.74万元开展全媒体宣传，举办“360° 潮玩揭西”主题宣传活动，编印《揭西文旅宣传册》，制作旅游宣传片《这里是揭西》，拍摄《文旅发展看揭西》系列专题片，在南方卫视、东莞电视台和揭阳电视台投放旅游宣传广告，网络媒体同步宣传推广。加强与发达地区及周边县区旅游交流与合作，组织重点旅游企业参加第十七届中国海峡旅游博览会、2021广东国际旅游产业博览会等。

【乡村旅游发展】 2021年，揭西县加强坪上万梅谷文化小镇、棉湖镇鲤鱼沟村、龙潭镇关山村、京溪园镇大鹿农业公园等乡村旅游示范点基础设施建设，提高旅游服务水平，形成特色乡村旅游产业带。是年，成功申报南山镇火炬村、塔头镇旧住村为广东省文化和旅游特色村；揭西“红色热土·多彩乡村”之旅被评为广东省乡村旅游精品线路。

【重点景区景点】 **京明温泉度假村** 京明温泉度假村位于揭西县京溪园镇，是国家AAAA级旅游景区、全国农业旅游示范点、国民旅游休闲示范单位、广东省体育旅游示范基地、广东省养生旅游示范区、广东省中医药文化养生旅游示范基地，是养生茶文化主题度假村，集生态农业、观光休闲、养生度假于一体。度假村规划总面积744.8公顷，主要景点有水上世界、动物观赏园、橡胶园、盘古文化园、京明长城等。建有仿欧式建筑楼房10幢，标准客房、套房和总统套房350间（套）；配备多功能会议厅和文化场馆；餐饮方面有按四星级装修的京都酒楼和潮客食苑；休闲场所有按中国古典风格装修的湖心茶馆和茶艺馆；娱乐方面有温泉、桑拿中心和水上世界等。

黄满寨瀑布旅游区 黄满寨瀑布旅游区位于揭西县京溪园镇，被誉为“岭南第一瀑”，是国家AAAA级旅游景区、广东省地质公园、广东省国民休闲旅游示范单位、揭阳美丽10佳景区之一，是揭西县生态旅游名片。黄满寨瀑布自上而下分五级：一级是宽82米、落差56米，被誉为“岭南第一瀑”的飞虹瀑布；二级是银河崆瀑布；三级是落差120多米的落九天瀑布；四级是三叠谷瀑布；五级是斗方崆瀑布。五级瀑布直奔狂泻，落差300多米，到达寿星潭。景区内“黄满寨民俗村”于2012年建成开放，配备省级地质公园博物馆、农家文化区、茶园观赏区、农家餐厅区、农家乐综合服务区、旅游接待区、亲水活动区和游客中心等项目，是半山客民俗展区。

大北山国家森林公园 大北山国家森林公园地质古老，属莲花山余脉，平均海拔700多米，总面积3466.67公顷。园区内动植物资源丰富，拥有南亚热带季风常绿阔叶林、其他天然林等多种植物及国家重点保护野生动物，植物148科700多种，其中福建柏（国家一级珍稀濒危保护植物）70公顷、大头茶（黄牛檀）林1933公顷、原始自然林1149公顷、毛竹林67公顷。公园内森林覆盖率在85%以上，负氧离子含量高，是一个天然“大氧吧”。园区主要景观有十八湾瀑布、龙潭崆瀑布、九县崇、天子壁、北山日出、北山枫林、毛竹园、茶园风光等，以及大北山革命历史纪念馆、知青楼、红军寮革命旧址、潮汕人民抗征队后方医院、司令部及红军纪念馆等红色旅游资源。

大洋国际生态旅游区 大洋国际生态旅游区位于揭西县五经富镇，1996年由华侨邹顺达创建，是国家AAA级旅游景区，占地800公顷；平均海拔800米，最高峰乌宗峰海拔1000米，年平均气温19℃，负氧离子浓度长期保持1200个/厘米^3；省级茶叶产业园在此落地，是一处避暑度假胜地。2012年，由广东宏和集团投资，以“避暑胜地”和“养生天堂”为主要发展目标，结合健身运动与休闲观光，打造成集旅游、度假、休闲、会议、教育于一体的综合型旅游景区。景区拥有情人湖（瑶池月）、乌宗峰、火焰山、万寿山风景区、广东省第一座高山18洞高尔夫球场、兰花科普基地等30多个景点；配套大型停车场、游客服务中心、马来西亚风格度假别墅、会议中心和中西餐厅等设施；夏秋季节每周末举办“茶山云海，悠然大洋”主题大型露营篝火活动；设置越野基地、香格里拉部落、山景灯光秀、水幕电影、马术表演及骑马体验等娱乐项目。2021年8月15日，由大洋国际生态旅游度假区更名为大洋国际生态旅游区。

樱山花谷景区 樱山花谷景区位于揭西县京溪园镇，是以樱花为主题，集赏花游景、休闲玩乐、科普研学和农事体验于一体的乡村休闲旅游景点，是广东省休闲农业和乡村旅游示范点、科普教育基地，揭阳市巾帼创业示范基地、农村创业青年培训示范基地、“诗意潮汕”美丽乡村创作写生基地。景区规划面积41.66公顷，建成33.85公顷，种植中国红、广州樱、小乔等樱花品种，亮叶木莲、法斗木莲等珍稀木兰品种和各式花海，扩造樱花林、CS陆战联盟基地，建有樱花小舍、一角茶地和儿童乐园、拓展草地、农具大棚等休闲场所。景区发展特色乡村旅游，先后举办中国樱花节、灯光文化节、稻香艺术节等活动，长期与多所学校合作，开展农事体验和科普研学活动。2020年4月，被评为国家AAA级旅游景区。

山湖乡村旅游景区 山湖乡村旅游景区位于金和镇、塔头镇、凤江镇三镇交界处，占地450公顷，是全国乡村旅游重点村、省级新农村连片建设主体村、全省重点旅游扶贫村、省级美丽乡村特色村、广东省首批文化和旅游特色村、广东十大美丽乡村。山湖村三面环水，自古有“水上莲花”之称，33.33公顷天然湖环绕山村，33.33公顷竹笋错落有致，33.33公顷花果木四季飘香，北面134公顷的山园地顺势托起。山湖村水域资源丰富，盛产淡水鱼；种植水稻、甘薯、橄榄、荔枝和甜笋等。主要景观有连理古榕、古寨门、湖景山色、青竹庵、五百年芒果树、仙福湖、飞鹅山、飞鹅水库等，还有棉湖战役遗址、古典祖祠、传统贝灰三合土潮式民居、潮瓷装饰屋顶的青竹庵等历史人文景点。2020年9月，被评为国家AAA级旅游景区。

三山国王祖庙 三山国王祖庙位于揭西县河婆街道，又名霖田祖庙、三山国王庙、三山神庙、明贶庙，俗称大庙。肇迹于隋、显于唐、封于宋，迄今有1400多年历史，是全球1.6万多座三山国王庙祖庭、三山国王文化发祥地，是省级文物保护单位、省海峡两岸交流基地。三山国王祭典是省级非物质文化遗产代表性项目。

棉湖镇南门里社区 棉湖镇南门里社区位于揭西县棉湖镇，

占地面积9公顷，是广东省首批文化和旅游特色村、揭西县首批特色文化名村，有“揭西‘小江南’”之称。社区拥有省级文保单位郭氏大夫第、兴道书院和县级文保单位永昌古庙暨云湖庵，以及林景拔翰林第旧址、糖水灶祖师宫、卓兴旧居等历史人文遗迹。

大鹿农业公园　大鹿农业公园位于揭西县京溪园镇大鹿村，2020年12月开业，规划面积109.86公顷。园区以种植彩化苗木为主，集引进、产销、体验园艺于一体，以生态山林环境与农林产业为基础，打造融合创意农业、生态农业观光、休闲游乐、生态田园度假于一体的生态农业公园。

【红色旅游】　**大北山革命历史纪念馆**　大北山革命历史纪念馆位于揭西县南山镇大北山国家森林公园内，2008年建成，2021年完成重新装修布展，占地2000多平方米。布置展厅15个，陈列大革命时期、土地革命战争时期、抗日战争时期和解放战争时期粤东人民开展革命斗争的历史。

知青楼　知青楼位于揭西县南山镇大北山国家森林公园内，2007年按1∶1比例异地重建，占地面积1248平方米，52间房间呈回形结构排列，两层砖瓦房，是一座具有地方和时代特色的建筑物。楼内设有简介室、知青生活陈列室和知青厨房等，二楼为农家特色小吃餐厅。

兴道书院（棉湖战役东征军指挥部旧址）　兴道书院位于揭西县棉湖镇，建于清雍正八年（1730），重修于同治十一年（1872）。书院内三乐堂是棉湖战役东征军指挥部旧址，现为棉湖战役展览室。1925年3月，黄埔军校校长蒋介石、政治部主任周恩来等率领东征军进驻棉湖，以兴道书院为黄埔军总部驻地，指挥以少胜多的棉湖战役。兴道书院成为当时实际战场以外的标志性遗址，是揭阳市爱国主义教育基地。2019年5月，被广东省人民政府公布为广东省第九批文物保护单位。

粗坑村　粗坑村位于揭西县京溪园镇，始建于1804年。粗坑村建筑呈庄重严肃的宫殿式格局，融进潮汕“四点金”“下山虎”建筑特色，传承客家围龙屋传统，同时运用苏州园林优雅的格调。粗坑村是大革命时期古大存、曾广等老一辈革命家及潮汕人民抗征队开展革命活动地，也是解放战争时期潮汕地区第一份红色党报——《团结报》（《汕头日报》前身）创刊地，建有《团结报》展览馆。2006年，粗坑村被广东省旅游局评为“广东最美丽乡村示范点”；2015年，被国家旅游局评为“中国乡村旅游模范村”。

火炬村　火炬村位于揭西县南山镇，是广东省红色党建示范村。解放战争时期，凭借进可攻、退可守的战略位置和广泛可靠的群众基础，成为潮汕人民抗征队诞生地和根据地。村内现有潮汕人民抗征队诞生地旧址、中共潮汕地委旧址、潮汕军政法庭旧址、潮汕人民抗征队看守所及后方医院旧址和潮汕人民抗征队司令部、后勤部旧址等革命旧址。

【旅游商品】　2021年，揭西县深化旅游商品开发，出品特色旅游商品，代表代表商品有“金丰财”牌河婆米呈（米花脆）、“雅味园”牌潮汕二宝（咸佛手、老陈皮）、金龙洞泉酒厂有机柠檬酒、“蓝天果蔬”牌九制五味蒜蓉萝卜、“刘向明”牌桂花蜜、广东京溪园罐头食品有限公司生产的野生大洋苦笋罐头等，都曾被评为“揭阳十大旅游手信”。

潮汕人民抗征队纪念馆内景（2021）　（火炬村村委　供稿）

【酒店选介】 揭西希桥酒店 揭西希桥酒店位于县城东部入口处，是一家按照国家五星级标准设计建造商务型酒店。酒店占地面积8万平方米，主楼16层，副楼4层。内设客房219间，床位217张；配套有酒店大堂、大堂吧、商务中心、商场、西餐厅、自助餐厅、中餐大厅、茶艺大厅、茶艺包房、棋牌室、健身房、桌球室、乒乓球室、足浴大厅、桑拿包房28间、KTV包房6间、会议室7间，及可容纳80席960位的宴会厅。

京明温泉度假村 京明温泉度假村位于揭西县京溪园镇，占地面积744.8公顷，是以茶文化为主题，融自然生态、旅游观光、休闲度假、会议、培训及商务洽谈于一体的综合性旅游度假区。度假村有各式客房350间、别墅8栋、大小会议室8个、大型宴会厅2个。度假村内配套按四星级装修的京都酒楼和潮客食苑等餐饮食肆，按中国古典风格装修的湖心茶馆和茶艺馆等休闲场所，温泉休闲中心和水上世界等娱乐设施。

2021年揭西县旅游路线行程安排表

表27

旅游线路分类	线路名称	行程安排
一日游	线路1	京明温泉度假村→黄满寨瀑布旅游区→京溪园镇粗坑村
	线路2	京明温泉度假村→大北山国家森林公园→大北山革命历史纪念馆、知青楼→南山镇火炬村
	线路3	京明温泉度假村→三山国王祖庙
	线路4	京明温泉度假村→京溪园镇樱山花谷景区
	线路5	京明温泉度假村→棉湖古镇→金和镇山湖村
	线路6	大洋国际生态旅游区→黄满寨瀑布旅游区
	线路7	大洋国际生态旅游区→京溪园镇樱山花谷景区
	线路8	三山国王祖庙→上砂开口石风景区
	线路9	三山国王祖庙→大北山国家森林公园→大北山革命历史纪念馆、知青楼
	线路10	三山国王祖庙→棉湖古镇
两日游	线路1	第一天：京明温泉度假村→黄满寨瀑布旅游区→大北山国家森林公园（住宿） 第二天：大北山国家森林公园→大北山革命历史纪念馆、知青楼→南山镇火炬村
	线路2	第一天：京明温泉度假村→京溪园镇樱山花谷景区→棉湖古镇（住宿） 第二天：棉湖古镇→金和镇山湖村
	线路3	第一天：京明温泉度假村→大洋国际生态旅游区（住宿） 第二天：大洋国际生态旅游区→大北山国家森林公园→大北山革命历史纪念馆、知青楼
	线路4	第一天：三山国王祖庙→坪上万梅谷特色小镇→京明温泉度假村（住宿） 第二天：京明温泉度假村→黄满寨瀑布旅游区→京溪园镇粗坑村
	线路5	第一天：三山国王祖庙→大北山国家森林公园（住宿） 第二天：大北山国家森林公园→大北山革命历史纪念馆、知青楼→大洋国际生态旅游区

续表27

旅游线路分类	线路名称	行程安排
主题体验游行	“潮风客韵，民俗文化”揭西三天两夜乡村旅游精品线路	三山国王祖庙→大北山革命历史纪念馆、知青楼→大北山国家森林公园、大北山国家森林公园京明度假村（住宿）→京溪园镇粗坑村→黄满寨瀑布旅游区→大洋国际生态旅游区（住宿）→京溪园镇樱山花谷景区
	“观瀑赏玉”揭阳两天一夜精品线路	产业园磐东街道阳美村→望天湖生态旅游度假区→揭西京明温泉度假村（住宿）→揭西黄满寨瀑布旅游区
	潮客乡村美食游	京溪园镇樱山花谷景区→棉湖镇鲤鱼沟村→棉湖镇南门里社区→金和镇山湖村
	揭西“红色热土.多彩乡村”之旅	南山镇火炬村→塔头镇旧住村→金和镇山湖村→棉湖古镇（南门里社区）
	揭西县大革命时期历史文化游径	棉湖战役东征军指挥部旧址→棉湖古镇→金和镇山湖村→京溪园镇樱山花谷景区→大洋国际生态旅游区→黄满寨瀑布旅游区→南山镇火炬村→京溪园镇粗坑村→大北山国家森林公园京明度假村→大北山国家森林公园→大北山革命历史纪念馆→知青楼→三山国王祖庙
	大北山生态体验游	大北山国家森林公园→大北山革命历史纪念馆、知青楼→京明温泉度假村→黄满寨瀑布旅游区→大洋国际生态旅游区→上砂开口石风景区
	特色古镇古村体验游	井美古村→坪上万梅谷特色小镇→顶联湖眉古村（大夫祖祠）→金和镇山湖村→棉湖古镇→月湄古村→灰寨新宫林
	三山国王文化体验游	三山国王祖庙→独山景区

（温庆文　陈　燕　林锐哲）

旅游行业管理

【概况】　2021年，县文广旅游体育局贯彻执行旅游行业管理制度，加强旅游市场监督，依法依规开展旅游执法，规范旅游秩序和行业行为，落实旅游安全责任制，加强宣传教育，倡导旅客文明出游。实现全年无重大旅游质量投诉案件、旅游安全无事故。

【旅游市场监管】　2021年，县文广旅游体育局加强旅游市场监管，维护旅游市场秩序，规范未开发景区经营行为。加强宣传教育，设置标识标语，倡导文明旅游，规范出游行为。全年收到旅游投诉4单，办结4单，办结率100%；无发生重大旅游质量投诉案件。

【旅游安全管理】　2021年，县文广旅游体育局加强旅游执法，执行旅游安全用车制度，强化旅游安全保障。实施安全检查联动机制，联合县消防、林业、交通、公安等部门，加强旅游景区社会治安管控。全年开展旅游安全检查48场次，出动检查人员163人次，检查旅游企业48家次，未发现安全隐患点。全县实现旅游安全无事故。

（温庆文　陈　燕　林锐哲）

教育　科技

教　育

综　述

【概况】　2021年，揭西县加大资金投入，发展教育事业，提升教育综合水平。全县有各级各类学校352所，学生及幼儿12.80万人。新招聘教师59人，全县在职专任教师9343人。高考本科上线1223人。教学仪器设备总价值2.52亿元，各阶段学校生均教学仪器设备值、图书、新增图书比例符合规定标准。

【教育事业发展】　2021年，揭西县开展“法治进校园”教育活动，创建毒品预防教育示范学校24所。推进文明校园、平安校园建设和无烟学校创建。创建全国校园足球特色学校14所、省校园足球特色学校18所，创建全国篮球特色学校3所、省校园篮球特色推广学校2所。开展“新时代好少年”暨“最美南粤少年”评选宣传活动，评选县“最美南粤少年”60人、市“新时代好少年”4人、省“自强好少年”1人。评选南粤优秀教育工作者1人、南粤优秀教师8人、特级教师2人、市优秀教师78人、县优秀教师120人。加强心理健康教育，新冠肺炎疫情防控期间，未发现学生心理危机事件。优化资源配置，促进教育均衡发展，全县3—6岁适龄幼儿入园率96.4%，小学入学率100%，初中入学率100%，高中阶段入学率95.5%，适龄残疾儿童少年入学率96.4%；累计撤并小规模学校37所；优化教师资源配置，交流校长、教育组组长19人，县内交流教师97人，镇内小学交流教师222人，选派初中教师到小学支教152人，交流数占义务教育阶段教师总数6.8%。推进人事管理制度改革，深化中小学教师“县管校聘”试点工作，实行奖励性绩效工资，重点培养骨干教师，实施教师信息化水平提升工程。落实“两常规一制度”（教学、教研常规要求，听课评课制度），开展学科教研活动和教学竞赛；加强教学质量管理和监测，提高备考质量；落实教学质量监控制度，加强义务教育质量监测。

【教育经费投入】　2021年，揭西县教育经费总投入14.30亿元，其中国家财政性教育经费12.78亿元。一般公共预算教育经费10.48亿元，生均一般公共预算教育经费增长情况比2020年（下同）增长情况：中职7.6%、普通高中0.1%、普通初中0.1%、普通小学0.1%、幼儿园0.1%。实现“两个只增不减”（一般公共预算教育支出只增不减，在校学生人数平均的一般公共预算教育支出只增不减）。

【学校安全管理】　2021年，揭西县加强学校安全管理，维护正常教育教学秩序和教育系统安全稳定，未发生安全责任事故。各学校配备专兼职安保人员，视频监控和一键式报警系统全覆盖。安全教育课纳入常规教学计划，通过信息化平台实现学校安全教育课网络化教学；定期组织师生参加预防地震、火灾等安全演练活动。定期联合相关部门开展涉校安全隐患排查等专项整治检查，对中小学、幼儿园开展安全管理量化考核。建立健全实验室安全管理制度，抓好中学理、化、生实验室安全管理工作。开展中小学生禁毒宣传教育和“平安校园”“绿色校园”等创建活动。举办全县教育系统基层安保队伍培训班和校车驾驶员培训班；全县127辆校车均取得校车使用许可及校车标牌。

【教育督导】 2021年，揭西县开展教育督导评估，规范办学行为。5月，21所中小学校完成国家义务教育质量监测工作。9月，启动履行教育职责评价工作，完成平台申报和省对县政府履行教育职责评价工作。10月，完成66所幼儿园督导评估工作，其中公办幼儿园42所、民办幼儿园24所，全县幼儿园（班）接受办园行为督导评估率100%。

【德育工作】 2021年，揭西县中小学校开展养成教育、诚信教育等主题教育活动，坚持社会主义核心价值观，加强未成年人思想道德建设。开展评选工作，被评为广东省优秀学生3人、揭阳市“优秀学生干部”66人、揭西县“优秀学生干部”254人，揭阳市“三好学生”101人、揭西县“三好学生”504人。15所中小学被评为市级文明校园，县级文明校园实现全覆盖创建目标。9所中小学校被授予“揭阳市依法治校示范校”称号，14所学校被确认为年度“揭西县德育工作示范学校”，71所学校被确认为年度“揭西县德育工作达标学校”；建设平安校园，创建市级“平安校园”4所，复评市级“平安校园”8所，复评县级“平安校园”57所。面向中小学生开展“民法典”宣传活动。

【教研工作】 2021年，揭西县教育局加强工作指导，建设县—片区—乡镇—学校四级教研体系。通过揭西县智慧教育云平台对县级骨干教师培养对象评审验收，认定“揭西县中小学骨干教师”444人，选出149节优秀课例公开展播。深化课堂教学改革，重视新高考、新课标、新教材培训，邀请华南师范大学附属中学名师团队、深圳市名师团队开展专题培训。与华南师范大学签署合作备忘录，确立县教育局为“华南师范大学语文教育精准帮扶基地”，推动优势学科建设。组织教师参加教学能力、教学论文、教学设计评比，获省一等奖5人、二等奖10人、三等奖10人，获市一等奖25人、二等奖54人、三等奖62人。组织教研员申报广东省中小学三科统编教材“铸魂工程”专项课题，3个课题获得省教育厅立项；组织学校申报揭阳市教育科学规划2021年度课题，7个课题获得市级立项。

2021年2月24日，县教育局联合县消防救援大队在河婆街道河婆小学举行“2021年春季校园消防安全第一课”宣教活动 （县教育局 供稿）

【教育信息化建设】 2021年，揭西县中小学装备计算机2.92万台，其中学生机2.06万台、教师机0.86万台，普通中小学每百名学生拥有计算机20.1台，教师实现一人一机。全县中小学100%建有校园网，各级各类学校网络接入带宽不低于100兆，城镇中小学不低于500兆。新增配教室多媒体一体机805套，中小学校普通教室装备多媒体系统覆盖率96%；累计建成信息化中心学校2所、教育信息化示范培育推广项目学校1所；推进国家义务教育课程数字化教材规模化应用工作，师生数字教材应用率超85%，义务教育阶段学校（含教学点）覆盖率100%。

【揭西县教师发展中心】 2021

年12月26日，揭西县教师发展中心挂牌成立。揭西县教师发展中心由揭西县教师进修学校和县教育局教研中心、教育装备中心整合组建，是县教育局管理的公益一类正科级事业单位，承担在职教师、校（园）长培训，教育科学研究及成果推广，教师教育信息化建设等工作任务。占地面积0.8公顷（12亩），建筑面积8000多平方米，有办公楼一幢、教学楼一幢；内设办公室、综合培训室、教学研究室、信息装备室，核定人员事业编制43名，其中主任1名、副主任2名；正股级职数4名、副股级职数6名。至年底，教职员工43人，其中高级职称15人、中级职称20人、初级职称6人、普工1人、八级管理岗位1人。是年，投资1000多万元新建一幢6层综合楼，面积4500平方米。

（李焕然　彭新友）

各类教育

【概况】 2021年，揭西县提高义务教育质量，推进教育现代化建设，优化教育体系，促进教育公平，落实“双减”政策，义务教育均衡发展巩固提高。各级各类学校352所，其中幼儿园119所、义务教育阶段学校226所、普通高中3所、中职学校2所、教师发展中心1所、开放大学1所。

【幼儿教育】 2021年，揭西县有独立幼儿园119所，其中独立公办幼儿园24所、民办幼儿园95所（含普惠性民办幼儿园87所），170所小学有附设幼儿园（班），公办幼儿园和普惠性民办幼儿园占比93.3%。在园（班）幼儿2.88万人，其中公办幼儿园在园（班）幼儿1.44万人，民办幼儿园在园幼儿1.44万人，公办幼儿园和普惠性民办幼儿园在园幼儿占比98.0%。

【义务教育】 2021年，揭西县有小学186所，在校生5.65万人，小学适龄儿童入学率100%，小学五年保留率100%；初中32所（含九年一贯制学校7所），在校生2.66万人，初中毕业生升学率96.6%；适龄残疾儿童少年入学率96.4%。调整义务教育学校布局，优化整合教育资源，促进城乡教育均衡发展，累计撤并小规模学校37所。严格执行《义务教育学校管理标准》，规范学校办学行为，实行免试就近入学，全面消除大班额，开齐课程、开足课时，减轻学生课业负担。

【高中教育】 2021年，揭西县普通高中学校10所（含完全中学7所），其中县一级高中2所、市一级高中6所、国家级示范性高中2所，在校生1.50万人，毛入学率95.5%。高考报名人数4952人（含3+证书），普通高考上线人数4809人，上线率97.1%，其中本科上线1223人、专科上线3586人。

【中职教育】 2021年，揭西县有中职学校2所，中职教育招生563人，在校生776人。经揭阳市教育局批准，揭西县第一职业技术学校增设幼儿保育、旅游服务与管理、康养休闲旅游服务等专业，增加电子商务专业农村电商方向；按省重点中职学校建设标准，增配教育教学设施，改善办学条件，壮大办学规模，着力建成高水平、现代化省级重点职校。推进中职学校开展教学工作诊断与改进工作。

【成人教育】 2021年，揭西县推进学校建设，加强成人教育。揭西开放大学有教职工24人，其中本科学历23人，具有高级职称1人、中级职称20人。开设学历

揭西县第一职业技术学校（2021）　（县教育局　供稿）

教育本科班6个，开设行政管理、法学等专业，在校生320人，毕业133人；开设专科班12个，开设行政管理、法律事务、学前教育、小学教育等专业，在校生600人，毕业179人。揭西县教师发展中心和华南师范大学网络学院联合办学，普及学历提升，设有教育行政管理、教育管理等专业，毕业73人，在籍236人；负责全县中小学教师继续教育培训工作，参训教师6700人。

【民办教育】 2021年，揭西县发展民办教育，各类民办学校（幼儿园）97所，其中义务教育阶段学校2所、幼儿园95所。县教育局按照有关民办教育法律法规，认定普惠性民办幼儿园87所，严格实行年检制度，规范民办学校（幼儿园）办学（园）行为。

【特殊教育】 2021年，揭西县义务教育阶段残疾儿童少年在校生725人，其中县特殊教育学校在校生109人，残疾儿童少年入学率96.4%。优化教育设施，建成资源教室13间，提高残疾儿童少年义务教育普及水平。残疾儿童少年随班就读支持保障体系基本健全。

（李焕然　彭新友）

教师队伍

【概况】 2021年，揭西县加强打造高素质专业化教师队伍；合理补充教师，促使教育事业协调发展；开展教师培训，实施学历补助办法，鼓励、支持、动员在职教师参加学历提升培训；加大资金投入，提高教师地位待遇。全县在编在岗教职员7675人，其中普通高中1173人、初中2317人、小学3670人、独立幼儿园269人、其他246人。全年教师月人均收入7536元，保持教师收入待遇高于当地公务员水平。

【教师培训】 2021年，县教育局依托韩山师范学院举办揭西县教学管理干部与班主任综合能力提升培训200人次，提升班主任综合素质；依托北京师范大学举办校长执行力提升与骨干教师核心素养提升培训100人次。选派校长和骨干教师参加国家级培训43人次、省级培训982人次、市级培训97人次、县级培训6418人次、镇级和校本培训1.53万人次；举办中小学教师继续教育公需课培训，培训教师7656人次；启动教师信息技术培训，组织信息技术能力提升2.0工程，中小学教师参加线上学习7470人次。

【师德师风】 2021年，揭西县把师德建设情况作为学校发展性评价、学校工作考核重要指标，开展师德师风考核工作；把师德考核作为教师考核核心内容，对师德师风“失范”行为实行“一票否决”制；引导教师自觉践行师德规范，实行教师师德承诺制度，提升教师道德情操。9月，组织教师开展师德建设主题教育月师德征文及微视频征集活动，遴选48篇优秀征文报市参加省评奖，其中获得省级奖励8篇。

（李焕然　彭新友）

学校选介

【揭西县第一职业技术学校】 揭西县第一职业技术学校是2005年7月由揭阳市人民政府批准成立的公办中等职业技术学校，位于县城过境路（县教育局旁），占地面积9.29万平方米，建筑面积近5万平方米，建成综合楼、教学楼、学生宿舍楼、学生食堂、图书馆等建筑，累计资金投入超1亿元。学校现开设幼儿保育、汽

2021年8月17日，县教育局在揭西县教师发展中心开展教师职务培训

（县教育局　供稿）

车运用与维修、电子商务、计算机应用、会计事务、电子信息技术、旅游服务与管理、康养休闲旅游服务等专业。建成汽车运用与维修、计算机、会计电算化、电子商务、电子电工、数码应用技术、婴幼儿保育、音乐、美术、舞蹈等实训室；与广东集才集团、揭西县中心幼儿园、雄芝汽车维修中心等单位、企业合作建立校外实训基地。学校先后被授予县“教育先进单位”、教育部“全国国防教育特色学校”、县“平安校园”、县“德育先进单位”等称号。2021年，在校学生731人；教职工73人，其中中、高级职称教师共39人，广东省“南粤优秀教师”3人，揭阳市优秀教师2人。

【振文学校】　振文学校位于揭西县坪上镇潭角村，是一所九年一贯制学校，由揭西县石内中学和坪上镇振文学校于2015年4月合并而来。学校占地面积1.22万平方米，建筑面积7626平方米，配备实验室、图书室、阅览室等；建成教室多媒体电教系统、校园网络办公系统和视频监控系统。有学前至九年级10个教学班，专任教师29人，其中本科学历24人，高级教师1人、一级教师20人。学校先后获得县“平安校园”“文明校园”“书香校园”等称号。2021年中考，26名考生中考上揭阳一中1人、河婆中学2人、霖田高中10人。

【育英学校】　育英学校创办于1942年，位于揭西县龙潭镇陂尾村，占地1.38万平方米，校舍建筑面积3932平方米。配备计算机室、科学室、多媒体室、美术室、音乐室、舞蹈室、体育器材室、少先队队部室、阅览室、心理咨询室等功能场室。运动场面积2300平方米，配有篮球场、羽毛球场、田径跑道等运动场所。有教职员工18人，学生272人，设置9个教学班。近年来，教师先后获得省级荣誉2人次、市级荣誉3人次、县级荣誉30人次，学生获省级荣誉3人次、市级荣誉10人次、县级荣誉40人次。学校先后获市“文明校园”、市“语言文字规范化示范校”、县“平安校园”、县“德育示范校”等称号；2021年，获县“书香校园”、县“依法治校示范校”、镇“教育先进单位”等称号。

（李焕然　彭新友）

育英学校（2021）　　（县教育局　供稿）

科学技术

综　述

【概况】　2021年，揭西县坚持创新驱动发展战略，宣传和落实科技政策，深化产学研合作，鼓励企业增强创新力，推进科技成果应用，开展“全国科技活动周”和“全国科普日”活动。是年，全县组建市工程技术研究中心3家，高新技术企业通过认定7家。

【科技企业】　2021年，揭西县鼓励企业向高新技术道路发展。揭西县三明塑料有限公司、广东金龙兴电缆实业有限公司等7家企业通过2021年高新技术企业认定，其中广东深科电子有限公司和广东德煌电力设备有限公司为重新认定，至年底，全县高新技术企业累计11家。动员企业参与科技型中小企业评价，全县入库登记6家。

【科技项目】　2021年，揭西县推荐申报广东省科技创新战略专项资金（“大专项+任务清单”）项目获立项1项，推荐申报广东省乡村振兴战略专项资金（大专项+任务清单“）项目获立项3项；推荐揭阳市科技创新发展专

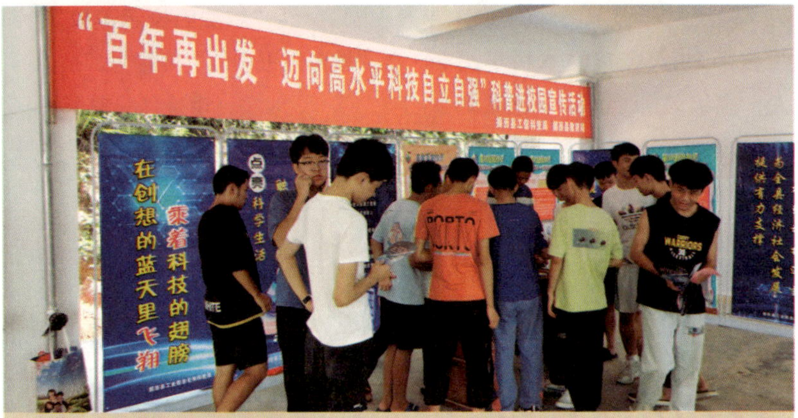

2021年9月27日，“百年再出发，迈向高水平科技自立自强”科普进校园宣传活动在县第一职业技术学校举办　　（县工业信息化和科技局　供稿）

项资金项目获立项6项，推荐市级卫生医疗项目获立项1项；组织申报揭西县产业技术研究与开发专项资金项目获立项5项。

【科研中心建设】 2021年，揭西县推进新型研发机构等创新平台建设，广东茂林食品有限公司、广东鸿盛利五金制品有限公司和揭西县东聚电子科技有限公司3家企业组建揭阳市工程技术研究中心。启动农业产业链共性技术支撑平台建设，以中药材作为主导产业，组织揭西县一道药业公司等4家企业作为实施主体申报第七批广东省农业科技园区并入选建设名单。

【科普宣传】 2021年，揭西县加强科普宣传，提高群众科技素养。9月27日，在县第一职业技术学校开展“百年再出发，迈向高水平科技自立自强”进校园主题宣传活动，组织学生学习了解科技创新、防震避险、食品安全等知识，发放科普宣传小礼品和小册子。

【产学研合作】 2021年，揭西县深化企业产学研合作，加大技术研发创新，提升企业市场竞争力。实施科技特派员制度农业企业5家，与高等院校、科研院所开展“产学研”合作工业企业11家。组织24名农村科技特派员到8个乡镇参与驻镇帮镇扶村组团式帮扶。

（邹锐豪　温海涛　李镇波）

气象工作

【概况】 2021年，揭西县气象局（简称县气象局）做好气象防灾减灾工作，提供气象预报服务，提高气象服务水平，不定期组织气象（防雷）安全专项联合检查。全年全县平均气温22.9℃，较历年平均偏高0.9℃；极端最高气温38.5℃，极端最低气温-0.4℃；降雨总量1506.1毫米，比历年偏少530.5毫米；日照总时数2182.9小时，比历年偏多375.7小时，高温天气59次。是年，县气象局党支部被揭西县委评为“先进基层党组织”。

【天气特点】 2021年，揭西县降水异常偏少、平均气温明显偏高，台风影响偏轻。降水时间分布不均匀，1—9月和11月降水量持续偏少，其他月份降水量持续偏多。7月高温日数（日最高气温≥35.0℃）12天，主要出现在中下旬，其中7月22—29日出现持续性高温天气。5月30日至6月2日，受“龙舟水”影响，全县普降大暴雨。是年，全县受台风“狮子山”“圆规”影响，出现明显降水过程。

气温　2021年，揭西县平均气温22.9℃，比历年平均气温偏高0.9℃，其中2月、3月、4月、5月、6月、7月、9月、12月平均气温分别偏高2.4℃、2.4℃、1.1℃、3.3℃、0.1℃、0.6℃、1.6℃、0.2℃；1月、8月、10月、11月平均气温偏低0.3℃、0.1℃、0.3℃、0.7℃。该年极端最高气温38.5℃，极端最低气温-0.4℃。

降水　2021年，揭西县降雨总量1506.1毫米，比历年偏少530.5毫米，1—9月、11月降水量持续偏少，其他月份降水量持续偏多。5月30日至6月2日，受“龙舟水”影响，全县普降大暴雨，平均累积雨量113毫米。10月7—10日，受台风“狮子山”影响，出现大暴雨降水，并伴有6—7级阵风，平均累积雨量120.5毫米。10月13—15日，受台风“圆规”影响，出现暴雨到大暴雨降水，累积降水116.1毫米。

日照　2021年，揭西县年日照总时数2182.9小时，比历年日照总时数偏多375.7小时。

寒潮　2021年1月7日—14日，受强冷空气影响，揭西县大部分地区出现5℃以下低温，其中良田乡岸洋村录得最低气温-2.8℃。

【气象服务】　决策气象服务　2021年，县气象局发送《天气报告》12期，《重大气象信息快报》26期，《气象专报》108期；发送决策短信363条，受众149万人次。重大灾害性天气期间，及时启动应急响应，做好部门联防。

重大灾害性天气预报服务　2021年，县气象局及时准确发布气象灾害预警信号，做好台风“圆规”“狮子山”气象预报服务。发布台风预警信号5次、暴雨预警信号30次、雷雨大风预警7次、高温预警18次、寒冷预警13次、冰雹预警1次、森林火险预警16次，发布地质灾害气象风险预警5期。

专题气象服务　2021年，县气象局在春节、中秋、国庆等重大节日期间及高考、中考期间等重要节点发布专题预报71次。

【防雷减灾】　2021年，县气象局加强气象（防雷）安全巡查。开展全县危险化学品等易燃易爆场所安全生产检查，加强重大节日专项执法检查和日常监督巡查工作，排查治理安全隐患，抽查危险化学品场所20宗，出动52人次检查生产经营单位落实气象灾害防御主体责任情况，督促企业做好防雷安全工作。5月，联合县住建局开展在建工程防雷安全专项执法检查，抽查揭西碧桂园等4家单位。5月至6月初，联合县教育局开展中高考考点防御气象灾害安全专项检查。6月，开展全县危险化学品等易燃易爆场所的安全生产检查，抽查揭西县河婆燃辉石油气站等4家单位。7月，联合县应急管理局、县住建局、县文广旅体局开展气象灾害防御专项执法检查，抽查揭西县第二人民医院（棉湖华侨医院）等6家单位。联合县自然资源局等部门对全县4个非煤矿山进行专项执法检查，对不符合生态环保政策和气象灾害防御综合能力不达标的矿山责令限期整改。开展施放无人驾驶气球执法工作，查处违规升放气球活动3宗，勒令立即拆除，遏制安全生产事故发生。

2021年8月4日，气象灾害防御重点单位（县气象局、县应急管理局、县住房和城乡建设局、县文广旅游体育局）在棉湖华侨医院联合开展专项执法检查　（县气象局　供稿）

【气象现代化建设】　2021年，县气象局加强探测设备维护，增强气象监测能力，推进气象现代化建设。提高天气预报准确率，动态监测灾害性天气，及时发布预报预警信息，为政府部门防灾减灾指挥决策及社会公众防御灾害性天气提供科学依据。是年，县气象局被揭阳市科学技术协会命名为“揭阳市科普教育基地”。

【“中国天然氧吧”生态科普体验基地项目】　2021年，揭西县成立“中国天然氧吧”生态科普体验基地工作专班，加强项目建设组织领导，多方筹措建设资金，申报专项债资金，项目通过财政部审核，进入地方政府专项债项目库。推进揭西县“中国天然氧吧”品牌建设，多次邀请中国气象服务协会、中国生态学会、省气象局领导专家到揭西县开展实地调研，加强项目前期规划等工作。

【生态文明气象保障全链条服务试点】　2021年，揭西县获广东省气象局批复，开展生态文明气象保障全链条服务试点工作。建成气象生态监测站8个，监测大气负氧离子、大气电场、太阳辐射、$PM_{2.5}$、舒适度、温度、湿度、气压、雨量、风向、风速等数据。连续三年向县委、县政府报告大气负氧离子监测情况。完成揭西县生活垃圾环保处理中心（揭西县环保能源产业园）项目气候可行性论证和雷电灾害风险评估，实现气评雷评零突破。通过村村通广播系统，靶向发布气象为农服务信息。做好污水处理设施防雷安全监管，联合县生态环境部门做好空气质量预报预警。

2021年揭西县气候简要情况表

表28 单位：摄氏度、毫米、小时

要素＼月份	1月	2月	3月	4月	5月	6月	7月	8月	9月	10月	11月	12月	全年
平均气温	13.6	17.6	20.2	22.9	28.4	17.4	29.0	27.9	28.6	23.8	19.5	15.8	22.9
平均最高气温	20.5	25.1	26.0	28.3	34.9	31.8	34.5	33.3	34.7	28.0	25.4	21.4	28.6
平均最低气温	8.8	12.7	16.3	19.2	24.3	27.4	25.4	25.1	24.9	21.2	15.7	11.9	19.4
降水量	1.0	41.0	34.7	26.3	162.9	348.9	154.2	261.3	52.7	358.5	2.0	61.6	1506.1
日照时数	229.7	208.0	152.7	131.0	209.2	106.9	214.8	161.6	246.7	137.6	197.4	187.3	2182.9

（黄培枫　全立远　曾卓奎）

防震减灾

【概况】 2021年，揭西县地震局（简称县地震局）依法履行防震减灾职责，加快国家地震烈度速报与预警工程广东子项目揭西台站建设，提高监测预报能力；协同实施新时代防震减灾事业现代化建设（试点三年行动方案）；加强防震减灾宣传教育，规范建设工程抗震设防管理工作。

【地震监测预报】 2021年，揭西县加快国家地震烈度速报与预警工程广东子项目揭西6个台站建设，其中投入使用5个。协同实施新时代防震减灾事业现代化建设（试点三年行动方案），完成滨海断裂陆海联测项目揭西灰寨爆破点建设。10月20日，举办揭西县防震减灾业务工作培训班，提升各乡镇（街道）和防震减灾助理员业务能力，推进全县地震监测群测群防。

2021年10月20日，揭西县防震减灾业务工作培训会在县工业信息化和科技局五楼会议室举办
（县工业信息化和科技局　供稿）

【地震防灾宣传】 2021年，县地震局加强防灾宣传。5月12日，联合县应急管理局等单位在县第一中学举办全国防灾减灾日防震减灾科普宣传活动，讲授防震减灾知识，开展地震应急避险演练，组织观看防震减灾知识展板，现场接受咨询，派发科普小册子；在县城东风广场举办全国防灾减灾日科普宣传活动。联合县教育局在县第一职业技术学校开展防震减灾科普宣传进校园活动，讲解地震常识，接受现场咨询150人次，发放宣传资料2000份。

（邹锐豪　温海涛　李镇波）

文化

综述

【概况】 2021年，揭西县文化广电旅游体育局（简称县文广旅游体育局）加强文化遗产资源保护，规范文化市场管理，推进公共文化服务体系建设，推动广播电视事业健康发展。全年开展红色主题图片展进校园、进基层活动20场次，开展“戏曲进农村”50场次，开展“揭西美·潮客情”等各类群众文艺巡演8场。5月6日，公布第十一批县级文物保护单位。

【文化行政审批】 2021年，县文广旅游体育局政务服务事项45项，其中行政许可24项、公共服务8项、行政确认6项、其他事项7项。全年办理歌舞娱乐场所延续证件16家，变更法人1家；文艺表演团体新设立1家，延续证件2家；上网服务营业场所注销4家；网上申办服务事项实现100%可网上办理，办事结果实现100%物流快递。

【文化艺术创作】 2021年，县文广旅游体育局指导潮剧演艺中心创作《看俺揭西今朝美》《振兴路上》等党史学习教育潮剧作品；指导县山歌剧团创作、编排红色山歌剧《刘兵林》和客家传统山歌3首，全部在线上展播；指导文艺工作者创作各类党史文艺作品20个，参加市级“感党恩 跟党走”文艺作品征集活动，获奖作品数量位居全市榜首，其中金奖作品1件、银奖作品3件、铜奖作品4件，入选作品12件。

【公共文化活动】 2021年，县文广旅游体育局指导和组织县图书馆、县文化馆、县博物馆开展“文化和遗产日”、“博物馆日”、图片展进校园等活动，其中红色主题图片展进校园、进基层活动20场次，戏曲进校园12场次，“戏曲进农村”50场次，“揭西美·潮客情”群众文艺巡演8场。提前完成年度十项民生实事京明温泉度假村建设“粤书吧”新型阅读空间建设、棉湖镇洪氏爱祖祠保护活化利用、“非遗”宣传展示等系列工作，为基层送20场展览、2场讲座、10场文体惠民活动。

【文化产业发展】 2021年，县文广旅游体育局加强对棉湖战役东征军指挥部旧址、郭氏大夫第、棉湖打铁街、乐善处等文物保护单位与三山国王祭典、大溪李氏宗祠祭典等省级“非遗”项目开发利用，注重历史文化遗产保护利用，将其转化为旅游资源产品，形成以重点景区为核心、

2021年5月25日，揭西县山歌剧团在东风小学编排《刘兵林》红色山歌剧
（县文广旅游体育局 供稿）

京明温泉度假村新型阅读空间“粤书吧”（2021）　（县文广旅游体育局　供稿）

县域重点文物单位为依托的区域文旅品牌，推动全县文化产业发展。

【文化设施建设】　2021年，县文广旅游体育局指导各乡镇（街道）摸查镇村两级文化服务中心配套设施、氛围营造和服务效能等，整改落实存在问题。在揭阳市2020年度广东省综合文化站评估定级中，棉湖镇文化服务中心获评一级文化站，其余文化服务中心全部提升为二级文化站。以政府采购方式，为8个乡镇综合文化站配备文化设施设备、布置文化宣传氛围，完成交付使用。利用2021年补齐公共文化财政支出短板奖补资金，启动图书馆、文化馆总分馆制与基层综合性文化服务中心提升工程。

（温庆文　张晓武）

公共文化

【概况】　2021年，县文广旅游体育局推进实施文化惠民工程，加强公共文化服务体系建设，联合县财政局下达免费开放资金，保障县图书馆、县文化馆、县博物馆和各乡镇（街道）综合文化站等公共文化场馆全面实施免费开放，提高群众文化活动获得感、体验感。

【公共文化服务】　2021年，县文广旅游体育局改善基层公共文化设施，加强引领主流价值，面向基层和群众开展文艺会演、主题图片展览、讲座论坛、免费培训等文化服务活动。

县博物馆　2021年，揭西县博物馆内设革命文物、出土文物、民俗文物、红色文化资源等5个展区，馆藏文物592件/套。实施免费对外开放，为群众提供展览服务。组织开展“世界博物馆日”等主题宣传活动，传承红色文化基因，发挥爱国主义教育基地和窗口作用。加强宣传活动，弘扬中华优秀传统文化，组织开展“流动博物馆”进校园、进农村（社区）图片展览活动37场次。

县文化馆　2021年，揭西县文化馆设有综合活动大厅、曲艺活动室、阅览室、培训室、舞蹈排练厅、棋牌室、书法大厅、电子阅览室8个功能室；设有揭西县文化馆网站（网址：https://jxxwhg.wenyouyun.com/mes-web/）、“揭西县文化馆”微信公众号，年访问量5万人次。4月下旬至6月底，开展“奋斗百年路　启航新征程”县文化馆进农村主题图片展暨“流动文化馆”进校园活动；7月，举办客家山歌、潮州音乐、书法、舞蹈、武术等10个暑期公益（免费）培训活动；11—12月，开展“流动文化馆”进校园活动；联合县文广旅游体育局举办“揭西县文化馆总分馆三级联动”文化惠民演出暨“揭西美·潮客情”群众文艺晚会8场次。馆办刊物《揭岭》2021年第49期《奋斗百年路　启航新征程》庆祝中国共产党成立100周年特刊出版。

县图书馆　2021年，揭西县图书馆总馆设有图书外借室、少儿亲子阅览室、电子阅览室等16个功能室，供读者使用电脑80台、电子借阅机2台；馆藏中文图书、盲文类图书、电子图书等各类图书26万多册；设有揭西县移动图书馆（网址：http://jxxtsg.superlib.libsou.com）、“揭西县图书馆”微信公众号，年访问量8万人次。完成上砂镇、五云镇、灰寨镇、大溪镇4个分馆和12个村级（社区）服务点配套设施建设；完成京明温泉度假村景区、大洋度假区2个“粤书吧”新型阅读空间建设；累计建成乡镇级分馆9个，村级（社区）服务点27个，“粤书吧”3个。实现县、镇、村三级图书文献通借通还总分馆资源整合模式。是年，开展“庆元旦　送祝福”亲子手工活动“庆祝建党100周年”书画展、流动图书馆下基层等线上线下阅读

2021年9月19日，“我们的节日——中秋节2021年情聚中秋 巧手做灯笼民俗手工活动”在县图书馆举行 （县文广旅游体育局 供稿）

推广活动60场次，参与活动3.8万人次。

（温庆文 张晓武）

文化市场管理

【概况】 2021年，县文广旅游体育局开展“扫黄打非·正道2021”集中行动和“护苗2021”“秋风2021”等专项行动，整治校园周边文化环境，多次联合县版权局排查校园周边书店、文具店及游商地摊等。组织工作专班开展安全生产、疫情防控督促检查，及时消除隐患。

【文化市场整治】 2021年，县文广旅游体育局加强文化市场管理能力建设，开展专项整治，规范文化市场经营秩序，出动执法人员629人次，检查场所197家次，处理群众举报16起，行政处罚立案6宗，收缴罚没款9000元，没收违法所得320元，没收物品251件。

（温庆文 张晓武）

文化遗产

【概况】 2021年，县文广旅游体育局坚持“保护为主，抢救第一，合理利用，加强管理”工作方针，加强文化遗产保护利用，开展文化遗产申报工作，指导和督促县内各级文物保护管理机构落实文物保护管理责任，定期开展安全检查，及时掌握文物保护单位安全状况。是年，全县省级文物保护单位7处、市级文物保护单位9处、县级文物保护单位49处；省级非物质文化遗产项目7个、市级非物质文化遗产项目17个、县级非物质文化遗产项目18个。（详见附录2021年揭西县县级以上文物保护单位情况表、2021年揭西县县级以上非物质文化遗产名录一览表）

【文物保护和活化利用】 2021年，县文广旅游体育局组织开展县级文物保护单位申报评审工作，选定郭氏耀合祠、杨氏樸裕公祠等10处文物点为第十一批县级文保单位，划定公布其保护范围。组织洪氏爱祖祠、玄帝古庙暨云湖庵申报第十批广东省文物保护单位，通过省专家验收及省文化和旅游厅公示。完成文保单位和不可移动文物点直接责任人、安全管理人认定和信息填报工作，其中县级以上文保单位65个，不可移动文物点381个。排查革命旧址52处，及时掌握旧址情况。完成省级文保单位棉湖打铁街抢险加固工程和洪氏爱祖祠抢险加固方案制定工作。成功申报棉湖战役东征军指挥部旧址入选广东100处重要红色革命遗址。

【非物质文化遗产传承和保护】 2021年，县文广旅游体育局成功申报凉果制作技艺（林十三蜜果制作技艺）为揭阳市第二批市级非物质文化遗产生产性示范保护基地，木偶戏（揭西上林提线木偶戏）、凉果制作技艺（林十三蜜果制作技艺）等为第三批市级非物质文化遗产保护传承基地。对照省级非物质文化遗产名录申报条件，选定《刘厝寨金狮》、朱家教拳等3个市级非物质文化遗产项目申报广东省第八批非物质文化遗产名录。

（温庆文 张晓武）

档 案

【概况】 2021年，揭西县档案馆（县档案馆）建立健全档案管理各项规章制度，强化档案日常管理，加快推进档案信息化建设，加强档案法律法规宣传，优化档案保管利用服务，推进档案管理规范化、信息化。全年接待档案查阅200多人次。是年，新增档案折合9992卷。至年底，馆藏档案3.64万卷，馆藏资料4996册。

2021年11月11日，县档案馆工作人员整理进馆精准扶贫档案　（县档案馆　供稿）

【档案资源建设】 2021年，县档案馆加快推进全宗单位档案进馆工作，依法依规做好进馆档案质量检查；协助县档案局进行业务指导，做好进馆档案统计台账。11月，按时完成全县脱贫攻坚及疫情防控“两类”档案接收进馆专项任务，接收精准扶贫档案1449卷5.27万件、疫情防控档案3726件，其中精准扶贫档案文书档案4.22万件、建设项目档案1449卷、贫困户档案1.05万件。

【档案综合管理】 2021年，县档案馆加强档案综合管理，强化对规章制度执行情况监督，常态化开展档案安全工作。7月，对档案库房开展防潮防雨防渗透工程改造，配套空调、消防设施、档案柜等，对电线线路、监控设施分别进行升级改造；加强档案馆库房安全要点日常巡查检查，做好温湿度登记、安全巡查登记，定期开展清洁工作；对档案工作人员开展经常性安全教育，签订档案安全责任书，落实档案安全责任。

【馆藏档案数字化】 2021年，县档案馆加强档案信息化建设，推进馆藏档案数字化工作，提升档案综合服务能力。针对性完成馆藏档案目录电子化录入工作，提高档案馆数字化成果利用效率。馆藏档案目录基本实现电子化检索，全年文件级电子目录新增15.27万条。至年底，完成档案全文扫描500卷（5万页）。

【档案业务督导】 2021年，县档案馆规范提升档案基础业务工作，围绕中心工作配合县档案局开展档案业务指导检查，通过案例讲解等方式加强业务督导。做好全县脱贫攻坚和疫情防控两类档案归档工作业务指导，推进两类档案规范化整理。

【档案公共服务】 2021年，县档案馆对查档利用率高、关系民生的档案资源优先进行目录数字化，提高档案社会利用率。服务群众查阅社保、迁户口、住房等方面档案，为群众查档提供讲解和指引，优化服务水平。全年接待群众咨询、查档200余次。

【档案业务宣传】 2021年，县档案馆结合“国际档案日”活动主题，在好日子广场开展“6·9”国际档案日“档案话百年”图片展，宣传新《中华人民共和国档案法》，邀请县电视台对“国际档案日”活动进行报道；组织收听收看“6·9”国际档案日线上主题讲座。

（蔡忠东　蔡雪玉）

地方志

【概况】 2021年，揭西县地方史志办公室（简称县史志办）加强地方志资源开发利用，开展地情书籍数字化入库工作，推进综合年鉴编纂出版和年报资料收集。至年底，《揭西年鉴》从2009年创刊以来共出版13卷，其中内部出版3卷、公开出版10卷。参加全省年鉴评价活动，是年，《揭西年鉴（2020）》被广东省地方志办公室评为广东省县区级综合年鉴三等年鉴。

【地方综合年鉴编纂】 2021年，县史志办按照省、市地方志办关于《广东年鉴（2021）》《揭阳年鉴（2021）》揭西部分组稿要求，组织专人负责组稿工作，按时按质完成《广东年鉴》《揭阳年鉴》揭西部分组稿任务；优化《揭西年鉴（2021）》编纂内容，创新添加英文目录，调整常规性、固定性表格放置位置，采用表格形式分类收录年度获揭阳市委、市政府以上表彰先进个人、先进单位，优化部分分目、条目设置。至年底，完成《揭西年鉴（2021）》编纂出版工作。该书设置类目27个，字数75.2万字。

【地方志资料年报】 2021年，县史志办推进地方志资料年报收集工作，加强地方志年报资料审核验收。3月底，由县委办、县政府办联合发文，启动2021年揭西县地方志资料年报收集工作。督促各承报单位按时报送地方志资料年报，强化资料审核。至年底，收到90个单位年报资料。

【地方志资源开发利用】 2021年，县史志办服务全县乡村振兴战略，为县发展改革局、县农业农村局、县住房城乡建设局等单位和17个乡镇（街道）提供《全粤村情·揭阳市揭西县卷（一）》。跟进《全粤村情·揭西县卷（二）》《全粤村情·揭西县卷（三）》出版进度，推进自然村落历史人文普查工作。聘请市地情专家，利用普查基础内容，立足本地特色，加强自然村落历史人文普查开发利用，编纂出版展现各乡镇（街道）特色书籍。至年底，完成编纂棉湖镇镇情概况初稿以及河婆街道、五经富镇概况基本框架。

【地情书籍数字化入库】 2021年，县史志办按照《关于省情数据库升级改造及印发〈广东省地方志图书资料数字化入库标准（试行）〉的通知》《关于进一步加快推进全省地方志数字化工作的通知》文件要求，摸底出版地方志书籍数字化入库情况，制定年度数字化入库工作方案，推进地情书籍数字化入库工作。县史志办公开出版地方志书籍入库6本、未入库4本（3本年鉴、1本县志）。至年底，完成地情书籍入库4本，其中《揭西年鉴(2020)》由省地方志办审核发布，其余3本为省地方志办抽检待发布阶段。

【地情宣传推介】 2021年，县史志办配合省地方志办开展地情宣传工作。4月底，开始组稿“揭西宣传月”推文发布内容。5—7月，根据省地方志办反馈修改意见，重组部分稿件内容，完成编纂推文稿件15篇。11月，补充照片、视频等素材，丰富宣传内容。组稿内容由省地方志办统筹开展宣传工作。在“方志广东”“揭阳发布”“揭阳日报”“揭西发布”等省、市、县微信公众号以及“学习强国”平台发布稿件9篇（文字1.3万字、照片130多张、视频8部），其中微信公众号阅读量累计超10万人次。

（李瑞军　邓　智）

传播媒体

新闻出版

【概况】 2021年，揭西县“扫黄打非”工作实施“清源”“固边”“秋风”“护苗”“净网”五大

2021年1月28日，县委宣传部联合相关职能部门在河婆街道华文书店检查出版物
（县委宣传部　供稿）

专项行动，加强基层创建，实现“扫黄打非”工作站全覆盖，巩固基层意识形态和宣传思想阵地，维护群众利益。印发《揭西县“扫黄打非”工作方案》等文件，规范新闻出版工作秩序。联合各相关成员单位强化对文化市场和出版物发行单位监督管理，惩治违法违规行为。全年出动执法人员1522人次，检查经营场所526家，未发现有文化市场违法乱纪行为。

【出版工作】 2021年，揭西县委宣传部联合各相关单位做好出版物和印刷复制企业管理，重点惩治非法政治性出版物，加强对出版物发行单位监督管理；督促辖区内22家印刷企业落实疫情防控、安全生产责任制、印刷委托书备案制和执行印刷业五项管理制度检查；开展“保护著作权宣传周”“绿书签行动”“扫黄打非”进基层宣传活动，引导社会增强版权意识；完善政府机关使用正版软件长效管理制度，推进政府机关使用正版软件工作。

（张俊亮　李显荣）

融媒体

【概况】 2021年，揭西县融媒体中心（简称县融媒体中心）推进媒体深度融合，传播县域权威新闻，做好公益宣传，打造专题栏目，完善有线广播电视公共服务平台建设。全年采制新闻1486条，向中央台和省、市台上送新闻396条；制作各类公益广告184条；架设有线广播电视主线路4600多米。

【新闻宣传】 2021年，县融媒体中心做好11个主题策划宣传。策划中共十九届六中全会精神、《中共中央关于党的百年奋斗重大成就和历史经验的决议》宣传，及时转载发布中央和省的权威消息内容，组织精干力量，到基层一线报道各地各单位贯彻落实中共十九届六中全会精神推动工作具体行动和取得成效；开设《奋斗百年路　启航新征程》总栏目，总栏目下开设《学党史　悟思想　办实事　开新局》《不忘初心使命　争取更大光荣》《一起学党史》《红色足迹》《学好百年史　奋进新征程》《两优一先》《学习贯彻“七一”讲话精神访谈》《学党史　办实事》等分栏目，宣传报道全县开展党史学习教育情况，宣传党的光辉历史、揭西革命历史和先进典型事迹；开设《庆祝建党100周年》专栏，挖掘和宣传全县庆祝中国共产党成立100周年情况；开设《贯彻县委十一届八次全会精神》《贯彻县委十一届九次全会精神》《学习贯彻县委十一届九次全会精神访谈》专栏，以系列报道形式宣传县委十一届八次、九次全会有关内容；制订宣传方案，开设《聚焦党代会》《聚焦党代会　回眸看发展》《学习贯彻县第十二次党代会精神》等专栏，制作宣传县委书记代表县委所作题报告H5页面，集中力量做好县第十二次

2021年5月17日，县融媒体中心工作人员在国道G235线南山镇大隆路段抢修48芯光缆线路
（县融媒体中心　供稿）

党代会有关宣传报道；开设《聚焦两会》《县政协五年回顾》《政府工作报告摘读》等栏目，制作《政府工作报告》H5页面，及时主动开展县人大十一届一次会议、政协揭西县十一届一次会议宣传报道；开设《全面推进乡村振兴》专栏，反映全县各单位推进乡村振兴具体行动与成效；开设《疫情防控》专栏，宣传报道全县各单位疫情防控工作部署、做法经验以及抗疫先进典型，以疫苗接种为重点，及时全面报道疫苗接种情况；开设《“全民反诈”》专题专栏，围绕“全民反诈”防范宣传工作要求，宣传全县反诈工作行动部署和取得成效；开设《脱贫攻坚答卷》专栏，做好选题策划，宣传全县脱贫攻坚工作取得实际成果，推介先进经验典型；联合职能部门推出安全“四加一”措施宣传片，转载相关推文、软文，正面宣传讲解“四加一”措施重要性和必要性。全年采制新闻1486条（其中“融通揭西”App、广播、电视、“揭西县村村通”广播播放1486条，“揭西广电”公众号发布1456条，“揭西人民广播电台”公众号发布1450条）。

【公益宣传】　2021年，县融媒体中心注重强化公益宣传，利用“融通揭西”App、揭西人民广播电台、揭西电视台等媒体平台，通过标版、专题、走马字幕、短视频等形式，及时转载公益相关宣传内容。全年制作各类公益广告184条，在各平台播出公益广告共3.72万条次。

【媒体通讯联络】　2021年，县融媒体中心强化通联工作，组织工作专班，加强与上级媒体联系，以每周四向揭阳广播电视台报送《揭西专版》新闻内容为重点，及时向上级媒体报送新闻稿件，宣传揭西情况。全年向中央台和省、市台上送新闻396条，其中送市台新闻396条，转送省台新闻2条、中央台1条；省台播出1条、市台播出315条。是年，新闻作品获2021年度揭阳广播电视节目奖二等奖1件、三等奖3件；揭阳人大新闻奖二等奖1件。

【广播电视专题栏目】　2021年，县融媒体中心坚持“精品”意识，落实专人负责，结合党史学习教育、庆祝中国共产党成立100周年主题活动，挖掘本土资源，组织开展广播电视节目，在各个平台开办专题专栏。办好揭西人民广播电台、“融通揭西”App《最美揭西》专栏，宣传推介全县旅游景点、特色美食、风俗文化等，全年播出108期；通过采购节目，组织精品剧源，在揭西电视台先后播出《左轮手枪》《林海雪原》《天盛长歌》等电视剧，全年播出电视剧22部共1123集；推进《农科园地》栏目建设，播出农业技术节目内容，宣传农业知识，倡导科学种养，全年播出42期；6月，在揭西人民广播电台新开办《党史故事》栏目，通过讲故事形式，宣传中国共产党光辉历程，全年播出52期；联合县史志办，在揭西人民广播电台、“融通揭西”App推出《红旗漫卷大北山》栏目，制作（发）27期，宣传揭西革命历史。

【有线广播电视公共服务平台建设】　2021年，县融媒体中心完善网络基础设施，改善服务功能，加快数字有线广播电视建设。集中力量对县城部分老旧有线电视网络线路进行改造，及时做好线路维护管理和故障处置。加强发射中心发射机、供电等设备维护管理，通过各项措施，完善发射中心基础设施。全年架设有线广播电视主线路4.6千米、改造旧线路4.2千米、抢修县城光缆故障点50多处、抢修乡镇（街道）联网光缆故障点70多处、为用户上门维护排除故障1658次；无线覆盖率99%。

（黄海涛　张　波）

【广播电视安全播出】　2021年，县文广旅游体育局维护广播电视安全播出秩序，落实广电意识形态安全工作责任，与县融媒体中心和各乡镇文化服务中心签订“年度广播电视安全播出责任书”，开展集中打击治理“黑广播”“伪基站”违法犯罪专项行动。开展迎接庆祝中国共产党成立100周年重要活动广播电视安全播出重要保障专项工作；开展全县广播电视网络视听文艺节目和人员管理工作；加强有线电视联网专项整治与播出传输机构违规插播商业广告管理工作，督促各播出机构依法依规播出。

（温庆文　张晓武）

卫生 体育

卫生健康

综 述

【概况】 2021年，揭西县加强常态化疫情防控，深化医药卫生体制改革，完善医疗基础设施，提升公共卫生服务管理和医疗综合服务能力。揭西县卫生健康局（简称县卫健局）下属事业单位25个，其中县级公立医院4个、公共卫生机构4个、基层医疗卫生机构16个、社会救助团体1个。全县医疗卫生机构编制床位数2543张，实有床位数2358张；人员编制数3026人，年末在职人数3413人，其中编内2326人、编外1087人。全年门诊、急诊126.95万人次，比2020年（下同）增长23.6%；收治住院病人6.68万人次，下降0.6%；医疗卫生机构业务收入7.6亿元，增长12.9%（不包含村卫生室和诊所）；120求救电话1.89万次，急救派车1852次，救治病人1798人次。

【卫生基础设施建设】 2021年，揭西县新建或改扩建业务用房面积6.11万平方米，资金投入1.18亿元。县人民医院感染科综合大楼建设项目完成感染科大楼和附属楼隔离病区主体工程，进行室内装修及设备安装，完成率76.8%。县第二人民医院（棉湖华侨医院）综合改建建设项目感染科大楼封顶，进行室内装修；门诊医技楼处于主体11层施工阶段，完成率70%。县妇幼保健计划生育服务中心（揭西县妇幼保健院）新建门诊医技楼建设项目处于主体5层施工阶段，完成率55%。推进县精神康复中心建设，计划总投资1.28亿元，新建一栋12层（含地下1层）精神康复中心大楼，设置床位480张，总占地面积6160平方米，建筑面积2.43万平方米，包含精神康复中心大楼和连通县人民医院感染科综合大楼建设项目的地下通道工程以及各配套用房等，处于开工建设阶段，完成率12.4%。

【卫生人才队伍建设】 2021年，揭西县加强医护人员管理，组织医师参加资格考试，通过资格审核266人。医师首次注册83人，变更注册102人；护士首次注册223人，变更注册85人，延续注册146人。招聘卫生健康事业单位卫生专业技术人员53人，其中16人通过广东省事业单位集中公开招聘高校应届毕业聘用，37人通过全县面向社会公开招聘卫生健康事业单位聘用。完成定向培养医学生签订协议48人（本科23人、专科25人），接收安排定向医学毕业生就业10人（本科3人、专科7人）。

【医疗设备】 2021年，揭西县提升医疗保障，投入7065.46万元，购进医用磁共振成像系统、X射线计算机体层摄影装置、彩色多普勒超声系统、内窥镜摄像系统、手术显微镜、医用诊断X射线机、多重呼吸道病原体快速核酸检测系统（Sanger测序仪）等医疗设备902台（件）。

【行风建设】 2021年，县卫健部门加强监督管理，整治医药购销领域和医疗服务违规现象。全年查处违规医疗收费4例，查处不合理处方49张、不合理检查8例、不合理用药45例，谈话提醒30人次。各医疗卫生单位与医药公司签订“廉洁购销合同”2059份。

【中医工作】 2021年，揭西县推进县中医医院创建二甲医院，加强中医药人才培养及中医药重点学科、特色专科建设。实现社区卫生服务中心、乡镇卫生院中医药服务全覆盖，村卫生站中医药服务率85%。动员组织广东省中医医术确有专长人员医师资格考核，取得确有专长证书1人；组织传统医学师承和确有专长人员医师资格考核考试工作，取得证书12人。

【公共卫生】 2021年，揭西县推进实施国家基本公共卫生项目。全县累计建立居民健康档案78.46万份，建档率91.6%。举办健康教育大型宣传活动22场次、健康教育讲座210场次、咨询活动163场次。印制宣传材料553种，发放116万份；播放各类音像资料9928次。卡介苗、脊髓灰质炎糖丸、百白破三联制剂、麻疹疫苗、乙肝疫苗、乙脑疫苗等基础免疫接种率均超99%。登记传染病例数3159例，报告率99.9%。活产数6517人（统计口径为县内分娩），新生儿规范管理人数5924人。0—6岁儿童保健管理5.11万人，接受中医药健康管理0—36个月儿童1.78万人。孕产妇产后访视人数6231人。65岁及以上老年人接受健康管理4.93万人。高血压管理人数3.58万人，规范管理数2.48万人；糖尿病管理人数1.46万人，规范管理数9490人。登记在册严重精神障碍患者4965人，规范管理数4520人。确诊并通知基层医疗卫生机构管理的结核病患者193人，实际管理数193人。

【爱国卫生】 2021年，揭西县开展“清洁家园，守护健康”主题爱国卫生运动、冬春季爱国卫生运动等专题爱国卫生活动，落实“三个一”（每年4月由省爱国卫生运动委员会统一部署开展全省“爱国卫生月”和“爱国卫生突击周”活动，每月组织一次清除卫生死角和四害孳生地为主的统一行动，每周进行一次环境卫生大扫除）环境卫生整治制度，清除卫生死角及病媒孳生地，统筹推进城乡环境卫生整治重点工作。全年开展环境卫生综合整治4742次，出动病媒防制专业人员3万人次，清理垃圾14.54万吨，清理卫生死角2.88万处、大中型孳生地6363处，使用灭蚊药物32.04吨、灭鼠药物12.83吨。

【采供血工作】 2021年，揭西县开展无偿献血公益活动，多平台多举措多形式开展主题宣传，组织动员全县干部职工和社会群众参与无偿献血。是年，完成无偿献血任务5095人，献血量116.38万毫升，完成率101.8%，在揭阳市排名第一，实现连续两年排名第一。

【老年健康】 2021年，揭西县利用广播、电视、报纸杂志和“两微一端”等宣传普及老年人健康科学知识。组织开展下乡进村宣传义诊、健康讲座和“敬老月”宣传活动等，参加活动老年人3600人次，发放健康教育宣传资料1.45万份。落实“银龄安康行动”，投入116.79万元为全县11.68万名65周岁以上老年人投保人身意外险。

【妇幼健康】 预防三病母婴传播项目　2021年，揭西县提供艾滋病、梅毒和乙肝三病检测与咨询服务，全年检测8365人次。住院分娩产妇6833人，其中三病检测人数6446人，检测率94.3%，孕期检测率91.4%；乙肝阳性产妇所生婴儿乙肝免疫球蛋白注射率98.3%。

城乡妇女“两癌”检查项目　2021年，揭西县城乡妇女“两癌”检查项目任务数2.04万人，在广东省妇幼卫生信息系统

2021年7月16日，揭西县2021年老年健康宣传周活动启动仪式暨国家基本公共卫生宣传服务活动在县城滨江公园举行　（县卫健局　供稿）

录入宫颈癌检查1.29万人，完成率63%；乳腺癌检查1.26万人，完成率61.6%。

增补叶酸预防神经管缺陷项目 2021年，揭西县增补叶酸预防神经管缺陷项目任务数5000人，新增叶酸服用人数5973人，完成率119%。

地贫干预项目 2021年，揭西县完成血常规筛查7517对，血红蛋白电泳检测679对，基因诊断77对，行产前诊断16人，终止妊娠例数3人。

出生缺陷综合防控项目 2021年，揭西县产前唐氏综合征筛查完成5986例，确诊18—三体综合征1例，终止妊娠1例。严重致死致残结构畸形筛查5934例，确诊为六大结构畸形3例，终止妊娠3例。

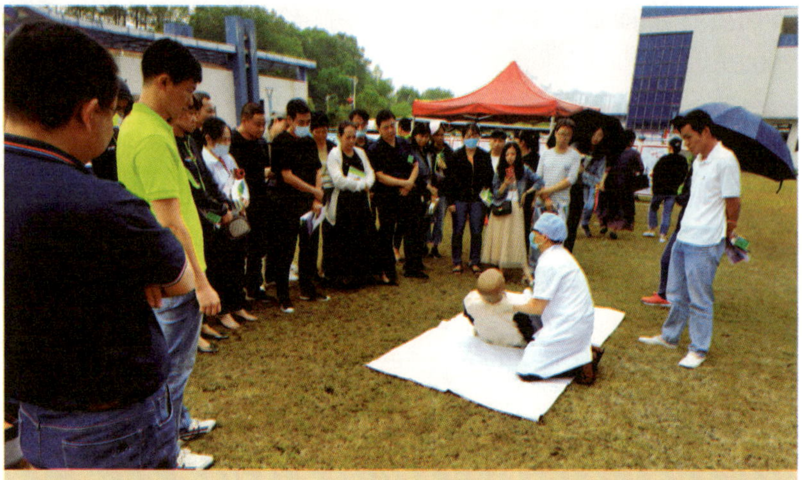

2021年4月27日，揭西县2021年《中华人民共和国职业病防治法》宣传活动在白云山威灵药业有限公司开展 （县卫健局 供稿）

【职业健康】 2021年，揭西县加强职业病防治工作，纳入管理重点行业领域企业58家，主要包括非煤矿山、水泥加工、石材加工、危险化学品经营等，从业人员1527人，其中接触职业病危害因素的有310人，完成在岗职业健康检查300人；对作业场所开展职业病危害因素定期检测企业50家，对7家企业作业场所开展主动监测。可从事放射诊疗服务医疗机构24家，取得放射诊疗许可证19家。

【科研教育】 2021年，揭西县全科医生项目培训任务71人，其中培训全科医生44人、全科医生师资27人。完成招收培训全科医生39人，全科医生师资27人。指导各医疗卫生机构开展科研项目申报工作，向揭阳市申报市卫生计生科研项目医护人员66人，通过评审64人。

【院感防控】 2021年，县卫健局组织医疗机构医护人员及村卫生站、个体诊所工作人员开展院感防控培训，参加培训400人次，培训内容涵盖新型冠状病毒肺炎防控技术指南、防控方案、诊疗方案、防护用品穿脱、标准预防、医疗废物的处置等。各医疗机构按照要求成立院感防控工作小组，落实医院感染控制预防工作。

【农村卫生】 2021年，县卫健局加强村卫生站监督管理，配置村卫生站资源，完善村卫生站补偿机制，审批村卫生站设置及乡医准入，开展乡村医生培训和考核，推广中医适宜技术，实施国家基本药物制度，提升农村卫生服务能力等。是年，全县村卫生站373家，乡村医生373人，符合享受农村卫生站省财政补贴对象245人，拨款金额490万元。

【人口长期健康发展】 2021年，揭西县宣传三孩生育政策，鼓励适龄人群按政策生育，加强健康检查，促进人口长期均衡发展。全年办理三孩登记1170例，各孩次1.56万例，审查5262人次，免费孕前优生健康检查3271人。是年，全县人口出生率10.9‰，政策生育率85.7%。推进母婴设施建设，建成规范母婴设施10家。落实计划生育奖励优惠政策，强化计划生育特殊人员关怀，全县计划生育特别扶助人员13人，全部落实家庭医生签约。

【家庭医生签约服务】 2021年，揭西县建有家庭医生团队80个，常住居民签约52.16万人，签约率65.0%，重点人群签约人数18.84万人，签约率73.7%，全部达到上级要求标准。签约服务项目与国家基本公共卫生服务项目相结合，共同提高家庭医生签约项目服务质量。

2021年8月3日，县卫健局在县人民医院开展全县村卫生站、个体诊所医务人员院感防控培训工作 （县卫健局 供稿）

【全国卫生县城创建】 2021年，揭西县加强国家卫生县城创建工作，将国家卫生县城创建工作列入经济社会发展规划，定期督导检查县城人居环境整治、生态环境建设、医疗卫生保障等工作。将环境卫生保洁、病媒生物防制、创卫工作经费纳入财政年度预算。利用县融媒体中心、微信公众号、政府门户网站等媒体平台开展创卫宣传，编排创卫主题文艺节目，在健康教育宣传栏加入创卫知识内容。是年，创建省级卫生村35个，南山镇通过省卫生镇复审。

【疫情防控】 2021年，揭西县加强落实境内重点地区来（返）揭西人员管理，开展新冠肺炎疫苗接种工作，全县设置接种点19个，至年底，累计接种疫苗101.78万剂次；做好感染高风险人群和保障社会基本运行关键岗位人员加强免疫工作，完成4.62万人加强免疫接种，完成率64.7%。开展疫情防控宣传与秋冬季聚集性疫情处置演练，11月3日在塔头镇旧住村开展应急处置演练；制作防控宣传视频1个，印发海报800套、宣传单张13万份。规范集中隔离医学观察，设置集中隔离观察场所1个；设置集中隔离备用点，房间储备276间。开展核酸检测工作，全县三家核酸检测实验室全部正常运转，日检测能力3940份，累计完成核酸检测36万份。开展流调溯源工作，追踪密切接触者4人，次密切接触者77人，全部按防控方案落实健康管理措施。做好疫情监测工作，强化全县新冠肺炎哨点监测，督促各医疗卫生单位落实好疫情防控各项措施，提升哨点监测和预警能力。各乡镇（街道）建立健全疫情防控指挥体系，成立工作组和专班，实行网格化管理；强化外防输入工作机制，加强对返乡人员排查，建立台账；对重点经营场所、医疗机构、宗教活动场所等开展监督检查，督促指导做好检测体温、扫码（粤康码）、佩戴口罩等防控措施。

【疫情集中隔离观察场所】 2021年，揭西县设置揭西县特美思酒店为疫情集中隔离观察场所。揭西县特美思酒店位于河婆街道好日子广场附近，2020年2月4日启用为集中隔离观察场所，有隔离房间50间，配备工作人员47人，主要用于密切接触者、次密切接触者等对象集中隔离医学观察。成立以政府为主导，县卫健、公安、市场监管、生态环境等部门组成的工作小组，明确牵头部门，制定日常工作管理制度和应急预案。日常管理由县人民医院选派专人负责，派驻临床医生、心理医生、护理组成医疗组负责管理对象健康监测，由县公安、卫健部门联合驻点，分工合作，共同落实疫情防控各项措施。至年底，完成集中隔离医学观察287人。

（巫丽琼 刘树隆）

卫生监管

【概况】 2021年，县卫健局规范卫生行政许可行为，加强职业卫生、医疗卫生、放射卫生、学校卫生、公共场所卫生、饮用水卫生和传染病防治监督检查；查处医疗服务市场违法行为，深化行政审批制度改革及职能转变。全年监管各级医疗机构742家次、集中隔离场所12家次、新冠肺炎疫苗接种点54家次、企业64家次；打击非法医疗美容与非法代孕专项检查医疗机构64家，检查美容场所22家；开展“以案促管”专项行动及打击非法行医专项行动，查处无证行医诊所、牙科21家；完成国家随机监督抽查计划任务154家。

【卫生行政许可】 2021年，县卫健局核发公共场所卫生许可证单位89家，其中住宿场所28家、文化娱乐场所4家、美容美发场所43家、沐浴场所10家、游泳场所2家、公共交通等候场所2家；变更卫生许可证单位6家，注销卫生许可证单位9家；因违反《公共场所卫生管理实施细则》受行政处罚单位6家，处罚金额5800元。

【公共场所卫生监督】 2021年，县卫健局加强卫生管理监督，重点检查270家公共场所经营单位疫情防控及卫生管理制度落实情况，完成县“两会”“创青春”“永恒的火焰”等活动卫生保障工作。组织开展经营场所内通风措施、公共用品及设施的清洁消毒、个人清洁及健康监测等培训，参训人员728人次。全年出动公共卫生监督执法人员810人次，车辆203辆次。

【饮用水卫生监督】 2021年，县卫健局加强市政供水监督检查，健全县自来水公司、县第三自来水厂有限公司管理制度，供水人员持有效健康证和卫生知识培训合格证上岗，所使用涉水产品做到索证索票，水质净化设施、消毒设施运转正常，定期检测水质检测，检测结果全部符合国家生活饮用水水质卫生标准。检查二次供水单位6家次，检测结果全部符合国家生活饮用水水质卫生标准。检查农村供水单位23家次，其中3家供水单位存在水源防护不达标、消毒运行没有记录等问题，全部完成整改。

【医疗卫生监督】 2021年，县卫健局对医疗卫生、传染病防治、放射卫生等44家抽检单位开展专项监督检查，其中达标41家、关闭2家、未按规定开展放射诊疗许可证校验工作1家，处行政处罚1000元并责令改正。开展打击非法医疗美容与打击非法代孕专项检查，检查一级及以上医疗机构24家，检查卫生站、诊所、门诊部等未定级医疗机构32家，检查美容场所22家，未发现违法违规应用人类辅助生殖技术及美容场所从事医疗美容服务。开展“以案促管”专项行动，查处无证行医诊所、牙科等21家，处行政处罚9.20万元。开展全省医疗机构医用织物清洗消毒专项检查工作，检查医疗机构22家；开展全省女性卫生用品生产企业和经营单位专项监督工作，检查经营单位4家；开展危险化学品综合治理，检查医疗机构24家次。

【学校卫生监督】 2021年，县卫健局完成高考、高中学业水平考试等卫生保障工作。开展托幼机构、校外培训机构、学校采光照明“双随机”抽检，学校卫生国家随机监督抽查及“回头看”抽检。抽检101所中小学校教室的课桌椅配置情况、59间普通教室、59份水样，教室人均面积合格率86.4%，窗地面积比合格率94.9%，教室照明合格率81.3%，黑板面照度合格率67.8%，生活饮用水抽检合格率94.9%。督促各学校建立健全传染病管理及报告制度、突发公共卫生事件应急预案、学生晨检等。发出《卫生监督意见书》101份，对10所存在违法行为学校予以警告行政处罚。

【职业卫生监督】 2021年，县卫健局加强职业卫生监督执法，重点控制严重职业病危害，保护劳动者合法权益。督促用人单位落实职业病危害项目申报、作业场所职业病危害因素检测等法定责任。全县职业病危害项目申报70户，其中采矿业4户、制造业22户、其他纳入职业卫生监管用人单位44户。开展职业卫生分类分级监督执法，现场监督64户次，其中甲类监督8户次、乙类监督56户次，出具《卫生监督意见书》22份。

（巫丽琼　刘树隆）

疾病预防与控制

【概况】 2021年，揭西县提升疾病预防控制体系，细化重大疾病防控措施，加强传染病预防控制、监测检测、慢性非传染性疾病防治、突发公共卫生事件处置、卫生检验等。全年全县乙类传染病病例2008例，丙类传染病病例2307例；管理HIV（艾滋病）感染者和艾滋病病人159人。

【传染病管理】 2021年，揭西县无甲类传染病报告；乙类传染病病例2008例，发病率297.56例/10万人，其中排名前三的传染病为：病毒性肝炎1230例、梅毒353例、肺结核344例；丙类传染病病例2307例，发病率314.86

例/10万人，其中排名前三的传染病为：其他感染性腹泻1402例、手足口病778例、流感111例。采集家禽市场外环境样品50份，均未检出H7及N9阳性病毒。开展蚊媒监测284次，编汇监测风险评估报告9期，对布雷图指数处于中高度风险区域加强清积水、灭成蚊等防治措施。编汇揭西县疫情简报12期。处置疫情7宗，其中新冠肺炎确诊病例密切接触者4宗、流感样病例疫情2宗、水痘疫情1宗。

【艾滋病防控】　2021年，揭西县报告HIV（艾滋病病毒，下同）感染者17例、艾滋病病人7例，均列入常规管理。全县管理HIV感染者（艾滋病病人）159人；完成自愿咨询检测7例，无HIV初筛阳性病例。县卫健部门配合县看守所、强制戒毒所对被监管人员筛查艾滋病、梅毒、丙肝62人份。

【死因登记管理】　2021年，县卫健局加强全人群死因登记统计管理，及时、准确收集全县居民死因登记信息。全县22家医疗卫生机构通过广东省死亡医学证明管理信息系统报告死亡人数5498例，报告死亡率814例/10万人。全年发放“医学死亡证明书”4845份。

【慢性病防治】　结核病控制项目　2021年，揭西县确诊在管治疗活动性肺结核病患者193人，其中初治涂阳93人，复治（发）涂阳13人，初治涂阴81人，单纯性结核胸膜炎6人。乡镇卫生院接到管理通知单182人，管理182人。加强学校结核病防治及筛查工作，确诊收治师生12人，密切接触者筛查914人，未发现有结核病疑似患者。全县193例结核病患者纳入广东省结核病耐药性监测。组织开展“携手抗疫防痨、守护健康呼吸”和第26个世界防治结核病日等主题活动，加强防治宣传，发放宣传资料1000份。

麻风病防治　2021年，县卫健局联合县教育局在棉湖镇第二中学开展68届“世界防治麻风病日”暨34届“中国麻风节”宣传活动，发放宣传海报和折页2万份。全县累计登记麻风病例817例，累计治愈816例，现症治疗1人，愈后存活32人；筛查麻风可疑症状病例476例，转诊县慢病站14例，未发现新病人。愈后存活32人中，在揭东区西坑医院留医2人。

严重精神障碍　2021年，揭西县累计建档严重精神障碍患者6081人，累计死亡患者1116人，在册患者4965人；患病报告率5.8‰，管理率91.6%，规范管理率91.0%，服药率77.8%，规律服药率61.2%；精神分裂症服药率80.7%，规律服药率65.0%。年面访率90.1%。

【全民健康教育】　2021年，县卫健局通过县广播电视台、“揭西发布”“揭西疾控”等开展健康宣教，发布推文72篇。开展健康素养巡讲活动17场，普及健康知识。开展“爱国卫生月”等宣传活动7场，发放宣传资料1.03万份、小礼品3000份。完成居民健康素养监测入户调查问卷812份，统计分析揭西县居民健康素养水平19.5%，完成成人烟草流行监测入户调查问卷812份。

【免疫规划】　基础免疫接种　2021年，揭西县卡介苗基础免疫接种率99.9%，脊髓灰质炎基础免疫接种率99.9%，百白破三联制剂免疫接种率99.9%，麻类疫苗免疫接种率99.9%，乙肝疫苗接种率99.8%，乙脑疫苗接种率99.8%。是年，疑似预防接种异常反应报告112例，没有接种事故发生。

AFP病例监测　2021年，揭西县发现AFP（急性弛缓性麻痹，下同）病例3例，落实及时

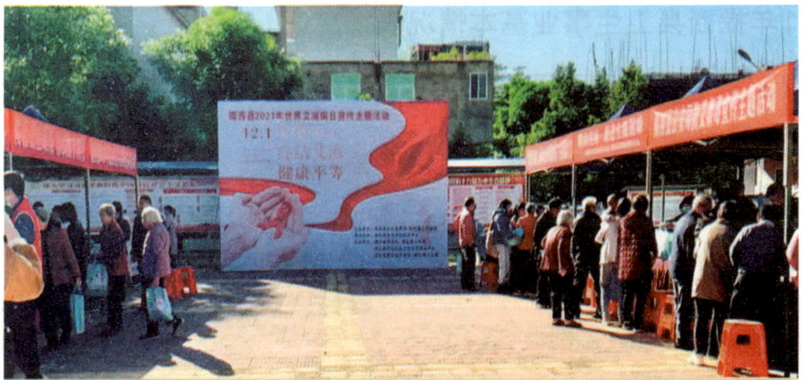

2021年12月1日，县卫健局组织医务人员在钱坑镇钱东村活动广场开展防治艾滋病宣传活动　（县卫健局　供稿）

采集粪便、及时送检、及时随访，完成AFP病例及计免相应传染病监测工作。

【地方病防治】 2021年，县卫健局加强碘盐和地方性氟中毒监测。碘盐监测抽检学生家中食用盐200份、孕妇食用盐100份和学生尿200份、孕妇尿100份，其中合格碘盐283份、不合格碘盐17份，碘盐合格率94.3%；学生尿碘监测中位数181.1微克/升，孕妇尿碘中位数159.2微克/升。原地氟病区（河婆街道东心埔村、塔头镇月潭村、良田乡下村）监测水样6份，均未超标。

【饮用水检测】 城乡饮用水水质监测 2021年，揭西县丰枯水期实际设置监测点57个，检测水样228份，检测合格率100%，无超标项目。

农村饮水安全工程 2021年，揭西县农村饮水安全工程普查监测374份，合格341份，合格率91.2%，其中超标项目有硝酸盐、氟化物、铁、氨氮、浑浊度、锌、耗氧量。经整改后重新监测水样33份，合格33份，合格率100%。

自来水厂供水监测 2021年，揭西县自来水厂供水监测120份，合格99份，合格率82.5%。第一自来水厂监测72份，合格59份，其中超标项目有浑浊度、锰；第二自来水厂监测24份，合格22份，其中超标项目有硝酸盐、锰；第三自来水厂监测24份，合格22份，其中超标项目有硝酸盐、锰、氨氮、耗氧量。根据监测检查结果，对相关供水单位提出整改意见。

水龙头水监测 2021年，揭西县完成水龙头水监测任务104份水样（每季度26份），合格数104份，合格率100%。

【卫生监测】 2021年，县卫健局加强医疗机构消毒质量管理，细化院内感染控制，检查医疗质量，保障医疗安全。全县监测医疗单位26家，检测样本300份，合格286份，合格率95.3%。监测项目包括室内空气、环境物体表面、医护人员手、使用中消毒液、透析用水、无菌缝合包等。

【卫生应急】 2021年，县卫健局健全应对突发公共卫生事件措施，加强外科口罩、N95口罩、医用防护服、消杀设备、消毒剂等应急物资储备。县疾控中心消杀队开展灾后卫生防疫及爱国卫生运动灭蚊防蚊行动，出动18车次、102人次；开展新冠肺炎疫情防控消杀工作，出动42车次、176人次。

（巫丽琼 刘树隆）

社区卫生服务中心选介

【河婆街道社区卫生服务中心】 河婆街道社区卫生服务中心核定编制数85人，在编人员80人，其中卫生技术人员60人（高级职称1人、中级职称13人、初级职称46人），执业医师10人、执业助理医师18人；卫生站39个，乡村医生39人。以社区、家庭和居民为服务对象，主要承担基本公共卫生服务和一般常见病、多发病的基本医疗服务，内设公共卫生科、急诊科、检验科、中医科、药房、康复科等。2021年，社区卫生服务中心门诊量8.9万人次，医疗卫生业务收入225.8万元。

（巫丽琼 刘树隆）

2021年揭西县卫生事业基本情况表

表29

项目	单位	总计	县级公立医院	基层医疗卫生机构	公共卫生机构	社会救助团体
1.机构数	个	25	4	16	4	1
2.编制人数	人	3026	1800	1113	111	2
3.年末在职职工人数	人	2326	1238	978	108	2
其中：卫技人员	人	2041	1130	834	77	—
高级职称人员	人	175	155	17	3	—
中级职称人员	人	265	168	81	16	—
初级职称人员	人	1601	807	736	58	—
4.实际床位数（不包括民营医院）	张	2242	1612	624	6	—

体育事业

【概况】　2021年，揭西县文化广电旅游体育局（简称县文广旅游体育局）完善全民健身公共服务体系，逐步推进体育设施建设，开展群众体育和竞技体育活动，提高群众身体素质、健康水平和生活质量。是年，新增揭西县游泳协会1个体育单项协会。至年底，全县体育协会17个。健身气功站1个。全县体育彩票网点28个，销售总额1084万元。

【群众体育】　2021年，县文广旅游体育局举办各类群众体育活动。5月1日，在棉湖镇云湖公园举办2021“‘我为群众办实事’庆‘五一’全民健身系列展示活动”，各乡镇（街道）同步开展活动。4—7月，揭西县“我为群众办实事”——“2021年中国体育彩票全国象棋民间棋王争霸赛（揭阳市赛区）暨揭阳市象棋选拔赛”县棋王争霸赛在南山镇举办。全年组织开展各类文体惠民活动及围棋比赛、篮球比赛、乒乓球比赛等各类体育活动，参与人数300多人。

【竞技体育】　2021年，揭西县发展竞技体育。7月，揭西县运动员代表参加2021年揭阳市青少年跆拳道锦标赛暨选拔赛，获金牌4枚、银牌1枚和铜牌1枚，其中男子甲组林钊填获52公斤冠军，男子乙组张思填获56公斤冠军、韦坤煜获49公斤冠军，女子乙组曾心晴获53公斤冠军，男子乙组蔡泽楠获49公斤亚军、韦佳煜获49公斤季军。11月，县文广旅游体育局在河婆街道下滩村TT篮球馆举办首届“体彩杯”青少年跆拳道锦标赛，来自揭阳市各区县9支代表队143名运动员参赛，比赛全程参照中国跆拳道协会比赛标准执行，邀请国际级裁判和国家一级裁判员担任正副裁判长进行赛事判决。

【全民健身运动】　2021年，县文广旅游体育局完成金和镇仙坡社区体育公园项目及凤江镇鸿新村、棉湖镇上浦村、河婆街道三星村等14个体育场地设施示范点场地规划建设和器材配套安装。10月，开展体育场地统计调查工作，摸清全县有体育场地2206个，其中全民健身广场16个、健身园1个、社区体育公园2个、标准田径场1个、游泳池1个、社会足球场地9个，各行政村均配备全民健身路径、乒乓球台及篮球场等。全县人均体育场地面积2.6平方米以上，体育场地免费或低收费开放率100%，社区15分钟健身圈覆盖率94%。

【社会体育指导员培训】　2021年，县文广旅游体育局组织三级社会体育指导员在棉湖镇、河婆街道开设培训班，培训三级社会体育指导员250人，从事篮球、乒乓球、太极拳、广场舞等项目的培训工作。棉湖镇社会体育指导员服务站被广东省体育局评为省A级社会体育指导员服务站。

【国民体质测试】　2021年，县文广旅游体育局开展国民体质监测服务，在金和镇山湖村、钱坑中学、北江中学、灰寨镇东方世纪幼儿园等地现场解答群众关于体育健身咨询事项，科学指导群众合理体育锻炼，根据省、市工作计划安排完成全县2400例指标任务。

（温庆文　彭新颖）

2021年7月4日，县文广旅游体育局组织揭西青少年跆拳道代表队参加2021年揭阳市青少年跆拳道锦标赛暨选拔赛　（县文广旅游体育局　供稿）

社会生活

人力资源·社会保障

人力资源管理

【概况】 2021年，揭西县人力资源和社会保障局（简称县人力资源社会保障局）健全人才工作机制，加大培养人才力度，加强人才引进服务和机关、事业单位工作人员福利费使用管理，完善全县基层医疗卫生机构绩效工资制度。全年公开招聘事业单位工作人员224人，完成公开招聘政府购买服务人员263人；新增评审通过高级、中级、初级职称发证共522人；审核审批正常晋升工资1.24万人次。

【事业单位人事管理】 2021年，县人力资源社会保障局加强事业单位人事管理，巩固事业单位改革成果。要求各单位根据机构编制部门印发的机构编制方案，结合事业单位社会功能、职责任务、事业发展、工作性质和人员结构特点等因素，按照岗位设置管理有关规定和各类岗位结构比例标准进行岗位设置，对有变更的政府系统事业单位岗位设置方案进行备案工作。

【人事考试】 2021年，县人力资源社会保障局按照民主、公开、竞争、择优原则，严格公开招考、聘用工作程序，做好事业单位工作人员公开招聘工作。全年公开招聘事业单位工作人员224人，其中广东省事业单位2020年集中公开招聘高校应届毕业生44人、2020年揭西县公开招聘教师40人、2020年揭西县公开招聘卫生健康事业单位卫生专业技术人员14人、县突发事件预警信息发布中心3人、县扶贫资产管理中心4人、县公证处4人、2021年揭西县廉政教育中心公开招聘工作人员5人、2021年揭西县公开招聘卫生健康事业单位卫生专业技术人员37人、广东省事业单位2021年集中公开招聘高校应届毕业生16人、县委县政府总值班室3人、县统计局信息处理中心2人、县节能服务中心1人、县价格认证中心1人、县信息服务中心3人、2021年揭西县公开招聘教师47人。完成公开招聘政府购买服务人员263人，其中村（社区）党群服务中心第二专职人员222人、县公安局警务辅助人员18人、县政务服务中心大一门综合服务窗口政府购买服务人员6人、基层退役军人专职服务人员17人。

【人才服务与引进】 2021年，县人力资源社会保障局加大人才管理与服务力度，做好2021年揭阳市高层次人才分类认定工作，完成全县新增164位高层次人才分类认定和证书发放工作。在高校毕业生报到、档案接收和档案转出等方面提供便捷优质服务。全年接收专科以上高校毕业生档案5313份；网上报到系统报到人数1576人。

【专业技术人才】 2021年，县人力资源社会保障局加强对有关部门、单位做好专业技术人员科目学习指导，推进专业技术人才评定工作。全年全县参加继续教育培训9412人；新增评审通过高级、中级、初级职称发证共522人，其中高级101人、中级103人、初级318人。至年底，全县事业单位共有专业技术人才9881人，其中教学人员7582人、卫生技术人员1996人、工程农业专业技术人员150人、其他类别专业技术人才153人；高级职称800人、中级职称4880人、初级职称4201人。

【机关工人和事业单位工作人员工资福利】 2021年，县人力资源社会保障局做好机关工人和事业单位人员年度正常晋升工资、学历变动、职务晋升、工作调动及退休等工资变动和死亡遗属供养审核审批工作；做好2020年度机关工作人员年终一次性奖金发放审核工作；按时按质完成2020年度机关（含参公单位）工人、事业单位工作人员、事业单位离休人员工资统计工作。全年审核审批正常晋升工资1.24万人次，办理学历变动、新进人员、职务晋升、工作调动、岗位变动、转正定级、乡镇工作补贴变动、受处分人员工资变动、解除处分人员工资变动等3348人次，审核审批退休人员237人（其中事业干部85人、机关事业单位工人152人）；审核审批遗属供养56人。联合县委组织部、县财政局印发《关于我县机关、事业单位工作人员福利费使用办法的通知》，加强对福利费使用管理，做好干部职工福利工作；联合县财政局、县卫健局印发《关于进一步完善揭西县基层医疗卫生机构绩效工资制度的实施办法》，允许基层医疗卫生机构实行公益一类财政供给，公益二类事业单位绩效管理。

（陈联发　李俊强　蔡秋娜）

劳动就业

【概况】 2021年，揭西县人力资源和社会保障局（简称县人力资源社会保障局）加大就业创业政策宣传力度，组织开展职业技能培训和线上线下招聘活动，落实就业创业优惠政策，促进重点人群就业创业，加大劳动监察综合执法力度，化解劳动矛盾纠纷。全年全县城镇新增就业4634人，完成目标任务的140.4%；城镇失业人员再就业3010人，完成目标任务的215%；就业困难人员再就业420人，完成目标任务的161.5%。城镇登记失业率控制在3.5%以内。

【就业服务】 2021年，县人力资源社会保障局组织线上“南粤春暖”暨“春风行动”“民营企业招聘月”“重点内外贸企业和重点工业企业”“高校毕业生就业专场”等网络专场招聘会和线下“金秋招聘月”就业专场招聘会，为企业和城乡劳动力搭建供求对接平台，促进求职者和招工企业实现快速匹配。全年各项招聘会共80家企业参加，提供工作岗位830多个，招聘需求人数近2000人。严格使用就业专项资金，落实创业担保贷款政策，受理创业担保贷款8笔共410万元、一次性创业补贴4笔共4万元和租金补贴2笔共8000元。鼓励企业带动劳动力就业，发放创业带动就业补贴3笔共1万元、吸纳退役军人就业补贴1笔1万元、脱贫人口技能培训生活费补贴7人共6000元。发放公共就业创业服务岗位补贴7人共46.49万元、高校毕业生基层就业岗位补贴146人共82.9万元、高校毕业生到基层就业补贴91笔共45.5万元。落实公益性岗位补贴34人共61.55万元、乡村公益性岗位补贴79人共64.16万元。做好公共就业创业服务工作，完成对企业就业失业监测任务，发放就业失业监测补贴7家共1.68万元。

2021年11月26日，县人力资源和社会保障局在河婆街道文化广场举办2021年揭西县“金秋招聘月”就业专场招聘会　（县人力资源社会保障局　供稿）

【职业培训】 2021年，县人力资源社会保障局实施职业技能提升行动，与县金博职业培训学校、领航职业培训学校、荣华职业培训学校、索达职业培训学校、凤凰职业培训学校、业成职业培训学校等培训机构合作，针对性开展技能培训工作，促进劳动力就业。加大劳动力技能培训力度，重点做好“粤菜师傅”“广东技工”“南粤家政”三项工程实施工作。全年开展“粤菜师傅”培训1516人次，完成年度任务的1166%；开展“广东技工”培训3782人次，完成年度任务126%；开展“南粤家政”培训934人次，完成年度任务155.7%；开展新型学徒制培训126人次，完成年度任务126%；开展“农村电商”培训201人次，完成年度任务100.5%；开展创业培训289人次，完成年度任务289%。

【劳动调解仲裁】 2021年，县人力资源社会保障局贯彻落实劳动调解仲裁有关法律法规，加强劳动人事争议预防工作，指导、监督劳动人事争议调解、仲裁工作，规范案件处理程序，依法处理人事争议案件，维护当事人合法权益。全年处理劳动人事仲裁案件5宗，其中粤省事仲裁小程序处理1宗、置换仲裁调解书2宗、不予受理2宗。

【劳动监察】 2021年，县人力资源社会保障局做好劳动执法检查、调处劳资纠纷、工伤认定、社保稽核等工作。全年解决劳资纠纷44宗，涉及金额127.78万元；调解工伤11宗，涉及赔偿金额71.48万元；依法认定工伤14宗，不予认定工伤2宗；检查各类用人单位239户；受理来访、来电咨询180多人次。与县住建、交通、水利等行业主管部门完成2020年度保障农民工工资支付考核工作。

（陈联发　李俊强　蔡秋娜）

社会保险

【概况】 2021年，揭西县做好社会保险参保缴费与基金支付工作，强化基金管理和退休人员管理，推进机关事业单位养老保险制度改革。全年全县参加企业养老保险4.24万人，机关事业单位养老保险1.41万人，城乡居民基本养老保险34.90万人，失业保险1.25万人，工伤保险2.85万人。

【社会保险参保缴费与基金支付】 2021年，揭西县企业职工养老保险参保4.24万人，领取养老待遇3.58万人；基金征收收入4.24亿元。机关事业单位养老保险参保1.41万人，领取养老待遇6509人；基金征收收入2.33亿元，支出3.86亿元。城乡居民基本养老保险参保34.90万人，续缴费14.23万人，领取养老待遇12.42万人；基金征收收入2927.37万元。失业保险参保1.25万人，基金征收收入276.98万元。发放定期失业保险金待遇579人次，失业补助金697人次。工伤保险参保2.85万人，基金征收收入420.51万元。发放工伤医疗费一次性待遇9人次，工伤工亡一次性待遇10人次，工伤定期待遇供养亲属抚恤金117人次。

【社保基金管理】 2021年，揭西县社会保险基金管理局（简称县社保局）推进退休人员领取养老金资格认证。在经办窗口显眼地方摆放“企业职工养老资格认证点”“城乡居保（新农保）资格认证点”台牌，在经办大厅张贴认证须知，加强人员引导，及时为退休人员办理资格认证。通过编印宣传单、县电视台、“融通揭西”App、村广播等形式加强宣传，利用“粤省事”小程序人脸识别完成资格认证。至年底，完成企业职工养老保险退休人员资格认证3.15万人，城乡居民基本养老保险退休人员资格认证10.96万人。推进城乡居保疑点数据专项核查工作，制订专项核查工作方案、成立专项核查工作领导小组、召开全县专项核查工作专题会议，将工作重心下沉到基层，到各乡镇（街道）开展疑点数据专项核查督导工作，全年完成1666人核查整改工作。强化在风险防控中运用信息技术手段，加强部门数据共享，推进内控机制、制度建设，做好审计发现问题整改工作，完成各类审计发现重复领取待遇、死亡领取待遇、服刑人员违规领取待遇等追回整改工作，追回社保基金53.44万元。

【退休人员基本养老金管理】 2021年，揭西县落实退休人员各项待遇调整政策。1月，对2020年12月31日前领取基本养老金企业退休人员调整基本养老金，涉及调整人数3.33万人，月人均增加128.17元，调整后月人平均养

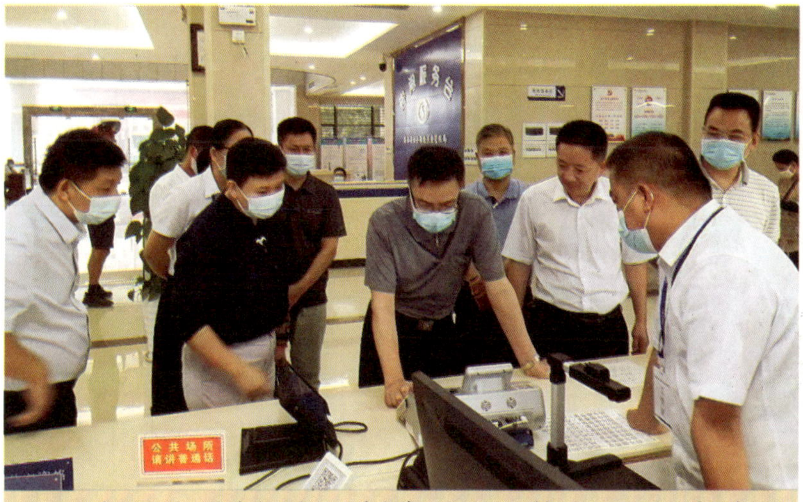

2021年9月1日，广东省社会保险基金管理局调研组到揭西县社保局开展社会保险基金风险防控工作专项调研 （县人力资源社会保障局 供稿）

老金2182.5元；对2020年12月31日前领取基本养老金机关事业单位退休人员调整基本养老金，涉及调整人数6443人，月人均增加194.37元，调整后月人平均养老金4820.38元。推进企业职工养老保险过渡性养老金计发工作，至年底，过渡性养老金重核并发放1.02万人；缺失视同建账信息等人员6773人，核实6773人，核查率100%。

【机关事业单位养老保险制度改革】 2021年，县社保局做好职业年金补做实工作。全年完成职业年金2016年1月至2017年12月虚账做实和2014年10月至2017年12月贴息工作，做实1.12亿元，补计息0.52亿元。统筹做好机关事业单位养老保险退休“中人”新办法计发工作。全县2014年10月至2017年12月退休“中人”（机关事业单位工作人员养老保险制度改革前参加工作、改革后在机关事业单位退休的人员）合计人数985人（含全民合同制工人人数），至年底，完成退休“中人”新办法待遇计发人数902人，完成比例91.6%；完成视同缴费年限人数939人，完成比例95.3%；企业养老保险应转移接续人数208人，完成转移接续182人，完成比例87.5%。

（陈联发　彭志辉　李晓丰）

医疗保障

【概况】 2021年，揭西县医疗保障局（简称县医保局）推进居民医疗保险征收，加强医保报销支出审核和医疗保险基金监管，做好医疗救助工作，推进落实新冠肺炎救治医保政策。加强医保政策宣传，到凤江镇、钱坑镇、五云镇等乡镇开展医保政策下乡进村宣传活动。全年全县医疗保险参保77.34万人次；城乡居民基本医疗保险参保缴费74.61万人，职工基本医疗保险参保2.73万人；医疗救助7547人次，支出资金1040.21万元。

【医疗保险】 2021年，揭西县城乡居民医疗保险参保缴费74.61万人，征收2.09亿元，各级财政配套4.33亿元，基金总收入6.42亿元，支出6.43亿元；职工基本医疗保险参保2.73万人，基金收入1.12亿元，支出9831万元。全年城乡居民基本医疗保险和城镇职工基本医疗保险每人每年基金支付限额均为30万元。至年底，城乡居民基本医疗保险住院报销9.01万人次，特殊门诊1.02万人次；城镇职工基本医疗保险住院报销6230人次，特殊门诊1241人次。全年清算按规定参与核酸检测的基本医疗保险参保人员两批次，共14.39万人次。4月，上线国家医疗保障信息平台，启用“粤医保”小程序，群众可在微信直接办理参保登记、生育登记、参保费用缴纳、异地就医备案登记、医保缴费查询等高频业务。2021年签订医保协议管理药店12家，全县参保职工持个人社保卡或凭医保电子支付凭证在医保定点药店购药，可使用个人账户资金支付。7月1日起，扩大门诊特定病种范围，从原来23个病种增加至52个病种；简化门诊特定病种申报流程，参保群众可在定点医疗机构一次性完成病种认定；调高门诊特定病种医疗费用报销比例，提高门诊特定病种年度报销限额，将政策内自付费用纳入大病保险保障范围，缓解患病群众资金压力。

【医疗救助】 2021年，县医保局做好城乡特困人员、低保对象、易返贫致贫等人员医疗救助

2021年10月30日，揭西县2021年医保政策下乡进村宣传活动在凤江镇凤北村举行
（县医保局　供稿）

工作。完善职能部门常态化信息互通，将建档立卡户人员全部纳入城乡医疗救助，享受“一站式”救助结算。全年医疗救助7547人次，支出资金1040.21万元（包含一站式救助和二次救助），其中医疗救助“一站式”结算6283人次，支出资金310.8万元；零星报销1264人次（含二次救助）、支出资金729.41万元。

【大病医疗保险制度】　2021年，揭西县城乡居民大病保险基金支付限额25万元，城镇职工大病保险基金支付限额40万元。全年发放大病医疗保险待遇1.25万人次，其中城乡居民基本医疗保险参保人享受大病医疗保险待遇1.19万人次，城镇职工基本医疗保险参保人享受大病医疗保险待遇612人次。

【医疗基金监管】　2021年，县医保局结合医保基金监管工作实际，重点聚焦“假病人、假病情、假发票”等欺诈骗保问题，在全县范围内开展专项整治，净化医疗保障制度运行环境。开展专项治理“回头看”工作，查实1例医保违规行为，扣款0.21万元。全年处理8家存在多收费、违规收费现象医疗机构，共扣款50.5万元；核查一级及以下医疗机构使用限制用药（中药注射剂）并通过医保报销4738起，追回金额0.61万元；核查医保基金“一票多报”，涉嫌骗取医保基金9例、7人，追回骗取重复报销医保基金7.06万元；核查疑似第三方责任报销病例260例（县医保中心移交零星病例84例），其中办结240例、未办结16例、经调查属第三方责任4例。

【药品招采和医疗价格服务管理】　2021年，县医保局落实药品耗材招标采购制度，强化定点协议管理，督促各公立医药机构规范采购报量，提高公立医药机构药品、医用耗材集中采购占比。全年全县21家公立医疗机构药品采购金额1.94亿元，占省平台出库比99.2%，医用耗材采购金额1.44亿元，占省平台出库比80.1%。

（李文涛　江惜漫）

民　政

综　述

【概况】　2021年，揭西县民政局（简称县民政局）完善城乡社区治理，推进村务公开和村民自治工作，落实福利保障政策，加大社会福利事业发展力度，加强社会事务管理。做好2021年度正常离任村干部信息采集工作，完成采集录入1343名正常离任村干部信息；完成村级换届选举工作。

【城乡社区治理】　2021年，县民政局牵头联合县发展改革局等七部门制订《揭西县改进和规范基层群众性自治组织出具证明工作的实施方案》，推动社区“万能章”治理工作；全县318个村（居）完成修订完善村规民约（居民公约），建立健全村规民约（居民公约）相关奖惩机制。修订完善践行村规民约（居民公约）工作纳入村（社区）“两委”班子目标责任考核内容，向村（居）民代表会议报告村规民约（居民公约）执行落实情况。开展正常离任村干部信息采集工作，采取线上线下相结合审核工作方式，完成全县1343名正常离任村干部信息采集工作；协助扫黑除恶案件调查7件；联合县委组织部、县财政部按程序征集并入库“民生微实事”项目5个。做好基层政权建设和社区治理数据维护有关工作，完成全国基层政权建设和社区治理信息系统中队伍管理、组织管理、乡镇（街道）信息、村（社区）信息录入工作。

【村务公开与村民自治】 2021年，揭西县加强乡镇（街道）政务公开和村务公开工作，规范村务档案管理，指导做好基层公共服务平台信息系统录入工作，督促村（居）及时公开信息。落实村“两委”主要干部向村民会议或村民代表会议报告村务工作制度。加强村（居）委会村（居）务公开民主管理工作情况抽查，通报抽查情况。常态化推进村务公开，各乡镇（街道）将辖区内各村（居）委会村务公开栏公布情况拍成照片，于每月15日前汇总上报县民政局备案。

【村级换届选举】 2021年，揭西县完成318个村（居）民委员会和318个村（居）务监督委员会以及1423个村（居）民小组换届选举工作。做好问题村、难点村排查整治工作，加强“两委”班子和后备干部队伍建设和选举骨干业务培训。全县依法登记选民62.01万人，参加投票选举选民59.22万人，参选率95.5%。依法选举产生村委会成员1263人，其中村委会主任280人、副主任280人、委员703人；大专以上文化程度265人、高中文化程度580人、初中以下文化程度418人。实现全部党组织书记“一肩挑”，村“两委”干部全部交叉任职。

（曾子光　曾萍）

社会福利

【概况】 2021年，县民政局完善城乡社会福利体系建设，落实福利保障政策，规范社会福利机构运行，加强社会福利设施建设。全年全县享受最低生活保障对象6103户、1.90万人，发放低保资金9490.97万元；城镇低保标准提高到846元，农村低保标准提高到655元；城乡特困供养对象3832人，年发放城乡特困人员供养经费4795.26万元；县慈善总会募集社会捐赠收入5777.75万元。

【最低生活保障】 2021年，县民政局做好低保核查工作，全年注销698户、1795人，新增600户、1454人。1月起，全县城镇低保标准从每人每月817元提高到每人每月846元，补差水平从每人每月626元提高到每人每月656元；农村低保标准从每人每月595元提高到每人每月655元，补差水平从每人每月302元提高到每人每月332元。全县城乡低保对象6103户、1.90万人，发放低保资金9490.97万元。其中城镇低保对象381户、924人，发放低保资金742.69万元；农村低保对象5722户、1.81万人，发放低保资金8748.28万元。

【特困人员供养】 2021年，揭西县特困人员3832人，发放特困供养资金4795.26万元。其中城镇特困人员210人，供养基本生活标准每人每月1354元，发放特困供养资金330.45万元；农村特困人员3622人，供养基本生活标准每人每月1048元，发放特困供养资金4464.81万元；在乡镇敬老院集中供养人员每人每月增加200元生活补贴。城乡特困人员有完全自理能力2899人、全失能839人、半失能94人。全县分散供养特困对象3625人、集中供养207人，其中委托县医院精神病科进行集中护理精神病特困人员98人、委托揭西县皓凡精神病院进行集中护理精神病特困人员15人、委托揭阳市聚龙湾养老机构护理特困老年人35人、委托县中医院集中护理特困人员31人。至年底，全县有集中供养服务机构17所，10所因设施设备老化简陋、没有特困对象集中供养暂时关闭，维持正常运转敬老院7所（收养有自理能力特困老人28人，其中上砂镇5人、五云镇4人、灰寨镇3人、钱坑镇6人、金和镇4人、塔头镇5人、坪上镇1人）。

【慈善事业】 2021年，揭西县完善慈善组织建设，强化慈善宣传，发动社会力量参与社慈善事业，依法依规开展募捐活动，加强慈善资金募集、使用和管理。全年县慈善总会募集社会总捐款5777.75万元，总支出5504.21万元。其中“6·30”扶贫济困日捐赠资金收入221.61万元，支出88.77万元；揭阳市揭西教育发展基金捐款收入4616.14万元，支出4323.34万元；其他社会捐赠收入940万元，支出1092.1万元（含2020年结余152.1万元）。至年底，全县慈善组织54个。

【社会福利设施】 2021年，揭西县社区养老服务设施188个，其中城市社区设施养老服务设施147个、农村社区养老服务设施41个；公办养老服务机构18所，床位1379张，除上砂镇、五云镇、坪上镇、灰寨镇、钱坑镇、金和镇、塔头镇7个镇敬老院有入住特困对象正常运转外，县福利中心和其他乡镇敬老院均未收住老人（暂时关闭）。全县养老床位5922张，每千名老人拥有床位数35张。

【县福利中心项目建设】 2021年，揭西县完成县福利中心工程一期项目建设，建筑面积5122.93平方米，包括一幢6层（局部7层）综合楼、食堂、地下水池、配电房等，床位203张。区域内按功能划分为行政管理区、康复区、宿舍区、室内活动区、室外活动区等［县福利中心工程项目（一期）2020年12月9日开工，工程由揭阳市揭西建筑安装工程总公司承建，计划投资1492万元］。

（曾子光　曾　萍）

社会事务管理

【概况】 2021年，县民政局强化行政区划与地名管理和社会组织管理，推进婚姻登记、殡葬管理、社会救助等各项社会事务工作。全年全县依法登记社会组织35个；办理结婚登记4826对，办理离婚793对；社会散居孤儿供养标准提高到每人每月1227元，集中供养孤儿供养标准提高到每人每月1883元；发放困难残疾人生活补贴384.55万元，重度残疾人护理补贴2994.15万元。

【行政区划与地名管理】 2021年，揭西县完成揭西县与揭东区、揭西县与普宁市共5个界桩及界线联检工作。制订《揭西县推进道路（街巷）和建筑物住宅区命名工作实施方案》，完成全县城区947条道路、街巷和全县24座桥梁命名工作。至年底，全县有1个乡，1个街道，15个镇；280个村民委员会，38个社区居委会。

揭西县福利中心工程项目（一期）建设现场（2021）　　（林东武　摄）

【社会组织管理】 2021年，县民政局完善社会组织管理，加强社会组织审核登记，规范社会组织工作。全年依法登记社会组织35个，其中社团15个、民办非企业20个。至年底，全县依法登记社会组织累计338个，其中社团177个、民办非企业登记161个。

【婚姻登记】 2021年，揭西县规范全县婚姻登记机关运行，加强监督管理，严格按规定程序办理婚姻登记业务，优化服务举措。至年底，全县婚姻登记机关17个，办理结婚登记4826对，其中国内结婚登4760对；办理离婚793对，其中国内离婚登记793对。补领婚姻证591宗。

【殡葬管理】 2021年，揭西县完善殡葬工作机制，加强县殡仪馆各项建设，做好殡仪馆等级创建工作。完善基础设施设备建设，投入资金100多万元购置6部殡仪专用车；揭阳市民政局下拨福利彩票公益金100万元帮助完善县殡仪馆业务大厅配套设施设备建设；加强内部管理，9月，实施工作改革措施，细化工作分工，制订《揭西县殡仪馆定人定岗定责工作方案》；完善服务公约和岗位职责，制定《揭西县殡仪馆内部管理若干制度》，实现制度管人管事目标。10月1日，启用县殡仪馆业务大厅。全年完成遗体火化7277具。

【社会救助】 2021年，揭西县社会散居孤儿125人，每人每月供养标准1227元，比2020年提高117元，发放散居孤儿生活费184.17万元。集中供养孤儿12人，每人每月供养标准1883元；事实无人抚养儿童317人，每人每月救助标准1227元，发放事实无人抚养儿童基本生活费467.02万元；投入救助资金59.67万元，救助流浪乞讨人员69人次。

【残疾人“两项补贴”】 2021年，县民政局做好残疾人“两项补贴”（困难残疾人生活补贴和重度残疾人护理补贴）发放工作，推进补贴及时、精准发放。全年发放补助资金3378.70万元，其中困难残疾人生活补贴3309人，发放补助资金384.55万元；重度残疾人护理补贴1.05万人，发放补助资金2994.15万元。

【老龄工作】 2021年，县民政局组织发放80周岁以上及100岁以上高龄老人生活津贴。全县80周岁以上至99周岁老年人2.42万人，县财政年支付生活津贴542.38万元，其中普通群体每人每月15元、特殊群体（低保、特困、重点优抚对象）高龄津贴每人每月60元（不含新型农村养老保险金）；全县百岁老人123人，百岁老人高龄津贴每人每月500元（含新型农村养老保险金），县财政年支付生活津贴69.9万元。

（曾子光　曾　萍）

民族·宗教

【概况】 2021年，揭西县民族宗教事务局（简称县民宗局）加强少数民族服务保障工作，深化民族团结进步意识。指导和监督宗教团体建立健全内部管理制度，加强和改进新形势下宗教工作。至年底，全县21个少数民族，户籍人口1900人；登记在册宗教活动场所57处，宗教团体4个，宗教备案教职人员48人，信教群众2.64万人。

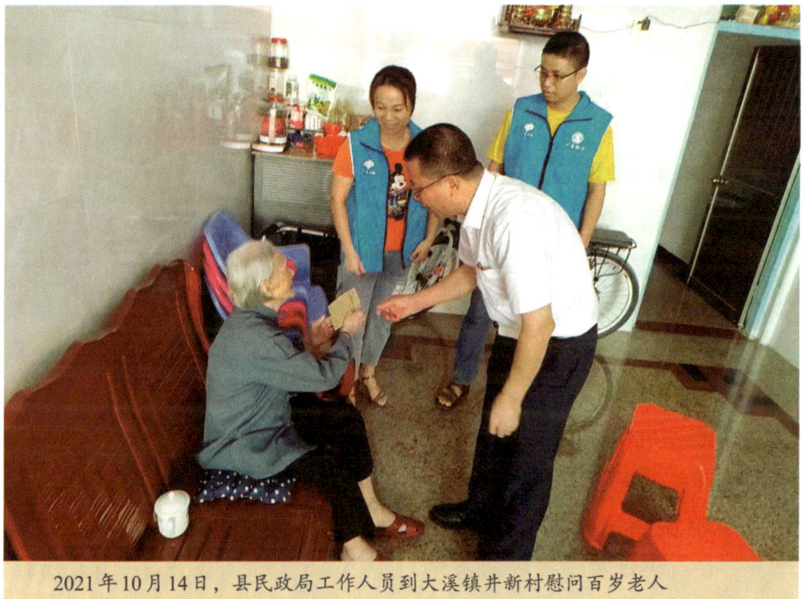

2021年10月14日，县民政局工作人员到大溪镇井新村慰问百岁老人

（县民政局　供稿）

【民族工作】 2021年，县民宗局做好少数民族务工经商、子女入学、社会保障等服务工作，促进民族交往交流交融。联合县委宣传部、县教育局转发《关于开展2021年全省民族团结进步宣传月活动的通知》，开展民族团结进步宣传教育活动；到挂钩乡镇、社区开展志愿服务，向各族群众开展防疫知识宣传，为少数民族商家宣讲安全复工复产有关政策，发放防疫物品。

【宗教工作】 2021年，县民宗局发挥宗教团体桥梁纽带作用，开展中华人民共和国国旗、宪法和法律法规、社会主义核心价值观、中华优秀传统文化进宗教活动场所活动。开展民间信仰活动场所普查备案和登记编号工作，推动规范化管理。推进《揭阳市宗教界自我管理负责清单》落实，加强宗教界自身管理；引导全县佛教界开展文明敬香，合理放生活动；牵头解决全县佛教教职人员社会保障问题。开展“学法用法”主题“宗教政策法规学习月”活动，重点学习习近平法治思想和《宗教事务条例》及配套制度、新颁布《宗教教职人员管理办法》等内容；3月，分别

2021年7月29日，2021年度民族团结进步创建宣传月活动在县城好日子广场举行
（县委统战部 供稿）

在基督教河婆堂、永清古寺开展全县宗教界宗教政策法规学习培训会。引导揭西县宗教与社会主义社会相适应，开展公益活动。

（陈镇汉 蔡少鹏）

革命老区建设

【概况】 2021年，揭西县老区建设促进会（简称县老促会）学习践行“老区精神”，加强理事机构建设，推进革命老区宣传，开展革命老区建设交流。完成《揭西革命老区发展史》编纂出版，全书11章，约40万字。调整涉及县委农办、县农业农村局、县水利局、县卫健局等成员单位理事，调整刘桂山为副会长。做好老区专报专刊宣传征订工作，征订302份《源流》杂志、33份《中国老区报》，分发到县有关领导、革命老区村、老促会成员单位。配合省老促会在京明温泉度假村举办的全省老区宣传通讯员培训（第二期）保障工作。

【革命老区宣传】 2021年，县老促会报送坪上镇五星村、龙潭镇关山村、南山镇火炬村3个革命老区村素材参加由揭阳市老促会、《揭阳日报》、揭阳广播电视台、市党史办举办的“红色美丽乡村行”大型系列宣传活动，采访组先后对3个村进行采访和拍摄，邀请相关镇、村党员群众接受采访，讲述老区村革命故事和红色文化。

【革命老区建设交流】 2021年，县老促会组织理事会全体成员参加市老促会组织的“学党史·颂党恩”活动，到梅州市大埔县三河坝战役纪念馆参观交流。1月和9月，分别组织理事会班子参加市老促会系统工作交流会议，学习习近平总书记关于老区苏区工作重要论述精神和省委书记李希、省长马兴瑞在全省推动老区苏区全面振兴发展工作会议上关于推动全省老区、苏区振兴发展讲话精神，听取市老促会会长关于学习贯彻全省老促会会长座谈会议精神讲话。4月，省老促会会长陈开枝一行到揭西县开展考察调研，调研组实地察看南山镇火炬村潮汕人民抗征队纪念馆、潮汕人民抗征队司令部、大北山革命历史纪念馆等地，详细了解揭西革命老区振兴发展建设情况，对揭西贯彻落实老区政策提出意见和建议。10月，省老促会组织曾和平（曾广之子）等革命后代到揭西开展老区走访交流活动，参观和瞻仰河婆中学象山烈士纪念碑、南山镇火炬村系列革命遗址、五经富镇二村“我们的书室”（中国共产党五经富支部成立旧址）等革命旧址，提出革命遗址建设意见。

【关爱老区群众】 2021年，县老促会筹措资金5万元拨付给揭西县特殊教育学校，支持特殊教育学校办教办学，帮助特殊儿童学习技能知识、开展身心康复；组织开展关爱革命烈士后裔工作，与县民政局、县退役军人事务局等部门和各乡镇（街道）联系，寻找符合条件的革命烈士后裔学生线索，通过查找筛选确定受资助人员名单，两批次报送23名在校革命烈士后裔大学生接受助学金共4.5万元；到龙潭镇、塔头镇、灰寨镇等乡镇老区村开展春节走访慰问活动，共走访慰问20户农民工家庭，每户发放1000元慰问金。

（黄建胜 杨伟强）

应急管理

综　述

【概况】 2021年，揭西县实行“四个一”（一位分管领导和一个部门负责牵头、一个工作专班跟进处置、一个专项工作方案统筹应对、一个口径上报和发布信息）应急处置机制，强化安全生产知识学习，开展专项整治行动，推进安全生产、“三防”（防汛、防旱、防风）、森林防灭火、防灾减灾、应急救援等各项工作。全年组织应急救援演练20场；出动安全生产执法检查825人次，检查企业239家次；开展安全生产、森林防火、防灾减灾等宣传活动612场次。

【“三防”工作】 2021年，县“三防”办开展汛前防汛防风大检查，加强汛期、台风期间应急值班值守，做好自然灾害防范工作，全年各相关部门出动执法1025人次，汛前排查全县30个地质灾害隐患点、12个建工程项目、38处旅游景区以及有关电力设备、站点和交通干线。下拨五经富镇、金和镇2021年中央自然灾害救灾资金共20万元，下拨坪上镇省级特大三防应急救灾资金40万元，用于购置抗旱保供水设施；县财政下拨2021年度应急物资储备资金100万元，由县应急管理局制定物资储备方案，县发展和改革局统一采购储备；县财政拨款7万元专项用于县、镇视频会商系统运维服务。县四套班子分别挂钩乡镇（街道），全县5宗666.67公顷（万亩）以上堤围、3宗大型闸坝、1宗中型水库、2宗重点小（1）型水库，落实由县党政领导任防汛行政责任人的责任制，签订防汛责任书；14宗小（1）型水库、77宗小（2）型水库落实乡镇（街道）和行政村领导为责任人的防汛责任制，签订防汛责任书。至年底，全县签约2支应急抢险队伍共176人。

【森林防火】 2021年，揭西县健全县森林防灭火体制机制，制订《揭西县森林消防应急大队组建方案》，实行森林网格化巡查、网格化定责制度，落实专人负责林火远程视频监控系统，加强县级森林防灭火专业队伍建设，开展野外火源治理和查处违规用火专项行动。县森防办联合县林业局、县公安局等部门在清明节期间开展森林防灭火各项工作。开展森林火险隐患“五清”（清坟边、清林边、清地边、清隔离带、清旅游景区可燃物）专项行动，消除森林火灾隐患；落实“包山头、守路口”措施，护林员队伍加强巡山护林，及时发现并制止各种野外用火行为；在各个主要进山路口设立森林防火临时检查站，加强对进山人员检查登记和宣传，严禁携带火源火种进山入林。推进“猎火行动”，加大对野外违规用火打击力度。3月18日和12月17日县政府分别发布《揭西县人民政府森林防火禁火令》，明确禁火时间、禁火范围、禁火规定和违法处理等内容。

【应急救援】 2021年，揭西县强化安全监管和应急救援联动，加强县综合应急救援队伍建设，开展安全生产应急救援训练、演练活动。2月1日，县森林消防综合救援大队正式运行，承担全县范围内综合性应急救援任务。4月19日，县森林消防综合救援大队改名为县森林消防应急大队。10月23日，县森林消防应急大队代

2021年10月23日，揭西县森林消防应急大队代表揭阳市在广州市番禺区国防教育训练基地参加广东省第二届森林防灭火业务技能大比武活动 （韩庆辉 摄）

表揭阳市参加广东省第二届森林防灭火业务技能大比武活动，获团体优秀奖和开设防火隔离带项目团体单项奖二等奖；县森林消防应急大队定期开展森林消防训练演练，县“三防”办汛前组织各乡镇（街道）开展防汛救灾应急演练。6月4日，在揭西县老虎坷垃圾填埋场开展安全生产突发情况应急演练，80人参加。7月16日，在榕江南河河婆段开展防汛抢险救援演练，60人参加。全年组织应急救援演练20场，共700多人参加；完善应急救援设施，全年投入273万元为县森林消防应急大队配备3.5吨水罐消防车2辆、8吨消防洒水车1辆、工具车1辆、运兵车1辆，采购消防水泵、水枪和水带等设备装备。组织县消防大队队员、县森林消防应急大队队员、巡山护林员、企业工人和蓝天救援队队员、初心救援队队员等共650多人组成联合救援队应对第9号、第13号、第14号、第17号和第18号台风防御工作。

【防灾减灾救灾】 2021年，揭西县推进基层防灾减灾救灾能力建设，对标对表行政村（社区）防灾减灾能力“十个有”（组织体系、大喇叭、警报器、避难场所、风险地图、明白卡、应急值守、应急照明、小册子、宣传栏）能力建设内容和模板开展工作；投入资金5万元采购322件棉被应急防寒物资，分发到各乡镇（街道），做好低温冷冻灾害生活救助工作；做好应急避难场所综合管理工作，摸清全县321处应急避难场所基本情况；开展“5·12”全国防灾减灾日宣传周系列活动；组织参加全县应急管理暨防灾减灾知识视频培训班，县领导、乡镇（街道）分管领导和灾害信息员共898人参加。

【第一次全国自然灾害综合风险普查】 2021年，揭西县出台《揭西县第一次全国自然灾害综合风险普查落实方案》，建立“工作日报，每周、每日一调度，每日一反馈”工作机制，推进应急系统调查录入、审核、整改通报工作。技术组成员单位主动对接县林业局、县自然资源局、县民政局等部门获取各调查领域数据资料。组织指导各技术专班，解读技术规范、编制培训教材、录制培训课件。完成普查数据2664条，其中完成承灾体数据调查472条、综合减灾能力数据调查1473条（家庭减灾能力调查1120条）、历史灾害数据调查719条。绘制面域418块，收集1500多份各类行业报表、名册表单等支撑佐证材料。现场照片、调查中实物照片共400多张。

【应急宣传教育】 2021年，揭西县加强应急教育，开展各项宣传活动。4月15日，在河婆街道东风文化广场举办揭西县全民国家安全教育日法律咨询活动；5月9日，在河婆街道协贤桥开展“防范化解灾害风险，筑牢安全发展基础”主题亮灯活动；5月11日，联合县教育局、县地震局在揭西县第一中学举办防震减灾科普宣传教育活动，开展防震救灾演练和防震救灾知识讲座；5月12日，在县城东风文化广场举办防灾减灾日科普宣传活动，发放宣传资料；6月16日，到河婆街道东风社区、揭西广业环保有限公司、广药集团白云山制药有限公司、延长壳牌石油有限公司揭西城东加油站等地发放宣传手册共160本、宣传资料共1600份，推进安全生产宣传进企业、社区。9月起，县融媒体中心滚动播报新修订《中华人民共和国安全生产法》内容，在多个乡镇悬挂安全生产相关标语。开展森林防灭火宣传月宣传活动，通过广播、短信等方式宣传森林防灭火相关知识及法律，在主要进山路口、主要林区悬挂森林防火宣传横幅，开展森林防火“小手拉大手”宣传活动。开展“安全生产月”活动，以“落实安全生产责任，推动安全发展”为主题，通过悬挂横幅、发布安全生产月宣传短信加强安全生产法律法规和有关知识宣传。

（吴锦山　林洛癸）

安全生产监督管理

【概况】　2021年，揭西县健全安全生产工作机制，加强安全生产监督管理，强化基层分管领导、安全监督检查员和全县企业负责人、安全管理人员、工矿商贸行业负责人安全生产培训，开展安全生产和自然灾害风险大排查大整治专项行动，重点对烟花爆竹、危险化学品、燃气安全等领域开展安全监管。全年出动安全生产执法检查825人次，检查生产经营企业105家，检查239家次，发现安全隐患237处，现场整改8处，限期落实整改229处，立案处罚4家企业。

【安全生产工作机制完善】　2021年，揭西县强化组织领导，成立县委书记和县长任组长的安全生产专项整治领导小组，推进安全生产专项整治三年行动；县安全生产委员会办公室印发《揭西县安全生产事故和自然灾害“四个一”应急处置机制》；县应急管理局联合县公安局、县市场监督管理局、县交通运输局等部门提请县政府印发《揭西县人民政府关于严禁在揭西县行政区内非法生产、储存、经营、运输、燃放烟花爆竹的通告》。

【安全生产专项整治】　2021年，揭西县开展烟花爆竹非法储存、经营整治行动3次，联合县公安、消防、市监等部门出动47人次，检查经营企业15家，清理取缔非法经营烟花爆竹点2个，立案处罚1宗，集中销毁烟花爆竹800多箱；加强防范危险化学品生产安全事故，定期对全县32家危险化学品企业开展专项检查，检查次数106家次，发现安全隐患104处，限期落实整改104处，立案1件；开展燃气安全专项行动，县应急管理局联合各职能部门分别对辖区内小区燃气管道、液化石油气站、西气东输管道进行专项检查，检查企业10家，检查次数14次，发现安全隐患54处，限期落实整改54处。

（吴锦山　林洛癸）

消防救援

【概况】　2021年，揭西县消防救援大队（简称县消防大队）完成接警出动260次，火灾扑救196次，抢险救援56次，社会救助8次；出动队伍283队次、消防车527辆次、人员2619人次。成功处置“1·21”甬莞高速槽罐车追尾、“4·13”东岭隧道口货车起火等事故。县消防大队推进直管政府专职队建设，建立专职消防员享受乡镇补贴等长效机制。全

2021年4月13日，县消防大队处置汕湛高速公路东岭隧道口货车起火事故
（县消防大队　供稿）

年分2批新招专职消防员12人，开展不少于30天入职培训。通过联勤联训、跟班轮训、季度比武、全年考核，提升棉湖、京明专职队实战和协同作战能力，全年开展2次乡镇专职队比武。推动装备评估结果应用，更新车辆器材装备，全年新增1辆54米登高平台车、1辆12吨水罐消防车以及消防器材452件（套）。是年，县消防大队被广东省消防救援总队评为“2020年度执勤训练先进大队”、被揭阳市消防救援支队评为“2020年度全市消防救援队伍后勤建设工作先进单位”，河婆消防救援站党支部被揭阳市消防救援支队党委评为“2020—2021年度先进基层党组织”，棉湖消防队被市消防救援支队评为“全市政府专职消防队伍‘先进单位’”；1人被授予揭阳市五一劳动奖章，2人立三等功，19人获嘉奖。

2021年11月10日，2021年揭西县“119”消防宣传月启动仪式在县城文化广场举行
（县消防大队　供稿）

【执勤训练】　2021年，县消防大队对标“全灾种、大应急”任务需求，结合揭西地域及产业特点、队伍执勤实力现状，初步建成山岳、水域专业处置队伍，开展森林、水域、交通事故处置拉动演练4次，参加舟艇驾驶、无人机操作等专业技能培训，探索专业班组培训模式，举办2021年揭西县防汛抢险救援演练。根据实战需求，修订、完善灭火救援、重点单位三维、营门应急处突等预案42份，开展重点单位及道路水源熟悉演练98次。坚持“每战必评”，召开战例研讨、战评总结44次，分析作战训练形势，对典型火灾案例进行复盘研讨，交流经验和做法。深化全员岗位大练兵，落实支队体能训练标准，坚持全员普训、主官带头参训，培养“工匠型”消防员，为市支队输送骨干人才。是年，县消防大队获揭阳市首届消防员技能竞赛暨第三届“火焰蓝勇士杯”体技能大赛团体总分第二名。

【消防监督】　2021年，县消防大队针对“小火亡人”等难点问题，开展今冬明春火灾防控、电动车专项治理、火灾高风险区域整治、拆窗砌墙等消防安全整治行动，落实“三合一”（住宿与生产、仓储、经营一种或一种以上使用功能违章混合设置在同一空间内的建筑）场所“四加一”措施，推进“四色挂牌”（根据档口的消防设施安装情况将档口的火灾风险状况分别定为高危、危险、一般、良好，悬挂在商家门口的“四色预警牌”）等措施，提请县政府挂牌督办3家重大火灾隐患单位。结合火灾典型案例，约谈全县重点单位管理人、控制室操作员、歌舞娱乐场所以及气库气站负责人，组织专题培训。强化消防监督执法，全年检查社会单位272家次，整改隐患288处，临时查封1家，“三停”（停止施工、停止使用、停产停业）9家，罚款23.9万元，消防行政拘留1人。

【消防宣传】　2021年，县消防大队制定年度宣传工作计划，将消防元素融入公益性设施，开展消防公交宣传活动，打造消防主题公园。依托报刊、电视、网络等新闻媒介，开展防灾减灾宣传周、安全生产月及重大节日主题消防宣传活动，深化开展“五进”（进社区、进学校、进企业、进农村、进家庭开展消防宣传）等工作，推动专职队员、文员进村入户开展消防知识宣讲。高标准开展“119”宣传月活动，推出消防宣传卡通形象“小西”，制作水杯、饭盒、钥匙扣等系列宣传物品。

（黄晓能　吴云芳）

乡镇（街道）

上砂镇

【概况】 上砂镇位于揭西县西部，西北与梅州市五华县接壤，西南与汕尾市陆河县相连，地处揭阳、梅州、汕尾三市交界处，海拔最高点788米，距离县城27千米。有峰子岩佛门世界、开口石生态旅游风景区等景点。土特产主要有上砂饼干。地方方言为客家话。2021年，土地面积126.89平方千米，下辖社区居民委员会1个，村民委员会22个，自然村143个。新出生人数732人，人口出生率7‰，人口自然增长率3‰。至年底，总户数1.33万户，户籍人口5.79万人，常住人口3.3万人。海外华侨1600人。港澳台同胞780人。

【基层党建】 2021年，上砂镇实现全镇范围内党员干部培训全覆盖，教育培训党员1163人次。组织开展“党员践诺”行动。投入113万元打造党建示范点，建成党建文化公园4个、党建长廊2条。新一届镇级领导班子成员14人（党委书记空缺），其中35岁及以下3人，配备女干部1人，平均年龄41.8岁，在职研究生1人、大学本科学历7人、大专学历6人。选优配强村“两委”班子结构，在全县率先完成村（社区）“两委”干部换届工作，选出村（社区）“两委”干部119人，100%实现三个“一肩挑”。加强“头雁提升”和“雏雁培育”，充实村级后备力量，后备干部96人。依托地方党校，对23个村（社区）党支部书记进行集中轮训，参训人数69人次。落实并建立村（社区）后备干部库，全镇后备干部入库数96人，其中党组织书记后备干部46人。新岭村支部委员会被评为揭阳市“先进基层党组织”。至年底，全镇党基层组织30个，其中党委1个、党支部29个；党员1058人。是年，发展预备党员31人、入党积极分子22人，预备党员转正13人。

【经济发展】 2021年，上砂镇工农业总产值5.14亿元，比2020年（下同）增长8.3%，其中工业总产值1.62亿元、农业总产值3.52亿元。地方公共财政预算收入2703万元，下降1.4%；地方公共财政预算支出2703万元，下降1.4%。全年固定资产投资1.55亿元，社会消费品零售业总额4.64亿元，各项税收收入134.09万元。辖区内有揭西农商银行、邮政储蓄银行上砂支行。

农业 2021年，上砂镇农业总产值3.52亿元，增长5%。全镇耕地面积1774公顷，粮食播种面积1931.9公顷，粮食总产量1.05万吨，主要农作物有稻谷、玉米、番薯、大豆等。稻谷种植面积1172.7公顷，总产量6868吨；薯类种植面积706.2公顷，总产量3375吨；蔬菜种植面积371.5公顷，总产量1.6万吨；水果种植面积830.6公顷，总产量1.58万吨，其中柑橘类水果种植面积110.4公顷，总产量1778吨；茶叶种植面积313.3公顷，总产量1305吨。完成造林面积90.1公顷，成林抚育面积23.2公顷，未成林抚育作业面积267.3公顷。全年生猪出栏9577头、家禽（鸡、鸭、鹅、鸽）出栏18.52万只，水产养殖总产量322吨。

工业 2021年，上砂镇工业生产以副食品加工、石材加工，金属产品粗加工为主。有小型水力发电站8座。是年，实现工业总产值1.62亿元。

商业　2021年，上砂镇有农贸市场1个，占地面积896平方米，主要经营农副产品及水产品。镇内大小商铺400多间，主要经营五金家电、服装鞋帽、日用百货等商品。全年社会消费品零售总额4.64亿元，增长2%。

【乡村振兴】　2021年，上砂镇完善农村基础建设，开展美丽圩镇创建工作。对接驻镇帮镇扶村工作队开展驻镇帮镇扶村工作，共同制订《揭西县上砂镇乡村振兴（驻镇帮镇扶村）五年工作规划及任务清单（2021—2025年）》，乡村振兴项目投入资金1265万元。投入资金1832万元，自办生态美丽宜居乡村示范村2个（上山村、联东村）。发展上山村绿茶生产基地、上联村油茶种植基地、联东村和美丰村松树、乌榄等经济林种植基地。投资300万元建设活西村京华农业种植基地第二期项目。通过"农民工匠法"落地项目超过70个。完成撂荒土地复耕面积268.33公顷，土地流转面积8.37公顷，完成宅基地审批发证164宗。

【教文卫体】　教育　2021年，上砂镇有公办幼儿园1所，幼儿教师9人，在园幼儿332人。民办幼儿园2所，在园幼儿306人；小学17所，小学生3083人，附设幼儿学前班学生655人，教职工244人（小学一级教师144人，小学高级教师4人）；中学2所（其中1所完全中学），在校中学生1561人，教职工162人（中学一级教师59人，中学高级教师20人）；高中1所，在校学生563人。是年，学前教育毛入园率98.5%，小学五年巩固率100%，初中毕业生升学率100%，初中三年巩固率100%，义务教育九年巩固率100%。上砂镇新东小学庄小娟教师被广东省委教育工委、省教育厅、省人力资源和社会保障厅、省总工会授予"南粤优秀教师"称号。

文化　体育　2021年，上砂镇有文化站1个，广播站1个，有线电视转播站1个，村级广播站23个，文化活动广场30个，体育场所36个，农家书屋22间。全年新建揭西县图书馆上砂镇分馆1个、服务点3个，藏书超过3万册；评选出县级"星级文明户"242户。

活西村京华农业种植基地——芥蓝种植（2021）　（上砂镇　供稿）

卫生　2021年，上砂镇有卫生院1所，有卫生技术人员53人（中级职称7人、初级职称46人），执业医师5人、执业助理医师8人，病床80张；乡村卫生站22所，乡村医生22人。全年规范管理0—6岁儿童1811人，管理高血压患者1897人、糖尿病患者666人，发放健康教育宣传资料5.51万份，开展健康讲座12场、健康咨询活动9场。全年各医疗机构门诊量1.13万人次，住院1022例，医疗卫生单位业务收入649万元。

【民生福祉】　2021年，上砂镇投资630万元对荷陂水库进行除险加固，加强水库安全。开工建设中小河流域整治项目。完成径心村河溪道清淤加固工程。完成上砂水厂主体建设，动工实施红星村水厂建设；投入资金716万多元，拆除、重建龙山学校教学楼。投入专项资金500多万元，扩建新东小学附设幼儿园。投入约380万元整体修缮升级上砂一中各项配套设施；投入约60万元对镇卫生院预防接种门诊进行升级改造、新增一辆救护车和更新一批检测设备；完成径心村、径上村农村电网改造；推动"粤智助"自助服务机落地村级服务中心发挥便民作用；上砂镇退役军人服务站被评为广东省三星级示范退役军人服务站。7月，上砂镇社会工作服务站成立，设立上联、三水2个社工点，各配备社工4人。全年参加城乡居民医疗保险3.8万人；完成299名精神障碍患者监护人补助资金申请。

【社会治理】 2021年，上砂镇重点加强与创新社会管理工作，强化治安管理。组织25次全镇范围内集中巡查活动，排查场所2315处，网格员排查辖区事件共1525件；推广“国家反诈中心”App1.07万次，劝阻拦截涉诈预警线索3056条。全镇成立镇级三人领导小组1个、“社区三人小组”23个，划分一级网格23个，配备网格员51人。建立治保会23个、调解会1个，治保人员46人。全年受理来信来访案件43件，办结43件，办结率100%；排查各类纠纷案件25件，化解调处24件。受理“12345”市民服务热线工单253件，办结246件，办结率97.6%。开展扫黑除恶专项行动10余次，出动执法人员57人次，悬挂扫黑除恶宣传横幅31条、发放宣传海报资料5000多份。分级分类管控吸毒人员22人。立刑事案件20件，刑事拘留6人，破案4件；治安案件51件，行政拘留3人（行政拘留处罚9人，其中6人不执行）。

荷陂水库除险加固工程（2021） （上砂镇 供稿）

2021年上砂镇主要社会经济指标表

表30

项目	单位	指标	项目	单位	指标
土地总面积	公顷	12689	粮食总产量	万吨	1.05
总人口	万人	5.79	水产总产量	吨	322
乡村人口	万人	5.56	水果总产量	万吨	1.58
总户数	万户	1.33	蔬菜总产量	万吨	1.6
社区居委会	个	1	生猪出栏量	头	9577
村委会	个	22	家禽出栏量	万只	18.52
农业总产值	亿元	3.52	中学（高中也算中学）	所	3
工业总产值	亿元	1.62	小学	所	17
工业企业	家	3	中小学在校学生	人	5207
规模以上企业	家	—	中小学在职教师	人	406
固定资产投资	亿元	1.55	幼儿园	所	3
地方公共财政预算收入	万元	2703	在园幼儿	人	638

2021年上砂镇各村（居）委会基本情况表

表31

村（居）委会名称	所辖自然村
社前居委	无
上山村委	方坑村、水口村、光裕村、矮寨村、甘屋村、百吉楼村
上林村委	新寨村、荷树角村、下排村、黄拳坳村、桐树排村
汤拳村委	荷树肚村、龙颈背村、池潭村、凹背村、上屋村
龙门村委	撑石炉村、社门前村、龙门村
上联村委	白石排村、上埔村、龙凤各村、磜子各村、河背村、下屋村
下联村委	山圳背村、下营村、上营村、河江村、石坡坑村、楼塘村、付坑村
新东村委	新屋家村、六保证村、来龙凹村、东洞村、庙背村、东山寨村
联东村委	下梅林村、下芒村、崩江村、径背村、灰塘村、塔下村、新楼村、炉下村
红星村委	田唇村、垅下村、背坜村、正巷村、蓝田村、下角村、胜江村、龙江村
联中村委	山下村、田饶背村、树塘村
径上村委	大坪村、肖屋村、双沛村、岭背村、大路排村、排子里村、围子里村、田督尾村
径心村委	塘尾村、塅心村、军田村、合石村、黄泥拳村、枫树椰村、石牙下村、黄布村、桥头埔村、下坡寨村、坜背村、岘头村
活动村委	开口石村、沙塘村、坑背村、围子里村、径尾村、桐树下村、径子里村、炉子下村、连塘村、龙首村、油根地村、下江门村、大坪里村、荷坡村
活西村委	丹竹坑村、下段村
新岭村委	水尾村、川龙背村、赤岭寨村、赤界塘村、寨头村、樟门村、雷公塘村、上下排村、中心村、青湖村
双丰村委	大拳村、下各窝村、江子排村、楼坪村、河背村、上各村
美丰村委	凹下村、上坑村、下径村、上径村
三水村委	苏坪寨村、石桥头村、山下铺村、黄沙坑村、苗眉头下村、桃子坪村、湾子里村、将军排村、楼下村、下寮村、九洋江村
古塘村委	石垄窩村、简子肚村、社角村、新屋村
北湖村委	湖光村、磜下村、北湖村、水入石村
竹苏村委	苏坪村、大窝村、矮方见村、竹围村、上屋仔村、黄宝寨村、大环村
新丰村委	峰仔岩村、中巢村、荷树坪村、寮子凸村

（彭剑彪　庄瑞芝）

五云镇

【概况】 五云镇位于揭西县南部，东与河婆街道、坪上镇相连，西北与上砂镇接壤，西南与汕尾市陆河县螺溪镇相接，东南与陆河县水唇镇交界，北与梅州市五华县棉洋镇接壤，距离县城8千米，国道G238线、G235线呈T字形穿过镇区，潮惠高速公路五云段在该镇南部经过，梅汕高速五云段在该镇西部经过并设有五云高速出入口。有龙江村“九厅十八井”民居、五云彭氏宗祠、宝石村猴面石等景观景点。土特产有米程、蜂蜜、龙眼干、竹笋干、茶叶等。地方方言为客家话。2021年，土地面积144.8平方千米，下辖社区居民委员会1个，村民委员会20个，自然村106个。新出生人数915人，人口出生率15.4‰，人口自然增长率10‰。至年底，总户数1.45万户，户籍人口5.68万人，常住人口3万人。海外华侨约1万人。港澳台同胞约1000人。

【基层党建】 2021年，五云镇实施农村党建“组织兴村”工程，串联郑塘村、下硿村、硿下村3个行政村，成片推进党建示范村建设。完成镇级领导班子换届工作，新一届班子成员14人，其中35岁以下3人，配备女干部3人，平均年龄42岁，学历均为大专以上。完成村（社区）“两委”换届，选出村（社区）“两委”干部120人，书记、主任、经联社长三个“一肩挑”比例100%、“两委”班子成员100%交叉任职。实施“头雁”工程，21个村（社区）党（总）支部书记轮流到市、县党校参加培训；镇委党校按照年度培训计划对全镇村（社区）“两委”干部开展履职培训和乡村振兴专题培训各2期。加强后备干部建设和培训，21个村（社区）分别储备党组织书记后备干部和“两委”干部后备干部各2人，共84人。镇委党校制订年度培训计划，对全镇后备干部分批开展乡村振兴专题培训共4期。实施基层党建网格化管理，依托村、组建立一级党建网格21个、二级党建网格84个、三级党建网格173个。新建或改造提升3个村党群服务中心，实现21个党群服务中心规范化建设，招收专职人员13人。至年底，全镇党基层组织40个，其中党委1个、党总支4个、党支部35个；党员1421人。是年，发展预备党员1人、入党积极分子48人，预备党员转正10人；郑塘村、石陂村被确认为县级“揭岭先锋基层党组织”示范点。

【经济发展】 2021年，五云镇工农业总产值4.83亿元，比2020年（下同）增长1.5%，其中工业总产值0.28亿元、农业总产值4.55亿元。地方公共财政预算收入5366.51万元，下降26.5%；地方公共财政预算支出5366.51万元，增长26.5%。全年固定资产投资3.27亿元，社会消费品零售总额4.96亿元，各项税收收入403.42万元。镇内有农村商业银行1家、邮政储蓄银行1家。

农业 2021年，五云镇农业总产值4.55亿元，增长2.4%。全镇耕地面积1829.7公顷，粮食播种面积1452.8公顷，粮食总产量8488吨。主要粮食作物有水稻、甘薯、玉米。水稻播种面积1372.7公顷，总产量7922吨；水果种植面积604.53公顷，总产量5924吨；蔬菜种植面积401.93公顷，总产量1.54万吨。完成造林面积83公顷。全年生猪出栏2.15万头、家禽（鸡、鸭、鹅）出栏48.9万只，水产养殖总产量541吨。

工业 2021年，五云镇工业生产以建筑模板、装修装饰石板、加工生产不锈钢水塔和各类铝合金门窗为主，有工业企业16家，其中规模以上工业企业1家。主要民营企业有广东粤威制药有限公司。是年，实现工业总产值0.28亿元，下降37.8%。

商业 2021年，五云镇镇区沿街商铺169家，主要经营陶瓷、五金、家用电器、日用品、粮油副食品等。镇区有日用品批发商店3家、自选商场1家、五金建材店5家、酒店2家，经营客家小吃（细粄、煎堆、红桃粄）店铺5家。有农村淘宝店11家，美宜家连锁店和顺丰等7家快递公司在镇区设点。全年社会消费品零售总额4.45亿元，增长11.5%。

【乡村振兴】 2021年，五云镇加快生猪市级产业链和南药县级产业链建设，种植巴戟、沉香等南药93.33公顷。完善京埔村、郑塘村、龙江村村级文化公园、体育场所、活动中心等群众性基础设施。基本完成硁下村、下硿村美丽宜居示范村建设，完成穿衣戴帽、道路建设、风貌提升等项目。完成国道G235线镇区三岔路口至下洞桥道路“白改黑”、镇区道路硬底化和沿江路建设，祥云苑住宅小区工程完成主体建设，完成镇区及国道G235线五云段新建路灯工程并投入使用。开工建设富厚村种植蔬菜大棚与旅游观光一体化产业项目、龙江村黄花菜种植项目。全年全镇完成撂荒土地复耕2649公顷，农村土地承包经营权流转面积41.13公顷，宅基地审批发证64宗。

【教科文卫体】 **教育** 2021年，五云镇有独立幼儿园3所，在园幼儿597人，教职工13人；小学15所，在校生3071人（小学生2546人，小学幼儿班和附设园幼儿525人），教职工261人（小学一级教师207人，小学高级教师2人，小学副高级教师2人）；中学2所，在校生1468人，教职工200人（中学一级教师114人，中学高级教师26人）。是年，学前教育毛入园率100%，小学五年巩固率100%，初中毕业生升学率71%，初中三年巩固率100%，义务教育九年巩固率100%，高中阶段教育毛入学率90%。

科技 2021年，五云镇依托原有产业发展基础，加快改造提升传统木材加工业、石材加工业、小水电业，发展农产品加工业。支持和鼓励辖区内企业加大科技投入。重点发展农副产品深加工业，优先发展绿色食品加工业。全年举办各类科技培训23次，培训人员1700多人次。

文化 体育 2021年，五云镇有文化广播站1个、有线电视转播站3个、村级广播站21个、文化活动广场3个、老人文化活动中心9个、农家书屋20间、老人福利院1个。全年举办群众文艺活动2场次。加强镇综合文化站和新时代文明实践所（站）日常管理。

卫生 2021年，五云镇有卫生院1所，有卫生技术人员56人（高级职称2人、中级职称7人、初级职称43人，未取得职称4人），执业医师5人、执业助理医师19人，床位60张，设置耳鼻咽喉科、内科、外科、骨伤科、妇产科、儿科、中医科、检验科、放射科、B超心电图室等科室，拥有DR、彩超、心电图、全自动生化分析仪、全自动血球仪、尿液分析仪等先进设备；乡村卫生站31个，乡村医生31人。全年镇卫生院到各村开展义诊活动7次；各医疗机构门诊量3.2万人次，收治住院病人911例，医疗卫生单位业务收入538万元。

硁下村美丽宜居示范村（2021） （五云镇 供稿）

【民生福祉】 2021年，五云镇镇区纳入县城自来水厂集中供水体系。全镇21个村（社区）全部采取小型分散式集中供水方式，到户入户率100%。推进下硿村和下砂片区电网改造工程。加强镇域一河两岸整治，基本形成串联起京埔村、下洞村沿江滨水休闲步道。建成1个污水处理厂、10个污水处理站并投入使用，加快五级化粪池等污水处理终端建设。7月，五云镇社会工作服务站成立，配备社工11人。梅江河入河口、榕江南河新石断面水质实现稳定达标。五云镇退役军人服务站被评为广东省四星级示范退役军人服务站。全年参加城乡居民基本养老保险9073人，领取农村社会养老保险9949人；发放城镇居民最低生活保障对象保障金5万元，发放农村低保对象保障金736万元，发放特困供养对象保障金384万元；完成325名精神障碍患者监护人补助资金申请，补助资金1.69万元；发放困难家庭补助款44.45万元，发放大病救助款17万元。

2021年12月20日，五云镇卫生院联合镇团委在下硿村开展义诊活动
（五云镇团委　供稿）

【社会治理】　2021年，五云镇落实安全生产、森林防火、应急管理、食品药品安全责任和管理制度，强化食品药品安全、公共安全、交通安全等领域安全监管，全年开展安全隐患专项排查整治17次；组织开展安全生产专项检查52次，例行检查行动80次，出动检查980人次。优化网格化管理，建立各级网格278个。开展违法用地、违法建设整治行动，维护城乡建设和管理秩序。全镇成立镇级“三人小组”1个，村级“三人小组”21个，设置一级网格21个、二级网格98个、三级网格112个，配备网格员125人。全年受理来信来访案件37件，办结37件，办结率100%；排查各类纠纷案件23件，化解调处19件。镇人民调解委员会（镇司法所）调处矛盾纠纷5件，调解成功5件（其中郑塘村外来务工人员刘某某因重大工伤申请调解，主雇双方达成9.6万元赔偿金额并当场签字同意）。开展法律进校园活动3场次，受教育1000人次。全年社区戒毒康复9人。接收社区矫正对象4人，解除矫正6人。立刑事案件30件，刑事拘留9人，破案8件；治安案件47件，行政拘留7人。

2021年五云镇主要社会经济指标表

表32

项目	单位	指标	项目	单位	指标
土地总面积	公顷	14480	粮食总产量	吨	8488
总人口	万人	5.68	水产总产量	吨	541
乡村人口	万人	5.40	水果总产量	吨	5924
总户数	万户	1.45	蔬菜总产量	万吨	1.54
社区居委会	个	1	生猪出栏量	万头	2.15
村委会	个	20	牛存栏量	头	1209
农业总产值	亿元	4.55	家禽出栏量	万只	48.9
工业总产值	亿元	0.28	中学	所	2
工业企业	家	16	小学	所	15
规模以上企业	家	1	中小学在校学生	人	4014
高新技术企业	家	1	中小学在职教师	人	461
固定资产投资	亿元	3.27	幼儿园	所	3
地方公共财政预算收入	万元	5769.39	在园幼儿	人	597

2021年五云镇主要企业基本情况表

表33

企业名称	企业性质	职工人数（人）	主要特色产品	年产值（万元）	年上缴税收（万元）
广东粤威制药有限公司	有限公司	60	风湿膏	2800	154

2021年五云镇各村（居）委会基本情况表

表34

村（居）委会名称	所辖自然村名称
新圩社区	水利塘村
赤告村	水口村、中心村、尾村
双岭村	上角村、径肚村、麻岭村、赤告岭村、赤电下村
梅江村	马塘村、下各村、岭下村、云丰村、山下村、新寨村、田心村
石陂村	大斜村、石坡寨村、马岭村、崩岗头村、石坡排村
鹏岭村	塘背楼村、上鹏村、下鹏村
岭仔村	下井沥村、社背头村、塘肚面村
龙江村	上江村、下江村、李坑村、林和村、泥坑角村、下坝村、角田村、石碣头村
罗洛村	洛布村、罗斜村、林西村、长隆村、庄田村、田螺塘村、正仔村、林坑村、伯公凹村
下洞村	九斗村、梳子金村、东山岭村、神前村、天中村、老寨村、信竹村
京埔村	面前埔村、莲塘村、杨梅塘村、庙山下村、车仔村、观音山村、埔尾村
富厚村	富厚村
砼下村	横楼村、径下圩村、军田村、大水坑村、粟子排村、寨子角村
郑塘村	田心村、担水塘村、担干山村、三角塘村
流坪村	长流坪村
下碇村	下埔村、竹园下村、石阶前村、新楼下村、营前寨村、坪门山村
坡苏村	排下埔村、苏子屋村、山子头村、江尾村、前坑村、坡梅村、赤犁村
保新村	新寨村、桐树坪村、旺龙村、大塘村、圳唇村、祥和村、砱石村、富美村、塘背村、保全村
岭新村	大盆岭村、石头斗村、坪山村、枫树槲村、麻竹角村、新村
宝石村	埗背村、锡勿村、洋塘村、水口村
崇坑村	樟树下村、线坑村、麻塘村、寨子崇村

（张壮厅　杨展豪）

良田乡

【概况】 良田乡位于揭西县西北部，东连五经富镇，南连河婆街道，东南与南山镇、龙潭镇为邻，西与梅州市五华县棉洋镇接壤，北与梅州市丰顺县八乡山镇毗邻。榕江南河支流——良田河贯穿全境，长约30千米。距离县城约20千米。有揭阳第一峰——李望嶂（海拔1222米）、揭阳第二峰——畚箕石（海拔1100米）等自然景观。土特产有咸菜、苦笋、茶叶等。地方方言为客家话。2021年，土地面积116.67平方千米，下辖社区居民委员会1个，村民委员会10个，自然村65个。新出生人数267人，人口出生率11.5‰，人口自然增长率6.6‰。至年底，总户数4044户，户籍人口2.2万人，常住人口约2000人。

【基层党建】 2021年，良田乡落实加强党的基层组织建设三年行动计划，坚持“第一议题”学习制度，开展基层党建工作，指导27个党支部书记带头上党课。完成镇级领导班子换届工作，新一届班子成员12人，其中35岁以下4人，配备女干部1人，平均年龄41岁，大学本科学历9人、专科学历3人。完成村级换届选举工作，选出村“两委”干部62人。推进村（社区）党群服务中心建设，招收专职人员5人。村干部学历提升10人、后备干部储备44人。结合党的基层组织三年行动计划和地方特色，打造下村村、龙岭村、嶂上村三个示范村建设。至年底，全乡党基层组织27个，其中党委1个、党总支3个、党支部23个；党员647人。是年，发展预备党员16人、入党积极分子14人，预备党员转正2人。

【经济发展】 2021年，良田乡农业总产值2.47亿元，比2020年（下同）增长3.9%。地方公共财政预算收入6443.23万元，增长12.8%；地方公共财政预算支出6443.23万元，增长12.8%。全年固定资产投资0.55亿元，社会消费品零售总额1.65亿元，各项税收收入282.20万元。辖区内有揭西农商银行1家，各项存款余额0.16亿元。

农业 2021年，良田乡耕地面积1.09万公顷，粮食播种面积786公顷，粮食总产量4555吨。水稻种植面积496公顷，总产量2932吨；蔬菜种植面积333公顷，总产量1.40万吨；水果种植面积970公顷，总产量1.79万吨；茶叶种植面积409公顷，总产量1746吨。林地面积8509公顷。全年生猪出栏2432头、家禽（鸡、鸭、鹅）出栏3.1万只，水产养殖总产量228吨。

商业 2021年，良田乡有镇区商铺20家，主要经营生活日用品、农产品等。全年社会消费品零售总额1.65亿元，增长19.5%。

【乡村振兴】 2021年，良田乡发展特色产业，强化农村环境整治，推进新农村建设。推进美丽宜居新农村建设，完成金坑村、龙岭村、下村村美丽宜居示范村建设。投入1000万元，完成金坑村路灯亮化、广场美化提升、环境综合改造提升等24个工程建设；投入1000万元，完成龙岭村路灯亮化、广场美化提升、道路扩宽（朴树輋村、各坵村、大坪村）、老年活动中心修缮等23个工程建设；投入500万元，完成下村村主干道路灯亮化、南方人民银行金融文化广场改造提升、外立面改造（供尾村、田心村、

南方人民银行金融文化广场夜景（2021）　（良田乡　供稿）

石下塅村）、村标建设等6个工程建设。完成美丽圩镇项目立项、规划许可、土地预审、初步设计等工作。构建农业产业链，拓展“龙头企业+合作社+农户”经营模式，全乡有下村村佛手果种植基地、桐树坪村嵩林种养合作社、下村青坪八方种植合作社等种植场所；有“一村一品”省级示范社4家。完成撂荒土地复耕48.4公顷，农村土地承包经营权流转面积20.2公顷，完成宅基地审批发证32宗。

【教文卫体】 教育 2021年，良田乡有幼儿园1所，在园幼儿15人，教职工6人；完全小学2所、非完全小学2所，在校小学生205人，幼儿班学生36人（小学附设幼儿班），教职工45人（小学一级教师38人，中学高级教师1人）；九年一贯制学校1所，在校小学生62人，在校初中生67人，教职工28人（中学一级教师12人，中学高级教师1人）。是年，学前教育毛入园率100%，小学五年巩固率100%，初中毕业生升学率85.7%，初中三年巩固率100%，义务教育九年巩固率100%。

文化 体育 2021年，良田乡有文化站10个，广播站1个，村级广播站11个，文化活动广场10个，老人文化活动中心5个，农家书屋11间，新时代文明实践所1所、新时代文明实践站11个。

卫生 2021年，良田乡有卫生院1所，有卫生技术人员18人（中级职称2人、初级职称14人，未取得职称2人），执业医师1人、执业助理医师5人，内设儿科、妇科、防疫科、B超室、门诊部和住院部，床位8张；乡村卫生站10个，乡村医生6人。全乡各医疗机构门诊量6486人次，医疗卫生业务收入20.55万元。

【民生福祉】 2021年，良田乡做好金古线、独山线和西河线、西岸线等“四好农村路”建设前期工作，完成西河线道路升级建设8.23千米。推进农村电网改造工作，完成43.24千米10千伏线路和300千米低压线路架设工作，接管入户2837户。开展房屋安全排查工作，排查房屋3463户，完成11户削坡建房风险点整治。推进良田中学操场升级改造。完成16个自然村农村生活污水处理，剩余49个自然村为常住人口20户以下的空心村，无需建设雨污分流，生活污水通过建设三级化粪池进行处理。集中供水覆盖64个自然村共3095户、1.96万人。良田乡退役军人服务站被评为广东省四星级示范退役军人服务站。10月，良田乡社会工作服务站成立，配备社工7人。全年参加城乡居民基本养老保险3570人，领取农村社会养老保险3554人，参加城乡居民医疗保险1.7万人；发放城镇居民最低生活保障对象保障金25.8万元，发放农村低保对象保障金41.9万元，发放特困供养对象保障金419万元；发放困难家庭补助款43.1万元，发放大病救助款20.1万元。

【社会治理】 2021年，良田乡推进消防安全专项整治行动，开展各类安全生产大检查行动40次，消防“夜查”行动50次。开展反诈行为宣传，在各村要道张贴标语、宣传海报和悬挂横幅，向群众发放预防电信网络诈骗宣传资料，现场讲解常见诈骗手段及防范措施。成立“社区三人小组”12个，设置网格单元17个，配备网格17人。建立调解会12个。全年受理来信来访案件9件，办结9件，办结率100%；排查各类纠纷案件11件，化解调处11件。乡人民调解委员会（乡司法所）调处矛盾纠纷17件，调解成功17件，调解完成情况100%。受理“12345”市民服务热线工单43件，办结43件，办结率100%。解除矫正2人。立刑事案件2件，刑事拘留2人，破案1件；治安案件2件。

2021年良田乡主要社会经济指标表

表35

项目	单位	指标	项目	单位	指标
土地总面积	万公顷	1.16	粮食总产量	吨	4555
总人口	万人	2.2	水产总产量	吨	228

续表35

项目	单位	指标	项目	单位	指标
乡村人口	万人	1.8	水果总产量	万吨	1.79
总户数	户	4044	蔬菜总产量	万吨	1.40
社区居委会	个	1	生猪出栏量	头	2432
村委会	个	10	家禽出栏量	万只	3.1
农业总产值	亿元	2.47	中学	所	1
工业总产值	亿元	—	小学	所	4
工业企业	家	—	中小学在校学生	人	334
规模以上企业	家	—	中小学在职教师	人	73
固定资产投资	亿元	0.55	幼儿园	所	1
地方公共财政预算收入	万元	6443.23	在园幼儿	人	15

2021年良田乡各村（居）委会基本情况表

表36

村（居）委会名称	所辖自然村
金坑村	古石村、金坑村、竹坑村、坪上村、长江村、水背村、岭下排村
下村村	洋德坑村、思茅坪村、水井头村、横石村、贵山村、田坑村、新建楼村、田心村、石下墩村、供尾村
嶂上村	嶂上村
良田居委	下坊埔村
龙岭村	大坪村、各垢村、黄泥溜村、朴树拳村、老石下村、新石下村、龙江村、高田村、龙新村、桥头村、仓下村、过水垢村、新屋家村、岭下村
双水村	墩下村、段面村、三对门村、碓坑村、寨顶村、寨下村、高岭美村
河水村	下屋村、上屋村、炉下村
河新村	罗地村、罗地下村、上肚村、马宗地村、献花村
中心村	老寨村、保善楼村、湖洋排村、黄枝头村、上新屋村、门前段村、岭背村
桐树坪村	老寨村、溪尾楼村、上禾坪村、下三片村、细溪背村、叶锡坑村
岸洋村	老寨村、寨子排村、大段村、陈屋排村

（李增松　陈泳涛）

坪上镇

【概况】　坪上镇位于揭西县南部，地处榕江上游，在榕江南河、石内河、龙潭河交汇之处。东与大溪镇相连，东南与普宁市里湖镇交界，南与普宁市船埔镇相接，西和五云镇毗邻，西南与汕尾市陆河县交界，北和龙潭镇、河婆街道接壤，境内地势南高北低，距离县城7.5千米。有万梅谷文化小镇、过路塘、石内溪、莲花山生态林等景点。土特产有青梅、乌榄、青榄、茶叶、员山坝萝卜和菜尾等。地方方言为客家话。2021年，土地面积93.33平方千米，下辖社区居民委员会1个，村民委员会19个，自然村44个。新出生人数465人，人口出生率8.6‰，人口自然增长率3.3‰。至年底，总户数1.11万户，户籍人口4.35万人，常住人口2.1万人。海外华侨2.54万人。港澳台同胞5800人。

【基层党建】 2021年，坪上镇推进党的基层组织建设三年行动计划，推动实施农村基层党建"组织兴村"工程，以石内片区"潭角村—石峡村—五星村—樟树下村—红旗村"为主线，打造党建示范片区。开展村级组织活动场所攻坚行动，投入244万元用于党群活动中心及配套设施建设，建成潭角村、石峡村规范化党群服务中心，完成五星村、樟树下村党群服务中心基础建设，推进各项配套设施建设；加强党群服务中心专职人员队伍建设，招收党群服务中心专职人员11人，对专职人员开展培训，完善服务管理制度，对接基层公共服务大数据库与政务服务网等平台，拓展村级党群服务中心服务内容。完成镇级领导班子换届工作，新一届班子成员12人，其中35岁以下3人，配备女干部4人，平均年龄39岁，大学本科学历10人、大专学历2人。完成村级换届选举工作，选出村"两委"干部103人，全镇19个行政村党组织书记均实现书记、主任、经联社长"一肩挑"，各村（社区）全部实现100%交叉任职。全年开展各类教育培训21期。通过镇委党校、人才驿站开展培训，加强基层干部队伍能力，全年开展"两委"干部党务、村务、财务等工作培训7期、360余人次；推动村（社区）"两委"干部参加学历提升专班，31人参加学历提升；充实后备干部队伍，建立村级后备干部队伍81人，落实镇领导班子成员和村级"两委"班子成员培养帮带责任制度。至年底，全镇党基层组织42个，其中党委1个、党总支4个、党支部37个；党员1146人。是年，发展预备党员31人、入党积极分子63人，预备党员转正9人。

【经济发展】 2021年，坪上镇农业总产值5.91亿元，比2020年（下同）增长7.3%。地方公共财政预算收入6200万元，下降34.7%；地方公共财政预算支出6200万元，下降34.7%。全年固定资产投资1.81亿元，社会消费品零售业总额3.56亿元，各项税收收入330.52万元。镇内有广东揭西农村商业银行1家、邮政储蓄银行1家，各项存款余额5.42亿元。

农业 2021年，坪上镇耕地面积1280.39公顷，粮食播种面积1483.3公顷，粮食总产量9800吨，有湖光洋、员埔洋、南森洋三大粮食生产基地。主要农作物有蔬菜、水稻、花生、淮山、萝卜、玉米等。水稻种植面积1136公顷，总产量0.68万吨；蔬菜种植面积501.2公顷，总产量2.08万吨；水果种植面积1008.8公顷，总产量1.67万吨，其中种植青梅703.8公顷、乌榄34公顷。林地面积6800公顷，生态林面积869.3公顷。全年生猪出栏1.22万头、家禽（鸡、鸭、鹅）出栏4.98万只，水产养殖总产量1231吨。

工业 2021年，坪上镇工业生产以电站、线业、石料加工、塑胶、电子琴配件等为主，有工业企业18家，从业人员183人；水电站12座，装机总容量7575千瓦。

商业 2021年，坪上镇有农贸市场1个，主要经营农副产品。全镇有商贸企业（含营业单位）6家，个体商户318户，主要经营建材、五金电器、服装鞋类、果蔬副食、日常用品等。全年社会消费品零售总额3.56亿元，下降11.3%。

【乡村振兴】 2021年，坪上镇加强美丽乡村建设工作，创建尖田村、红旗村和南联村3个红色美丽宜居示范村，基本完成雨污分流项目建设，完成"三线"（电线、网线、电话线）整治、"四小园"（小花园、小公园、小菜园、小果园）、水利设施、巷道硬化等工程建设。推进城乡生活垃圾处理现代化建设，村庄垃圾收集点实现自然村全覆盖，鼓励开展农村垃圾源头分类处理，逐步建设垃圾分类投放收集设施；全镇基本实现生活垃圾日产日清自然村44个，村庄保洁覆盖面100%、垃圾处理率100%、农村生活垃圾清运覆盖率100%，无害化处理率100%。推进农村"厕所革命"，全镇19个行政村建立农村户厕改造台账和公厕台账，完成户厕改造9351户，完成率100%，投入90万元建设旅游公厕2座，实现公厕全镇19个行政村全覆盖。实施"路边工程"和"五路绿化"，加大植绿覆绿力度，完成尖田村、新榕村、成全村等村道路沿线绿化工程和坪红路沿线美化绿化工程。打造万梅谷红色美丽宜居示范村精品旅游线路（红旗村），路线全长3.97千米，起点位于西坑村口（下涵桥头）、终点位于普宁市交界处，途经下咸村、上咸村、杨梅滩村等10个自然村，在旧路面基础上进行沥青罩面，11月完工并投入使用。开展农村宅基地审批工作，全年完成宅基地审批311宗，审批面积7.86万平方米；完成撂荒复耕104.86公顷；推进农村土地经营权流转工作，完成流转土地235.40公顷。建成湖光村、四新村、员东村、员西村、五联村5个村蔬菜产业链项目和潭角村、五星村、石峡村、樟树下村、红旗村5个村万亩青梅产业带项目。全镇有“粤字号”名牌产品2个，绿色食品1个，市级示范合作社3家，县级龙头企业1家。

【教文卫体】 教育 2021年，坪上镇有幼儿园2所，在园幼儿138人，幼儿教师20人；小学11所，小学生1099人，教职工182人（小学初级教师45人，小学中级教师137人）；九年一贯制学校1所，初级中学2所，在校学生758人，教职工129人（中学初级教师27人，中学中级教师90人，中学高级教师12人）。是年，学前教育毛入园率100%，小学五年巩固率100%，初中毕业生升学率84.8%，初中三年巩固率100%，义务教育九年巩固率100%；完成普通高中送招155人，其中考取揭阳一中、河婆中学等学校共33人。

文化 体育 2021年，坪上镇有文化站1个，有线电视转播站1个，村村通广播20个，文化活动广场21个，农家书屋19间，老人协会2个。全年全镇举办各种文艺活动、群众文艺会演活动2场。

卫生 2021年，坪上镇有卫生院1所，有卫生技术人员39人（高级职称1人、中级职称7人、初级职称31人），执业医师7人、执业助理医师6人，病床30张，内设内科、外科、妇科等科室；乡村卫生站20个，乡村医生22人。是年，各医疗机构门诊量1.84万人次，收治住院病人63人，医疗卫生业务收入135.5万元。全年未发生任何传染病，全镇儿童计划免疫率99%。

【民生福祉】 2021年，坪上镇完善民生基础建设，完成四新村至湖光村道路改造工程和员东村员埔水利下段建设工程建设。全镇所有自然村实现村庄集中供水，覆盖率100%。完成“四好农村路”建设6609米。推进农村生活污水处理，开展雨污分流项目建设43个自然村，完成37个；完成镇区污水处理厂建设并运行，10个自然村纳入镇区污水处理厂处理范围，成全村、湖光村、尖田村等5个村6座污水处理站投入运行；完成石峡村、樟树下村、五星村等6个村8个五级化粪池处理设施建设，污水治理率70%以上。10月，坪上镇社会工作服务站成立，下设成全、员西2个社工服务点，辐射11个村（居），配备社工15人。全年参加城乡居民基本养老保险7113人，领取农村社会养老保险9303人，参加城乡居民医疗保险2.8万人；发放城镇居民最低生活保障对象保障金12.82万元，发放农村低保对象保障金459.31万元，发放特困供养对象保障金331.95万元；完成195名精神障碍患者监护人补助资金申请；发放困难家庭补助款21.75万元，发放大病救助款37.45万元。

【社会治理】 2021年，坪上镇落实网格化管理，完善各村主要干道、学校门口、居民小区等重点场所视频监控防控网，构建“综治中心+网格化+信息化”社会治理运行体系。开展安全生产、消防安全专项整治检查11场次，开出整改通知书8份，涉及整改企业全部按要求完成整改。强化执法，逐个村逐条道路开展集中整治，加大查处力度，保持严管高压态势，全面提高头盔佩戴率、使用率。成立“社区二人小组”20个，设置网格单元140个，配备网格员187人。建立治保会20个、调解会20个，治保人员20人。全年受理来信来访案件19件，办结19件，办结率100%；排查各类纠纷案件32件，化解调处32件。镇人民调解委员会（镇司法所）调处矛盾纠纷75件，调解成功75件，调解完成率100%。受理“12345”市政务热线工单171件，办结161件，办结率94.2%。开展扫黑除恶专项行动10余次，出动执法人员164人次，悬挂扫黑除恶宣传横幅18条，发放宣传海报资料2000余张。分级分类管控吸毒人员59人，其中社区戒毒社区康复对象1人。接收社区矫正对象4人，解除矫正1人。立刑事案件13件，破案11件，刑事拘留14人。受理行政案件21件，行政拘留9人。

2021年8月6日，广东广播电视台在坪上镇潭角村千年榄树公园举办“梅里飘香坪上镇，人才振兴和谐美”探村直播活动 （坪上镇 供稿）

【广东省第二届《乡村振兴大擂台》探村直播活动】 2021年，坪上镇参加广东省第二届《乡村振兴大擂台》探村直播活动，直播内容以“三生路线”（展示产业发展现状和特色的生态之路、以万梅谷风貌带为主的生态之路、乡村风情的生活之路）为主题，主播通过实地探寻、现场解说向网友展示农耕文化、精品生态文旅之路、优美乡村风貌，立体式呈现乡村振兴建设成果，让线上、线下观众探秘坪上镇“农文旅”融合发展之路。代表揭阳市参加广东省第二届《乡村振兴大擂台》，10月12日，被广东省委农村工作领导小组办公室、省农业农村厅、省乡村振兴局授予省第二届乡村振兴大擂台“优秀组织奖”。

2021年坪上镇主要社会经济指标表

表37

项目	单位	指标	项目	单位	指标
土地总面积	公顷	9333	粮食总产量	吨	9800
总人口	万人	4.35	水产养殖总产量	吨	1231
乡村人口	万人	4.18	水果总产量	万吨	1.67
总户数	万户	1.11	蔬菜总产量	万吨	2.08
社区居委会	个	1	生猪出栏量	万头	1.22
村委会	个	19	家禽出栏量	万只	4.98
农业总产值	亿元	5.91	中学	所	2
工业总产值	亿元	—	小学	所	11
工业企业	家	18	中小学在校学生	人	1857
规模以上企业	家	—	中小学在校教师	人	311
固定资产投资	亿元	1.81	幼儿园	所	2
地方公共财政预算收入	万元	6200	在园幼儿	人	138

2021年坪上镇各村（居）委会基本情况表

表38

村（居）委会名称	所辖自然村名称
坪新社区	无
红旗村委	上涵村、下涵村、上江坑村、下江坑村、杨梅滩村、瓜田村、西坑村、际光村
石峡村委	石峡村
樟树下村委	樟树下村
五星村委	新月村、斜禾岗村、福兴楼村
潭角村委	潭角村
东南村委	东南村
连城村委	连城村
四新村委	四楼村、员山坝村
四和村委	新塘埔村、石圳坑村、黄莲湖村
坪上村委	坪上村、杨梅塘村
员西村委	员西村
员东村委	员东村
五联村委	车墩村、且楼村、塔下村、李埔村、井楼村
南联村委	九斗村、龙仔村、新寮村、坑下村、下坑村、下马石村
尖田村委	尖田村、上岭村
新榕村委	新榕村
成全村委	成全村
上仓村委	上仓村
湖光村委	曲湖村、龙西村

（陈森峰　黄炳南）

河婆街道

【概况】　河婆街道位于揭西县西南部，东连龙潭镇，西接五云镇，东南邻坪上镇，北毗良田乡和梅州市五华县七畲径，居独山、明山、巾山三山环抱之中，地势由西北向东南逐渐变缓，西北为中低山区，东南为低山丘陵区，中部为丘陵河谷地带，形似小盆地，横江、榕江两河交汇于此。是县政府驻地，全县行政中心，为广东省中心镇之一。有三山国王祖庙、天竺岩、广德庵风景区、河婆古塔等景点。土特产主要有米粳、青榄、茶叶、油柑等。地方方言为客家话。2021年，土地面积102平方千米（城区面积12平方千米），下辖社区居民委员会9个，村民委员会26个，自然村91个，经联社68个。新出生人数1726人，人口出生率12.5‰，人口自然增长率7.3‰。至2021年底，总户数3.80万户，户籍人口12.91万人，常住人口9万多人。

【基层党建】　2021年，河婆街道深化拓展“双报到”（党组织报到、党员报到）活动，组织657名党员下沉到9个社区开展活动12场。完成村级换届选举工作，选出村（社区）“两委”干部207人，举办新一届村（社区）“两委”班子成员任职培训班9期，共培训207人次。提升村（社区）“两委”干部学历161人。调整更新村级后备干部人才库，村级后备干部145人。招收党群服务中心第二专职人员27人。创新城市基层党建共建机制，成立街道首个小区党支部——河婆新城党支部、首个物业服务企业党支部——揭西县乐美佳物业管理有限公司党支部，配齐街道“大工委”和社区“大党委”兼职委员，协调街道“大工委”、社区“大党委”各成员单位配合做好党建工作，整合区域内党建资源、基础设施资源及其他社会资源，统筹协调各类基层党组织，深化完善区域化大党建格局。完成庙角村、河西社区和新村社区村级活动场所升级改造任务，打造庙角村、河西社区、北坑村、六一村、下滩村党建示范点，推动全街道村级党组织标准化规范化建设。做好农村发展党员违规违纪问题排查整顿工作。依托街道党校举办培训班38期，培训党员干部4859人次。至年底，全街道党基层组织77个，其中党委4个、党支部73个；党员3396人。是年，发展预备党员43人、入党积极分子75人，预备党员转正17人。

【经济发展】 2021年，河婆街道工农业总产值116.08亿元，比2020年（下同）增长7.6%，其中工业总产值108.4亿元、农业总产值7.68亿元。地方公共财政预算收入0.77亿元，下降27.1%；地方公共财政预算支出0.77亿元，下降27.1%。全年固定资产投资2.97亿元，社会消费品零售总额16.95亿元，各项税收收入6283.60万元。辖区内有农村商业银行、农业银行、工商银行、建设银行、中国银行、邮政储蓄银行等多家金融机构。

农业 2021年，河婆街道农业生产总值7.68亿元，增长4.9%。主要种植水稻、番薯、花生、豆类、蔬菜等。全街道耕地面积1279.8公顷，粮食播种面积2169.8公顷，粮食总产量1.29万吨。水稻种植面积1350公顷，总产量8216吨；薯类（鲜薯）种植面积716.2公顷，总产量4021吨；蔬菜种植面积620.6公顷，总产量2.77万吨；水果种植面积747.2公顷，总产量1.28万吨；完成造林面积172.2公顷，木材采运5542立方米。全年生猪出栏8.20万头、家禽（鸡、鸭、鹅）出栏118.08万只，水产养殖总产量1648吨。

工业 2021年，河婆街道工业生产以制药、电子电器为主，工业企业658家，全年新增规模以上工业企业3家（揭西县盛和兴食品有限公司、揭西县恒宇混凝土有限公司、揭阳市佰源能源有限公司），累计15家。主要企业有白云山威灵药业有限公司、揭西县小天使电子电器有限公司、揭西县美科电子电器厂等。全年实现工业总产值108.4亿元，增长7.8%，其中规模以上工业产值47.26亿元，增长11.1%。

商业 2021年，河婆街道有农贸市场4个，大小商铺6000多间，主要经营五金电器、服装鞋类、日常用品、农副产品等。主要商业企业有金福来汽车贸易有限公司、广信商务宾馆等，规模以上服务业企业3家。是年，限额以上商业企业9家，社会消费品零售总额16.95亿元，增长11%。

【乡村振兴】 2021年，河婆街道构建农业产业链，推动农业农村现代化，建成新四村葡萄园，北坑村、西坑村砂糖橘，宫墩村大棚蔬菜以及志豪生猪养殖场、金日福生猪养殖场等种植养殖项目。加快推进美丽宜居乡村建设，全街道26个行政村有23个村通过市级美丽宜居村验收；投入省级涉农资金1570.69万元，推进六一村和南和村自办示范村、乡肚村红色美丽宜居示范村、集中供水项目建设，完成81宗项目建设；投入乡村振兴驻镇帮镇扶村资金685.88万元，推进乡村振兴项目建设。加大产业帮扶工作力度，北坑村、乡肚村、河东村等10个村各投入50万元建设光伏发电项目，壮大各村集体经济。推进星曜城一期和二期、揭西碧桂园建设。巩固提升土地承包经营权确权成果，推动农村承包地经营权流转，流转农村承包地51.57公顷。推进农村宅基地制度改革，实现农民住房制度化管理，审批宅基地86宗、审批面积7413.38平方米。完成连片1公顷（15亩）以上撂荒土地复耕253.33公顷。实施重点项目4项，完成投资4.76亿元。培育发展农业龙头企业，新认定县级农业龙头企业1家。是年，街道办事处被广东省委实施乡村振兴战略领导小组评为广东乡村振兴先进集体。

【教科文卫体】 **教育** 2021年，河婆街道有幼儿园25所，在园幼儿6325人，幼儿教师392人；小学17所，小学教学点5个，在校学生1.29万人，教职工591人（小学一级教师464人，小学高级教师8人）；初级中学3所，九年制学校1所，在校学生6138人，教职工480人（中学一级教师282人，中学高级教师97人）；高中学校2所，在校学生6315人，教职工465人（一级教师178人，高级教师98人）。是年，学前教育毛入园率100.2%，小学五年巩固率100.1%，初中毕业生升学率99.8%，初中三年巩固率100%，义务教育九年巩固率100%，高中阶段教育毛入学率94%。河婆中学温会暖、河婆街道昌黎小学彭晓鑫、县第一职业技术学校许银讯、县特殊教育学校胡玉林4位教师被授予“南粤优秀教师”称号，霖田高级中学庄伟平被授予“南粤优秀教育工作者”称号。

科技 2021年，河婆街道强化发展电子电器、食品加工、制药等支柱产业，引导企业加强产品研发和技术改造，支持企业开展申报品牌专利。

文化 体育 2021年，河婆街道有综合文化站1个，广播站1个，村级综合性文化服务中心26个，农家书屋26间，村级文体广场26个，村（社区）“村村通广播”35个。完善35个村（居）文化服务中心建设，26间农家书屋配送新书共3000多册。街道文化站被评定为市二级文化站。成立图书馆分馆、文化馆分馆，新楼村委、下滩村委、北坑村委3个单位被定为图书馆文化馆服务点。举办党光辉历史流动图片展6场次，送革命题材电影下乡活动5场次。对街道52处文物保护点成立文物保护领导小组，确定直接责任人、安全管理人，制作牌匾上墙。

宫墩村大棚蔬菜基地（2021） （韩自阳 摄）

卫生 2021年，河婆街道有社区卫生服务中心1所，有卫生技术人员60人（高级职称1人，中级职称14人、初级职称45人），执业医师10人、执业助理医师18人，内设公共卫生科、急诊科、检验科等科室；乡村卫生站39个，乡村医生39人。全年社区卫生服务中心门诊量8.9万人次，医疗卫生业务收入225.8万元。

【民生福祉】 2021年，河婆街道推进农村生活污水治理，实施雨污分流建设自然村79个，建成污水处理站8个、污水收集管网221.56千米。投入40万元打造综合性文化站，投入120万元建设六一村社会足球场。完成新四行政村、乡肚行政村、乡新行政村共25个自然村2700多户电网改造工作。10月，河婆街道社会工作服务站成立，配备社工17人。全年参加城乡居民基本养老保险1.17万人，领取农村社会养老保险1.51万人，参加城乡居民医疗保险7.76万人；发放城镇居民最低生活保障对象保障金20.96万元，发放农村低保对象保障金48.48万元，发放特困供养对象保障金43.04万元；完成1522名精神障碍患者监护人补助资金申请；发放困难家庭补助款46.25万元，发放大病救助款238.41万元。

【社会治理】 2021年，河婆街道加强基层基础工作，加大各类违法犯罪活动惩治力度，开展矛盾纠纷排查调处工作，推进严重精神障碍患者排查管控工作，加强反邪教重点人员教育转化工作，开展平安建设创建。推进消防安全专项整治行动，开展各类安全生产大检查行动72次，消防

"夜查"行动22次，开展危险化学品、烟花爆竹安全监管等专项整治行动8次，燃气专项检查4次。完成综治网格划分和网格管理员队伍组建，配备网格员135人。全街道建立治保会、调解会各35个，治保人员230多人，建立健全基层网格化治理体系，划分一级网格35个，二级网格135个。全年受理来信来访案件45件，办结43件，办结率95.6%；排查各类纠纷案件8件，化解调处8件。街道人民调解委员会（街道司法所）调处矛盾纠纷63件，调解成功63件，调解完成情况100%。受理"12345"市民服务热线工单690件，办结662件，办结率96%。开展扫黑除恶行动4次，出动执法人员200人次，悬挂扫黑除恶宣传横幅70条、发放宣传海报资料3000多份。查处非法黑网吧2处。开展禁毒宣传活动30多场次，发放宣传资料3万多份，参与群众3.2万人次，展出禁毒宣传展板30板，悬挂横幅100余条。发放反邪教宣传册500份，张贴宣传海报5000份。分级分类管控吸毒人员222人，其中社区戒毒社区康复对象4人。接收社区矫正对象12人，解除矫正14人。立刑事案件129件，刑事拘留58人，破案55件；行政案件75件，行政拘留27人，破案21件。

2021年8月4日，河婆街道2021年禁毒宣传教育活动在纪达中学举行（许晓婷　摄）

2021年河婆街道主要社会经济指标表

表39

项目	单位	指标	项目	单位	指标
土地总面积	公顷	10200	粮食总产量	吨	1.29
总人口	万人	12.91	水产养殖总产量	吨	1648
乡村人口	万人	6.72	水果总产量	吨	1.28
总户数	万户	3.80	蔬菜总产量	万吨	2.77
社区居委会	个	9	生猪出栏量	万头	8.20
村委会	个	26	家禽出栏量	万只	118.08
农业总产值	亿元	7.68	中学	所	3
工业总产值	亿元	108.4	小学	所	17
工业企业	家	658	中小学在校学生	万人	1.90
规模以上企业	家	15	中小学在校教师	人	1071
固定资产投资	亿元	2.97	幼儿园	所	25
地方公共财政预算收入	万元	7658	在园幼儿	人	6325

2021年河婆街道主要企业基本情况表

表40

企业名称	企业性质	职工人数（人）	主要特色产品	年产值（万元）	年上缴税收（万元）
白云山威灵药业有限公司	国企	506	医药制造业	53572	1250
揭西县美科电子电器厂	私企	152	电子琴	8180	207
揭西县小天使电子电器有限公司	私企	354	电子琴	63778	1049
揭西县志城食品有限公司	私企	314	食品罐头	63129	1446
揭西县美声电子电器厂	私企	154	电子琴	6950	166
揭西县新韵电子电器有限公司	私企	359	电子琴	61779	1271
广东广信食品机械有限公司	私企	267	食品包装	9246	251

2021年河婆街道各村（居）委会基本情况表

表41

村（居）委会名称	所辖自然村名称
新村居委	无
河西居委	无
宝塔居委	无
建新居委	无
东风居委	无
军田居委	无
大同居委	无
河山居委	无
新安居委	无
三星村委	三星村
客潭村委	客潭村
庙垅村委	庙垅村
南和村委	起凤楼、明山楼
西坑村委	西坑村、古竹排村
宫墩村委	宫墩村、龙尾村
新建村委	白地村、朱盆岭村、高湖村
乡新村委	上新村、学新村、营新村
庙角村委	庙角村、凤尾村、下角村
新楼村委	文山楼、坎下楼、高士楼
下滩村委	桥头村、寨肚村、群丰村、五联村、广田村
东星村委	军田村、上楼村、西门村、东门村、汤埔村
溪东村委	枫东村、枫西村、和坑村、和福村、公平市村

续表41

村（居）委会名称	所辖自然村名称
新四村委	水班头村、木石坑村、富屋寨村、长秋坑村、新建寨村、风门凹村
北坑村委	对门岭村、永岭村、老寨村、居之安村、上楼村、坑尾村、新兴楼村
溪西村委	埔尾村、苏屋楼村、洪屋楼村、张家围村、细山下村、新寨村、大山下村、樟树坑村
岭丰村委	上楼村、中楼村、下楼村、忍炉村、曲江弟村、翻身楼村、八斗种村、新祠堂村、浮岗山村
乡肚村委	剃下村、坑背楼村、上春村、中春村、下春村、祠堂坝村、上径背村、下径背村、吉庆楼村、农光村、小坑村、营背村、东升村、交古潭村、坝尾楼村、金星楼村、南美山村

（张美仁　张海敏）

龙潭镇

【概况】　龙潭镇位于揭西县中部，东接南山镇，西邻河婆街道，南与坪上镇接壤，北倚大北山，距离县城5千米。有井下村祥龙寺、关山村网红坝等景点。土特产有柑橘、香蕉、蜂蜜、糯米酒、青橄榄、乌榄。地方方言为客家方言。2021年，土地面积77.96平方千米，下辖社区居民委员会1个，村民委员会15个，自然村80个。新出生人数433人，人口出生率10.8‰，人口自然增长率5.1‰。至年底，总户数9629户，户籍人口3.89万人，常住人口2.58万人。海外华侨3万多人。港澳台同胞8000多人。

【基层党建】　2021年，龙潭镇发挥“头雁”工程，做好村级党组织书记后备干部储备工作，加强村（社区）“两委”后备干部建设，后备干部登记64人。建立健全村“两委”班子和党组织书记考核激励机制，通过总结述职、实绩评价、民主测评、了解核实，对村（社区）“两委”班子、党组织书记进行绩效考评，加强村（社区）干部队伍建设。做好村级组织活动场所建设，完成泉水塘村、菜仔园村组织活动场所建设，推进汤坝村村级活动场所建设。建强党员队伍，严格发展党员入党程序，做好发展党员工作。完成镇级领导班子换届工作，新一届班子成员12人，其中35岁以下2人，配备女干部3人，平均年龄43岁，大学本科学历6人、大专学历6人。换届选举村（社区）“两委”干部91人。全年全镇被评为县级优秀共产党员2人、县级优秀党务工作者2人，泉水塘村党支部被评为揭阳市先进基层党组织、镇卫生院党支部和双龙村党支部被评为揭西县先进基层党组织。至年底，全镇基层党组织32个，其中党委1个、党总支3个、党支部28个；党员1052人。是年，发展预备党员23人、入党积极分子26人，预备党员转正16人。

【经济发展】　2021年，龙潭镇工农业总产值10.66亿元，比2020年（下同）增长2.2%，其中规模以上工业总产值5.99亿元，农业总产值4.67亿元。地方公共财政预算收入4180万元，下降58.6%；地方公共财政预算支出4180万元，下降58.6%。全年固定资产投资1.44亿元，社会消费品零售总额3.17亿元，各项税收收入211.99万元。镇内有农村商业银行1家，各项存款余额4.56亿元。

农业　2021年，龙潭镇农业总产值4.67亿元，增长5.4%。全镇耕地面积1037.9公顷，粮食播种面积1859.2公顷，粮食总产量1.09万吨，种植业以种植稻谷、甘薯、蔬菜为主。水稻种植面积1365公顷，总产量8242吨；蔬菜种植面积504公顷，总产量2.20万吨；水果种植面积753公顷，总产量1.49万吨。林地面积4867.9公顷，生态林1028.3公顷，完成造林面积104.5公顷。全年生猪出栏4.06万头、家禽（鸡、鸭、鹅）出栏48.44万只，水产养殖总产量1731吨。

工业　2021年，龙潭镇工业生产主要以电子配件加工、服装制造、乐器制造为主，有10人以上工业企业10家，从业人员485人，其中规模以上工业企业1家。主要民营企业有揭西县鑫昌

井下村“稻鱼共生+休闲农业观光”试验基地项目（2021）（龙潭镇 供稿）

顺电子科技有限公司、广东德煌电力设备有限公司。全年规模以上工业企业实现总产值5.99亿元，下降0.2%。

商业 2021年，龙潭镇有大小商铺200多间，镇区沿街商铺110多家，主要经营五金电器、日用百货、餐饮、服装鞋类、农副产品等。是年，限额以上商业企业1家；社会消费品零售总额3.17亿元，增长11.2%。

【乡村振兴】 2021年，龙潭镇示范带动一批新型农业经营主体，采取多项措施引导和鼓励农村土地多形式、全方位流转，加快农业经营方式从分散耕作小型多元化到集中连片式规模经营转变。引进发展井下村“稻鱼共生+休闲农业观光”试验基地项目、揭阳市和正牧业有限公司生猪规模化养殖项目。推进全镇撂荒耕地复耕复种工作，推进土地流转，做好生产托管服务，加强耕地撂荒监管，投入复耕资金698.79万元，巡查督查285次，培训3场、150人次，出动检查285人次，完成撂荒土地复耕230公顷。完成宅基地审批发证188户，农村土地承包经营权流转面积116公顷。全镇有“粤字号”名牌产品2个、市县农业龙头企业2家。

【教文卫体】 教育 2021年，龙潭镇有幼儿园4所，在园幼儿522人；小学13所，在校学生1429人，教职工177人（高级教师职称4人，一级教师职称143人）；中学1所，在校学生895人，教职工102人（高级教师职称10人，一级教师职称77人）。是年，学前教育毛入园率100%，小学五年巩固率100%，初中毕业生升学率100%，初中三年巩固率100%，义务教育九年巩固率100%。

文化 体育 2021年，龙潭镇有镇级文化站1个，广播站1个，文化活动广场1个，村综合文化活动中心15个，乡镇文体广场示范点南辉示范广场1个，基层综合性文化服务中心示范点3个，敬老院1个。升级改造镇文化服务中心，配备文体广场，配套综合文化活动室、未成年人活动室、图书阅览室、电子阅览室、综合培训室、排练演出厅。龙跃村、菜仔园村、北联村等15个村实现文化活动中心全覆盖，各村配备户外健身器材、乒乓球台、篮球架等器材设施；配备1名文体协管员，负责协助完成各项文化活动。

卫生 2021年，龙潭镇有卫生院1所，有卫生技术人员33人（高级职称1人、中级职称8人、初级职称24人），执业医师13人、执业助理医师6人，病床30张，内设内科、外科、儿科等科室；乡村卫生站21个，乡村医生21人。全年各医疗机构门诊量3.17万人次，收治住院病人31例，各医疗卫生单位业务收入153.43万元。为老年人、慢性病患者、残疾人等重点人群免费体检2983人次，适龄儿童国家免疫规划疫苗接种率100.4%。

【民生福祉】 2021年，龙潭镇推动农村污水处理工程建设，改变农村污水横流现状，完成15个行政村73个自然村农村雨污分流建设，建设污水处理厂2座、人工湿地14处、污水处理站点7处，57个自然村实现生活污水收集及处理达标排放，污水治理率78%。完成集中供水管网建设，覆盖16个村（社区）78个自然村共6328户、2.80万人。10月，龙潭镇社会工作服务站成立，配备社工10人。完成77个自然村9208户电网改造工作。龙潭镇退役军人服务站被评为广东省三星级示范退役军人服务站。全年参加城乡居民基本养老保险1.38万人，参加城乡居民医疗保险2.98万人；发放城镇居民最低生活保障对象保障金2.36万元，发放农村低保对象保障金348.14万元，发放特困供养对象保障金339.96万元；完成175名精神障碍患者监护人补助资金申请；发放困难家庭补助款38.28万元，发放大病救助款12.99万元。

【社会治理】 2021年，龙潭镇加强安全生产监督管理，出动450多人次对各行业各领域开展安全生产隐患排查治理工作，检查企业、商铺、建筑工地等180多家，发现事故隐患49项，全部落实整改。开展安全演练1次，安全生产培训1次。全年无重大安全事故，没有严重伤亡事件发生；开展反邪教警示教育宣传工作会议2场，各村（居）委开展宣传活动16场，入户发放反邪教宣传手册800份，宣传单2000份，镇区内张贴海报500张。严重精神障碍患者176人，精神障碍患者发生肇事肇祸行为出警维稳6次，申报患者救治监护补助资金总额8.88万元。全镇成立“社区三人小组”17个，设置网格单元77个，配备网格员245人。建立治保会16个、调解会17个，治保人员16人。全年受理来信来访案件58件，办结58件，办结率100%；排查各类纠纷案件81件，化解调处70件。镇人民调解委员会（镇司法所）调处矛盾纠纷8件，调解成功8件，调解完成情况100%。受理“12345”市民服务热线工单90件，办结90件，办结率100%。开展扫黑除恶专项行动1次，出动执法人员12人次，悬挂扫黑除恶宣传横幅5条、发放宣传海报资料300多份。分级分类管控吸毒人员2人，其中社区戒毒社区康复对象2人。接收社区矫正对象5人，解除矫正1人。立刑事案件14件，刑事拘留6人，破案5件；治安案件27件，行政拘留3人。

2021年龙潭镇主要社会经济指标表

表42

项目	单位	指标	项目	单位	指标
土地总面积	公顷	7796	粮食总产量	万吨	1.09
总人口	万人	3.89	水产总产量	吨	1731
乡村人口	万人	3.04	水果总产量	万吨	1.49
总户数	户	9629	蔬菜总产量	万吨	2.20
社区居委会	个	1	生猪出栏量	万头	4.06
村委会	个	15	家禽出栏量	万只	48.44
农业总产值	亿元	4.67	中学	所	1
规模以上工业总产值	亿元	5.99	小学	所	13
工业企业	家	10	中小学在校学生	人	2324
规模以上企业	家	1	中小学在职教师	人	279
固定资产投资	亿元	1.44	幼儿园	所	4
地方公共财政预算收入	万元	4180	在园幼儿	人	522

2021年龙潭镇主要企业基本情况表

表43

企业名称	企业性质	职工人数（人）	主要特色产品	年产值（万元）	年上缴税收（万元）
广东德煌电力设备有限公司	私企	348	电力变压器、电力节能器、高压电力计量箱及相关配套产品	59863.6	2993.1
揭西县鑫昌顺电子科技有限公司	私企	47	电子专用塑料薄膜	2350.9	23.54

2021年龙潭镇各村（居）委会基本情况表

表44

村（居）委会名称	所辖自然村
新圩居委	无
菜仔园村委	上新村、下楼村、黄枝塘村、曲仓村、坪山村、上寨村、老屋村、塘背坜村、大埔村、大寨村、新屋村
南福田村委	上寨村、下寨村、联塘村、上横塘村、龙墩村、大埔村、田背园村
龙跃村委	玉竹园村、龙田楼村、大埔头村、福安楼村、李园下村、天昌楼村、新寨村、华萼楼村、高墩村
泉水塘村委	泉水塘村
北联村委	柑园村、半埔围村、下塘村
团结村委	起龙围村、乌石楼村、到背村、山蕉洋村、硿仔肚村、留晋纯村、浮岗山村、鸭麻寮村
井田村委	井田村
关山村委	新屋村、溪背村、小黄岭村、上龙岗村、下龙岗村、邓公坪村、崇坑村、南寮村
汤坝村委	汤坝村、打石坪村、陂角楼村、埔下楼村、江屋寨村、岭下村
井下村委	井下楼村、李公坡村、下角坝村、坡洋村、东坑村
陂尾村委	陂尾楼村
富光村委	富美楼村、长江楼村、罗丝角村、河南崇村
双龙村委	田心村、石头山村、小布角村、埔仔村、老寨下村、坑尾村、永居楼村
龙东村委	深溪围村、长江岭村、杨屋楼村、墩仔村、灰寨村、仓下村、坡坪村、砂隆村
高田村委	高田村

（林春鸿　刘俞炜）

南山镇

【概况】 南山镇位于揭西县中部丘陵地区，东与京溪园镇、灰寨镇接壤，西和龙潭镇、良田乡相连，南与大溪镇交界，东北与五经富镇毗邻，距离县城16千米。有大北山国家森林公园、广东省红色村党建工程示范点——火炬村等景点。土特产主要有苦笋、茶叶等。地方方言为客家话。2021年，土地面积134.5平方千米，下辖社区居民委员会1个，村民委员会18个，自然村50个。新出生人数439人，人口出生率11.6‰，人口自然增长率6.1‰。至年底，总户数9127户，户籍人口3.77万人，常住人口2.25万人。

【基层党建】 2021年，南山镇完成火炬村党建示范"五个一工程"（一本好书、一部电影、一出大戏、一套纪录片和红色基因数据化）项目。开展村级组织活动场所攻坚行动和关西村革命老区党群服务中心示范点建设，投入430多万元对5个村（社区）党群服务中心进行改造提升，招收村（社区）党群服务中心专职人员10人。打造党建品牌示范标杆，在镇区实施党建规范提升项目，建立"火炬—关西—上寮—榕光"党建示范带，展示全镇党建品牌形象。完成镇级领导班子换届工作，新一届班子成员12人，其中35岁以下5人（镇长35岁以下），配备女干部3人，平均年龄40岁，研究生学历1人、大学本科学历7人、大专学历4人。完成村级换届选举工作，选出村（社区）"两委"干部98人。开展农村发展党员违规违纪问题排查整顿工作，对党员档案进行摸底排查，召开专题会议研究讨论解决。优化干部队伍结构，加强后备力量培养，建立党支部书记和"两委"后备干部队伍各38人，组织村（社区）"两委"干部5人参加学历提升培训。至年底，全镇党基层组织32个，其中党委1个、党总支1个、党支部30个；党员1134人。是年，发展预备党员27人、入党积极分子20人，预备党员转正20人；关西村党支部书记、村委会主任李锦秀被评为广东省优秀党务工作者。

【经济发展】 2021年，南山镇工农业总产值9.61亿元，比2020年（下同）增长6%，其中工业总产值5.35亿元、农业总产值4.26亿元。地方公共财政预算收入1.14亿元，增长76.6%；地方公共财政预算支出1.14亿元，增长76.6%。全年固定资产投资2.35亿元，社会消费品零售业总额3.12亿元，各项税收收入436.27万元。镇内有广东揭西农村商业银行1家、邮政储蓄银行1家，各项存款余额6.69亿元。

农业 2021年，南山镇农业总产值4.26亿元，增长7.1%。全镇耕地面积960.4公顷，粮食播种面积950.3公顷，粮食总产量8203吨。水稻播种面积944.1公顷，总产量5522吨；蔬菜种植面积407公顷，总产量1.78万吨；水果种植面积469公顷，总产量5289吨；茶叶播种面积547公顷，总产量2247吨。全年生猪出栏1.57万头，家禽（鸡、鸭、鹅）出栏65万只，水产养殖总产量1695吨。

工业 2021年，南山镇工业生产以毛线制品为主，有工业企业60家，其中规模以上工业企业2家。主要企业有揭西县瀚鑫制线有限公司、揭西县崇发塑料制品有限公司。是年，实现工业总产值5.35亿元，增长5.1%，其中规模以上工业产值3.83亿元，增长3.8%。

商业 2021年，南山镇有农贸市场2个，商品交易市场交易额732万元。全镇营业面积50平方米以上综合商店或超市共11个，主要经营五金电器、服装鞋类、日常用品等。全年社会消费品零售总额3.12亿元，增长13.0%。

【乡村振兴】 2021年，南山镇加强与东莞市驻镇帮镇扶村工作队沟通协作，统筹推进乡村振兴规划工作，完成乡村振兴规划编制。推进美丽圩镇创建工作，完成美丽圩镇规划编制工作，建立项目库，开工建设镇区污水处理项目、镇区雨污分流、镇农贸市场升级改造等项目。扶持壮大村集体经济，投入300万元入股揭西县鸿霖蔬菜种植有限公司，享受分红收益。落实农业产业链“链长制”工作，成立生猪、茶叶、苦笋等农业产业链“链长制”工作机构，结合各村原有产业基础，建设现代农业经营体系，培育新型经营主体，支持金山双品三棱橄榄基地和揭西县金源种养专业合作社优化产业发展格局。加强农村生活垃圾处理，健全完善“户收集、村集中、镇转运、县处理”生活垃圾收运处理体系，全镇各自然村都配备保洁队伍，村庄保洁覆盖率100%，完成13个村标准化垃圾分类收集站建设，实现日产日清。推进“厕所革命”，完成户厕摸排9229户，发现问题厕所26户，完成公厕摸排69座，发现问题公厕11座，全部整改完成，整改完成率100%，完成三年改厕任务。完成撂荒耕地复耕复种108公顷，完成土地流转111.83公顷。推进农村宅基地审批管理工作，实行联合办公的农村宅基地用地建房联审联办制度，完成宅基地审批106宗。加强扶持发展揭西县吉大养殖有限公司生猪养殖、揭西县鹏兴种植专业合作社柑橘种植、揭西县满地春蔬菜种植专业合作社蔬菜种植等种养主体。

【教文卫体】 **教育** 2021年，南山镇有幼儿园8所，在园幼儿776人，幼儿教师43人；小学6所，在校小学生1453人，教职工135人（小学一级教师103人，小学高级教师2人）；初级中学2所，在校学生960人，教职工93人（中学一级教师33人，中学高

南山镇美丽圩镇建设项目——铺设人行道（2021） （南山镇 供稿）

级教师10人）。是年，学前教育毛入园率93.8%，小学五年巩固率99.4%，初中毕业生升学率94.5%，初中三年巩固率100%，义务教育九年巩固率100%。

文化 体育 2021年，南山镇有文化站1个，广播站1个，有线电视转播站1个，村级广播站18个，文化活动广场14个，农家书屋19间，老人福利院1个。全年举办群众文艺会演活动4场。

卫生 2020年，南山镇有卫生院1所，有卫生技术人员28人（高级职称1人、中级职称2人、初级职称23人，未取得职称2人），执业医师2人、执业助理医师9人，病床45张，内设预防保健科、全科医疗科、妇产科等科室；乡村卫生站18个，乡村医生11个。是年，全镇各医疗机构门诊量1.05万人次，收治住院病人7例，医疗卫生单位业务收入31.4万元。

【民生福祉】 2021年，南山镇发展各项社会事业，宣传发动群众接种疫苗，做好城乡低保、农村特困、城乡医疗救助等民生保障工作，落实稳就业、保就业政策，实施“粤菜师傅”“广东技工”“南粤家政”工程。加强退役军人服务管理，健全退役军人保障制度。推进农村生活污水治理，投入雨污分流建设资金2497.64万元，完成雨污分流管网铺设50%。建成2个污水处理厂和7个污水处理站，全部通水运行。完成石船村集中供水项目，覆盖60户、350人，推进农村集中供水全覆盖攻坚行动，实现全镇农村供水全覆盖。推进基础设施建设，完成镇区5段主要道路4.5千米改造提升，建成火炬天宝堂“四好农村路”。完成火炬村、关西村、榕光村3个行政村电网改造工作，覆盖7个自然村、1056户。10月，南山镇社会工作服务站成立，配备社工10人。全年参加城乡居民基本养老保险1.58万人，领取农村社会养老保险5200人，参加城乡居民医疗保险3万人；发放城镇居民最低生活保障对象保障金9.9万元，发放农村低保对象保障金428.3万元，发放特困供养对象保障金154.3万元；发放困难家庭补助款20万元，发放大病救助款30万元。

【社会治理】 2021年，南山镇推进社会治理体系和治理能力现代化，加大安全生产、“三防”、森林防灭火工作力度，加强矛盾排查化解，强化综合行政执法工作。开展违法建设整治行动，对通过巡查发现在册登记131宗违法建设进行分类处理，其中拆除任务3宗全部完成拆除、128宗违法建设全部控停并完善手续。19个村（社区）签订防范电信网络诈骗责任书，发放宣传资料3000份，帮助指导村民安装“国家反诈中心”App软件近千次。成立“社区三人小组”20个，设置一级网格单元19个、二级网格单元62个，配备网格员200人。全年受理来信来访案件21件，办结21件，办结率100%。镇司法所调处矛盾纠纷29件，调解成功29件，调解完成率100%。开展扫黑除恶专项行动10多次，出动执法人员80人次，悬挂扫黑除恶宣传横幅40条、发放宣传海报资料3000份。分级分类管控吸毒人员81人，其中社区戒毒社区康复对象2人。接收社区矫正对象4人，解除矫正2人。立刑事案件13件，刑事拘留6人，破案6件；治安案件7件，行政拘留2人。

【“五个一”工程】 2021年，南山镇挖掘利用火炬村红色资源，发挥火炬村“广东省红色村党建工程示范点”作用，规划实施建设揭西县火炬村党建示范“五个一工程”，打造红色品牌，为中国共产党成立100周年献礼。通过对红色历史文献资料整理，以图书为核心打造一整套“红色文创体系”，编纂《红色揭西——揭西县革命老区发展史》，完成图书编制工作，提交新华出版社审核出版；拍摄电影《情系火炬村》，以火炬村为背景、社会主义新农村建设为题材；制作一套纪录片，记录火炬村“红色村”建设过程，完成情节拍摄及后期制作；6月6日，在火炬村举办“永恒的火焰”——庆祝中国共产党成立100周年文艺演出，主要有歌曲、舞蹈、朗诵、情景表演等演出表演形式，揭阳电视台播出晚会录播视频；完成红色基因数据化系统相关制作和调试，上线全景板块、线上漫游板块、AR交互内容，支持电脑端、手机端、网页端浏览。在火炬村委和南山镇政府各置放1套线下展示系统。

2021年南山镇主要社会经济指标表

表45

项目	单位	指标	项目	单位	指标
土地总面积	万公顷	1.35	粮食总产量	吨	8203
总人口	万人	3.77	水产总产量	吨	1695
乡村人口	万人	3	水果总产量	吨	5289
总户数	户	9127	蔬菜总产量	万吨	1.78
社区居委会	个	1	生猪出栏量	万头	1.57
村委会	个	18	家禽出栏量	万只	65
农业总产值	亿元	4.26	中学	所	2
工业总产值	亿元	5.35	小学	所	6
工业企业	家	60	中小学在校学生	人	2413
规模以上企业	家	2	中小学在职教师	人	228
固定资产投资	亿元	2.35	幼儿园	所	8
地方公共财政预算收入	亿元	1.14	在园幼儿	人	776

2021年南山镇主要企业基本情况表

表46

企业名称	企业性质	职工人数（人）	主要特色产品	年产值（万元）	年上缴税收（万元）
揭西县瀚鑫制线有限公司	私营企业	105	塑料绳、索、缆制造	27535	253
揭西县崇发塑料制品有限公司	私营企业	80	塑料餐具	10765	98

2021年南山镇各村（居）委会基本情况表

表47

村（居）委会名称	所辖自然村名称
道南居委	无
西友村委	谢洞村、大隆村、大成岭村
分水村委	分水村
前锋村委	石船村、西湖楼村、金营埔村、埝坑村、世昌楼村
榕光村委	新村、榕树楼村
北河村委	上条河村、下条河村、新联村
北溪村委	细溪村、田心村、李屋寨村
上寮村委	上坎村、下坎村、关刀丘村、老寨村、长岭排村
关西村委	上关西村、下关西村
大新村委	公益圩村、新寮村、大埔村
新联村委	溪头洋村、塘背岭村、新丰村、径尾头村
火炬村委	新寨村、老寨村

续表47

村（居）委会名称	所辖自然村名称
南山村委	南山村、桐树下村
南河村委	永南村、高楼下村、排下村、龙西下寨村、龙西上寨村、龙西新寨村、坝子村、南山圩村
罗京水村委	湖坪村、三派村、察子坑村
称沟潭村委	称沟潭村
归善村委	归善村
洋梅坪村委	洋梅坪村
石结到村委	石结到村

（方森生　彭浩扬）

灰寨镇

【概况】　灰寨镇位于揭西县中部丘陵地带，东南与京溪园镇和塔头镇相接，西与大溪镇相邻，南与金和镇交界，北与南山镇接壤，距离县城22千米。地理区域东起后洋岭，西到龙湖田心，南达南洋陈太埔，北至向阳章洲坝。有新宫林苏式古建筑群、同福桥、岚川塔风景区等景点。土特产有三棱橄榄、糯米酒、寿仙菜等。地方方言为客家方言和潮汕方言。2021年，土地面积53.6平方千米，辖居民委员会1个和村民委员会16个，自然村69个。新出生人数449人，人口出生率10.3‰，人口自然增长率7.5‰。海外华侨2万人。港澳台同胞1万人。至年底，总户数1.09万户，户籍人口4.36万人，常住人口2.84万人。

【基层党建】　2021年，灰寨镇加强队伍建设，结合党建主题活动推动基层党组织建设。完成镇级领导班子换届工作，新一届班子成员12人，其中35岁以下3人，配备女干部2人，平均年龄44岁，大学本科学历10人、大专学历2人。推进17个村（社区）党（总）支部换届选举工作，完成村级换届选举工作，选出“两委”干部92人，其中新进党组织书记5人、“两委”干部48人。组织党组织书记和“两委”干部进行学历提升共30人；建立基层党组织后备人才库，选拔“准书记”34人，后备干部34人。至年底，全镇党委下设党组织44个，其中党支部39个、党总支部5个；党员1331人。是年，发展预备党员27人、入党积极分子37人，预备党员转正16人。

【经济发展】　2021年，灰寨镇工农业总产值14.01亿元，比2020年（下同）增长9.5%，其中工业总产值8.80亿元，农业总产值5.21亿元。地方公共财政预算收入0.40亿元，下降81.0%；地方公共财政预算支出0.40万元，下降81.0%。全年固定资产投资2.89亿元，社会消费品零售业总额3.80亿元，各项税收收入343.92万元。辖区内有中国农业银行、中国邮政储蓄银行和广东揭西农村商业银行3大行共5个网点，各项存款余额11.01亿元，其中居民储蓄存款10.41亿元；各项贷款余额3667万元。

农业　2021年，灰寨镇农业总产值5.21亿元，增长6.8%。全镇耕地面积1438.13公顷，粮食播种面积1502公顷，粮食总产量8634吨。水稻种植面积1019公顷，总产量6098吨；蔬菜种植面积558公顷，总产量2.43万吨；水果种植面积694.4公顷，总产量1.23万吨，其中柑橘类种植面积133公顷，产量2147吨。橄榄种植面积134公顷，产量3000吨。林地面积2892.47公顷，生态林188.1公顷，完成育林面积214.7公顷，林业采伐面积15.28公顷，木材采伐蓄积1191.5立方米，出材714.9立方米。全年生猪出栏1.5万头、家禽（鸡、鸭、鹅）出栏73.91万只，水产养殖总产量1038吨。

工业　2021年，灰寨镇工业

生产以毛巾纺织品、运动用品、电子原配件、塑料产品为主，有规上工业企业4家，从业人员941人。主要民营企业有揭西县国樱运动用品厂、揭西县礼兴达纺织有限公司、揭西县铭星餐具有限公司、揭西县东聚电子有限公司。是年，实现工业总产值8.80亿元，增长12.5%，其中规模以上工业产值6.49亿元，增长8.3%。

商业 2021年，灰寨镇有农贸市场1个，镇区沿街商铺361家，主要商品有毛巾纺织、农机、家具等，全镇外贸出口主要企业有揭西县国樱运动用品厂（来料加工型台资企业）。全年社会消费品零售总额3.80亿元，增长11.1%。

【乡村振兴】 2021年，灰寨镇投入900多万元，完成农商行灰寨支行至河五桥单侧辅道建设工程、向阳村委前排水沟清淤修复工程、村口镇标打造等9个项目建设；投入1200万元，修缮活化新宫林乐善处，完成修缮面积2164平方米，阁楼修缮面积526平方米，修缮周边排水沟约267米，更换所有糟朽门窗，安装五金构件，修缮木构件165座；投入1000多万元，完成灰大路（灰寨段）一期、二期路面建设和路边提升工程；完善城乡生活垃圾收运系统，配齐村级保洁员，加强对引进专业保洁公司监督，实行网格化管理，配齐网格员、保洁员；铺设雨污分流管网113.63千米，衔接镇污水处理厂建设；推进“厕所革命”，全镇新建标准化公厕19座；实施“绿满家园”行动，投入资金100万元，在全镇各主要道路种植绿化树1600余株，实施沿路绿化升级改造，绿化道路5.9千米。投入驻镇帮镇扶村资金1320万元实施驻镇帮镇扶村项目19个，包括防止返贫动态监测、雨污分流工程、道路硬化工程、农贸市场提升改造等方面；使用防返贫动态监测和帮扶资金5.71万元用于监测对象医疗救助、教育生活补贴、生活条件改善、居住环境修缮等方面。发展青榄、柑橘、油柑种植，主要分布在马路村、柑坑村、后洋村，其中马路村橄榄产业为主导优势产业，种植面积306.66公顷，年产值约3700万元。选取河五村、三坝村、溪背圩村、新宫林村、老宫林村、南洋村、上角村7个行政村开展壮大扶持村集体经济试点；争取上级壮大扶持村集体经济补助资金350万元。完成认定农民专业合作社17户、家庭农场50户、市级龙头企业1家，马路村被评为广东省“一村一品、一镇一业”青榄专业村。全年完成宅基地审批发证249宗，完成撂荒土地复耕218.45公顷，农村土地承包经营权流转面积54.73公顷。

【教文卫体】 教育 2021年，灰寨镇有幼儿园3所，在园幼儿762人，幼儿教师44人；小学10所，在校小学生1958人，在校幼儿学生430人，教职工145人（小学初级教师41人，小学中级教师102人，小学高级教师2人）；完全中学1所，在校中学生930人，教职工114人（中学初级教师41人，中学中级教师67人，中学高级教师5人）。8月28日，在灰寨镇政府会议室召开李汉枢杨雪花、李听奖助学颁奖大会，为考取揭阳一中、大学本科、硕士研究生59人发放奖助学金共40万元。是年，学前教育毛入园率95.5%，小学教育毛入学100%，初中毕业生升学率70%，初中三年巩固率99%，义务教育九年巩固率99%，高中阶段教育毛入学率64%；灰寨中学考取揭阳一中、河婆中学、棉湖中学等学校人数共18人。

文化 体育 2021年，灰寨镇有文化站1个、广播电视站1个、村级广播站17个、有线电视

灰寨镇镇标（2021） （灰寨镇 供稿）

转播站2个、农家书屋17间、老人福利院1个、灰寨书画院1个。17个行政村实现篮球场和公共户外运动场所、设施全覆盖。完善文化体育基础设施建设，完成镇综合文化站、镇足球场、各行政村文明实践所、灰龙村居家养老中心、马路村儿童之家等惠民文化设施建设。

卫生 2021年，灰寨镇有卫生院1所，有卫生技术人员71人（高级职称1人、中级职称5人、初级职称61人，未取得职称4人），执业医师13人、执业助理医师14人，病床50张；乡村卫生站16所，乡村医生18人；个体门诊1所，个体医1人。全年投入98.99万元，完善卫生院医疗设备，其中购置专用设备5套共63.91万元，购买办公设备20套共35.08万元。全年各医疗机构门诊量1.65万人次，住院1139例，医疗卫生单位业务收入649.92万元。

【民生福祉】 2021年，灰寨镇实现农村供水全覆盖。完成雨污分流管网铺设61.68千米。建成镇级污水处理厂1个，完成提升泵站、生化池、设备间、储泥池、排放渠等主体建设，配套主次干管总长度6.28千米，建成主管道6千米，进入通水试运行阶段。完成南洋村、新宫林村、向阳村、金星村4个行政村“四好农村路”建设。10月，成立灰寨镇社会工作服务站，设灰圩居委社工点1个，配备社工10人。灰寨镇全年参加城乡居民基本养老保险9420人，参加城乡居民医疗保险3.30万人；发放城镇居民最低生活保障对象保障金7.91万元，发放农村低保对象保障金443.78万元，发放特困供养对象保障金239.57万元；完成206名精神障碍患者监护人补助资金申请；发放大病救助款24.38万元，发放困难群众临时救助金21万元。

【社会治理】 2021年，灰寨镇结合拆窗砌墙改造工程对示范带沿街商铺开展专项整治，完成安装逃生门1663个。成立“社区三人小组”18个，设置网格单元152个，配备网格员502人。建立治保会17个、调解会17个，治保人员42人。全年受理来信来访案件37件，办结37件，办结率100%；排查各类纠纷案件55件，化解调处55件。镇人民调解委员会（镇司法所）调处矛盾纠纷120件，调解成功118件，调解完成情况98.3%。受理“12345”市民服务热线工单206件，全部办结，办结率100%。分级分类管控吸毒人员3人，其中社区戒毒社区康复对象1人。接收社区矫正对象4人，解除矫正4人。立刑事案件18件，刑事拘留7人，破案11件；治安案件17件，行政拘留7人。

【灰寨镇农房管控及乡村风貌提升示范带】 2021年，灰寨镇投入1.28亿元开展以灰寨镇镇名“灰”为主题的农房管控和乡村风貌提升工作。乡村风貌提升示范带从甬莞高速灰寨出入口沿省道S237线至新图村、灰大线（乡道Y519线）至马路村止，全长20千米，贯穿规划区内马路村、后洋村、新宫林村、新图村、南洋村、后联村、老宫林村、灰龙村、柑坑村9个行政村。12月底，项目全部完工，完成总项目131个，其中采用“农民工匠法”实施项目102个，招标施工项目29个。完成项目包括2060户外立面改造、马路村党建广场亮化工程、灰龙村五福田水塘景观提升工程、新图村村口廊亭安装工程、后洋村主题村标和周边打造项目等重要节点项目。投入2300多万元，开展灰寨河、赤寨河中小河流域整治工程，完成一河两岸、景观亭、沿河人行道等建设。

灰寨镇乡村风貌提升示范带（2021） （灰寨镇 供稿）

2021年灰寨镇主要社会经济指标表

表48

项目	单位	指标	项目	单位	指标
土地总面积	公顷	5360	粮食总产量	吨	8634
总人口	万人	4.36	水产总产量	吨	1038
乡村人口	万人	3.98	水果总产量	万吨	1.23
总户数	万户	1.09	蔬菜总产量	万吨	2.43
社区居委会	个	1	生猪出栏量	万头	1.5
村委会	个	16	家禽出栏量	万只	73.91
农业总产值	亿元	5.21	中学	所	1
工业总产值	亿元	8.80	小学	所	10
工业企业	家	4	中小学在校学生	人	2893
规模以上企业	家	4	中小学在职教师	人	259
固定资产投资	亿元	2.89	幼儿园	所	3
地方公共财政预算收入	万元	4028.16	在园幼儿	人	762

2021年灰寨镇主要企业基本情况表

表49

企业名称	企业性质	职工人数（人）	主要特色产品	年产值（万元）	年上缴税收（万元）
揭西县国樱运动用品厂	来料加工	250	体育用品	9149	20
揭西县礼兴达纺织有限公司	纺织	171	毛巾	55737	36.68
揭西县铭星餐具有限公司	来料加工	197	塑料餐具	4200	147
揭西县东聚电子有限公司	电子产品生产	110	微型变压器	2708.08	72.72

2021年灰寨镇各村（居）委会基本情况表

表50

村（居）委会名称	所辖自然村
灰圩居委	灰圩村
金星居委	龙湖村、乌黎村、田心村
河五村委	朱屋楼村、老坎塘村、新坎塘村、河坑村、红卫村
向阳村委	章坝村、岭下村、内富村、新寨村、松围村、上点村、岐圩村、中点村、红点村
上角村委	墩下村、新丹竹村、老丹竹村、何树下村
后联村委	后埔村、畚黄村
新图村委	新图村
新宫林村委	新宫林村
老宫林村委	老宫林村、塘房下村、下畚村
溪背圩村委	溪背圩村、车子村

续表50

村（居）委会名称	所辖自然村
灰龙村委	龙路村、五福田村、新铺村、文山楼村、赤那村、潭唇村
三坝村委	上坝村、下坝村、高墩村、上岩村、下岩村
东联村委	高龙村、乔上村、陈屋寮村
后洋村委	后洋村、岭完村
南洋村委	后背村、寨内村、新寮埔村、朝阳村、汕头埔村、南门段村、青潭岭村、圆潭村、山下村、溪背上寨村、溪背下寨村、新南村、陈太埔村、新径村
柑坑村委	柑坑村
马路村委	马路村、下寮园村、红旗村、墩子下村、老坪村、新坪村、深园村

（温惠祥　曾锐彬）

京溪园镇

【概况】　京溪园镇位于揭西县东北部，西与灰寨镇、南山镇相邻，东、北与五经富镇、揭阳产业转移工业园接壤，南与塔头镇交界，东南与东园镇相接，距离县城30千米。有京明温泉度假村、黄满寨瀑布旅游区、樱山花谷景区、粗坑村（广东最美乡村）、大鹿农业公园等景点，其中国家AAAA级旅游景区2个、国家AAA级旅游景区1个。土特产有有机茶叶、青橄榄等。地方方言为客家方言。2021年，土地面积73.36平方千米，下辖社区居民委员会1个，村民委员会13个，自然村82个。新出生人数536人，人口出生率10.6‰，人口自然增长率4.6‰。至年底，总户数1.31万户，户籍人口5.08万人，常住人口1.98万人。

【基层党建】　2021年，京溪园落实“第一议题”制度，镇领导班子开展中心组学习12次。镇委党校开展教育培训9期、839人次。完成镇级领导班子换届工作，新一届班子成员14人，其中35岁以下4人，配备女干部3人，平均年龄43岁，大学本科学历10人、大专学历4人。完成村级换届工作，选出村（社区）“两委”干部83人，书记、主任、经联社长“一肩挑”比例100%，“两委”干部100%交叉任职。抓好“头雁”工程，选优配强村级党组织书记，新当选14名党组织书记平均年龄46.4岁，大专以上学历7人；建立村“两委”班子后备干部名册台账，确定党组织书记后备干部28人、村“两委”后备干部28人，村（社区）“两委”干部83人；落实对村（社区）“两委”班子考核评价工作，召开民主座谈和民主评议会议14场次，完成对19名村（社区）党组织书记绩效考核工作。完成村（社区）党群服务中心建设，新招录专职工作人员6名。至年底，全镇基层党组织55个，其中基层党委1个、党总支5个、党支部49个；党员1267人。是年，发展预备党员25人、入党积极分子18人，预备党员转正14人。

【经济发展】　2021年，京溪园镇工农业总产值27.56亿元，比2020年（下同）增长4.63%，其中工业总产值22.77亿元，农业总产值4.79亿元。地方公共财政预算收入4622.28万元，下降20.6%；地方公共财政预算支出5970.08万元，增长17.8%。全年固定资产投资1.84亿元，社会消费品零售总额4.08亿元，各项税收收入559.76万元。镇内有2家银行机构，各项存款余额8.76亿元；各项贷款余额2026万元。

农业　2021年，京溪园镇农业总产值4.79亿元，下降1.4%。全镇耕地面积951.47公顷，粮食播种面积1793.33公顷，粮食总产量1.08万吨。农作物主要有水稻、玉米、花生。水稻播种面积1115.6公顷，总产量6743吨；蔬菜种植面积492.27公顷，总产量2.10万吨；水果种植面积553.07公顷，总产量9101吨；茶叶种植面积766.67公顷，总产量3270吨。完成造林面积190公顷，木材采伐1540立方米。全年生猪出栏1.04万头、家禽（鸡、鸭、鹅）出栏103.58万只，水产养殖总产量1796吨。

工业 2021年，京溪园镇工业生产主要以农副产品加工为主，辅以五金、塑料、建筑建材等行业，有工业企业192家，从业人员4800多人，其中规模以上工业企业8家。主要民营企业有京溪园罐头食品有限公司、桂竹园饼业有限公司、广东凯城管业有限公司等。是年，实现工业总产值22.77亿元，增长6.01%，其中规模以上工业产值19.22亿元，增长6.9%。

商业 2021年，京溪园镇有农贸市场1个，镇区沿街商铺288家［其中营业面积50平方米以上超市（含综合商店）22个］，主要经营五金电器、服装鞋类、日常用品、农副产品等。是年，全镇限额以上商业企业3家；社会消费品零售总额4.08亿元，增长12.7%。

【乡村振兴】 2021年，京溪园镇开展驻镇帮镇扶村、美丽圩镇建设和村庄清洁行动。推进新农村建设，大鹿村新农村建设实施项目14个；推进创建生态宜居美丽乡村示范片，甲溪村实施挡水坝整治工程等6个项目，粗坑村实施路灯及亮化工程等8个项目，所有项目全部完工并通过验收。推进茶叶、苦笋、生猪、南药等农业产业链建设，完成茶叶种植面积674.67公顷，由揭西县黄满寨茶叶种植专业合作社承担揭西县现代茶叶产业园项目之一——粗坑生态茶园项目完成种植任务533.33公顷，其余由京明茶园、大鹿农业公园、樱山花谷及其他农户完成；完成苦笋种植面积337.33公顷，主要分布在粗坑村；完成南药种植面积34公顷，由揭西县雄海种养专业合作社承担，主要分布在新洪村。壮大九磜村、员墩村、岭溪村、美德村、新联村5个村经济收入，每个村50万元共250万元投资云顶茗茶叶专业合作社，保本分红，投资期限5年，至年底产生总收益12.5万元。推进农村耕地“灭荒”三年行动，完成复耕复种191.42公顷。做好土地流转工作，完成土地流转51.22公顷。完成宅基地审批村级受理500宗、镇级受理487宗，审批发证218宗，批准建设面积共1.82万平方米。初步完成美丽圩镇规划，完成项目规划编制。圩镇范围内9个自然村全部建成垃圾收集集中点建设。高京经济网络公路改建工程一标段路基完成97%、防护工程挡土墙完成98%、排水工程完成98%、路面结构完成45%。大鹿农业公园项目完成园区彩色水泥路、灌溉系统等生产设施建设，扩大红花紫薇、金花茶等苗木种植面积，完成市科协教育基地科普室建设，完成大鹿农业公园总体规划初稿并通过专家评审，推进通往景区道路建设。全镇“粤字号”品牌3个。新增县级农业龙头企业1家、县级示范社1个、县级示范家庭农场1个。

【教科文卫体】 **教育** 2021年，京溪园镇有幼儿园3所，在园幼儿642人，幼儿教师31人；小学12所，在校学生1867人，教职工127人（小学一级教师81人，小学高级教师5人）；初级中学2所，在校学生473人，教职工66人（中学一级教师36人，中学高级教师6人）。是年，学前教育毛入园率99%，小学五年巩固率100%，初中毕业生升学率96.67%，初中三年巩固率99.8%，义务教育九年巩固率99.96%。完成普通高中送招173人。

科技 2021年，京溪园镇加强对企业创新发展指导，加大企业技术创新支持力度。京溪园罐头食品有限公司投入930多万元进行高营养即食玉米罐头制备关键技术研究；揭西县京明茶叶综合发展有限公司投入960多万元进行超高压制备茶饮料关键技术研究；广东鸿盛利五金制品有限公司投入850多万元进行钻尾螺钉钻尾加工装置优化技术研究及快牙螺丝自动化制造贵阳技术优化研究等。

文化 体育 2021年，京溪园镇有文化站1个，广播站1个，有线电视转播站2个，村级广播站13个，敬老院1个，13个行政村均有篮球场。

卫生 2021年，京溪园镇有卫生院1所，有卫生技术人员49人（中级职称4人、初级职称45人），执业医师4人、执业助理医师17人，病床40张；乡村卫生站16个，乡村医生73人。是年，卫生院新增全自动血细胞分析仪、医用电子血压计等医疗设备。全年各医疗机构门诊量1.13万人

大鹿农业公园彩色水泥路（2021）　（京溪园镇　供稿）

次，收治住院病人136例，医疗卫生单位业务收入134.96万元。儿童计划免疫率95%，发现疑似传染病16例。

【民生福祉】　2021年，京溪园镇投入851万元完成农村集中供水全覆盖攻坚任务，建成供水管网119.07千米，覆盖上陇村、新联村、美德村、新洪村4个行政村其中25个自然村共4160户、1.74万人。加快实施乡道Y513线蛇头桥改建工程项目，解决周边村民出行安全问题。推进7条“四好农村路”共4.57千米建设。完成建设21个工程包涉及12个行政村24个自然村雨污分流工程，建设污水管网70.48千米，投入资金2107万元。建成镇区污水处理厂1座、农村生活污水站1个、村级污水处理站2座、简易污水处理设施5座。京溪园镇退役军人服务站被评为广东省三星级示范退役军人服务站。京溪园镇社会工作服务站2017年7月成立，配备社工7人。全年参加城乡居民基本养老保险9478人，领取农村社会养老保险9443人，参加城乡居民医疗保险3.99万人；发放农村低保对象保障金306万元，发放特困供养对象保障金440万元；完成228名精神障碍患者监护人补助资金申请；发放困难家庭补助款8.75万元，发放困难群众临时救助金18.06万元。

【社会治理】　2021年，京溪园镇推进农村社会治安防控体系建设，完成配备综治视联网建设并投入使用，全镇14个村（社区）各重要村道路口全部安装平安视频监控；落实综治网格员包片巡逻，对网格内发生矛盾纠纷及时发现、及时调解。加强摩托车电动车道路交通秩序管理，开展骑行佩戴安全头盔劝导活动66场次，组织镇村干部上路宣传劝导村民戴头盔1万人次，悬挂跨路、制作LED等宣传横幅18幅，发放倡议书3000份。推进“全民反诈”、拆窗砌墙等专项整治行动。全镇成立“社区三人小组”14个，设置网格单元165个，配备网格员263人。建立治保会14个、调解会14个，治保人员30人。全年受理来信来访案件27件，剔除重复信访件后为12件，办结12件，办结率100%；排查各类纠纷案件24件，化解调处24件。镇人民调解委员会（镇司法所）调处矛盾纠纷34件，调解成功34件，调解完成情况100%。受理“12345”市民服务热线工单156件，办结143件，办结率91.7%。开展扫黑除恶专项行动4次，出动执法人员56人次，悬挂扫黑除恶宣传横幅9条、发放宣传海报资料4000多份。分级分类管控吸毒人员1人，其中社区戒毒社区康复对象2人。接收社区矫正对象3人，解除矫正4人。立刑事案件26件，刑事拘留11人，破案7件；治安案件25件。

2021年京溪园镇主要社会经济指标表

表51

项目	单位	指标	项目	单位	指标
土地总面积	公顷	7336	粮食总产量	万吨	1.08
总人口	万人	5.08	水产总产量	吨	1796

续表51

项目	单位	指标	项目	单位	指标
乡村人口	万人	4.84	水果总产量	吨	9101
总户数	万户	1.31	蔬菜总产量	万吨	2.10
社区居委会	个	1	生猪出栏量	万头	1.04
村委会	个	13	家禽出栏量	万只	103.58
农业总产值	亿元	4.79	中学	所	2
工业总产值	亿元	22.77	小学	所	12
工业企业	家	192	中小学在校学生	人	2340
规模以上企业	家	8	中小学在职教师	人	193
固定资产投资	亿元	1.84	幼儿园	所	3
地方公共财政预算收入	万元	4622.28	在园幼儿	人	642

2021年京溪园镇主要企业基本情况表

表52

企业名称	企业性质	职工人数（人）	主要特色产品	年产值（万元）	年上缴税收（万元）
京溪园罐头食品有限公司	私企	178	蔬菜、水果罐头、鱼罐头	60172.4	601.7
广东凯城管业有限公司	私企	80	塑料零件及其它塑料制品	5586	40.5
桂竹园饼业有限公司	私企	93	饼干	25723.1	257.2
广东鸿盛利五金制品有限公司	私企	126	金属紧固件	9815.2	22.6
揭西县正达铜业有限公司	私企	112	铜压延加工	12793.3	127.9
揭西县京溪园镇粗坑水电发展有限公司	私企	135	水力发电	2538.4	25.4
揭西县京明茶叶综合发展有限公司	私企	90	绿茶和乌龙茶等精制茶加工	34210.9	342.1
揭西县京溪园镇新裕发皮业有限公司	私企	85	塑料人造革、合成革制造	36392.7	363.9

2021年京溪园镇各村（居）委会基本情况表

表53

村（居）委会名称	所辖自然村名称
京溪园居委	无
粗坑村委	坪坑村、粗坑村、孔下村
九磜村委	楼下村、九磜村、水头洋村、东南村
甲溪村委	甲溪村、湖宏塘村、塘尾村、大片田村、翁溪村、光头洋村
新洪村委	隆衣村、背头埔村、黄竹坡村、新寮村、且村、新书斋村、义金围村、洪角村、老寨村、新寨村、双付洋村、塘卜村、更子村、细科村、大隆村、石一种村
长滩村委	长滩一村、长滩二村、长滩三村、江坝村、祠堂下村、含水堀村
大岭下村委	大岭下村、沙坝巷村
岭溪村委	陈牙石村、京溪园村、蛇头村

续表53

村（居）委会名称	所辖自然村名称
员墩村委	员墩村、丰田岭村、大坪埔村、塘仔唇村、新塘湖村
上陇村委	大溪湖村、石头塘村、洋仔沙村、燕角村、新楼村、四村、五村、六村、七村、八村、九村
新联村委	石湖山村、中央村、溪唇寨村、桥头寨村、狮龙围村
美德村委	三村、四村、五村、六村、七村、八村、九村、大坷湖村
大鹿村委	上鹿村、巷口村、下鹿村
曾大寮村委	新寨村、老寨村、寨后村、新苑村、淌池村、池美村、龙苑村、沟围村、竹围村、蓝苑村

（陈运业　陈婉茹）

五经富镇

【概况】　五经富镇位于揭西县东北部，是“两市”（揭阳市、梅州市）“三县（区）”（揭东区、揭西县、丰顺县）交界点，东与揭东区龙尾镇、高新区以及丰顺县埔寨镇接壤，北与丰顺县八乡山镇毗邻，西与南山镇、良田乡交界，南连京溪园镇，距离县城32千米，是潮汕平原西进山区的主要通道，为广东省中心镇之一。有大洋国际生态旅游度假区、黄龙寺等景点，其中国家AAA级旅游景区1个。土特产主要有茶叶、苦笋、腊肠、蜂蜜、番薯、咸菜。地方方言为客家话。2021年，土地面积168.66平方千米，下辖社区居民委员会2个，村民委员会26个，自然村92个。新出生人数540人，人口出生率9.3‰，人口自然增长率3.3‰。至年底，总户数1.46万户，户籍人口5.7万人，常住人口4万人。是年，五经富镇党委委员林杨鑫被授予“广东省脱贫攻坚先进个人”称号。

【基层党建】　2021年，五经富镇完成镇级领导班子换届工作，新一届班子成员13人，其中35岁以下6人（镇长35岁），配备女干部3人，平均年龄39.7岁，大学本科学历9人、大专学历4人。建立村（社区）“两委”后备干部信息库，通过村（社区）推荐等方式，重点从优秀年轻致富能手、返乡大学生、退伍军人中选拔人员入库，做好教育培训、跟踪培养等工作，建立完善“理论培训+导师帮带+实践锻炼”动态调整机制，选拔村（社区）“两委”后备干部119人，其中党组织书记后备干部56人；完成28个村（社区）“两委”换届工作，选举产生新一届村（社区）“两委”干部147人，交叉任职70人，书记、主任、经联社理事长三个“一肩挑”比例100%。至年底，全镇基层党组织46个，其中党委1个、党支部45个；党员1990人。是年，发展预备党员32人、入党积极分子53人，预备党员转正19人。

【经济发展】　2021年，五经富镇工农业总产值16.2亿元，比2020年（下同）下降3.2%，其中工业总产值11.02亿元、农业总产值5.18亿元。地方公共财政预算收入9586.63万元，增长16.6%；地方公共财政预算支出9586.63万元，增长16.6%。全年固定资产投资3.08亿元，社会消费品零售总额4.88亿元，各项税收收入412.55万元。镇内有农村商业银行1家、农业银行1家、邮政储蓄银行1家。

农业　2021年，五经富镇农业总产值5.18亿元，增长1.9%。全镇耕地面积2736公顷，粮食作物播种面积1357公顷，粮食总产量8141吨。主要农作物有稻谷、玉米、番薯、大豆等。水稻种植面积1303公顷，总产量7507吨；蔬菜种植面积584公顷，总产量2.3万吨；水果种植面积397公顷，总产量5223吨。完成造林面积187公顷，木材采伐1598立方米。全年生猪出栏70万头、家禽（鸡、鸭、鹅）出栏257万只，水产养殖总产量1918吨。

工业　2021年，五经富镇工业生产主要以轻工业为主，有工业企业38家，从业人员8721人，其中规模以上工业企业2家。主要民营企业有和天下旅游投资有限公司、广东省天高食品厂有限公司。全年，实现工业总产值11.02亿元，下降4.6%，其中规模以上工业产值2.55亿元，下降24.7%。

商业 2021年，五经富镇有市场3个，镇区商铺460多家，主要经营服装鞋类、日常用品、五金电器、农副产品、餐饮等。是年，限上商业企业2家；社会消费品零售总额4.88亿元，增长11.1%。

【乡村振兴】 2021年，五经富镇推进打造大洋片区红色美丽宜居示范村精品线路（新仓村、新安村、五新村）。投入865万元打造龙山村自办美丽宜居示范村。五经富镇参与揭西县茶叶省级现代农业产业园和揭西县苦笋特色产业园2个省级现代农业产业园建设工作，基本形成大洋茶叶、苦笋、番薯、蜂蜜等特色农业产业带。全镇26个村建立农村人居环境整治长效管护机制。全年完成撂荒土地复耕74.07公顷，农村土地承包经营权流转面积40.33公顷，完成宅基地审批发证41宗。

【教科文卫体】 **教育** 2021年，五经富镇有幼儿园6所，在园幼儿1326人，幼儿教师85人；小学11所，在校学生2638人，教职工164人（小学高级教师3人）；九年一贯制学校1所，在校生417人，教职工32人（一级教师22人，高级教师1人）；初级中学1所，在校学生550人，教职工63人（中学一级教师38人，中学高级教师5人）；完全中学1所，在校初中部学生365人、高中部学生508人，教职工101人（中学一级教师48人，中学高级教师7人）。是年，学前教育毛入园率100%，小学五年巩固率100%，初中毕业生升学率100%，初中三年巩固率99.5%，义务教育九年巩固率99.5%，高中阶段教育毛入学率96%；完成普通高中送招398人。

科技 2021年，五经富镇开展农技、职业技术培训会3场次，培训人员200人次。

文化 体育 2021年，五经富镇有文化站1个，镇级广播站1个，有线电视转播站2个，村级广播站28个，镇级文化活动广场1个，村文化活动中心26个，敬老院1个。配套镇文体广场、镇社会足球场。镇文体广场位于镇滨江爱心公园，面积4000多平方米，配套儿童游乐设施、跑道、乒乓球台等；镇社会足球场地位于联南村，总面积4500平方米。

卫生 2021年，五经富镇有中心卫生院（揭西县骨伤科医院）1所，有卫生技术人员114人（高级职称4人、中级职称15人、初级职称89人、未取得职称6人）。执业医师20人、执业助理医师23人。病床90张，配备X光机、B超机、生化分析仪等医疗设备，内设影像科（DR、CT、B超室）、住院内科、住院外科等科室；乡村卫生站26所，乡村医生29人。中心卫生院门诊量1.08万人次，收治住院病人1156人次，医疗卫生单位业务收入1150万元。

【民生福祉】 2021年，五经富镇落实村卫生站公建规范化建设，完成26个村级卫生站建设，全部实现进驻。五经富饮用水源保护工程，2020年11月开工建设，2021年8月竣工，终端接入污水处理厂并通水，该工程总投入2500万元，总长度11.48千米，加上镇区原有市政管网长度2.91千米，全镇排污主管网长度14.39千米。完成建一村1500户电网改造工作。10月，五经富镇社会工作服务站成立，配备社工

泮坑村小公园　　（五经富镇　供稿）

12人，下设建一社工点和第六村社工点2个社工站点。全年参加城乡居民基本养老保险4.23万人，领取农村社会养老保险2万人，参加城乡居民医疗保险4.23万人。发放城镇居民最低生活保障对象保障金13.2万元，发放农村低保对象保障金343.2万元，发放特困供养对象保障金363.6万元；完成700名精神障碍患者监护人补助资金申请。

【社会治理】 2021年，五经富镇加强社会治安综合治理，推进来信来访和矛盾纠纷化解工作，强化法治宣传，推进社会综合治理。全镇成立“社区三人小组”29个，设置网格单元133个，配备网格员384人。全年受理来信来访案件32件，办结32件，办结率100%；排查各类纠纷案件30件，化解调处30件。镇人民调解委员会调处矛盾纠纷62件，调解成功62件，调解完成情况100%。受理“12345”市民服务热线工单300件，办结294件，办结率98%。开展扫黑除恶专项行动1次，悬挂扫黑除恶宣传横幅30条、发放宣传海报资料500多份。立刑事案件37件，刑事拘留11人，破案12件；行政案件22件，行政拘留11人。

2021年五经富镇主要社会经济指标表

表54

项目	单位	指标	项目	单位	指标
土地总面积	公顷	16866	粮食总产量	吨	8141
总人口	万人	5.7	水产养殖总产量	吨	1918
乡村人口	万人	4.8	水果总产量	吨	5223
总户数	万户	1.46	蔬菜总产量	万吨	2.3
社区居委会	个	2	生猪出栏量	万头	70
村委会	个	26	家禽出栏量	万只	257
农业总产值	亿元	5.18	中学	所	3
工业总产值	亿元	11.02	小学	所	11
工业企业	家	38	中小学在校学生	人	4478
规模以上企业	家	2	中小学在校教师	人	360
固定资产投资	亿元	3.08	幼儿园	所	6
地方公共财政预算收入	万元	9586.63	在园幼儿	人	1326

2021年五经富镇主要企业基本情况表

表55

企业名称	企业性质	职工人数（人）	主要特色产品	销售额（万元）	年上缴税收（万元）
和天下旅游投资有限公司	私企	56	旅游休闲服务	811	340
广东省天高食品厂有限公司	私企	25	凉果加工	1966	86

2021年五经富镇各村（居）委会基本情况表

表56

村（居）委会名称	所辖自然村名称
长潭居委	无
陂头居委	无
龙山村委	龙德村、海南村、观音村、张何孔村、桃仔坪村、坑背村、剑门村、茶园坑村、下寮村、鱼条村、园山村
文联村委	径背村、排子村、丰山尾村、茅园村、丰山新村
陈江村委	陈江村
建二村委	大寮村、富斗寨村、汤边村、迎上围村、埔子围村
建一村委	上陂头村、下陂头村、建中圩村、新寨村、禾坪头村、水磨村、龙湖村
第八村委	八村
第七村委	石印村、坑尾头村
第六村委	六村
第五村委	五村
第四村委	四村
第三村委	三村
第二村委	二村
第一村委	一村
新和村委	珍子围村、上车村、大江村、见龙围村
营盘村委	营盘村、红围村、下田村
中和村委	庵背村、中和新村、新寨村、青塘角村、山子下
朝阳村委	约所村、中和圩村、低坪村、友德村、新塘村
联和村委	高村、罗屋村
联南村委	鸭母湖村、小溪村、塘背村、井潭村
恒星村委	下坝村、青溪村、圆潭村、耀地村、曲潭村、西山下村、良滩村、龙新村
泮坑村委	泮坑老寨村、洋寮段村、蛇地龙村、见背村、南门村、龙仔村
五新村委	老屋下村、光裕楼村、官屋埔村、陈屋塅村、新开田村、新岭村
新安村委	新铺村、何树窟村、山下塅村
中联村委	赖屋岭村、田心村、梅花村
新仓村委	新仓老寨村、新仓新寨村
新其村委	新其老寨村、新其新寨村、移民新村

（吴庭鸿　陈思源）

大溪镇

【概况】 大溪镇位于揭西县东南部，东与灰寨镇接壤，西毗邻龙潭镇、坪上镇，南连钱坑镇，北与南山镇交界，距离县城15千米。有井美村（广东省历史文化名村、广东省古村落）、涂晋庵、金山清元洞、金山大仙脚印石等景点。主要农产品有淮山、青橄榄、乌橄榄、荔枝、龙眼、茶叶、元宵柚等，大溪淮山、乌橄榄在当地比较有名。地方方言为潮汕方言。2021年，土地面积35.5平方千米。下辖社区居民委员会1个，村民委员会16个，自然村32个。新出生人数309人，人口出生率10.9‰，人口自然增长率6.0‰。华人华侨1.37万人。港澳台同胞约800人。至年底，总户数6528户，户籍人口2.82万人，常住人口1.97万人。

【基层党建】 2021年，大溪镇落实“第一议题”制度，推进党委理论学习中心组学习制度化、规范化，全年组织开展镇党委理论学习中心组集中研讨学习14次。完成镇级领导班子换届工作，新一届班子成员12人，其中35岁以下3人（镇长34岁），配备女干部2人，平均年龄41岁，大学本科学历10人、大专学历2人。完成村（社区）“两委”班子换届，选出村（社区）“两委”干部83人，书记、主任、经联社长“一肩挑”比例100%，“两委”干部100%交叉任职。加强干部队伍建设，召开村（社区）“两委”班子集体谈话会，举办村（社区）“两委”班子“履新第一课”，举办3期干部职工综合能力提升培训班，提升基层干部履职能力。健全领导干部挂钩联系村工作机制，调整驻点直接联系团队成员，全镇“三支队伍”［第一书记、村（居）党建指导员、驻点直接联系团队］共76人。完善基层党建设施建设，升级改造杨林村党群服务中心，新建井美村、新园村党群服务中心。至年底，全镇基层党组织29个，其中党委1个、党总支1个、党支部27个；党员777人。是年，发展预备党员20人、入党积极分子30人。

【经济发展】 2021年，大溪镇农业总产值2.24亿元，比2020年（下同）增长4.2%。地方公共财政预算收入4638.64万元，下降17.9%；地方公共财政预算支出4638.64万元，下降17.9%。全年固定资产投资2.15亿元，社会消费品零售总额2.27亿元，各项税收收入总额187.19万元。镇内有邮政储蓄银行、农村商业银行2家，各项存款余额4.21亿元，各项贷款余额876.16万元。

农业 2021年，大溪镇耕地面积642.98公顷，粮食播种面积1019.9公顷，粮食总产量6213吨。主要农作物有水稻、玉米、甘薯、淮山等。水稻种植面积807.86公顷，总产量4894吨；玉米种植面积37公顷，总产量282吨；蔬菜种植面积405.4公顷，总产量1.78万吨；水果种植面积158.5公顷，总产量2262吨，其

大溪镇杨林村党群服务中心（2021） （大溪镇 供稿）

中荔枝种植面积33.47公顷，产量191吨，龙眼种植面积20公顷，产量109吨；林地面积1588.13公顷，完成造林面积170公顷，木材采伐1200立方米，森林覆盖率55.9%以上。全年生猪出栏2.17万头、家禽（鸡、鸭、鹅）出栏9.62万只，水产养殖总产量1062吨。

商业 2021年，大溪镇镇区商铺100多家，主要经营服装鞋类、日常用品、五金电器、农副产品、餐饮等。全年社会消费品零售总额2.27亿元，增长12.4%。

【乡村振兴】 2021年，大溪镇推进红色美丽宜居示范村、"金溪润园"二期2个重点项目建设，投入1345万元完成赤寨村、后洋村、杨林村红色美丽宜居示范村建设，提升乡村风貌；通过主动服务，支持开发商加大投入、加快进度，完成"金溪润园"二期项目图纸设计、钻探等前期准备工作，完成投资200万元。推进乡村振兴驻镇帮镇扶村工作，完成乡村振兴战略镇域总体规划编制，制定"大溪镇乡村振兴规划建设项目清单"，规划入库项目231项。推进美丽圩镇示范创建，统筹使用乡村振兴驻镇帮镇扶村资金，综合推进圩镇主题镇标建设、圩镇井美古村落保护活化特色项目、圩镇道路改造及风貌提升工程、圩镇党群服务中心提升、农村集体资产资源交易中心改造、圩镇党建公园建设、圩镇小型农贸市场及配套设施建设。全年完成撂荒土地复耕112.44公顷，农村土地承包经营权流转面积5.62公顷。落实农业产业链"链长制"工作责任，推进茶叶、橄榄、生猪农业产业链创建工作，茶叶种植面积68.07公顷，年产茶青338吨，成品茶叶67.6吨；橄榄种植面积536.87公顷，年产量1.2万吨；生猪全年存栏0.93万头。培育揭西县源丰种养科技有限公司新型经营主体和揭西宏森种养专业合作社。

【教文卫体】 **教育** 2021年，大溪镇有幼儿园4所，在园幼儿700人，教职工40人；小学5所，在校学生1317人，教职工108人（小学一级教师职称78人）；中学1所，在校学生494人，教职工46人（中学高级教师职称8人，中学一级教师职称26人）。落实全县教育体制机制改革工作部署，推进大溪中心幼儿园建设，9月开园招生；动员外出乡贤及社会各界参与家乡教育事业发展，为揭阳市揭西教育发展基金会募集捐款54.44万元。7月7日，省政协党组成员、副主席郑振涛率队到大溪中学、大溪中心小学开展"加强中小学教师队伍建设 促进全省基础教育高质量发展"专题调研。是年，学前教育毛入园率96%，小学五年巩固率100%，初中毕业生升学率100%，初中三年巩固率100%，义务教育九年巩固率100%。大溪镇中心小学教师李清容被授予"南粤优秀教师"称号。

文化 体育 2021年，大溪镇有综合文化站1个，文化服务中心17个，广播站1个，有线电视站1个，村级广播站17个，文化活动广场28个，老年活动中心10个，康园中心1个，农家书屋16间，敬老院1个。11月5日，由广东省科协事业发展中心、广东科学中心、东莞市科学技术博物馆支持，揭阳市科协、市科技局、市教育局、县科协联合举办"科普大篷车走基层"系列活动在大溪镇中心小学举行。

卫生 2021年，大溪镇有卫生院1个，有卫生技术人员15人（中级职称2人、初级职称13人），执业医师1人、执业助理医师2人，床位10张，配备B超、生化分析仪、多普勒胎心仪等医疗设施；乡村卫生站16个，乡村医生13人。推进公建民营卫生站建设，全镇16个行政村全部完成卫生站建设。全年各医疗机构门诊量8301人次，各医疗卫生单位业务收入90万元；儿童计划免疫率94%。

【民生福祉】 2021年，大溪镇实施农村供水全覆盖攻坚行动，完成10个行政村19个自然村供水管网铺设及通水、安装水表到户工作，铺设管网40.95千米，解决1912户、9030名群众饮水用水问题。完成12个纳入全县第一批农村污水处理站建设工作，投资1159.45万元，总设计日处理规模1860吨，井新行政村井新村、坎头行政村蟹地村、大光行政村老寨村、赤寨行政村围埔村、庆光行政村小埔村、大园行政村深光村6个村级污水处理站点通水试运营。完成8个自然村1252户电网改造工作。推进城乡居民"两保"（城乡居民基本医疗保险、城

2021年11月5日，“科普大篷车走基层”活动在大溪镇中心小学举行
（大溪镇　供稿）

乡居民基本养老保险）征收工作，强化镇村联动，通过拓展网上缴费、手机缴费等方式，提高征收效率。规范镇退役军人服务站建设，配备专职工作人员，规范办公场所设置，完成服务流程、工作制度上墙，大溪镇退役军人服务站被评为广东省四星级示范退役军人服务站。做好疫苗接种服务工作，推进新冠疫苗全覆盖接种。10月，大溪镇社会工作服务站成立，配备社工10人。全年参加城乡居民基本养老保险5143人，领取农村社会养老保险2589人，参加城乡居民医疗保险2.07万人；发放城镇居民最低生活保障对象保障金11.53万元，发放农村低保对象保障金679.09万元，发放特困供养对象保障金158.74万元；完成258名精神障碍患者监护人补助资金申请；发放困难残疾人生活补贴42.57万元，重度残疾人护理补贴93.31万元；发放困难家庭补助款16.20万元，发放大病救助款36.42万元。

【社会治理】 2021年，大溪镇开展拆窗砌墙和戴头盔专项整治工作，推动安全生产、消防安全、建筑安全及燃气安全等工作落实，全年没有发生较大以上安全事故。“119”消防宣传月期间，配合县消防救援大队在坎头村开展消防宣传、防火巡查等活动。常态化抓好森林管护，严查露天焚烧，基本实现山火“零发生”。推进全国综合减灾示范社区创建工作，开展行政村（社区）防灾减灾能力“十个有”（有组织体系、大喇叭、警报器、避难场所、风险地图、明白卡、应急值守、应急照明、小册子、宣传栏）建设。健全和完善网格化治理体系，落实网格化管理，结合“众剑行动”和扫黑除恶专项斗争，指导督促各村做好社会治安综合治理相关工作，加强矛盾纠纷排查调处，惩治违法犯罪，深化“平安大溪”建设工作。全镇成立“社区三人小组”17个，设置网格单元103个，配备网格员250人。建立治保会17个、调解会17个，治保人员17人。全年受理来信来访案件7件，办结7件，办结率100%；排查各类纠纷案件102件，化解调处102件。镇人民调解委员会（镇司法所）调处矛盾纠纷27件，调解成功27件。受理“12345”市民服务热线工单95件，办结95件，办结率100%。开展扫黑除恶专项行动48场次，出动执法人员239人次，悬挂扫黑除恶宣传横幅38条、发放宣传海报资料8000多份。分级分类管控吸毒人员2人，其中社区戒毒社区康复对象2人。接收社区矫正对象3人，解除矫正3人。立刑事案件14件，刑事拘留6人，破案3件；治安案件12件，行政拘留2人。

2021年大溪镇主要社会经济指标表

表57

项目	单位	指标	项目	单位	指标
土地总面积	公顷	3550	粮食总产量	吨	6213
总人口	万人	2.82	水产总产量	吨	1062

续表57

项目	单位	指标	项目	单位	指标
乡村人口	万人	2.71	水果总产量	吨	2262
总户数	户	6528	蔬菜总产量	万吨	1.78
社区居委会	个	1	生猪出栏量	万头	2.17
村委会	个	16	家禽出栏量	万只	9.62
农业总产值	亿元	2.24	中学	所	1
工业总产值	亿元	—	小学	所	5
工业企业	家	—	中小学在校学生	人	1811
规模以上企业	家	—	中小学在职教师	人	154
固定资产投资	亿元	2.15	幼儿园	所	4
地方公共财政预算收入	万元	4638.64	在园幼儿	人	700

2021年大溪镇各村（居）委会基本情况表

表58

村（居）委会名称	所辖自然村名称
大溪圩居委	无
金星村委	金星村、大寮村、山头村、渔福村
星光村委	星光村、棉篮村
金光村委	大堀头村、下埔村
庆光村委	庆光村、小埔村、柑园村
井美村委	井美村、凤地村
井新村委	井新村、新莲村
大岭埔村委	大岭埔村
大东村委	东良村
大园村委	新光村、顶光村、深光村
新楼村委	新楼村、新凤村
赤寨村委	赤寨村、围埔村
后洋村委	后洋村
新园村委	新园村、顶园村
坎头村委	坎头村、蟹地村
大光村委	大丘母村、大堀村
杨林村委	杨林村

（李冰曼　钟东峰）

钱坑镇

【概况】 钱坑镇位于揭西县东南部，潮汕平原西北部，榕江南河中上游，东接金和镇，北与大溪镇、灰寨镇分界，南与普宁市里湖镇、大池农场、普侨区交界。榕江南河穿越辖区长9千米，东岸为新架山脉，西岸为金山山脉，两山夹江对峙，山地广阔，地貌以山地和丘陵为主，距离县城27千米。有钱坑仙径山风景区、揭阳市钱坑木雕博物馆、钱西古村落、顶联大夫祖祠等景点。地方方言为潮汕方言。土特产主要有橄榄、淮山、柑橘、荔枝。2021年，土地面积46.68平方千米。下辖社区居民委员会1个，村民委员会13个，自然村67个。新出生人数546人，人口出生率11.8‰，人口自然增长率8.9‰。至年底，总户数1.13万户，户籍人口4.63万人，常住人口3.83万人。

【基层党建】 2021年，钱坑镇组织基层支部书记参加县级以上培训17人次、镇内培训93人次。成立钱坑镇驻镇帮镇扶村工作队临时党支部，为长三水村、钱东村、月翁村3个村配备驻村第一书记，调整镇年轻业务骨干到镇乡村振兴办，调配“三支一扶”人员、志愿者、金融助理充实工作队，充实乡村振兴一线力量。完成镇级领导班子换届工作，新一届班子成员12人，其中35岁以下5人，配备女干部3人，平均年龄39岁，大学本科学历10人、大专学历2人。完成14个村（社区）“两委”换届工作，村（社区）“两委”干部83人，100%实现三个“一肩挑”和“两委”干部交叉任职，实现村领导班子年轻化；村（社区）党群服务中心实现全覆盖，招录专职人员24人。加快后备力量培养，分类实施村（社区）“两委”干部头雁提升、群雁建强、雏雁培育“三项计划”，调整更新村（社区）党组织书记后备人选29人、“两委”干部后备人选28人。加强党员发展教育，做好农村发展党员违规违纪问题排查，成立3个工作专班，开展业务培训2场次，培训51人次，排查党员204人。全年党纪处分干部1人，诫勉处理干部1人，批评教育干部7人次。落实党内激励关怀帮扶制度，慰问生活困难党员和老党员75人。至年底，全镇党基层组织56个，其中党委2个、党总支部5个、党支部49个；党员1207人。是年，发展预备党员13人（均为35岁以下青年）、入党积极分子8人，预备党员转正23人。

【经济发展】 2021年，钱坑镇工农业总产值7.45亿元，比2020年（下同）增长5.7%，其中工业总产值3.27亿元、农业总产值4.18亿元。地方公共财政预算收入5825.42万元，增长9.9%；地方公共财政决算支出5825.42万元，增长9.9%。全年固定资产投资2.41亿元，社会消费品零售总额3.82亿元，各项税收收入260.34万元。镇内有农村商业银行1家、邮政储蓄银行1家，各项存款余额6.91亿元，其中居民储蓄存款6.39亿元；各项贷款余额8794万元。

农业 2021年，钱坑镇农业总产值4.28亿元，增长7%。全镇耕地面积1147.67公顷，粮食播种面积1532.86公顷，粮食总产量9168吨。基本农田保护区面积1000公顷，其中水田面积971公顷。农作物主要有水稻、淮山等。水稻播种面积1043.13公顷，总产量6274吨；蔬菜种植面积396.73公顷，总产量1.99万吨；水果种植面积321.26公顷，总产量4362吨。林地面积422公顷，完成造林面积73.33公顷，木材采伐1620立方米。全年生猪出栏2.94万头、家禽（鸡、鸭、鹅）出栏88.42万只，水产养殖总产量1150吨。

工业 2021年，钱坑镇工业生产以木雕工艺、服装加工、家具制作、石材加工为主，有工业企业43家，从业人员1800多人，其中规模以上工业企业2家，为揭西县辉瑞织造有限公司、揭西县新邦织造有限公司。是年，实现工业总产值3.75亿元，增长7.1%。

商业 2021年，钱坑镇有农贸市场2个，面积3000平方米；小型自选商场4家，镇区沿街商铺400多家；从事个体服务网点1000多个，经营人数4000多人。主要经营金漆木雕、五金电器、服装鞋类、日常用品、农副产品等。是年，全镇社会消费品零售总额3.82亿元，增长12.4%。

【乡村振兴】 2021年，钱坑镇推进重点项目建设，钱坑镇中心大道改建工程完成验收并投入使用；富林华府商住小区项目多栋建筑完成封顶，完成投资2.3亿元；榕景豪庭商住小区项目主体全部封顶，完成投资1.1亿元；榕悦轩商住小区项目完成主体建设8层，完成投资500万元。完成镇区五段主要道路4.5千米改造提升，开展省道S239线汕湛高速桥下道路降坡工作，完成14个自然村整村道路硬底化建设。完成5个美丽宜居示范村建设，其中长三水村完成第一期400万元红色美丽宜居示范村建设。统筹开展美丽圩镇建设，完成2.9亿元美丽圩镇建设可行性研究报告和前期规划，涵盖老圩居委、钱西村、钱东村、红光村、钱北村、顶联村6个行政村（社区）。开工建设钱坑镇美丽圩镇示范创建项目（第一期工程2500万元），完成镇政府前主干道（迎宾路）路面两层沥青铺设及道路标识线划定工作。加大环境整治力度，清理整治非法牛蛙养殖场14家，完成涉及环保群众举报事件13宗，完成上级交办涉及环卫问题整改13宗，拆除违法图斑4宗。推进厕所革命，完成全镇69座公厕、9229个户厕整治工作。全年完成1公顷以上连片撂荒土地复耕32.1公顷，农村土地承包经营权流转面积54.6公顷。在乡村振兴项目库中设置钱坑镇扶持发展新型经营主体及龙头企业奖补项目，用于获得县级及以上农业专业合作示范社、示范家庭农场和农业龙头企业认证的经营主体奖补。引进投建揭西县钱坑远仲饲养场、投资揭西县生旺生猪饲养场项目，发展壮大村集体经济收入。

【教文卫体】 教育 2021年，钱坑镇有幼儿园8所，在园幼儿1200人，教职工65人；小学7所，在校生2427人，教职工165人（小学一级教师147人，小学高级教师4人）；中学1所，在校生478人，教职工136人（中学高级教师职称20人，一级教师职称53人）。是年，学前教育毛入园率96%，小学五年巩固率100%，初中毕业生升学率78.5%，初中三年巩固率100%，义务教育九年巩固率100%，高中阶段教育毛入学率68.7%；钱坑中学高考上本科线6人，上省线134人，上线率100%。投入15万建设大茶石小学厕所改造工程，投入44万元建设纯正小学围墙改造工程。

文化 体育 2021年，钱坑镇有文化站1个、广播站1个、有线电视转播站1个、村级广播站14个、文化活动场所13个、农家书屋13间、老人福利院1个。全镇13个村均有篮球场、乒乓球场、羽毛球场，并配套部分健身器材。完善镇村新时代文明实践所（站）以及公共图书阅览室，向13间农家书屋增添书籍共329本。5月24日，在钱东村文化广场举行揭西县文化馆总分馆“三级联动”文化惠民演出暨“揭西美 潮客情”群众文艺晚会——走进钱坑镇钱东村；10月21日，在钱南村委会举行钱坑镇“颂百年风华 传红色基因”、“书香飘万家”家庭亲子阅读活动。5月6日，建献祠堂群、长远公祠、林氏八世祖妣温仁慈墓被列入第十一批县级文物保护单位。

卫生 2021年，钱坑镇有医院1所，有卫生技术人员44人（中级职称5人、初级职称33人，未取得职称6人），执业医师7

富林华府商住小区项目（2021） （钱坑镇 供稿）

人、执业助理医师6人，床位16张；乡村卫生站19个，医务人员19人。完成13个村级卫生站建设。全年医疗机构门诊量1.54万人次，收治住院病人343例，医疗卫生单位（卫生院）业务收入442.58万元。

【民生福祉】 2021年，钱坑镇完善最低生活保障制度，做好惠及民生医疗保险、养老服务工作，统筹城乡社会救助，有序开展新冠疫苗接种工作。推进综合养老服务体系建设，镇综合养老服务中心挂牌成立并投入运行。推进“妇女之家”“儿童之家”建设。钱坑镇退役军人服务站被评为广东省四星级示范退役军人服务站。建成塔尾埔路、塔学路、塔新路以及塔叶路4条“四好农村路”。加速推进污水处理设施，投入雨污分流建设资金2497.64万元，完成雨污分流管网铺设50%。建成2个污水处理厂和7个污水处理站，全部通水运行。完成集中供水管网铺设，实现装表入户通水，覆盖9个行政村41个自然村共3734户、1.66万人，增设2个增压泵站服务5个自然村，实现农村集中供水全覆盖。加强对榕江流域清理整治，龟山塔国考断面水质长期保持在Ⅱ类水质以上。完成20个自然村约3600户电网改造工作。10月，钱坑镇社会工作服务站成立，配备社工9人。全年参加城乡居民基本养老保险9189人，参加城乡居民医疗保险3.46万人；发放城镇居民最低生活保障对象保障金1.57万元，发放农村低保对象保障金330.09万元，发放特困供养对象保障金299.54万元；完成242名精神障碍患者监护人补助资金申请；发放困难家庭补助款12.82万元，发放大病救助款26.57万元；发放重度残疾人护理补贴118.15万元；发放困难残疾人生活津贴37.63万元。

2021年11月1日，钱坑镇综合养老服务中心在钱坑敬老院挂牌成立
（钱坑镇　供稿）

【社会综合治理】 2021年，钱坑镇加强社会治理能力，健全领导干部接访工作，依法惩治各类违法犯罪。开展安全生产、消防安全、食品安全、森林防火、建筑工程安全、道路安全、防风防汛等隐患排查及宣传工作。推进拆窗砌墙、消防“四加一”、反“三合一”（排查整治居住与生产、经营场所合并场所）等专项整治，排查177家商户，完成拆窗185宗，砌墙36宗。加大消防安全管理，建立兼职消防队伍，全年开展消防演练2次，安全生产宣传3场，安全生产检查215次，扑救火灾2起，排查消防安全隐患58处，查收销毁爆竹20余件。开展反诈宣传，引导村民安装“国家反诈中心”App超1.6万个，反诈预警劝阻580次，反诈进校园、进企业、进社区宣传36次，发放反诈宣传册800份。加强社会治安防范工作，完成钱南村、大茶石村两个警务室升级改造，新增平安监控80多处，实现长三水村、钱西村、月翁村重点地段及重点部位视频监控全覆盖。制订《钱坑镇摩托车电动自行车专项整治提升行动方案》，加强对电瓶车逆行、不佩戴头盔等违法行为教育劝导和执法查处。全镇成立“社区三人小组”67个，设置网格单元67个，配备网格员97人。建立治保会14个、调解会15个，治保人员42人。全年受理来信来访案件26件，办结24件，办结率92.3%；排查各类纠纷案件14件，化解调处14件。镇人民调解委员会（镇司法所）调处矛盾纠纷16件，调解成功16

件，无发现潜在矛盾纠纷。受理“12345”市民服务热线工单190件，办结182件，办结率95.8%。开展扫黑除恶专项行动40多次，出动执法人员2560人次，悬挂扫黑除恶宣传横幅34条、发放宣传海报资料1000多份。分级分类管控吸毒人员103人，其中社区戒毒社区康复对象12人。接收社区矫正对象1人，解除矫正1人。立刑事案件35件，刑事拘留17人，破案9件；治安案件18件，行政处罚32人。

2021年钱坑镇主要社会经济指标表

表59

项目	单位	指标	项目	单位	指标
土地总面积	公顷	4668	粮食总产量	吨	9168
总人口	万人	4.63	水产总产量	吨	1150
乡村人口	万人	3.81	水果总产量	吨	4362
总户数	万户	1.13	蔬菜总产量	万吨	1.99
社区居委会	个	1	生猪出栏量	万头	2.94
村委会	个	13	家禽出栏量	万只	88.42
农业总产值	亿元	4.18	中学	所	1
工业总产值	亿元	3.27	小学	所	7
工业企业	家	43	中小学在校学生	人	2905
规模以上企业	家	2	中小学在职教师	人	301
固定资产投资	亿元	2.41	幼儿园	所	8
地方公共财政预算收入	万元	5825.42	在园幼儿	人	1200

2021年钱坑镇主要企业基本情况表

表60

企业名称	企业性质	职工人数（人）	主要特色产品	年产值（万元）	年上缴税收（万元）
揭西县辉瑞织造有限公司	私营有限责任公司	93	针织服装	6123	119.34
揭西县新邦织造有限公司	私营有限责任公司	95	针织服装	5607	124.49

2021年钱坑镇各村（居）委会基本情况表

表61

村（居）委会名称	所辖自然村名称
老圩居委	无
长三水村委	中寨村、三角园村、塔新村、塔尾埔村、三美村
钱北村委	好巷头村、莲角湖村、新寨村
顶联村委	广一村、广二村、叶下桃村、四新村、下埔村、后寮村、土楼村、池顶东村、池顶西村、胶东脚村、土楼村
红光村委	湖垅老寨、湖垅新寨、老圩村、高园村
钱西村委	大寨村、新埔仔村、西畔园村、新园村、新厝村南河村、花园村、草池村、亨南村

续表61

村（居）委会名称	所辖自然村名称
钱东村委	夏葛园村、口围村、仁福村、大寨村、茨巷村、河沟村、山东村、象山村、象山二村、三小村
大茶石村委	石亭村、大幅旗村、茶山村
月翁村委	新翁村、老翁村、月眉村
钱南村委	九座村、南群村、钱兰里村、老寨村、南丰村、全合村
埔龙尾村委	后畔坑村、山顶村、大埔新寨村
竹园内村委	老寨村、池仔顶村、溪墘新村
南光村委	豪江宅新寨村、怡合村、乌落洋村
白石村委	下白石村、顶白石村、龙村、山顶村

（胡　磊　王泽扬）

金和镇

【概况】 金和镇位于揭西县东南部，东邻凤江镇，西连钱坑镇，北与塔头镇、灰寨镇接壤，南与普宁市里湖镇隔榕江南河相望，距离县城27千米。镇域东西长约8.5千米，南北宽约11千米。有山湖村乡村旅游景区、蜈蚣岭、南侨爱国主义教育基地、锦林寺、棉湖战场旧址、石牛埔生态公园等景点。土特产主要有蓝天无公害蔬菜、甜玉米、山湖竹笋、油茶等。地方方言为潮汕话。2021年，土地面积48.46平方千米，下辖社区居民委员会1个，村民委员会13个，自然村91个。新出生人数930人，人口出生率11.2‰，人口自然增长率6.9‰。至年底，总户数1.79万户，户籍人口7.85万人，常住人口5.55万人。

【基层党建】 2021年，金和镇制订《金和镇关于创建“党建引领乡村振兴”党建品牌的实施方案》，推进党组织规范化建设。完成镇级换届选举工作，新一届班子成员15人，其中35岁以下3人，配备女干部2人，平均年龄43岁，大学本科学历11人、大专学历4人。完成村级换届选举工作，选出村“两委”干部94人，书记、主任、经联社长“一肩挑”比例100%，“两委”干部100%交叉任职。调整充实后备干部库，从优秀党员、退伍军人、致富带头人、返乡大学生、外出务工经商能人中选拔，实行动态管理，加强后备干部队伍建设。借助“领头雁工程”，推荐村“两委”干部参加大专教育11人。健全上下联动责任体系，建立“网格化+党建+基层治理”机制，探索“村到组—组到户—户到人”三级党建网格治理模式。规范发展党员备案、审查、预警等程序，开展农村违规违纪发展党员排查整顿工作，排查党员档案157份，暂未发现弄虚作假、“人情党员”、农村基层干部近亲属违规发展入党等情况。联合省政府办公厅、县政数局等部门，在镇和13个村两级党群服务中心投放政务服务一体机，探索实行政务服务和金融业务就近办、自助办，成为全县首个实现镇、村全面投放政务一体机乡镇。设立“党员先锋岗”、划定“党员责任区”，组建党员志愿服务队14个。全镇组织召开党建专题工作会议12场。至年底，全镇党基层党组织83个，其中党委8个、党总支4个、党支部71个；党员1737人。是年，发展预备党员31人，预备党员转正25人。

【经济发展】 2021年，金和镇规模以上工业总产值7.04亿元，比2020年（下同）增长18.5%；农业总产值8.09亿元，增长4.5%。地方公共预算收入3828.85万元；地方公共预算支出3828.85万元。全年固定资产投资4.51亿元，社会消费品零售总额6.74亿元，各项税收收入1520.91万元。镇内有农村商业银行2家、邮政储蓄银行1家、农业银行1家，各项存款余额15.7亿元，各项贷款余额1亿元。

农业 2021年，金和镇耕地面积1691公顷，粮食播种面积2858公顷，粮食总产量1.73万吨。主要种植水稻、甜玉米、蔬菜、姜薯、百香果等。水稻种植面积2046公顷，总产量1.25万吨；蔬菜种植面积653公顷，总产量2.64万吨；水果种植面积379公顷，总产量4989吨。全年生猪出栏3.8万头、家禽（鸡、鸭、鹅）出栏125万只，水产养殖总产量2569吨。全年发放耕地地力补贴资金287.3万元，受惠农户1.1万户。

工业 2021年，金和镇工业生产以印刷包装、食品加工为主，有金桥、金栅、飞鹅3个工业小区，小区共有企业106家，从业人员785人，其中规模以上企业6家。主要民营企业有广东飞鹅包装彩印有限公司、广东金辉科技印务实业有限公司、广东雅都包装印刷有限公司等。是年，实现规模以上工业总产值7.04亿元，增长18.5%。

商业 2021年，金和镇有农贸市场2个，主要经营农副食品、服装等。实施“乡贤回归工程”，加强与乡贤企业家沟通联系，全年引进500万元以上投资项目8个，总投资4.51亿元，年底完成投产3个。是年，限额以上商业企业4家；社会消费品零售总额6.74亿元，增长23.2%。

【乡村振兴】 2021年，金和镇深化农村综合改革，全镇农村集体产权制度改革基本完成，101个村集体经济组织完成成员界定，5个村改革成立股份经济合作社；完成壮大村级集体经济试点项目3个，13个行政村全部达到5万元以上集体收入。发展壮大吉展养殖供港生猪产业，做大做强做长产业链条。与三九药业合作开展南药标准化种植，在河内村、南山头村试点种植13.33公顷。完成《金和镇实施乡村振兴战略规划》修订和《金和镇美丽圩镇建设规划》编制工作，建立乡村振兴项目库。推进美丽圩镇建设。推进美丽乡村建设，投入新农村建设资金2.07亿元，11个行政村达到美丽宜居村标准，其中投入1亿元建设省级新农村示范片5个连片主体村（山湖村、杜塘村、和东村、河内村、钱坑镇大茶石村）；投入3000万元建设仙坡村、金溪村；投入2000万元建设美丽乡村示范村和西村、和南村；投入1919.5万元对省道S237线金和段两侧全长7.8千米的建筑外立面进行风貌提升。山湖村整合各类资金约4000万元投入美丽乡村建设，完成水岸同治、穿衣戴帽、村标指引、绿满家园、自来水供水、戏台广场、环湖路等重要节点建设。结合示范镇创建，串联贯通示范村，将灰寨高速出口往金和方向沿省道S237沿线示范村和西村、和南村连接省级新农村示范片4个主体村，打造美丽乡村精品线路。推进农村宅基地管理工作，依法依规做好审批工作，全年完成宅基地审批36宗。全镇流转经营权土地面积93.78公顷，完成撂荒土地复耕115.93公顷。全镇规模农业企业6家，种养专业合作社12家，特色农业项目3个（山湖村竹笋、仙坡村淡水龙虾、南山尾村油茶）。是年，山湖村被认定为全国第二批乡村治理示范村。

【教文卫体】 **教育** 2021年，金和镇有幼儿园12所，在园幼儿1708人，教职工95人；小学16所，在校生4141人，教师310人（小学一级教师284人，小学高级教师8人）；中学3所，在校生2663人，教职工255人（中学一级教师104人，中学高级教师42人）。是年，学前教育毛入园率96.8%，小学五年巩固率100%，初中毕业生升学率95.5%，初中三年巩固率98.8%，义务教育九年巩固率98.8%，高中阶段教育毛入学率95.5%。林艾鑫被潮汕星河辉勇师表奖委员会评为第十一届潮汕星河辉勇师表奖。

文化 体育 2021年，金和镇有文化服务中心1个，有线电视台4个。完成金光村、金溪村、仙坡村、杜塘村、山湖村综合文化服务中心提质增效建设。镇、村二级文化服务中心对外实行免费开放服务，郭厝园文化广场举办暑期免费公益青少年潮剧培训。举办村（社区）文体协管员、文艺骨干、三级社会体育指导员、潮式卤味制作专项能力等培训班。园之春潮艺苑、山湖潮曲票友会不定期开展潮曲潮剧活动。

卫生 2021年，金和镇有卫

生院1所（金和镇中心卫生院），有卫生技术人员107人（高级职称4人、中级职称12人、初级职称91人），执业医师15人、执业助理医师18人，病床120张，配备CT机、全自动生化分析仪、彩色B超机等大型医疗设备；乡村卫生站28个（其中公建卫生站13个），乡村医生28人。是年，门诊量4.7万人次，收治住院病人3207例，业务收入1705万元。

【民生福祉】 2021年，金和镇投入1700万元完成集中供水全覆盖项目，建成供水管网34.73千米，覆盖8个行政村50个自然村共6904户、3.50万人。投入1289.79万元，实施榕江南河揭西县金和段（金里片区）水质保护工程，服务范围覆盖金里片区总人口1.5万人，开始运营。加快推进农村生活污水处理设施建设，完成厂区主体建设、设备安装，进入通水调试阶段。推进91个自然村雨污分流管网，铺设管网176千米。完成91个自然村1.79万户电网改造工作。提升医疗卫生服务能力，投入700万元，改善镇中心卫生院住院综合楼设备及各项配套。各投入50万元扶持3个行政村建设光伏发电项目，其中金新村完成项目建设和并网；河内村、南山头村2个村完成项目建设，推进办理并网手续。10月，金和镇社会工作服务站成立，配备社工9人；设立山湖村社工站点，服务范围涵盖山湖村、和东村和杜塘村。金和镇退役军人服务站被评为广东省四星级示范退役军人服务站。全年参加城乡居民基本养老保险1.68万人，领取农村社会养老保险1.34万人，参加城乡居民医疗保险5.5万人；发放城镇居民最低生活保障对象保障金0.98万元，发放农村低保对象保障金270.04万元，发放特困供养对象保障金29.55万元；发放普通人群大病救助款40.24万元；完成331名精神障碍患者监护人补助资金申请。

【社会治理】 2021年，金和镇加强安全生产工作检查，组织"地毯式"检查4次，专项行动大检查及突击检查9次，举办安全生产知识培训班1次。开展戴头盔专项整治工作，进村（社区）宣传59场，劝导村（居）民戴头盔2.55万人次，悬挂宣传横幅15幅。开展防范电信网络诈骗宣传工作，印发《关于在"全民反诈"专项行动中发挥基层党组织战斗堡垒作用和党员先锋模范作用的通知》，镇驻村工作组配合村（社区）"两委"干部进村入户开展"全民反诈"防范宣传工作12场，指导群众安装"国家反诈中心"App，派发"反诈宣传告知书"6000多张。全镇成立"社区三人小组"41组（含三人领导小组），设置网格单元100个，配备网格员299人。建立调解会14个。全年受理来信来访案件28件，办结28件，办结率100%。排查各类纠纷案件102件，调处102件。镇人民调解委员会（镇司法所）调处矛盾纠纷74件，调解成功74件，调解完成情况100%。受理"12345"市民服务热线工单210件，办结210件，办结率100%。开展扫黑除恶专项行动50多次，出动执法人员360人次，悬挂扫黑除恶宣传横幅28条、发放宣传海报资料1000多份。社区戒毒社区康复对象11人。接收社区矫正对象3人，解除矫正6人。立刑事案件42件，刑事拘留9人，破案6件；治安案件34件，行政拘留1人。金和法庭受理案件198件（包括旧存6件），结案177件，结案率89.4%，其中审判110件。

【金和镇和西农房管控及乡村风貌提升示范带】 2021年，金和镇和西村农房管控和风貌提升示范

2021年11月24日，金和镇社工在南山头村开展敬老月活动 （郑杰夫 摄）

带项目投入资金1505万元，以“金色”为主题，开展农房管控和风貌提升工作。示范带建设约2千米，主要开展农房整治、设施完善、绿化美化、特色风貌4部分，其中农房整治包括重点整治57幢、一般整治148幢，以灰寨高速出入口及省道S237线沿线建筑整治为主；设施完善包括新建村道路、主村道改造、活动广场改造提升；绿化美化包括四小园打造、水塘整治；特色风貌包括乡韵文化景墙、祈福水岸、枫桥碧波等。至年底，项目全部完工，完成项目7个，包括金和镇和西村农房管控和风貌提升示范建设工程（外立面改造）、和西村下林池塘环境整治项目、和西村道路整治项目、和西村绿化项目、和西村枫山园堤顶小公园景观设计——道路硬化及毛石挡土墙工程项目、和西村枫山园堤顶小公园景观设计——园建部分工程项目、和西村枫山园堤顶小公园水电绿化及拱桥、景观亭、护坡设计工程项目。

2021年金和镇主要社会经济指标表

表62

项目	单位	指标	项目	单位	指标
土地总面积	公顷	4846	粮食总产量	万吨	1.73
总人口	万人	7.85	水产养殖总产量	吨	2569
乡村人口	万人	7.58	水果总产量	吨	4989
总户数	万户	1.79	蔬菜总产量	万吨	2.64
社区居委会	个	1	生猪出栏量	万头	3.8
村委会	个	13	家禽出栏量	万只	125
农业总产值	亿元	8.09	中学	所	3
工业总产值	亿元	—	小学	所	16
工业企业	家	106	中小学在校学生	人	6804
规模以上企业	家	6	中小学在职教师	人	565
固定资产投资	亿元	4.51	幼儿园	所	12
地方公共财政预算收入	万元	3828.85	在园幼儿	人	1708

2021年金和镇主要企业基本情况表

表63

企业名称	企业性质	职工人数（人）	主要特色产品	年产值（万元）	年上缴税收（万元）
广东广网线缆实业有限公司	有限责任公司	61	制造加工销售网络线	1781	11
广东金辉科技印务实业有限公司	有限责任公司	111	包装装潢及其他印刷	27907	488
广东飞鹅包装彩印有限公司	有限责任公司	65	包装装潢及其他印刷	3561	57
广东雅都包装印刷有限公司	有限责任公司	151	包装装潢及其他印刷	13016	28
广东富之源铜业有限公司	有限责任公司	64	生产铜杠	23347	61
广东盈信线缆有限公司	有限责任公司	60	电线电缆制造	3836	10

2021年金和镇各村（居）委会基本情况表

表64

村（居）委会名称	所辖自然村名称
金埔居委	无
金光村委	庵场村、城仔内村、高西村、红光村、金普村、老芋村、涌洋村、仁安里村、四十亩村、塔脚村、塗普村、新芋村、洋埔村、洋心村
金园村委	庵园村、坑美园村、前宅园村、桥头园村、龙马村、面前园村、高田村、刘厝园村、柑园村
金新村委	油寮村、涂寨村、新园村、后埔村、玉堂村、莲湖村、三福村、竹宅村、竹和里村、竹安里村
金溪村委	高园村、新高园村、溪园村、安境村、径湖村、陈厝林村、客堂村
仙坡村委	大寨村、角山村、岭头山村、埔上村、崎沟村、山仔村、桶山村
南山头村委	南山头村
南山尾村委	南山尾村
和南村委	上栅村、郭厝园村、莲池村、径口村、深坑仔村、后溪村、石牛埔村、圩内村、田心围村
和东村委	池畔村、裕安村、章厝寨村、下林村、新厝村、庵湖村、上埔村
和西村委	枫山后村、枫山顶村、古塘村、枫山园村、新寨仔村、面前洋村、下林村、老寨村、新寨村、官池山村
山湖村委	西门村、北门村、南门村、北星村、虎光村、内寮村、新寨村
杜塘村委	杜塘村
河内村委	墙基顶村、宫头寨村、油车村、大寨村、口寨村、大功山村、新堂村、茬藤村

（侯晓生　黄煜雅）

凤江镇

【概况】　凤江镇位于揭西县东南部，东临榕江南河与棉湖镇隔河相望，西接金和镇，北连塔头镇，南与普宁市梅塘镇毗邻，距离县城40千米。土特产主要有橄榄、凉果、芥菜等。地方方言为潮汕话。2021年，土地面积34.66平方千米，下辖社区居民委员会1个，村民委员会15个，自然村87个。新出生人数1001人，人口出生率10.9‰，人口自然增长率5.9‰。至年底，总户数1.96万户，户籍人口8.78万人，常住人口7.13万人。

【基层党建】　2021年，凤江镇实施农村基层党建“组织兴村”工程，推进“两委”干部学历提升工程，组织4名“两委”干部报读大专、12名“两委”干部报读中专。开展农村基层党建“整镇推进、整县提升”创建活动，确定示范村先行点3个，建设党建体育文化广场1个，成立基层党委9个，选派16名优秀干部挂村指导基层党建工作，完成基层党组织标准化达标创建和村（社区）党群服务中心建设，完善镇委党校建设。完成镇级领导班子换届工作，新一届班子成员15人，其中35岁以下4人，配备女干部3人，平均年龄42岁，大学本科学历12人、大专学历3人。完成村（社区）“两委”换届工作，选出村（社区）“两委”干部115人，书记、主任、经联社长“一肩挑”比例100%，“两委”干部100%交叉任职。村级后备干部64人，其中书记后备干部32人、“两委”后备干部32人。镇党校组织开展各类学习培训、集中学习共50多场次，参加党员4650人次。至年底，全镇党基层党组织100个，其中镇党委1个、村级党委9个、党总支5个、支部83个、联合党支部2个；党员1855人。是年，发展预备党员25人、入党积极分子43人，预备党员转正26人。

【经济发展】　2021年，凤江镇规模以上工业产值14.24亿元，比2020年（下同）增长7.8%；农业总产值5.94亿元，增长4%。地方公共预算收入9058.29万元，下降1.2%；地方公共预算支出9058.29万元，下降1.2%。全年固定资产投资2.2亿元，社会消费品零售总额6.69亿元，各项税收收入1251.64万元。

农业 2021年，凤江镇耕地面积1530.2公顷，粮食播种面积2514.1公顷，粮食总产量1.51万吨。种植业以种植水稻为主。水稻种植面积1921公顷，总产量1.11万吨；木薯、番薯、马铃薯种植面积共589.3公顷，总产量3488吨；蔬菜种植面积760.4公顷，总产量3.08万吨；水果种植面积136.13公顷，总产量2160吨。完成造林面积68.4公顷，木材采伐2262立方米。全年生猪出栏1.2万头、家禽（鸡、鸭、鹅等）出栏89.01万只；水产养殖总产量1385吨。

工业 2021年，凤江镇工业生产以凉果、电线电缆、塑料、针织加工为主，有工业企业309家，其中规模以上工业企业13家。主要企业有农夫山庄食品工业有限公司、广东蓝天塑料制品有限公司、揭西县三明塑料有限公司等。各行业布局主要是阳东片凉果加工、鸿江片电线塑料、凤湖片针织加工。是年，规模以上工业产值14.24亿元，增长7.8%。

商业 2021年，凤江镇有综合市场2个，分别为凤江综合市场和阳夏综合市场，主要经营服装、五金、家电、日常用品、农副产品、餐饮等。镇内有个体工商户1400多户。是年，社会消费品零售总额6.69亿元，增长12.3%。

【乡村振兴】 2021年，凤江镇推进美丽乡村建设工作，全镇16个村建立起农村人居环境整治长效管护机制，健全农村生活垃圾处理体系，村庄保洁覆盖面100%，达到年度分类减量目标。推进凤江镇红色美丽宜居示范村（莪萃村、阳西村、凤西村、凤南村、凤北村、鸿江村）、凤江镇青头庵污水处理厂新建工程及阳夏污水处理厂提标改造等项目建设。开展农村厕所问题排查整改，建立农村公厕长效管护机制。规范农村宅基地审批工作，审批通过宅基地11宗，面积共903.8平方米；完成撂荒复耕土地211.99公顷，土地流转119.82公顷。全镇有“粤字号”名牌产品13个，市县农业龙头企业3家。

【教文卫体】 **教育** 2021年，凤江镇有幼儿园8所，在园幼儿1703人，幼儿教师78人；小学11所，九年一贯制学校1所，在校学生4975人（其中一年级至六年级学生4315人，附设幼儿班幼儿660人），教职工276人（小学一级教师187人）；初级中学3所，九年一贯制学校1所，在校学生1776人，教职工196人（中学一级教师101人，中学高级教师19人）。是年，学前教育毛入园率90%，小学五年巩固率100%，初中毕业生升学率100%，初中三年巩固率100%，义务教育九年巩固率100%；全镇有网络多媒体教室208间，计算机室20多间。

文化 体育 2021年，凤江镇有镇综合文化服务中心1个，有线电视转播站4个，村村通广播15个，文化活动广场15个，镇级文体广场1个，老人文化活动中心15个，农家书屋15间，老人敬老院1个。健全“村村通广播”机制，开展文化惠民系列文化活动4场次。全镇举办各类文化体育活动20场次。

卫生 2021年，凤江镇有医院1所，有卫生技术人员62人（高级职称2人、中级职称15人、初级职称45人），执业医师15人、执业助理医师10人，病床23张，配备全自动生化仪、血液分析仪、尿液分析仪、彩色B超、500毫安X光机、心电图等医疗设施；乡村卫生站17个，乡村医生17人。全镇各医疗机构门诊量0.75万人次，收治住院病人118例，医疗卫生单位业务收入125万元。

【民生福祉】 2021年，凤江镇完成青头庵污水处理厂新建工程、阳夏污水处理厂和揭西县凤江污水处理厂（二期）2座污水处理厂建设。开展农村生活污水处理站PPP项目，协调推进19个农村生活污水处理站PPP项目建设，完成建设并通水农村污水处理站9个。79个自然村实现集中供水，覆盖率92%。完成30个自然村雨污分流工程建设，建设管网138.59千米。投入经费30多万元，完善16个村（社区）文明实践站。开展敬老助老送温暖等慰问送温暖活动，组织慰问行动8

凤江污水处理厂二沉池（2021）　（凤江镇　供稿）

次，走访慰问650人，发放慰问金12.1万元。落实村卫生站公建规范化建设，完成15个村级卫生站建设，全部实现进驻。10月，凤江镇社会工作服务站成立，配备社工8人，下设东光村社工点1个。全年全镇领取农村社会养老保险2.0万人，参加城乡居民医疗保险6.34万人；发放城镇居民最低生活保障对象保障金5.74万元，发放农村低保对象保障金458.64万元，发放特困供养对象保障金211.82万元；完成347名精神障碍患者监护人补助资金申请；发放困难家庭补助款31.9万元，发放大病救助款90.29万元。

【社会治理】 2021年，凤江镇加强安全生产和消防工作，开展“消防安全进万家”活动；推进凉果行业污染整治工作，要求厂家签订统一运营管理协议，缴交守法保证金并签订共同责任书；开展社会治安综合治理“众剑行动”和“扫黑除恶”专项斗争，在全镇范围内组织51次集中巡查活动，出动红袖章人员8620人次，出动警力540人次。全镇成立“社区三人小组”15个，设置网格单元57个，配备网格员57人。建立治保会16个、调解会16个，治保人员16人。全年受理来信来访案件15件，办结14件，办结率93%；排查各类纠纷案件30件，化解调处30件。镇调委会调处矛盾纠纷51件，其中镇司法所书面调处3件、村级调处48件，矛盾纠纷案件调解率100%，调解成功率100%。受理“12345”市民服务热线工单202件，办结202件，办结率100%。分级分类管控吸毒人员12人，其中社区戒毒社区康复对象12人。司法社区矫正人员8人。立刑事案件46件，刑事拘留17人，破案19件；行政案件34件，结案22件（调解7件），行政拘留11人。

2021年凤江镇主要社会经济指标表

表65

项目	单位	指标	项目	单位	指标
土地总面积	公顷	3466	粮食总产量	万吨	1.51
户籍人口	万人	8.78	水产总产量	吨	1385
乡村人口	万人	7.91	水果总产量	吨	2160
总户数	万户	1.96	蔬菜总产量	万吨	3.08
社区居委会	个	1	生猪出栏量	万头	1.2
村委会	个	15	家禽出栏量	万只	89.01
农业总产值	亿元	5.94	中学	所	3
工业总产值	亿元	—	小学	所	11

续表65

项目	单位	指标	项目	单位	指标
工业企业	家	309	中小学在校学生	人	6751
规模以上企业	家	13	中小学在职教师	人	472
固定资产投资	亿元	2.2	幼儿园	所	8
地方公共预算收入	万元	9058.29	在园幼儿	人	1703

2021年凤江镇主要企业基本情况表

表66

企业名称	企业性质	职工人数（人）	主要特色产品	年产值（万元）	年上缴税收（万元）
揭西县兴盛食品有限公司	有限责任公司	165	凉果	209.93	19.08
揭西大华紧固件有限公司	有限责任公司	172	铆钉	2697.6	58.2
农夫山庄食品工业有限公司	有限责任公司	231	凉果、保健品	2957.38	120.34
广东雄发食品工业有限公司	有限责任公司	176	凉果	291.43	9.76
揭西县嘉味村食品有限公司	有限责任公司	170	凉果	222.35	8.32
揭西县三明塑料有限公司	有限责任公司	80	塑料粒料	7203.28	193.6
揭西县雅林食品有限公司	有限责任公司	60	果干、水产加工品	1792.58	83.17
广东蓝天塑料制品有限公司	有限责任公司	35	塑料椅	4514.93	234.16
广东集盛电线电缆有限公司	有限责任公司	30	电线	3027.51	94.11
胜德过电线电缆厂	有限责任公司	53	电线电缆	2638.71	88.45
广东龙缆电缆有限公司	有限责任公司	36	网线	2228.62	64.71
广东金龙兴电缆实业有限公司	有限责任公司	64	电线电缆	10544.84	280.38
揭西西力紧固件有限公司	有限责任公司	96	铆钉	5333.14	156.92

2021年凤江镇各村（居）委会基本情况表

表67

村（居）委会名称	所辖自然村名称
桥头居委	无
东光村委	新祠堂村、金湖村、埔双村、宫里村、仁里围村、埔美村、后厝村、里厝园村、夏美园村、丰西村、丰东村
东丰村委	新湖村、新厝村、仙堀村、仙大村、口园村、口新村
东新村委	柚园村、新园村、五乡村、竹头园村、湖墘村、溪下村、溪顶村
阳南村委	林厝寮村、芋园埔村、巷口埔村、下丕埕村、胶水飞村、赤坎村、双红村、瓜园村
阳西村委	双山村、南山洋村、胶走山村、把水村、葫芦村、浮山村
凤西村委	客林埔村、赤竹坑村、胜洪村、陈厝地村、古竹林村
凤南村委	后西村、后南村、后北村、青龙村、凤开村

续表67

村（居）委会名称	所辖自然村名称
凤北村委	双凤村、城内园村、新埑田村、凤德村、新围村、草湖村、碧潭村
赤新村委	赤料村、彭厝园村、王厝寨村、老坛头村、新坛头村、何厝园村
花寨村委	花寨村
鸿西村委	山头村、田心围村、竹置城村
洪湖村委	洪湖村、茨内村、茨外村、潭口村、高美园村
鸿江村委	旧南村、旧北村、埔上围村、塔下村、祠堂头村、上田村、柑园村、口园村
鸿新村委	下厝村、城内村、新置寨村、塗库村
莪萃村委	莪萃村、槐园村、青老村、青新村、金沟围村

（陈东柱　林旭彦）

棉湖镇

【概况】　棉湖镇位于揭西县东部、榕江南河中游东岸，东面、南面与普宁市赤岗镇、南溪镇、大坝镇连接，西面、北面与凤江镇、东园镇隔榕江南河相望，距离县城42千米。镇区处于榕江南河中游平原，西北为榕江南河环绕，南北有云湖水系贯通。棉湖镇为广东省历史文化名城、揭西县中心镇之一，素有“土田肥美，民物殷饶，衣冠之族，弦诵之家，甲於通邑”之美誉。有郭氏大楼、曾习经进士第、兴道书院等景点。土特产有棉湖瓜丁、春饼、姜薯汤、红脚芥蓝等。地方方言为潮汕话，榕江流域语调。2021年，土地面积29.87平方千米（镇区面积14平方千米），下辖社区居民委员会13个，村民委员会14个，自然村29个。新出生人数1252人，人口出生率10.5‰，人口自然增长率6.8‰。华人华侨4万多人。至年底，总户数2.30万户，户籍人口10.5万人，常住人口20多万人。是年，棉湖镇南门里历史文化街区被广东省人民政府公布为第二批广东省历史文化街区。

【基层党建】　2021年，棉湖镇投入405万元，推动“鲤鱼沟村—贡山村—新厝陂村—湖滨社区—云湖社区”“党建+乡村治理”连片示范建设工程，做好考溪村、贡山村、新厝陂村党群服务中心建设、外观风貌提升以及设备配套，提升党建规范化水平，新招录党群服务中心专职人员22人。完成镇级领导班子换届工作，新一届班子成员15人，其中35岁以下5人，配备女干部2人，平均年龄41岁，研究生学历1人、大学本科学历14人。完成村级换届工作，选出村（社区）“两委”干部168人，党组织书记、主任、经联社长“三个一肩挑”比例100%，交叉任职率100%。开展后备干部“培青推优”工程，择优物色和重点培养后备干部112人。开展农村党员违规违纪问题排查党员171人。依托镇委党校开展各类专题学习培训10班次、2750人次。组织开展“党旗在基层一线高高飘扬”等系列教育实践活动，引导村级党组织为群众办实事324件，慰问困难党员和老党员74人、4万多元。完成贡山烈士墓园第一期升级改造工程。优化党组织结构，强化党员队伍建设，注重从农村致富能手、返乡大学生、创业青年等群体里发展和培养党员。至年底，全镇党基层组织95个，其中党委1个、党总支部10个、党支部84个；党员2495人。是年，发展预备党员31人、入党积极分子45人，预备党员转正31人。棉湖镇党委副书记李勤勉被广东省委组织部评为广东省优秀党务工作者。

【经济发展】 2021年，棉湖镇工农业总产值165.91亿元，比2020年（下同）增长16.5%，其中工业总产值162.6亿元、农业总产值3.31亿元。地方公共财政预算收入1.56亿元，与2020年度持平；地方公共财政预算支出1.56亿元，与2020年度持平。全年固定资产投资9.95亿元，社会消费品零售总额12.46亿元，各项税收收入5772.96万元。镇内有工商银行、农业银行、建设银行、中国银行、邮政储蓄银行、广东揭西农村商业银行6家，各项存款余额61.6亿元，各项贷款余额9.47亿元。

农业　2021年，棉湖镇农业总产值3.31亿元，增长0.6%。全镇农作物总种植面积2102公顷，其中粮食作物种植面积1595.4公顷、经济作物种植面积38.4公顷、其他作物种植面积467.4公顷，粮食总产量9400吨。粮食作物主要以种植谷物、豆类、薯类为主，其中谷物（稻谷、玉米）种植面积1154.2公顷，总产量6927吨；豆类种植面积7.67公顷，总产量32吨；薯类种植面积433.6公顷，总产量2441吨。经济作物主要有甘蔗、油料作物（花生）等，甘蔗种植面积14公顷，总产量726吨；油料作物种植面积24.4公顷，总产量120吨。其他作物主要有蔬菜、青饲料等，蔬菜种植面积422.4公顷，总产量1.68万吨；青饲料种植面积45.7公顷，总产量903吨。水果种植面积188.73公顷，总产量3784吨。完成造林面积12.2公顷，未成林抚育作业面积93.3公顷，成林抚育面积13.3公顷。全年生猪出栏1.34万头、家禽（鸡、鸭、鹅）出栏57.08万只，水产养殖总产量678吨。

工业　2021年，棉湖镇工业生产主要以生产加工电线、电缆为主，有工业企业850家，其中电线电缆企业471家，规模以上工业企业29家。主要企业有广东程通电线电缆厂有限公司、广东佳信达铜材实业有限公司、广东科兴宇电缆实业有限公司等。是年，实现工业总产值162.6亿元，增长17%，其中规模以上工业产值81.86亿元，增长17.3%。广东程通电线电缆厂有限公司被广东省科学技术厅、省财政厅、国家税务总局广东省税务局认定为广东省2020年高新技术企业。

商业　2021年，棉湖镇有市场4个，分别为中心第一、二、三市场和南门市场，主要农贸产品有蔬菜、水产品、肉类及其制品、粮油及其制品等。有大型超市5个（惠丰超市、世纪天润、旭日超市、家家乐、润泰），主要经营各类日常生活用品。有个体户4729户。是年，限额以上商业企业14家；社会消费品零售总额12.46亿元，增长11%。

广东程通电线电缆厂有限公司生产车间（2021）　（棉湖镇　供稿）

【乡村振兴】 2021年，棉湖镇采用“支部+合作社+农户”合作经营模式，促进农业现代化发展。开展厚埔村、玉石村美丽乡村建设，完成厚埔村村标、文化广场提升建设、穿衣戴帽和玉石村新楼片区整治工程、村里道路硬化、绿化提升等项目建设。东莞市清溪镇驻镇帮镇扶村工作队加强与梅州嘉应学院肖建华博士团队沟通，引入该团队到棉湖镇指导建设水稻产业生态园示范区工作。推进农村人居环境整治工作，清理农村生活垃圾、村内沟渠、农业生产废弃物等，开展进村入户宣传教育139场次。投资400多万元，推进鲤鱼沟村牛牯岭景观提升系列项目建设，打造乡村旅游精品路线。全年完成撂荒耕地复耕153.17公顷，完成土地流转212.26公顷，审批宅基地28宗。

【教文卫体】 教育 2021年，棉湖镇有幼儿园35所，在园幼儿7174人；小学13所，在校学生1.08万人，教职工359人（小学一级教师341人，小学高级教师18人）；初级中学3所，在校学生4094人，教职工168人（中学一级教师132人，中学高级教师36人）；九年一贯制学校2所；完全中学1所，在校学生3272人，教职工238人（中学一级教师104人，中学高级教师32人）；高级中学1所，在校学生3907人，教职工286人（中学一级教师106人，中学高级教师69人）。是年，学前教育毛入园率103.9%，小学五年巩固率99.0%，初中毕业生升学率96.9%，初中三年巩固率99.2%，义务教育九年巩固率96.1%，高中阶段教育毛入学率95.5%。棉湖中学杨雄生、棉湖镇实验学校林莹2位教师被授予“南粤优秀教师”称号；棉湖中学副校长林俊松、棉湖镇实验学校副教导主任吴洁芳被省教育厅授予“特级教师”称号。

文化 体育 2021年，棉湖镇有文化服务中心1个，村（社区）综合性文化服务中心27个，村级广播站27个，文化活动广场6个，老人文化活动中心5个，农家书屋14间，7人制足球场一个，老人福利院1个，省级历史文化街区1个和室内篮球场、羽毛球场、乒乓球场若干个。有潮乐社、灯谜协会、书画学会等民间休闲娱乐组织；木雕、竹编、剪纸等民间传统工艺。全年举办文化惠民群众文化活动12场次。是年，棉湖镇老年体育协会被广东省体育局评估定级为A级服务站。

卫生 2021年，棉湖镇有医院1所（棉湖华侨医院），医务人员540人（其中在编人员400人，专业技术职称492人，其中高级职称35人、中级职称71人），医生118人，执业医师115人、执业助理医师11人，床位400张；乡村卫生站30个，乡村医生30人。新增血透机、手术显微镜、高压氧舱等主要大型医疗设备67套，价值约900万元。全年棉湖华侨医院门诊量22万人次，收治住院病人1.87万例，医疗卫生业务收入1.6亿元。

【民生福祉】 2021年，棉湖镇完成农村集中供水全覆盖。推进雨污分流工程建设，完成雨污分流管网建设214.11千米。建设农村微型污水处理站10个。完善医疗基础设施建设，推进棉湖华侨医院门诊医技楼改建工程，新建感染科大楼。启动环卫一体化项目。完成新湖幼儿园教学楼、县第二华侨中学教学楼重建工作，推进镇中心幼儿园礼堂改造维修和境潭小学教学楼重建工作。10月，棉湖镇社会工作服务站成立，设置镇社工站1个和贡山、湖滨、兴中3个社工点，配备社工13人。全年参加城乡居民养老保险1.15万人，参加城乡居民基本医疗保险8.19万人；发放城镇居民最低生活保障对象保障金373.96万元，发放农村低保对象保障金438.97万元，发放特困供养对象保障金182.87万元；完成475名精神障碍患者监护人补助资金申请；发放大病救助款61.69万元；发放县级临时救助金11万元；发放小额临时救助金7200元。

【社会治理】 2021年，棉湖镇排查化解社会矛盾，严厉惩治违法犯罪行为。全面铺开治安视频监控网络，各村（社区）安装视频监控共367个；开展社会治理综合清理清查专项行动50多次，集中整治驾乘摩托车、电动车未戴安全头盔行为，将企业捐献的2.7万个头盔全部免费发放给市民；做好违法建设治理工作，建立常态化巡查制度，实现违法建设零增长；加大消防安全排查整治力度，开展拆窗砌墙专项整治，落实“四加一”措施。全年开展各类安全生产检查生产经营单位800多家，排查隐患530多处；加大市容市貌整治力度，加强惩治占道经营、车辆乱停放、公园赌博等行为，建成兴道中学临时市场，整治湖墘路附近乱摆卖行为。成立“社区三人小组”116个，设置网格单元116个，配备网格员242人。全年受理来信来访案件80件，办结80件，办结率100%。镇人民调解委员会（镇司法所）调处矛盾纠纷60件，调解成功60件，调解成功率100%。受理“12345”市民服务热线工单431件，办结418件，办结率96.9%。开展扫黑除恶专项行动30多次，出动执法人员400人次，悬挂扫黑除恶宣传横幅34条、发放宣传海报资料1000

多份。分级分类管控吸毒人员521人，其中社区戒毒社区康复对象16人。接收社区矫正对象20人，解除矫正9人。立刑事案件153件，破案103件；受理行政案件130件；查处吸毒人员3人；惩治黑恶案件6件、“两抢一盗”案件103件、涉黄案件6件、涉赌案件14件。

2021年棉湖镇主要社会经济指标表

表68

项目	单位	指标	项目	单位	指标
土地总面积	公顷	2987	粮食总产量	吨	9400
总人口	万人	10.5	水产养殖总产量	吨	678
乡村人口	万人	4.2	水果总产量	吨	3784
总户数	万户	2.3	蔬菜总产量	万吨	1.68
社区居委会	个	13	生猪出栏量	万头	1.34
村委会	个	14	家禽出栏量	万只	57.08
农业总产值	亿元	3.31	中学	所	7
工业总产值	亿元	162.6	小学	所	13
工业企业	家	850	中小学在校学生	万人	2.21
规模以上企业	家	29	中小学在校教师	人	883
固定资产投资	亿元	9.95	幼儿园	所	35
地方公共财政预算收入	亿元	1.56	在园幼儿	人	7174

2021年棉湖镇主要企业基本情况表

表69

企业名称	企业性质	职工人数（人）	主要特色产品	年产值（万元）	年上缴税收（万元）
广东科兴宇电缆实业有限公司	有限责任公司	45	电线、电缆	7969.31	237.22
广东越东机械有限公司	有限责任公司	18	电线、电缆专用生产机械等	1222.69	42.25
揭西县港容塑料有限公司	有限责任公司	11	塑料粒料	798.96	32.14
广东胜达通电缆实业有限公司	有限责任公司	7	电线、电缆、塑料粒料	2697.65	94.29
广东省福利永兴彩印有限公司	有限责任公司	56	包装装潢印刷品、其他印刷品印刷等	1273.64	47.48
广东复兴五金塑料制品有限公司	有限责任公司	65	五金、日用塑料制品、电线、电缆等	11037.75	56.21
广东建兴电线电缆有限公司	有限责任公司	23	电线、电缆、塑料粒料	1153.11	41.41
广东亿心食品工业有限公司	有限责任公司	20	食品生产；食品销售；食品互联网销售	1744.90	68.50
揭西县锦生电线电缆实业有限公司	有限责任公司	19	电线、电缆、塑料粒料、塑胶制品、开关、插座等	3989.90	129.25
广东万泰塑胶科技有限公司	有限责任公司	48	再生资源销售；塑料制品制造；资源再生利用技术研发等	2458.40	86.94

续表69

企业名称	企业性质	职工人数（人）	主要特色产品	年产值（万元）	年上缴税收（万元）
广东纳和线缆实业有限公司	有限责任公司	12	电线、电缆制造；货物或技术进出口、电线、电缆经营等	4346.01	124.69
广东佳信达铜材实业有限公司	有限责任公司	60	金属制品、塑料制品；铜材、铝材、钢材等	3053.44	74.18
广东程通电线电缆厂有限公司	有限责任公司	87	电线、电缆、五金、电器、塑料制品	24526.16	559.16
广东恩客线缆有限公司	有限责任公司	15	制造、加工、互联网上销售：电线、电缆等	2948	107.23
广东同享电缆实业有限公司	有限责任公司	10	制造、加工、销售：电缆、电线等	2955.53	98.12
揭西县伟成达铜材有限公司	有限责任公司	20	铜材、铝材压延加工、销售	2367.88	67.65
广东优捷讯电线电缆有限公司	有限责任公司	27	电线、电缆等	3737.82	109.39
广东雅畅线缆实业有限公司	有限责任公司	20	电线、电缆等	3068.46	89.80
广东穗达电线电缆有限公司	有限责任公司	29	电线、电缆等	3041.85	104.74
广东兴网线缆实业有限公司	有限责任公司	16	电线、电缆、计算机网络用电缆、普通光缆等	2377.46	83.49
揭西县棉湖广业环保有限公司	有限责任公司	15	污水处理服务，环境保护设施运营等	605.86	21.22
揭西县鸿钦贸易有限公司	有限责任公司	4	塑料制品、化工原料	472.17	5.47
揭西县荣华大酒店有限公司	有限责任公司	47	中餐制售、旅馆业、健身美容、沐足服务、卡拉OK、会议中心服务等	207.62	17.60
揭阳市百欣电子商务有限公司	有限责任公司	3	家具销售；电动自行车销售；第一类医疗器械销售等	6310.60	77.83
揭西县群英贸易有限公司	有限责任公司	3	电动自行车销售；助动自行车、代步车等	730.02	9.1

2021年棉湖镇各村（居）委会基本情况表

表70

村（居）委会名称	所辖自然村名称
竹园内居委	无
桥头居委	无
解放路居委	无
米街居委	无
方围居委	无
南门居委	无
云湖居委	无
花园居委	花园村

续表70

村（居）委会名称	所辖自然村名称
道江居委	无
湖滨居委	无
岭南居委	无
兴中居委	无
东新居委	无
四乡村委	刘厝寨村、口寨村、灰陂村、横港村、大港村
湖西村委	湖西村
新湖村委	新光村、湖坡村、南群村、湖东村、永丰村、鸿光林村
厚埔村委	厚埔村
上浦村委	上浦村、林厝堀村
甲埔村委	甲埔村
境潭村委	茭蒡池村、境潭村、日路村、沈厝场村
下浦村委	下浦村、浦溪村、方栅村
考溪村委	考溪村
贡山村委	贡山村
鲤鱼沟村委	鲤鱼沟村
贡东村委	贡东村
新陂村委	新陂村
玉石村委	玉石村

（林锐涛　林钊立）

东园镇

【概况】　东园镇位于揭西县东部，东与揭东区白塔镇接壤，西与塔头镇毗邻，南隔榕江南河与棉湖镇、凤江镇相望，北与京溪园镇、揭阳市高新技术开发区卅岭交界，距离县城42千米。有碧岩寺、玉湖村（广东省革命老区村、广东省乡村治理示范村）、月湄村（中国传统村落、广东省历史文化名村）等景点。地方方言为潮汕方言。土特产主要有布仔豆干、古福咸菜等。2021年，土地面积26.36平方千米。下辖社区居民委员会1个，村民委员会10个，自然村38个。新出生人数442人，人口出生率10.9‰，人口自然增长率8.03‰。至年底，总户数8895户，户籍人口4.03万人，常住人口2.91万人。海外华侨1.5万人。港澳台同胞1万人。

【基层党建】　2021年，东园镇落实党的基层组织建设三年行动计划，履行抓基层党建主体责任，加强基层党建建设。严格落实“三会一课”、组织生活会、谈心谈话、民主评议党员、主题党日等组织生活制度，推动基层党组织各项工作规范化、制度化。完成镇级领导班子换届工作，新一届班子成员12人，其中35岁以下5人（镇长31岁），配备女干部2人，平均年龄41岁，大学本科学历8人、大专学历4人。完成村级换届工作，选出村（社区）“两委”干部72人，书记、主任、经联社长“一肩挑”比例100%，“两委”干部100%交叉任职。村级后备干部44人，其中书记后备干部22人、“两委”后备干部22

东园镇玉湖村新时代文明实践站（2021）　（东园镇　供稿）

人。以玉湖村为党建示范点，以点带面，辐射带动全镇党建工作。深化基层党组织规范化建设，投资80多万元用于升级村级党组织办公场所、党群服务中心规范化建设和新建东联社区办公楼，补齐村级基层党组织阵地建设。推行“村到组、组到户、户到人”三级党建网格，实现党建工作管理全覆盖。全镇党基层组织50个，其中党委4个、党总支3个、党支部43个；党员1021人。是年，发展预备党员26人、入党积极分子40人，开展新党员培训150人次。

【经济发展】　2021年，东园镇农业总产值4.19亿元，比2020年（下同）增长2.4%。地方公共财政预算收入3513.69万元，下降52.9%；地方公共财政预算支出3513.69万元，下降52.9%。全年固定资产投资1.04亿元，社会消费品零售总额3.24亿元，各项税收收入770.39万元。镇内有农村商业银行1家，设东园、古福营业厅2个，各项存款余额6亿元，下降1%；贷款余额6300万元，增长140%。

农业　2021年，东园镇农业总产值4.19亿元，增长2.4%。全镇耕地面积803公顷，粮食播种面积1530公顷，粮食总产量8938吨。农作物主要有水稻、蔬菜、水果等，水稻播种面积1011公顷，总产量6128吨；蔬菜种植面积457公顷，总产量2.07万吨；水果种植面积359公顷，总产量7446吨。完成造林面积228公顷，木材采伐1241立方米。全年生猪出栏1.06万头、家禽（鸡、鸭、鹅）出栏53.62万只，水产养殖总产量1158吨。

商业　2021年，东园镇有农贸市场2个，分别为东桥园农贸市场和古福农贸市场，市场主要经营农副产品和日常用品。镇内有小型自选商场2家，阿里村淘服务站10个，镇区沿街商铺40多家，商业服务行业50多家，主要商品有五金电器、服装鞋类、日常用品、农副产品等。全年社会消费品零售总额3.24亿元，增长12.5%。

【乡村振兴】　2021年，东园镇组织镇、村两级干部开展“回头看”，落实驻镇帮镇扶村工作，健全防止返贫动态监测和帮扶机制。加快新农村建设，打造生态宜居环境，全镇10个行政村全部达到干净整洁村标准，通过县级美丽宜居示范村验收并挂牌。优化农业产业结构，发展地方特色产业，构建市级生猪产业链，谋划打造蔬菜、冬瓜、水稻、家禽、淡水鱼五条镇级农业产业链加快现代化农业发展。加强重点项目建设，完成莪萃大桥东园镇连接线（一期）改造工程建设、中园新城碧桂园·金域名府项目首期建设，推进中园中路工程、潭口桥至卅岭路段升级扩建工程、美丽圩镇建设项目建设。开展农村耕地“灭荒”行动和土地流转工作，完成宅基地审批发证15宗，完成撂荒土地复耕100.6公顷，农村土地承包经营权流转面积35.16公顷。全年培育县级以上农业龙头企业1家，农民专业合作示范社3个（其中1个为市级），示范家庭农场1家。

【教文卫体】　教育　2021年，东园镇有幼儿园9所，在园幼儿1150人，教职工70人（含临聘教职工）；小学6所，在校学生1797人，教职工139人（小学一级教师82人）；初级中学1所，在校中学生906人，教职工77人（中学高级教师职称4人，中学一级教师职称41人）。是年，学前教育毛入园率100%，小学五年巩固率100%，初中毕业生升学率100%，初中三年巩固率100%，义务教育九年巩固率100%，高中阶段教育毛入学率70%。考上揭阳一中录取分数线6人，考上揭阳二中录取分数线55人，考上棉湖中学录取分数线93人。

文化　体育　2021年，东园镇有文化站1个，广播站1个，有线电视转播站1个，村级广播站11个，敬老院1个，农村书屋10个。实施文化惠民工程，完善公共文化服务配套，完成11个村（社区）综合性文化服务中心和新时代文明实践站建设验收。全年开展文化活动2场。

卫生　2021年，东园镇有卫生院1所，执业（助理）医师16人，病床40张，内设预防保健科、全科医疗科、内科等科室。全镇乡村卫生站10个，乡村医生10人。是年，各医疗机构门诊量2.39万人次，收治住院病人279例，医疗卫生单位业务收入452.46万元，全年儿童计划免疫率100%，未发生任何传染病。

【民生福祉】　2021年，东园镇推进义务教育优质均衡发展，加快教育事业改革创新步伐；实施公共文化惠民工程，改善各村公共文化、体育设施建设；提升基层医疗服务水平，做好疫苗接种服务工作；健全分层分类社会救助体系，加大社会救助力度，做好低保、抚恤优待、特困人员救助工作；实施全民参保计划，推动基本养老、医疗、工伤、失业等保险应保尽保，扩大基本养老保险、医疗保险覆盖面。完成镇区污水处理厂和7个村级污水处理站建设并通水。完成农村集中供水全覆盖攻坚任务，建成供水管网6000多米，覆盖赤岩行政村5个自然村839户、5637人。完成7个自然村、2863户电网改造工作。9月，东园镇社会工作服务站成立，配备社工6人。全年参加城乡居民基本养老保险8033人，领取农村社会养老保险5649人，参加城乡居民医疗保险3.30万人；提供散居孤儿生活补助金10.79万元，发放事实无人抚养儿童生活费6.99万元，发放城镇居民最低生活保障对象保障金17.02万元，发放农村低保对象保障金724.14万元，发放特困供养对象保障金133.31万元，发放半失能特困人员护理补贴1.52万元，发放重度残疾人护理补贴7.71万元，发放临时救助金及重大疾病医疗救助金70.99万元。

【社会治理】　2021年，东园镇落实安全生产责任制，加大日常巡查力度，常态化抓好安全生产隐患排查整治，全年实现安全生产“零事故”。加强森林防火、“三防”、地质灾害等领域安全保障，提高防灾减灾救灾水平。常态化开展扫黑除恶专项斗争，惩治涉电信诈骗、涉税犯罪、涉毒、涉黑恶、涉赌、涉假等违法犯罪活动，发动辖区内村民安装“国家反诈中心”App，推进“平安东园”建设。对辖区内精神障碍患者217人开展入户走访，督促精神患者监护人履行监护管理职责，预防精神病人肇事肇祸案件发生。推进法治东园建设，开展普法工作。建立完善社会矛盾纠纷排查机制，完善各类调解联动工作体系，推动基层矛盾源头化解。成立“社区三人小组”12个，设置网格管理单元101个，配备网格员169人。9月，成立东园镇综合治理委员会。全年受理来信来访案件13件，办结13件；排查各类纠纷案件3件，化解调处3件。镇人民调解委员会（镇司法所）调处矛盾纠纷31件，调解成功31件，全部调解完结。受理“12345”市民服务热线工单45件，办结35件，办结率77.8%。开展扫黑除恶专项巡查行动24次，悬挂扫黑除恶宣传横幅15条、发放宣传海报120多份。接收社区矫正对象10人，解除矫正3人。立刑事案件26件，刑事拘留12人，破案11件；治安案件18件，调解成功7件，行政拘留1人。

2021年东园镇主要社会经济指标表

表71

项目	单位	指标	项目	单位	指标
土地总面积	公顷	2636	粮食总产量	吨	8938
总人口	万人	4.03	水产养殖总产量	吨	1158

续表71

项目	单位	指标	项目	单位	指标
乡村人口	万人	3.88	水果总产量	吨	7446
总户数	万户	8895	蔬菜总产量	万吨	2.07
社区居委会	个	1	生猪出栏量	万头	1.06
村委会	个	10	家禽出栏量	万只	53.62
农业总产值	亿元	4.19	中学	所	1
工业总产值	亿元	—	小学	所	6
工业企业	家	9	中小学在校学生	万人	2703
规模以上企业	家	—	中小学在校教师	人	216
固定资产投资	亿元	1.04	幼儿园	所	9
地方公共财政预算收入	亿元	0.35	在园幼儿	人	1150

2021年东园镇各村（居）委会基本情况表

表72

村（居）委会名称	所辖自然村
东联居委	无
桃围村委	桃围村、仙宝村、中洲村、官田村
玉湖村委	玉湖村
东桥园村委	大寨村、耀东村、新寨村、西兴村、柑园顶村、洲兴村
联丰村委	后畔园村、巷墘村、金湖村、西湖村、厝前村、鹊湖村、月眉山村
赤岩村委	赤岩村、西山村、白木城村、柑园村、新兴村
古福村委	虎埕村、寨内村、砖埕村、池顶村、口寨村、旗坑村、下洲村、上洲村
月湄村委	月湄村
炉清村委	炉清村
后寮村委	后寮村、金湖村
三犁村委	老宅村、新宅村、宅埔村

（杨　灿　林晓萍）

塔头镇

【概况】 塔头镇位于揭西县东南部，五经富河中下游，东北邻东园镇，南邻凤江镇、金和镇，西连灰寨镇，北接京溪园镇，距离县城32千米，有旧住村等景点。土特产主要有玉米、黑皮冬瓜。地方方言为潮汕话。2021年，土地面积29.35平方千米，下辖社区居民委员会1个，村民委员会14个，自然村42个。新出生人数672人，人口出生率11.9‰，人口自然增长率6.4‰。至年底，总户数1.27万户，户籍人口5.43万人，常住人口约3万人。

【基层党建】 2021年，塔头镇坚持党建引领作用，落实“第一议题”制度，推进基层党建三年行动计划，发挥基层党组织和党员作用。镇委党校开展党员培训和“两委”干部8个班次，培训1890人次。完成镇级领导班子换届工作，新一届班子成员15人，其中35岁以下2人，配备女干部3人，平均年龄43岁，大学本科学历10人、大专学历5人。完成村级换届工作，村（社区）“两委”干部86人，实现“三个一肩挑”100%，交叉任职率100%。推动村（社区）“两委”干部头雁提升、群雁建强、雏雁培育“三项计划”实施，完成全镇15个村（社区）村级后备干部动态调整工作，村级后备干部61人，其中书记后备干部30人、“两委”后备干部31人。设有党群服务中心16个，其中镇级1个、村级15个，全年招收村级党群服务中心第二专职人员8名。至年底，全镇党基层组织54个，其中党委1个、党总支7个、党支部46个（其中“两新”组织党支部2个）；党员1266人。是年，发展预备党员28人、入党积极分子18人，预备党员转正16人。

【经济发展】 2021年，塔头镇工农业总产值13.62亿元，比2020年（下同）增长2.9%，其中工业总产值8.58亿元、农业总产值5.04亿元。地方公共财政预算收入2264.94万元，下降37.4%；地方公共财政预算支出2264.94万元，下降37.4%。全年固定资产投资2.80亿元，社会消费品零售总额4.18亿元，各项税收收入181.63万元。镇内有农村商业银行1家、邮政储蓄银行1家，各项存款余额11.14亿元，各项贷款余额3725.52万元。

农业 2021年，塔头镇农业总产值5.04亿元，增长4.1%。全镇耕地面积1208.6公顷，粮食播种面积1897.1公顷，粮食总产量1.14万吨。全镇农业生产以种植业为主，主要经济作物有冬瓜、甜玉米、笋竹等。水稻种植面积993公顷，总产量6034吨；蔬菜种植面积714.73公顷，总产量2.91万吨；水果种植面积199公顷，总产量3182吨；冬瓜种植面积267公顷，总产量4355吨；甜玉米种植面积136公顷，总产量831吨。林地面积356.2公顷，完成造林面积35公顷，木材采伐1475立方米。全年生猪出栏7745头、家禽（鸡、鸭、鹅）出栏66.7万只，水产养殖总产量972吨。推进规模化发展玉米种植，玉米种植流转土地69.4公顷，主要在龙光村、锦龙村、塔头村、新园村、潭新村。

工业 2021年，塔头镇工业生产以食品加工、化肥生产加工为主，有工业企业67家，从业人员335人，其中规模以上工业企业2家。主要企业有揭西县同心食品有限公司、揭西县潭溪砂砖制造有限公司。是年，实现工业产值8.58亿元，增长2.3%，其中规模以上工业产值7.79亿元，增长8.9%。

商业 2021年，塔头镇有农贸市场1个，小型自选商场3家，镇区沿街商店260多家，主要经营五金电器、服装鞋类、日常用品、农副产品及快递服务等。是年，社会消费品零售总额4.18亿元，增长12.1%。

【乡村振兴】 2021年，塔头镇推进农村“厕所革命”，排查农户户厕1万户，公厕31座，发现32座问题户厕，所有问题户厕全部落实整改。重整旧住村、锦龙村、龙光村土地资源，依托文化特色、河流水塘、田园民居、道

锦龙村玉米种植基地（2021）（塔头镇 供稿）

路设施，构建生态旅游和党建教育体验参与项目体系，引入油桐花、百香果等特色产业，打造以旧住村、锦龙村、龙光村为基础的“水韵原乡　芳菲塔头”主题精品旅游路线。打造优质蔬菜种植基地。发展甜玉米种植产业，引进揭西县桦泰农业发展有限公司，种植面积173.33公顷（亩产约1500千克），推进申报粤港澳大湾区“菜篮子”生产基地、县级现代农业甜玉米产业园。全镇有“粤字号”名牌产品1个。新增县级示范合作社2个，分别是揭西县隆发种养专业合作社、揭西县宏财种养专业合作社。

【教科文卫体】　教育　2021年，塔头镇有幼儿园3所，在园幼儿1125人，幼儿教师34人；小学14所，在校学生2151人，教职工182人（小学一级教师127人，小学高级教师2人）；初级中学2所，在校学生1266人，教职工110人（中学一级教师45人，中学高级教师13人）。是年，学前教育毛入园率92.4%，小学五年巩固率100%，初中毕业生升学率80.1%，初中三年巩固率100%，义务教育九年巩固率100%。塔头中学、塔头二中2所中学考上高中学生180人，其中考上河婆中学、棉湖中学共108人。

科技　2021年，塔头镇开展群众性科学技术普及工作，全年开展农技、职业技术培训会1场次，培训人员62人次。

文化　体育　2021年，塔头镇有文化站1个，广播站1个，有线电视转播站3个，村级广播站15个，文化活动广场18个，老人文化活动中心3个，农家书屋14间，老人福利院1个，足球场1个。全年举办群众性文艺活动12场次，开展体育活动10场次。

卫生　2021年，塔头镇有卫生院1所，有卫生技术人员49人（中级职称3人、初级职称37人，未取得职称9人），执业医师11人、执业助理医师9人，病床30张，内设预防保健科、全科医疗科、中医科等科室；乡村卫生站20个，乡村医生20个。全年各医疗机构门诊量5504人次，收治住院病人170例，医疗卫生单位业务收入155.85万元。全镇儿童计划免疫率96%，未发生任何传染病。

【民生福祉】　2021年，塔头镇推进农村生活污水治理，完成6个行政村共18个自然村雨污分流建设，开工建设8个行政村共24个自然村雨污分流工程，其中11个自然村完成管道铺设、接管到户并进行路面硬化，建设雨污分流管网94.84千米；污水处理厂和污水处理站PPP项目完成25个自然村排污工作；接入厂、站、厌氧池等处理终端实施13个自然村，投入资金5163.22万元。建成污水处厂1个，村级污水处理站11个，厌氧池+湿地4个。塔头镇社会工作服务站成立于2019年7月，配备社工8人。全年参加城乡居民医疗保险4.15万人；发放城镇居民最低生活保障对象保障金28.49万元，发放农村低保对象保障金894.73万元，发放特困供养对象保障金327.13万元，临时救助金额53.46万元；完成521名精神障碍患者监护人补助资金申请，发放补助金23.54万元。

【社会治理】　2021年，塔头镇强化安全生产监管，全年组织开展安全生产大检查19次，例行检查行动42次，排查隐患155处。全镇成立“社区三人小组”35个，设置网格单元83个，配备网格员146人。建立治保会15个、调解会1个，治保人员30人。全年受理来信来访案件15件，办结15件，办结率100%。镇人民调解委员会（镇司法所）调处矛盾纠纷51件，调解成功50件，调解完成情况98%。受理“12345”市民服务热线工单178件，办结176件，办结率98.9%。开展扫黑除恶专项行动21次，出动执法人员112人次，悬挂扫黑除恶宣传横幅13条、发放宣传海报资料1800多份。分级分类管控吸毒人员9人，其中社区戒毒社区康复对象5人。司法社区矫正人员8人。立刑事案件20件，刑事拘留4人，破案8件；治安案件20件，行政拘留2人。

2021年塔头镇主要社会经济指标表

表73

项目	单位	指标	项目	单位	指标
土地总面积	公顷	2935	粮食总产量	万吨	1.14
总人口	万人	5.43	水产总产量	吨	972
乡村人口	万人	4.51	水果总产量	吨	3182
总户数	万户	1.27	蔬菜总产量	万吨	2.91
社区居委会	个	1	生猪出栏量	头	7745
村委会	个	14	家禽出栏量	万只	66.7
农业总产值	亿元	5.04	中学	所	2
工业总产值	亿元	8.58	小学	所	14
工业企业	家	67	中小学在校学生	人	3417
规模以上企业	家	2	中小学在职教师	人	292
固定资产投资	亿元	2.80	幼儿园	所	3
地方公共财政预算收入	万元	2264.94	在园幼儿	人	1125

2021年塔头镇主要企业基本情况表

表74

企业名称	企业性质	职工人数（人）	主要特色产品	年产值（万元）	年上缴税收（万元）
揭西县同心食品有限公司	责任有限公司	25	番薯干、芒果干	600	28
揭西县潭溪砂砖制造有限公司	责任有限公司	35	砂砖	128	5

2021年塔头镇各村（居）委会基本情况表

表75

村（居）委会名称	所辖自然村名称
塔头居委	无
塔头村委	塔头村、袁厝寮村、竹林美村、大园村
潭新村委	月新村、月潭村、周厝埔村、黄厝寮村
保西村委	石牌村、分水岭村
山寮村委	山寮村
大丰村委	大坪埔村、大山脚村、丰文村
新园村委	新园村
阔西村委	田墘围村、里厝寮村、岐山坪村、新置寨村
阔园村委	三角丘村、新寨村、陈厝寮村、老寨村、苏厝巷村、下片园村
锦龙村委	龙山村、锦老村、锦新村
新溪村委	新队村、鹅毛溪村、新兴围村、柑园村、联桐村
旧住村委	旧住村
项埔村委	项埔村
潭溪村委	储美村、濂溪村、桃溪洲村、濂兴村、围内村
龙光村委	龙角池村、涂港村

（李勤勉　林　淇）

2021年新任揭西县领导简介

中国共产党揭西县第十二届委员会常务委员会委员

【刘端雄】 男，汉族，1973年3月出生，广东汕头人，1994年7月参加工作，1994年4月加入中国共产党，广东省委党校研究生学历。揭阳市委常委、政法委书记，揭西县委书记。

【魏洁林】 男，汉族，1968年11月出生，揭阳市榕城区人，1989年1月参加工作，1991年12月加入中国共产党，大学学历。揭西县委副书记，揭西县人民政府党组书记、县长。

【林惠生】 男，汉族，1983年4月出生，揭阳市揭东区人，2009年8月参加工作，2005年12月加入中国共产党，研究生学历。揭西县委常委。

【肖晓新】 男，汉族，1981年10月出生，广东普宁人，2005年4月参加工作，2006年12月加入中国共产党，大学学历。揭西县委常委、宣传部部长。

【何亿】 男，汉族，1971年9月出生，广东惠来人，1993年8月参加工作，1996年5月加入中国共产党，大学学历。揭西县委常委、组织部部长、党校校长。

【黄钦志】 男，汉族，1972年12月出生，揭阳市榕城区人，1995年9月参加工作，1994年12月加入中国共产党，大学学历。揭西县委常委，县人民政府党组副书记、副县长。

【毛建中】 男，汉族，1978年12月出生，四川大邑人，1997年9月参加工作，1999年12月加入中国共产党，大学学历。揭西县委常委、人武部政委。

【林剑华】 男，汉族，1974年11月出生，揭阳市揭东区人，1998年12月参加工作，2002年1月加入中国共产党，大学学历。揭西县委常委、纪委书记，县监委主任。

【陈铠】 男，汉族，1972年8月出生，广东普宁人，1994年10月参加工作，1995年12月加入中国共产党，大学学历。揭西县委常委、政法委书记。

【江静纯】 女，汉族，1982年7月出生，广东惠来人，2006年4月参加工作，2006年2月加入中国共产党，大学学历。揭西县委常委、统战部部长，揭西县政协党组副书记（兼）。

新任县人大常委会副主任

【王填德】 男，汉族，1972年4月出生，揭阳市榕城区人，1996年10月参加工作，2001年11月加入中国共产党，大学学历。2021年12月起，任揭西县人大常委会党组成员、副主任。

【邹亿水】 男，汉族，1967年11月出生，广东揭西人，1988年8月参加工作，1991年6月加入中国共产党，大学学历。2021年10月起，任揭西县人大常委会党组成员、副主任，县归国华侨联合会党组书记、主席。

【杨文银】 男，汉族，1968年3月出生，广东揭西人，1993年4月参加工作，1991年4月加入中国共产党，大学学历。2021年10月起，任揭西县人大常委会党组成员、副主任，塔头镇党委书记。

【彭志向】 男，汉族，1969年12月出生，广东揭西人，1991年8月参加工作，1992年11月加入中国共产党，大学学历。2021年10月起，任揭西县人大常委会党组成员、副主任。

新任副县长

【陈永年】 男，汉族，1972年5月出生，广东惠来人，1994年3月参加工作，1991年6月加入中国共产党，大学学历。2021年8月起，任揭西县人民政府党组成员、副县长。

新任县政协副主席

【蔡常伟】 男，汉族，1973年9月出生，广东揭西人，1995年8月参加工作，民盟，大学学历。2021年10月起，任揭西县政协副主席。

新任县人民法院院长

【苏文弟】 男，汉族，1973年7月出生，广东惠来人，1997年7月参加工作，1996年5月加入中国共产党，大学学历。2021年10月起，任揭西县人民法院党组书记、院长，县人民法院审判委员会委员、审判员。

新任县人民检察院检察长

【肖洪俊】 男，汉族，1970年8月出生，广东普宁人，1992年8月参加工作，1995年6月加入中国共产党，大学学历。2021年10月起，任揭西县人民检察院党组书记、检察长，县人民检察院检察委员会委员、检察员。

（县委组织部）

2021年揭西县委委员名录

【揭西县委委员】 刘端雄、魏洁林、张永庆、林惠生、肖晓新、何亿、黄钦志、林剑华、陈铠、江静纯（女）、陈河、徐战略、王填德、邹亿水、杨文银、彭志向、陈永年、刘景新、黄书香、陈继华、陈俊强、张剑辉、林新宏、林俊伟、苏文弟、肖洪俊、李锦山、吴国栋、刘淑君（女）、李勇豪、黄俊瑜、李焕然、曾瑞平、巫丽琼（女）、张斌、李新健、蔡晓松、杨伟华、温庆文、李旭军、张琼华、彭细展、蔡高端、黄万如、吴少纯、吴谦慎、林世雄、王喜发、杨杰生、林绪杰

【揭西县委候补委员】 李凌思（女）、黄俊琳（女）、王朝辉、蔡远辉、林吉新、蔡远良、林楠、彭剑彪、汪锐强

（县委办）

2021年揭西县全国、省、市人大代表名录

【全国人大代表】 王玲娜（女）

【省人大代表】 蔡少松、温俊香（女）、潘佩娜（女）

【市人大代表】 刘端雄、魏洁林、陈河、杨一帆、杨伟华、吴谦慎、温庆文、黄万如、林运标、温文波、陈俊万、李志敏、温德胜、李夏梅（女）、李小康、张伟学、林海丽（女）、李晓丹（女）、林丽萍（女）、朱玉丹（女）、张小燕（女）、陈涛、何巧能（女）、黄浩彬、郭盛荣、张晓清（女）、邢林华、詹明雄、李振方、蔡传健、沈彦娜（女）、陈俊生、邹鹏儒、李勉生、黄俊生、陈文璐（女）、刘西韬、林友花（女）、李秋珊（女）、邓满森、徐旭亮、刘柳江、林泽阳（女）、刘宇环、林丹琪（女）、庄瑞芝（女）、伍丽萍（女）、陈永江、林志桐、杨宇涛、曾俊强

（县人大办）

2021年揭西县人大常委会组成人员名录

【揭西县第十一届人大常委会组成人员】　陈河、徐战略、李文虹（女）、王填德、邹亿水、杨文银、彭志向、张锻炼、黄志生、温喜胜、叶俊新、陈新伟、陈成腾、邓益些、陈增智、蔡宇鸿、张赐荣、李旭晖、林运标、汪东生、李凌思（女）、黄俊琳（女）、温贵明、杨谦谋、张子发、张永毫、陈俊涛、章晓珊（女）、彭华（女）、刘妮（女）、刘如娟（女）、林少英（女）、张慧琪（女）、温瑞强、谢旭彬

（县人大办）

2021年揭西县市政协委员名录

【市政协委员】　陈俊强、林金晓、庄小夸、王耿辉、李旭梅（女）、李俊锋、张臣、陈韬、郑文城、钟方城、黄文锋、曾翠萍（女）、温会暖（女）、谢旭彬、蔡桂珠（女）、谭智

（县政协办）

先进模范人物

二等功臣

【陈联峰】　男，汉族，1978年12月出生，广东揭西人。1998年，陈联峰考入解放军外国语学院（东南亚语系），2002年大学本科毕业获得学士学位，毕业后分配至原海军某侦察局任助理翻译；2005年，参加海军航空兵招录飞行人员考核，被选调至海军航空兵某部空中信息化作战部队任职；2021年任海军航空兵某师空中勤务大队正团职干部、上校军衔。2005年、2013年立三等功各1次，2015年被海军航空兵某师评为优秀基层干部。

除参加日常飞行训练、战斗巡逻任务外，陈联峰还经常参加海军组织的海上空中跳伞、海上生存综合演练等训练任务，锤炼在空中遭遇特情后生存打赢本领。10多年来，陈联峰累计安全飞行超2000小时，凭借在高强度训练中培养的能力，多次参加、完成黄海空域战斗巡逻、东海空域战斗巡逻、钓鱼岛维权空中巡逻以及东海划设防空识别区战斗巡逻等重大任务，对接近中国领海、领空外国军用舰船、飞机等目标进行跟踪监视并通过无线电台喊话驱离，维护祖国领海、领空国家主权安全。

2021年4月10日，因在2020年度军事训练中功绩显著，经北部战区批准，给予二等功奖励。

（张书境　蔡晋元）

广东省脱贫攻坚先进个人

【刘佑平】　男，汉族，1985年9月出生，揭西县龙潭镇人，2010年9月参加工作，2012年8月加入中国共产党，任县农业农村局乡村振兴服务中心资产管理股十级职员，曾获“广东省2016—2018年脱贫攻坚突出贡献个人”“揭阳市优秀共产党员”等称号。

2016年以来，该同志一直在扶贫工作岗位上工作，立足本职岗位，兢兢业业，脚踏实地，认真负责。加强学习精准扶贫业务知识，第一时间研读扶贫相关政策要求，及时、准确汇报扶贫工作，为推进全县扶贫工作提供参谋决策意见。拓宽精准帮扶思路，耐心指导各乡镇（街道）和驻村队长落实脱贫攻坚各项措施，按时、按质完成上级布置各项工作，推动落实产业、就业、社会保障、教育、医疗等“八大扶贫工程”。细化管理扶贫系统数据，逐一核实审批17个乡镇（街道）280个村基础数据和村项目录入，逐一把关建档立卡贫困户个人信息和户项目，不定期对各村数据录入人员开展培训，累计培训2000多人次。在日常扶贫工作中，督促做好相关数据和佐证材料收集，按要求做好“一户一档”管理工作，特别是贫困人口识别和动态管理程序和资料收集工作，及时、准确上传扶贫系统。与各行业部门定期做好政策衔接和数据共

享，通过反复比对贫困人口个人信息，对符合政策贫困人口应帮尽帮、应扶尽扶、不漏一人。

2021年6月22日，被广东省委、省政府授予“广东省脱贫攻坚先进个人”称号。

（刘桂山　侯晓云）

【林杨鑫】 男，汉族，1989年2月出生，揭阳市榕城区人，2010年7月参加工作，中共党员，揭西县五经富镇党委委员。

2019年4月以来，林杨鑫分管农业农村、扶贫等工作，兼任第一村扶贫队长。爱岗敬业，努力学习，敢于担当，推进五经富镇扶贫事业发展。

牵头各成员单位、扶贫队长，解决贫困户“两不愁三保障”方面突出问题，落实以奖代补政策，激发贫困户内生动力，做到扶贫、扶智相结合，统筹扶贫资金投入广东云顶茶业有限责任公司，为贫困户提供稳定增收和工作岗位，促进就业扶贫；结合贫困村实际，发挥帮扶工作队力量，推动产业发展，先后建成新和村茶叶基地、泮坑村竹笋基地、联和村食用菌基地，投入中央资金对新和村上车段通茶厂道路扩宽，解决新和村茶产业道路交通短板；接轨揭西县省级茶叶产业园，谋划五经富镇茶叶专业镇（消费扶贫）展销中心建设。

2021年6月22日，被广东省委、省政府授予“广东省脱贫攻坚先进个人”称号。

（曾映碧　陈思源）

广东省五一劳动奖章获得者

【张京城】 男，汉族，1979年8月出生，揭西县坪上镇人，中共党员，揭西县环境卫生管理中心下属企业揭西县老虎坷垃圾填埋场职工。自参加工作以来，张京城勤恳工作，刻苦钻研，甘于奉献，清正廉洁，能够起到党员模范带头作用。2006年、2014年、2015年、2019年分别获单位年度考核优秀等次。

张京城在垃圾填埋场工作期间，和同事探索、研究和运用业务技术专业知识，提高垃圾场运营效率和生态环境治理成效；2018年9月，“山竹”台风影响期间，和场区员工一起坚守一线，24小时进行灾害指导工作，由于风力大，场区PE膜基本被大风吹起来，雨水量大，导致调节池水位暴涨，张京城在风雨中和场区员工一起进行覆膜抢险工作，联合场领导协调各方关系，把调节池水位降到安全水位；2020年疫情防控期间，张京城带头坚守岗位，对进出人员、车辆开展登记和及时消毒杀菌工作，多方筹备疫情期间所需物资。

2021年4月29日，张京城被广东省总工会授予广东省五一劳动奖章。

（张燕豪　韩少师）

先进单位

全国脱贫攻坚先进集体

【广东省交通集团有限公司驻揭阳市揭西县金和镇山湖村扶贫工作队】 广东省交通集团有限公司驻揭阳市揭西县金和镇山湖村扶贫工作队从2016年入驻以来，坚持以习近平新时代中国特色社会主义思想为指导，贯彻落实精准扶贫政策，推进各项扶贫工作。

协助选优配强村两委班子，推动集团6家下属单位到山湖村开展党建共建活动60多次；推动美丽乡村建设，完成路灯、村民活动广场、北门桥、北星桥、游客服务中心、党群服务中心、潮汕民宿等规划项目建设；加强产业帮扶，巩固原有苗圃和光伏产业；推动劳动力转移就业，完成66名贫困户劳动力转移就业，实现“一人就业全家脱贫”；强化教育帮扶，落实政策资金，设立奖学金发挥先进示范作用，共建成立“学雷锋阅览室”和“儿童之家”，补充新校服和书包；利用行业优势，推进消费扶贫，发起加入揭阳市消费扶贫联盟，发挥高速公路服务区网络优势扩大扶贫农产品销售。至2020年底，山湖村建档立卡贫困户全部实现脱贫。

广东省交通集团有限公司累计投入自筹资金2535.49万元，协助山湖村完成基础设施建设。2015—2020年全村贫困户家庭人均可支配收入从3969元增长到1.62万元，年均增长34%；全村农民家庭人均可支配收入从7863元增长到2.37万元，年均增长26%。

2021年2月25日，被中共中央、国务院授予"全国脱贫攻坚先进集体"称号。

（刘桂山　侯晓云）

全国"五好"县级工商联

【揭西县工商业联合会】 2021年12月27日，揭西县工商业联合会被中华全国工商业联合会确认为2020—2021年度全国"五好"（领导班子好、会员发展好、商会建设好、作用发挥好、工作保障好"五好"标准）县级工商联。

领导班子好。揭西县工商联领导班子带头学习贯彻习近平新时代中国特色社会主义思想，坚持民主集中制，严格遵守党风廉政建设各项规定，加强自身建设，增强责任意识。完成换届选举，选出主席兼会长1人，常务副主席、常务副会长1人，副主席兼副会长17人，秘书长1人，常委31人，执委91人。17名领导班子是非公企业人士，围绕县委、县政府中心工作任务，发展壮大、做强企业，服务社会。

会员发展好。全年新发展会员30人（其中中共党员16人），主要由各乡镇（街道）委员（副科级班子成员）、优秀企业人士组成。

商会发展好。县工商联异地商会有7家（旅深揭西乡亲促进会、深港揭西商会、珠海揭西商会、东莞揭西商会、清远揭西商会、广东省揭西商会、惠州揭西商会）、乡镇商会4家（棉湖分会、金和分会、良田商会、大溪商会）、街道商会1家（河婆商会）、行业协会4家（电子商务协会、电线电缆行业协会、旅游协会、客家志愿者协会）。推动商会、协会完成当地党委政府中心工作安排和上级工商联重点任务，协助当地党委政府落实好涉及民营经济发展有关政策。组织、动员商会、协会参与光彩事业、乡村振兴、疫情防控等工作，发动捐款捐物。10月18日，揭西县天鹅湖水果种植有限公司、广东农夫山庄食品工业有限公司2家企业被揭阳市农业农村局评为市级农业龙头企业。

发挥作用好。县工商联引导非公有制经济代表人士中人大代表和政协委员发挥作用，加强调查研究，建言献策，形成《关于改善灰寨小学上下学期间学校门口前交通状况的建议》《关于切实加强野生动物保护的法律法规实施的建议》《关于因地制宜推行生活垃圾分类处理的建议》等提案、议案7条。做好"千所联千会"工作，组织动员全市律师事务所与市、县两级工商联及所属商会建立联系合作机制，搭建律师服务民营企业新平台；河婆商会成立揭西县商会人民调解委员会，规定商会人民调解委员会工作原则、调解范围、调解程序、工作制度、工作纪律，推进商会人民调解工作专业化发展。

工作保障好。县工商联设立党组1个，在职干部职工6人（公务员4人、工勤人员2人），有独立办公场地，配备电脑、打印机、复印机等办公设备，出行配置专用汽车，办公经费、考察调研、教育培训等专项经费列入财政预算。

（李潮新　刘巧明）

第五批全国"扫黄打非"进基层示范点

【揭西县公安局治安大队】 2021年，揭西县公安局治安大队把"扫黄打非"工作作为"一把手"

县工商联商会接待室内景（2021）　（县工商联　供稿）

2021年10月，县公安局治安大队在河婆中学开展“扫黄打非”宣传活动
（县公安局　供稿）

工程部署推动，把“扫黄打非”工作列入局班子“每月片会”议程，每月督查工作进展。有机结合“扫黄打非”工作与社会综合治理，敢于举旗亮剑、重拳出击，常态化开展清查整治和宣传引导，推进涉黄涉非专项整治。

主动适应新形势，紧盯网络“扫黄打非”主战场，加强收集线索和分析研判，适时收网打击。2021年年初，先后组织两次警力到13个省、29个市进行收网，全链条捣毁“11·6”传播淫秽物品牟利案，抓获涉案犯罪嫌疑人44人，该案被全国“扫黄打非”工作小组办公室评选为2021年上半年全国十起扫黄打非案例之一，公安部、广东省公安厅先后发来贺电，“11·6”专案组记集体二等功；围绕“校园安全”主题，开展校园安全隐患大排查大整治等专项整治行动，联合县教育局、县市场监管局、县网信办、县文广旅游体育局等部门，加强对校园周边书店、打字复印店、文化用品店等清理整理，收缴清理封建迷信、暴力恐怖、校园霸凌、自杀自残出版物、文具、玩具共500多件。全年开展常态化联合执法125场次，进校园、下基层宣传136场次，发放宣传材料5万余册，收缴盗版光碟等非法出版物1.25万张；针对揭西县农村、山区多特点，县公安局坚持以基层警务为抓手，将“扫黄打非”纳入社区警务，作为社区民警日常巡查监管一项重要内容，发动群防群治力量，依托基层站点和微信公众号等平台征集线索，加强惩治涉“黄”、涉“非”违法犯罪。

2021年12月23日，县公安局治安大队被全国“扫黄打非”工作小组办公室评为第五批全国“扫黄打非”进基层示范点。

（张定坤　李勋涛）

广东省五一劳动奖状

【揭西县自来水公司】　位于揭西县城西南部榕江河旁，占地面积1.73公顷，日供水能力3.5万立方米，用水户近2万户，其中居民用水户占90%、约15万人，自来水普及率98%。县自来水公司是县城市管理和综合执法局属下单位，属于城市公用事业性质企业化管理单位，设有经理领导班子、办公室、财务组、业务组、监察组、维修组、安装组、供水收费（抄表）组、生产组、保卫组10个部门，干部职工132人，曾被评为揭阳市文明单位、市女职工文明岗、市先进职工之家。

揭西县自来水公司坚持“用户满意，我们的追求”服务宗旨，发展城市供水事业。累计投入资金1250万元，升级改造配套设施。总投资1.48亿元，建设揭西县新自来水厂，于2020年8月21日建成通水。配合县城道路升级改造，派出专门人员24小时轮

揭西县自来水公司（2021）　（杨茂参　摄）

班跟随县城十条道路升级改造工程施工，一旦发生施工不慎造成停水，加班加点抢修，保证县城居民和工业正常用水。疫情防控期间，安排工作人员到县疫情防控中心全天候做好医学集中隔离观察区供水保障工作。做好供水应急预案，解决供水突发问题，及时组织人员对老化或损坏的供水管道进行维修抢修，争取在半个小时内恢复正常供水，2020年改造主管道240米、巷管4718米、维修供水设施1356次、维修更换水表180次、应急抢修168次。

2021年4月29日，揭西县自来水公司被广东省总工会授予广东省五一劳动奖状。

（张燕豪　韩少师）

全国最美家庭

【吴文狮家庭】 吴文狮是揭西县塔头镇人，事业单位退休干部，塔头镇阔西村老年人协会副会长。曾获广东省“岗位学雷锋标兵”、“广东好人”、揭阳市第五届“玉德人物”、揭西县“岗位学雷锋标兵”“最美揭西人”等称号，其家庭曾获广东省“最美家庭”、揭阳市“十大最美家庭”、揭阳市“平安家庭”示范户等称号。

2013年以来，吴文狮为家乡公益事业默默奉献，助人为乐，帮助改善村里孤寡老人、留守儿童等群体生活。推进整治100多个集中成片老式厕所卫生和安全问题，动员并带动村民改善农村人居环境，发动热心人士捐款，主持建造一座公共厕所、提议创办“尊老爱幼欢乐园”（亦称“星光老年之家”“幸福院”）、创办“敬老食堂”，举办庆祝老年节等尊老敬老活动，发动村里企业家为高龄老人送慰问金。自筹10万多元，完善“尊老爱幼欢乐园”设施建设。依托“尊老爱幼欢乐园”，推动创建省级儿童友好社区，利用假期整合社会志愿资源开展各种儿童学习教育、安全演练、艺术培训活动。2018年5月，该村儿童友好社区获广东省十大“最美儿童之家”称号。

互相理解、相互包容是吴文狮家庭相处之道，其家人理解并支持吴文狮的工作。吴文狮结婚近40年，夫妇二人对家中母亲尽心陪伴，照顾周到。重视子女教育，工作再忙也会抽出时间与子女交流。其夫人吴映花为儿童友好社区专职管理员，工作认真负责，全心全意为老人儿童服务，2014年5月被省妇联评为儿童友好社区“优秀管理员”，2017年2月被市妇联评为揭阳市三八红旗手。吴文狮母亲93岁，六年多来每天准时负责为活动中心（尊老爱幼欢乐园在活动中心里面）开门、关门，为老年人放映录像，中午习惯没有休息，大部分时间都在活动中心，村民们随时都可以前来活动。吴文狮岳母92岁，因子女全部在外经商，老人日常生活也需要帮助照料，他从不推辞，尽心尽职做好孝敬老人工作。吴文狮儿子和儿媳妇都在外地工作，受吴文狮影响，节假日回家都会参与服务社区工作。

吴文狮创办“敬老食堂”后，“尊老爱幼欢乐园”逐渐形成一个为老年人提供就餐服务、生活照顾、日间休息、休闲娱乐的综合性日间照料服务公益性活动场所。吴文狮夫妻关系融洽带动家庭关系和谐，志愿精神的传播推动村形成文明新风，其家庭弘扬传统美德，促使邻里和睦，丰富农村文化生活，对邻近乡村产生辐射效应。

2021年11月28日，吴文狮家庭被中央宣传部、中央精神文明建设指导委员会办公室、全国妇女联合会评为“全国最美家庭”。

（林松武　刘育权）

组织机构及负责人

【中国共产党揭西县委员会】

书　记：刘端雄
副书记：魏洁林
　　　　张永庆（2022年11月，张永庆接受揭阳市纪委监委纪律审查和监察调查）
常　委：刘端雄
　　　　魏洁林
　　　　张永庆
　　　　林金晓（2021.8止）
　　　　林春雄（2021.3止）
　　　　官楚生（2021.8止）
　　　　何　亿
　　　　林育群（2021.8止）
　　　　莫润波（2021.10止）
　　　　黄钦志
　　　　林剑华
　　　　毛建中（2021.11止）

林惠生（2021.8起）
肖晓新（2021.8起）
陈　铠（2021.8起）
江静纯（2021.8起）
纪委书记：林剑华
组织部部长：何　亿
宣传部部长：官楚生（2021.8止）
肖晓新（2021.8起）
统战部部长：林金晓（2021.8止）
江静纯（2021.8起）
政法委员会书记：
林育群（2021.8止）
陈　铠（2021.8起）
县委办公室主任：吴国栋
县委机构编制委员会办公室
主任：杨谦谋（2021.12止）
王群雄（2021.12起）
县委巡察工作领导小组办公室
主任：刘锦铭（2021.11止）
林秀武（2021.11起）

【揭西县人民代表大会常务委员会】

主　任：陈　河
副主任：徐战略
张优产（2021.10止）
李清闲（2021.10止）
李文虹
陈统将（2021.10止）
刘耀雄（2021.10止）
王填德（2021.10起）
邹亿水（2021.10起）
杨文银（2021.10起）
彭志向（2021.10起）

【揭西县人民政府】

县　长：魏洁林
副县长：林春雄（2021.3止）
黄钦志（2021.10起）
刘景新
黄书香
陈继华
翁育慧
陈永年（2021.9起）
县政府党组成员、办公室主任、
党组书记：李勇豪（2021.4起任办公室主任、党组书记，2021.8起任县政府党组成员）
县发展和改革局局长、党组
书记：王喜发（2021.7止）
黄俊瑜（2021.8起）
县工业信息化和科技局局长、
党组书记：邹锐豪
县教育局局长、党组书记：
张美胜（2021.10止）
李焕然（2021.10起）
县公安局局长、党组书记：
陈继华
县民政局局长、党组书记：
贝平波（2021.3止）
林卓城（2021.7起）
县司法局局长、党组书记：
林俊槐（2021.5止）
曾瑞平（2021.5起）
县财政局局长、党组书记：
高锐华
县人力资源和社会保障局局长、
党组书记：
温贵明（2021.12止）
县人力资源和社会保障局局长、
党组书记：
陈联发（2021.12起）
县自然资源局局长、党组书记：
汪浩源（2021.11止）
陈武军（2021.11起）
县住房和城乡建设局局长、
党组书记：
李潮新（2021.7止）
林培福（2021.7起）
县交通运输局局长、党组书记：
陈国富（2021.4止）
李志丰（2021.7起）
县农业农村局局长、党组书记：
杨　华（2021.7止）
刘桂山（2021.7起）
县文化广电旅游体育局局长、
党组书记：
巫丽琼（2021.10止）
温庆文（2021.12起）
县卫生健康局局长、党组书记：
李文涛（2021.10止）
巫丽琼（2021.10起）
县审计局局长、党组书记：汪伟富
县统计局局长、党组书记：林吉新
县水利局局长、党组书记：
李庆裕（2021.4止）
杨　华（2021.7起）
县应急管理局局长、党组书记：
刘桂山（2021.7止）
吴锦山（2021.7起）
县退役军人事务局局长、党组书记：
吴锦山（2021.7止）
王朝辉（2021.7起）
县市场监督管理局局长、
党组副书记：蔡远辉
县市场监督管理局副局长、
党组书记：蔡建新
县电线电缆产业园管委会主任、
党组书记：
林育群（2021.2止）
县产业园管委会主任、党组书记：
林育群（2021.2起，2021.7止）
杨少波（2021.7起）
县政务服务数据管理局局长、
党组书记：
张子发（2021.6起任局长、党组副书记，2021.12止）
张保才（2021.6起任副局长、党组书记，2021.12起任局长）

县医疗保障局局长、党组书记：
廖文伟（2021.10止）
李文涛（2021.10起）
县城市管理和综合执法局局长、
党组书记：张　斌
县信访局局长、党组书记：
蔡远良
县林业局局长、党组书记：
彭绍兴（2021.4起）
县民族宗教事务局局长：林运标

【中国人民政治协商会议揭西县委员会】

主　席：陈俊强
副主席：刘小电
张剑辉
林新宏
蔡育群
林俊伟
蔡常伟（2021.10起）

【中国共产党揭西县纪律检查委员会】

书　记：林剑华
副书记：杨文银（2021.9止）
李锦山
汪伟富（2021.9起）
常　委：林剑华
杨文银（2021.9止）
李锦山
汪伟富（2021.9起）
邓淑清（2021.9止）
刘锦铭
刘广林
邱旭军（2021.9起）
林秀武（2021.9起）

【揭西县监察委员会】

主　任：林剑华（2021.2起）
副主任：杨文银（2021.9止）
李锦山
汪伟富（2021.11起）
委　员：邓淑清（2021.11止）
邱旭军
刘广林（2021.11起）
林莲华（2021.11起）
蔡剑锋（2021.11起）

【揭西县人民法院】

院长、党组书记：
周旭茂（2021.9止）
苏文弟（2021.10起）

【揭西县人民检察院】

检察长、党组书记：
林剑如（2021.9止）
肖洪俊（2021.10起）

【群众团体】

县总工会主席、党组书记：
张优产（2021.11止）
徐战略（2021.11起）
中国共产主义青年团揭西县
委员会书记：李凌思
县妇女联合会主席、党组书记：
黄俊琳
县科学技术协会主席：庄淑英
县归国华侨联合会主席、
党组书记：
彭绍兴（2021.4止）
邹亿水（2021.4起）
县工商业联合会主席：
蔡传健（2021.9止）
彭康良（2021.9起）
县文化艺术界联合会主席：
邓演杰（2021.4止）
杨一帆（2021.4起）
县残疾人联合会理事长：
张永毫（2021.10止）
汪浩源（2021.10起）

【县直事业单位】

县委党校校长：何　亿
县档案馆馆长（史志办主任）：
林少红
县公路事务中心主任：
李林峰（2021.10止）
县物业管理中心主任、
党组书记：
李永龙（2021.4起）
县融媒体中心主任（县广播电视台台长）、党组书记：
邹亿水（2021.4止）
县融媒体中心副主任（县广播电视台副台长）、党组成员：
黄钰栋（负责全面，2021.4起）
县供销合作联社副主任、
党组成员：
刘春会（负责全面）
县国资办主任：
张卫东（2021.5起）
县广播电视大学副校长：
张优武（负责全面，2021.2止）
县开放大学副校长：
张优武（负责全面，2021.4止）
县开放大学校长：
曾奇志（2021.4起）
县教师进修学校校长：
黄惠时（2021.2止）
县教师发展中心主任：
黄惠时（2021.2起）
河婆中学校长：
张新喜（2021.8止）
庄伟平（2021.8起）
县职业技术学校校长：
曾文雄（2021.8止）
县职业技术学校副校长：
余德安（负责全面，2021.8起）
县第一职业技术学校校长：
曾奇志（2021.4止）
张优武（2021.4起）

【行政性公司】

县商业企业（集团）公司经理：
李志明
县物资总公司总经理：贝小雄
县二轻集体企业联社主任：
黄惠金

【乡镇、街道】

上砂镇：
党委书记：杨伟华（2021.5止）
温美娜（2021.7起，2021.8止）
镇　长：彭剑彪

良田乡：
党委书记：蔡高端（2021.5止）
李新健（2021.7起）
乡　长：李新健（2021.7止）
李增松（2021.7起）

五云镇：
党委书记：黄万如（2021.5止）
蔡晓松（2021.7起）
镇　长：蔡晓松（2021.7止）
张壮厅（2021.7起）

河婆街道：
党工委书记：曾瑞平（2021.5止）
杨伟华（2021.5起）
办事处主任：张美仁

坪上镇：
党委书记：温庆文
镇　长：陈森峰

龙潭镇：
党委书记：李旭军
镇　长：温美娜（2021.7止）
林春鸿（2021.7起）

南山镇：
党委书记：张琼华
镇　长：张保才（2021.6止）
方淼生（2021.7起）

灰寨镇：
党委书记：彭细展
镇　长：温惠祥

京溪园镇：
党委书记：邱育辉（2021.4止）
蔡高端（2021.5起）
镇　长：刘文烽（2021.7止）
陈运业（2021.7起）

五经富镇：
党委书记：刘耀雄（2021.5止）
黄万如（2021.5起）
镇　长：林武忠（2021.7止）
吴庭鸿（2021.7起）

塔头镇：
党委书记：李志丰（2021.7止）
杨文银（2021.7起）
镇　长：林　平（2021.7止）
李勤勉（2021.7起）

东园镇：
党委书记：林卓城（2021.7止）
吴少纯（2021.7起）
镇　长：吴少纯（2021.7止）
杨　灿（2021.7起）

棉湖镇：
党委书记：林东卫（2021.7止）
吴谦慎（2021.7起）
镇　长：吴谦慎（2021.7止）
林锐涛（2021.7起）

凤江镇：
党委书记：林培福（2021.7止）
林世雄（2021.7起）
镇　长：林国胜（2021.7止）
陈东柱（2021.7起）

金和镇：
党委书记：杨保强（2021.7止）
王喜发（2021.7起）
镇　长：杨少波（2021.7止）
侯晓生（2021.7起）

钱坑镇：
党委书记：杨杰生
镇　长：王朝辉（2021.7止）
胡　磊（2021.7起）

大溪镇：
党委书记：林世雄（2021.7止）
林绪杰（2021.7起）
镇　长：林绪杰（2021.7止）
李冰曼（2021.7起）

（县委组织部）

先进个人、先进单位名录

2021年揭西县获揭阳市委、市政府以上表彰先进个人一览表

表76

姓名	性别	单位职务	荣誉名称	授予时间	授予单位
王克祥	男	揭西县突发事件预警信息发布中心助理工程师	气象部门抗击新冠肺炎疫情先进个人	2021.4.30	中国气象局
陈联峰	男	海军航空兵某师空中勤务大队正团职干部、上校军衔	二等功	2021.4.10	北部战区
刘佑平	男	揭西县农业农村局职员	广东省脱贫攻坚先进个人	2021.6.22	中共广东省委、广东省人民政府
林杨鑫	男	揭西县五经富镇党委委员			
李锦秀	女	南山镇关西村党支部书记、村委会主任	广东省优秀党务工作者	2021.6.26	中共广东省委
李勤勉	男	棉湖镇党委副书记			
张幼妮	女	揭西县公安局警务保障室职工	广东省三八红旗手	2021.3.3	广东省妇女联合会
张京城	男	揭西县老虎坷垃圾填埋场职工	广东省五一劳动奖章	2021.4.29	广东省总工会
郭淑纯	女	灰寨镇人民政府办事员	2020—2021年度广东省优秀共青团员	2021.4.30	中国共产主义青年团广东省委员会
张美娇	女	河婆中学2019级1班学生		2021.4.30	
刘丽	女	揭西县人民医院护士	广东省优秀护士	2021.5.10	广东省卫生健康委、省中医药局
刘圣翔	男	揭西县宝塔实验学校七年级学生	广东省第六届“最美南粤少年”（“自强好少年”）	2021.6.1	中国共产主义青年团广东省委员会、省学联、省少工委
温会暖	女	河婆中学教师	南粤优秀教师	2021.8.27	广东省委教育工委、省教育厅、省人力资源和社会保障厅、省总工会
杨雄生	男	棉湖中学教师			
许银讯	男	县第一职业技术学校教师			
胡玉林	男	县特殊教育学校教师			
彭晓鑫	男	河婆街道昌黎小学教师			
庄小娟	女	上砂镇新东小学教师			
李清容	女	大溪镇中心小学教师			
林莹	女	棉湖镇实验学校教师			
庄伟平	男	霖田高级中学教师	南粤优秀教育工作者		
林俊松	男	棉湖中学副校长	广东省第十一批特级教师	2021.9.3	广东省教育厅
吴洁芳	女	棉湖镇实验学校副教导主任			
陈玉娜	女	揭西县人民法院河婆人民法庭庭长、一级法官	最美基层法官	2021.11.13	广东省高级人民法院
丘杏红	女	揭西县农业农村局农业科技推广服务中心九级职员、高级农艺师	揭阳市优秀共产党员	2021.6.25	中共揭阳市委
王玲娜	女	揭西县凤江镇凤北村党委委员、村主任助理			
扶祥发	男	揭西县张武帮中学教师			
张小河	男	揭西县人民医院大内科主任			
刘佑平	男	揭西县扶贫开发服务中心十级职员			

续表76

姓名	性别	单位职务	荣誉名称	授予时间	授予单位
吴浩东	男	揭西县棉湖华侨医院第二党支部宣传委员、急诊科主任	揭阳市优秀共产党员	2021.6.25	中共揭阳市委
张丁胜	男	揭西县特殊教育学校副校长			
张小明	男	揭西县河婆中学第二党支部委员、总务处副主任、高三级数学教师			
林秀武	男	揭西县监委委员			
林宵俊	男	揭西县人民政府办公室研究室副主任			
林灿豪	男	揭阳市生态环境局揭西分局管理股副股长			
李玉宝	男	揭西县棉湖第二中学党支部书记、校长			
蔡茂莲	女	揭西县融媒体中心记者、播音员			
李雪珠	女	揭西县坪上镇党委委员、宣传委员、妇联主席			
李锦秀	女	揭西县南山镇关西村党支部书记、村委会主任	揭阳市优秀党务工作者		
李勤勉	男	揭西县棉湖镇党委副书记			
刘淑君	女	揭西县委组织部副部长、县直工委书记、县委“两新”工委书记			
陈旺祥	男	揭西县烟草专卖局机关党支部副书记、党建监察部主任			
贝瑶台	女	揭西县河婆街道大同社区党委书记、居委会主任			
曾霞	女	揭西县河婆街道新四村第一书记，河婆街道党工委委员）			
黄志辉	男	揭西县疾病预防控制中心党支部书记、中心主任			
何泉	男	揭西县塔头镇卫生院党支部书记、院长			
吴焕平	男	揭西县棉湖镇湖滨社区党支部书记、居委会主任			
邓俊峰	男	揭西县第一职业技术学校团委书记（驻大溪镇井新村党建指导员）			
陈良炜	男	揭西县委办公室人秘组副组长			
张婉君	女	揭西县龙潭镇机关党支部委员、党建工作办公室主任			
侯耿斌	男	揭西县大溪镇党委委员、组织委员			
蔡佑顺	男	揭西县委宣传部党总支部委员、人秘组副组长			
蔡志红	女	国家税务总局揭西县税务局机关党委专职副书记、正股长级干部			

（县史志办）

2021年揭西县获揭阳市委、市政府以上表彰先进单位一览表

表77

单位	荣誉名称	授予时间	授予单位
广东省交通集团有限公司驻揭阳市揭西县金和镇山湖村扶贫工作队	全国脱贫攻坚先进集体	2021.2.25	中共中央、国务院
金和镇山湖村	第二批全国乡村治理示范村	2021.9.23	中央农村工作领导小组办公室、中央宣传部、农业农村部、民政部、司法部、国家乡村振兴局
吴文狮家庭	“全国最美家庭”	2021.11.28	中央宣传部、中央精神文明建设指导委员会办公室、全国妇女联合会
南山镇火炬村	第八批“全国民主法治示范村（社区）”	2021.2.7	司法部、民政部
揭西县人民检察院未成年人检察工作办公室	巾帼文明岗	2021.3.1	全国妇女联合会
揭西县工商业联合会	2020—2021年度全国“五好”县级工商联	2021.12.27	中华全国工商业联合会
揭西县公安局治安大队	第五批全国“扫黄打非”进基层示范点	2021.12.23	全国“扫黄打非”工作小组办公室
南山镇火炬村党支部	广东省先进基层党组织	2021.6.26	中共广东省委
金和镇山湖村党委			
棉湖镇南门里历史文化街区	第二批广东省历史文化街区	2021.3.12	广东省人民政府
揭西县消防救援大队	2020年度执勤训练先进大队	2021.1	广东省消防救援总队
南山镇火炬村	第二批广东省文化和旅游特色村	2021.1.15	广东省文化和旅游厅
揭西大洋国际生态旅游度假区	2020年度省级休闲农业与乡村旅游示范点	2021.3.15	广东省农业农村厅、省文化和旅游厅
揭西县自来水公司	广东省五一劳动奖状	2021.4.29	广东省总工会
揭西县蓝海豚社会工作服务中心团支部	2020—2021年度广东省五四红旗团支部	2021.4.30	中国共产主义青年团广东省委员会
东园镇玉湖村	2021年广东省“民主法治示范村（社区）”	2021.9.25	广东省委全面依法治省委员会办公室、省委农村工作办公室、省司法厅、省民政厅
河婆街道六一村			
京溪园镇员墩村			
钱坑镇钱东村			

续表77

单位	荣誉名称	授予时间	授予单位
坪上镇人民政府	广东省第二届乡村振兴大擂台“优秀组织奖”	2021.10.12	广东省委农村工作领导小组办公室、省农业农村厅、省乡村振兴局
广东农夫山庄食品工业有限公司工会委员会	广东省模范职工之家	2021.11.15	广东省总工会
国家税务总局揭西县税务局第二税务分局工会小组	广东省模范职工小家		
武警揭西中队	正规化执勤标兵中队	2021.12	武警广东省总队
揭西县一道药业有限公司	2021年广东省林业龙头企业	2021.12.13	广东省林业局
揭西天鹅湖水果种植有限公司	2021年广东省林下经济示范基地	2021.12.28	广东省林业局
中共揭西县南山镇火炬村支部委员会	揭阳市先进基层党组织	2021.6.25	中共揭阳市委
中共揭西县金和镇山湖村委员会			
中共揭西县五云镇郑塘村支部委员会			
中共揭西县河婆街道工作委员会			
中共揭西县塔头镇旧住村支部委员会			
中共揭西县河婆中学总支部委员会			
中共揭西县市场监督管理局机关委员会			
中共揭西县坪上镇湖光村支部委员会			
中共揭西县大溪镇井美村支部委员会			
中共揭西县龙潭镇泉水塘村支部委员会			
中共揭西县钱坑镇钱北村支部委员会			
中共揭西县上砂镇新岭村支部委员会			
中共揭西县东园镇桃围村委员会			
中共揭西县灰寨镇马路村总支部委员会			
中共揭西县公安局刑事侦查大队支部委员会			
中共揭西县良田乡河新村支部委员会			
中共揭西县塔头镇龙光村支部委员会			

（县史志办）

2021年揭西县生产总值情况表

表78　　　　　　　　　　　　　　　　　　　　　　　　　　单位：万元

项目	2021年	增长（%）
生产总值	262.01	6.8
农、林、牧、渔业	50.74	7.8
农、林、牧、渔服务业	3.10	19.1
工业	65.87	7.2
建筑业	11.17	-7.3
交通运输、仓储和邮政业	4.75	23.3
批发和零售业	49.16	6.5
住宿和餐饮业	4.07	8.6
金融业	8.35	-0.2
房地产业	22.42	3.1
其他服务业	45.49	11.1
第一产业	47.64	7.1
第二产业	77.03	4.9
第三产业	137.35	7.8
人均生产总值（元）	38872	8.0

说明：1.地区生产总值为快报数；

2.地区生产总值合计数和部分计算数据因小数取舍而产生的误差均未作机械调整。

2021年揭西县农业生产情况对照表

表79　　　　单位：亩、公斤、吨

项目 \ 数值	2021年			项目 \ 数值	2021年	
	面积	亩产	总产		面积	总产
一、粮食作物合计	446858	395	176498	五、水果	149879	175098
春　收	73806	357	26352	其中：菠萝	1779	3108
夏　收	180563	417	75330	荔枝	16468	6866
秋　收	192489	389	74816	柑橘橙	17113	18776
1、稻　谷	297321	402	119522	香蕉	13950	31112
夏　收	141987	417	59210	六、茶叶（吨）	18490	
秋　收	155334	388	60312	七、生猪存栏（头）	203400	
2、旱　粮	19340	457	8847	生猪出栏（头）	394679	
3、薯　类	127287	371	47229	八、牛存栏数（头）	9725	
春　收	65200	347	22592	九、造林（亩）	22020	
夏　收	31407	408	12816	十、水产总量（吨）	21323	
秋　收	30680	385	11821	十一、全县居民年人均可支配收入（元）	17362	
4、大豆	2910	309	900	十二、农林牧渔业总产值（万元）	826707	
二、花生	29690	329	9756			
三、甘蔗	3220	3580	11528			
四、蔬菜	128303	2970	381104			

2021年揭西县全部工业总产值情况表

表80　工业总产值按规模以上、规模以下分组　　单位：万元

项目 \ 数值	工业总产值		工业增加值	
	2021年	比2020年±%	2021年	比2020年±%
总计	249.18	8.46	50.85	7.85
规模以上	208.28	8.4	43.98	7.7
规模以下	40.90	8.8	6.87	8.8

说明：1、规模以上：全部年主营业务收入2000万元及以上的工业法人企业；规模以下：年销售收入2000万元以下工业企业。

2、绝对值按现价计算，增长速度按可比价计算；工业增加值按收入法计算。

3、此表数据为快报数。

2021年揭西县社会消费品零售总额及销售额（营业额）情况表

表81　　单位：万元

项目	2021年	2020年	%
社会消费品零售总额	90.20	80.87	11.5
批发业商品销售额	32.76	30.40	7.8
零售业商品销售额	81.98	71.52	14.6
住宿业营业额	2.89	2.75	5.4
餐饮业营业额	11.11	9.38	18.4

2021年揭西县人口统计表

表82

单位：户、人

项目 单位	总户数	总人口	其中：城镇人口
合计	238146	978095	299425
河婆街道	38026	129052	129052
上砂镇	13277	57851	2256
五云镇	14458	56762	7719
良田乡	4044	22016	1785
坪上镇	11099	43547	5321
龙潭镇	9629	38947	8450
南山镇	9127	37739	7832
灰寨镇	10927	43577	7465
京溪园镇	13082	50816	4926
五经富镇	14611	57299	12526
金和镇	17908	78539	13597
塔头镇	12697	54347	9261
东园镇	8895	40343	8668
凤江镇	19595	87831	8310
棉湖镇	22993	104933	62971
大溪镇	6528	28184	1053
钱坑镇	11250	46312	8233

（县统计局）

工作报告

在县委十一届九次全会上的报告

（2021年2月6日）

揭西县委书记　刘端雄

同志们：

现在，我受县委常委会委托，向全会作工作报告。

一、在积极应对风险挑战中砥砺奋进，2020年各项工作取得新进展

2020年是全面建成小康社会和“十三五”规划收官之年，也是极不平凡的一年。面对复杂形势和繁重任务，县委坚持以习近平新时代中国特色社会主义思想为指导，深入贯彻落实习近平总书记出席深圳经济特区建立40周年庆祝大会和视察广东重要讲话、重要指示精神，认真落实省委“1+1+9”工作部署和市委具体工作安排，立足“生态发展示范区”功能定位，团结带领全县广大党员、干部，迎难而上、攻坚克难，各项工作取得新进展。

（一）持续深入学习新思想，沿着总书记指引的方向笃定前行。我们坚持落实第一议题制度，常态化制度化推进学习习近平新时代中国特色社会主义思想和总书记重要讲话重要指示批示精神，增强“四个意识”、坚定“四个自信”、做到“两个维护”，始终沿着党中央、总书记指引的方向奋勇前行。围绕学习贯彻习近平总书记出席深圳经济特区建立40周年庆祝大会和视察广东重要讲话重要指示精神、党的十九届五中全会精神，紧扣省委、市委对揭西的功能定位，深化“大学习、深调研、真落实”工作，多批次开展党员干部专题培训，推动学习宣传贯彻工作往深里走、往实里走、往心里走，推动党中央决策部署和省委、市委工作安排落地见效。

（二）全力抓好“双统筹”工作，疫情防控和经济社会发展取得“双胜利”。我们坚持以人民为中心的发展理念，坚持人民至上，把人民生命安全和身体健康放在第一位，第一时间成立疫情防控领导小组和工作指挥部，严格落实“四早”“四集中”要求，抓实抓细“外防输入、内防扩散”系列举措，紧紧依靠人民群众，打赢疫情防控阻击战、总体战，全县自去年1月29日以来没有新增确诊病例。科学谋划启动“推进‘六稳’拉动消费”系列活动，复工复产复市精准有序，“六稳”“六保”工作扎实推进，经济发展迅速恢复。全年实施重点项目117项，竣工21项，完成年度投资45.96亿元，一批打基础、利长远、惠民生的重点项目建成使用，发展基础更加夯实，揭西形

象显著提升。2020年，全县实现GDP 240.01亿元，比增1.6%；完成固定资产投资89.90亿元，比增3.3%；完成地方一般公共预算收入4.71亿元，比增0.17%。

（三）加快推进“产业生态化、生态产业化”，生态经济活力显著增强。旅游经济加快发展。国家全域旅游示范区创建工作稳步推进，樱山花谷、山湖村乡村旅游景区成功申报国家3A级景区，京溪园镇被评为广东省休闲农业与乡村旅游示范镇，山湖村被评为全国乡村旅游重点村、广东十大美丽乡村，火炬村荣获广东文化旅游名村、广东省文化和旅游特色村。生态农业扎实推进。茶叶省级现代农业产业园、新希望六和生猪养殖基地、八大特色农业产业带等项目加快建设，3个市级现代农业产业园完成建设，12个村被省认定为2020年“一村一品、一镇一业”专业村。工业基础逐步夯实。全力推动传统产业转型升级，大力帮扶中小企业发展。揭西县产业园进园西路、服务中心大楼建成使用，污水处理厂、供水设施等项目开工建设，招商引资全面铺开，产业平台作用逐渐显现。加强电商服务网点建设，实现县镇两级电子商务服务点全覆盖。

（四）牢固树立“乙方思维”，营商环境不断优化提升。制定出台《揭西县全面优化营商环境三年行动计划实施意见（2020—2022年）》，“放管服”改革持续深化，营商环境逐步优化。加快商事制度改革，扎实推进“多证合一”、“证照分离”，全面压缩企业开办时间，着力构建高效便捷的政务环境。依法规范市场行为，实施“双随机、一公开”信用监管，推动落实信用联合惩戒机制，全力维护市场秩序，全面构建诚信经营市场环境。在全市率先制订招商项目和重点企业服务官制度，明确帮扶措施，优质高效服务项目落地，大力营造重商安商亲商的社会环境。

（五）切实抓好民生事业建设，人民群众的幸福感获得感更加充足。凝心聚力打好三大攻坚战，全县9657户28358名相对贫困人口、67个省定贫困村全部稳定达到脱贫出列标准；“省考”断面水质达到Ⅱ类标准，“市控”断面水质达到Ⅲ类标准，10个饮用水源保护区水质全部达标，空气质量优良天数比例98.65%；积极稳妥做好地方法人金融机构流动性风险防范化解工作，严密防范潜在风险隐患。乡村振兴战略加快实施，6条美丽乡村精品线路、100个生态宜居美丽示范村建设亮点纷呈，生态宜居美丽示范县创建工作成效逐步显现，全市推进乡村振兴工作现场交流会我县综合得分排名第一。十件民生实事圆满完成，教育现代化先进县创建成果不断巩固提升，紧密型县域医共体建设稳步推进，群众精神文明活动丰富开展，社会事业加快发展，顺利通过创建国家卫生县城技术评估。援企稳岗政策全面落实，城乡居民基本养老、城乡低保、特困人员供养、孤儿保障标准和医疗救助水平稳步提升，退伍军人合法权益得到有效保障。“平安揭西”不断深化，扫黑除恶专项行动纵深推进，安全生产、交通运输、应急管理、三防、“两违”整治等工作全面加强，河湖乱象问题顺利摘牌，人民群众安全感、政法工作满意度、扫黑除恶知晓率均排名全市前列。

（六）全面落实新时代党的建设总要求，党的领导和党的建设全面加强。坚持把政治建设摆在首位，贯彻落实“两个维护”十项制度机制，全力配合接受省委巡视“政治体检”，以坚定的态度和高度的政治觉悟践行“两个维护”。牢固树立大抓基层导向，加强党的基层组织建设三年行动计划圆满完成，“一主线两突出三提升”党建主题活动深入开展，16个软弱涣散村（社区）党组织全部“摘帽”，南山镇火炬村荣获“广东省红色村党建工程示范点”称号，在全市率先完成318个村（社区）党组织选举工作，基层党组织的政治功能和组织力显著增强。坚持党管干部、党管人才，落实新时代好干部标准，做好干部选拔任用，干部人才队伍建设不断优化。坚定不移正风肃纪反腐，全年立案385件385人，给予党纪政务处分382人、留置1人、移送司法机关8人，查处违反中央八项规定精神案件47件63人。突出政治体检，顺利完成十一届县委巡察“全覆盖”，风清气正的政治生态进一步形成。

过去一年，我们坚定不移发展社会主义民主政治，加强党委对人大、政府、政协、法院、检察院党组及纪委监委的领导，民族、宗教、港澳台海外统战工作不断巩固壮大，工青妇等人民团体作用进一步发挥，依法治县全面加强，党管武装、老干部等工作取得新成绩，省级双拥模范县成功实现“九连冠”，《揭西年鉴（2019）》荣获第七届全国地方志优秀成果县级综合年鉴二等年鉴。这些成绩的取得，是总书记思想科学指引的结果，是省委、市委坚强领导的结果，是全县上下团结奋斗的结果。在此，我代表县委常委会，向全县广大干部群众、驻揭部队、各民主党派、各人民团体，向关心支持揭西发展的各界人士，表示衷心的感谢！

二、大力发扬攻坚克难精神，以新担当新作为推动“十四五”开好局

2021年是实施“十四五”规划、开启全面建设社会主义现代化国家新征程、向第二个百年奋斗目标进军的起步之年，是中国共产党成立100周年。做好今年工作意义重大、责任重大。

去年底召开的县委十一届八次全会，系统谋划了我县“十四五”时期工作。年初召开的省委十二届十三次全会强调，要在工作部署上充分体现“新发展阶段、新发展理念、新发展格局”要求，推动各项工作围绕打造新发展格局战略支点上来开展。刚刚召开的市委六届十一次全会提出，把2021年作为攻坚强基年，通过“前两年强基础、后三年快发展”，力争经过“十四五”固本强基、“十五五”攻坚突破、“十六五”决战决胜，推动全市高质量发展取得历史性突破。

当前和今后一个时期，揭西发展仍然处于重要战略机遇期。去年新冠肺炎疫情发生以来，党中央、国务院陆续出台了促进经济增长、民生改善等系列政策措施，以国内循环为主、国际国内互促的双循环发展新格局正在逐步形成，诸多积极因素正在逐渐累积。省委、省政府举全省之力推进“双区”建设、“双城”联动，激发“双区”建设的整体效应、集聚效应、协同效应、战略效应、辐射引领效应，为广东高质量发展持续注入强大动能。市委、市政府推进全域“建设宜居宜业宜游的活力古城、滨海新城，努力打造沿海经济带上的产业强市”，作出“啃骨头、打基础、促发展”系列工作部署，将为我们夯实基础、加快发展带来难得的机遇。我县作为揭阳市面向珠三角的西大门、承接产业转移的桥头堡、粤东城市群的后花园，具有得天独厚的生态自然资源、人文旅游资源和区位交通等优势。近年来，我们坚决贯彻落实中央决策部署和省、市工作部署，锚定生态发展示范区的功能定位，持续用力、久久为功，推动生态产业、乡村振兴、绿色发展、重点项目等工作取得新成效，全县上下人心思进，谋发展、促发展的氛围日趋深厚，揭西的发展环境越来越好，前景越来越光明。这些是我们做好下来工作的信心所在，推动揭西高质量发展的内在潜能。同时，我们也要深刻认识新发展阶段揭西发展面临的国内外环境的复杂性和严峻性，清醒看到揭西的发展还比较滞后，经济内生动能动力不足，“三农”和民生事业短板比较明显，营商环境还不够优化，一些领域存在风险隐患，“四风”问题仍禁而不绝，反腐败斗争形势依然严峻复杂。我们要正视问题、解决问题，保持定力、坚定信心，全力办好自己的事，一步一个脚印把各项事业继续推向前进。

今年全县工作的总体要求是：以习近平新时代中国特色社会主义思想为指导，全面贯彻党的十九大和十九届二中、三中、四中、五中全会精神，深入贯彻习近平总书记对广东系列重要讲话和重要指示批示精神，坚决贯彻落实省委“1+1+9”工作部署和市委工作要求，坚持稳中求进工作总基调，立足新发展阶段、贯彻新发展理念、聚焦新发展格局，围绕生态发展示范区功能定位，把2021年作为“攻坚强基年”，强化党建引领，坚持系统观念，巩固拓展疫情防控和经济社会发展成果，全力抓好发展和安全两件大事，扎实做好“六稳”工作、全面落实“六保”任务，实施“八大攻坚行动”，努力打造生态宜居美丽示范县、粤东城市群后花园、国家级全域生态旅游目的地，确保“十四五”开好局，以优异成绩庆祝建党100周年。

县委考虑，今年经济增长的预期目标为：GDP增长6%以上，地方一般公共预算收入增长4%以上，努力争取更好结果。围绕实现全年目标，重点抓好八方面工作：

（一）着力抓好乡村振兴，促进农业农村现代化。全面推进乡村振兴，是“三农”工作重心的历史性转移。我县是农业大县，最艰巨最繁重的任务依然在农村，必须把推进乡村振兴作为第一号工程，以更大决心、更实举措全力推进乡村振兴，促进农业高质高效、乡村宜居宜业、农民富裕富足。

1.大力促进产业兴旺。高水平打造“跨县集群、一县一园、一镇一业、一村一品”现代农业产业体系，抓好茶叶省级产业园、3个市级产业园、八大特色产业带、大北山中药园等项目建设，加快推进揭西苦笋申报创建省级现代农业产业园工作。认真落实农业产业链“链长制”，加快创建2条市级农业产业链、4条县级农业产业链，建设特色农产品优势区。强化农业科技和装备支撑，大力扶持农业龙头企业和新型农业经营主体，提高科技成果转化率，提升农业综合生产能力。大力发展农产品加工，加快仓储保鲜、冷链物流设施建设，补上技术、营销、物流短板，支持农产品流通企业、电商、批发市场与区域特色产业精准对接。培育壮大乡村旅游、休闲农业、农村电商等新产业新业态，促进一二三产融合发展。依托揭西“国家农产品质量安全县”品牌，加大农产品宣传推介力度，大力推动揭西消费扶贫农产品走进湾区。落实最严格的耕地保护机制，牢牢守住耕地红线、粮食安全底线，确保粮食播种面积和产量只增不减。大力推进土地承包经营权流转，加大土地流转奖补力度，全面实施“灭荒”三年行动计划，解决农村承包地碎片化、撂荒、丢荒、弃耕等问题。

2.加快美丽乡村建设。深入实施“千村示范、万村整治”工程，扎实推进创建生态宜居美丽示范县。要注重示范引领，体现揭西特色，巩固提升100个美丽宜居示范村建设成果，全力打造40个新创办美丽宜居示范村，连线打造6条美丽乡村精品线路，带动全域美丽乡村建设。优化乡村规划编制，注重保护传统村落和保持乡村特色，全面推进农房管控和风貌提升，开展全县城乡规划“回头看”，重点解决规划不落地、不符合“多规合一”要求等问题。巩固“三清三拆三整治”成效，建立健全清拆整治和长效治理机制、卫生保洁和基础设施管护机制，不断提升乡村精美风貌。完善农村基础设施投入机制，发挥“农民工匠法”优势，抓好村巷道硬化、集中供水、“厕所革命”等工作，推进城乡基本公共服务标准统一、制度并轨，补齐农村基础设施和公共服务短板。持续推动社会主义核心价值观进村入户，推进移风易俗，培育文明乡风、良好家风、淳朴民风，提高乡村社会文明程度。

3.推动农户与现代农业有机衔接。促进相关企业建立联农带农机制，进一步完善利益联结机制，推广“订单收购+保底分红”“土地流转+务工收入”等合作模式，让农民更好嵌入现代农业产业体系、更多分享产业增值收益。全面实施高素质农民培育工程，让越来越多的农民爱农业、懂技术、善经营，让农民既“富口袋”又“富脑袋”。要做好巩固拓展脱贫攻坚成果同乡村振兴有效衔接，谋划新一轮帮扶乡村工作，加快从驻村帮扶向驻镇帮镇扶村、从帮扶脱贫向帮扶全面振兴、从实现全面小康向迈向现代化转变。

（二）着力抓好营商环境提升，努力构筑县域竞争新优势。营商环境事关揭西长远发展。要实施营商环境攻坚行动，以打造市场化、法治化、国际化营商环境为目标，对标先进地区，牢固树立“乙方思维”，刀刃向内推进重点领域、关键环节和突出问题改革，全面提升优化营商环境。

1.持续深化“放管服”改革。全力推进审批提速，实现审批事项、申请材料、办理环节、各类证照和审批时间“五减少”，推动“审批型政府”向“服务型政府”转变。开展行政审批事项“回头看”，凡是上级明确取消的必须一律取消，凡是上级下放的事项必须全部承接到位。推行“马上办、网上办、就近办、一次办”事项清单制度，打通绿色通道，全力服务企业落户发展。强化政务信息数据跨层级、跨部门按需共享、交换、互认，推动实体大厅和网上大厅数据实现同步共享，提升行政服务效率。加快推进“证照分离”改革，对涉企经营许可事项实行清单管理，让企业公平参与市场合作和竞争。

2.不断加强法治建设。要把法治政府建设作为优化营商环境的一项重点，用法治给行政权力定规矩、划界限，有效解决监管不到位、服务不到位、执法不到位等问题。严肃查处向企业乱检查、乱摊派、乱伸手等行为，突出整治股长政府“中梗阻”问题，在全社会营造保护创业者、尊重纳税人、服务企业家的良好氛围。全流程加强信用监管，对守信者“无事不扰”，对失信者“利剑高悬”，教育引导市场主体守信经营。严厉打击强买强卖、偷税漏税、欺行霸市、行业垄断等各类破坏市场秩序和营商环境的违法行为，为全县优化营商环境保驾护航。

3.大力营造亲商重商良好环境。积极构建“亲”“清”新型政商关系，既要强化规矩意识和底线思维，严格按政策法规和制度程序办事，也要真诚坦荡同企业打交道、交朋友，多做暖企、惠企、扶企的实事，推动形成“亲”“清”政商关系。要认真落实好国家和省市纾困惠企政策，建立健全“企业服务官”制度，加大送政策、送服务上门力度，及时帮助企业解决实际困难。各级党员干部特别是领导干部要带头真诚友好对待企业家，引导全社会形成亲商重商的良好氛围。

（三）*着力抓好产业发展，培育经济增长新动能*。产业建设是推动经济发展的关键。要围绕“生态发展示范区”功能定位，深入贯彻新发展理念，以“产业生态化、生态产业化”为方向，以产业体系优化升级为核心，以招商引资为抓手，以产业园为载体，把特色产业做大做强，为县域经济发展注入新动力。

1.发展生态产业体系。加快推进“产业生态化、生态产业化”，建立以生态旅游、生态农业、生态工业为主体的生态产业体系。全力推进国家全域旅游示范区创建，充分发挥“红色”文化和“绿色”生态两张牌优势，继续推进黄满寨瀑布旅游区、京明温泉度假村联创5A景区工作，加快推进“和天下”特色康养项目、大鹿农业公园、火炬村“五个一”工程等项目建设，加大旅游宣传推介营销力度，继续策划举办一批更具影响力、更具特色的旅游赛事节庆活动，提高揭西旅游知名度和美誉度，加快打造国家级全域生态旅游目的地。加快推进生态工业转型升级，培植壮大工业产业集群，不断加大技改力度，引导和挖掘潜在的新发展行业，逐步在全县培育一批支柱企业。

2.加大招商引资力度。把招商引资作为“一把手”工程，按照市“双3000亿”计划，落细落实年度招商引资任务，实行“时间倒排、任务倒逼、责任倒追”，从第一季度开始，每个季度确保签约一批项目、开工一批项目。实施精准招商、精品招商、精细招商，围绕生态旅游、生态农业、生态工业，聚焦新兴产业类、科技创新类、优质资本类等大项目，开展定向招商、项目招商、园区招商，精准引进一批技术含量高、带动能力强的大项目好项目，让大项目顶天立地、好项目铺天盖地。要理顺招商工作机制，强化县招商专业人才队伍，成立招商小分队，引入招商中介服务机构，建立以政府为主、市场为辅，各方面共同参与的招商引资工作机制。

3.搭建产业发展平台。充分利用现有的国有资产、旅游资源、生态农产品，科学合理整合轻资产和重资产，构建“文旅”和“三农”两大国资平台，更好承接央企、国企以及其它社会资金，同有实力的品牌公司或大企业进行战略合作，推动我县“文旅”和“三农”两大产业取得实质性突破。完善揭西县产业园发展规划，编制园区基础设施建设项目、招商引资项目及重点企业等工作清单，建立产业园区目标管理、动态监测、年度评价工作机制，推动园区发展提质增效。积极推进镇村工业集中区改造升级，研究扶持做大现有企业的相关政策措施，促进产业集聚发展、土地高效利用。

（四）*着力抓好城镇建设，推动城镇品质提档增优*。当前，揭西正处于加快城镇化进程中，必须坚持高起点规划、高标准建设、高水平管理，加快推进县城和棉湖、五经富两个中心镇提档升级，辐射带动周边乡镇发展，不断提升对外形象和经济发展质量。

1.做优城市功能品质。科学划定更新单元，谋划启动一批“三旧”改造连片开发项目和城中村改造项目，加大老旧小区、老旧管网、城中村改造和社区建设力度，有序推进城市更新。河婆街道是全县的行政中心，要自觉服务好县城规划建设，统筹推进北部新城、东部新城、星曜城、碧桂园等项目建设，完善基础设施和公共服务功能，不断拓展发展空间，提升城市品质。棉湖镇是千年古镇，要延续古镇文脉，切实推进老旧小区整体改造提升、棉湖云湖公园整治和景观提升工程，推进棉湖北部新城商业综合体的开发建设，提升商贸服务质量，打造产城融合、宜居宜业的现代化城市、县域经济中心。五经富镇是文化之乡，地处京富洋旅游核心圈，要坚持文旅融合发展，完善旅游“六要素”建设，努力打造旅游经济集聚区。其他乡镇要结合自身实际，加快完善城镇功能，建设各具特色的新型城镇。

2.铁腕整治违法建设。始终保持高压态势，深入组织开展违建拆除集中攻坚行动，坚决拆除触碰生态红线、占用基本农田等严重违法建筑，坚决完成违法建设治理三年行动计划。严格落实“零报告”制度，强化日常巡查、常态化核查、动态监管等措施，对应拆未拆、控停期间偷建抢建加建、群众反映强烈的违法建设，坚决“零容忍”、一拆到底、决不姑息，确保新增违法建设“零增长”。要落细落实市、县普查在册在建违法建设分类处置实施方案和有关管理规定，加快落实分类处置，促进我县房地产市场健康规范发展。严格落实控规单元规范土地管理，充分发挥规划引领作用，划定控规单元，大力整治零散、低效、闲置等用地。要以持续深入推进创文创卫为契机，扎实推进城市管理网格化、精细化，建立健全城市管理长效机制。

3.完善重要基础设施。积极争取河源至揭阳铁路在揭西设站，全力推进国省道路改造升级，扎实推进“四好农村路”建设，构建内畅外联、互联互通的交通体系。加快推进县城象山拦河坝到两南桥堤路综合整治、县城道路升级改造三期、棉湖镇区道路升级改造三期和城区路口升级改造等工程建设，补齐交通基础设施短板，畅通城市道路“微循环”。建设提升旅游景区主干道，尽快启动建设高速公路出入口至重点旅游景区基础设施配套工程，打通旅游连接快线，打造纵横连接的旅游交通网。扎实推动县城新自来水厂二期扩建及配套管网等项目建设，保障群众安全用水。

（五）着力抓好生态环境，建设更高水平美丽揭西。良好的生态环境是揭西实现绿色发展、可持续发展的基础。我们必须积极践行“绿水青山就是金山银山”理念，大力实施生态环境保护攻坚行动，推动生态环境综合治理，建设更高水平美丽揭西。

1.深入开展污染防治行动。不折不扣抓好中央和省环保督察问题整改，推动污染防治攻坚战向深度延伸、向广度拓展。狠抓水污染防治，加大重点领域涉水企业执法监管力度，重拳打击环境违法行为，坚决清理“散乱污”企业和各类面源污染，巩固凉果加工污染、畜禽养殖企业整治成果，推动7个排污口稳定消劣，保护好榕江南河。大力整治露天焚烧行为，严密防范森林火灾，全面抑制城市扬尘污染，确保大气质量持续优良。稳步推进土壤污染和固体废物污染防治工作，继续做好生活垃圾分类试点工作。

2.加快环保基础设施建设。全力实施全县环保基础设施建设三年行动计划，加快推进全县生活污水处理设施PPP项目、县环保能源产业园、县城污水处理厂配套管网四期工程、农村雨污分流工程建设，扎实推进老虎坷垃圾填埋场三期、县城垃圾分类处理中心等项目建设，全面启动七大灌区主干渠综合整治工程，补齐环保基础设施建设短板。

3.统筹推进生态文明建设。认真抓好山水林田湖草系统治理，高标准推进万里碧道建设，不断加强大北山生态屏障保护，抓好中小河流治理和堤岸生态修复，一并推进河道清淤、沿河清拆、河面清理。严格落实“林长制”，建立健全县镇村三级林长体系，确保“山有人管、树有人护、责有人担”。加大环保宣传力度，广泛开展生态宣传教育，大力宣传环保科普知识，营造全民保护生态环境的良好氛围。创新绿色低碳发展模式，加快形成资源节约型、环境友好型的生产方式。

（六）着力抓好改革开放，全面激活发展内生动力。揭西作为欠发达地区，要实现高质量发展，必须以更大的智慧和勇气推进体制机制改革，盘活要素资源，激活内生动力，形成良性发展格局。

1.坚定不移深化改革。要巩固发展乡镇（街道）体制改革成果，推动更多的力量和资源向基层一线倾斜，不断强化镇街管理服务职能。进一步深化事业单位改革，有序推进事业单位组织和编制管理创新，逐步优化全县事业单位结构布局。要大力弘扬敢闯敢试、敢为人先的改革精神，冲破旧思维束缚，强化改革意识、树立改革精神、提升改革担当，变“要我改、等着改”为“我要改、主动改”，不断增强改革综合效能，实现改革与发展有机融合、高效联动。

2.持续推进扩大开放。要牢牢把握构建“双循环”带来的新机遇，密切与发达地区的交流合作，与周边县市错位发展、互补发展，打通生产、分配、流通、消费各环节，积极拓展国内外市场，加快形成全面开放新格局。要深入贯彻落实“一核一带一区”区域发展战略，主动融入粤港澳大湾区建设，主动接受湾区辐射带动，全方位、高水平推进对内对外开放。大力实施“回家行动”，服务推动在外乡亲“回家学习、回家就业、回家兴业”，为我县实现高质量发展贡献智慧、贡献力量。

3.扎实推进科技创新。深入实施创新驱动发展战略，深化科技体制改革，坚定不移推进科技创新，进一步营造创新氛围、激发创新活力、提升创新效能。要落实省、市、县关于促进民营经济发展的政策措施，培育一批科技型中小企业和高新技术企业。用足用活省、市推动落实技术改造政策，积极向上争取技改项目资金，支持鼓励企业技改升级。要大力引进和用好中高级创新人才，努力培育更多本土创新人才，健全技能人才培训培育体系，为揭西改革发展提供人才支撑和保障。

（七）*着力抓好社会治理，构建和谐稳定社会格局*。更好地统筹发展和安全，是实现“十四五”开好局、起好步的前提和保障。要实施社会治理攻坚行动，改进基层社会治理方式，促进社会公平正义，保障人民安居乐业。

1.健全风险防范化解机制。强化风险防控意识，将打好建党100周年安保维稳主动仗作为全年防风险工作的主线，持续深入开展维护国家政治安全专项行动，加强对经济、政治、文化、社会、网络、意识形态、公共安全、生态环境等各领域风险的梳理排查，努力做到防范在先、发现在早、化解在小。要坚持疫情防控常态化和维护稳定两手抓，妥善做好地方法人金融机构金融风险防控和处置工作，坚决打击逃废债行为，牢牢守住不发生系统性风险底线。要高度重视、全力推进解决我县13宗历史遗留问题，破解制约我县经济发展的“瓶颈”和“绊脚石”，确保社会大局和谐稳定。严格落实安全生产、森林防火、应急管理、食品药品安全责任和管理制度，严肃查处安全生产、消防安全违法行为，严厉打击交通违法乱象，坚决防范遏制发生重特大安全事故。

2.不断提升基层治理能力。全面落实重大突发事件“四个一”应急处置机制，强化各项维稳工作机制，不断提高我县应急处置工作水平。以乡镇（街道）体制改革为契机，加大行政执法管理力度，提升社会管理水平。切实推动社会治理重心下沉，逐步完善以乡镇（街道）为主体、以村（社区）网格单元为依托的“多网合一”网格化治理体系。加强基层信访和积案化解工作，不断健全以人民调解为基础的矛盾多元化解机制，运用法治手段破解社会管理难题，最大限度地将矛盾纠纷化解在基层、消除在萌芽状态。

3.持续深化平安揭西建设。大力开展社会治安综合治理，全面加强公安基层基础工作，强化基层派出所建设，严厉打击盗抢骗、黄赌毒、食药环等违法犯罪行为。常态化开展扫黑除恶专项斗争，建立健全长效常治体系，在破案攻坚、“打伞破网”、“打财断血”上实现新突破。不断夯实基层综治基础，深入推进“综治中心+网格化+信息化”建设，健全完善基层网格化治理体系及社会治安防控体系，持续抓好各乡镇（街道）、各重点行业和重点领域治安问题整治，全力构建共建共治共享的社会治理格局。

4.切实保障和改善民生。认真谋划做好十件民生实事。慎终如始抓好疫情防控，严格落实“四早”“四集中”防控要求，全力做好“外防输入、内防反弹”各项工作，织牢织密疫情防控网，坚决防止疫情反弹。坚持教育优先发展，全面深化教育体制机制改革，大力实施“名校长”、“名教师”工程，集中优质资源打造名校，不断提升教育质量和水平，打响揭西教育品牌。深化医疗卫生体制改革，着力推进紧密型县域医共体建设，提高基层医疗卫生服务能力，建立完善疾病预防控制、疫情监测预警、应急物资保障等体系，加快推进揭西县人民医院感染科综合大楼项目建设，筑牢公共卫生防护屏障。千方百计稳定和扩大就业，大力推进“粤菜师傅”“广东技工”“南粤家政”三项工程，以技能提升促进稳定就业。全力做好普惠性、基础性、兜底性民生建设，统筹完善社会救助、社会福利、慈善公益、优抚安置、残疾人帮扶等制度，落实特殊困难群众兜底保障工作，加快养老服务体系建设，确保实现“困有所帮、弱有所扶、老有所养”。

（八）着力抓好思想能力作风大提升，为“十四五”开好局提供坚强政治保证和组织保证。党的领导是各项事业取得胜利的根本保证。要以庆祝建党100周年为契机，认真贯彻新时代党的建设总要求和党的组织路线，坚持以党的政治建设为统领，全面加强党的各项建设，实施思想能力作风提升攻坚行动，推动全面从严治党向纵深发展，不断提升干部队伍抓落实、促发展的能力水平，为“十四五”开好局提供坚强保障。

1.持续深入学习新思想。坚持把学习贯彻习近平新时代中国特色社会主义思想作为头等大事和首要政治任务，认真落实第一议题制度，及时跟进学习总书记重要讲话重要论述，全面系统深刻把握蕴含其中的核心要义、精神实质、丰富内涵和实践要求，切实用以武装头脑、指导实践、推动工作。要持续巩固深化“不忘初心、牢记使命”主题教育成果，提前谋划开展中共党史学习教育，激励广大党员干部坚定理想信念、践行初心使命。要持续开展“一主线两突出三提升”党建主题活动，围绕庆祝建党100周年，深入开展理想信念教育、爱国主义教育，教育党员干部自觉做习近平新时代中国特色社会主义思想的坚定信仰者、忠实实践者。

2.坚持把党的政治建设摆在首位。以党的政治建设为统领，把旗帜鲜明讲政治抓政治的要求全面融入到揭西工作全过程各方面，做到党中央提倡的坚决响应、党中央决定的坚决执行、党中央禁止的坚决不做。坚决落实“两个维护”制度机制，教育引导广大党员干部树牢“四个意识”，坚定“四个自信”，做到“两个维护”，始终在思想上政治上行动上同以习近平同志为核心的党中央保持高度一致。严格执行新形势下党内政治生活的若干准则，全面落实“三会一课”、民主生活会、领导干部双重组织生活等制度，强化党员干部树立自觉忠诚信仰、忠诚核心、忠诚组织的意识。严明政治纪律和政治规矩，加强政治体检和政治监督，督促党员干部杜绝“七个有之”，践行“五个必须”，做到“三个决不允许”。压实各级党委（党组）政治责任，抓好党管武装、意识形态、基层党建、党风廉政等工作。

3.锲而不舍抓好基层党建。谋划落实好新一轮加强基层党组织建设三年行动计划，推动基层党组织全面进步、全面过硬。扎实推进村（社区）委员会换届工作，确保换届选举平稳有序、风清气正。继续开展农村基层党建“整镇推进、整县提升”创建行动，完善重点措施和考核指标体系，打造好镇（街道）、村（社区）先行点并发挥示范引领作用。强化基层基础保障，大力加强村级组织活动阵地建设，促进村级党群服务中心服务水平整体提升。全面推进基层党组织规范化建设，推动“两新”党建扩面提质，持续整顿提升软弱涣散基层党组织，夯实基层党组织战斗堡垒。

4.大力加强干部和人才队伍建设。坚持党管干部原则，坚持新时代好干部标准，坚持正确选人用人导向，坚持把政治过硬摆在首位，把各级领导班子和干部队伍建设得更加坚强有力。要面向现代化加强干部教育培养，统筹强化思想淬炼、政治历练、实践锻炼、专业训练，不断提高政治判断力、政治领悟力、政治执行力。要落实“三个区分开来”，坚持严管和厚爱结合，激励和约束并重，落实干部能上能下、谈心谈话等机制，加大正向激励力度，建立健全容错纠错机制，充分调动干部干事创业的积极性，形成“组织为干部担当、干部为事业担当”的良好局面。

5.持之以恒正风肃纪反腐。全面从严治党永远在路上，必须把严的主基调长期坚持下去。要聚焦“两个维护”，全面落实省委巡视反馈问题整改工作，深化市委、县委巡察成果运用，确保习近平总书记重要指示批示和党中央决策部署在揭西落地见效。要锲而不舍纠治“四风”，巩固拓展落实中央八项规定及其实施细则精神成果，坚决反对形式主义、官僚主义，坚决查处“怕慢假庸散”等懒政怠政、损害营商环境的突出问题。要强化监督执纪问责，不断加强政治监督，强化对公权力运行的监督制约，从严治理“为官不为”“为官乱为”。要一体推进不敢腐不能腐不想腐，坚持反腐败无禁区、全覆盖、零容忍，巩固发展反腐败斗争压倒性态势，努力营造风清气正的政治生态。

同志们，奋斗创造历史，实干成就未来。让我们高举习近平新时代中国特色社会主义思想伟大旗帜，更加紧密地团结在以习近平同志为核心的党中央周围，在省委和市委的坚强领导下，不忘初心、牢记使命、接续奋斗，加快建设生态发展示范区，努力打造生态宜居美丽示范县、粤东城市群后花园、国家级全域生态旅游目的地，以优异成绩庆祝建党100周年！

不忘初心　牢记使命　坚毅前行
为加快建设生态发展示范区而努力奋斗

——在中国共产党揭西县第十二次代表大会上的报告

（2021年9月27日）

揭西县委书记　刘端雄

各位代表、同志们：

现在，我代表中国共产党揭西县第十一届委员会向大会作报告，请予审议。

中国共产党揭西县第十二次代表大会，是在中国共产党成立100周年、全面建成小康社会，揭西处于加快转型升级、实现生态发展的关键节点，召开的一次十分重要的会议。大会的主题是：坚持以习近平新时代中国特色社会主义思想为指导，深入学习贯彻习近平总书记重要讲话和重要指示批示精神，贯彻新发展理念，动员全县各级党组织、党员干部和人民群众，不忘初心、牢记使命、坚毅前行，为加快建设生态发展示范区，谱写全面建设社会主义现代化揭西新篇章而努力奋斗！

一、过去五年工作回顾

过去五年，是揭西发展历程上极不平凡的五年。面对严峻复杂的宏观形势和艰巨繁重的改革发展稳定任务，在中央和省委、市委的坚强领导下，县委团结带领广大干部群众，深入学习贯彻习近平新时代中国特色社会主义思想，坚决落实党中央决策部署及省委、市委工作要求，不断深化对县情的认识，理清发展思路、明确发展定位，开展了一系列打基础、利长远、增后劲、惠民生的工作，全县经济社会各项事业取得新成绩，圆满完成了县十一次党代会确定的目标任务。

（一）发展思路不断完善。五年来，我们深入学习贯彻习近平总书记对广东系列重要讲话和重要指示批示精神，按照“立足新发展阶段、贯彻新发展理念、构建新发展格局”的要求，认真落实省委“1+1+9”工作部署，紧扣省委对揭阳发展的定位要求，抢抓“双区”和“双合作区”建设、“双城”联动等重大机遇，明确“生态发展示范区”功能定位，全力构建“一园两区”发展新格局，努力打造生态宜居美丽示范县、粤东城市群后花园、国家级全域生态旅游目的地，推动揭西在高质量发展的道路上迈出了更加坚实的步伐，全县经济社会保持健康稳定发展。过去五年，全县地区生产总值、规模以上工业增加值、社会消费品零售总额、固定资产投资额、城乡居民人均可支配收入年均增长分别达到4.1%、3.4%、3.9%、11.2%、7.0%。

（二）综合实力显著增强。五年来，我们立足生态资源优势，积极践行“绿水青山就是金山银山”理念，大力发展生态经济，县域经济发展的质量和效益全面提升。全域旅游持续升温，国家全域旅游示范区创建成效显著，成为首批七个广东省全域旅游示范区之一，入选省旅游综合竞争力十强县，成功创建粤东地区首个“中国天然氧吧”，“揭西擂茶”成功申报国家地理标志商标，三山国王祖庙列入省海峡两岸交流基地，大北山旅游度假区获评省级旅游度假区，樱山花谷景区、山湖村乡村旅游景区获评国家3A级旅游景区，京溪园镇获评首批广东省旅游风情小镇、广东省休闲农业和旅游示范镇，金和镇山湖村成功入选全国乡村旅游重点村、第二届“广东十大美丽乡村”。生态农业加快发展，成功创建“国家农产品质量安全县”，五经富镇、良田乡获评省“一村一品、一镇一业”专业镇；农业产业链“链长制”全面推进，2条市级、4条县级农业产业链加快建设，八大特色农业产业带加快推进，建成茶叶省级现代农业产业园以及中药材、蔬菜、青榄3个市级农业产业园，农业竞争力持续增强。生态工业稳步发展，理顺揭西县产业园管理体制机制，园区经营权、管理权顺利收回，产业园历史遗留问题全面解决；大力发展实体经济，五年来新增规上工业企业30家、高新技术企业7家，组建省级工程技术研究中心1家、省现代农业创新中心1家。

（三）城乡发展持续优化。五年来，我们大力加强城乡基础设施建设，着力优化营商环境，发展条件全面改善。汕湛高速揭西东段、兴汕高速揭西段建成通车，国省道升级改造、“四好农村路”建设全面铺开，互联互通交通路网加快形成。城乡面貌日新月异，中心镇扩容提质成效显现，星曜城、碧桂园、中园新城、棉湖壹号、金水湾等住宅小区拔地而起，县城新自来水厂、京棉公路、县城道路、棉湖镇区道路升级改造等一批基础设施项目建成投用，横江河左岸景观配套、东风广场和好日子广场改造全面完成，城乡短板加快补齐、功能更加完善。农村人居环境持续改善，100个生态宜居美丽示范村建设亮点纷呈，“三清三拆三整治”成效明显，雨污分流、集中供水、村道硬化等工程扎实推进，美丽乡村建设成效显著。深化改革全面推进，党政机关机构改革、涉改事业单位改革顺利完成，乡镇街道综合行政执法改革、“放管服”改革走深走实，营商环境进一步优化，发展活力不断增强。

（四）三大攻坚战成效明显。五年来，我们尽锐出战，三大攻坚战役捷报频传、成果丰硕。脱贫攻坚圆满收官，全县9657户28358名相对贫困人口、67个省定贫困村全部实现稳定脱贫退出，“三保障”政策有效落实，防返贫动态监测和帮扶机制不断健全完善，为全县有劳动能力脱贫户全部购买防返贫救助责任保险，巩固拓展脱贫攻坚成果同乡村振兴得到有效衔接。坚持生态优先、绿色发展，蓝天碧水净土保卫战深入开展，中央环保督察及“回头看”、省环保督察整改全面落实，凉果加工、畜禽养殖污染整治成果明显，“国控”“市控”断面水质稳定达标，10个饮用水源保护区水质连续五年达标，全县空气质量优良天数比例保持在98%以上，在2020年“中国天然氧吧”评比中生态效益指数名列第一，生态文明建设取得丰硕成果。牢牢守住不发生系统性金融风险底线，有效防范化解地方法人金融机构流动性风险，互联网金融、政府债务、房地产、意识形态、安全生产等重点领域风险管控全面加强，县内各金融机构和房地产市场稳健发展，社会大局保持安全稳定。

（五）疫情防控有力有效。面对突如其来的新冠肺炎疫情，我们始终坚持人民至上，坚决贯彻“坚定信心、同舟共济、科学防治、精准施策”总要求，第一时间成立疫情防控领导小组和工作指挥部，按照上级疫情防控指引，严格落实“四早”“四集中”要求，强化“外防输入、内防反弹”系列举措，抓紧抓实抓细常态化疫情防控，持续深化“网格化”管理，织密织牢联防联控、群防群控网络，全面推进疫苗接种，加快构建免疫屏障，群众生命健康安全得到有力保障，自2020年1月29日以来全县没有新增确诊病例。做好“六稳”工作、落实“六保”任务，科学谋划开展“推进‘六稳’拉动消费”系列活动，复工复产复市精准有序，经济发展迅速恢复。

（六）民生福祉持续增进。五年来，我们始终坚持以人民为中心，着力加强保障和改善民生，共投入民生领域资金205.18亿元，占一般公共预算支出87.48%，年均增长7.8%。教育事业稳步发展，教育体制机制改革深入推进，获评广东省推进教育现代化先进县，顺利通过教育强县复评验收，全县义务教育标准化学校和现代化学校建设达标率100%，4所基础教育研究实验基地学校创建工作有序开展，揭阳市揭西教育发展基金会正式成立，教学教育质量稳步提升。卫生事业扎实推进，通过国家卫生县城技术评估，成功创建省级慢性病综合防控示范区，紧密型县域医共体建设有序推进，15家乡镇卫生院标准化、280家村级卫生站规范化建设全面完成，镇村医疗卫生服务能力有效提升。交通市场和体制管理改革取得重大突破，揭西县汽车运输总公司由粤运汽车运输有限公司托管经营。“村村通客车”目标如期实现，新能源城乡公交启动运营，群众出行更加便捷。社会主义精神文明建设持续加强，成功创建全市首个广东省级文明县城和省级卫生县城，新时代文明实践中心（所、站）建设有序推进，志愿服务常态化开展，文体事业健康发展，文明创建深入人心。社会保障扩面提质，社会保险覆盖范围进一步扩大，城乡居民基本养老、城乡低保、特困人员供养、孤儿保障标准稳步提升，困难群体救助水平大幅提高。平安揭西建设持续深化，扫黑除恶、反电信诈骗等工作深入开展，河湖乱象问题整治顺利摘牌，政法队伍教育整顿全面完成，社会治安综合治理不断加强，群众安全感和满意度显著提升。

（七）党的建设全面加强。五年来，我们坚决贯彻新时代党的建设总要求，全面从严治党取得明显成效。始终把党的政治建设摆在首位，“两学一做”学习教育、“不忘初心、牢记使命”主题教育、党史学习教育取得扎实成效，“摆问题、促规范、提水平”“三学三推”“一主线两突出三提升”“四学四行六规范”等党建主题活动创新开展，党员干部理想信念更加坚定。基层党建基础不断夯实，镇、村两级换届高质量完成。加强党的基层组织建设三年行动计划深入开展，南山镇火炬村获评广东省红色村党建工程示范点，软弱涣散村（社区）党组织全部“摘帽”，基层党组织整体战斗力不断增强。干部队伍建设持续完善，坚持好干部标准，完善干部考评机制，选人用人公信度、满意度进一步提高，各级领导班子和干部队伍凝聚力、执行力不断增强，各类人才队伍蓬勃发展。党的作风建设和纪律建设全面加强，扛牢全面从严治党主体责任，坚决落实“两个维护”十项制度机制，全面抓好省委巡视反馈意见整改落实，修复涵养政治生态初见成效，清除涉案企业对揭西政治、经济、资源的渗透持续推进。持之以恒正风肃纪，严格落实中央八项规定及其实施细则精神，正确运用监督执纪“四种形态”，“零容忍”惩治腐败，实现十一届县委任期内巡察“全覆盖”。民主政治建设深入推进，始终坚持党对人大、政协工作的全面领导，人大监督有效加强，协商民主有序开展，爱国统一战线巩固壮大，工会、共青团、妇联、残联、工商联、侨联、文联、科协等群团组织作用积极发挥。

各位代表、同志们！奋斗历程波澜壮阔，发展成就鼓舞人心！县第十一次党代会以来，揭西经济社会发展取得的各项成绩，是我们坚持以习近平新时代中国特色社会主义思想为指导的结果，是党中央、省委和市委正确领导的结果，是全县各级党组织和广大党员干部群众团结奋斗的结果，是社会各界大力支持、共同努力的结果，更凝结着各位代表和同志们的智慧、心血和汗水。在此，我代表十一届县委，向共同为揭西经济社会高质量发展付出艰辛努力、作出重要贡献的同志们、朋友们，表示衷心感谢并致以崇高敬意！

各位代表、同志们！五年的发展实践，饱含着奋斗的艰辛和成功的喜悦，蕴含着深刻的启示和宝贵的经验。回首这五年，我们深切地感受到：

一是必须坚持政治引领。五年来，我们深入学习贯彻习近平总书记重要讲话和重要指示批示精神，不忘初心、牢记使命、坚毅前行，矢志不渝忠诚核心、拥戴核心、维护核心、捍卫核心，始终在思想上、政治上、行动上同以习近平同志为核心的党中央保持高度一致，推动党中央决策部署及省委、市委工作要求在揭西落地生根，取得了经济社会发展的丰硕成果。实践证明，只要我们始终坚持以习近平新时代中国特色社会主义思想为指导，自觉增强“四个意识”、坚定“四个自信”、做到“两个维护”，深入贯彻落实党中央决策部署和省委、市委工作要求，我们的事业就一定能沿着正确的方向前进，不断从胜利走向胜利。

二是必须坚持改革创新。五年来，面对各种风险挑战，我们坚决冲破传统思想的束缚，大胆推进改革创新，攻克了县产业园土地“以租代征”难题，理顺了园区管理体制机制；解决了长期想解决而未解决的县城新水厂征地、客潭洋片区土地出让、房地产整治规范等重大问题；化解了地方法人金融机构流动性风险，等等。实践证明，只要我们坚持改革创新不动摇，敢于自我革命，勇于开拓创新，就能够在危机中育先机、于变局中开新局，推动揭西在高质量发展道路上乘风破浪、行稳致远。

三是必须坚持加快发展。五年来，我们坚持把发展作为第一要务，在宏观形势复杂多变、新冠疫情突然来袭等诸多不利因素影响下，倾力排除前行路上的艰难险阻，加快推进农业农村、重点项目、生态产业、营商环境、招商引资等重点工作，以重点突破带动全局发展，经济运行保持增长，社会大局和谐稳定，人民生活水平不断提高。实践证明，发展是解决一切问题的基础和关键，只要我们坚持把推动高质量发展作为根本要求，不动摇、不停步、不松劲，把全部心思和精力倾注到加快发展上，就一定能推动揭西各项事业不断取得新突破、实现新发展。

四是必须坚持人民至上。五年来，我们始终牢记初心使命，始终坚持以人民为中心的发展思想，真诚融入群众、真心依靠群众、真情服务群众，把保障和改善民生摆在重要位置，用心用情办好民生实事，持续用力推进脱贫攻坚、疫情防控、人居环境、教育、医疗、就业、社保、住房、出行等群众关心期盼的重点民生实事，千方百计提高人民群众的生活水平与幸福指数，做到了发展为了人民、发展依靠人民、发展成果由人民共享，人民群众有了更多的获得感，更加自觉地紧紧团结在党的周围。实践证明，只要我们始终倾心为民服务，始终与人民群众保持血肉联系，下大力气解决好人民群众“急难愁盼”问题，就能在改善民生中不断汇聚民心、凝聚民力、汲取民智，真正赢得广大人民群众的信任、支持和拥护。

五是必须坚持管好队伍。五年来，我们始终坚持激励和约束并重，既严格要求干部，做实做好干部日常监督管理，教育引导干部依法守纪办事，做到心有所畏、言有所戒、行有所止；又严格执行“三个区分开来”，建立健全容错纠错机制，为敢担当的干部担当、为敢负责的干部负责，干部干事创业的精气神不断激发，思想能力作风水平不断提升。实践证明，只要我们始终坚持严管就是厚爱，真管真严、敢管敢严、长管长严，真诚关心爱护干部，促进干部健康成长，鼓励干部担当作为，就能为我们的事业锻造出一支忠诚干净担当的干部队伍。

同时，我们也清醒地认识到，揭西仍然面临着不少短板和不足，一是思想观念比较保守落后，一些党员干部思想能力作风水平还没有真正进入新时代，一些基层党组织执行不力、落实不到位；二是产业基础较为薄弱，主导产业带动性不强，农业产业化程度不高，阻碍高质量发展的“绊脚石”仍未彻底搬掉；三是民生领域短板较多，统筹城乡发展任重道远，解决就业、教育、医疗、住房、养老等群众关心的问题还需久久为功；四是创新担当主动性不强，一些部门和干部不主动作为，不学习政策、不研究政策，不善于甚至不会谋划项目，改革发展的活力亟需增强；五是党的建设还存在一些薄弱环节，违反中央八项规定及其实施细则精神的问题还时有发生，甚至发生严重违纪违法案件。对此，我们务必保持清醒头脑，下大力气加以解决。

二、今后五年的总体要求和奋斗目标

今后五年，揭西发展处于大有可为的重要战略机遇期。我们必须自觉肩负历史使命，准确把握历史方位，在历届揭西县委奠定的坚实基础上，科学描绘富有时代精神、彰显时代特色、反映人民心声的发展蓝图。

做好今后五年工作，必须准确把握新发展阶段目标要求。进入新发展阶段，随着全面建设社会主义现代化国家新征程的开启，随着粤港澳大湾区、深圳先行示范区以及横琴粤澳深度合作区、前海深港现代服务业合作区建设的全面铺开，随着揭阳市“活力古城、滨海新城、产业强市”建设的加快推进，揭西迎来了历史性的发展机遇和更加广阔的发展空间。我们必须识大局、明大势，调动一切可以调动的积极因素，团结一切可以团结的力量，牢牢把握发展方位，积极抢抓发展机遇，努力走出一条符合新发展阶段目标要求、切合揭西发展实际的道路。

做好今后五年工作，必须准确把握新发展理念实践要求。习近平总书记强调，新时代新阶段的发展必须贯彻新发展理念，必须是高质量发展。我们必须更加深刻领会新发展理念的科学内涵和实践要求，突出新发展理念的引领作用，把新发展理念贯穿发展全过程和各领域，努力提高以新发展理念引领高质量发展的能力和水平。必须把发展质量问题摆在更为突出的位置，加快推进质量变革、效率变革、动力变革，集中力量解决经济发展动能不足、效率不高、质量不优的问题，奋力推动揭西实现高质量发展。

做好今后五年工作，必须准确把握新发展格局根本要求。以习近平同志为核心的党中央根据我国发展阶段、环境、条件变化，提出要加快构建以国内大循环为主体、国内国际双循环相互促进的新发展格局。揭西具有得天独厚的生态自然资源、人文旅游资源和区位交通优势，省委和市委为揭西明晰了功能定位和发展目标，要求揭西紧扣生态发展示范区功能定位，努力打造生态宜居美丽示范县、国家级全域生态旅游目的地。我们必须发挥好揭西的资源禀赋和比较优势，找准服务和融入新发展格局的结合点和切入点，抓住关键、主动作为，坚定不移走好揭西绿色生态发展之路。

今后五年，是开启全面建设社会主义现代化国家新征程、向第二个百年奋斗目标进军的第一个五年。全县经济社会发展的总体要求是：坚持以习近平新时代中国特色社会主义思想为指导，深入学习贯彻习近平总书记重要讲话和重要指示批示精神，全面贯彻党的十九大和十九届二中、三中、四中、五中全会精神，立足新发展阶段，贯彻新发展理念，融入新发展格局，围绕生态发展示范区功能定位，以推动高质量发展为主题，以深化供给侧结构性改革为主线，以改革创新为根本动力，以满足人民群众对美好生活的向往为根本目的，统筹发展和安全，做好“六稳”工作、落实“六保”任务，推进治理体系和治理能力现代化，推动实现高质量发展，把揭西打造成为生态宜居美丽示范县、国家级全域生态旅游目的地，努力在新一轮发展中赢得主动、赢得优势、赢得未来。

今后五年的主要奋斗目标是：全县地区生产总值年均增长8%以上，规模以上工业增加值年均增长4.6%，固定资产投资额年均增长10%，社会消费品零售总额年均增长7.2%，地方一般公共预算收入年均增长4%。到2025年，人均生产总值力争接近全国平均水平，经济社会发展迈向新台阶。

——综合发展实力更加强大。经济持续健康发展，乡村振兴全面推进，特色优势产业竞争力明显增强，农业产业现代化取得重大突破，企业做优做强，经济增长质量和效益明显提高。

——生态安全屏障更加牢固。生态文明理念深入人心，生态文明体系全面筑牢，山水林田湖草生态得到系统治理，绿色生产生活方式蔚然成风，城乡环境优美舒适，美丽揭西建设取得更大成果。

——民生保障体系更加完善。共同富裕取得明显进展，脱贫攻坚成果巩固拓展，基本公共服务质量和均等化水平不断提高，社会保障体系更加健全，人民对美好生活的向往得到更好满足。

——社会治理体系更加健全。依法治县深入推进，扫黑除恶常态化开展，基层治理体系和治理能力现代化水平显著提升，防范化解重大风险机制不断完善，突发公共事件应急处置和防灾减灾救灾能力大幅增强，社会大局和谐安定有序。

——全面从严治党更加深入。党的建设持续加强，各级领导班子更加担当作为，基层党组织战斗堡垒作用和党员先锋模范作用充分发挥，干部队伍作风素质更加过硬，风清气正的政治生态加快形成。

三、乘势而上、坚毅前行，加快建设生态发展示范区

今后五年，是揭西乘势而上、加快发展的关键五年。我们要在历届县委工作基础上，紧紧围绕生态发展示范区功能定位，进一步解放思想、开拓创新，锐意进取、攻坚克难，奋力开创新时代揭西高质量发展新局面。

（一）优先发展农业农村，激活乡村振兴潜能。迈上新征程，揭西要实现高质量发展，最艰巨最繁重的任务在农村，最广泛最深厚的根基在农村，最大的潜力和优势也在农村。我们必须坚定不移用乡村振兴统揽新发展阶段“三农”工作，因地制宜、精准施策，推进农业农村现代化，促进农业高质高效、乡村宜居宜业、农民富裕富足。

1.全面巩固拓展脱贫攻坚成果。严格落实“四个不摘”，5年过渡期内保持现有主要帮扶政策总体稳定。建立健全防止返贫动态监测和帮扶机制，对易返贫致贫人口实施常态化监测，做到早发现、早帮扶，实现动态清零，坚决守住不发生规模性返贫的底线。扎实开展驻镇帮镇扶村工作，创新多元协作机制，深化乡村振兴项目合作，持续做好农村低收入人口帮扶、稳岗就业、扶贫产业巩固、扶贫项目资产监管等重点工作，推进镇村共建共治共美，实现巩固拓展脱贫攻坚成果同乡村振兴有效衔接。

2.着力构建现代乡村产业体系。坚持产业兴农、质量兴农，遵循乡村产业发展规律，立足乡村特色资源，挖掘乡村独特价值，推动乡村产业发展向广度深度进军。全面实施农产品质量安全保障工程，大力发展茶叶、苦笋、青榄、中药材等农产品，整体推进“米袋子”、“菜篮子”、“果盘子”、“茶罐子”向高品质攀升。依托“双区”、“双合作区”大市场，充分利用“互联网+”，搭建集生产、流通、存储、销售、服务于一体的全县农业综合服务平台，推动农产品出村进城，不断提升农业效益和竞争力。大力推进农村土地承包经营权流转，规模成片集中流转经营土地，促进农业生产规模化机械化现代化。深入开展农村耕地“灭荒”三年行动，到2023年可复耕复种撂荒耕地全部复耕复种。

3.大力实施乡村建设行动。坚持农村为农民而建，优化乡村规划编制，注重保护乡村特色风貌，持续推动乡村农房管控和风貌提升，让乡村更有韵味。不断提高乡村宜居水平，深入实施农村人居环境整治提升五年行动，纵深推进农村“厕所革命”，提升生活垃圾治理水平，扎实推进精美乡村建设，到2025年全面完成生态宜居美丽乡村示范县创建，打造一批美丽圩镇和各具特色的生态宜居美丽乡村。有序推动农村基础设施建设提档升级，加快完善农村道路交通、农田水利、信息通讯等基础设施，打造县镇村功能衔接互补的建管格局。

（二）构建生态产业体系，擦亮生态经济品牌。揭西作为生态发展示范区，生态是我们得天独厚的优势，产业是我们经济发展的根本。我们必须全面推进“产业生态化、生态产业化”，切实抓好生态旅游、生态农业、生态工业发展，科学构建我县生态产业体系的“四梁八柱”，真正把生态优势转化为竞争优势和发展优势。

1.强力推进生态旅游。全力创建国家全域旅游示范区。全面完善旅游基础设施建设，改造提升大北山片区和大洋片区旅游公路网，使之与周边高速公路连接线有效衔接，构建成“快进慢游”的旅游公路网络。着力打造黄满寨瀑布、坪上万梅谷特色小镇等旅游品牌，擦亮揭西“中国天然氧吧”名片，加大招商引资力度盘活现有文旅资产。深入挖掘红色文化资源，培养“旅游+”融合产业，充分利用南山镇火炬村、大北山革命历史纪念馆、兴道书院、南侨中学、南方人民银行纪念馆等红色景点，串珠成链打造红色文化体验旅游线路。积极发展乡村休闲和生态观光旅游精品线路，大力发展民宿经济，强化旅游宣传推介营销，每年策划举办一批旅游赛事节庆活动，提高揭西旅游知名度，推动文旅产业提质升级、快速发展。

2.大力发展生态农业。将全产业链理念贯穿农业发展全过程，不断强化县域现代农业产业体系统筹，推动农业产业集群发展壮大。争取5年内完成茶叶、有机蔬菜、黑皮冬瓜、橄榄、青梅、淮山、苦笋、南药等八大特色农业产业带建设，打造揭西特色优势产业带。全面落实农业产业链“链长制”，切实抓好农业产业链创建工作，今年创建2条市级、4条县级农业产业链，到2023年创建4条市级、6条县级农业产业链和3个省级现代农业产业园，到2025年创建5条市级、10条县级农业产业链和2个国家级、5个省级现代农业产业园，打造特色农产品优势区。推动镇村产业融入现代农业产业体系，支持有条件的镇村大力发展“特而美”、“小而精”产业，培育更多农业龙头企业和专业农业合作社，依托新型农业经营主体有机衔接小农户与现代农业，打造形成各具特色的产业强镇和专业村镇。拓展好农业二三产业，抓好“粮头食尾”、“农头工尾”，不断延长产业链、提高附加值。

3.稳步推进生态工业。加快推进生态工业发展，充分发挥“工业增长、内外贸高质量发展、重点项目、财税、招商选资”5个工作专班作用，着力做强电线电缆、生物制药、食品加工等传统产业，锻长板、补短板，加快技术升级改造，培植壮大工业产业集群。坚持以“三贡献一高一强”为主要标准，不断强化招商选资，完善招商队伍建设，坚持走出去、引进来，大力实施“乡贤回归”工程，开展精准招商、精品招商、精细招商，精准引进一批技术含量高、带动能力强的大项目好项目。做大做强产业园区，持续完善产业园区发展规划，全面完善园区的供水供电供气和污水处理等基础设施建设，加快通用厂房建设，引进优质企业落户园区，着力打造集物流、仓储、商贸于一体的绿色生态工业综合园。全县要抓好村级工业园“工改工”工作，棉湖镇要在2022年启动2个村级工业园“工改工”并取得实质性进展，到2025年全面完成；河婆街道、凤江镇、金和镇也要同步启动村级工业园“工改工”，确保到2025年全县不少于5个村级工业园完成“工改工”工作。

（三）深入推进改革创新，激发赶超跨越动力。抓创新就是抓发展，谋创新就是谋未来。我们必须坚持把改革创新作为引领高质量发展的第一动力，打破观念束缚、体制羁绊，通过改革创新激发各个领域、不同层面蕴藏的强大动能，全面激发推进揭西高质量发展的强大动力。

1.深化重点领域改革。着眼于解决高质量发展中遇到的实际问题，深化重点领域和关键环节改革，补齐揭西发展短板。切实推动观念更新，教育引导广大党员干部解放思想、与时俱进，善于拓宽思路、敢于打破壁垒，灵活运用改革创新的方法，提出解决问题的新路子新办法新措施，在改革中实现自我革新。深化供给侧结构性改革，大力发展实体经济，推动资源要素向实体经济集聚。深化司法体制综合配套改革，健全完善公共法律服务体系。抓好“放管服”改革和“数字政府”建设，持续深化行政审批改革，规范程序、压缩时限，实行权力清单、责任清单、负面清单制度，推进政务服务标准化建设。深入实施全面优化营商环境三年行动计划，着力打造市场化法治化国际化营商环境。

2.实施创新驱动战略。加快创新平台建设，建立一批众创空间，依托揭西县产业园加快创业孵化器、加速器建设。强化创新主体培育，抓好高新技术企业规模数量“双倍增”计划实施，加强同高等院校和科研院所开展“产学研”合作，加快推进省市级工程技术研究中心、企业技术中心等研发平台建设，促进科技成果加速转化，逐步提高产业层次水平和企业核心竞争力。大力实施人才强县战略，强化人才智力支撑，落实好人才引进政策，鼓励各企事业单位引进高层次人才、技术人才，优化人才落户的软硬环境，让人才引得来、留得住、用得好。

3.全面推进“融湾建带”。牢牢把握建设粤港澳大湾区、深圳先行示范区、横琴粤澳深度合作区和前海深港现代服务业合作区的多重机遇，全面拓展对外开放广度和深度，推动形成全县全域“融湾建带”新局面。坚持交通先行，积极向上争取深圳至汕尾铁路延伸至梅州段线路（新梅汕高铁）、广河客专揭阳高铁线、揭惠铁路揭西联络线、汕潮揭城市轻轨联络线途径（或延伸）至揭西并设站，着力构建内联外通、联接湾区、功能完善、高效便捷的交通网络，推动揭西融入粤港澳大湾区陆路2小时交通圈和经济生活圈。积极主动对接“双区”、“双合作区”建设，抢抓大湾区产业梯度转移机遇，大力发展旅游、高新技术、特色农业等产业。

（四）推进城乡一体建设，优化城镇发展格局。城乡融合是解决发展不平衡不充分的重要途径。我们必须把城乡建设作为工作重心，瞄准短板、精准发力，把乡镇一级做强做大，不断加快城镇化进程，促进县镇村功能衔接互补，推动城乡融合发展。

1.全面提升城镇品质。重点抓好河婆、棉湖、五经富3个中心镇提档升级，辐射带动周边乡镇发展。河婆街道是全县行政中心，要重点推动北部新城、东部新区建设，规划拓展县城发展空间，不断完善基础设施和公共服务功能，提升城市品质。棉湖镇是县域产业中心，要抓好云湖水系综合治理，加快完善镇域污水处理系统，推进老旧小区整体改造提升，做好城市服务功能配套，提升中心镇的综合竞争力。五经富镇要深入挖掘镇域历史文化底蕴，用好用活大洋旅游区，促进文化与旅游产业融合发展，力争打造成为旅游经济集聚区。其他乡镇要主动对接中心镇的辐射带动，持续完善城镇功能，推进乡镇基本公共服务均等化、农民就近就地城镇化和农业产业化，把乡镇建成服务农民的基本公共服务中心、农业产业集聚发展中心。

2.完善基础设施建设。深入实施城市更新行动，树立精细化经营城市理念，逐步完善城市软硬件，让人民群众安居宜居美居乐居。持续提升城市功能，加快推进城中村、老旧小区、老旧管网改造、雨污分流和背街小巷整治提升，加快补齐路、水、电、气、讯等配套设施短板，加强公厕、停车场等基础设施的建设和规范管理，提升市政公用设施完好率和养护水平。持续完善城乡交通，优化路网结构，实施全县主要道路改造提升工程，争取在5年内全面完成县内2条国道、5条省道改造提升，同步推进“四好农村路”升级改造，着力构建内畅外通的现代综合交通网络体系。做好全县水利工程功能恢复和提升工作，确保2023年底完成“1+17”灌区改造工程，形成一套长期管养机制；抓好重点水利工程和万里碧道建设，积极配合做好龙颈水库扩容工程，全力推进大洋抽水蓄能项目和马头山抽水蓄能项目规划，争取早日开工建设。全面规划建设燃气供应全县“一张网”工程，启动布局支持新型消费的5G网络、数据中心、工业互联网、物联网等新型基础设施建设，为全县经济社会高质量发展注入新动能。

3.持续强化城乡管理。科学编制并严格实施国土空间规划，处理好保护与开发、城镇与乡村、城市与产业的关系，下足绣花功夫把每一寸空间管好用好，进一步推动城市扩容提质，为未来经济社会发展把好方向、留足空间。规范土地收储开发，强化政府对土地资源的调控管理，铁腕整治“两违”行为，坚决杜绝城乡建设乱象，实现城市发展的社会效益、经济效益、生态效益相统一。不断完善城市载体功能，存量土地优先用于补充文化体育、教育医疗、休闲养老、公园绿化等公共服务设施。规范农村宅基地审批管理，探索宅基地所有权、资格权、使用权分置有效实现形式。

（五）深入践行生态理念，彰显绿色低碳魅力。优美生态环境是最公平的公共产品、最普惠的民生福祉。我们必须坚决走好生态优先、绿色发展之路，构建高品质生态文明体系。

1.坚决完成碳达峰、碳中和任务。持续优化产业结构，大力发展绿色产业，深入推进重点行业和重要领域绿色化改造，培育壮大环保产业，提升产业链供应链绿色化水平，健全完善绿色低碳循环发展的经济体系。持续优化能源结构，淘汰落后产能，推进清洁生产，落实垃圾分类制度，加快新能源车辆推广应用，不断扩大清洁能源使用比例，构建清洁低碳安全高效的能源体系。大力倡导简约适度、绿色低碳的生活方式，创建节约型机关、绿色家庭、绿色学校、绿色社区，使“绿色化、低碳化”成为人民群众日常生产生活的自觉行动。

2.巩固拓展蓝天碧水净土保卫战成果。坚持方向不变、力度不减，延伸深度、拓展广度，持续深入抓好污染防治综合治理。聚焦空气质量优良天数，加强工业节能减排技术改造，全力抓好工业锅炉、VOCs排放企业等工业源污染管控，开展挥发性有机物、柴油货车、扬尘等专项执法行动，严禁露天焚烧行为，坚决捍卫蓝天保卫战成果。统筹水环境治理、水生态保护、水资源利用，狠抓源头控污、源头减污，保障国控、市控断面水质稳定达标，巩固拓展劣质水体治理成果，全面提升生活污水处理厂、站和农村雨污分流等环保基础设施处理效能，做到精准接驳、应纳尽纳，持续打好碧水攻坚战。强化土壤污染管控，加强农业面源污染治理，加快县建筑废弃物和市政污泥资源化综合利用项目、县环保能源产业园等工程建设，提升固废处置能力，坚决守住净土保卫战成果。

3.推进生态环境治理体系和治理能力现代化。坚决抓好中央环保督察反馈问题整改工作。严格落实生态环境保护责任制，压实企业主体责任和政府监管责任，深入实施河湖长制、林长制，健全完善生态文明绩效考核体系，切实强化刚性约束。加强生态环保监管执法，加快构建天地一体、上下协同、信息共享的生态环境监测网络，建立健全生态环境损害责任追究、生态环境损害赔偿等制度，始终保持打击环境违法的高压态势，坚决让破坏生态环境者付出沉重代价。健全完善生态环境保护综合执法体制机制，推进生态环境执法队伍标准化规范化建设，提升生态环境监管能力和突发环境事件应急处置能力。

（六）践行共享发展理念，持续增进民生福祉。我们必须坚持把实现好、维护好、发展好最广大人民的根本利益作为一切工作的出发点和落脚点，殚精竭虑办好民生事业，扎实推动共同富裕，让人民群众的获得感成色更足、幸福感更可持续、安全感更有保障。

1.做好做实基本公共服务。推动教育事业优先发展，规划落实好揭西县教育高质量发展三年行动，充分发挥揭阳市揭西教育发展基金会作用，持续深化教育体制改革，认真落实“双减”政策，规范管理校外培训机构，扎实办好4所基础教育研究实验基地学校，尽快谋划推动打造一所公办县级重点高中，不断提高教育教学质量，切实办好人民满意的教育。推动卫生健康服务优质均衡，扎实推进紧密型县域医共体建设，推进优质医疗资源下沉，织密县镇村公共卫生防护网，提升应对突发公共卫生事件能力，力争2023年实现县人民医院由中山大学孙逸仙纪念医院托管，全面提高县域医疗卫生质量和水平。抓好三孩生育政策及配套支持措施落实，大力发展普惠托育服务体系，促进人口长期均衡发展。强化房地产项目全过程监管，推动住房供应平稳有序。

2.筑稳筑牢社会保障基石。健全就业促进机制，推动就业增收持续向好，实施更加积极的就业政策，突出抓好高校毕业生、农民工、返乡青年等群体就业创业，不断扩大就业规模、提升就业质量，落实失业人员兜底保障，促进城乡居民收入较快增长。健全退役军人工作体系和保障制度，不折不扣落实好退役军人安置、抚恤优待、就业创业、生活困难救助等政策。加强欠薪源头治理，保障劳动者合法权益。巩固扩大社保、医保覆盖面，继续扎实做好低保、特困、孤儿、残疾人等各项工作，完善落实大病保险、社会救助、社会福利、慈善救济等制度，加快实现城乡社会救助均等化，让人民群众感受到党的关怀和温暖。

3.统筹推进精神文明建设。培育和践行社会主义核心价值观，深入推进精神文明创建“九大行动”，力争在2023年进入“全国县级文明城市提名城市”行列。用好用活新时代文明实践中心（所、站），广泛开展理论政策宣讲、文化文艺服务、移风易俗等实践活动，全面推广《揭西县公民文明公约》，加强社会公德、职业道德、家庭美德建设，向社会传导正确价值取向。依托揭西红色资源，深化“四史”学习宣传和爱国主义教育，讲好揭西故事，持续开展“向国旗敬礼”等系列活动，加强未成年人思想道德建设。着力繁荣发展文化事业产业，培育壮大各类文化市场主体，完善文化馆、图书馆、博物馆等设施的公共服务功能，更好满足人民群众精神文化需求。

（七）全面提升治理效能，构建安全稳定格局。安全是发展的前提，发展是安全的保障。我们必须持之以恒加强基层治理能力现代化建设，确保人民安居乐业、社会安定有序。

1.全面深化依法治县。运用法治思维和法治方式深化改革、推动发展、化解矛盾、维护稳定。全面建设法治政府，用法治给行政权力定规矩、划界限，完善行政决策制度和程序，健全现代公共法律服务体系。全面落实司法责任制，严格规范公正文明执法，加强执法司法制约监督制度建设，确保司法公正高效权威。强化法治宣传，深入开展“八五”普法宣传教育，增强全民法治观念，在全社会形成办事依法、遇事找法、解决问题用法、化解矛盾靠法的良好法治环境。

2.着力打造平安揭西。深入贯彻总体国家安全观，加强国家安全体系和能力建设，坚定维护国家政权安全和制度安全。统筹抓好疫情防控常态化和维护社会稳定，下大力气解决12宗历史遗留问题，稳妥推进地方法人金融机构金融风险防控和处置工作，坚决守住不发生系统性风险底线。严格落实安全生产、森林防火、应急管理、食品药品安全责任和管理制度，严肃查处消防安全违法行为，系统防范化解道路交通安全风险，持续开展“破窗砌墙”、摩托车电动车“戴头盔”等专项整治行动，坚决防范遏制发生重特大安全事故，确保社会大局和谐稳定。加快社会治安防控体系建设，巩固拓展政法队伍教育整顿成果，常态化推进扫黑除恶专项斗争，严厉打击盗抢骗、黄赌毒等违法犯罪，强力打击整治电信网络诈骗等新型犯罪，持续净化社会风气，建设更高水平的平安揭西。推进防灾减灾救灾体系建设，落实好防汛防风抗旱等各项措施，切实提高风险防御能力。

3.持续强化基层治理。全面落实重大突发事件“四个一”应急处置机制，强化各项维稳工作机制，不断提高我县应急处置工作水平。健全完善基层矛盾纠纷排查化解体系，加强基层信访和积案化解工作，坚持教育转化、帮扶解困和重点管控相结合，及时有效解决群众反映问题，最大限度地将矛盾纠纷化解在基层、消除在萌芽状态。推动社会治理重心下沉，健全完善以乡镇（街道）为主体、以村（社区）网格单元为依托的“多网合一”网格化治理体系，提升社会管理水平。

四、坚持党要管党、全面从严治党，为加快建设生态发展示范区提供坚强政治保障

办好揭西的事，关键在党、关键在全面从严治党。我们必须大力弘扬伟大建党精神，认真贯彻落实新时代党的建设总要求，推动全面从严治党向纵深发展，把各级党组织建设得更加坚强有力，为加快建设生态发展示范区提供坚强政治保障。

（一）坚决把政治建设摆在首位，永葆绝对忠诚政治本色。始终把政治建设作为首要任务，推动学习贯彻习近平新时代中国特色社会主义思想走深走实，不断提高政治判断力、政治领悟力、政治执行力，进一步增强“四个意识”、坚定“四个自信”、做到“两个维护”。始终胸怀“两个大局”，牢记“国之大者”，确保政令畅通、令行禁止。深化理想信念教育，深入开展党史学习教育，引导党员干部不忘初心、牢记使命，为党和人民事业不懈奋斗。严格执行新形势下党内政治生活若干准则，认真落实民主集中制、民主生活会等制度，不断提高党内政治生活质量。严格落实党管意识形态工作责任制，牢牢掌握意识形态工作领导权、管理权和话语权，做好民族宗教工作，坚持党管媒体，加强对各类阵地的建设和管理，把握正确舆论导向，不断巩固舆论阵地，讲好揭西故事、传播揭西声音。

（二）坚决把党的领导贯穿始终，汇聚团结奋进强大合力。发挥党总揽全局、协调各方的领导作用，突出把方向、管大局、作决策、保落实，把党的领导贯穿于工作各方面、全过程，充分调动一切积极因素，团结一切可以团结的力量。坚持党对人大工作的全面领导，强化人大对“一府一委两院”的监督力度，促进依法行政和公正司法。充分发挥各民主党派、工商联和无党派人士作用，加强人民政协专门协商机构建设，不断提高建言资政和凝聚共识的水平，寻求最大公约数，画好最大同心圆。发挥工青妇等群团组织联系群众的桥梁纽带作用，把各自联系的群众紧紧凝聚在党的周围。强化党管武装，持续巩固发展军政军民团结的良好局面。

（三）坚决把固本强基落到实处，筑牢坚强有力战斗堡垒。牢固树立大抓基层的鲜明导向，全面加强基层组织、基础工作、基本能力建设，推动基层党建工作全面进步、全面过硬，让“最后一公里”成为“最畅一公里”。落实“三会一课”、主题党日、谈心谈话等制度，推进党的组织生活规范化、制度化。建立健全党内激励、关怀、帮扶机制，加强对生活困难党员、老党员和老干部的关爱帮扶。严把党员发展“入口关”，严格党员教育管理监督，保持党员先进性和纯洁性。深入实施新一轮加强党的基层组织建设三年行动计划，着力构建基层党建“1+1+6”工作体系，把基层党组织建设成为宣传党的主张、贯彻党的决定、领导基层治理、团结动员群众、推动改革发展的坚强战斗堡垒，让党旗在基层一线高高飘扬。

（四）坚决把队伍建设作为重点，激发干事创业的精气神。坚持党管干部原则，坚持好干部标准，坚持重德才、重担当、重实绩、重口碑，严把干部选拔任用的政治关、作风关、能力关、廉洁关、品德关，努力做到人岗相适、人事相宜，使选出的干部让组织放心、群众满意、干部服气。优化干部队伍结构，加强后备干部队伍建设，重视培养和选拔年轻干部、女干部、党外干部，常态化推进干部交流。树立鲜明的干事创业导向，以实绩论英雄，根除“佛系”“躺平”过舒服日子的弊病，健全完善正向激励和容错纠错机制，严格落实“三个区分开来”要求，激励干部担当作为，让不想干事、干不成事的人丢面子、腾位子，让想干事、干成事的人有面子、有位子，全面激发干部干事创业的激情和热情，真正实现干与不干不一样、干多干少不一样、干好干坏不一样。

（五）坚决把从严治党推向深入，涵养风清气正政治生态。作风建设永远在路上，党风廉政建设和反腐败斗争永远在路上，全面从严治党永远在路上。聚焦“两个维护”，持续推进和巩固拓展省委巡视反馈问题整改成果，深化市委、县委巡察成果运用，确保习近平总书记重要讲话和重要指示批示精神、党中央决策部署在揭西落地见效。严格贯彻执行《中共中央关于加强对“一把手”和领导班子监督的意见》，紧盯“一把手”等“关键少数”，紧盯政治生态“病灶”，坚决清除一切侵蚀党的健康肌体的病毒，确保党不变质、不变色、不变味。持之以恒正风肃纪反腐，严格落实中央八项规定及其实施细则精神，持续纠治“四风”特别是形式主义、官僚主义，不断提高不敢腐、不能腐、不想腐的综合功效，涵养风清气正的政治生态，让揭西的政治生态始终像自然生态一样“山清水秀”。

各位代表、同志们，征程万里风正劲，重任千钧再奋蹄。让我们更加紧密地团结在以习近平同志为核心的党中央周围，在省委和市委的坚强领导下，不忘初心、牢记使命、坚毅前行，加快建设生态发展示范区，努力打造生态宜居美丽示范县、国家级全域生态旅游目的地，谱写全面建设社会主义现代化揭西新篇章！

踔厉奋进谋发展 笃行实干开新局

——在县委十二届三次全会上的报告

（2022年2月25日）

揭西县委书记 刘端雄

同志们：

现在，我受县委常委会委托，向全会作工作报告。

一、以新担当展现新作为，2021年各项工作取得新成效

2021年是党和国家历史上具有里程碑意义的一年，也是揭西高质量发展进程中很不平凡的一年。面对严峻复杂形势和艰巨繁

重任务，县委坚持以习近平新时代中国特色社会主义思想为指导，全面贯彻党的十九大和十九届历次全会精神，深入学习贯彻习近平总书记对广东系列重要讲话和重要指示批示精神，认真落实省委“1+1+9”工作部署和市委具体工作安排，立足“生态发展示范区”功能定位，团结带领全县广大干部群众，担当作为、狠抓落实，推动揭西各项工作取得新进步新成效。

（一）发展思路更加明晰。一年来，我们坚持以习近平新时代中国特色社会主义思想为指导，抢抓“双区”建设、“双城”联动、“一核一带一区”区域发展格局、两个合作区建设等重大机遇，立足揭西实际，在融入全省、全市大局中找准定位和目标，进一步明确发展方向，理清高质量发展的思路，坚定不移围绕“生态发展示范区”功能定位，在持续以往发展思路的基础上，不断拓展，深化内涵，谋求更高水平的发展，特别是随着县第十二次党代会的胜利召开，县委科学谋划了“十四五”经济发展、产业布局、基础建设、改革创新、社会民生等重点目标任务，擘画了全县经济社会高质量发展新蓝图，补短板、强弱项，打好基础、做强功能，推动揭西在实现第二个百年奋斗目标上迈出更加坚实的步伐。

（二）经济发展平稳有序。坚持以生态产业激发县域经济活力，国家全域旅游示范区创建加快推进，大洋国际生态旅游区成功申报省级休闲农业与乡村旅游示范点，广东揭西第五届梅花节暨消费扶贫产品展销活动成功举办，全县旅游知名度不断增强。生态农业快速发展，农业产业链“链长制”有效落实，成功创建2条市级、4条县级农业产业链，加快推进八大特色农业产业带建设，建成茶叶省级现代农业产业园及中药材、蔬菜、青榄3个市级农业产业园，揭西县苦笋产业园入选2021年省级现代农业产业园建设名单，农业竞争力持续增强。生态工业稳步发展，乡村工业园“工改工”工作逐步推开，揭西县产业园基础设施建设日益完善，招商选资全面铺开，产业平台作用逐渐显现，园区现有企业11家。2021年全县完成GDP262.01亿元，比增6.8%；农业总产值80.73亿元，比增9.1%；规上工业增加值43.98亿元，比增7.7%；地方一般公共预算收入4.82亿元，比增2.3%。

（三）乡村振兴全面推进。建立防止返贫监测帮扶工作机制，驻镇帮镇扶村工作有序铺开，巩固拓展脱贫攻坚成果同乡村振兴得到有效衔接。农村人居环境持续改善，垃圾处理、雨污分流、村道硬化等工程统筹推进，“三清三拆三整治”成效明显，集中供水全面完成。生态宜居美丽乡村示范县创建全面推进，128个美丽宜居示范村建设、6条美丽乡村精品线路打造亮点纷呈。美丽圩镇建设全面启动，金和、灰寨农房管控和乡村风貌提升示范带建设成效初显。垦造水田加快推进，农村耕地“灭荒”三年行动扎实开展，农村土地承包经营权流转工作走在全市前列，工作做法得到省委领导肯定。

（四）城乡品质持续提升。着力加强城乡基础设施建设，2021年实施重点项目133个，总投资254.34亿元，完成年度投资41.98亿元。高速公路出入口连接线整治提升、县城道路升级改造二期等工程全面推进，内通外联交通格局逐步显现。揭西碧桂园、星曜城、棉湖壹号等房地产项目快速发展，万里碧道建设工程（一期）全面铺开。积极引进广东粤海水务投资有限公司，提升县域供水保障水平。全力配合做好龙颈水库扩容工程，揭西大洋抽水蓄能项目、“1+17”灌区改造加快推进，积极规划燃气供应全县“一张网”工程，城乡功能设施更加完善。用好用足“工业增长、内外贸高质量发展、重点项目、财税、招商选资”5个工作专班，“三贡献一高一强”招商选资标准有效落实，营商环境持续优化提升。中央和省环保督察问题整改有力推进，凉果加工、畜禽养殖污染整治成果明显，“河（湖）长制”全面落实，“国控”“市控”断面水质稳定达标。

（五）民生福祉日益厚实。树牢以人民为中心的发展思想，“我为群众办实事”实践活动扎实推进，10件民生实事圆满完成。毫不放松抓好常态化疫情防控，做好“六稳”工作、落实“六保”任务，疫苗接种全面推进，基本构建人群免疫屏障。教育事业全面发展，4所基础教育研究实验基地学校创建工作有序开展，揭阳市揭西教育发展基金会正式成立，教学教育水平稳步提升。基层医疗机构和村卫生站服务能力全面增强，县人民医院与中山大学孙逸仙纪念医院成功签订帮扶合作协议，城乡医疗水平不断提升。新能源公交启动运营，群众出行更加便捷。创文创卫持续升温，省级文明城市复牌成功，南山镇荣获2021年“广东卫生城镇”，35个村荣获2021年“广东省卫生村”。社会保障体系日趋完善，援企稳岗政策全面落实，“粤菜师傅”“广东技工”“南粤家政”工程深入实施，退伍军人合法权益得到有效保障。“两违”整治有力有效，依法拆除河婆街道马头村占用耕地建设共4栋27层、面积32864平方米的违法建筑，城乡建设管控不断加强。“林长制”全面落实，森林防火工作成效明显。平安揭西建设持续深化，建党100周年安保维稳任务圆满完成，维护政治安全专项行动深入开展，扫黑除恶常态化纵深推进，政法队伍教育整顿全面完成，深化乡镇街道综合行政执法改革，13宗历史遗留问题加快解决，地方法人金融机构流动性风险有效防范化解，反电信诈骗、“拆窗砌墙”、摩电等专项整治行动扎实开展，社会大局和谐稳定。

（六）党的建设不断加强。党史学习教育深入开展，庆祝建党100周年系列活动有声有色，“第一议题”制度全面落实，“四学四行六规范”党建主题活动创新开展，党员干部理想信念更加牢固。全面落实加强党的基层组织建设三年行动计划，成功打造镇街党建品牌17个，推荐评选“两优一先”表彰对象省级4个、市级46个、县级100个，基层党组织建设更加有力。严格落实意识形态工作责任制，全县意识形态领域安全稳定。坚持政治标准选人用人，圆满完成县镇村三级换届。全面从严治党纵深推进，“两个维护”十项制度机制落实落地，省委巡视反馈意见整改工作取得实效，十二届县委第一轮巡察全面启动，修复涵养政治生态成效初显。

过去一年，我们坚定不移发展社会主义民主政治，加强党委对人大、政府、政协、法院、检察院党组及纪委监委的领导，民族、宗教、港澳台海外统战工作不断巩固壮大，工青妇等人民团体作用进一步发挥，县工商联荣获“2020-2021年度全国‘五好’县级工商联”称号，依法治县全面加强，党管武装工作成效明显。这些成绩的取得，是习近平新时代中国特色社会主义思想科学指引的结果，是省委、市委坚强领导的结果，是全县上下团结奋斗的结果。在此，我代表县委常委会，向全县广大干部群众、驻揭部队、各民主党派、各人民团体，向关心支持揭西发展的各界人士，表示崇高的敬意和衷心的感谢！

一年来，揭西各项工作取得一定成绩，但还存在不少差距和短板。一是从发展质量看，与周边兄弟县（市、区）相比，全县总体发展还比较滞后，竞争力仍需加强。二是从发展后劲看，产业基础薄弱现状仍未彻底改变，主导产业带动性不强，经济内生动能动力不够。三是从发展环境看，“三农”和民生事业还存在一些短板，优化营商环境仍需久久为功，一些领域风险隐患依然存在。四是从干部状态看，一些单位和干部主动担当作为不够，思想、能力、作风没有同步进入新时代；一些基层党组织向心力不足，战斗力不强。这些问题，必须引起高度重视，在新一年认真加以解决。

二、踔厉奋进、笃行实干，推动揭西经济社会高质量发展

2022年是进入全面建设社会主义现代化国家、向第二个百年奋斗目标进军新征程的重要一年，也是加快新时代揭西高质量发展的关键一年。做好全年工作意义重大、责任重大。

当前和今后一个时期，揭西发展仍然处于重要战略机遇期。从中央和国家层面看，在构建国内大循环为主、国内国际双循环相互促进的新发展格局下，生产、分配、流通、消费将进一步打通，为各地经济发展带来新的增长点。从全省层面看，省委、省政府举全省之力推进“双区”建设、“双城”联动、“一核一带一区”区域发展格局、两个合作区建设的多重政策叠加利好将全面兑现，所释放的强劲发展动能必将源源不断传导到各地、辐射影响至揭西。从全市层面看，市委、市政府就推进全域“加快建设宜居宜业宜游的活力古城、滨海新城和沿海经济带上的产业强市”作出系列工作部署，为地区发展创造了有利条件、提供了难

得机遇。从自身层面看，近年来，我们坚决贯彻落实中央决策部署和省、市工作要求，锚定生态发展示范区功能定位不动摇，做了大量强基础、蓄后劲、利长远的工作，推动生态产业、乡村振兴、重点项目、环境保护等工作取得明显成效，广大干部群众干事创业激情更加高涨，全县形成了良好发展局面，这些都为我们做好今后工作奠定了良好基础。面对机遇，我们要倍加珍惜，以更加饱满的精神、更加积极的态度、更加有力的举措，认真负责、严谨细致办好自己的事，一步一个脚印抓好工作落实，全力以赴推动揭西高质量发展。

今年全县工作的总体要求是：坚持以习近平新时代中国特色社会主义思想为指导，深入学习贯彻习近平总书记重要讲话和重要指示批示精神，全面贯彻党的十九大和十九届历次全会、中央经济工作会议精神，弘扬伟大建党精神，认真学习贯彻省委书记李希同志莅揭调研指示精神，坚决贯彻落实省委十二届十五次全会、市委七届二次全会的工作安排和市第七次党代会、县第十二次党代会的部署要求，把握新发展阶段，贯彻新发展理念，服务构建新发展格局，坚持稳字当头、稳中求进，深化落实省委“1+1+9”工作部署和市委工作要求，围绕生态发展示范区功能定位，统筹疫情防控和经济社会发展，统筹发展和安全，继续做好“六稳”、“六保”工作，推动高质量发展、创造高品质生活，把揭西打造成为生态宜居美丽示范县、国家级全域生态旅游目的地，以优异成绩迎接党的二十大胜利召开！

县委考虑，今年经济增长的预期目标为：GDP增长6%以上，地方一般公共预算收入增长5%以上，努力争取更好结果。围绕实现全年目标，必须以“五本台账”为抓手，用好揭西县建设生态发展示范区、国家级全域生态旅游目的地“六个工作专班”机制，重点抓好六方面工作：

（一）全面推进乡村振兴，加快农业农村现代化。坚持把实施乡村振兴战略作为新时代“三农”工作总抓手，全力巩固拓展脱贫攻坚成果同乡村振兴有效衔接，加快乡村振兴人才驿站建设，促进农业高质高效、农村宜居宜业、农民富裕富足。

1.巩固拓展脱贫攻坚成果。严格落实“四个不摘”要求，健全防止返贫动态监测和帮扶机制，加快揭西县防返贫动态监测预警平台建设，守牢不发生规模性返贫底线。深入开展驻镇帮镇扶村工作，深化乡村振兴项目合作，持续做好农村低收入人口帮扶、稳岗就业、扶贫产业巩固、扶贫项目资产监管等重点工作。全面实施“万企兴万村”行动，积极推行“公司+家庭农场”、“公司+农户”等模式，着力培育新型农业经营主体，促进村级集体经济持续壮大、农民持续增收。

2.重点推进美丽圩镇创建。按照“宜商则商、宜工则工、宜农则农、宜游则游”的原则，将全县16个乡镇划分为优化发展镇、生态发展镇、文旅发展镇3种类型，分3批开展美丽圩镇创建，全力抓好美丽圩镇创建专项规划编制、环境整治和风貌提升、碧道建设、现代农业高质量发展、文明圩镇创建、“网格化”治理、普惠金融服务、党建引领、长效管护机制等九项工作，确保2022年底全面完成镇域环境基础整治，全县16个乡镇达到“宜居美丽圩镇标准”，全县20%以上的圩镇达到“示范美丽圩镇标准”，切实增强圩镇对农民的吸引力，引导农民就地就近城镇化。

3.着力推进美丽乡村建设。扎实推进“千村示范、万村整治”工程，巩固深化128个美丽宜居示范村建设成效，力争今年创建42个特色精品村、保护活化提升2个省级传统古村落。全面实施乡村建设行动，持续抓好乡村振兴重点工作任务落实，深入开展农村人居环境整治提升五年行动，巩固拓展“三清三拆三整治”成果，着力补齐雨污分流、集中供水、村道硬化等工程短板，大力推进乡村农房管控和风貌提升，加强农房微改造和“四小园”建设，不断完善农村基础设施建设，全面提升乡村“颜值”。加强农村宅基地审批管理工作，健全完善农村规范化建设管理机制。开展乡村治理“百镇千村”示范创建活动，深入推进移风易俗，培育文明乡风、良好家风、淳朴民风。

（二）大力发展生态产业，加快高质量发展步伐。全面构建以生态旅游、生态农业、生态工业为主导的生态产业体系，把生态优势转化为经济发展新动力，为县域经济高质量发展培育新引擎。

1.全面发展生态旅游。加快创建国家全域旅游示范区，积极稳妥推进地方法人金融机构风险处置，最大限度盘活现有文旅资产，推进黄满寨瀑布旅游区、京明温泉度假村联创5A景区工作。持续打响坪上万梅谷文化小镇等特色旅游品牌，不断擦亮揭西“中国天然氧吧”名片。深入挖掘红色文化资源，将南山镇火炬村、大北山革命历史纪念馆、南方人民银行纪念馆等红色景点串珠成链，打造红色文化体验旅游线路。弘扬优秀历史文化，深入挖掘三山国王文化现代价值。大力发展乡村旅游，打造提升金和镇山湖村、棉湖镇鲤鱼沟村、塔头镇旧住村等乡村旅游点，积极推进民宿经济发展，推动实现村美民富。强化旅游宣传推介，策划筹办各类旅游赛事节庆活动，提高揭西旅游知名度。

2.优先发展生态农业。全面推行农业产业链“链长制”，巩固拓展茶叶、生猪2条市级和蔬菜、苦笋、南药、橄榄4条县级农业产业链创建成果，深化打造茶叶、有机蔬菜、黑皮冬瓜、橄榄、青梅、淮山、苦笋、南药等八大特色农业产业带，全力抓好揭西县苦笋省级现代产业园建设，积极开展揭西县生猪省级现代产业园申报工作，争取今年新增1个省级、2个市级现代农业产业园。扎实推进农产品物流冷链仓储中心、粤港澳大湾区菜篮子产品揭阳揭西县配送分中心等项目建设，加快搭建全县农业综合服务平台，推动农产品出村进城，塑造揭西特色农业品牌。大力推进农村土地承包经营权流转，促进农业生产规模化机械化自动化。多措并举抓好粮食生产，继续深入开展农村耕地“灭荒”三年行动，遏制耕地“非农化”、防止“非粮化”，将“灭荒”行动与土地承包经营权流转紧密结合起来，今年复耕复种率要达到98%以上。实施高标准农田建设攻坚行动，切实抓好垦造水田工作，按时保质完成8700亩垦造水田任务。

3.突出发展生态工业。加快电线电缆、生物制药、食品加工等传统行业升级改造，持续发展壮大光伏发电等新能源产业，助推生态工业提质增效。围绕构建“一园多区”工业新格局，科学编制揭西县产业园总体规划，加快园区配套和基础设施建设，积极引进优质企业落户建设，着力打造集物流、仓储、商贸于一体的绿色生态工业综合园，力争今年成功申报认定为省级产业园。全面抓好乡村工业园“工改工”工作（其中，棉湖镇2个，河婆街道、凤江镇、金和镇各1个），打造以产业园区为主体、乡村工业园为补充的工业区域集聚发展格局。

（三）统筹推进城乡建设，不断优化县域发展环境。坚持联动发展、适度超前原则，系统实施城市更新行动，促进县镇村功能衔接互补，打造高品质生活空间。

1.持续提升城镇品质。重点抓好河婆街道、棉湖镇提档升级，辐射带动周边乡镇发展。河婆街道作为全县行政中心，要抓好北部新城、东部新区、县城碧桂园、星曜城花园（二期）建设，加快推进县城新自来水厂二期工程及输水管道、县城道路升级改造（三期）、广德生态区、美丽县城建设等项目，不断提升县城品位。棉湖镇作为县域工贸中心，要抓好现代化电子商务物流园、国有老厂改造等项目，大力发展现代产业，整体改造提升中西部老旧小区，统筹云湖流域水环境治理等环保工程建设，实现生态与经济双赢。五经富镇要做好文化与旅游产业融合发展，其他乡镇要立足自身禀赋条件，围绕各自特色和区位优势，强化空间载体保障，优化人口、土地等资源要素布局，全面提升人居环境、基础设施水平，逐步完善公共服务设施配套，不断提高镇村承载能力。

2.狠抓基础设施建设。加快推进重点项目建设，今年我县谋划建设重点项目133项，总投资297.91亿元，年度计划投资113.57亿元。配合做好龙颈水库扩容工程，加快推进大洋抽水蓄能项目前期工作，继续做好马头山抽水蓄能项目“战略备用点”前期工作。深化与粤海水务集团合作，加快推进供水城乡一体化，全面提升县域水资源配置和供水安全保障能力。深入推进“1+17”灌区改造、万里碧道等建设，加快规划建设燃气供应全县“一张网”工程，确保到2023年河婆街道和棉湖镇天然气工程建成投入使用，持续提高群众生产生活质量。

3.优化县域交通网络体系。积极协同向上争取深圳至汕尾铁路延伸至梅州段线路（新梅汕高铁）、广河客专揭阳高铁线、揭惠铁路揭西支线、汕潮揭城市轻轨联络线途经（或延伸至）揭西并设站，推动揭西融入粤港澳大湾区2小时交通圈和经济生活圈。向上争取增设甬莞高速棉湖出入口，统筹推进S237线揭西灰寨至棉湖段改建、S239线揭西坪上至金和段路面改造、G235线揭西五经富大桥、丰山尾桥危桥改造等项目，加快揭西县高京经济网络公路建设，构建快捷畅通路网体系。改造提升大北山片区和大洋片区旅游公路网，抓好“四好农村路”建设，不断提升公路服务品质。

（四）着力深化改革创新，全面激活发展内生动力。把改革创新作为发展动力源，不断深化重点领域改革，全方位扩大开放，助力县域经济高质量发展。

1.深化重点领域改革。深化供给侧结构性改革，助推实体经济发展，推动资源要素向实体经济聚集。紧扣市委“三个最”要求，着力完善县、镇、村三级政务服务体系，深入推进“数字政府”建设，做好“粤省事”“粤商通”平台推广，大力推行“一站式”办理和“不见面”审批，最大限度缩流程、减时限、提效率。抓好“放管服”改革，健全政府权责清单制度，继续做好取消、下放、委托、重心转移、优化整合等工作，确保放得下、接得稳。抓好商事制度改革，健全“双随机一公开”市场监管机制，不断强化信用监管。深入实施全面优化营商环境三年行动计划，着力打造市场化法治化国际化营商环境。

2.全力开展招商选资。健全完善招商工作机制，全力打造招商平台，加强招商队伍建设，进一步提升招商选资水平。

充分发挥活力古城建设、国家级全域旅游示范区创建、美丽圩镇建设、战略性支柱产业建设、传统产业优化升级、现代服务业培育建设6个工作专班作用，坚持以“三贡献一高一强”为标准，精准引进一批技术含量高、带动能力强的大项目好项目。做足做深做实“乡贤回归”工程，积极宣传推介家乡发展规划、产业发展前景、配套政策红利，提供全方位服务，动员引导我县在外乡贤、企业家回乡置业兴业或设立分支机构，以实际行动助力揭西经济社会高质量发展。

3.实施创新驱动战略。谋划建立一批众创空间，以揭西县产业园为载体，加快推进创业孵化器、加速器等创新平台建设。抓好创新主体培育，加强与高等院校和科研院（所）进行全方位“产学研”合作，着力推进省市级工程技术研究中心、企业技术中心等研发平台建设，加速科技成果转化，不断提高企业竞争力和产业层次水平。积极开展人才引育创新、人才平台提升、人才精品服务、人才项目示范“四大行动”，发挥县级人才驿站作用，大力引进培养一批产业领军人才、急需紧缺人才。

（五）全面保障改善民生，努力创造高品质生活。坚持以人民为中心的发展思想，下大力气保民生、抓民生，让发展成果更多更公平惠及广大人民群众。

1.持续改善民生保障。慎终如始抓好常态化疫情防控，持续推进重点人群管理、集中隔离管理、院感防控、哨点监测预警、核酸检测、疫苗接种、应急演练等“七项重点工作”，筑牢“外防输入、内防反弹”坚固防线。深入实施“粤菜师傅”“广东技工”“南粤家政”工程，积极搭建就业服务平台。巩固扩大社保、医保覆盖面，加快养老服务体系建设。更加注重对社会弱势群体的帮扶和救助，逐步完善城乡低保、特困供养、临时救助等社会救助体系，让全民共享改革发展成果。全力做好双拥共建和退役军人工作，巩固拓展省级双拥模范县创建成果，争创全国双拥模范县。

2.大力发展社会事业。持续开展“我为群众办实事”实践活动，着力解决群众“急难愁盼”问题。认真落实“双减”政策，做好县管校聘试点工作，持续抓好4所基础教育研究实验基地学校创建工作，加快揭西一中增设高中部项目建设，充分发挥揭阳市揭西教育发展基金会作用，努力办好人民满意教育。扎实推进紧密型县域医共体建设，加快县人民医院感染科综合大楼、棉湖华侨医院综合改建项目、县精神康复中心等建设，力争2023年实现县人民医院由中山大学孙逸仙纪念医院托管，探索实行“县聘镇用”，全面提升城乡医疗卫生水平。深入推进精神文明创建“九大行动”，用活用好新时代文明实践站（所），力争到2023年进入“全国县级文明城市提名城市”行列。

3.积极推进生态文明建设。围绕实现“碳达峰、碳中和”目标，大力发展绿色低碳循环经济，加快形成资源节约型、环境友好型生产方式。加强生态环境保护工作，不折不扣抓好中央环保督察反馈问题整改，严格落实“河（湖）长制”“林长制”，巩固拓展蓝天碧水净土保卫战成果。积极推进能耗“双控”，坚决遏制“两高”项目发展。加快县建筑废弃物和市政污泥资源化综合利用、县环保能源产业园等项目建设，不断提升污水处理厂（站）处理效能，推进污染防治攻坚战纵深发展，全力构建更加稳固的生态安全屏障。

（六）加强创新社会治理，营造安全稳定社会环境。扎实推进社会治理体系和治理能力现代化，持续深化平安揭西、法治揭西建设，全力维护社会大局和谐稳定。

1.筑牢安全稳定防线。以做好党的二十大安保维稳工作为主线，深入开展维护政治安全九个专项行动和社会矛盾问题八个专项治理，全力服务配合办好揭阳“急难愁盼我来办”群众工作平台，防范化解涉农涉土、涉劳资、涉金融等重点领域风险隐患，加强涉稳涉访重点人稳控工作，确保不发生群体性事件、到省进京上访事件和个人极端事件。常态化开展意识形态工作专项巡察和专项督查，健全网络舆情引导和处置机制，坚决守好意识形态安全“南大门”。

2.纵深推进法治建设。全面深化依法治县，大力推进法治政府建设，健全现代公共法律服务体系，营造更加良好法治环境。加强乡镇街道综合行政执法队伍建设，深化一村（社区）一法律顾问工作，提升基层依法治理水平。严格落实“谁执法谁普法”普法责任制，积极开展“八五”普法，持续增强全民法治意识和法治素养。

3.深化平安揭西建设。全面加快我县若干剩余历史遗留问题解决，统筹抓好安全生产、森林防火、应急管理、道路交通安全等工作。加强食品药品安全监管，确保顺利通过“广东省食品安全示范县”考核验收。持续巩固推进摩电、“拆窗砌墙”等专项整治，加快推进综治中心实体化、村（居）视联网及“雪亮工程”建设，不断提高基层治理系统化、精细化和智能化水平。巩固拓展政法队伍教育整顿成果，常态化推进扫黑除恶专项斗争，强力打击黄赌毒、食药环、偷盗抢、电信网络诈骗等违法犯罪行为，确保人民安居乐业、社会安定有序。

三、全面从严、久久为功，持续推进新时代党的建设伟大工程

踏上新的赶考之路，推动揭西高质量发展，必须坚持党建引领，弘扬伟大建党精神，全面落实新时代党的建设总要求，坚定不移推动全面从严治党向纵深发展，为揭西加快建设生态发展示范区提供坚强政治保证。

1.持续学习新思想。坚持把学习贯彻习近平新时代中国特色社会主义思想作为必修课，建立党史学习教育常态化、长效化制度机制，认真落实“第一议题”制度，深化“大学习、深调研、真落实”工作机制，及时跟进学习贯彻习近平总书记重要讲话和重要指示批示精神，不断提高运用党的创新理论分析和解决实际问题的能力，确保揭西各项工作始终沿着正确方向前进。

2.旗帜鲜明讲政治。坚持把党的政治建设摆在首位，严明政治纪律和政治规矩，不断提高政治判断力、政治领悟力、政治执行力，忠诚拥护“两个确立”，坚决做到“两个维护”。牢牢掌握意识形态工作领导权管理权话语权，强化各类意识形态阵地管理，坚决维护意识形态领域安全。充分发挥党委总揽全局、协调各方作用，支持人大、政府、政协和“一委两院”依法履行职能，加强党管武装、军地共建、推动国防后备力量建设，强化工青妇等群团组织阵地作用，巩固和发展最广泛的爱国统一战线，调动各方面积极因素，同心同德干事创业。

3.强基固本抓基层。深入落实加强党的基层组织建设三年行动计划，持续深入开展“红色领航”党建工程、镇街党建品牌创建等活动，加强换届后乡镇领导班子和村党组织建设，常态化排查整顿软弱涣散基层党组织，推动基层党组织全面进步、全面过硬。统筹抓好机关、事业单位、“两新”组织等各领域党建工作，

坚持分类指导、分层推进，整体提升全县党建工作质量，打造基层党建“1+1+6”工作体系。

4.实干担当塑队伍。坚持党管干部、党管人才，打好“选育管用”组合拳，把政治标准放在第一位，强化思想淬炼、政治历练、实践锻炼，注重在工作一线、危难险重任务中考察识别和选拔任用干部，把有信念、有思路、有激情、有办法的干部选出来、用起来。发挥基层党校教育培训干部主阵地作用，进一步强化干部教育、培训、管理，不断提高广大党员干部推动高质量发展的能力和水平，着力建设高素质专业化干部队伍。坚持严管和厚爱结合、激励和约束并重，用好用活容错纠错机制，严格落实“三个区分开来”要求，推进干部能上能下常态化，全面激发干部勇担当、善作为的精气神。

5.严明纪律转作风。坚持把严的主基调贯穿管党治党全过程，认真落实党风廉政建设“两个责任”和“一岗双责”，做到真管真严、敢管敢严、长管长严。认真贯彻落实2022年“作风建设年”要求，狠抓党员干部作风建设，倡导真抓实干、埋头苦干工作作风，根治“佛系”“躺平”过舒服日子的弊病。持续巩固拓展省委巡视反馈问题整改成果，深化市委、县委巡察成果运用。持之以恒正风肃纪反腐，严格落实中央八项规定及其实施细则精神，坚决整治群众身边腐败和作风问题，一体推进不敢腐、不能腐、不想腐，持续涵养风清气正的政治生态。

同志们，使命呼唤担当，目标催人奋进。让我们更加紧密地团结在以习近平同志为核心的党中央周围，在省委和市委的坚强领导下，踔厉奋进、笃行实干，凝心聚力、真抓实干，加快建设生态发展示范区，努力打造生态宜居美丽示范县、国家级全域生态旅游目的地，奋力谱写揭西高质量发展新篇章，以优异成绩迎接党的二十大胜利召开！

政府工作报告

——2022年3月5日在揭西县第十一届人民代表大会第二次会议上

揭西县县长　魏洁林

各位代表：

我代表县人民政府向大会作工作报告，请予审议，并请政协各位委员和其他列席人员提出意见。

2021年工作回顾

2021年是中国共产党成立一百周年，也是揭西开启“十四五”高质量发展的关键一年。一年来，在上级党政和县委的坚强领导下，在县人大及其常委会和县政协的监督支持下，县政府坚持以习近平新时代中国特色社会主义思想为指导，深入学习贯彻习近平总书记重要讲话和重要指示批示精神，从党的百年奋斗重大成就和历史经验中汲取奋进力量，真抓实干，狠抓落实，推动全县经济社会持续健康发展，实现“十四五”良好开局。

——经济发展稳中有进。成立“工业增长、内外贸高质量发展、重点项目、财税、招商选资”5个工作专班，紧扣县第十二次党代会精神抓落实，经济发展平稳向好。2021年，全县实现地区生产总值262.01亿元，比上年增长（下同）6.8%；农业总产值80.73亿元，比增9.1%；规模以上工业增加值43.98亿元，比增7.7%；社会消费品零售总额90.2亿元，比增11.5%；地方一般公共预算收入4.82亿元，比增2.3%；城乡居民人均可支配收入17362元，比增6.0%。

——生态产业加快发展。招商选资取得实效，成功签约项目31个，总投资284.8亿元。完成揭西县产业园污水处理厂、自来水供水工程等基础设施建设，入驻投产企业11家。新增“个转企”63户、“小升规”21家、高新技术企业5家、市工程技术研究中心3个。出台鼓励民宿发展政策，成功举办省文旅创新创业大赛暨揭西茶旅文化节、第六届梅花节等活动，大洋国际生态旅游区获评省休闲农业与乡村旅游示范点，棉湖镇南门里获评省历史文化街区，棉湖战役东征军指挥部旧址入选省重要红色革命遗址，塔头镇旧住村获评省文化和旅游特色村，新增省乡村旅游精品线路1条。

——乡村振兴有效推进。脱贫攻坚成果得到巩固，驻镇帮镇扶村和美丽圩镇建设有序铺开，村庄清洁行动深入开展。建成茶叶省级现代农业产业园和3个市级现代农业产业园，苦笋产业园入选省级现代农业产业园。成功创建2条市级、4条县级农业产业链，新增市级以上农业龙头企业2家、县级以上农民专业合作示范社25家、省名牌产品40个。新创办美丽宜居示范村28个，金和、灰寨农房管控和乡村风貌提升示范带建设成效初显，南山镇火炬村列入国家红色美丽乡村试点，坪上镇荣获省第二届乡村振兴大擂台“优秀组织奖”。完成连片撂荒耕地复耕复种2.49万亩，新增流转承包土地1.92万亩，垦造水田加快推进，实现粮食产量17.65万吨，粮食综合生产能力稳步提升。

——发展环境持续改善。完成塔头拦河闸重建、省道228线京棉段路面改造、省道508线揭西上砂至砭下段路面改造、金和桥改建、6个高速出入口门户改造提升等项目建设，乡道569坪红线入选省“十大最美农村路”。全力配合做好龙颈水库扩容工程前期工作，启动全县灌区改造工程。新（改）建10千伏线路67公里，完成经富变电站等工程建设，理顺5个自供区供电体制机制问题。县城好日子广场改造、棉湖镇城东路改造等项目全面完成，农村“厕所革命”深入推进，累计建成农村标准化公厕646个、无害化卫生户厕15.3万个，城乡面貌进一步优化提升。

——群众福祉不断增进。全年投入民生资金46.5亿元，占一般公共预算支出87.7%。十件民生实事全面完成。在全市率先完成新能源城乡公交一体化，实现农村客运“村村通”。完成农村集中供水全覆盖攻坚任务，全县剩余173个自然村10.81万人口实现集中供水全覆盖。推动成立揭阳市揭西教育发展基金会，创建省级名校长工作室1个、市县级名师工作室6个和基础教育研究实验基地学校4所，建成教师发展中心综合楼等项目，教育教学水平进一步提升。疫情防控有力有效，疫苗接种全面推进，基本构建人群免疫屏障。引进中山大学孙逸仙纪念医院优质技术资源，帮扶县人民医院创建三级甲等综合医院；县人民医院感染科综合大楼、棉湖华侨医院综合改建、县精神康复中心等项目加快建设。省级文明城市复牌成功，35个村获评“广东省卫生村”。建成社工服务站17个、服务点25个，实现乡镇（街道）社会工作服务站全覆盖。全县6103户18994人享受最低生活保障，城镇低保标准提高到846元，农村低保标准提高到655元。建成体育场地设施示范点12个。县工商联荣获全国“五好”县级工商联称号。统计、气象、档案、物价、广电、民族宗教、外事、侨务、妇女儿童等工作也取得新进展。

——社会治理成效明显。多措并举清压不良贷款，依法稳妥处置不良资产，有效化解地方法人金融机构潜在风险。深化中央和省环保督察反馈问题整改，建成县城污水处理厂配套管网四期、棉湖污水处理厂二期升级改造等项目和65座村级污水处理站，启动建设环保能源产业园、建筑废弃物和市政污泥资源化综合利用等项目，依法依规、多措并举整治提升凉果加工、畜禽养殖业，“国控”“市控”断面水质稳定达标，环境保护责任暨污染防治攻坚战考核获市“优秀”等级。不动产登记、问题楼盘处置工作加快推进，整治违法建设面积69.94万平方米，土地和房产管理秩序得到有效规范。省食品安全示范县创建工作扎实推进，54米登高平台消防车投入执勤，安全生产、三防、森林防灭火等工作得到全面加强，全县没有发生较大以上生产安全事故。扫黑除恶专项斗争常态化开展，政法队伍教育整顿全面完成，“拆窗砌墙”、摩电等专项整治行动扎实推进，统筹发展和安全成效明显。县公安局治安大队获评全国“扫黄打非”进基层示范点。

——自身建设有效提升。持续抓好政府系统党建工作，党史学习教育和“四学四行六规范”党建主题活动深入开展。县镇村三级换届顺利完成，乡镇街道综合行政执法改革有序推进。持续深化“放管服”改革，取消行政许可事项21项，下放行政许可事项41项、公共服务事项72项，基本实现高频事项全域通办、网上办结。办理县人大代表建议46件、县政协委员提案22件。法治建设考评全市第一，获评全国民主法治示范村1个、省民主法治示范村4个。省委巡视反馈意见整改工作取得实效。持续正风肃纪反腐，严格落实中央八项规定及其实施细则精神，深入推进审计监督全覆盖，坚决整治形式主义、官僚主义，涵养风清气正政治生态。

各位代表，过去一年，我们各项工作实现了新的进步，这是习近平新时代中国特色社会主义思想科学指引的结果，是上级党政和县委坚强领导的结果，是县人大、县政协和社会各界监督支持的结果，是全县人民齐心协力、砥砺奋进的结果。在此，我谨代表县人民政府致以崇高的敬意和衷心的感谢！

同时，我们也清醒地认识到，我县经济社会发展中还存在不少困难和问题，主要表现在：经济总量不大、发展质量偏低，产业优化升级步伐仍需继续加快；教育、医疗等公共服务存在短板，生态环境还需持续改善，统筹发展和安全任重道远；政府治理能力仍需加强，营商环境有待进一步提升，等等。我们将直面问题，系统研究，采取有效措施，切实加以解决。

2022年工作安排

2022年，我们将迎来党的二十大，做好今年工作至关重要。根据县委工作部署，今年政府工作的总体要求是：坚持以习近平新时代中国特色社会主义思想为指导，深入学习贯彻习近平总书记重要讲话和重要指示批示精神，全面贯彻党的十九大和十九届历次全会、中央经济工作会议精神，弘扬伟大建党精神，认真学习贯彻省委书记李希同志莅揭调研指示精神，坚决贯彻落实省委十二届十五次全会、市委七届二次全会的工作安排和市第七次党代会、县第十二次党代会、县委十二届三次全会的部署要求，把握新发展阶段，贯彻新发展理念，服务构建新发展格局，坚持稳字当头、稳中求进，深化落实省委“1+1+9”工作部署和市委工作要求，围绕生态发展示范区功能定位，统筹疫情防控和经济社会发展，统筹发展和安全，继续做好“六稳”、“六保”工作，推动高质量发展、创造高品质生活，把揭西打造成为生态宜居美丽示范县、国家级全域生态旅游目的地，以优异成绩迎接党的二十大胜利召开！

今年我县经济社会发展的主要预期目标是：地区生产总值增长6%以上，地方一般公共预算收入增长5%以上，其他经济指标按市下达给我县的目标任务执行，努力争取更好结果。

实现以上目标，必须重点抓好以下七方面工作：

一、紧扣“五本台账”抓落实，推动经济高质量发展

落实落细“五本台账”，用好“六个工作专班”机制，全面加快经济发展步伐。

加快推进乡村振兴。加快乡村振兴人才驿站建设，系统抓好乡村振兴重点任务，促进农业高质高效、乡村宜居宜业、农民富裕富足。建设防返贫动态监测预警平台，对易返贫致贫人口实施常态化监测预警，着力推进驻镇帮镇扶村工作，实现巩固拓展脱贫攻坚成果同乡村振兴有效衔接。深入实施农村土地流转和耕地“灭荒”三年行动，确保复耕复种率达到98%以上。大力推进7000亩高标准农田建设和8700亩水田垦造，推动粮食种植面积和产量持续增长；建设揭西县骨干粮库扩建项目，强化粮食监管执法，提高粮食安全保障能力。深入推进农业产业链“链长制”，着力打造八大特色农业产业带，培育一批新型农业经营主体，力争全年新增县级以上农业龙头企业17家。全力建设苦笋省级现代农业产业园、棉湖镇水稻产业园，积极申报生猪省级现代农业产业园，力争新增1个省级、2个市级现代农业产业园。加快建设农产品物流冷链仓储中心、粤港澳大湾区菜篮子产品揭阳揭西配送分中心、金岭屠宰场、和正牧业养殖示范基地等项目，搭建全县数字农业综合服务平台，打响揭西特色农业品牌。巩固拓展

128个美丽宜居示范村建设成效，保护活化2个省级古村落，着力创建42个特色精品村。坚持规划先行，全面铺开美丽圩镇建设，抓牢医疗、教育、农贸市场、产业四个重点，完善乡镇农贸市场、卫生院、中小学、幼儿园等公共服务配套，加快补齐农村基础设施和公共服务短板，发展壮大村集体经济，确保年底前全面完成镇域环境基础整治，全县16个乡镇达到“宜居美丽圩镇标准”，20%以上的圩镇达到“示范美丽圩镇标准”。

推进重点项目建设。加快推进年度计划投资113.57亿元的133项重点项目建设，提前做好31项储备谋划项目的前期工作，以项目建设拉动固定资产投资稳定增长。积极协同向上争取深圳至汕尾铁路延伸至梅州段线路、广河客专揭阳高铁线、揭惠铁路揭西支线等途经（或延伸至）揭西并设站，配合做好龙颈水库扩容工程，扎实做好大洋抽水蓄能、马头山抽水蓄能、燃气供应全县“一张网”工程等项目前期工作。争取及早建设甬莞高速棉湖出入口，扎实推进省道239线揭西坪上至金和段路面改造、省道237线揭西灰寨至棉湖段改建、县城道路升级改造（三期）、棉湖镇中西部老旧小区道路改造提升等18项交通运输类项目建设，持续优化交通环境。大力推进灌区续建配套与节水改造、万里碧道等14项农林水利类项目建设，完善水利基础设施。加快县城老旧小区改造、县城新建自来水厂二期及输水管道、五经富大洋人居环境整治等40项宜居城乡类项目建设，推动城乡融合发展。

做优重点产业项目。落实落细招商选资重点产业项目台账，从项目洽谈到项目投产实行全链条管理服务，培育发展一批拉动力、支撑力、辐射力强的重点产业项目。推动和正牧业现代农业生态园等12个在建重点产业项目建成投产，发挥经济社会效益。加快推进粤海水务整合项目等10个已签约未动工重点产业项目开工建设，以大产业带动大发展。以“三贡献一高一强”为主要标准，加大招商选资力度，推动在谈重点产业项目尽快签约落地，力争引进一批拥有行业关键技术、辐射带动能力强的优质企业。

加强土地房地产市场管理。紧扣土地征收储备供应及房地产项目台账抓落实，完成揭西县国土空间总体规划成果编制，优化城乡空间布局，激发房地产市场活力。坚持“政府主导、规划统筹”原则，以控规单元为引领，全面做好18宗2088.96亩土地的征收整合储备和10宗766.07亩建设用地的有序供应，做到土地统一规划、统一征收、统一报批、统一供给、统一建设。加强星曜城等16个在建房地产项目监督管理，加快东园碧桂园等2个拟建房地产项目进度，盘活11个已供未建房地产项目用地，加大问题楼盘处置力度，促进房地产市场健康平稳有序发展。

强化预算执行管理。严肃财经纪律，严控预算执行，确保全年预算收支平衡。科学整合涉农资金等专项资金，大力抓好政府性基金收入、水田垦造和拆旧复垦指标交易工作，积极盘活县直预算单位和各部门的沉淀资金、存量资金，充分发挥财政资金撬动作用。加强资金使用绩效考核，提升资金使用效益，坚决把资金用在刀刃上，用在人民群众最迫切、最期盼的民生项目上。树牢过“紧日子”思想，压缩一般性支出，统筹资金保工资、保运转、保基本民生。

二、厚植产业发展基础，做大做强实体经济

聚焦生态工业发展，锻长板、补短板，培育壮大工业产业集群。

夯实产业发展载体。科学编制揭西县产业园“一园多区”总体规划，积极申报创建省级产业园，加快推进园区通用厂房及配套项目建设，提升招商引资“硬”环境，力争全年新增10家企业落户园区。创新园区管理方式，探索“政企合作、园企共建”市场化运作新模式，逐步推动园区建设管理向“社会投资、市场建园、公司化运营”转变，做大做强园区企业。推进棉湖镇2个，河婆街道、凤江镇、金和镇各1个乡村工业园“工改工”工作，支持企业增资扩产和技术改造，逐步推动无效或低效占用土地、资本等资源要素的“小散乱”企业出清。

深入实施创新驱动。大力抓好电线电缆、五金塑料、电子电器、食品加工等传统产业优化升级，引导推动中小企业实施数字化改造，培育发展具有核心竞争力的大型企业，逐步形成一批战略性支柱产业和新兴产业集群。深入实施“转企”“升规”“上高”“育新”工程，力争新增规上工业企业8家、高新技术企业3家、市级以上工程技术研究中心3家。鼓励国资平台依法依规参与项目建设和市场化经营管理，促进国有资产保值增值，做大做强国有企业。

持续优化营商环境。深入实施全面优化营商环境三年行动计划，健全“企业服务官”制度，在政策、品牌、金融、科技等方面加大帮扶力度，及时了解、帮助企业解决发展中遇到的融资、用地、用工等难题，让企业少操心、多投资、快发展。以“办事不求人”为切入点，按照市“三个最”目标要求，持续深化“放管服”改革，全力打造政务服务揭西模式，以群众和企业满意的政务环境赋能揭西高质量发展。

三、注重品质品牌提升，全力打造国家级全域生态旅游目的地

立足生态、旅游、文化资源禀赋，加快文旅产业提质升级，全力创建国家全域旅游示范区。

推动文旅融合发展。规划建设全国首个“中国天然氧吧”生态科普体验基地，提升揭西“中国天然氧吧”效应。全力推进黄满寨瀑布旅游区、京明温泉度假村联创国家5A级景区，大洋国际生态旅游区创建国家4A级景区，京溪园镇大鹿农业公园、南山镇火炬村、棉湖镇南门里等创建国家3A级景区。深入挖掘红色文化资源，重点建设南山镇火炬村、南方人民银行纪念馆、大北山革命历史纪念馆等红色景点，打造红色文旅基地、爱国主义教育基地。活化利用客家擂茶、潮汕小吃、钱坑木雕、客家山歌剧、潮剧等潮客文化遗产，打造特色文旅品牌。

加快发展乡村旅游。科学合理谋划坪上万梅谷文化小镇空间布局，立足当地自然风光与历史文化打造特色产业，努力提供便捷完善的设施服务，不断擦亮打响旅游品牌。结合金和镇山湖村、塔头镇旧住村、京溪园镇粗坑村等美丽乡村建设，打造1条省级乡村旅游精品线路、1个省级休闲农业与乡村旅游示范点、1个省级文化和旅游特色村。深入开发休闲乐园、农活体验等旅游产品，大力发展民宿经济。完善重点景区道路等基础设施，新（改）建旅游厕所8座，优化提升旅游发展环境。

强化旅游宣传推介。创新旅游宣传推介形式，充分依托“南方+”、今日头条、抖音等新媒体平台，精准开展宣传推介活动，让更多的人了解揭西、走进揭西。围绕“潮客交融·和美揭西”主题，持续举办好擂茶赛、梅花节等旅游节事活动，不断提高揭西旅游知名度和美誉度。积极引进实力雄厚、经验成熟、模式完善的知名文旅企业，盘活现有文旅资产，推动揭西旅游高质量发展。

四、坚持科学系统治理，巩固生态文明建设成效

坚定走绿色低碳发展道路，推动生态文明建设取得更大成效。

坚持绿色发展。严格落实碳达峰、碳中和要求，实行能源消费强度和总量双控，积极探索碳交易，推进各领域节能降碳减排。强化“两高”项目节能审查监管，严把新上项目的碳排放关，坚决遏制高耗能、高排放、低水平项目盲目发展。加大垃圾资源化利用力度，大力发展循环经济，减少能源资源浪费。倡导简约适度、绿色低碳、文明健康的生活方式，提升群众低碳消费意识。

提高治污效能。巩固拓展污染防治攻坚战成果，不折不扣抓好中央环保督察反馈问题整改，打好生态文明建设持久战。扎实推进县环保能源产业园、建筑废弃物和市政污泥资源化综合利用、县城垃圾分类处理中心等项目建设，加快建成县城污水处理厂配套管网五期、凤江镇污水处理厂二期、老虎坷生活垃圾填埋场配套渗滤液处理设施等治污项目，持续推进农村雨污分流补短板工作，强化污水处理设施运营管理，不断提高城乡污水收纳处理率。

健全治污机制。健全完善河（湖）长制，加大饮用水源保护力度，确保“国控”“市控”断面水质持续稳定达标。坚持依法打击和宣传引导相结合，进一步提高群众生态环境保护意识。加强固体废物全过程监管。严禁露天焚烧行为，坚决捍卫蓝天保卫战成果。健全完善生态环境保护综合执法体制机制，提升生态环境监管能力和突发环境事件应急处置能力。

五、持续增进民生福祉，创

造高品质生活

进一步完善基本公共服务，让发展成果更多更公平惠及全县人民。

提升教育医疗水平。深化教育体制机制改革，充分发挥揭阳市揭西教育发展基金会作用，进一步配强配足优质师资力量，制度化规范化培育一批名校长、名班主任、名教师。集中资源把河婆中学、棉湖中学打造成粤东名校，推动棉湖二中、霖田高中创建普通高中特色示范学校，办好4所基础教育研究实验基地学校，加快建设县基础教育高质量发展提升、揭西一中建设提升等项目，大力支持发展职业教育，进一步完善办学条件。大力推进紧密型县域医共体建设，推动县人民医院创三甲、县中医医院创二甲。加快建成县人民医院感染科综合大楼、棉湖华侨医院综合改建、县精神康复中心等医疗项目，完善基层医疗卫生机构基础设施。探索医疗、教育领域“县聘镇用”招才引智政策，全面提高教育医疗服务水平。

发展各项社会事业。深入推进精神文明创建“九大行动”，加快创建“全国县级文明城市提名城市”。完善基层文体设施，全面完成图书馆总分馆建设任务，规划建设揭西县体育馆，繁荣发展公共文体事业。健全社会保障体制机制，提高自主就业退役军士和义务兵安置质量，全面做好低保、特困、孤儿、残疾人等困难群体兜底保障工作，扎实推进临时救助、未成年人保护等工作，加强农村留守老人、儿童和妇女关爱服务。实施全民参保计划，推进社会保险扩面征缴。加快建设县福利中心（二期）和10个镇（街）综合养老服务中心，规划建设揭西县县级公墓及骨灰楼项目。加快推进5G基站建设，逐步实现镇区全覆盖。认真做好军民融合、国防动员、人民防空等工作，争创全国双拥模范县。全面贯彻落实党的民族宗教政策，加强地方志和档案工作，扎实做好统计、物价、气象、外事、侨务等工作。

全力办好民生实事。根据省、市人大常委会和县委关于民生实事项目人大代表票决制工作部署，县政府在充分研究论证、广泛征求意见的基础上，遴选了12项民生实事候选项目，提请大会票决。对票决出来的项目，县政府将加大工作力度，认真组织实施，严格督查考评，主动接受人大监督，确保把实事办好、好事办实。

六、统筹发展和安全，确保社会大局和谐稳定

以做好党的二十大安保维稳工作为主线，强化社会综合治理，营造平安稳定发展环境。

筑牢疫情防控安全屏障。坚持“外防输入、内防反弹”，严格落实全链条防控责任，慎终如始抓好常态化疫情防控。坚决落实“四早”“四集中”要求，充分发挥发热门诊、药店等监测“哨点”作用，持续抓好重点风险人群大数据排查和健康管理，大力加强重点场所管控，严格规范隔离点设置和运行，增设棉湖集中隔离点。持续推进新冠疫苗接种工作，加强疫情防控实战演练和物资储备，巩固来之不易的防控成果。

着力防范化解重大风险。加强地方金融法治与风险防控长效机制建设，妥善做好地方法人金融机构风险防控和处置工作，严厉打击逃废债行为，有效防范化解金融风险。坚决打好“两违”整治攻坚仗，分类处置存量违法建设，对新增违法建设一律拆除。深入开展安全生产专项整治三年行动，排查整治建筑施工、道路交通、城镇燃气、危化品等安全隐患，坚决遏制重特大安全事故发生。建强全县消防专职队伍，持续开展“三合一”场所排查整治，坚决维护人民群众生命财产安全。加快建成林区林路森林防火阻隔项目，严防死守抓好森林防灭火工作。加强食品药品安全监管，全力创建省食品安全示范县。

深入推进平安揭西建设。健全网络综合治理体系，维护网络信息安全。用好“急难愁盼我来办”群众工作平台，把问题解决在初信初访阶段。完善社会矛盾纠纷多元调处综合机制，落实信访工作领导包案制，全力化解信访积案，依法解决群众合理诉求，不断提高信访群众满意度。巩固拓展政法队伍教育整顿成果，常态化推进扫黑除恶专项斗争，持续开展“全民反诈”行动，依法严厉打击各类违法犯罪行为，确保社会大局和谐稳定。

七、加强自身建设，着力建设人民满意政府

弘扬伟大建党精神，加强政

府治理体系和治理能力现代化建设，努力建设人民满意的法治政府、廉洁政府和服务型政府。

始终坚持党的领导。深入贯彻落实新时代党的建设总要求，忠诚拥护“两个确立”，进一步增强“四个意识”、坚定“四个自信”、做到“两个维护”。严格落实意识形态工作责任制，巩固拓展党史学习教育成果，建立党史学习教育常态化、长效化制度机制，更好把握和运用党的百年奋斗历史经验，不折不扣推动上级各项决策部署在揭西落地生根、结出丰硕成果。

始终坚持依法行政。全面落实法治政府建设实施纲要，运用法治思维和法治方式推动工作、解决问题。深入实施“八五”普法，促进全民尊法守法用法。完善乡镇街道综合行政执法改革，加强干部队伍建设。自觉接受人大法律监督、政协民主监督、社会舆论监督，强化审计监督，高质量办理人大代表建议和政协委员提案，主动听取民主党派、工商联、无党派人士和各人民团体意见，提高科学、民主、依法决策水平。

始终坚持廉洁从政。坚决贯彻2022年“作风建设年”要求，严格落实中央八项规定及其实施细则精神，锲而不舍纠“四风”树新风。始终坚持严的主基调不动摇，深化反面典型案例的警示教育，以案为鉴、以案促改、以案促治。巩固拓展省委巡视反馈问题整改和省委审计委员会办公室、省审计厅经济责任审计整改成果，深化市委、县委巡察成果运用，深入推进政府系统党风廉政建设，聚焦工程项目建设、矿产资源开发、窗口单位服务、税收征管等领域，大力整治群众身边腐败和不正之风，保持平稳健康的经济环境、国泰民安的社会环境、风清气正的政治环境。

各位代表！奋斗正当时，一起向未来。让我们更加紧密地团结在以习近平同志为核心的党中央周围，在上级党政和县委的坚强领导下，踔厉奋进、笃行实干，凝心聚力、狠抓落实，加快建设生态发展示范区，努力打造生态宜居美丽示范县、国家级全域生态旅游目的地，奋力谱写揭西高质量发展新篇章，以优异成绩迎接党的二十大胜利召开！

附件2：

名词解释

1.“1+1+9”工作部署：第一个“1”是指加强党的全面领导和党的建设；第二个“1”是指以更大魄力、在更高起点上推进改革开放；“9”是指举全省之力推进粤港澳大湾区建设和支持深圳建设中国特色社会主义先行示范区，扎实推进高质量发展打造新发展格局的战略支点，加快建设科技创新强省，加快建设现代化经济体系，全面实施乡村振兴战略，高质量加快构建“一核一带一区”区域发展格局，深入推进文化强省建设，营造共建共治共享社会治理格局，统筹发展和安全建设更高水平的平安广东等9项重点工作任务。

2.“六稳”“六保”：“六稳”指稳就业、稳金融、稳外贸、稳外资、稳投资、稳预期；“六保”指保居民就业、保基本民生、保市场主体、保粮食能源安全、保产业链供应链稳定、保基层运转。

3.“五本台账”：重点项目台账、招商选资重点产业项目台账、财政预算及资金管理台账、土地征收储备供应及房地产项目台账、乡村振兴重点任务台账。

4.“六个工作专班”：活力古城建设工作专班、国家级全域旅游示范区创建工作专班、美丽圩镇建设工作专班、战略性支柱产业建设工作专班、传统产业优化升级工作专班、现代服务业培育建设工作专班。

5.“三贡献一高一强”：“三贡献”指单位土地产值贡献和财税贡献、单位能耗产值贡献和财税贡献、单位环境容量产值贡献和财税贡献大；“一高”指科技含量高；“一强”指产业带动能力强。

6.“工改工”：在旧工业厂房用地上进行的新建、改建、扩建工业厂房项目。

7.“三个最”：聚焦与群众和企业联系最密切的重点领域和办件量最多的高频事项，通过群众和企业最容易理解的沟通方式，采取群众和企业最容易接受的办理方式。

8.“两高”：高耗能、高排放。

9.“四早”“四集中”：早发现、早报告、早隔离、早治疗；集中患者、集中专家、集中资源、集中救治。

10.“两违”整治攻坚仗：违法用地、违法建设整治攻坚仗。

揭西县2021年十件民生实事完成情况一览表

表83

类型	具体工作任务	进展情况	责任单位
一、推进教育事业优质发展。	巩固和提升学前教育“5080”攻坚工程。	全县幼儿园119所，其中公办幼儿园24所，在园幼儿1.44万人，占比50.3%；公办和普惠性民办园112所，在园幼儿2.83万人，占比98.7%。	县教育局
	普惠性幼儿园生均经费最低标准由每生每年400元提高至500元。	全县普惠幼儿园幼儿1.38万人，全年完成学前生经费拨付1406.36万元，拨付占比100%。	县教育局
	实施科学保教示范项目，打造1所市级示范性幼儿园。	揭西县中心幼儿园在1月份取得首批“揭阳市示范性幼儿园”称号，完成创建工作任务。	县教育局
	实施“名校带动工程”，集中资源打造河婆中学、棉湖中学两所名校，示范带动全县教育教学质量提升。	制定印发《揭西县河婆中学培养良好行为习惯试点班管理模式工作方案（试行）》《揭西县棉湖中学培养良好行为习惯试点班管理模式工作方案（试行）》。	县教育局
	争创4个省级名师工作室、1个省级名校长工作室，为提升教师专业水平搭建优质教科研平台。	1.成功创建1个省级名校长工作室，评定霖田高级中学庄伟平为省名校长工作室主持人。7月14日对庄伟平名校长工作室进行授牌。建成省名校长工作室设备设施，11月19日进行广东省庄伟平名校长工作室揭牌仪式暨第一次研修活动。 2.完成揭西县名校（园）长、名教师、名班主任评定工作，共50人。其中名校（园）长10名、名教师20名、名班主任20名。遴选优秀名校（园）长、名教师、名班主任工作室主持人共16人上报市评审。 3.选派一批优秀中青年骨干教师、骨干校（园）长、班主任进入新一轮（2021—2023年）名教师、名校（园）长、名班主任工作室入室培养，其中5名骨干校长、2名骨干园长、19名骨干教师、2名优秀班主任。	县教育局
	建设提升揭西县第一职业技术学校，新增设旅游管理与酒店服务、幼儿保育等专业，为全县经济发展培养输送专业人才。	3月，市教育局批准揭西县第一职业技术学校新增设旅游管理与酒店服务、幼儿保育等专业，组织开展多种形式招生宣传活动。全年招生569人，在校生776人，基本完成招生任务。	县教育局
二、免费实施出生缺陷筛查。	为全县5000名以上孕妇免费提供地中海贫血、唐氏综合征、严重致死致残结构畸形的产前筛查。	完成地中海贫血筛查7390人；唐氏综合征筛查5872人；严重致死致残结构畸形筛查5846人。平均完成进度为104.2%。	县卫健局
	为全县7000名以上新生儿免费提供先天性甲状腺功能减低症、G6PD缺乏症（蚕豆病）、苯丙酮尿症、先天性肾上腺皮质增生症和新生儿听力筛查。	全年全县新生儿活产数6704人，为6645名新生儿免费提供先天性甲状腺功能减低症、G6PD缺乏症（蚕豆病）、苯丙酮尿症、先天性肾上腺皮质增生症筛查；为6596名新生儿提供听力筛查。	县卫健局
	新生儿遗传代谢性疾病筛查率达到98%以上、新生儿听力筛查率达到90%以上。	全县新生儿活产数6704人，新生儿遗传代谢性疾病筛查人数6645人，筛查率99.1%；新生儿听力筛查人数6596人，筛查率98.4%。	县卫健局
三、提高低保、特困人员、孤儿基本生活补贴和残疾人两项补贴保障水平。	城乡低保对象最低生活保障人均补差水平分别从每月626元、302元提高到656元、332元。	根据《揭阳市民政局 揭阳市财政局关于印发2021年全市城乡低保标准和补差水平的通知》文件精神，从2021年1月起，完成落实城乡低保标准和补差水平提标工作，城镇低保人均补差水平从2020年每月626元提高到656元，农村低保人均补差水平从302元提高到332元，4月底前全部发放和补发到个人存折。	县民政局

续表83

类型	具体工作任务	进展情况	责任单位
三、提高低保、特困人员、孤儿基本生活补贴和残疾人两项补贴保障水平。	特困人员基本生活标准不低于本地最低生活保障标准的1.6倍。	根据《揭阳市民政局　揭阳市财政局关于提高2021年特困人员基本生活供养标准的通知》文件精神，从2021年1月起，全县城镇特困供养人员由2020年每人每月1307元提高到每人每月1354元；农村特困供养人员由2020年每人每月952元提高到每人每月1048元，实现特困人员基本生活供养标准提标工作。	县民政局
	提高孤儿、事实无人抚养儿童基本生活最低养育标准，集中供养孤儿从每人每月1820元提高到1883元，分散供养孤儿、事实无人抚养儿童从每人每月1110元提高到1227元。	根据《揭西县人民政府关于提高我县孤儿基本生活最低养育标准的批复》文件精神，从2021年1月起，完成落实2021年孤儿基本生活最低养育标准提标工作。全县集中供养孤儿12人，每人每月标准从1820元提高到1883元。散居孤儿159人，每人每月标准从1110元提高到1227元。	县民政局
	困难残疾人生活补贴、重度残疾人护理补贴标准，分别从每人每月175元、235元提高到181元、243元。	根据《广东省财政厅　广东省民政厅　广东省残疾人联合会关于2021年提高我省残疾人两项补贴标准的通知》文件精神，完成落实2021年残疾人两项补贴提标工作。全县享受重度护理补贴1.01万人，每人每月标准243元。享受生活困难补贴2820人，每人每月标准181元。	县民政局
四、实施兜底民生服务社会工作双百工程。	实现全县乡镇（街道）社会工作服务站100%覆盖，建设不少于25个村（居）社会工作服务点。实现社会工作入户率100%、服务率100%。	全县17个社工服务站和25个社工服务点完成挂牌，170多名社工上岗，实现全县乡镇（街道）社会工作服务站100%全覆盖。	县民政局
五、深入实施“粤菜师傅”“广东技工”“南粤家政”三项工程。	开展“粤菜师傅”培训130人次以上，带动800人以上实现就业创业。	开展“粤菜师傅”培训1516人次，完成年度任务的1166.1%。带动1800人以上实现就业创业。	县人社局
	大力推动“广东技工”培训，完成补贴性职业技能培训3000人次。	开展“广东技工”培训3856人次，完成年度任务的128.5%。	县人社局
	全面深入推动“南粤家政”工程高质量发展，开展家政服务类培训600人次以上，促进800人次以上稳定和新增就业创业。	开展家政服务类培训934人次，完成年度任务的115.6%。促进1100人以上就业创业。	县人社局
六、完善农村集中供水和生活污水出口设施。	加快推进全域自然村集中供水，新增保障农村集中供水2.5万人。	9月11日，新增供水人口2.5万人的建设任务全部完成建设并实现通水。	县水利局
	因地制宜推进农村生活污水处理，新增20个行政村完成农村生活污水治理工作。	1.县城污水处理厂及配套管网四期工程（管网部分）、五经富河饮用水源保护工程、凤江污水处理厂三期配套管网工程3项工程基本完成建设并投入使用。 2.揭西县65个农村生活污水处理站基本完成通水。	县住建局
七、加强食品药品安全监督检测。	完成不少于3200批次食品抽检任务，不合格食品处置率100%。	制定印发《关于印发揭西县落实2021年民生实事食品抽检工作实施方案的通知》，全年全县完成抽检3267批次，占年度计划（3244批次）的100.7%，其中县市场监管局完成抽检1960批次，完成年任务的100.8%；县农业局抽检完成1307批次，完成年任务的100.5%。抽检结果不合格食品28批次，抽检合格率99.1%，对不合格食品核查处置率100%。	县市场监管局

续表83

类型	具体工作任务	进展情况	责任单位
七、加强食品药品安全监督检测。	对4家被省列入“快筛快检市场”开展快检工作，完成不少于1.44万批次食用农产品快检任务，每月每个市场不少于300批次。	制定印发《2021年揭西县4家农贸市场食用农产品快速检测工作方案》，全年快速检测食用农产品1.49万批次，完成全年任务总量的103.2%，结果不合格24批次，依法对不合格产品批次进行没收并作无害化处理。	县市场监管局
	配合市做到全县生产的国家基本药物制剂品种抽检覆盖率达100%。	全县无生产的国家基本药物制剂品种，按要求配合市市监局100%完成全年抽检任务（51批次）。	县市场监管局
八、实施公共文体惠民工程。	为基层送20场展览、2场讲座、10场演出活动。	完成“流动文化馆”“流动图书馆”“流动博物馆”主题图片展20场次；完成专题讲座2场次；完成文化体育惠民活动10场次。	县文广旅体局
	建设1个“粤书吧”类新型阅读空间，实施1个县有岭南特色的文保单位保护利用，举办1场非物质文化遗产宣传展示活动。	完成京明温泉度假村建设“粤书吧”类新型阅读空间建设工作；完成棉湖镇洪氏爱祖祠保护活化利用工作；6月12日（2021年文化和遗产日），指导县非遗中心开展非物质文化遗产宣传展示活动。	县文广旅体局
九、大力推动农业保险扩面、增品、提标。	扩大农业保险覆盖面，县内种植的所有水果品种100%纳入。	全年县内种植所有水果品种100%纳入农业保险。全县早晚稻承保面积3616.51公顷，保费216.99万元；茶叶承保面积564.07公顷，保费169.22万元；岭南特色水果（香蕉、柑橘、葡萄，青梅等）承保面积935.35公顷，保费631.36万元；设施农业保险（大棚保险）承保面积13.87公顷，保费16.64万元。	县农业农村局
	提高保险保额标准，水稻由800元/亩提高至1000元/亩，能繁母猪由1000元/头提高至1500元/头，育肥猪由800元/头提高至1400元/头，森林由500元/亩提高至1200元/亩。	1.从2021年1月1日起，全县农业实现按照新保额标准执行，水稻由800元/亩提高至1000元/亩；能繁母猪由1000元/头提高至1500元/头，承保2830头，保费25.47万元；育肥猪由800元/头提高至1400元/头，承保8.96万头，保费501.76万元；仔猪由800元/头提高至1400元/头，承保5.66万头，保费169.8万元。 2.森林保险保额标准由500元/亩提高至1200元/亩；全年生态公益林投保任务3.25万公顷，完成投保3.25万公顷。商品林投保任务5168.94公顷，完成投保5621.5公顷。	县农业农村局 县林业局
十、加快推进城镇基础设施建设和农村公路桥梁安全改造。	着力改善老旧小区居住环境，提升老旧小区居民的生活品质。因地制宜改造提升棉湖镇云湖公园，对县城大同市场、河山市场周边道路及棉湖镇等老旧小区周边道路进行升级改造。	1.完成大同市场、河山市场周边道路升级改造工程项目； 2.棉湖镇云湖公园、柴港心园改造提升工程完成工程造价预算审核等前期工作； 3.棉湖镇涉及道路升级改造项目共8项，均为新开工建设，总投资2.63亿元。其中，棉湖镇城东路改造工程完成建设；棉湖镇城区路口升级改造工程、棉湖镇沿江路综合整治工程、镇区道路升级改造三期工程建设中；兴中桥和大龙秋桥桥梁工程、解放路改造提升工程、洪桥路口外立面和辅道提升工程、棉湖大道改造工程、棉湖大道电力线路改造工程完成前期工作。	县城管执法局、棉湖镇
	巩固112.8千米“四好农村路”建设攻坚成果，着力推进桥梁安全隐患整治，实施农村公路桥梁整治改造1座（三类桥），每年新发现四、五类公路桥梁当年处置率100%，提升农村公路桥梁安全保障水平。	1.全县“四好农村路”建设攻坚任务79个项目全面完工，投入资金28.8万元完成对“四好农村路”项目工程缺陷进行排查处置。 2.对列入2021年市级桥梁整治任务的蛇头桥（原初步评定为三类桥）进行检测，测评结果为四类桥。蛇头桥改建工程动工建设，完成投资249万元，占工程进度70%。	县交通运输局

（杨镇伟　邹一涛）

文件

中共揭西县委　揭西县人民政府印发《关于实现巩固拓展脱贫攻坚成果同乡村振兴有效衔接的实施方案》的通知

（揭西发〔2021〕8号）

各乡镇（街道）党（工）委、人民政府（办事处），县直（含上级垂直管理）正科级局以上单位：

现将《关于实现巩固拓展脱贫攻坚成果同乡村振兴有效衔接的实施方案》印发给你们，请认真贯彻落实。

中共揭西县委
揭西县人民政府
2021年11月11日

关于实现巩固拓展脱贫攻坚成果同乡村振兴有效衔接的实施方案

根据中央、省委、市委文件精神，结合揭西实际，现就我县巩固拓展脱贫攻坚成果同乡村振兴有效衔接工作提出如下实施方案。

一、总体要求

坚持以习近平新时代中国特色社会主义思想为指导，贯彻落实党中央、国务院、省委、省政府和市委、市政府总体部署，将巩固拓展脱贫攻坚成果放在突出位置，建立农村低收入人口长效帮扶机制，健全乡村振兴领导体制和工作体系，加快推进脱贫地区乡村全面振兴。到2025年，脱贫攻坚成果巩固拓展，农村低收入人口分类帮扶机制逐步完善，乡村产业质量效益和竞争力明显提高，生态宜居美丽乡村建设取得重大进展，乡风文明水平显著提升，农村基层组织建设不断加强，脱贫地区农民收入增速高于全省农民平均水平，村集体经济年收入超过15万元。到2035年，镇村振兴目标基本实现，农村低收入人口生活水平显著提高，全县人民共同富裕取得更为明显的实质性进展。

二、巩固拓展脱贫攻坚成果

（一）稳定现行帮扶政策体系。过渡期内，严格落实“四个不摘”要求，持续压实各级党委政府主体责任、行业部门分工责任，防止松劲懈怠，坚决守住脱贫攻坚成果。保持现行帮扶政策、资金支持、帮扶力量总体稳定，防止“急刹车”。落实好“两不愁三保障”和饮水安全等民生保障普惠性政策，并根据脱贫人口实际困难给予适度倾斜。巩固优化产业带动、就业扶持等发展类政策，有效衔接乡村产业振兴政策。

（二）完善防止返贫致贫监测帮扶机制。加强进村入户走访排查、相关行业部门筛查等，多渠道获取脱贫户收入来源、大额支出等情况，开展常态化监测预警，对脱贫不稳定户、边缘易致贫户，以及因病因残因灾因意外事故等刚性支出较大或收入大幅缩减导致基本生活出现严重困难户，分层分类及时落实帮扶举措，做到早发现、早干预、早帮扶，实行动态清零。建立农户主动申请、部门信息比对、基层干部定期跟踪回访相结合的易返贫致贫人口发现和核查机制，不断完善易返贫致贫人口快速发现和响应机制。健全防止返贫大数据监测平台，加强部门协作和数据比对，及时评估研判。

（三）推动“两不愁三保障”长效化。进一步压实行业主管部门属事工作责任。持续做好控辍保学核查比对、跟踪帮扶等工作，实施新时代广东乡村青少年健康成长“两帮两促”行动，确保除身体原因不具备学习条件外脱贫家庭义务教育阶段适龄儿童少年不失学辍学。落实分类资助参保政策，有效防范因病因残返贫致贫风险。建立农村脱贫人口住房安全动态监测机制，强化日常管护、动态监测和预警处置，通过农村危房改造等多种方式保障低收入人口基本住房安全。巩固维护好已建农村供水工程成果，不断提升农村供水保障水平。

（四）加强扶贫项目资产管理监督。做好扶贫资产确权登记工作，健全扶贫资产管理台账和制度体系。探索引导扶贫资产运营和农业产业链“链长制”建设有机结合，创新运营管护机制，完善扶贫资产收益分配制度。公益性资产要落实管护主体、明确管护责任，确保继续发挥作用。经营性资产要明晰产权关系，收益重点用于项目运营管护、巩固拓展脱贫攻坚成果、村级公益事业等。强化镇村和行业部门监督责任，依法维护农户财产权利。

三、加强农村低收入人口帮扶

（五）加强农村低收入人口监测。以现有社会保障体系为基础，对农村低保对象、特困人员、低收入家庭等农村低收入人口开展动态监测。充分利用省政务信息资源共享平台以及各部门现有数据系统，加强数据比对和信息共享，完善基层主动发现机制，形成多部门联动的风险预警、研判和处置合力。建立健全农村低收入人口定期核查和动态调整机制，定期开展核查，村级一月一自查，镇级一季度一自查，县级每半年组织检查一次，确保工作实效。

（六）挖掘拓宽稳定增收渠道。延伸拓展扶贫产业链条，着力打造区域特色产业，丰富乡村经济业态。健全帮扶项目与低收入群众参与挂钩机制，采取以工代赈、生产奖补、劳务补贴等方式，组织动员低收入群众参与帮扶项目实施。积极发展特色农产品加工业，推广“订单收购+保底分红”“土地流转+务工收入”等利益联结机制，让农民更多分享产业增值收益。全面实施高素质农民培育工程，加大力度推进“粤菜师傅”“广东技工”“南粤家政”三项工程，支持农民转移就业和发展多元经营。完善各类产业园区吸纳劳动力就业管理机制。健全技能培训、信息推介、就业服务等帮扶举措，加大低收入劳动力就业扶持力度。积极开发就地就近就业岗位，继续办好扶贫车间，对就业特别困难的人员通过公益性岗位进行托底安置。推广“爱心公益超市”等自助式帮扶做法。加强不良行为惩戒。

（七）分层分类实施社会救助。完善最低生活保障制度，科学认定农村低保对象，提高政策精准性。调整优化针对原建档立卡贫困户的低保“单人保”政策，将低收入家庭中的重病、重残人员参照“单人户”纳入低保范围，将符合条件低收入家庭纳入教育、医疗、住房、就业等专项救助范围。鼓励有劳动能力的低保对象参与就业。对脱贫人口中完全丧失劳动能力或部分丧失劳动能力且无法通过产业就业获得稳定收入的人口，按规定纳入农村低保或特困人员救助供养范围。健全低保标准制定和特困人员供养标准动态调整机制，落实特困人员救助供养制度。对基本生活陷入暂时困难的群众加强临时救助，对社会救助家庭中生活不能自理的老年人、未成年人、残疾人等提供必要的访视、照料服务。

（八）完善养老保障和儿童关爱服务。继续实施城乡居民基本养老保险政府代缴保费政策，地方政府按照规定最低缴费标准为参加城乡居民基本养老保险的低保对象、特困人员、返贫致贫人员、重度残疾人和精神智力残疾人等缴费困难群体代缴部分或全部保费。强化县镇两级公办养老机构对失能、半失能特困老年人的兜底保障。健全家庭经济困难学生资助体系，扩大农村义务教育学生营养改善计划覆盖面。加强对残疾人、孤儿、农村留守儿童及留守老人等困难群众和特殊群体的关爱帮扶，完善基本民生保障兜底机制。

（九）加强医疗保障工作。统筹发挥基本医疗保险、大病保险、医疗救助三重保障制度综合梯次减负功能。完善城乡居民基本医疗保险参保个人缴费资助政策，继续全额资助农村特困人员，定额资助低保对象、农村低收入家庭救助对象，对经基本医疗保险、大病保险和其他补充医疗保险支付后，个人及其家庭难以承担的符合规定的基本医疗自负费用，给予适当比例补助。完善大病专项救治政策和县域内先诊疗后付费政策，优化高血压等主要慢性病签约服务。均衡城乡医疗保障待遇，建立健全城乡居民基本医疗保险门诊统筹制度，逐步提高门诊保障水平。深入开展爱国卫生运动，加大传染病、地方病、慢性病防控力度。

四、全面推进乡村振兴

（十）做好驻镇帮镇扶村工作。高效承接对口帮扶，深化与省直、市直和东莞市帮扶单位的对接合作，把人才支持、市场对接、就业帮扶、资金支持等作为重点，突出产业帮扶，深化产业共建，加强特色产业基地建设。整合对口帮扶、各级党政机关企事业单位定点帮扶和社会力量等资源，统筹推进驻镇帮镇扶村工作。深化扩权强镇改革，统筹推进县域空间布局优化、特色产业发展、基础设施建设和公共服务供给，把乡镇建设成为服务农民的区域中心，实现县镇村功能衔接互补。

（十一）大力发展镇村经济。围绕发展现代农业，大力推进农业产业链“链长制”，积极创建一批省级现代农业产业园，构建“跨县集群、一县一园、一镇一业、一村一品”产业体系，发展农产品产地初加工和精深加工，增强农业科技含量和品牌带动能力，实现规模种养、精深加工、冷链物流、互联网销售等一二三产业融合发展。坚持产业兴镇，建立各具特色的新型城镇发展格局，优化打造镇域产业发展集聚区，因地制宜发展特色小城镇。开展村镇工业集聚区升级改造，打造一批生产、生活、生态深度融合的现代产业园区。大力推进土地承包经营权流转，解决农村承包地碎片化、收益低、流转难和土地撂荒问题，精准培育农业龙头企业，发展农民合作社、家庭农场等新型经营主体，促进农村生产用地集中流转和规模经营。鼓励集体经济组织通过提供多元化社会服务，培育乡村美丽经济、生态产业、康养娱乐、休闲旅游等新产业新业态，发展新型村集体经济。

（十二）加强基础设施建设。统筹城镇和村庄规划建设，注重示范引领，体现揭西特色，谋划打造一批生态宜居美丽乡村示范村，带动全域美丽乡村建设。持续推进“农民工匠”法，抓深抓细“四好农村路”、村巷道硬化、“厕所革命”、农村生活污水治理等工作，推进全县城乡供水一体化建设、水资源能力一张网建设管理，切实保障用水安全，补齐农村基础设施短板。实施数字乡村战略，加快农村地区宽带网络覆盖和5G网络建设。实施农村人居环境整治提升五年行动，持续推进“千村示范、万村整治”和全域实施“五美”行动，巩固“三清三拆三整治”成效，建立清拆治理和长效治理机制、卫生保洁和基础设施管护机制。扎实推进农房管控和乡村风貌提升，开展乡村风貌提升示范带建设，重点加强农房微改造和“四小园”建设。抓好传统古村落保护活化利用，以“5+N”个传统古村落和红色文化村为重点，建设一批特色精品村。

（十三）提升公共服务能力。强化农村公共服务供给县镇村统筹，强化县城综合服务能力，加快教育、卫生、社会保障等方面建设，优化养老托育设施、文旅体育、社会福利和社区综合服务设施。坚持教育优先发展，实施中小学布局调整和学位规划建设，扎实推进职业学校整合，规范民办教育办学秩序。坚持“以人民健康为中心”，推动高水平医院和区域医疗中心建设，采取医联体、医共体、合作办医等形式整合统筹医疗资源，提高基层医疗卫生服务能力，切实解决“看病难、看病贵”问题。健全乡镇综合便民服务平台和网上办事平台，提升村庄公共服务能力，加强党群服务中心和政务服务终端体系建设，健全“一村（社区）一法律顾问”制度，扶持培育扎根乡村的社工机构和公益志愿社会组织。实施乡村文化培育工程，挖掘、保护、传承、发展乡村特色文化。

（十四）实施“万企兴万村”行动。鼓励企业通过村企结对、村企共建、连片包镇等形式，积极参与乡村特色产业开发、消费帮扶协作、基础设施建设、社会化服务提供、乡村风貌提升、文明乡风培育、家庭教育培训、农村人才培养、农村低收入人口帮扶、特困群体救助等。完善企业参与乡村振兴的财政、金融、税费等支持政策，支持符合条件的企业参与乡村建设服务项目。

五、加大政策支持衔接力度

（十五）做好财政投入和金融服务政策衔接。稳定现有财政投入政策，根据乡村振兴需要和财力状况建立稳定增长的投入保障机制，加强涉农资金统筹整合，指导各地管好用好涉农资金。落实提高土地出让收入比例用于农业农村政策。健全金融支持帮扶产业发展、带动低收入人口增收的挂钩扶持政策，引导金融机构加大涉农信贷业务力度，支持开发性金融和政策性金融在业务范围内为各地乡村振兴提供中长期贷款服务。落实小额贷款税收优惠政策，符合条件的低收入家庭农场等新型农业经营主体可按规定享受现行小微企业相关贷款税收减免政策。落实无还本续贷、尽职免责等监管政策。

（十六）做好土地支持政策衔接。坚持最严格的耕地保护制度，坚决制止耕地“非农化”，防止“非粮化”。新编县镇级国土空间规划应安排不少于10%的建设用地规模，优先保障巩固拓展脱贫攻坚成果和乡村振兴用地需要。继续实施农村建设用地拆旧复垦节余指标省内交易政策，通过村庄整治、土地整理等方式节余的农村集体建设用地指标，优先满足农村发展建设和产业发展用地需要。开展全域土地综合整治试点。

（十七）做好人才智力支持政策衔接。发挥好乡村振兴人才驿站作用，落实县域内人才统筹培养使用制度。实施在外乡亲“回家行动”和人才“上山下乡”工程，完善吸引人才返乡留乡政策，推动人才资源向农村基层一线流动。实施高校毕业生志愿服务乡村振兴行动，支持大学生、退役军人、企业家等到农村干事创业，引导和支持各类人才服务乡村振兴事业。符合要求的公职人员可回乡任职，鼓励各地积极出台并落实志愿者扎根当地的政策措施，国有企事业单位专业技术和管理人才可按有关规定在脱贫地区兼职并取得合法报酬。

（十八）做好科技支撑政策衔接。加强现代农业产业技术体系建设，面向农业全产业链配置科技资源。强化涉农院校、科研院所科技支撑作用，巩固推广“院地合作”模式，深入实施农村科技特派员和特聘农技员制度，推动农村科技特派员与帮扶产业基地、帮扶项目建立紧密的利益联结机制。探索实施农业科技人员“县管镇用、下沉到村”新机制。鼓励和扶持高等学校、职业院校涉农专业毕业生到乡镇从事农技推广服务，优化农技推广队伍。

六、全面加强党的集中统一领导

（十九）加强领导体制衔接。严格落实县镇抓落实的工作责任，县镇村三级书记抓巩固拓展脱贫攻坚成果和乡村振兴，加快构建责任清晰、各负其责、执行有力的乡村振兴领导体制。强化镇委书记一线指挥员职责，把主要精力放在抓乡村振兴上，统筹资源、聚集力量、压实责任，推动各项部署落地见效。强化党委农村工作（实施乡村振兴战略）领导小组统筹协调职责，建立统一高效的议事协调工作机制。

（二十）加强工作体系衔接。在工作力量、组织保障、规划实施、项目建设、要素保障方面，一盘棋、一体化推进巩固拓展脱贫攻坚成果同全面推进乡村振兴有效衔接。继续实行领导干部深入基层定点联系涉农乡镇工作。扎实推进基层党组织“头雁”工程，持续推进村干部能力素质提升行动，选好用好管好乡村振兴带头人。坚持和完善继续向重点帮扶村选派驻村第一书记和工作队制度。加强基层干部队伍建设，健全激励干部投身一线担当作为的机制。

（二十一）加强规划项目衔接。以实施乡村振兴规划为重点，统筹各地各项具体专项规划的编制和实施，带动建设项目和具体举措整盘部署推进。将实现巩固拓展脱贫攻坚成果同乡村振兴有效衔接的重大举措纳入县“十四五”规划，将有关重大工程项目纳入“十四五”相关专项规划。优化完善帮扶政策，健全乡村振兴政策体系。加强乡村振兴项目库建设。

（二十二）加强考核监督衔接。把镇党政领导班子和领导干部巩固拓展脱贫攻坚成果同乡村振兴有效衔接成效纳入推进乡村振兴战略实绩考核范围，考核结果作为干部选拔任用、评优评先、问责追责的重要参考。健全日常监督与年度评估相结合的考核评价机制，科学设置考核指标，减轻基层负担。加强审计、媒体、民主监督，促进相关扶持政策措施落实见效。

（县委办）

中共揭西县委办公室关于印发《揭西县加强党的基层组织建设三年行动计划实施方案（2021—2023年）》的通知

（揭西办发〔2021〕10号）

各乡镇（街道）党（工）委，县直（含上级垂直管理）正科级局以上单位党组织：

《揭西县加强党的基层组织建设三年行动计划实施方案（2021-2023年）》已经县委同意，现印发给你们，请结合实际认真贯彻执行。

中共揭西县委办公室

2021年4月29日

揭西县加强党的基层组织建设三年行动计划实施方案（2021—2023年）

为深入贯彻习近平总书记关于加强基层党建的重要论述精神，持续加强党的基层组织建设，根据《广东省加强党的基层组织建设三年行动计划（2021-2023年）》、《揭阳市加强党的基层组织建设三年行动计划实施方案（2021-2023年）》工作部署，现结合我县实际，制定如下实施方案。

一、把握总体要求

坚持以习近平新时代中国特色社会主义思想为指导，深入贯彻习近平总书记对广东系列重要讲话和重要指示批示精神，认真贯彻新时代党的建设总要求和新时代党的组织路线，围绕把握新发展阶段、贯彻新发展理念、构建新发展格局，2021-2023年分别以“完善组织体系开启新征程”“提升党建引领基层治理效能”“高质量党建推动高质量发展”为主题，坚持强引领、补短板、打基础、提质量，实施基层党建“六大攻坚工程”，织密建强上下贯通、执行有力的组织体系，不断扩大基层党的组织覆盖和工作覆盖，不断提升基层党组织建设制度化、规范化、科学化水平，不断增强基层党组织的政治领导力、思想引领力、群众组织力、社会号召力，为揭西打造生态宜居美丽示范县、粤东城市群后花园、国家级全域生态旅游目的地提供坚强组织保证。

二、明确主要任务

（一）着力把党的全面领导落实到基层，切实增强基层党组织政治领导力

1.旗帜鲜明讲政治抓政治。坚持把党的政治建设摆在首位，严格执行省委坚决落实“两个维护”十项制度机制及市委、县委若干措施，建立健全政治要件闭环落实机制，切实增强“四个意识”、坚定“四个自信”、做到“两个维护”。充分发挥基层党组织政治功能，不断提高党员干部政治判断力、政治领悟力、政治执行力，确保党中央决策部署贯彻落实到基层。

2.巩固农村基层党组织领导地位。强化乡镇党委、村党组织对农村各类组织和各项工作的全面领

导，积极稳妥推行村党组织书记“三个一肩挑”，落实村各类组织向村党组织报告工作制度和村级重大事项决策“四议两公开”制度，强化村党组织对村民小组、村民理事会等的领导管理监督。

3.健全街道社区党组织领导机制。强化街道党工委抓党建、抓治理、抓服务职能，推进街道社区赋能减负增效，提升街道社区党组织统筹协调各方、服务群众的能力。完善街道“大工委”、社区“大党委”工作机制，加强街道社区党组织对城市各类组织的政治引领和对居民的教育引导。健全街道社区党组织兼职委员制，更好发挥兼职委员及其所在单位共建作用。

4.强化机关、国有企业和事业单位基层党组织的领导。落实机关工委统一领导、单位党组（党委）具体领导机关党建的要求，发挥机关基层党组织作用，推动当好“三个表率”、建设模范机关。坚持加强党的领导和完善国有企业公司治理相统一，加快建立各司其职、各负其责、协调运转、有效制衡的治理机制。落实中小学校、公立医院、科研院所党组织领导的行政领导人负责制。

5.发挥两新组织基层党组织的政治引领作用。扩大党组织在小微企业、个体工商户、专业市场“小个专”的覆盖面。积极探索“党建+产业链”建设模式，以电线电缆、食品加工等产业为重点，推动党建工作和企业发展有效对接、互促共赢。压实行业管理部门、业务主管单位和属地党组织抓两新组织党建责任，充分发挥两新组织党组织的政治引领作用。

（二）着力推动习近平新时代中国特色社会主义思想入脑入心，切实增强基层党组织思想引领力

6.推动党员在学懂弄通做实上下功夫。坚持不懈用党的科学理论凝心铸魂，把学习贯彻习近平新时代中国特色社会主义思想、习近平总书记重要讲话和重要指示批示精神作为首要政治任务，落实“学习新思想、奋进新征程”第一议题制度，深化“大学习、深调研、真落实”。县镇党委结合实际落实党员教育培训工作规划。

7.推动党员干部不忘初心、牢记使命。坚持把不忘初心、牢记使命作为加强党的建设的永恒课题和全体党员干部的终身课题，制定巩固深化“不忘初心、牢记使命”主题教育成果的实施方案，推动各级党组织和广大党员、干部不忘初心、牢记使命。

8.开展中国共产党成立100周年庆祝活动。组织开展“百年传承、红色引领”系列活动，广泛开展党史、新中国史、改革开放史、社会主义发展史教育，组织开展“党旗在基层一线高高飘扬”“我为群众办实事”等系列活动，深入进行理想信念教育、爱国主义教育，传承红色基因、践行初心使命。

9.实施红色领航党建示范工程。充分挖掘保护利用红色资源，以南山镇火炬村党建示范工程为引领，全面打造“五个一工程”、建强“红色主阵地”、形成“红色教育链”、开展“红色大讲堂”、打好“红色发展牌”，着力打造一批红色资源丰富、时代特色鲜明、社会影响广泛的红色党建示范点，为党史学习教育提供坚实的阵地保障。

10.健全党员教育长效机制。发挥党支部直接教育、管理、监督党员作用，落实“三会一课”等制度，常态化开展党章党规学习。坚持党员领导干部领学带学督学，发挥新时代文明实践中心、党员教育基地、廉政教育基地作用。

11.提高党员集中培训质量。统筹党校、党建研究会等资源，加强党员教育培训课程体系建设，用好网络、现场教学等手段，加强县委党校建设，发挥镇街党校作用。开展镇街党（工）委书记任期培训、新任村级党组织书记岗位培训，抓好基层党组织书记县级年度轮训、村级党员镇街党校年度轮训。

（三）着力把党的群众路线贯彻到基层，切实增强基层党组织群众组织力

12.完善联系服务群众工作机制。认真落实关于加强党员干部联系服务群众工作任务清单，健全县镇村三级党员干部联系服务群众工作体系，开展基层党组织结对帮扶、联系联建活动，推动联系服务群众全覆盖、有实效。

13.健全党组织领导的乡村治理体系。完善以村党组织为领导，村民自治组织和村务监督组织为基础，集体经济组织和农民合作组织为纽带，其他经济社会组织为补充的村级组织体系。开展权责清单管理，探索基层纪检监察组织与村务监督委员会有效衔接，加强村组权力监督制约。充分发挥村规民约作用，推广新时代“枫桥经验”，推进乡村法治建设，弘扬岭南优秀传统文化，深化文明村镇创建活动，提

升乡村德治水平。

14.提升党建引领城市基层治理水平。健全党组织领导的居民自治、民主协商、群团带动、社会参与机制，构建以党组织为枢纽，以党员、团员志愿者为骨干，以居民为主体，以综合网格管理为手段，以辖区内单位共建共治共享为动力，以“四级联动”为保障的街道社区治理格局。

（四）着力强化党建引领重大任务落实，切实增强基层党组织社会号召力

15.强化党建引领乡村振兴。强化乡镇党委在推进乡村振兴中的龙头作用，推动开展乡村建设行动，实施“人才下乡、干部返乡、能人回乡”计划，做好巩固拓展脱贫攻坚成果同乡村振兴有效衔接，发展富民兴村产业，基本实现村级集体经济年收入达到10万元以上目标。坚持和完善向重点村选派驻村第一书记和工作队制度，支持老区振兴发展。

16.强化党建引领经济社会发展。牢固树立党的一切工作到支部的鲜明导向，围绕中心工作找准基层党组织发挥作用的切入点，推动党建工作融入经济社会发展，凝心聚力落实省委“1+1+9”工作部署，深入实施“八大攻坚行动”，在服务打造新发展格局战略支点中塑造揭西高质量发展新优势。

17.坚持以党建夯实社会稳定基础。坚持正党风促政风带民风，持续开展基层正风肃纪反腐行动，推进扫黑除恶常态化，建立防范和整治“村霸”问题长效机制，加大抓党建促农村宗教治理工作力度。把安全发展贯穿各领域全过程，防范化解各领域重大风险，压实意识形态工作责任，守好意识形态阵地。

（五）着力加强组织建设，全领域织密建强上下贯通、执行有力的组织体系

18.深化基层党组织规范化建设。规范基层党组织设置，理顺基层党组织的隶属关系，坚持党内民主，落实党务公开，严格执行基层党组织按期换届制度。以村级为重点开展新一轮软弱涣散基层党组织排查整顿工作。

19.深化基层党建示范点建设。进一步拉伸党支部建设标杆，组织开展“揭岭先锋基层党组织”创建行动，分领域推进基层党建示范点建设，打造头雁效益好、党员作用好、工作机制好、政治功能和组织力强的“三好一强”型党支部。

20.开展“四学四行六规范”党建主题活动。创建揭西党建品牌，以“四学四行六规范”为载体，教育引导广大党员干部深入学习新思想、学习党史、学习政策法规、学习专业知识，引领各级党组织开展党性教育、队伍建设、党员管理、制度执行等四大行动，着力规范农村党建、机关党建、事业单位党建、城市党建、国企党建、两新组织党建，全面提升各层级各领域基层党组织建设质量。

21.实施农村党建“组织兴村”工程。坚持以行政村为基本单元设置党组织，加大在村民小组、农村合作经济组织和社会组织中建立党组织力度。开展规范提升、亮点提质、攻坚提速“三大行动”，坚持联片带动、全域铺开，深化农村党建“整镇推进、整县提升”示范县镇创建活动，推动“强镇带村、强村带组”，同步实施“整带建强、整片示范”建设计划。

22.实施机关党建“提神振气”工程。坚持围绕中心、建设队伍、服务群众，深化模范机关创建，从严从实抓好巡视巡察发现问题的专项整治。开展机关党建“灯下黑”“两张皮”专项整治，实施机关干部思想、能力、作风三项提升行动，构建机关党建责任体系，提升机关党员干部干事创业精气神。

23.实施事业单位党建“先锋服务”工程。落实中小学党建7项举措和民办学校党建工作重点任务，开展教育系统“红色传承、立德树人”系列活动。推动学校党组织设置与教学、科研、管理、服务等机构相对应，依托课题组、科研平台等设置师生党支部。开展公立医院党建“四有”工程建设和“两亮两争”创建活动，坚持“把支部建在科室上”。

24.实施城市党建“互联共建”工程。优化社区、园区、楼宇等党组织设置，加强社区物业党建联建，推进住宅小区、管理网格、物业服务企业建立党组织。实施“整区提升、示范引领”行动，支持河婆街道在构建城市基层党建工作新格局中改革创新。全面落实加强城市基层党建广东20条、揭阳30条措施。建立“五联”工作机制，深化“双报到”活动。健全社区工作者职业体系。

25.实施国企党建“强根铸魂”工程。适应产权关系、经营模式、用工方式等变化，推动国有企业把党组织建在生产经营单元、项目工地和重组混改企业上。开展“五围绕五落实”行动，深化拓展党建入

章、“双向进入、交叉任职”等成果，厘清国有企业党组织和董事会、监事会、经理层等其他治理主体的权责，落实加强混合所有制企业党建工作的具体措施。

26.实施两新组织党建“双有双培”工程。开展“有形覆盖和有效覆盖”攻坚行动，织密行业党建和区域党建“两张网”，拓展底数摸排和组织建设“双同步”工作。开展“在骨干中培养发展党员，在党员中培养后备干部”工作。加强互联网企业、快递物流业党建工作，稳妥推进党建工作要求写入社会组织章程，完善行业协会商会党建工作机制，加强律师、注册会计师、税务师、资产评估等行业党建工作。

（六）着力加强队伍建设，全链条锻造过硬的基层党员干部人才队伍

27.加强村级党组织“头雁”队伍建设。扎实做好2021年村级换届及后续工作，全面实施村级党组织书记县级党委组织部门备案管理，建立针对村级党组织书记权力过度集中的监督制约机制，落实村级“两委”成员资格联审机制。实施头雁提升、群雁建强、雏雁培育“三项计划”。开展优秀基层党组织书记表彰，选拔优秀村级党组织书记进入镇街干部队伍。

28.加强其他领域党组织“头雁”队伍建设。推动机关、事业单位党支部书记由所在部门或单位党员主要负责人担任，国有企业基层党组织书记重点从优秀经营管理骨干党员中选拔，学校基层党组织书记重点从教学、科研、管理带头人和优秀辅导员中选拔，两新组织党组织书记重点从管理层中选拔。探索选派行业管理部门、业务主管单位或属地镇街在职（退休）党员干部到两新组织党组织担任第一书记。

29.加强村级后备干部建设。实施村（社区）后备干部“星火培育计划”，继续抓好村（社区）党建服务中心第一、第二专职人员招聘、培养工作，推动返乡大学生、退役军人等优秀人才到村任职，逐步储备一支学历高、年龄低、素质强的农村后备干部队伍。

30.提升发展党员工作质效。坚持把政治标准放在首位，严格落实政治审查制度。注重在产业工人、青年农民、高知识群体、大学生以及两新组织从业人员等群体中发展党员，加强对优秀人才的政治吸纳。建立健全农村发展党员“1+2+N”工作机制。做好农村发展党员违规违纪问题排查整顿。

31.发挥党员先锋模范作用。深化党员“挂牌亮户先锋行”活动，推行一线岗位党员佩戴党员徽章，引导党员结合职业特点发挥带头作用。在应对重大突发事件、完成急难险重任务一线成立临时党组织。建立流动党员信息采集、学习教育、联系服务的制度。加强各级党代表联络服务工作，重视发挥党代表作用。

32.加强镇街干部队伍建设。规范乡镇领导干部选拔任用，不断优化领导班子和干部队伍结构。做好2021年乡镇领导班子换届工作，选优配强乡镇领导班子特别是党委书记。积极招录优秀大学毕业生到镇街工作，加强镇街干部的教育培训，确保人才进得来、留得住、干得好、用得上。

33.加强党务工作者队伍建设。增强县级组织部门、镇街抓基层党建工作力量，推进镇街党建办（组织人事办）标准化建设，配齐配强基层党委专职副书记、组织委员和专职党务工作者。以两新组织党组织和基础薄弱、工作开展难度大的基层党组织为重点，加大选派党建工作指导员力度，规范党建工作指导员队伍管理，强化激励保障。加强县级党建研究机构建设。

（七）着力加强制度建设，全方位建立健全组织制度体系

34.持续抓好建章立制。建立健全涵盖组织设置、组织生活、组织运行、组织管理、组织监督等的完整组织制度体系。坚持问题导向，不断完善优化制度机制，使党的基层组织建设各项工作均有规可依、有章可循。

35.提高制度执行力。严格落实党内法规执行责任制，常态化开展执行组织制度的监督检查与专项评估。把制度执行力作为干部选拔任用、考核评价和基层党建述职评议考核的重要标准，推动广大干部严格按制度开展工作。

（八）着力加强基础保障，全要素为基层党组织和党员发挥作用创造有利条件

36.优化经费保障机制。加大基层党建经费投入，实施村级保障“双提升双增设”计划，重点保障基层组织运行、党员教育培训、服务群众和阵地建设。强化两新组织党建经费保障。严格落实预算绩效管理。严格规范党费收缴使用管理。

37.加强基层阵地建设。实施阵地建设“四个一批”计划。坚持以基层党组织为主渠道落实投向基层的各类资源和服务，把党群服务中心建设成为党领导基层治理和服务群众的坚强阵地。建立党委牵头、部门协同、资源整合、流程再造的党群服务中心体系共建共享机制，深化党群服务中心实体化功能化建设，完善工作保障和运行机制。开展“双百标杆”评选活动。探索建立各领域基层党建学院，建好用好各级党员教育基地，加强镇街党校建设管理，积极推动乡镇“五小”场所建设，加强村民小组活动阵地建设。

38.加快党建信息化建设。坚持以用促建、以用促管，推动技术与业务、党建工作与社会管理服务深度融合，健全基层党建信息化标准体系，立足运用“广东党建云”平台，推进各级各领域党建信息化平台互联互通。

39.加强党内激励关怀。加大“两优一先”评选表彰力度，广泛开展宣传。制定激励关怀帮扶党员若干措施，设立党内关爱互助基金，关心关爱基层党员干部，精准关怀帮扶老党员、困难党员和长期承担急难险重任务党员，落实因公殉职党员、因公伤残党员抚恤保障政策。依规依纪保障党员权利。

40.完善基层党建考核机制。完善党委（党组）书记抓基层党建工作述职评议考核制度，建立约谈基层党建后进镇街党（工）委书记制度，推行镇街党（工）委副书记、组织委员抓基层党建述职评议制度，完善抓基层党建的责任链条。

三、加强组织领导

各级党委（党组）要负起责任，结合实际制定落实举措。党委（党组）书记要切实履行抓党建工作第一责任人职责，发挥领导把关、示范带头、推动落实作用，深入实际、挂点蹲点、下抓两级，帮助解决实际问题。各级组织部门要坚持问题导向、目标导向，加强分类指导，推动基层党建各项任务落地见效。

附件：加强基层党建重点任务责任清单

附件

加强基层党建重点任务责任清单

表84

重点任务	工作举措	责任部门	完成时限
一、着力把党的全面领导落实到基层，切实增强基层党组织政治领导力	1.严格执行省委坚决落实“两个维护”十项机制及市委、县委若干措施，建立健全政治要件闭环落实机制	各级党委（党组）	长期
	2.深入贯彻实施“一把手”政治能力提升计划	党委办公室、组织部门	长期
	3.积极稳妥推行村党组织书记“三个一肩挑”	组织部门牵头，民政、农业农村部门参与	长期
	4.落实村各类组织向村党组织报告工作制度	组织部门牵头，民政、农业农村部门参与	长期
	5.落实村级重大事项决策“四议两公开”制度	组织部门牵头，民政、农业农村部门参与	长期
	6.落实党领导下的村民小组规范建设指导意见	县委组织部、县民政局	2021年
	7.完善街道“大工委”、社区“大党委”工作机制	组织部门牵头，编办、机关工委、民政、教育行政部门、国资办、两新工委等参与	2023年
	8.落实机关工委统一领导、单位党组（党委）具体领导机关党建的要求	机关工委，各单位党组（党委）	长期
	9.建立中小学校党组织领导的校长负责制	机关工委，教育行政部门	2021年
	10.完善公立医院党委领导下的院长负责制	组织、卫生健康部门	2023年

续表84

重点任务	工作举措	责任部门	完成时限
一、着力把党的全面领导落实到基层，切实增强基层党组织政治领导力	11.加快建立各司其职、各负其责、协调运转、有效制衡的国有企业公司治理机制	国资办	2021年
	12.推动国有企业把党组织建在生产经营单元、项目工地和重组混改企业上	国资办	长期
	13.进一步扩大党组织在小微企业、个体工商户、专业市场“小个专”的覆盖面。	两新工委、市场监管部门	长期
	14.积极探索“党建+产业链”建设模式	两新工委、工业和信息化部门、市场监管部门	长期
	15.压实行业管理部门、业务主管单位和属地党组织抓两新组织党建责任	机关工委、教育行政部门党组织、国资办、两新工委、民政部门党组织、工商联党组织	2022年
二、着力推动习近平新时代中国特色社会主义思想入脑入心，切实增强基层党组织思想引领力	16.坚持不懈用党的科学理论凝心铸魂	各级党委（党组）	长期
	17.落实《2019-2023年全国党员教育培训工作规划》及我省若干举措	组织部门	长期
	18.制定出台关于巩固深化“不忘初心、牢记使命”主题教育成果的实施方案	各级党委（党组）	长期
	19.开展“百年传承、红色引领”系列活动庆祝中国共产党成立100周年	各级党委（党组）	2021年
	20.开展“党旗在基层一线高高飘扬”“我为群众办实事”“我为党旗添光彩”等系列教育实践活动	各级党委（党组）	2021年
	21.广泛开展党史、新中国史、改革开放史、社会主义发展史教育	宣传部门牵头，组织、党史部门参与	长期
	22.开展红色领航党建示范工程，着力打造一批红色资源丰富、时代特色鲜明、社会影响广泛的红色党建示范点	县委组织部牵头，有关部门参与	2021年
	23.制定揭西县党员教育培训课程体系	县委组织部牵头，县委党校参与	2023年
	24.开展乡镇（街道）党（工）委书记任期培训，实现乡镇（街道）党（工）委书记任期内培训全覆盖	县委组织部牵头，县委党校参与	2023年
	25.开展新任村（社区）党组织书记岗位培训，实现新任村（社区）党组织书记100%参加培训	县委组织部牵头，县委党校参与	2021年
	26.抓好基层党组织书记县级年度轮训	县委组织部牵头，县委党校参与	长期
	27.抓好村（社区）党员镇街党校年度轮训	乡镇（街道）党（工）委	长期
三、着力把党的群众路线贯彻到基层，切实增强基层党组织群众组织力	28.健全县镇村三级党员干部联系服务群众工作体系	各级党委（党组）	长期
	29.开展权责清单管理，探索基层纪检监察组织与村务监督委员会有效衔接，构建村组权力监督制约新机制	纪委监委、组织、民政、农业农村部门	2023年
	30.推广新时代“枫桥经验”，推进乡村法治建设	政法部门牵头，司法部门参与	长期
	31.深化文明村镇创建活动，提升乡村德治水平	宣传部门（文明办）	长期
	32.加强党建引领城市综合网格管理	政法部门牵头，组织、民政部门参与	2023年

续表84

重点任务	工作举措	责任部门	完成时限
四、着力强化党建引领重大任务落实，切实增强基层党组织社会号召力	33.做好巩固拓展脱贫攻坚成果同乡村振兴有效衔接	农业农村部门牵头，组织部门参与	长期
	34.构建抓党建促乡村振兴长效机制	组织、农业农村部门	长期
	35.基本实现村级集体经济年收入达到10万元以上目标	农业农村部门牵头，组织部门参与	2023年
	36.实施“人才下乡、干部返乡、能人回乡”计划	组织部门	长期
	37.坚持和完善向重点村选派驻村第一书记和工作队制度	组织部门	长期
	38.推进扫黑除恶常态化	政法部门牵头，相关部门参与	长期
	39.建立防范和整治“村霸”问题长效机制	政法部门牵头，相关部门参与	长期
	40.落实关于常态化推进基层正风反腐的意见	组织、纪检监察部门	2021年
	41.加大抓党建促农村宗教治理工作力度	组织、统战、民族宗教部门	长期
	42.压实意识形态工作责任，守好意识形态阵地	宣传部门牵头，相关部门参与	长期
五、着力加强组织建设，全领域织密建强上下贯通、执行有力的组织体系	43.落实基层党组织规范化建设指导意见	组织部门	2021年
	44.制定扩大基层党的组织覆盖和工作覆盖实施方案	组织部门	2021年
	45.严格执行基层党组织按期换届制度，基层党组织按期换届率达到100%	组织部门	2023年
	46.开展新一轮排查整顿软弱涣散基层党组织工作，三年内实现整顿软弱涣散基层党组织转化率100%	组织部门	长期
	47.开展“揭岭先锋基层党组织”创建行动，分领域推进基层党建示范点建设	组织部门	2021年
	48.创新开展“四学四行六规范”党建主题活动，全面提升各层级各领域基层党组织建设质量	组织部门	长期
	49.开展规范提升、亮点提质、攻坚提速“三大行动”	组织部门	2021年
	50.深化农村党建“整镇推进、整县提升”示范县镇创建活动，推动“强镇带村、强村带组”	组织部门	长期
	51.实施“整带建强、整片示范”建设计划	组织部门	长期
	52.深化模范机关创建，从严从实抓好巡视巡察发现问题的专项整治	机关工委，各单位党组（党委）	长期
	53.开展机关党建“灯下黑”“两张皮”专项整治	机关工委，各单位党组（党委）	长期
	54.开展机关干部思想、能力、作风三项提升行动	机关工委，各单位党组（党委）	长期
	55.构建机关党建履责、考责、问责“三位一体”责任体系	机关工委，各单位党组（党委）	长期
	56.制定《事业单位党组织评星定级量化管理办法》	机关工委牵头，相关部门参与	2021年

续表84

重点任务	工作举措	责任部门	完成时限
五、着力加强组织建设，全领域织密建强上下贯通、执行有力的组织体系	57.落实中小学党建7项举措和民办学校党建工作重点任务，开展教育系统“红色传承、立德树人”系列活动	教育行政部门	2021年
	58.开展公立医院党建“四有”工程建设和“两亮两争”创建活动	卫生健康部门	2021年
	59.坚持“把支部建在科室上”，确保党的组织和工作全面覆盖公立医院各内设机构和所属各单位	卫生健康部门	2023年
	60.实施“整区提升、示范引领”行动	组织部门	长期
	61.落实“广东城市基层党建20条”，推动城市基层党建重点任务清单30条落地见效	组织部门	长期
	62.深化互联共建，建立“五联”工作机制	组织部门	长期
	63.完善在职党员到社区报到、参与治理服务常态化机制	机关工委牵头，相关部门参与	长期
	64.落实加强社区工作者队伍建设的具体措施	县民政局牵头，相关部门参与	2021年
	65.深入落实国企党建80项重点任务，开展我县国企党建“五围绕五落实”行动	国资办	长期
	66.厘清国有企业党组织和董事会、监事会、经理层等其他治理主体的权责，落实加强混合所有制企业党建工作的具体措施	国资办	2021年
	67.拓展两新组织底数摸排和组织建设“双同步”工作	两新工委牵头，民政、人力资源社会保障、市场监管、税务、工商联等部门参与	长期
	68.开展“在骨干中培养发展党员，在党员中培养后备干部”工作	两新工委牵头，民政、工商联等部门参与	长期
	69.完善行业协会商会党建工作机制，加强律师、税务师、资产评估等行业党建工作	两新工委牵头，司法、民政、工商联等部门参与	长期
六、着力加强队伍建设，全链条锻造过硬的基层党员干部人才队伍	70.扎实做好2021年村（社区）“两委”换届及后续工作	组织部门牵头，民政等相关部门参与	2021年
	71.全面实施村（社区）党组织书记县级党委组织部门备案管理，备案管理率达到100%	组织部门	长期
	72.建立针对村（社区）党组织书记权力过度集中的监督制约机制	组织部门牵头，相关部门参与	长期
	73.全面落实村（社区）“两委”成员资格联审机制	组织部门牵头，相关部门参与	长期
	74.实施农村“两委”干部头雁提升、群雁建强、雏雁培育“三项计划”	组织部门牵头，民政、财政部门参与	长期
	75.实施村（社区）后备干部“星火培育计划”，逐步储备一支学历高、年龄低、素质强的农村后备干部队伍	组织部门牵头，相关部门参与	长期
	76.进一步提高发展党员工作质量，党员发展计划完成率达到100%	组织部门	长期
	77.建立健全农村发展党员“1+2+N”工作机制	组织部门	长期
	78.深化党员“挂牌亮户先锋行”活动，推行基层一线岗位党员佩戴党员徽章	组织部门、机关工委牵头，相关部门参与	长期

续表84

重点任务	工作举措	责任部门	完成时限
六、着力加强队伍建设，全链条锻造过硬的基层党员干部人才队伍	79.创新流动党员管理机制，建立流动党员信息采集、学习教育、联系服务的制度	组织部门	2023年
	80.落实乡镇党政领导干部选拔任用实施办法，做好2021年乡镇领导班子换届工作	组织部门	2021年
	81.推进乡镇（街道）党建工作办公室（组织人事办公室）标准化规范化建设	组织部门	2021年
	82.落实加强基层组织员和党建工作指导员队伍建设的意见	组织部门	2021年
七、着力加强制度建设，全方位建立健全组织制度体系	83.持续抓好建章立制，不断优化完善组织制度体系	各级党委（党组）	长期
	84.常态化开展执行组织制度的监督检查与专项评估	组织部门牵头，纪委监委、党委办公室参与	长期
	85.把制度执行力作为干部选拔任用、考核评价和基层党建述职评议考核的重要标准	组织部门	长期
八、着力加强基础保障，全要素为基层党组织和党员发挥作用创造有利条件	86.制订基层党建保障办法	组织部门牵头，财政部门参与	2021年
	87.优化经费保障机制，落实村（社区）办公经费每年10万元、服务群众专项经费每年6万元，村（社区）"两委"干部补贴2021年每人每月3200元、2022年3300元、2023年3500元	财政部门牵头，组织、民政部门参与	长期
	88.严格规范党费收缴使用管理	组织部门	长期
	89.实施阵地建设"四个一批"计划	组织、民政、财政部门	长期
	90.坚持以基层党组织为主渠道落实投向基层的各类资源和服务，把党群服务中心建设成为党领导基层治理和服务群众的坚强阵地	组织、民政、财政部门	长期
	91.深化党群服务中心实体化功能化管理	组织部门牵头，相关部门参与	长期
	92.开展"双百标杆"评选活动	组织部门牵头，相关部门参与	2021年
	93.加强镇街党校建设管理	组织部门牵头，党校参与	长期
	94.制定揭西县党员教育基地管理办法	组织部门牵头，教育行政部门党组织、国资办、两新工委参与	2023年
八、着力加强基础保障，全要素为基层党组织和党员发挥作用创造有利条件	95.探索建立各领域基层党建学院	组织部门牵头，教育行政部门党组织、国资办、两新工委参与	2022年
	96.积极推动乡镇"五小"场所建设，加强村民小组活动阵地建设	组织部门牵头，相关部门参与	长期
	97.推进运用"广东党建云"平台	组织部门	2021年
	98.加大评选表彰优秀共产党员、优秀党务工作者和先进基层党组织力度，广泛深入开展宣传	组织部门	长期
	99.制定出台激励关怀帮扶党员若干措施	组织部门	长期
	100.建立健全党内关爱互助基金制度	组织部门	长期

（县委办）

附　录

2021年揭西县行政区划表

表85

乡镇	村居委数	村委会、居委会名称
上砂镇	22	上山、汤拳、龙门、上联、下联、新东、联东、联中、红星、径心、径上、活动、活西、新岭、三水、北湖、双丰、竹苏、古塘、新丰、美丰、上林；
	1	居委：社前
五云镇	20	保新、坡苏、宝石、岭新、崇坑、赤告、双岭、梅江、鹏岭、石陂、岭仔、龙江、罗洛、下洞、京埔、富厚、砼下、郑塘、流坪、下硿；
	1	居委：新圩
良田乡	10	金坑、下村、龙岭、嶂上、岸洋、桐树坪、中心、河新、双水、河水；
	1	居委：良田
河婆街道	26	新建、新四、乡肚、乡新、北坑、西坑、六一、后埔、下滩、岭丰、湖洋、庙垅、马头、庙角、欣堂、南新、新楼、南和、宫墩、溪角、河东、三星、东星、溪西、溪东、客潭；
	9	居委：建新、东风、河山、新村、大同、河西、军田、宝塔、新安
坪上镇	19	红旗、石峡、樟树下、潭角、坪上、东南村、连城、员东、四新、四和、湖光、五联、员西、上仓、五星、成全、新榕、南联、尖田；
	1	居委：坪新
龙潭镇	15	菜仔园、南福田、龙跃、泉水塘、北联、团结、井田、关山、汤坝、龙东、井下、双龙、陂尾、富光、高田；
	1	居委：新圩
南山镇	18	西友、分水、前锋、榕光、北河、北溪、南山、南河、新联、大新、火炬、上寮、关西、归善、称沟潭、石结到、洋梅坪、罗京水；
	1	居委：道南
灰寨镇	16	河五、向阳、上角、后联、新图、新宫林、溪背圩、老宫林、灰龙、三坝、东联、后洋、南洋、柑坑、金星、马路；
	1	居委：灰寨圩
京溪园镇	13	粗坑、九磜、甲溪、新洪、长滩、大岭下、岭溪、上陇、员墩、新联、美德、大鹿、曾大寮；
	1	居委：京溪园
五经富镇	26	龙山、文联、陈江、建二、建一、第八、第七、第六、第五、第四、第三、第二、第一、营盘、中和、朝阳、恒星、联和、联南、泮坑、新和、五新、新安、中联、新仓、新其；
	2	居委：长潭、陂头

续表85

乡镇	村居委数	村委会、居委会名称
塔头镇	14 1	阔园、阔西、塔头、新园、龙光、潭新、潭溪、旧住、锦龙、大丰、新溪、山寮、保西、顶埔； 居委：塔头
东园镇	10 1	桃围、玉湖、东桥园、联丰、赤岩、古福、月湄、炉清、后寮、三犁； 居委：东联
凤江镇	15 1	东光、东丰、东新、阳南、阳西、凤西、凤南、凤北、鸿西、花寨、赤新、洪湖、鸿新、莪萃、鸿江； 居委：桥头
棉湖镇	14 13	四乡、湖西、新湖、厚埔、上浦、甲埔、境潭、下浦、考溪、贡山、鲤鱼沟、贡东、新厝陂、玉石； 居委：竹园内、解放路、米街、方围、桥头、南门、道江、花园、湖滨、云湖、东新、兴中、岭南
金和镇	13 1	金光、金园、金新、金溪、仙坡、南山头、南山尾、和南、和西、和东、杜塘、山湖、河内； 居委：金埔
钱坑镇	13 1	月翁、大茶石、钱东、钱西、红光、钱北、、顶联、长三水、白石、南光、钱南、埔龙尾、竹园内； 居委：老圩
大溪镇	16	金星、庆光、赤寨、大光、后洋、大岭埔、星光、井美、大东、新园、杨林、金光、井新、大园、坎头、新楼； 居委：大溪圩

（曾子光　曾　萍）

2021年揭西生态旅游名片一览表

表86

授予时间	被授予单位	称号	授予单位
2006年	粗坑村	广东省最美丽乡村示范点	广东省旅游局
2008年	揭西县	广东省旅游特色县	
2009年	京明温泉度假村	国家AAAA级旅游景区	广东省旅游景区质量等级评定委员会
2011年	揭西县	广东省旅游综合改革示范县	广东省人民政府
2012年	揭西县	广东商务生态旅游示范区	揭阳市政府、广东省旅游局
2014年	黄满寨瀑布旅游区	国家AAAA级旅游景区	广东省旅游景区质量等级评定委员会
2014年	京溪园镇	“广东省旅游名镇”	广东省旅游协会
2015年	揭西县	广东省旅游创新发展十强县	广东旅游竞争力评价研究中心、广东智慧旅游发展中心、广州大学（中法）旅游学院
2015年	粗坑村	中国乡村旅游模范村	国家旅游局

续表 86

授予时间	被授予单位	称号	授予单位
2015年	广东大北山旅游度假区	全国“十佳红色旅游景区”	中国红色文化研究会、中国红色旅游专业委员会
2015年	京明温泉度假村	广东省首批养生旅游示范区	广东省旅游局
2015年	京明温泉度假村	广东省中医药养生旅游示范基地	广东省旅游协会、广东省养生文化协会
2016年	京明温泉度假村	广东游学旅游示范基地	广东省旅游协会
2016年	揭西县	第二批“国家全域旅游示范区”创建单位	国家旅游局
2016年	揭西县	首批“省级全域旅游示范区”创建单位	广东省旅游局
2017年	大洋国际生态旅游度假区	国家AAA级旅游景区	揭阳市旅游景区质量等级评定委员会
2017年	大北山旅游度假区	首批“广东省旅游度假区”	广东省旅游局
2018年	樱山花谷	广东省休闲农业与乡村旅游示范点	广东省农业农村厅、广东省文化和旅游厅
2019年	揭西县	首批“广东省全域旅游示范区”	广东省文化和旅游厅
2019年	揭西县	第九届广东省县（市）域旅游综合竞争力“十强”	广东旅游竞争力评价研究中心、广东智慧旅游发展中心
2019年	京溪园镇	首批“广东省旅游风情小镇”	广东省文化和旅游厅
2019年	金和镇山湖村	首批“广东省文化和旅游特色村”	广东省文化和旅游厅
2019年	棉湖镇南门里	首批“广东省文化和旅游特色村”	广东省文化和旅游厅
2020年	金和镇山湖村	全国乡村旅游重点村	国家文化和旅游部、国家发展改革委
2020年	金和镇山湖村	国家AAA级旅游景区	揭阳市旅游景区质量等级评定委员会
2020年	樱山花谷	国家AAA级旅游景区	揭阳市旅游景区质量等级评定委员会
2020年	京溪园镇	广东省休闲农业与乡村旅游示范镇	广东省农业农村厅、广东省文化和旅游厅
2020年	樱山花谷	广东省科普教育基地	广东省科协、广东省科技厅
2020年	金和镇山湖村	广东十大美丽乡村	广东省委农村工作办公室、广东省农业农村厅、广东省人力资源和社会保障厅、广东省文化和旅游厅
2020年	南山镇火炬村	广东文化旅游名村	广东省委农村工作办公室、广东省农业农村厅、广东省人力资源和社会保障厅、广东省文化和旅游厅
2021年	南山镇火炬村	广东省文化和旅游特色村	广东省文化和旅游厅
2021年	大洋国际生态旅游区	广东省休闲农业与乡村旅游示范点	广东省农业农村厅、广东省文化和旅游厅

（温庆文　陈　燕　林锐哲）

2021年揭西县县级以上文物保护单位情况表

表87

文物保护单位名称	详细地点	年代	一级分类	级别
省级文保单位（7个）				
打铁街作坊群	棉湖镇解放路北侧	清	古建筑	省
郭氏大夫第	棉湖镇永昌古庙后左侧	清	古建筑	省
三山祖庙遗址	河婆街道庙角村	清	其它	省
植丰园	金和镇	中华民国	近现代重要史迹及代表性建筑	省
乐善处	灰寨镇	清	古建筑	省
棉湖战役东征军指挥部旧址	棉湖镇南门里	中华民国	古建筑	省
顶联大夫祖祠	钱坑镇顶联村	清	古建筑	省
市级文保单位（9个）				
大溪李氏宗祠	大溪镇井美村	清	古建筑	市
南山墓园	钱坑镇钱东	明	古墓葬	市
赤岩村寺庙群	东园镇赤岩村	清	古建筑	市
大溪李氏墓	普宁石鸟山、南洋山揭西钱坑	明—清	古墓葬	市
五云彭氏宗祠	五云镇京铺村	明	古建筑	市
上砂庄氏宗祠	上砂镇上联村下屋楼	清	古建筑	市
李天生大楼	大溪镇井美村	清	古建筑	市
凤南舜祖祠	凤江镇凤南村	清	古建筑	市
井新古寨	大溪镇井新村	清	古建筑	市
县级文保单位（49个）				
中华医院	河婆街道排灌站旁	大革命时期	近现代重要史迹及代表性建筑	县
大同医院	河婆街道内	大革命时期	近现代重要史迹及代表性建筑	县
大光学校	河婆街道内	大革命时期	近现代重要史迹及代表性建筑	县
湖西祠堂	棉湖镇	土地革命时期	近现代重要史迹及代表性建筑	县
义亨公祠	金和镇	清末	古建筑	县
潮汕人民抗征队诞生地旧址——天宝堂	南山镇	解放战争时期	近现代重要史迹及代表性建筑	县
河婆塔	河婆街道西北1公里处横江河旁	清	古建筑	县
广德庵	河婆街道老虎岽山腰	明	古建筑	县

续表87

文物保护单位名称	详细地点	年代	一级分类	级别
天竺岩	河婆街道明山山腰	南宋	古建筑	县
潮梅人民行政委员会旧址——道南小学	南山镇	解放战争时期	近现代重要史迹及代表性建筑	县
潮揭丰人民行政委员会旧址——三德堂	南山镇田心村	解放战争时期	近现代重要史迹及代表性建筑	县
过路塘风景区	坪上镇尖田村	明—清	古建筑	县
花果寺	棉湖镇竹园内居委	明	古建筑	县
上山仔教堂	上砂镇上山仔村	清	近现代重要史迹及代表性建筑	县
永昌古庙暨云湖庵	棉湖镇北爷门	明—清	古建筑	县
慈济古庙暨古戏台	棉湖镇米街居委	明—清	古建筑	县
天后圣庙	棉湖镇沙坝尾	明—清	古建筑	县
李氏花园	棉湖镇新寨	清咸丰八年（1858年）	古建筑	县
黄奇遇墓	棉湖镇贡山鸡心岭	清康熙五年	古墓葬	县
宇祖古庙	棉湖镇湖东大路口	清	古建筑	县
棉善古庵暨城隍庙	棉湖镇方围居委三角埕	明—清	古建筑	县
帝君古庙	棉湖镇新寨南门埕	清	古建筑	县
三官寺祠庙群	凤江镇鸿江乡	清	古建筑	县
小溪陈氏宗祠	五经富镇小溪村	明	古建筑	县
林广业墓	钱坑镇钱南村白石山	明	古墓葬	县
林惠叟墓	钱坑镇钱东村月地岭	明	古墓葬	县
彭如干观察第	五云镇龙江村下江寨	清	古建筑	县
凤湖杨氏祖祠	凤江镇凤南村	清	古建筑	县
阔口园吴氏家庙	塔头镇阔口园村	清	古建筑	县
林先锋墓	灰寨镇金星村峡仔山	明	古墓葬	县
吴氏宏祖祠	东园镇赤岩村	清	古建筑	县
登云轩	五云镇岭仔村	清	古建筑	县
聚祖公祠	凤江镇东丰村仙堀	清	古建筑	县
允庄楼	良田乡龙岭村领下村	清	古建筑	县
二楼吴民居	棉湖镇方围社区	清	古建筑	县
阳夏敬义祖祠	凤江镇东光村	明末清初	古建筑	县
林敬义墓	钱坑镇钱西村	明	古墓葬	县
钱西大寨祠堂群	钱坑镇钱西村	清	古建筑	县
钱西古庙	钱坑镇钱西村	清	古建筑	县
起龙围	龙潭镇	清	古建筑	县

续表87

文物保护单位名称	详细地点	年代	一级分类	级别
九世祖祠	凤江镇	清	近现代重要事迹及代表性建筑	县
西山公祠	河婆街道	民国	近现代重要事迹及代表性建筑	县
建猷公祠	钱坑镇	清	近现代重要事迹及代表性建筑	县
钱坑林氏八世祖妣温仁慈墓	钱坑镇	明	古墓葬	县
长远公祠	钱坑镇	清	近现代重要事迹及代表性建筑	县
杨氏樸裕公祠	棉湖镇	清	古建筑	县
杨氏广祖祠	棉湖镇	清	古建筑	县
郭氏耀合祠	棉湖镇	清	近现代重要事迹及代表性建筑	县
宋朝诰命夫人杨氏墓	上砂镇	明	古墓葬	县

（温庆文　张晓武）

2021年揭西县县级以上非物质文化遗产名录一览表

表88

项目名称	级别	项目传承人	公布时间	公布批次
省级非物质文化遗产（7个）				
三山国王祭典	省级	刘高望	2007.6	第二批
大溪宗祠祭典	省级	李江叙	2007.6	第二批
锣鼓标旗巡游	省级	陈来文	2007.6	第二批
揭西客家红酒酿造技艺	省级	曾小环	2012.2	第四批
木偶戏（提线木偶）	省级	高礼华	2012.2	第四批
灯谜（揭西方言灯谜）	省级	黄哲生	2013.11	第五批
大龙香制作技艺	省级	林少潮	2018.5	第七批
市级非物质文化遗产（17个）				
潮州音乐	市级		2007.4	第一批
烟花火龙	市级		2007.4	第一批
木雕	市级	林养武	2007.4	第一批
石雕	市级		2007.4	第一批
揭西擂茶	市级	刘朝星	2007.4	第一批
客家山歌（揭西客家山歌）	市级	张达明	2009.3	第二批
潮剧	市级		2007.4	第二批

续表88

项目名称	级别	项目传承人	公布时间	公布批次
揭西炒茶制作技艺	市级		2009.3	第二批
黄麻布织造技艺	市级		2011.6	第三批
揭西炒茶制作	市级		2011.6	第三批
英歌（厚埔英歌）	市级	李木华	2017.2	第五批
狮舞（刘厝寨金狮）	市级	刘茂荣	2017.2	第五批
朱家教拳（鸿江侯氏）	市级	侯少雄	2017.2	第五批
祭祖习俗（上砂庄氏祭典）	市级	庄倍炎	2017.2	第五批
祭祖习俗（南山墓园祭典）	市级	林良定	2017.2	第五批
上林木偶	市级		2020.5	第六批
林十三发酵法蜜果制作技艺	市级	林汉文	2020.5	第六批
县级非物质文化遗产（18个）				
揭西擂茶传说	县级	蔡高暖	2009.4	第二批
三山神传说	县级	刘高望	2009.4	第二批
河婆古塔的由来	县级	蔡高暖	2009.4	第二批
缺鼻牛与跳水石的传说	县级	黄国汉	2009.4	第二批
五经富传说	县级	曾应新	2009.4	第二批
湖光民乐	县级		2009.4	第二批
大溪油漆传统制作技艺	县级	李子标	2009.4	第二批
大溪木工传统制作技艺	县级	李长乐	2009.4	第二批
大溪豆腐豆干制作技艺	县级	李卓俊	2009.4	第二批
联南陈德河接骨秘方	县级	邹秋宝	2009.4	第二批
娘妈生	县级		2009.4	第二批
揭西潮汕功夫茶	县级		2009.4	第二批
出花园	县级		2009.4	第二批
揭西过路塘传说	县级		2011.4	第三批
棉湖小吃制作技艺	县级		2011.4	第三批
向阳村青狮制作技艺	县级	杨武灵	2019.5	第五批
张元快柿饼制作技艺	县级	张元快	2019.5	第五批
宫墩划龙舟	县级		2019.5	第五批

（温庆文　张晓武）

2021年揭西县县级以上古村落名录一览表

表89

村落名称	所属乡镇（街道）	级别	获得时间	颁奖单位
钱西村	钱坑镇	省级	2015.02	广东省文学艺术界联合会 广东省民间文艺家协会
井美村	大溪镇	省级	2015.02	广东省文学艺术界联合会 广东省民间文艺家协会
新宫林村	灰寨镇	省级	2015.02	广东省文学艺术界联合会 广东省民间文艺家协会
粗坑村	京溪园镇	省级	2015.02	广东省文学艺术界联合会 广东省民间文艺家协会
南门里	棉湖镇	省级	2015.02	广东省文学艺术界联合会 广东省民间文艺家协会

（林宏书　邱信娴）

2021年揭西县森林公园一览表

表90

森林公园名称	地点	级别	面积（公顷）
广东大北山国家森林公园	揭西县南山镇	国家级	3067.2
揭西广德庵森林公园	揭西县河婆街道	县级	254.1
揭西县上砂开口石镇级森林公园	揭西县上砂镇	镇级	62.7
揭西县河婆街道明山镇森林公园	揭西县河婆街道	镇级	48.7
揭西县良田独山镇级森林公园	揭西县良田乡	镇级	65.47
揭西县京溪园粗坑村镇级森林公园	揭西县京溪园镇	镇级	126
揭西县五经富石祭墙硿镇级森林公园	揭西县五经富镇	镇级	54.4
揭西石灵寺森林公园	揭西县钱坑镇	县级	170.8
揭西县大溪镇清元洞镇级森林公园	揭西县大溪镇	镇级	51.7
揭西县南山镇南华洞镇级森林公园	揭西县南山镇	镇级	44.4
揭西县龙潭镇祥龙寺镇级森林公园	揭西县龙潭镇	镇级	30.93
揭西县金和镇锦林寺镇级森林公园	揭西县金和镇	镇级	30.13
揭西县五经富镇黄龙寺镇级森林公园	揭西县五经富镇	镇级	32.13

（彭绍兴　李婉玫）

2021年揭西县主要旅游景点一览表

表91

名称	电话	地址
京明温泉度假村（AAAA级）	5855888	京溪园镇
黄满寨瀑布旅游区（AAAA级）	5851345	京溪园镇
大洋国际生态旅游区（AAA级）	5331323	五经富镇
樱山花谷（AAA级）	5383999	京溪园镇
山湖乡村旅游景区（AAA级）	-	金和镇
大北山国家森林公园	5799888	南山镇
三山国王祖庙	5511374	河婆街道
大鹿农业公园	5869868	京溪园镇

（温庆文　陈　燕　林锐哲）

2021年揭西县主要酒店一览表

表92

酒店	电话	地址
揭西县京明温泉度假村	5851888	揭西县京溪园镇新洪村1号
揭西大北山国家森林公园京明度假村	5799888	揭西县南山镇大北山国家森林公园京明度假村
揭西希桥酒店	8155888	揭西县河婆街道
大洋云雾山庄	8558888	揭西县五经富镇
大洋国际生态旅游区	5331238	揭西县五经富镇
柏曼酒店	5536666	揭西县河婆街道
万福盈宾馆	5566888	揭西县河婆街道
揭西凤凰酒店	5591699	揭西县河婆街道
揭西欧斯卡国际酒店	5829666	揭西县河婆街道
揭西景江酒店	5553555	揭西县河婆街道
揭西荣华大酒店	5213888	揭西县棉湖镇
揭西兰庭花园酒店	5233333	揭西县棉湖镇
揭西全寰豪庭酒店	8555222	揭西县棉湖镇
揭西维也纳智好酒店	5738888	揭西县金和镇

（温庆文　陈　燕　林锐哲）

2021年揭西县主要旅行社一览表

表93

旅行社名称	成立时间	联系电话	地址
揭西县新世纪国际旅行社有限公司	2007.8	0663-5252618	揭西县棉湖镇湖西大道南湖41-42号新世纪国际旅行社
揭西县霖都旅行社有限公司	2008.1	0663-5591116	揭西县城霖都大道183号
揭西县揭之旅国际旅行社有限公司	2011.6	0663-5535869	揭西县滨江公园侧彩虹桥转圆边
揭西星程国旅	2015.5	0663-5282128	揭西县棉湖镇湖西大道59-60号
揭西县环游国际旅行社有限公司	2019.5	0663-5661868	揭西县城特美思大道22号

（温庆文　陈　燕　林锐哲）

2021年揭西县医疗机构一览表

表94

单位名称	地　址	联系电话	是否为定点医疗服务点	备注
揭西县人民医院	揭阳市揭西县河婆街道党校路7号	5592804	是	
揭西县中医医院	揭阳市揭西县京溪园镇长滩村、新洪村老虎径地段	5333622	是	南方医科大学第二附属医院——珠江医院托管
揭西县妇幼保健计划生育服务中心	揭阳市揭西县河婆镇宝塔居委新丰路88号	5530396	是	
揭西县慢性病防治站	揭阳市揭西县河婆街道新安路2号	5591923	是	
揭西县疾病预防控制中心	揭阳市揭西县河婆街道河东好日子广场左侧	5598058		
揭西县采血站	揭阳市揭西县河婆街道党校路9号	5592837		
揭西县医疗急救120指挥中心	揭阳市揭西县河婆街道党校路9号	5596918		
揭西县河婆街道社区卫生服务中心	揭阳市揭西县河婆街道宝塔区岭峰路段	5514393	是	

续表94

单位名称	地　址	联系电话	是否为定点医疗服务点	备注
揭西县棉湖华侨医院	揭阳市棉湖镇洪棉路旁135号	5266600	是	
揭西县大溪镇卫生院	揭阳市揭西县大溪镇华阳道	5811670	是	
揭西县上砂镇中心卫生院	揭阳市揭西县上砂镇	5681642	是	
揭西县坪上镇卫生院	揭阳市揭西县坪上镇坪新路42号	5631531	是	
揭西县京溪园镇卫生院	揭阳市揭西县京溪园镇	5853933	是	
揭西县良田乡卫生院	揭阳市揭西县良田乡龙岭圩	5661163	是	
揭西县东园镇卫生院	揭阳市揭西县东园镇	5382405	是	
揭西县塔头镇卫生院	揭阳市揭西县塔头镇塔头市场	5822208	是	
揭西县凤江镇卫生院	揭阳市揭西县凤江镇鸿江管区上田村前	5351542	是	
揭西县龙潭镇卫生院	揭阳市揭西县龙潭镇	5323122	是	
揭西县五云镇卫生院	揭阳市揭西县五云镇鸡麻湖开发区旁	5669633	是	
揭西县南山镇卫生院	揭阳市揭西县南山镇	5793469	是	
揭西县钱坑镇卫生院	揭阳市揭西县钱坑镇	5891967	是	
揭西县五经富镇中心卫生院	揭阳市揭西县五经富镇	5869822	是	
揭西县灰寨镇中心卫生院	揭阳市揭西县灰寨镇	5762839	是	
揭西县金和镇中心卫生院	揭阳市揭西县金和镇石牛埔河棉公路旁	5722523	是	
揭西明康眼科医院	揭西县河婆街道温泉大道西A1栋15-21号	5558896		民营医院
揭西皓凡精神病医院	揭西县河婆街道河西居委庙垅村	5982888		民营医院

（县卫健局、县医疗保障局）

2021年揭西县体育协会一览表

表95

协会名称	成立时间	项目	规模	是否营利部门
揭西县篮球协会	2006.12	篮球	约30人	否
揭西县武术协会	2013.3	武术	约120人	否
揭西县老.人体育协会	2008.10	运动健身	约1100人	否
揭西县乒乓球协会	1991	乒乓球	约130人	否
揭西县自行车协会	2016.6	自行车	约50人	否
揭西县车友协会	2015.12	汽车文化活动	约150人	否
揭西县龙狮协会	2017.3	传统文化活动	约200人	否
揭西县信鸽协会	2016.2	信鸽文化活动	约250人	否
揭西县中国象棋协会	2013.3	象棋	约60人	否
揭西县围棋协会	2018.6	围棋	约60人	否
揭西县围棋院	2018.9	围棋	约60人	否
揭西县李家教拳研究中心	2018.9	武术	约60人	否
揭西县龙舟协会	2019.6	龙舟	约60人	否
揭西县跆拳道协会	2019.5	跆拳道	320人	否
揭西县户外协会	2019.4	户外活动	150人	否
揭西县钓鱼协会	2020.9	钓鱼	约60人	否
揭西县游泳协会	2021.11	游泳	约50人	否

（温庆文　彭新颖）

2021年揭西县公益慈善组织一览表

表96

单位名称	法人
揭西县灰寨镇龙溪福利会	李添财
揭西县棉湖华侨医院福利会	李扬德
揭西县金和镇金坑福利会	林树宽
揭西县灰寨镇新宫林毅友福利会	李永庭
揭西县凤江凤湖乡紫云寺福利会	杨晓遇
揭西县大溪镇溪圩社区华阳公益福利会	李汉荣
揭西县积善福利会	杨素音
揭西县大溪镇大东村扶贫济困福利会	李伟明
揭西县坪上镇上仓村福利会	蔡常务
揭西县五经富镇老人福利会	曾令忠
揭西县耀华福利会	刘国基
揭西县大洋乡应龙福利会	邹发明
揭西县大溪镇大溪福利会	李汉真
揭西县河婆街道马头村老人福利会	黄益轩
揭西县上砂镇红星村扶助发展福利会	庄乃祥
揭西县金和镇河内福利会	王春明
揭西县绵基福利会	蔡晓聪
揭西县河婆街道鉴玄福利会	韩庆光
揭西县河婆街道清奇慈善会	韩树声
揭西县棉湖镇华侨慈善会	李扬德
揭西县爱心慈善超市	张晋辉
揭西县上砂镇梅林慈善会	庄衍湖
揭西县河婆街道东星慈善会	蔡美典
揭西县五云慈善会	彭志响
揭西县上砂法祖家庙慈善会	庄永亮
揭西县东园旅深慈善会	吴金锋

续表96

单位名称	法人
揭西县凤江阳夏同济慈善会	龚福明
揭西县明康爱眼慈善会	张永康
揭西县霖德慈善会	郭少波
揭西县钱坑镇广利慈善会	林炳营
揭西县河婆下滩慈善会	张祝辉
揭普棉湖永福慈善会	蔡建华
揭西县塔头同心慈善会	刘三扇
揭西县五经富镇广惠慈善会	钟留见
揭普棉湖崇诚慈善会	杨茂春
揭西县金和同诚慈善会	陈　欢
揭西县大溪镇涂晋慈善会	李豪裕
揭西县慈善总会	彭仕洁
揭西县鸿盛昌慈善会	张双有
揭西县种德慈善会	陈细挞
揭西县河婆街道溪西新寨慈善会	刘之南
揭西县良田慈善会	刘利坚
揭西县客家志愿者协会	蔡明亮
揭西县五经富志愿者协会	吕学国
揭西县蓝天救援志愿者协会	张志朋
揭西县京溪园志愿者协会	刘桂德
揭西县五经富孝善志愿者协会	朱逸龙
揭西县莲花生命关怀志愿者协会	蔡月英
揭西县初心救援志愿者协会	张梦星
揭西县尚德志愿者协会	张俊强
揭西县志愿者协会	黄志斌
揭西县良田乡双水村互助发展会	陈任良
揭西县棉湖镇乐心互助协会	石　宋
揭西县嶂上村莞揭互助协会	刘永居

（县民政局）

2021年揭西县避灾场所设立情况表

表97

名称	地址	设立时间	可容纳避灾人数（万人）
县级避难场所	县福利中心	2010.1	0.2
县级避难场所	县河婆中学	2010.1	0.3
县级避难场所	县第一中学	2010.1	1.5
县级避难场所	县城文化广场	2010.1	2
河婆街道避难场所	县滨江公园	2010.1	15.36
县级避难场所	县霖田高级中学	2013.1	0.2

（县应急管理局）

2021年揭西县幼儿园一览表

表98

学校	地址	学校等级	在园幼儿数（人）	教职工数（人）
揭西县上砂镇欢乐童年幼儿园	上砂镇		40	19
揭西县上砂镇梅林新城幼儿园	上砂镇		90	25
揭西县上砂镇中心幼儿园	上砂镇	县一级幼儿园	332	18
揭西县良田乡中心幼儿园	良田乡	县一级幼儿园	15	6
揭西县五云镇五云幼儿园	五云镇		160	17
揭西县五云镇鹏岭星光幼儿园	五云镇		209	19
揭西县五云镇中心幼儿园	五云镇	县一级幼儿园	203	16
揭西县坪上镇中心幼儿园	坪上镇	县一级幼儿园	107	9
揭西县坪上镇向日葵幼儿园	坪上镇		68	11
揭西县河婆街道怡景幼儿园	河婆街道		245	29
揭西县河婆街道宝塔幼儿园	河婆街道		103	9
揭西县中心幼儿园	河婆街道	市一级幼儿园	664	53
揭西县教育局幼儿园	河婆街道	县一级幼儿园	444	32
揭西县河婆街道宝童幼儿园	河婆街道		104	10
揭西县河婆街道河山居委幼儿园	河婆街道		187	14

续表98

学校	地址	学校等级	在园幼儿数（人）	教职工数（人）
揭西县河婆街道河山幼儿园	河婆街道		86	9
揭西县河婆街道童星幼儿园	河婆街道		102	9
揭西县中英文实验幼稚园	河婆街道		339	41
揭西县河婆街道龙腾幼儿园	河婆街道		151	15
揭西县河婆街道童心幼儿园	河婆街道		84	10
揭西县河婆街道小天使幼儿园	河婆街道		103	10
揭西县河婆街道河西幼儿园	河婆街道		327	36
揭西县河婆街道商业城幼儿园	河婆街道		75	9
揭西县河婆街道中英艺术幼儿园	河婆街道		135	16
揭西县河婆街道大华幼儿园	河婆街道		70	8
揭西县河婆街道霖田幼儿园	河婆街道		50	6
揭西县河婆街道蓝精灵幼儿园	河婆街道		95	10
揭西县阳光幼儿园	河婆街道		461	37
揭西县河婆街道河洪幼儿园	河婆街道		85	9
揭西县河婆街道中心幼儿园	河婆街道	县一级幼儿园	210	13
揭西县河婆街道蓝天幼儿园	河婆街道		552	41
揭西县河婆街道金色摇篮婴幼园	河婆街道		510	65
揭西县河婆街道新时代共享幼儿园	河婆街道		397	42
揭西县河婆街道凤凰幼儿园	河婆街道		425	53
揭西县河婆街道金蓓蕾幼儿园	河婆街道		70	9
揭西县河婆街道东方世纪幼儿园	河婆街道		420	39
揭西县龙潭镇中心幼儿园	龙潭镇	县一级幼儿园	114	11
揭西县龙潭镇蓝天使幼儿园	龙潭镇		84	8
揭西县南山镇中心幼儿园	南山镇	县一级幼儿园	82	6
揭西县南山镇新新幼儿园	南山镇		175	20
揭西县南山镇小叮当幼儿园	南山镇		215	30
揭西县灰寨镇中心幼儿园	灰寨镇	县一级幼儿园	225	11
揭西县灰寨镇童新幼儿园	灰寨镇		138	19
揭西县灰寨镇世纪之星幼儿园	灰寨镇		353	28

续表98

学校	地址	学校等级	在园幼儿数（人）	教职工数（人）
揭西县京溪园镇长滩中心幼儿园	京溪园镇		138	15
揭西县京溪园镇星星幼儿园	京溪园镇		121	12
揭西县京溪园镇中心幼儿园	京溪园镇	县一级幼儿园	100	6
揭西县五经富镇中心幼儿园	五经富镇	县一级幼儿园	79	6
揭西县艺术幼儿园	五经富镇		376	32
揭西县五经富镇富洋幼儿园	五经富镇		70	6
揭西县五经富镇岐凤幼儿园	五经富镇		232	14
揭西县五经富镇璇火幼儿园	五经富镇		149	21
揭西县五经富镇陈江幼儿园	五经富镇	县一级幼儿园	90	6
揭西县大溪镇中心幼儿园	大溪镇	县一级幼儿园	138	12
揭西县大溪镇金蕾幼儿园	大溪镇		265	30
揭西县大溪镇博智幼儿园	大溪镇		226	20
揭西县大溪镇好幼儿园	大溪镇		74	13
揭西县钱坑镇中心幼儿园	钱坑镇	县一级幼儿园	251	14
揭西县钱坑镇东兴幼儿园	钱坑镇		140	12
揭西县钱坑镇艺苗幼儿园	钱坑镇		148	15
揭西县钱坑镇童心幼儿园	钱坑镇		90	10
揭西县钱坑镇育苗幼儿园	钱坑镇		80	11
揭西县钱坑镇湖侨幼儿园	钱坑镇		146	9
揭西县钱坑镇钱西村云山幼儿园	钱坑镇		70	12
揭西县钱坑镇钱西幼儿园	钱坑镇		137	8
揭西县金和镇乐贝儿幼儿园	金和镇		144	16
揭西县金和镇锋荣幼儿园	金和镇		65	12
揭西县金和镇金贝贝幼儿园	金和镇		140	14
揭西县金和镇中心幼儿园	金和镇	县一级幼儿园	133	11
揭西县金和镇星湖幼儿园	金和镇		192	34
揭西县凤江镇旅社幼儿园	凤江镇		78	8
揭西县凤江镇贝贝岛幼儿园	凤江镇		80	9
揭西县凤江镇星星文武幼儿园	凤江镇		140	10

续表98

学校	地址	学校等级	在园幼儿数（人）	教职工数（人）
揭西县凤江镇蓝精灵中英文幼儿园	凤江镇		89	9
揭西县凤江镇嘉艺幼儿园	凤江镇		321	25
揭西县凤江镇上等好幼儿园	凤江镇		193	32
揭西县凤江镇中心幼儿园	凤江镇	县一级幼儿园	309	18
揭西县塔头镇中心街幼儿园	塔头镇		178	14
揭西县塔头镇中心幼儿园	塔头镇	县一级幼儿园	296	14
揭西县塔头镇金辉小天才幼儿园	塔头镇		265	26
揭西县东园镇芳菲幼儿园	东园镇		70	7
揭西县东园镇中心幼儿园	东园镇	县一级幼儿园	153	11
揭西县东园镇金太阳幼儿园	东园镇		126	13
揭西县棉湖镇诺贝中英幼儿园	棉湖镇	县一级幼儿园	269	42
揭西县棉湖镇新湖幼儿园	棉湖镇	县一级幼儿园	424	23
揭西县棉湖镇中心幼儿园	棉湖镇	县一级幼儿园	195	11
揭西县棉湖镇植槐幼儿园	棉湖镇		110	14
揭西县棉湖镇道江幼儿园	棉湖镇		34	7
揭西县棉湖镇泰安幼儿园	棉湖镇		32	6
揭西县棉湖镇迎宾幼儿园	棉湖镇		80	7
揭西县棉湖镇旺旺幼儿园	棉湖镇		104	12
揭西县棉湖镇小博士幼儿园	棉湖镇		29	5
揭西县棉湖镇贸易中心幼儿园	棉湖镇	县一级幼儿园	65	7
揭西县棉湖镇培蕾幼儿园	棉湖镇		59	6
揭西县棉湖镇金轩幼儿园	棉湖镇		76	8
揭西县棉湖镇新星幼儿园	棉湖镇		66	9
揭西县棉湖镇方围幼儿园	棉湖镇		79	7
揭西县棉湖镇小天使幼儿园	棉湖镇		61	8
揭西县棉湖镇精英幼儿园	棉湖镇		22	3
揭西县棉湖镇糖厂中英文幼儿园	棉湖镇		76	7
揭西县棉湖镇英贝特幼儿园	棉湖镇		348	45
揭西县棉湖镇哈美幼儿园	棉湖镇		531	60

续表98

学校	地址	学校等级	在园幼儿数（人）	教职工数（人）
揭西县棉湖镇棉湖中学实验学校幼儿园	棉湖镇		743	87
揭西县棉湖镇君林蓝天幼儿园	棉湖镇		229	32
揭西县棉湖镇小太阳幼儿园	棉湖镇		87	9
揭西县棉湖镇童馨幼儿园	棉湖镇		132	13
揭西县棉湖镇宝宝乐幼儿园	棉湖镇		47	6
揭西县棉湖镇爱儿乐幼儿园	棉湖镇		72	7
揭西县棉湖镇宝贝幼儿园	棉湖镇		57	5
揭西县棉湖镇贡山幼儿园	棉湖镇		120	9
揭西县棉湖镇金宝贝幼儿园	棉湖镇		62	6
揭西县棉湖镇育才幼儿园	棉湖镇		108	10
揭西县棉湖镇童心幼儿园	棉湖镇		47	5
揭西县棉湖镇宝宝幼儿园	棉湖镇		49	10
揭西县棉湖镇双佳幼儿园	棉湖镇		77	10
揭西县棉湖镇童英幼儿园	棉湖镇		156	11
揭西县棉湖镇启迪幼儿园	棉湖镇		221	30
揭西县棉湖镇佳佳幼儿园	棉湖镇		28	4
揭西县棉湖镇厚埔诺贝幼儿园	棉湖镇		270	34
合计			19515	1945

（县教育局）

2021年揭西县小学一览表

表99

学校	地址	在校幼儿数（人）	在校小学生数（人）	教职工数（人）
揭西县上砂镇径心小学	上砂镇	36	159	12
揭西县上砂镇维新学校	上砂镇	46	158	12
揭西县上砂镇联东小学	上砂镇	49	181	14
揭西县上砂镇新东小学	上砂镇	174	613	42
揭西县上砂镇下联小学	上砂镇	26	152	13
揭西县上砂镇荷营学校	上砂镇	43	231	14

续表99

学校	地址	在校幼儿数（人）	在校小学生数（人）	教职工数（人）
揭西县上砂镇一洲学校	上砂镇	47	265	19
揭西县上砂镇光华小学	上砂镇	9	45	8
揭西县上砂镇香山学校	上砂镇	15	79	8
揭西县上砂镇上林小学	上砂镇	19	38	8
揭西县上砂镇龙山学校	上砂镇	18	76	10
揭西县上砂镇新岭小学	上砂镇	16	120	9
揭西县上砂镇活动小学	上砂镇	45	226	19
揭西县上砂镇活动小学活西教学点	上砂镇	—	—	—
揭西县上砂镇三水小学湖光教学点	上砂镇	—	—	—
揭西县上砂镇美丰小学	上砂镇	—	15	6
揭西县上砂镇双丰小学	上砂镇	6	32	8
揭西县上砂镇三水小学	上砂镇	23	105	12
揭西县上砂镇三水小学竹苏教学点	上砂镇	—	—	—
揭西县上砂镇华南学校	上砂镇	83	588	30
揭西县良田乡中心小学嶂上教学点	良田乡	—	—	—
揭西县良田乡金坑小学	良田乡	—	—	—
揭西县良田乡坪上小学	良田乡	16	50	14
揭西县良田乡中心小学	良田乡	7	44	15
揭西县良田乡龙江小学	良田乡	—	—	—
揭西县良田乡双水小学	良田乡	—	—	—
揭西县良田乡崇德小学	良田乡	—	—	—
揭西县良田乡中心村小学	良田乡	—	—	—
揭西县良田乡桐树坪小学	良田乡	6	11	4
揭西县良田乡岸洋小学	良田乡	7	38	6
揭西县五云镇赤告小学	五云镇	48	140	14
揭西县五云镇梅江小学	五云镇	81	251	22
揭西县五云镇育英小学	五云镇	30	122	14
揭西县五云镇石陂小学	五云镇	—	—	—
揭西县五云镇鹏岭小学	五云镇	47	295	22

续表99

学校	地址	在校幼儿数（人）	在校小学生数（人）	教职工数（人）
揭西县五云镇鸿翔小学	五云镇	16	86	14
揭西县五云镇龙江小学	五云镇	27	119	14
揭西县五云镇培正小学	五云镇	34	160	16
揭西县五云镇荣正小学	五云镇	—	—	—
揭西县五云镇下洞小学	五云镇	69	451	39
揭西县五云镇京埔小学	五云镇	—	162	15
揭西县五云镇下硿小学	五云镇	31	184	15
揭西县五云镇硿下小学	五云镇	17	74	14
揭西县五云镇岭新小学	五云镇	16	69	10
揭西县五云镇保新小学	五云镇	63	235	17
揭西县五云镇岽坑小学	五云镇	22	63	10
揭西县五云镇坡苏小学	五云镇	19	116	12
揭西县五云镇宝石小学	五云镇	—	—	—
揭西县坪上镇红旗小学	坪上镇	—	23	11
揭西县坪上镇坪上小学	坪上镇	—	277	22
揭西县坪上镇连城小学	坪上镇	16	140	18
揭西县坪上镇四新小学	坪上镇	—	36	12
揭西县坪上镇四和小学	坪上镇	10	29	10
揭西县坪上镇湖光学校	坪上镇	14	58	15
揭西县坪上镇员东小学	坪上镇	—	15	5
揭西县坪上镇员西小学	坪上镇	22	71	14
揭西县坪上镇五联小学	坪上镇	—	—	—
揭西县坪上镇南联小学	坪上镇	12	126	18
揭西县坪上镇尖田小学	坪上镇	12	132	17
揭西县坪上镇书芳小学	坪上镇	—	—	—
揭西县坪上镇成全小学	坪上镇	15	31	13
揭西县坪上镇东村小学	坪上镇	—	—	—
揭西县坪上镇同昌学校	坪上镇	—	—	—
揭西县河婆街道东风小学	河婆街道	—	2501	112

续表99

学校	地址	在校幼儿数（人）	在校小学生数（人）	教职工数（人）
揭西县河婆街道建新小学	河婆街道	110	603	37
揭西县河婆街道河山小学	河婆街道	—	1537	74
揭西县河婆街道河婆小学	河婆街道	—	1610	68
揭西县河婆街道大同小学	河婆街道	211	1660	68
揭西县河婆街道南光小学横江教学点	河婆街道	—	4	3
揭西县河婆街道溪西小学	河婆街道	44	250	17
揭西县河婆街道大华小学	河婆街道	120	314	26
揭西县河婆街道东风小学客潭教学点	河婆街道	—	25	6
揭西县河婆街道乡肚小学新四教学点	河婆街道	—	19	6
揭西县河婆街道乡肚小学	河婆街道	60	149	13
揭西县河婆街道北新小学	河婆街道	17	114	11
揭西县河婆街道后埔小学	河婆街道	43	145	14
揭西县河婆街道下滩小学	河婆街道	44	114	14
揭西县河婆街道岭丰小学	河婆街道	—	664	35
揭西县河婆街道马跃小学	河婆街道	17	162	12
揭西县河婆街道南光小学欣堂教学点	河婆街道	—	—	—
揭西县河婆街道南光小学南新教学点	河婆街道	—	15	6
揭西县河婆街道南光小学	河婆街道	45	194	21
揭西县河婆街道昌黎小学	河婆街道	22	157	14
揭西县河婆街道文昌小学	河婆街道	14	95	11
揭西县河婆街道河山小学三星教学点	河婆街道	—	13	5
揭西县河婆街道东星小学	河婆街道	11	108	13
揭西县龙潭龙园小学	龙潭镇	18	158	14
揭西县龙潭道安学校	龙潭镇	13	83	13
揭西县龙潭龙文学校	龙潭镇	51	232	19
揭西县龙潭龙泉小学	龙潭镇	10	106	12
揭西县龙潭团结学校	龙潭镇	8	43	7
揭西县龙潭镇龙田学校	龙潭镇	24	137	14
揭西县龙潭镇龙溪学校	龙潭镇	7	79	12

续表99

学校	地址	在校幼儿数（人）	在校小学生数（人）	教职工数（人）
揭西县龙潭龙东学校	龙潭镇	12	97	12
揭西县龙潭高田学校	龙潭镇	4	36	9
揭西县龙潭双龙学校	龙潭镇	3	45	10
揭西县龙潭富光学校	龙潭镇	8	23	10
揭西县龙潭育英学校	龙潭镇	—	272	18
揭西县龙潭镇汤坝小学	龙潭镇	16	121	13
揭西县南山镇西友小学	南山镇	19	125	12
揭西县南山镇分水小学	南山镇	8	66	8
揭西县南山镇前锋小学	南山镇	23	103	14
揭西县南山镇北溪小学	南山镇	41	127	15
揭西县南山镇北河小学	南山镇	—	—	—
揭西县南山镇龙跃小学	南山镇	—	—	—
揭西县南山镇五联小学	南山镇	—	—	—
揭西县南山镇道南小学	南山镇	98	519	28
揭西县南山镇南山学校	南山镇	115	513	43
揭西县灰寨镇河五小学	灰寨镇	—	—	—
揭西县灰寨镇上角小学	灰寨镇	—	—	—
揭西县灰寨镇向阳中心小学	灰寨镇	41	276	19
揭西县灰寨镇秀文小学	灰寨镇	20	52	10
揭西县灰寨镇新图小学	灰寨镇	15	102	12
揭西县灰寨镇灰寨小学	灰寨镇	145	839	46
揭西县灰寨镇灰龙小学	灰寨镇	29	117	13
揭西县灰寨镇三坝小学	灰寨镇	—	—	—
揭西县灰寨镇东联小学	灰寨镇	15	107	14
揭西县灰寨镇后洋小学	灰寨镇	—	—	—
揭西县灰寨镇行知小学	灰寨镇	41	161	14
揭西县灰寨镇柑坑小学	灰寨镇	—	51	7
揭西县灰寨镇马路小学	灰寨镇	42	229	16
揭西县灰寨镇金星小学	灰寨镇	10	29	6

续表99

学校	地址	在校幼儿数（人）	在校小学生数（人）	教职工数（人）
揭西县京溪园镇粗坑小学	京溪园镇	—	—	—
揭西县京溪园镇甲溪小学	京溪园镇	33	174	12
揭西县京溪园镇日新学校	京溪园镇	55	349	20
揭西县京溪园镇新洪小学	京溪园镇	34	144	12
揭西县京溪园镇大岭下小学	京溪园镇	15	79	9
揭西县京溪园镇京溪园小学	京溪园镇	14	92	10
揭西县京溪园镇员墩小学	京溪园镇	20	122	12
揭西县京溪园镇美德华侨学校	京溪园镇	—	394	24
揭西县京溪园镇竹尾沟小学	京溪园镇	10	63	8
揭西县京溪园镇石湖山小学	京溪园镇	15	36	5
揭西县京溪园镇上陇毓哲学校	京溪园镇	41	178	12
揭西县京溪园镇上陇毓哲学校崇文教学点	京溪园镇	—	—	—
揭西县京溪园镇鹿洋小学	京溪园镇	21	52	8
揭西县京溪园镇曾寮小学	京溪园镇	40	183	14
揭西县五经富镇中和学校	五经富镇	54	324	21
揭西县五经富镇朝阳小学	五经富镇	—	—	—
揭西县五经富镇联和小学	五经富镇	28	165	14
揭西县五经富镇恒星小学	五经富镇	—	—	—
揭西县五经富镇联南小学	五经富镇	34	189	13
揭西县五经富镇新仓小学	五经富镇	—	—	—
揭西县五经富镇新联小学	五经富镇	—	—	—
揭西县五经富镇陈江小学	五经富镇	—	201	12
揭西县五经富镇文联小学	五经富镇	10	100	12
揭西县五经富镇道源学校	五经富镇	19	162	12
揭西县五经富镇建一小学	五经富镇	34	219	13
揭西县五经富镇镇江小学	五经富镇	—	—	—
揭西县五经富镇虎峰小学	五经富镇	—	632	29
揭西县五经富镇经富小学	五经富镇	57	403	31
揭西县五经富镇泮坑小学	五经富镇	23	96	13

续表99

学校	地址	在校幼儿数（人）	在校小学生数（人）	教职工数（人）
揭西县五经富镇新和小学	五经富镇	26	134	12
揭西县五经富镇营盘小学	五经富镇	—	—	—
揭西县大溪镇金味希望小学	大溪镇	23	151	14
揭西县大溪镇大东小学	大溪镇	20	185	15
揭西县大溪镇大园小学	大溪镇	—	—	—
揭西县大溪镇赤寨小学	大溪镇	—	—	—
揭西县大溪镇溪新小学	大溪镇	45	235	16
揭西县大溪镇渔梁小学	大溪镇	22	344	26
揭西县大溪镇庆光小学	大溪镇	—	—	—
揭西县大溪镇井美小学	大溪镇	—	—	—
揭西县大溪镇中心小学	大溪镇	—	403	25
揭西县钱坑镇钱坑小学	钱坑镇	43	511	40
揭西县钱坑镇钱江学校	钱坑镇	—	722	40
揭西县钱坑镇钱南小学	钱坑镇	64	437	27
揭西县钱坑镇钱西小学	钱坑镇	—	420	28
揭西县钱坑镇纯正学校	钱坑镇	6	72	12
揭西县钱坑镇钱园华侨学校	钱坑镇	17	202	14
揭西县钱坑镇钱北小学	钱坑镇	—	—	—
揭西县钱坑镇长三水小学	钱坑镇	—	—	—
揭西县钱坑镇南光小学	钱坑镇	—	—	—
揭西县钱坑镇大茶石小学	钱坑镇	8	42	9
揭西县钱坑镇白石小学	钱坑镇	—	—	—
揭西县金和镇金光小学	金和镇	64	248	18
揭西县金和镇金园小学	金和镇	221	480	26
揭西县金和镇金新小学	金和镇	47	156	15
揭西县金和镇金溪小学	金和镇	110	253	19
揭西县金和镇仙坡小学	金和镇	60	216	14
揭西县金和镇南联小学	金和镇	183	358	26
揭西县金和镇径口小学	金和镇	42	244	20

续表99

学校	地址	在校幼儿数（人）	在校小学生数（人）	教职工数（人）
揭西县金和镇和南小学	金和镇	121	286	23
揭西县金和镇和光小学	金和镇	43	218	17
揭西县金和镇和光小学和联教学点	金和镇	34	79	10
揭西县金和镇和西小学	金和镇	103	250	23
揭西县金和镇和东小学	金和镇	83	433	27
揭西县金和镇和东小学和兴教学点	金和镇	17	84	12
揭西县金和镇和新小学	金和镇	25	140	14
揭西县金和镇山湖世乔学校	金和镇	179	412	24
揭西县金和镇河内小学	金和镇	99	283	20
揭西县凤江镇凤湖小学碧潭教学点	凤江镇	13	77	7
揭西县凤江镇阳南小学林寮教学点	凤江镇	17	38	4
揭西县凤江镇凤湖小学	凤江镇	75	767	52
揭西县凤江镇东光小学	凤江镇	60	370	22
揭西县凤江镇东锋慈云学校	凤江镇	27	229	19
揭西县凤江镇东新小学	凤江镇	31	209	15
揭西县凤江镇阳南小学	凤江镇	49	349	22
揭西县凤江镇阳西小学	凤江镇	23	170	14
揭西县凤江镇凤西小学	凤江镇	41	249	16
揭西县凤江镇鸿西小学	凤江镇	298	246	24
揭西县凤江镇鸿江小学	凤江镇	163	947	49
揭西县凤江镇赤岭小学	凤江镇	35	181	15
揭西县凤江镇莪萃小学	凤江镇	34	161	15
揭西县塔头镇塔头小学	塔头镇	—	589	27
揭西县塔头镇阔西小学	塔头镇	31	222	12
揭西县塔头镇阔园小学	塔头镇	28	91	11
揭西县塔头镇潭溪小学	塔头镇	74	103	13
揭西县塔头镇潭新小学	塔头镇	50	183	13
揭西县塔头镇龙光小学	塔头镇	25	151	12
揭西县塔头镇新园小学	塔头镇	27	110	11

续表99

学校	地址	在校幼儿数（人）	在校小学生数（人）	教职工数（人）
揭西县塔头镇山寮小学	塔头镇	23	149	13
揭西县塔头镇石牌小学	塔头镇	19	52	8
揭西县塔头镇顶埔小学	塔头镇	17	173	12
揭西县塔头镇新溪小学	塔头镇	16	55	11
揭西县塔头镇大丰小学	塔头镇	32	169	12
揭西县塔头镇锦龙小学	塔头镇	21	45	8
揭西县塔头镇旧住小学	塔头镇	23	59	10
揭西县东园镇东园小学	东园镇	267	526	44
揭西县东园镇桃围小学	东园镇	41	193	15
揭西县东园镇赤岩小学	东园镇	220	377	34
揭西县东园镇古福小学	东园镇	60	368	28
揭西县东园镇四联小学	东园镇	54	225	17
揭西县东园镇三犁小学	东园镇	25	87	14
揭西县棉湖镇中心小学	棉湖镇	220	1072	66
揭西县棉湖镇林少卿纪念学校	棉湖镇	54	287	23
揭西县棉湖镇武德小学	棉湖镇	5	57	12
揭西县棉湖镇厚埔小学	棉湖镇	71	338	23
揭西县棉湖镇甲埔小学	棉湖镇	30	200	16
揭西县棉湖镇境潭小学	棉湖镇	43	309	20
揭西县棉湖镇下浦小学	棉湖镇	6	54	13
揭西县棉湖镇永光学校	棉湖镇	26	174	13
揭西县棉湖镇贡山小学	棉湖镇	85	587	25
揭西县棉湖镇湖西小学	棉湖镇	39	172	16
揭西县棉湖镇四乡小学	棉湖镇	187	432	27
揭西县棉湖镇花园小学	棉湖镇	38	182	18
揭西县棉湖镇湖东小学	棉湖镇	259	1531	67
合计		4946	23804	1694

（县教育局）

2021年揭西县初级中学（含九年一贯制学校）一览表

表100

学校	地址	在校幼儿数（人）	在校小学生数（人）	在校初中生数（人）	教职工数（人）
揭西县上砂第一中学	上砂镇	—	—	889	61
揭西县良田中学	良田乡	—	62	67	28
揭西县下砂中学	五云镇	—	—	206	31
揭西县坪上中学	坪上镇	—	—	262	48
揭西县坪上振文学校	坪上镇	26	161	81	35
揭西县绵基中学	坪上镇	—	—	415	44
揭西县纪达中学	河婆街道	—	—	1886	125
揭西县张武帮中学	河婆街道	—	—	560	62
揭西县宝塔实验学校	河婆街道	—	2459	1646	222
揭西县第一中学	河婆街道	—	—	2032	178
揭西县龙潭中学	龙潭镇	—	—	895	90
揭西县南山中学	南山镇	—	—	526	36
揭西县南山第二中学	南山镇	—	—	434	51
揭西县第一华侨中学	京溪园镇	—	—	182	24
揭西县京溪园中学	京溪园镇	—	—	288	34
揭西县五经富初级中学	五经富镇	—	—	545	57
揭西县大洋中学	五经富镇	45	276	127	32
揭西县大溪中学	大溪镇	—	—	463	41
揭西县金坑中学	金和镇	—	—	552	47
揭西县金和初级中学	金和镇	—	—	610	61
揭西县凤江中学	凤江镇	—	—	798	62
揭西县第三华侨中学	凤江镇	—	—	322	34
揭西县第四华侨中学	凤江镇	51	332	218	61
揭西县阳夏华侨中学	凤江镇	—	—	434	57
揭西县塔头中学	塔头镇	—	—	471	46
揭西县塔头第二中学	塔头镇	—	—	795	57

续表100

学校	地址	在校幼儿数（人）	在校小学生数（人）	在校初中生数（人）	教职工数（人）
揭西县东园中学	东园镇	—	—	910	74
揭西县第二华侨中学	棉湖镇	—	—	349	39
揭西县湖西中学	棉湖镇	—	—	356	51
揭西县城北中学	棉湖镇	—	—	494	53
揭西县棉湖中学实验学校	棉湖镇	—	2154	1264	185
揭西县棉湖镇实验学校	棉湖镇	63	3345	1650	273
合　计		185	8789	20727	2299

（县教育局）

2021年揭西县高中阶段（含完全中学、中等职业教育、特殊教育）学校一览表

表101

学校	地址	学校等级	在校初中生数（人）	在校高中生数（人）	在校中职、特教学生数（人）	教职工数（人）
揭西县河婆中学	河婆街道	省一级学校、广东省国家级示范性普通高中	—	3574	—	309
揭西县棉湖中学	棉湖镇	省一级学校、广东省国家级示范性普通高中	—	3705	—	285
揭西县霖田高级中学	河婆街道	市一级学校	—	2741	—	156
揭西县五云中学	五云镇	市一级学校	811	443	—	132
揭西县棉湖第二中学	棉湖镇	市一级学校	1448	1826	—	240
揭西县北山中学	五经富镇	市一级学校	642	515	—	101
揭西县钱坑中学	钱坑镇	市一级学校	1035	472	—	131
揭西县南侨中学	金和镇	市一级学校	645	859	—	146
揭西县灰寨中学	灰寨镇	县一级学校	650	322	—	108
揭西县上砂中学	上砂镇	县一级学校	672	563	—	101
揭西县第一职业技术学校	河婆街道		—	—	776	76
揭西县职业技术学校	棉湖镇		—	—	45	29
揭西县特殊教育学校	河婆街道		—	—	109	35
合计			5903	15020	930	1849

2021年揭西县各高中上线人数情况统计表

表102

单位	报考人数	累计						特控线	本科				专科			
		特控线	本科	专科	特控线率%	本科率%	上线率%	普通专业	普通专业	体育专业	美术专业	音乐专业	普通专业	体育专业	美术专业	音乐专业
河婆中学	1578	63	605	1563	4.00	38.30	99.00	63	538	1	2	1	955	1	2	—
五云中学	90	—	—	89	—	—	98.90	—	—	—	—	—	89	—	—	—
灰寨中学	38	2	3	33	5.30	7.90	86.80	2	—	—	1	—	29	1	—	—
北山中学	119	—	2	115	—	1.70	96.60	—	1	1	—	—	108	2	3	—
棉湖中学	1551	49	556	1528	3.20	35.80	98.50	49	493	2	9	3	949	13	10	—
南侨中学	222	1	4	184	0.50	1.80	83.30	1	3	—	—	—	179	—	1	—
钱坑中学	153	—	6	144	—	3.90	94.10	—	6	—	—	—	138	—	—	—
上砂中学	140	—	4	138	—	2.90	98.60	—	3	—	1	—	133	1	—	—
棉湖二中	498	2	22	482	0.40	4.40	96.80	2	17	1	2	—	448	6	4	2
霖田中学	563	2	21	533	0.40	3.80	95.30	2	15	1	2	1	503	6	3	—
全县合计	4952	119	1223	4809	2.40	24.70	97.10	119	1076	6	17	5	3531	30	23	2

（县教育局）

2021年进驻揭西县政务服务中心单位一览表

表103

小一门单位名称	窗口联系电话	小一门单位名称	窗口联系电话
税务局	5589039	民政局	5232620
市场监督管理局	5232600	卫生健康局	5232647
公安局	5232644	交通运输局	5232623
教育局	5232638	自然资源局	5232640
残联	5536158	揭阳市公共资源交易中心揭西分中心	5232612
大一门单位名称	**单位联系电话**	**大一门单位名称**	**单位联系电话**
发改局	5584377	财政局	5582617
城管执法局	5512765	水利局	5529611
气象局	5596002	应急管理局	5584366
消防救援大队	5536635	统战部	5584530
县政府办（人防办、金融办）	5581641	统计局	5583466
文广旅体局	5514332	档案馆	5586292
农业农村局	5583411	供电局	5598028
林业局	5582089	自来水公司	5512219
工信科技局	5584511	住建局	5584522
烟草专卖局	5584410	市生态环境保护局揭西分局	5584745
县委编办	5582099		

（县政务服务数据管理局）

2021年揭西县便民服务中心一览表

表104

名称	地点	联系电话
揭西县政务服务中心	县城环城东路原东山中学内	5537999
河婆街道公共服务中心	河婆街道办事处内	5513204
棉湖镇公共服务中心	棉湖镇镇政府内	5255512
坪上镇公共服务中心	坪上镇镇政府内	5631631
塔头镇公共服务中心	塔头镇镇政府内	5821286
东园镇公共服务中心	东园镇镇政府内	5383468
五经富镇公共服务中心	五经富镇镇政府旁	5862249
南山镇公共服务中心	南山镇镇政府内	5793550
良田乡公共服务中心	良田乡乡政府内	5661113
凤江镇公共服务中心	凤江镇镇政府内	5351859
灰寨镇公共服务中心	灰寨镇镇政府内	5761251
京溪园镇公共服务中心	京溪园镇镇政府内	5853026
金和镇公共服务中心	金和镇镇政府内	5723000
大溪镇公共服务中心	大溪镇镇政府内	5811113
上砂镇公共服务中心	上砂镇镇政府旁	5681288
五云镇公共服务中心	五云镇镇政府内	5652863
龙潭镇公共服务中心	龙潭镇镇政府内	5323705
钱坑镇公共服务中心	钱坑镇镇政府内	5891112

（县政务服务数据管理局）

2021年揭西县3C认证获证企业名单统计表

表105

证书编号	企业名称	认证项目	认证机构名称	获证日期
2021180201019699	广东雅奇电器实业有限公司	带电源适配器的延长线插座	威凯认证检测有限公司	2021.1.25
2021180201019698	揭西县棉湖汉爵电器厂	延长线插座	威凯认证检测有限公司	2021.1.25
2021010105364923	揭阳市成州电线电缆有限公司	聚氯乙烯绝缘软电缆电线	中国质量认证中心	2021.1.26
2021180201019761	揭西县棉湖新岳龙电器厂	延长线插座	威凯认证检测有限公司	2021.1.27
2021180201019760	揭西县棉湖联工电器厂	延长线插座	威凯认证检测有限公司	2021.1.27
2021180201019839	揭西县棉湖永集电器厂	延长线插座	威凯认证检测有限公司	2021.1.29
2021010105367862	广东创新电线电缆有限公司	聚氯乙烯绝缘软电缆电线	中国质量认证中心	2021.2.5
2021180201020264	揭西县棉湖永集电器厂	延长线插座	威凯认证检测有限公司	2021.3.8
2021180201020432	揭西县棉湖广榕电器厂	延长线插座	威凯认证检测有限公司	2021.3.15
2021051302035637	揭西县雅致玻璃制品有限公司	建筑普通钢化玻璃-公称厚度：6毫米<D≤12毫米	中国国检测试控股集团股份有限公司	2021.3.16
2021051302035636	揭西县雅致玻璃制品有限公司	建筑普通钢化玻璃-公称厚度：D≤6毫米	中国国检测试控股集团股份有限公司	2021.3.16
2021010105375640	广东中合电缆实业有限公司	聚氯乙烯绝缘软电缆电线	中国质量认证中心	2021.3.30
2021010105375639	广东中合电缆实业有限公司	聚氯乙烯绝缘无护套电线电缆	中国质量认证中心	2021.3.30
2021010105375638	广东中合电缆实业有限公司	聚氯乙烯绝缘聚氯乙烯护套电缆	中国质量认证中心	2021.3.30
2021180201021294	揭西县棉湖航舟电器厂	单相两极带接地可拆线插头	威凯认证检测有限公司	2021.4.14
2021180201021293	揭西县棉湖航舟电器厂	单相两极可拆线插头	威凯认证检测有限公司	2021.4.14
2021180201021291	揭西县棉湖新岳龙电器厂	单相两极可拆线插头	威凯认证检测有限公司	2021.4.14
2021010105382830	揭西县一缆通电线电缆厂	聚氯乙烯绝缘无护套电线电缆	中国质量认证中心	2021.4.22
2021170105004136	揭西县宏兴电线厂	聚氯乙烯绝缘软电缆电线	广东质检中诚认证有限公司	2021.5.10
2021170105004135	揭西县宏兴电线厂	聚氯乙烯绝缘无护套电缆电线	广东质检中诚认证有限公司	2021.5.10
2021010105389075	揭西县金泰电线电缆厂	聚氯乙烯绝缘软电缆电线	中国质量认证中心	2021.5.20
2021010105389074	揭西县金泰电线电缆厂	聚氯乙烯绝缘无护套电线电缆	中国质量认证中心	2021.5.20

续表105

证书编号	企业名称	认证项目	认证机构名称	获证日期
2021170105004178	广东金龙兴电缆实业有限公司	聚氯乙烯绝缘软电缆电线	广东质检中诚认证有限公司	2021.5.25
2021170105004177	广东金龙兴电缆实业有限公司	聚氯乙烯绝缘聚氯乙烯护套电缆	广东质检中诚认证有限公司	2021.5.25
2021170105004176	广东金龙兴电缆实业有限公司	聚氯乙烯绝缘无护套电线电缆	广东质检中诚认证有限公司	2021.5.25
2021170105004172	广东金龙兴电缆实业有限公司	聚氯乙烯绝缘软电缆电线	广东质检中诚认证有限公司	2021.5.25
2021170105004171	广东金龙兴电缆实业有限公司	聚氯乙烯绝缘聚氯乙烯护套电缆	广东质检中诚认证有限公司	2021.5.25
2021170105004170	广东金龙兴电缆实业有限公司	聚氯乙烯绝缘无护套电线电缆	广东质检中诚认证有限公司	2021.5.25
2021180201022796	揭西县京溪园立诚电器厂	延长线插座	威凯认证检测有限公司	2021.6.1
2021010813378549	揭西县美乐斯电子电器厂实业有限公司	电钢琴	中国质量认证中心	2021.6.9
2021180201023349	揭西县棉湖航舟电器厂	移动式插座	威凯认证检测有限公司	2021.6.17
2021180201023348	揭西县棉湖航舟电器厂	移动式插座	威凯认证检测有限公司	2021.6.17
2021180201023347	揭西县棉湖航舟电器厂	延长线插座	威凯认证检测有限公司	2021.6.17
2021180201023346	揭西县棉湖航舟电器厂	延长线插座	威凯认证检测有限公司	2021.6.17
2021180201023345	揭西县棉湖航舟电器厂	延长线插座	威凯认证检测有限公司	2021.6.17
2021180201023344	揭西县棉湖航舟电器厂	移动式插座	威凯认证检测有限公司	2021.6.17
2021180201023343	揭西县棉湖航舟电器厂	转换器	威凯认证检测有限公司	2021.6.17
2021180201023342	揭西县棉湖航舟电器厂	转换器（带电源适配器）	威凯认证检测有限公司	2021.6.17
2021180201023341	揭西县日清电器有限公司	单相两极带接地可拆线插头	威凯认证检测有限公司	2021.6.17
2021180201023340	揭西县日清电器有限公司	单相两极可拆线插头	威凯认证检测有限公司	2021.6.17
2021010105393606	揭西县棉湖胜辉电线厂	聚氯乙烯绝缘软电缆电线	中国质量认证中心	2021.6.17
2021010105399089	广东创新电线电缆有限公司	聚氯乙烯绝缘无护套电线电缆	中国质量认证中心	2021.6.24
2021010105399088	广东创新电线电缆有限公司	聚氯乙烯绝缘软电缆电线	中国质量认证中心	2021.6.24
2021010204400880	揭西县新达实业有限公司	用于冷条件下Ⅰ类设备的10A 250V连接器	中国质量认证中心	2021.6.30
2021010201400878	揭西县新达实业有限公司	单相两极带接地不可拆线插头	中国质量认证中心	2021.6.30
2021010201400877	揭西县新达实业有限公司	单相两极不可拆线插头	中国质量认证中心	2021.6.30

续表105

证书编号	企业名称	认证项目	认证机构名称	获证日期
2021010101400882	揭西县新达实业有限公司	电线组件	中国质量认证中心	2021.6.30
2021170105004237	揭西县凤江镇金衡羽电线电缆厂	聚氯乙烯绝缘软电缆电线	广东质检中诚认证有限公司	2021.7.21
2021170105004236	揭西县凤江镇金衡羽电线电缆厂	聚氯乙烯绝缘无护套电线电缆	广东质检中诚认证有限公司	2021.7.21
2021180201024387	揭西棉湖东舟电器厂	单相两极可拆线插头	威凯认证检测有限公司	2021.7.26
2021180201024442	揭西棉湖东舟电器厂	单相两极可拆线插头	威凯认证检测有限公司	2021.7.27
2021010813410713	揭西县新韵电子电器有限公司	电子琴	中国质量认证中心	2021.8.12
2021010105411334	揭西县金威迅电线厂	聚氯乙烯绝缘软电缆电线	中国质量认证中心	2021.8.17
2021010105411333	揭西县金威迅电线厂	聚氯乙烯绝缘软电缆电线	中国质量认证中心	2021.8.17
2021180201025248	广东雅奇电器实业有限公司	转换器	威凯认证检测有限公司	2021.8.23
2021170105004272	揭西县凤江镇金衡羽电线电缆厂	聚氯乙烯绝缘无护套电线电缆	广东质检中诚认证有限公司	2021.9.9
2021170105004271	揭西县凤江信钢电线厂	聚氯乙烯绝缘软电缆电线	广东质检中诚认证有限公司	2021.9.9
2021170105004270	揭西县凤江信钢电线厂	聚氯乙烯绝缘无护套电线电缆	广东质检中诚认证有限公司	2021.9.9
2021170105004269	广东达立线缆科技有限公司	聚氯乙烯绝缘软电缆电线	广东质检中诚认证有限公司	2021.9.9
2021170105004268	广东达立线缆科技有限公司	聚氯乙烯绝缘无护套电线电缆	广东质检中诚认证有限公司	2021.9.9
2021010807373902	揭西县河婆世通电器厂	电源适配器	中国质量认证中心	2021.9.15
2021180201026053	揭西县棉湖联工电器厂	延长线插座	威凯认证检测有限公司	2021.9.16
2021010105417559	广东中和电缆有限公司	聚氯乙烯绝缘无护套电线电缆	中国质量认证中心	2021.9.17
2021010105417558	广东中和电缆有限公司	聚氯乙烯绝缘聚氯乙烯护套电缆	中国质量认证中心	2021.9.17
2021010105417557	广东中和电缆有限公司	聚氯乙烯绝缘软电缆电线	中国质量认证中心	2021.9.17
2021170105004281	科锋宇电缆实业（广东）有限公司	聚氯乙烯绝缘软电缆电线	广东质检中诚认证有限公司	2021.9.23
2021170105004280	科锋宇电缆实业（广东）有限公司	聚氯乙烯绝缘无护套电线电缆	广东质检中诚认证有限公司	2021.9.23
2021010813424380	揭西县美乐斯电子电器厂实业有限公司	智能电子琴	中国质量认证中心	2021.10.15
2021180201027821	揭西县棉湖联工电器厂	单相两极可拆线插头	威凯认证检测有限公司	2021.11.12
2021180201027820	揭西县棉湖广榕电器厂	移动式插座	威凯认证检测有限公司	2021.11.12
2021180201027819	揭西县棉湖广榕电器厂	单相两极带接地可拆线插头	威凯认证检测有限公司	2021.11.12

续表105

证书编号	企业名称	认证项目	认证机构名称	获证日期
2021180201027818	揭西县棉湖广榕电器厂	单相两极可拆线插头	威凯认证检测有限公司	2021.11.12
2021170105004325	广东汉天源电缆实业有限公司	聚氯乙烯绝缘无护套电线电缆	广东质检中诚认证有限公司	2021.11.18
2021170105004323	揭阳市华盛线缆有限公司	聚氯乙烯绝缘软电缆电线	广东质检中诚认证有限公司	2021.11.18
2021010813433328	揭西县小天使电子电器有限公司	电子琴	中国质量认证中心	2021.11.18
2021010105433197	广东亿达电线电缆厂	聚氯乙烯绝缘无护套电线电缆	中国质量认证中心	2021.11.19
2021010105433188	广东宏城电线电缆有限公司	聚氯乙烯绝缘软电缆电线	中国质量认证中心	2021.11.19
2021010105433187	广东宏城电线电缆有限公司	聚氯乙烯绝缘屏蔽电线	中国质量认证中心	2021.11.19
2021010204430354	揭西县广亿电线电缆厂	用于冷条件下Ⅰ类设备的16A 250V连接器	中国质量认证中心	2021.11.22
2021010204423550	揭西县广亿电线电缆厂	Ⅰ类设备用16A 250V插头连接器	中国质量认证中心	2021.11.22
2021010101433681	揭西县广亿电线电缆厂	电线组件	中国质量认证中心	2021.11.22
2021180201028089	揭西县棉湖联工电器厂	单相两极可拆线插头	威凯认证检测有限公司	2021.11.23
2021180201028088	揭西县棉湖联工电器厂	单相两极可拆线插头	威凯认证检测有限公司	2021.11.23
2021010201434283	揭西县声达电线厂	单相两极带接地不可拆线插头	中国质量认证中心	2021.11.23
2021010105433189	揭西县声达电线厂	聚氯乙烯绝缘软电缆电线	中国质量认证中心	2021.11.23
2021010101434282	揭西县声达电线厂	电线组件	中国质量认证中心	2021.11.23
2021010101434094	揭西县广亿电线电缆厂	互连电线组件	中国质量认证中心	2021.11.25
2021010813435661	揭西县欧莱特电子有限公司	电钢琴	中国质量认证中心	2021.11.29
2021010105436953	广东和谐电线电缆厂	聚氯乙烯绝缘聚氯乙烯护套电缆	中国质量认证中心	2021.12.8
2021010101436939	揭西县广亿电线电缆厂	电线组件	中国质量认证中心	2021.12.10
2021010101436937	揭西县广亿电线电缆厂	电线组件	中国质量认证中心	2021.12.10
2021180201028799	揭西县棉湖双灿电器厂	延长线插座	威凯认证检测有限公司	2021.12.14
2021010105439380	揭西县明江电线厂	聚氯乙烯绝缘软电缆电线	中国质量认证中心	2021.12.16
2021180201029074	揭西县京溪园立诚电器厂	延长线插座	威凯认证检测有限公司	2021.12.22
2021180201029073	揭西县棉湖镇公野电器厂	延长线插座	威凯认证检测有限公司	2021.12.22
2021180201029072	揭西县棉湖顺轩五金电器厂	移动式插座	威凯认证检测有限公司	2021.12.22

（县市场监管局）

索 引

说 明

一、本索引采用主题分析方法，款目按汉语拼音字母（同音字按声调）顺序排列。

二、文中类目题，分目题用黑体字标明，其余用宋体字排印。表格在其款目注明“表”。

三、索引款目后的数字表示内容所在的页码，数字后英文字母（a、b、c）表示栏别（即版面的1、2、3栏）。

四、同一主题的内容在文中多处出现的，在其款目后用不同的页码标明。

五、本索引对《图片专辑》等不作内容主题分析。

主题词索引

D

E

F

G

H

J

K

L

Q

R

S

W

Y

Z

表格索引